Für den Glauben, gegen den Staat
Der Altkalendarismus in Rumänien (1924–1936)

SÜDOSTEUROPÄISCHE ARBEITEN

Für das LEIBNIZ-INSTITUT

FÜR OST- UND SÜDOSTEUROPAFORSCHUNG

herausgegeben von

ULF BRUNNBAUER

und

KONRAD CLEWING

2021

DE GRUYTER OLDENBOURG

SÜDOSTEUROPÄISCHE ARBEITEN

166

ANDREEA KALTENBRUNNER

Für den Glauben, gegen den Staat

Der Altkalendarismus in Rumänien (1924–1936)

2021

DE GRUYTER OLDENBOURG

Bibliografische Information der Deutschen Nationalbibliothek
Die Deutsche Nationalbibliothek verzeichnet diese Publikation in der Deutschen Nationalbibliografie; detaillierte bibliografische Daten sind im Internet über <http://dnb.d-nb.de> abrufbar.

ISBN 978-3-11-078542-5

Titelbild: Ausschnitt aus einer altkalendaristischen Karikatur von 1936 (vgl. Abb. 6),
© Rumänisches Nationalarchiv
Bearbeitung: 7Silben, Tanja Jentsch, Bottrop
Satz: 7Silben, Tanja Jentsch, Bottrop
Druck und Bindung: Pustet, Regensburg

Inhaltsverzeichnis

Vorwort und Danksagung

Von der Kalenderreform in der Rumänisch-orthodoxen Kirche Mitte der 1920er Jahre las ich zum ersten Mal in der Abteilung des Nationalarchivs in Timişoara (Temeswar), als ich für meine Masterarbeit zur Geschichte der Legionärsbewegung im Banat recherchierte. In den monatlichen Gendarmerieberichten, die nach Bukarest geschickt wurden, war von unterschiedlichen „feindlichen Gruppierungen" die Rede. Das tendenziell positive Bild der Zwischenkriegszeit, das mir im Rumänien der frühen 2000er Jahre im Schulunterricht vermittelt worden war, hatte ich bereits zuvor im Zuge meines Geschichtestudiums in Wien zu hinterfragen begonnen. Durch die Arbeit mit den Archivdokumenten verstand ich, wie angespannt die politische Situation damals gewesen war und wie sich die Konflikte zwischen dem Staat und den ethnischen Minderheiten immer mehr verstärkt hatten. In der Liste der „religiösen Sekten", die ich im Archiv durchblätterte, tauchte indessen auch die Gruppe der „Stilisten" auf, die mir damals völlig unbekannt waren. Ihre Hochburg, das ging aus den Dokumenten hervor, lag im Osten des Landes – speziell in der vormals russischen Provinz Bessarabien –, doch erkundigten sich die Zentralbehörden in Bukarest explizit, ob sich deren Anhänger nun auch im Westen zu organisieren begannen. Wer waren diese Stilisten – auch Altkalendaristen genannt – und warum wurden sie vom Staat als Gefahr betrachtet? Im Anfangsstadium meiner Recherchen taten sich immer neue Fragen auf, die ich zunächst nicht beantworten konnte. Ich sprach sogar mit altkalendarischen orthodoxen Priestern in Bukarest, doch erhielt nur allgemeine, vielleicht auch ausweichende Antworten. Mir wurde bewusst, wie wenig über die Geschichte dieser Gruppe bekannt ist, selbst unter denjenigen, die sich noch heute auf deren Traditionen berufen.

Die Geschichte der Rumänisch-orthodoxen Kirche im 20. Jahrhundert muss erst noch geschrieben werden. Das gilt vor allem auch deshalb, weil die Kirchenarchive für Forscher kaum zugänglich sind. Im Standardwerk zur orthodoxen Kirche Bessarabiens von Boris Buzilă wird der kalendarische Konflikt zwar erwähnt, allerdings ist seine Darstellung grob irreführend: Bloß eine kleine Gruppe von ethnischen Russen habe die Bewegung unterstützt, heißt es darin – eine Einschätzung, die ferner von der Realität kaum sein könnte. Die Quellen, die ich in Timişoara fand, deuteten auf eine größere Organisation und länger anhaltende Konflikte zwischen den Kalendergegnern und dem Staat hin.

Als ich mein Dissertationsthema in Wien und anderswo präsentierte, waren die Reaktionen unterschiedlich. Bei grundsätzlichem Interesse äußerten viele Erstaunen, dass eine scheinbar unbedeutende Veränderung des Kalenders eine derart weitreichende Krise auslösen konnte. Von rumänischen Historikern hörte ich analog zu den Fehleinschätzungen in der bisherigen Historiographie, dass es sich um einen marginalen Konflikt gehandelt habe – um ein bloßes Missverständnis sozusagen – und ich wohl kaum Quellen dazu finden würde. So sehr mich diese „Warnungen" anfangs auch verunsicherten, wollte ich doch nicht so schnell aufgeben. Wie sich bald herausstellte, waren Quellen im Übermaß vorhanden, nur waren sie bis dahin nicht zur Kenntnis genommen worden.

Sobald ich mit den Archivrecherchen begann, merkte ich, wie schwierig es sein würde, einen zeitlichen Rahmen abzustecken. Meine Studie versteht sich als Beitrag zur Erforschung der komplexen Nations- und Staatsbildungsprozesse im Europa der Zwischenkriegszeit, daher konzentrierte ich mich auf die intensivste Periode des Kalenderkonflikts von der Einführung des neuen Kirchenkalenders im Jahr 1924 bis zu der Zerschlagung der Organisation der Kalendergegner durch die Sicherheitskräfte im Jahr 1936. Von Anfang an waren drei Gruppen beteiligt: die Kalendergegner selbst, unterschiedlichste Vertreter staatlicher Institutionen und die rumänisch-orthodoxe Amtskirche. Mein Ziel war es, die Perspektiven aller Beteiligten gleichermaßen zu berücksichtigen. Doch dies gestaltete sich aufgrund der Quellenlage schwierig. Da die Kalendergegner, viele von ihnen Analphabeten, nur wenige Selbstzeugnisse hinterlassen hatten, musste ich mich weithin auf die Aktenüberlieferung staatlicher Institutionen stützen.

Dank eines DOC-Stipendiums der Österreichischen Akademie der Wissenschaften konnte ich einen Großteil der aufwendigen Archivrecherchen in Rumänien, in der Republik Moldau sowie in Russland finanzieren. Auch an einige Schauplätze, wie etwa Albineț, bin ich gereist. Mit Hilfe eines Abschlussstipendiums der Universität Wien konnte ich mich schließlich der Abfassung der Dissertation widmen.

Mein Betreuer Oliver Jens Schmitt hat die Arbeit von Anfang an mit großem Interesse und mit seinen wertvollen Ratschlägen begleitet, wofür ich ihm sehr dankbar bin. Armin Heinen und Hans Christian Maner evaluierten die Arbeit und gaben mir wichtige Hinweise. Ulf Brunnbauer verdanke ich ebenfalls hilfreiche Kommentare. Konrad Clewing danke ich für seine hervorragende Unterstützung bei der Publikation des Manuskripts.

Für Diskussionen und Anregungen bedanke ich mich bei meinen Kollegen Magdalena Baran-Szołtys, Konrad Petrovszky und Robert Pichler. Karolina Koziura und Ovidiu-Victor Olar haben mir mit ihrem Interesse an meiner Arbeit und ihren Fragen viel geholfen.

Meiner Familie bin ich für ihre allgemeine Unterstützung und besonders für das Korrekturlesen meiner Texte dankbar. Ein besonderer Dank gilt Matthias, der mir in den schönen und schwierigen Phasen meiner Arbeit stets unterstützend zur Seite gestanden ist.

Einleitung

Als Efrosim Leucă am 31. Mai 1936 im Gebetshaus der Altkalendaristen von Funduri Vechi, einem Dorf im rumänischen Nordosten, einen Gottesdienst zelebrierte, konnte er nicht ahnen, dass es einer der letzten sein würde. Der 58-jährige orthodoxe Mönch hielt den Bauern die Gottesdienste nach dem julianischen Kalender. Damit umgingen sie die Kalenderreform, die die Rumänisch-orthodoxe Kirche 1924 durchgeführt hatte. Sie verpflichtete die Geistlichen dazu, einem dem gregorianischen ähnlichen Kalender zu folgen, fast so, wie er auch in der katholischen Kirche verwendet wurde.[1]

Die Hochburg der Altkalendaristen – vor allem von ihren staatlichen und amtskirchlichen Gegnern auch Stilisten genannt, da sie am alten Stil des Kalenders festhielten – befand sich im Norden Bessarabiens, einer Region, die von 1812 bis 1917 Teil des Russischen Reichs gewesen war und danach zu Rumänien kam. Die Loslösung dieses peripheren Gebietes vom Russischen Reich war ein langwieriger Prozess, der tiefe Spuren hinterließ. Das Gebiet wurde 1917 von der Russischen Revolution, dem Ersten Weltkrieg und dem russischen Bürgerkrieg voll erfasst. Die 2,8 Millionen Einwohner, von denen etwa 56 Prozent rumänischssprachig waren, begrüßten mehrheitlich die neue Herrschaft, doch ohne Enthusiasmus. Von ihr erhofften sie sich eine Rückkehr zur Normalität und breitgefasste Autonomierechte. Die Integration Bessarabiens in die neuen staatlichen Strukturen erfolgte von Staats wegen durch nationalistische Rhetorik und eine zentral von Bukarest gesteuerte Politik. Zum Integrationsprozess gehörten auch symbolische Modernisierungsmaßnahmen wie die Einführung des lateinischen Alphabets und des gregorianischen Kalenders – zunächst in den staatlichen Zusammenhängen, dann 1924 in der Kirche. Aus dem Widerstand gegen den neuen Kalender heraus entstand eine beträchtliche Bewegung. Das Zentrum blickte auf die Kalenderproteste als einen von unten eingeleiteten Delegitimierungsprozess, der die Einheit des neuen Staates und der Nationalkirche im östlichen Grenzgebiet gefährden würde. Die Kalendergegner vereinte dagegen ihre tiefe Enttäuschung gegenüber dem Staat und der Kirche. Staatliche und kirchliche Behörden versuchten – oft in enger Abstimmung miteinander –, die Altkalendaristen wieder in die Nationalkirche einzugliedern und schreckten dabei auch nicht vor Repressionen zurück.

[1] Arhivele Naţionale ale României (ANR), Inspectoratul General al Jandarmeriei, 1936/11, 76 [Aussage Efrosim Leucăs bei seiner Verhaftung vor dem Gendarmeriechef von Iaşi vom 20.9.1936 betr. seine Tätigkeit als altkalendaristischer Priester].

Efrosim Leucăs Biographie spiegelt wie im Bilderbuch die Enttäuschung und die schrittweise Abschottung der Altkalendaristen wider. Sein nunmehriges Dasein – von Dorf zu Dorf zu predigen, auf die Wünsche der Bauern einzugehen, ein „vagabundierender Mönch" zu sein, wie die Priester der Altkalendaristen von staatlichen und kirchlichen Behörden abschätzig bezeichnet wurden – war für Efrosim Leucă keine Wunschkarriere gewesen. Das sagte er in aller Klarheit bei einem Verhör im Herbst 1936, nachdem die Gendarmerie ihn aufgrund seines Widerstands gegen die Kalenderreform und der Mitwirkung in der Organisation der Altkalendaristen festgenommen hatte.[2] Leucă stammte aus dem Norden Bessarabiens, wo die Mehrheit der rumänischsprachigen Bevölkerung des Gebiets lebte. 1878 in eine Bauernfamilie im Dorf Vorancău hineingeboren, absolvierte er drei Schulklassen. Kurz vor der Russischen Revolution von 1905 reiste er auf den Heiligen Berg Athos, um Mönch zu werden. Für eine priesterliche Laufbahn, die üblicherweise den Besuch des russisch-orthodoxen theologischen Seminars in Chişinău (Kišinëv) erforderte, reichten seine Mittel nicht. Da das Seminar jenseits der gymnasialen Ebene die einzige höhere Bildungseinrichtung Bessarabiens war, entstammten die Seminaristen zumeist den dörflichen und städtischen Eliten. Auch Leucăs bloß rudimentäre Russischkenntnisse waren wohl für seine Auswanderung auf den Athos mitentscheidend gewesen. Wie auch bei anderen Bauernsöhnen, die im russischen Volksschulsystem ab 1867 ausschließlich auf Russisch unterrichtet wurden, bedeuteten die absolvierten drei Schulklassen letztlich bloß ein paar Monate Schulunterricht im Winter[3] der entsprechenden Jahre, weil dann die Kinder bei den Feldarbeiten nicht gebraucht wurden.[4] Eine günstigere Alternative war eine Laufbahn als Kirchensänger. Dieser stand in der Hierarchie einer Dorfparochie gleich hinter dem Priester. Leucă ließ sich deshalb auf dem Berg Athos, wo es auch rumänische Klöster gab, zum Kirchensänger ausbilden.

Der Beginn des Ersten Weltkrieges brachte Efrosim Leucă zurück nach Bessarabien. Da die Priesterstelle in seinem Heimatdorf Vorancău zwischen 1915 und 1918 vakant war, weil sich der dortige Priester in Chişinău aufhielt und erst nach Kriegsende zurückkehrte, nutzte der Mönch die Gelegenheit, Gottesdienste für die Bauern zu halten.[5] Nach dem Krieg verpasste Leucă aber den Anschluss an den Klerus der Rumänisch-orthodoxen Kirche (Biserica Ortodoxă Română). Er zog von Kloster zu Kloster, wo er auf Mönche

2 Consiliul Naţional pentru Studierea Arhivelor Securităţii (CNSAS), Fond Documentar, D015258, 2 [Aussage Efrosim Leucăs beim Transfer ins Hauptgefängnis von Iaşi, 1939].

3 Rebecca Haynes, Moldova. A History. London 2020, 95.

4 Arhivele Naţionale ale Republicii Moldova (ANRM), Episcopia Hotinului, 1217,1, 525, 523, [Allgemeine Informationen über Parochien, gesammelt 1933 und verwertet am 1.1.1934, betr. die Parochie Limbenii Vechi, Ilenuţa].

5 ANR, Inspectoratul General al Jandarmeriei, 1936/12, 42f. [Aussage Efrosim Leucăs auf dem Regionalinspektorat der Gendarmerie Iaşi vom 20.9.1936 betr. seine Aktivitäten in den altkalendaristischen Gemeinschaften]; Anuarul Eparchiei Chişinăului şi Hotinului (Basarabia). Ediţie Oficială. Chişinău 1922, X.

und Nonnen traf, die aus dem Russischen Reich geflüchtet waren.[6] Als Mitte der 1920er Jahre die Reformen zur Integration der bis dahin kirchenrechtlich noch zur Russisch-orthodoxen Kirche zählenden orthodoxen Kirche in Bessarabien in die Amtskirche auch die Klöster erreichten, ließ Leucă das Klosterleben hinter sich. Der Mönch fühlte sich berufen, sich um die Bewahrung des richtigen Glaubens zu kümmern, ähnlich wie es in seiner Vorstellung seine Vorfahren getan hatten, welche umringt von katholischen und muslimischen Nachbarn die Orthodoxie schon immer vor Eingriffen von außen geschützt hatten. Bei der Umgestaltung der Kirche nach rumänischen Wünschen machte er nicht mit. Und nichts beunruhigte Leucă – und mit ihm tausende andere Gläubige – mehr als die Kalenderreform. In seinen Augen diente diese Maßnahme dem Staat dazu, die orthodoxe Kirche der katholischen näherzubringen und dadurch den christlichen Osten an den gottlosen Westen anzupassen.

Bis 1928 blieb Leucă in seinem Heimatdorf. Danach ließ er sich an der Chişinăuer Peripherie nieder. In dem bessarabischen Hauptort, einer multiethnischen, jedoch mehrheitlich russischsprachigen Stadt, bestanden die Hauptsorgen der Sicherheitskräfte darin, kommunistische Aktivitäten zu unterbinden und Sowjetspione vom anderen Dnjestr-Ufer zu enttarnen. Unter diesem Radar der Aufmerksamkeit konnten Kalenderreformverweigerer dort in der Masse untertauchen.[7] Als Leucă 1935 von Altkalendaristen gebeten wurde, nach Albineţ zu ziehen, einem Nachbardorf von Funduri Vechi, und für sie als Priester zu arbeiten, sah er eine Möglichkeit, Geld zu verdienen, denn er wurde von den Bauern für die Gottesdienste immerhin bescheiden entlohnt. Der Aufenthalt in seiner Heimatgegend sollte eine Zwischenstation auf dem Weg zurück auf den Athos oder auch in Richtung Jerusalem sein. Die rumänischen Klöster dort verwendeten den alten Kalender und waren gegen eine Öffnung der Orthodoxie zur westlichen Welt.[8]

Es war wie schon angedeutet keine Randgruppe, der sich Efrosim Leucă 1935 anschloss. Den Angaben der Gendarmerie zufolge war der „Stilismus“ mit über einer Million Anhängern die größte und am schnellsten wachsende „religiöse Sekte“ des Landes.[9] Untypischerweise für eine „Sekte“ hatte sie aber keine einheitliche Organisation, und es nahmen auch keine Intellektuellen oder hochrangigen Kleriker führende Positionen in

[6] ANR, Inspectoratul General al Jandarmeriei, 1936/11, 76 [Aussage Efrosim Leucăs bei seiner Verhaftung am 20.9.1936 vor dem Gendarmeriechef von Iaşi betr. seiner Tätigkeit als altkalendaristischer Priester].

[7] ANRM, Inspectoratul regional de siguranţă din Basarabia, 680, 3508, 525 [Bericht des Siguranţa-Büros von Chişinău an den Polizeichef von Chişinău vom 16.2.1930 betr. die Altkalendaristen in Chişinău]; 565f. [analog zu eben, vom 22.2.1930].

[8] In keinem Dokument findet sich vermerkt, ob Efrosim Leucă in einer der beiden rumänischen Skiten auf dem Berg Athos, nämlich Podromu und Lacu, war.

[9] Ich verwende hier den Begriff Altkalendarismus für die Kalendergegner. Anders als der Begriff „Stilismus“, der von den staatlichen Behörden verwendet wurde, ist diese Bezeichnung in der Konnotation neutral. „Stilismus“ kommt daher im ganzen Buch nur in Originalzitaten zur Wiedergabe.

der Bewegung ein. Der Widerstand gegen den neuen Kalender erwuchs von unten, aus den Reihen der orthodoxen Bauern, und ihre religiösen Anführer kamen, so wie Leucă, aus der untersten Ebene der Kirchenhierarchie. Die Ablehnung des neuen Kalenders kann zunächst als konservative Reaktion auf den Krieg und die darauffolgenden Reformen durch den neuen Staat verstanden werden, welche tief ins geistliche Gemeindeleben eingriffen und bei den Bauern Angst um ihr Seelenheil schürten.

Leucă plante nur einen kurzen Aufenthalt bei den Bauern – allein schon deshalb, weil er jederzeit damit rechnen musste, verhaftet zu werden. Mit der zunehmenden Kritik der Altkalendaristen an der Amtskirche und am Staat ab den späten 1920er Jahren hatten die Behörden begonnen, die Kalenderreformverweigerer als das größte Hindernis für die vollständige Vereinigung der bessarabischen mit der rumänisch-orthodoxen Kirche und als eine Gefahr für die staatliche Sicherheit an der Grenze zur Sowjetunion zu betrachten.[10] Manche sahen in den Altkalendaristen eine Abspaltung aus einer der vielen religiösen Gruppen, welche im Laufe des 19. Jahrhunderts an der westlichen Peripherie des Zarenreiches Zuflucht vor dem Regime gefunden hatten und deren antistaatliche Ressentiments sich nach 1918 dann gegen Rumänien richteten. Andere verstanden die Proteste gegen die Kalenderreform als Fortführung einer revolutionären Haltung, welche die ländliche Bevölkerung zu Zeiten der Russischen Revolution und des Bürgerkrieges entwickelt hätte. Staats- oder Kirchenverweigerer hin oder her, die Sicherheitsbehörden stuften den Altkalendarismus 1935 als „verbotene, aber tolerierte religiöse Sekten" ein.[11]

Die Einführung eines westlichen Kalenders entsprach den Nationsbildungs- und Modernisierungsvorstellungen der rumänischen Elite. Als einer der Siegerstaaten des Ersten Weltkrieges, der sein Territorium und seine Bevölkerung verdoppelt hatte, war Rumänien mit nun 18 Millionen Einwohnern nach Polen das zweitgrößte Land des östlichen Europa. Die Eliten waren zuversichtlich, dass sich das Land durch die Verwendung des gregorianischen Kalenders nicht nur symbolisch dem Westen annähern, sondern mittels richtiger Reformen auch wirtschaftlich bald zum Westen gehören würde.[12] Über diese Absichten berichtete die in Turin erscheinende *Gazzetta del Popolo* im Januar 1924:

[10] ANR, Ministerul Cultelor și Artelor, 1935/125, 91, 186 [Kopie des Berichts der Staatsanwaltschaft Bălți an das Justizministerium, 1935]; 109 [Bericht der Eparchie Hotin-Bălți an das Kultusministerium vom 6.8.1935]; ANR, Inspectoratul General al Jandarmeriei, 1935/17, 86–107, hier 96 [Monatsbericht der Informationsabteilung der Polizei Bălți vom September 1935 betr. das Problem der religiösen Sekten].

[11] CNSAS, Fond Documentar, D006910, Vol.1, 216 [Beschluss Nr. 4781 des Kultusministeriums vom 17.4.1937 betr. die religiösen Gemeinschaften und Sekten].

[12] Keith Hitchins, Ion I.C. Brătianu: Romania. Makers of the Modern World: The Peace Conferences of 1919–23 and Their Aftermath. London 2011, 141–143; Diana Mishkova, Transfer der Moderne. Liberalismus und Tradition auf dem Balkan des 19. Jahrhunderts, *Transit. Europäische Revue* 43 (2013), 70–88.

> „[Die Kalenderreform] ist ein Zeichen des neuen Geistes, der unter den Rumänen herrscht. Indem das Land auf den alten russischen Kalender verzichtete, machte es einen Schritt nach Westen. Es war zu erwarten, dass der westliche Einfluss in Rumänien zu spüren sein wird. Bei so vielen Gelegenheiten ruft das Land in Erinnerung, wie sehr es an seiner romanischen Herkunft festhält.“[13]

Die Vorstellung, dass die Rumänen Nachfahren römischer Kolonisten in Dakien seien und Rumänisch eine erneuerte Form des Lateinischen, bildete ein zentrales Motiv im Nationsbildungsprozess. Bevor die Fürstentümer der Moldau und der Walachei sich 1860 zu einem Staat zusammenschlossen, hatten sie nach Wegen gesucht, sich von der osmanischen Oberherrschaft zu befreien. Die Rückbesinnung auf die romanischen Wurzeln schuf einen Kontrast zu den Osmanen und begründete die Hinwendung der Eliten zur westlichen Welt. Zugleich diente sie einer Absonderung auf zumindest gleichem Fuße von andersnationalen Orthodoxen.[14] Durch eine (Re-)Europäisierung der Fürstentümer sahen die Eliten eine Möglichkeit, deren Entwicklung voranzutreiben sowie die Unterstützung der Großmächte zu gewinnen. Im habsburgischen Siebenbürgen rekurrierten die dortigen rumänischen Intellektuellen auf dieselben Motive, um ihre nationale Identität in Abhebung von Ungarn und den historischen siebenbürgischen „Nationen“ zu definieren. In den ersten Jahren des modernen rumänischen Staates, zwischen 1860 und 1870, übernahm dieser, „geleitet von einer kleinen, aber europäischen Elite“, fast „das gesamte Paket der europäischen Institutionen und Gesetze.“ [15] In den 1860er Jahren war das symbolische Äquivalent zur späteren Kalenderreform die amtliche Ersetzung des kyrillischen Alphabets durch das lateinische, das fortan auch in der Kirche verwendet wurde. Ein halbes Jahrhundert später nutzten die Eliten die Zäsur des Ersten Weltkrieges und der Entstehung Großrumäniens, um mittels der Kalenderreform ihre westliche Orientierung erneut zu bekräftigen.

Neben dieser symbolischen Funktion diente die Kalenderreform der Nationsbildung innerhalb des heterogen gewordenen Landes. Das Land stand nach 1918 vor der Aufgabe, vergleichsweise riesige Territorien in einen einheitlichen Nationalstaat zu integrieren. Das zuvor ethnisch sehr homogene Land – lediglich in der Moldau hatte es eine nennenswerte jüdische Minderheit gegeben – hatte nun eine Bevölkerung von rund 30 Prozent Nichtrumänen.[16] Auch wenn die Amtskirche zahlenmäßig immer noch die größte des

[13] Als Ausschnitt enthalten in: Arhim. SCRIBAN, Chestiunea calendarului la noi și aiurea, *BOR* iunie (1924) 396–402.

[14] Keith HITCHINS, Românii, 1774–1866. București ³2013, 174–177; Emanuel TURCZYNSKI, Konfession und Nation. Zur Frühgeschichte der serbischen und rumänischen Nationsbildung. Düsseldorf 1976.

[15] Diana MISHKOVA, „Forms without Substance“. Debates on the Transfer of Western Models to the Balkans, in: DIES./Roumen DASKALOV (Hgg.), Entangled History of the Balkan Transfers of Political Ideologies and Institution. Bd. 2. Leiden 2014, 1–97, hier 17; siehe auch: Alex DRACE-FRANCIS, The Making of Modern Romanian Culture: Literacy and the Development of National Identity. London 2006.

[16] Edward D. WYNOT, Caldron of Conflict. Eastern Europe, 1918–1945. Illinois 1999, 29, 43–46.

Landes war, so waren nach dem Ersten Weltkrieg doch „nur" noch 72 Prozent der Bevölkerung orthodox, während es im vorherigen staatlichen Rahmen 91 Prozent gewesen waren. Darüber hinaus hätten die orthodoxen Provinzkirchen kaum unterschiedlicher sein können. Die Kalenderreform stellte einen Versuch dar, die orthodoxe rumänische Mehrheitsbevölkerung mithilfe eines gemeinsamen nationalen Narrativs zu mobilisieren, ihre westliche Orientierung zu stärken und zugleich einen nationalpolitischen Symbolschritt auf die rumänischen „Unierten" im vormals habsburgischen Landesteil hin zu unternehmen. Dadurch, dass der gregorianische Kalender in der Verwaltung eingeführt wurde und andere Konfessionen ihn bereits verwendeten, sollte außer der allgemeinen Verwestlichung auch eine kulturelle Homogenität zwischen den Regionen sowie zwischen dem Zentralstaat und der Peripherie suggeriert werden.

Für viele Länder Europas brachte die Zwischenkriegszeit mit der Weltwirtschaftskrise ab 1929 eine politische Radikalisierung der ländlichen Bevölkerung. Stark agrarisch geprägte Staaten wie Rumänien wurden besonders hart von der Wirtschaftskrise getroffen. An der östlichen Peripherie löste der neue Kalender zusätzlich eine ganz eigene Identitäts- und Glaubenskrise aus. Die betroffenen Bauern stellten nicht ihre Zugehörigkeit zu Rumänien in Frage, doch sie fragten, was es bedeutete, Rumäne zu sein. Die Überheblichkeit, mit welcher die Eliten die Argumente der Kalendergegner abhandelten, ließ sie verstehen, dass orthodox und rumänischsprachig zu sein in den Augen der Eliten dafür nicht ausreichte.

In keinem anderen Gebiet war der Widerstand gegen den neuen Kalender so groß wie in Bessarabien. Im Vergleich zur altrumänischen Moldau, wo die Bewegung auch einigen Rückhalt fand und sich als deren Teil meist Mönche und Nonnen der kalendarischen Erneuerung widersetzten, waren es in Bessarabien neben einigen Dorfpriestern die einfachen rumänischsprachigen Gläubigen, welche die Reform als einen Zwang gegen ihren Glauben empfanden. In anderen Landesteilen und in den Städten Rumäniens verbreitete sich der Altkalendarismus dagegen erst nach dem Zweiten Weltkrieg.[17] Als aus dem 1. September auch kirchlich plötzlich der 13. September 1924 wurde – dies war die schlagartige Änderung, welche die Reform mit sich brachte[18] –, löste dies in den Dorfpfarreien regelrechte Panik aus: Hatte denn das Weihwasser, welches die Bauern aus der Kirche holten und das im Haushalt verschiedene Zwecke erfüllte, nun noch seine „heiligen" Kräfte? Sollte man den Priestern noch erlauben, das Haus zu betreten, wenn sie doch mit der Annahme der Kalenderreform kurz davorstanden, zum Katholizismus überzutreten? Solche und ähnliche Glaubensfragen löste die Kalenderreform aus.

Eine Gesellschaft wie die rumänische, die wegen der unterschiedlichen historischen Erfahrungen in den Territorien „Großrumäniens" bereits gespalten war, triftete aufgrund der Kalenderreform noch weiter auseinander. Die Verwendung des alten oder des neuen Kalenders trieb in Bessarabien mit der Zeit einen Keil zwischen die rumänischsprachigen

[17] Radu Petre Mureşan, Stilismul în România (1924–2011). Sibiu 2012, 66–109.

[18] Dadurch wurde der Unterschied zwischen dem julianischen und dem astronomischen Kalender ausgeglichen.

Gläubigen und die Repräsentanten von Staat und Kirche sowie zwischen Land und Stadt. Wer zum Beispiel fortan an einem amtlichen orthodoxen Feiertag nach Fălești fuhr, einer jüdisch geprägten Kleinstadt im Kreis Bălți im Norden der Region, um dort seine Einkäufe zu erledigen, kam mit großer Wahrscheinlichkeit aus einem der altkalendaristischen Dörfer rund um die Stadt. Als der Metropolit von Bessarabien, Gurie Grosu, am 1. Januar 1930 den Neujahrsgottesdienst in Chișinău abhielt, berichteten die Sicherheitsbehörden, die Teilnehmer seien hauptsächlich Beamte und Militärangehörige gewesen. Ein Großteil der rumänischsprachigen Gläubigen der Stadt, unter denen sich damals auch der Mönch Efrosim Leucă befand, nahm an diesem Gottesdienst nicht teil, weil man die Feiertage immer noch nach dem alten Kalender beging.[19] Immer stärker fühlten sich die Altkalendaristen von niemandem im Zentrum repräsentiert. Sie schienen abermals zu einer Minderheit geworden zu sein, wie sie es im Zarenreich gewesen waren.

Wie konnten sie eine symbolische Reform so ganz anders interpretieren, als es Bukarest beabsichtigt hatte, und wieso änderte sich ihre Wahrnehmung nicht mit der Zeit? Ganz im Gegenteil: Von Jahr zu Jahr nahm die Zahl der Altkalendaristen zu. Und warum gab die rumänisch-orthdoxe Kirche die Reform in Bessarabien nicht einfach auf? Dadurch hätten zweieinhalb von dreizehn Millionen ihrer landesweiten Mitglieder einfach weiterhin in der alten Zeitdimension gelebt. Wäre deshalb die Verbindung der neuen Provinzkirche zur Nationalkirche nicht fest genug gewesen?

Die Abkehr von der Nationalkirche war kein friedlicher Prozess. Der Kalenderkonflikt mündete ab den 1930er Jahren auch in physische Gewalt. Als „unser“ Efrosim Leucă am 31. Mai 1936 von einem Pferdewagen-Konvoi von Albineț nach Funduri Vechi gebracht und begleitet wurde, um dort den Gottesdienst zu halten, empfingen ihn die heimischen Altkalendaristen mit offenen Armen. Die Altkalendaristen des Dorfes hatten ihr Gebetshaus erst kurz zuvor eröffnet und waren wie viele andere Gemeinschaften auf der Suche nach religiöser Betreuung. Am Ende des Treffens wurde Leucă im Konvoi zurück nach Albineț gebracht. Als die Reisegesellschaft auf einen Hügel fuhr, geschah, was die Altkalendaristen die ganze Zeit befürchtet hatten: Gendarmenverbände nahmen die Verfolgung auf. Die Situation eskalierte in Sekundenschnelle zu einem Kampf. Die Bauern schrien „Türken“ und „Heiden“, während es ihnen sogar gelang, einige Waffen von den Gendarmen zu erbeuten. Dabei wurden fünf Altkalendaristen schwer verletzt, zwei starben auf der Stelle, zwei weitere am nächsten Tag. Die Gendarmen, von denen ebenfalls einige Blessuren erlitten hatten, räumten das Feld, bevor sich fast das ganze Dorf zur Verteidigung des altkalendaristischen Priesters zusammenscharte.[20]

[19] ANRM, Inspectoratul regional de siguranță din Basarabia, 680, 3508, 3 [Bericht des Siguranța-Büros von Chișinău an den Polizeichef von Chișinău vom 2.1.1930 betr. Verlauf der Gottesdienste in Chișinău anlässlich der Neujahrfeier].

[20] CNSAS, Fond Documentar, D015259, 180–183, 187–193 [Aussagen der Informanten Alexei Dascalu, Loghin Taltu, Damian Olajiu, Vasile Vascan, Mion Babinschi, Iosif Vizitiu, Catinca

Die Spannungen zwischen den Altkalendaristen und den orthodoxen Bauern hatten sich vor Ort schon in den vorangegangenen Monaten verstärkt. Um nicht den Eindruck zu erwecken, dass die amtliche orthodoxe Pfarrgemeinde den Aktivitäten der Altkalendaristen gegenüber passiv geblieben wäre, organisierte der orthodoxe Priester einen besonderen Gottesdienst just an dem Tag, an dem die Altkalendaristen einen Festtag begingen. An ihm nahmen viele orthodoxe Gläubige von außen sowie Ehrengäste wie beispielsweise der orthodoxe Stadtpfarrer aus Bălți teil.[21] Auf Anfrage des Priesters hatte auch die Gendarmerie am 31. Mai fünfzehn Mann nach Funduri Vechi geschickt. Ihre Aufgabe war, für Ruhe und Ordnung zu sorgen und mögliche Auseinandersetzungen zwischen den Altkalendaristen und den zur Amtskirche gehörigen Orthodoxen zu verhindern. Stattdessen warteten die Gendarmen den ganzen Tag im Wirtshaus auf den richtigen Zeitpunkt für ihr Eingreifen. Als ein Informant ihnen mitteilte, dass Altkalendaristen Mordpläne gegen Behördenvertreter schmiedeten, entschieden sie sich zur Festnahme der führenden Altkalendaristen. In Ermangelung eines entsprechenden Befehls durch ihre Vorgesetzten war ihre anschließende Aktion ein klarer Gesetzesverstoß.[22]

Der blutige Zusammenprall von Funduri Vechi ist für die spätere Phase der altkalendaristischen Bewegung, das heißt in den Jahren 1934 bis 1936, durchaus repräsentativ. Die Auseinandersetzungen waren ein Zeichen für die zunehmende Intoleranz der Sicherheitskräfte und deuteten auch auf eine stärkere Organisation der Kalendergegner hin. Die gewaltsamen Konflikte waren Wind in den Segeln derer, die ein härteres staatliches Vorgehen gegen den Altkalendarismus befürworteten. Sie stellten die Auseinandersetzungen als eine Vorbereitung der Bauern für eine größere Rebellion dar und betonten, der Staat hätte längst die Kontrolle über die Bewegung verloren. Viele waren sich einig, dass sich die Altkalendaristen kommunistischen Gruppierungen anschließen würden, um gemeinsam den Staat zu unterminieren – auch wenn jegliche Beweise in dieser Hinsicht fehlten. Angst, Ungewissheit und das Streben nach einer stärkeren Kontrolle der Kalendergegner führten im Herbst 1936 zur sogenannten „Aktion zur Niederschlagung der stilistischen Bewegung". Hunderte Altkalendaristen wurden festgenommen, ihre Gebetshäuser geschlossen. Auch Efrosim Leucă fiel dieser Aktion zum Opfer. Als er abermals – von einem Heer von Pferdewagen begleitet – von einem Gebetshaus zum nächsten gebracht wurde, wurde er gemeinsam mit 243 anderen Altkalendaristen von der Gendarmerie festgenommen. Die Strafe war drakonisch: Der mittlerweile 58-jährige Mönch wurde zu zehn Jahren Haft und einer zusätzlichen Geldstrafe von 10.000 Lei verurteilt. Den Vorschlag der Gendarmerie, Leucă in einem orthodoxen Kloster im Süden Rumäniens unterzubringen,

Raileanu, Evghenia Olagiu, Parascovia Scripcaru, Pentelei Nagafciuc, Ion Rasnic, Vasile Cazacu, Ion Olajiu, Daria Raileanu, Ana Belous, Ilarion Burlacu, Domnica Moscaliuc, Frasina Babinschi, Ioana Palaghiciuc, vom August 1936 betr. den Gerichtsprozess].

21 CNSAS, Fond Documentar, D015258, 3–8 [Vortrag des Militärstaatsanwalts C. 4 A.,1939].

22 CNSAS, Fond Documentar, D015259, 269 [Aussage der Informanten Nicoale Culacu, Dan Marin, September 1936, 199], 211 [Aussage von Nicolai Cuvalbu, Mai 1936].

das zu einer Internierungsstätte für besonders gefährliche Altkalendaristen umgewandelt worden war, lehnten die Gerichtsbehörden dagegen ab. Die Gefängnis- und Geldstrafe würden ausreichen, so die offizielle Begründung, Leucă von den Ideen des Altkalendarismus und von weiteren Protesten gegen die Amtskirche abzuhalten.[23]

Mit seinen neuen Gebieten aus dem Erbe des ehemaligen Habsburger- und Russischen Reiches war Großrumänien, ähnlich wie Polen und das Königreich der Serben, Kroaten und Slowenen, ein postimperialer kompositer Staat.[24] Auf ihre Weise waren diese eine Art „kleine Imperien".[25] Zumal waren sie ungeachtet des Selbstverständnisses als Nationalstaaten keine ethnisch homogenen Einheiten, sondern demographisch auch wieder Nationalitätenstaaten.[26] Die nach Ende des Krieges als Teil der internationalen Friedensordnung unterschriebenen Minderheitenschutzverträge bedeuteten eine formale Absicherung, die Rechte und den Status der Minoritäten zu schützen.[27] In Rumänien, wo der Minderheitenschutzvertrag nicht ohne Widerstand unterzeichnet wurde, wuchs mit der nationalistischen Rhetorik und der Rumänisierungspolitik ab den späten 1920er Jahren der Druck zur Assimilation.[28] Zahlreiche Studien belegen, wie konfliktreich die Beziehung zwischen den Minderheiten und dem Staat verlief.

Die Geschichte des Altkalendarismus erzählt diese Entwicklung unter einem neuen Aspekt, nämlich aus der Perspektive von neu hinzugekommenen Angehörigen der Titularnation. Dadurch kann sie dazu dienen, unser Verständnis von der rumänischen Nationsbildung nach dem Ersten Weltkrieg und vom Funktionieren dieses neuen Staates zu erweitern. Die Untersuchung des Altkalendarismus zeigt auf, was den Osten des Landes in der Zwischenkriegszeit zusammenhielt. Die Nationsbildung, welche der Staat und die Rumänisch-orthodoxe Kirche für die östliche Peripherie vorgesehen hatten, traf einen Großteil der rumänischsprachigen Bevölkerung Bessarabiens völlig unerwartet. Das vor-

[23] CNSAS, Fond Documentar, D015259, 2 [Bericht über den Transfer Efrosim Leucăs vom Gefängnis ins Kloster].

[24] Oliver Jens Schmitt, Der Balkan im 20. Jahrhundert. Stuttgart 2019, 65–69.

[25] Pieter M. Judson, The Habsburg Empire. A New History. Cambridge 2018, 385–441.

[26] Walter Rauscher, Das Scheitern Mitteleuropas, 1918–1939. Wien 2016.

[27] Judson, The Habsburg Empire. A New History, 444–448.

[28] Zur Minderheitenpolitik Rumäniens und zur Beziehung der Minderheiten zum rumänischen Staat siehe: Mariana Hausleitner, Deutsche und Juden in Bessarabien: 1814–1941. Zur Minderheitenpolitik Russlands und Großrumäniens. München 2005; dies., Auf dem Weg zur Ethnokratie. Rumänien in den Jahren des Zweiten Weltkrieges, in: Christoph Dieckmann (Hg.), Kooperation und Verbrechen. Formen der „Kollaboration" im östlichen Europa 1939–1945. Göttingen 2003, 78–112; Rudolf Gräf/Daniela Stanciu (Hgg.), Loyalitätswechsel und institutioneller Neuanfang. Die regionalen deutschen Minderheiten in Rumänien 1918–1928. Cluj-Napoca 2018; Dietmar Müller, Staatsbürger auf Widerruf. Juden und Muslime als Alteritätspartner im rumänischen und serbischen Nationscode. Ethnonationale Staatsbürgerschaftskonzepte, 1878–1941. Wiesbaden 2005; Carol Iancu, Le Juifs en Roumanie (1919–1938). De l'émancipation à la marginalisation. Paris 1996.

liegende Buch untersucht die Widerstandsformen und die Versuche von einfachen Gläubigen, sich ein alternatives religiöses Leben zu schaffen, und setzt sich darüber mit den Grenzen der modernen Nations- und Staatsbildung auseinander. Das Aufkommen des Altkalendarismus illustriert, wie Elemente der lokalen Kultur – der julianische Kalender war solch ein Element – in neuer Funktion als alte Traditionen entdeckt wurden, welche im Widerspruch zu aufoktroyierten Neuerungen standen. Ein aus dem Westen importiertes kulturelles Gut, als das viele Bauern den neuen Kalender wahrnahmen, löste einen Streit aus, der an ethnopolitische Konflikte in entstehenden Nationalstaaten erinnert – und das in einer Zeit, in der Rumänien, als Siegerstaat des Ersten Weltkriegs mit all seinen beträchtlichen Territorialgewinnen, seine Aufmerksamkeit auf die Bewahrung der territorialen Integrität und auf die Modernisierung des Landes lenkte.

Im Vordergrund stehen in der weiteren Folge aber nicht abstrakte Prozesse und Konzepte, sondern die Altkalendaristen selbst und die Reaktionen der kirchlichen und staatlichen Behörden. Es geht um einzelne altkalendaristische Geistliche und um die Führer der Bewegung, auf der Gegenseite um die amtskirchlichen orthodoxen Bischöfe und an ihrer Spitze um den ersten rumänischen Patriarchen, Miron Cristea; es geht um die Innenminister, Gendarmerie- und Polizeichefs. Je höher jemand in der sozialen Hierarchie stand, desto weniger war er in der Regel mit der bessarabischen Umgebung und Gesellschaft vertraut. Die Behördenvertreter in Bessarabien stammten aus allen Gebieten des Landes, vorwiegend aus dem Altreich, und waren von unterschiedlichen politischen Erfahrungen geprägt. Sie alle waren daran interessiert, die nationale und staatliche Integration der Region möglichst rasch abzuschließen. An ihrem Umgang mit den Altkalendaristen lässt sich ablesen, weshalb ihr Optimismus nachließ und welche Konsequenzen ihre Politik für den Kalenderkonflikt hatte.

***

Werfen wir nun einen Blick auf Bessarabien, also die Region, um die es hauptsächlich geht. Ihre Vorgeschichte in den letzten Jahrhunderten war von tiefen Umwälzungen geprägt. Das Gebiet war vom 15. Jahrhundert an ein Teil des Fürstentums Moldau gewesen und gelangte 1812 an das Russische Reich. Über diesen Herrschaftswechsel hinweg (von dem auch seine Benennung herrührte) erfüllte Bessarabien die Funktion eines Grenzgebiets und stand für lange Zeit unter dem Einfluss von orthodoxen, römisch-katholischen und muslimischen Herrschern.

Als Anfang des 15. Jahrhunderts das Fürstentum Moldau in Richtung Osten bis zum Dnjestr (Dnister) expandierte und das Gebiet von den Tataren eroberte, war das spätere Bessarabien noch eine dünn besiedelte Gegend. Die Festungen längs dem Dnister – Hotin, Tighina (Bender) und Cetatea Albă, sowie Chilia im Donaudelta – wurden schrittweise Teil des Fürstentums und weiter ausgebaut. Sie sollten es gegen Tatareneinfälle verteidigen und gleichzeitig vor den Begehrlichkeiten der katholischen Nachbarn, vor allem gegenüber Polen-Litauen, schützen. Dadurch wurde auch die Handelsroute vom Schwarzen Meer bis nach Zentral- und Nordeuropa innermoldauisch abgesichert.

Das Fürstentum Moldau hatte sich gerade erst als Regionalmacht etabliert, als der Aufschwung des Osmanischen Reiches die Machtverhältnisse in der Gegend entscheidend veränderte. Während die Walachei ab 1462 den Osmanen gegenüber tributpflichtig wurde, behielt die Moldau unter Stephan dem Großen noch bis 1476 ihre Unabhängigkeit. Als Vasallenstaaten genossen fortan die Donaufürstentümer gegen einen jährlichen Tribut und weitere Abgaben in Geld und Naturalien eine gewisse Autonomie. Außenpolitik und Handel lagen in den Händen der Hohen Pforte, innere Angelegenheiten wurden den heimischen Großgrundbesitzern – den Bojaren – und den Fürsten überlassen. Auf dem Territorium der beiden Fürstentümer wurden keine Muslime angesiedelt und keine Moscheen gebaut.[29] Aufgrund der strategisch wichtigen Lage brachten die Osmanen dagegen die Festungen im Osten der Moldau, die Schwarzmeerküste sowie die Donaumündung unter ihre direkte Kontrolle. Die dortigen Festungen, beispielsweise Cetatea Albă (Akkerman), bekamen eigene osmanische staatliche Strukturen, muslimische Amtsträger und Militärtruppen.[30]

Seit Konstantinopel 1453 von den Osmanen erobert worden war, sahen die moldauischen Fürsten ungeachtet der bald darauf erfolgenden osmanischen Oberhoheit ihre Rolle als Schutzherren der Orthodoxie. Sie betrachteten die Moldau als eine orthodoxe Bastion in byzantinischer Tradition. Diesem Verständnis sind zahlreiche Klostergründungen und Kirchenstiftungen bis ins 17. Jahrhundert zu verdanken.[31]

Das 18. Jahrhundert stand unter dem zunehmenden Einfluss des Russischen und des Habsburgerreiches. Die beiden Imperien profitierten von der militärischen Schwäche der Osmanen und übten Druck auf deren nördliche Grenze aus. Um die Kontrolle über die Fürstentümer nicht zu verlieren, griff die Hohe Pforte noch stärker in deren innere Angelegenheiten ein und erhob auf sie zusätzliche wirtschaftliche Ansprüche.[32] Zwischen 1711 und 1812 führten das Habsburger- und das Russische Reich sechs große Kriege gegen die Osmanen. Ein Großteil davon fand auch auf dem Territorium der Donaufürstentümer statt.[33] Wenn die imperialen Truppen Richtung Süden marschierten, wurden durch Plünderungen und Seuchen große Landstriche verwüstet. Infolge eines dieser Kriege verlor die Moldau 1775 eines ihrer wichtigsten kulturellen Zentren, als die Hohe Pforte den nördlichen Teil des Fürstentums an die Habsburger abtreten musste, die diesen einstigen Teil der Moldau fortan „Bukowina" nannten und regierten. 1812 verloren, wie schon eingangs erwähnt, die Osmanen das östliche Grenzgebiet der Moldau an das Russische Reich: Es bekam die Bezeichnung Bessarabien.

Viele moldauische Bojaren gingen damals in diese Region, weil sie lieber Untertanen des Zaren als des Sultans sein wollten. Ihre Hinwendung zu Russland geht auf die Mitte

29 Haynes, Moldova. A History, 19–32.

30 Ulf Brunnbauer/Klaus Buchenau, Geschichte Südosteuropas. Stuttgart 2018, 84f.; Haynes, Moldova. A History, 33f., 52.

31 Haynes, Moldova. A History, 32, 41–53.

32 Hitchins, Românii, 1774–1866, 60–74.

33 Haynes, Moldova. A History, 71.

des 18. Jahrhunderts zurück, als sie gehofft hatten, mit russischer Hilfe das Fürstentum von der osmanischen Oberherrschaft zu befreien. Diejenigen dagegen, für die der Einfluss Russlands auf die Fürstentümer zu weit ging, blickten lieber nach Westen. Eine neue Generation von Bojaren, ausgebildet an westlichen Universitäten, begann sich im frühen 19. Jahrhundert am westlichen Liberalismus und nicht am autokratischen Russland als Vorbild für die Organisation der Fürstentümer zu orientieren.[34] Manche Bojarensöhne kamen auf französischen und deutschen Universitäten mit den Losungen der Französischen Revolution und später mit nationalen Ideen in Berührung. Die neu entwickelte Vorstellung von der romanischen Herkunft der Rumänen diente auch dazu, „politische Forderungen zu unterstützen und eine nationale Renaissance anzuregen". Die Einmischung der Großmächte in die Angelegenheiten der Fürstentümer ab dem 18. Jahrhundert führte also einerseits zu einer Schwächung von deren Beziehungen „zum Osmanischen Reich und zur slawisch-orthodoxen Welt", anderseits zu ihrer Hinwendung zum Westen.[35]

Bessarabien war als russisches Reichsgebiet von den Autonomiebestrebungen der Donaufürstentümer und dem dortigen Nationsbildungsprozess ausgeschlossen und wurde in den folgenden Jahrzehnten immer stärker ins Russische Reich integriert. Zwischen 240.000 und 350.000 Einwohner lebten 1812 dort – die Mehrheit davon rumänischsprachige Bauern und einige wenige Großgrundbesitzer.[36] Zu Beginn genoss die Region noch breite Autonomie. Die Verwendung des Rumänischen war neben dem Russischen in der Verwaltung und in der Justiz erlaubt, Großgrundbesitzer durften vor Ort Ämter bekleiden und es herrschte innerhalb der orthodoxen Kirche kirchliche Freiheit.[37] Diese Phase ging jedoch Mitte des 19. Jahrhunderts zu Ende. Auf die Revolution von 1848 und „das Aufblühen des griechisch inspirierten Nationalismus an der unteren Donau" reagierte das Reich mit einem umfangreichen Russifizierungsprogramm: Russisch wurde schrittweise die offizielle Amts-, Kirchen- und Unterrichtssprache und die orthodoxe Kirche wurde dem Moskauer Patriarchat unterstellt.[38] Durch weitere Reformen sollte das Gebiet modernisiert und zu einer „orthodoxen Bastion entlang der Grenze zum Osmanischen Reich" umgewandelt werden. Von einer einfachen Region (oblast') wurde Bessarabien 1871 zur Provinz (gubernija) erklärt.[39]

[34] HAYNES, Moldova. A History, 68, 76f.

[35] Keith HITCHINS, Rumania 1866–1947. Oxford 1994, 5–6; DERS., Românii, 1774–1866, 13, 174–177.

[36] Charles KING, The Moldovan Romania, Russia, and the Politics of Culture. Stanford 2000, 19.

[37] Die orthodoxe Kirche war nach 1812 weiterhin eine der wichtigsten Großgrundbesitzerinnen Bessarabiens. Rumänisch war die Gottesdienstsprache; die Unterrichtssprachen im 1813 eröffneten Priesterseminar waren sowohl Russisch als auch Rumänisch. Die Druckerpresse der Kirche, die 1813 in Betrieb genommen wurde, erstellte Bücher auf Rumänisch und Russisch. Siehe: HAYNES, Moldova. A History, 84f., 92–94.

[38] KING, The Moldovan Romania, Russia, and the Politics of Culture, 25.

[39] KING, The Moldovan Romania, Russia, and the Politics of Culture, 23.

Entscheidend für die Entwicklung des Gebiets war auch die Ansiedlung von Kolonisten. Deutsche, Bulgaren, Ukrainer und Gagausen – ein turksprachiges, mehrheitlich orthodoxes Volk – ließen sich im Verlauf des 19. Jahrhunderts dorfweise in Bessarabien nieder. Anreize waren die fehlende Leibeigenschaft und die ihnen gewährte Steuerfreiheit sowie Freiheit vom Militärdienst. Um den Zugang zum Meer und zur Donau mit loyalen Untertanen abzusichern, fand die Kolonisierung gezielt im Süden der Region statt. Dafür sprachen auch das dortige für Weinanbau und Landwirtschaft günstige Klima und die Tatsache, dass die Gegend verwüstet war. Rumänischsprachigen Bessarabiern war es hingegen nicht erlaubt, den südlichen Landesteil zu besiedeln.[40] Da Bessarabien dem 1791 von Katharina der Großen festgelegten sogenannten „Ansiedlungsrayon" zugeschlagen wurde, durften sich Juden überall niederlassen. Die meisten lebten in den Städten, wo sie zum Beispiel in Chişinău oder in Bălţi die Mehrheit der Handwerker und Fabrikbesitzer stellten.[41]

In weniger als 100 Jahren war die Bevölkerung Bessarabiens auf fast zwei Millionen Einwohner angewachsen. Rumänischsprachige stellten 1897 mit 47,58 Prozent immer noch die größte Gruppe, gefolgt von Ukrainern mit 19,75 Prozent und Juden mit 11,79 Prozent.[42] Die Bevölkerungsstruktur war für das westliche Randgebiet des Russischen Reiches repräsentativ. Den multiethnischen, sprachlich russifizierten Städten standen ethnisch relativ homogene Dörfer gegenüber. Durch die unterschiedliche Besiedlungsgeschichte teilte sich das Territorium in einen multiethnischen Süden und einen rumänischsprachigen und ländlichen Norden.

Ein Großteil der moldauischen Bojaren assimilierte sich mit der Zeit an die russische Kultur. Rumänisch wurde vor allem auf dem Land gesprochen und hatte dementsprechend den Ruf einer Bauernsprache. Die russischen Behörden nannten die rumänischsprachigen Bewohner Moldauer – eine Bezeichnung, die diese selber verwendeten –, ohne sie deshalb als eine nationale Gruppe getrennt von den Rumänen am anderen Ufer des Pruth zu betrachten. Erst nach der Russischen Revolution von 1905, welche die Anfänge einer rumänischen Nationalbewegung in Bessarabien markierte, begann sich dies zu ändern. Ion C. Inculeţ (1884–1940), der Sohn bessarabischer Bauern, Mitglied der Nationalliberalen Partei und Innenminister in den 1930er Jahren, erinnerte sich, wie plötzlich im russischsprachigen theologischen Seminar von Chişinău, das er damals besuchte, über Rumänien als eine „Zigeuner-Nation" gesprochen wurde, deren Kultur weit unter dem Niveau des Russischen Reiches und der Russisch-orthodoxen Kirche sei.[43] Aufgrund der

40 Haynes, Moldova. A History, 87.

41 Ute Schmidt, Basarabia. Coloniştii germani de la Marea Neagră. Chişinău 2014 [dt. Original: Bessarabien. Deutsche Kolonisten am Schwarzen Meer. Potsdam 2012], 55–114; Hausleitner, Deutsche und Juden in Bessarabien: 1814–1941, 18–28; Diana Dumitru, The State, Antisemitism, and Collaboration in the Holocaust: the Borderlands of Romania and the Soviet Union. New York 2018, 33–36.

42 Flavius Solomon, Identitate etnică şi minorităţi în Republica Moldova. O bibliografie. Iaşi 2001, 151, 159.

43 Ion Inculeţ, O revoluţie trăită. Chişinău 1994, 25f.

starken Assimilation der moldauischen Elite an die russische Kultur sowie der Unterdrückung jeglicher Organisationsinitiativen entwickelte sich in Bessarabien keine starke rumänische Nationalbewegung. Die Gruppe von Politikern und Intellektuellen, welche sich 1918 für die Vereinigung der Region mit Rumänien aussprach, war nur eine von vielen, welche im Zuge der Auflösung des Russischen Reiches entstanden waren.[44]

Bessarabien war nicht nur eines der am stärksten multiethnisch geprägten Gebiete des Russischen Reiches, sondern zeichnete sich auch durch eine besondere konfessionelle Heterogenität aus. Die komplexe religiöse Lage hängt mit dem Status als Grenzgebiet, der Kolonisierungsgeschichte und den Russifizierungsversuchen ab der zweiten Hälfte des 19. Jahrhunderts zusammen. Es dominierte die Russisch-orthodoxe Kirche, der die Mehrheit der Einwohner angehörte. Nach der Aufhebung der Leibeigenschaft und mit der fortschreitenden Industrialisierung hatten die Bauern mehr Bewegungsfreiheit und konnten auch ihr religiöses Leben freier gestalten. Mit dem Begriff *dvoeverie* (Doppelglaube) wurden die zunehmenden Unterschiede zwischen der offiziell-institutionellen Orthodoxie und den religiösen Praktiken der Bauern beschrieben.[45] Über diese Unterschiede schrieben Priester auch nach 1918.[46]

Im Zuge der Kolonisierungsbestrebungen fanden verschiedene religiöse Gruppen Zuflucht im Süden Russlands. Molokanen, Duchoborzen und Stundisten bildeten in Gebieten wie Taurida, Stavropol und Bessarabien die Zentren der „russischen Reformation“. Sie waren Teil einer religiösen Bewegung, entstanden als „ein bäuerliches religiöses Erwachen im Russland der Post-Emanzipation“. Neben einer tiefgreifenden Kritik an den Dorfpriestern und der Russischen-orthodoxen Kirche als Institution war ein weiteres Merkmal, dass die Anführer dieser Gruppen entweder Bauern oder Vertreter der städtischen Unterschichten waren. Sie formten neue Rituale, indem sie alte Traditionen der Volksorthodoxie mit evangelischen Elementen vermischten. Ihre Popularität wurde nur durch die Unterdrückung und Verfolgung seitens der russischen Behörden gehemmt. Der Einfluss dieser Gruppen auf die Region war aber erheblich. Denn anstatt „die traditionelle Kulturordnung zu akzeptieren, versuchten die Bauern in der südlichen Grenzregion, ihr eigenes Kultursystem zu schaffen.“[47]

Der Prozess der Spaltung und Entstehung neuer religiöser Gruppen setzte sich in Bessarabien auch Ende des 19. Jahrhunderts fort. Mit der Einführung des Russischen als Gottesdienst- und Unterrichtssprache entstand eine noch größere Kluft zwischen den rumänischsprachigen Bauern und der offiziellen Kirche. Von diesem Vakuum profitierte

44 King, The Moldovan Romania, Russia, and the Politics of Culture, 26–32; neuere Forschung dazu siehe: Suveica, Ambivalent Reconfigurations of the Post-Imperial Space: A Transnational Design for Post-World War One Bessarabia.

45 Chris J. Chulos, Converging Worlds: Religion and Community in Peasant Russia, 1861–1917. DeKalb 2003.

46 Mihail Vasilache, Combaterea concepţiilor populare, *Luminătorul* 14–15 (1929), 59–60.

47 Sergei I. Zhuk, Russia's Lost Reformation. Peasants, Millennialism, and Radical Sects in Southern Russia and Ukraine. Washington 2004, 3–11, 72.

etwa Ion Levizor, ein Mönch aus dem Kreis Soroca, auch als Inochentie von Balta bekannt. Er wurde aufgrund der ihm widerfahrenen Erscheinungen und angeblicher übernatürlicher Heilungen berühmt. Die Bauern fühlten sich auch von seinen Predigten, welche in ihrem moldauischen Dialekt gehalten waren, angezogen. In kurzer Zeit erreichte Inochentie große Popularität, und Balta entwickelte sich zu einem wichtigen volksgläubigen Pilgerort. Inochentie wurde 1913 nach Sibirien deportiert[48]; ein Teil seiner Anhänger – Inochentisten genannt – folgte ihm dorthin.

Das imperiale Erbe im Norden Bessarabiens – jener Gegend, die in der Zwischenkriegszeit zum Zentrum der altkalendaristischen Bewegung wurde – lässt sich folgendermaßen zusammenfassen: Im Vergleich zum Süden war der Norden ärmer, weniger industrialisiert und auch die Analphabetenrate war höher. Die Bauern hatten ein Bewusstsein für ihre Zugehörigkeit zu einer ethnischen Gruppe, der der Moldauer, welche durch die rumänische Sprache und ihren orthodoxen Glauben definiert war. Das religiöse Leben stand im Zentrum des Dorflebens, Rituale und Feiertage ordneten den Alltag. Wie aus den Schriftstücken der Altkalendaristen hervorgeht, rekurrierten sie häufig auf eine verklärte Vergangenheit und die Traditionen ihrer Vorfahren. Die Verwendung des alten Kalenders sorgte in ihrer Vorstellung dafür, dass diese Verbindung erhalten blieb. Die Präsenz verstreuter religiöser Gruppen und die Erinnerung an den Inochentismus bedeuteten auch, dass viele Gläubige von vornherein eine distanzierte Haltung zur offiziellen Kirche einnahmen. Sollte die kirchliche Obrigkeit allzu tief in ihren Alltag eingreifen, kannten die Gläubigen Mechanismen, um sich dagegen zu wehren.

Im Zuge der beiden Revolutionen des Jahres 1917 bildeten in Bessarabien Repräsentanten des Militärs, der Bauern und anderer sozialer Gruppen einen Nationalrat (Sfatul Țării), bestehend aus 138 Mitgliedern. Am 2. Dezember 1917 erklärte dieser die Gründung einer autonomen Moldauischen Demokratischen Republik. Bessarabien sollte weiterhin ein Teil Russlands sein, aber zu einem autonomen Status zurückkehren, wie er nach 1812 für kurze Zeit existiert hatte. Führende Kleriker entschieden, dass die orthodoxe Kirche unter der Jurisdiktion der Russisch-orthodoxen Kirche bleiben sollte.[49] Als offensichtlich wurde, dass der neugegründete moldauische Staat sich gegen ein mögliches Eindringen der Bolschewiki nicht verteidigen könnte, ebenso wenig wie gegen die Gebietsansprüche der Ukrainischen Volksrepublik, welche beide mit der Annektierung des Gebiets drohten, marschierten rumänische Truppen über den Pruth. Am 27. März 1918 erklärte der Nationalrat nach einer Abstimmung die Vereinigung Bessarabiens mit Ru-

[48] Nicolae Popovschi, Mişcarea dela Balta sau Inochentizmul in Basarabia. Contribuții la istoria vieții religioase a Românilor din Basarabia. Chişinău 1926; James A. Kapaló, Inochentism and Orthodox Christianity. Religious Dissent in the Russian and Romanian Borderland. London, New York 2019; Boris Buzilă, Din istoria vieţii bisericeşti din Basarabia: 1812–1918, 1918–1944. Bucureşti 1996, 59f.; Roland Clark, Religious Reform and Sectarianism in Interwar Romania. The Limits of Orthodoxy and Nation-Building. London 2021, 78–80.

[49] Buzilă, Din istoria vieţii bisericeşti din Basarabia, 83–91.

mänien. Die Bedingungen dafür waren klar formuliert: „regionale Autonomie, regionale Budgethoheit, regionale Selbstverwaltungsorgane (zemstva) und Frauenwahlrecht.“[50]

Auf der anderen Seite des Pruth war das Königreich Rumänien 1916 auf der Seite der Entente mit dem Anspruch in den Krieg eingetreten, die großteils rumänischsprachigen Gebiete des Habsburgerreiches – Siebenbürgen, das Banat und die Bukowina – seinem Staatsgebiet anzuschließen. In der Nachkriegsordnung sollte das Land, unterstützt vor allem von Frankreich, zusammen mit Polen die Funktion eines *cordon sanitaire* gegen die Bolschewiki und eine Wiederherstellung des deutschen Einflusses erfüllen. Während die Vereinigung mit den Gebieten des ehemaligen Habsburgerreiches durch internationale Verträge ratifiziert wurde, war die Zugehörigkeit Bessarabiens zu Rumänien nicht allseits anerkannt, zumal nicht von Seiten der Sowjetunion. Den Anspruch der Sowjets, die neue Grenzziehung mittels Volksbefragung festzulegen und der bessarabischen Bevölkerung die Entscheidung zu überlassen, lehnte Rumänien ab. Daraufhin unterbrachen die beiden Länder ihre diplomatischen Kontakte.[51] Die vollständige internationale Anerkennung der Vereinigung und der neuen Grenzen, zumal auch durch die Sowjetunion, blieb eines der Hauptziele der rumänischen Diplomatie in der Zwischenkriegszeit.[52]

„Mit seinem Reichtum, dem fruchtbaren Boden und den fleißigen Einwohnern“ erfüllte Bessarabien alle Voraussetzungen, „die kostbarste Perle der rumänischen Monarchie zu werden“, erklärte König Carol II. im Juni 1935, als er der Region einen Besuch abstattete. Dem König zufolge war allen klar, dass die Vereinigung „für die Ewigkeit“ sein würde. Um die Entwicklung des Gebiets voranzutreiben, „müsste sich die Zentralregierung stärker bemühen“.[53] Alle Patrioten sollten Hand in Hand mit der Regierung arbeiten. Ion C. Inculeţ, der den König auf seiner Reise begleitete, appellierte an ein historisches Motiv, um die Unterstützung der Bevölkerung zu mobilisieren. Wie Stephan der Große, der im Mittelalter die Grenzen Moldaus gegen Katholiken, Osmanen und Tataren verteidigt habe, so sollten nun die Bauern die Grenze Rumäniens vor dem Bolschewismus schützen. Dafür hätten sie laut Inculeţ Land und eine freie Nationalkirche bekommen. Was der Staat ihnen anbiete, sei ein viel besseres Angebot als das, was die Bauern am anderen Dnjestr-Ufer erlebten.[54]

50 Schmitt, Der Balkan im 20. Jahrhundert, 68.

51 Hausleitner, Deutsche und Juden in Bessarabien: 1814–1941, 89f.

52 Dov B. Lungu, Romania and the Great Powers, 1933–1940. Durham, London 1989, 1–12; Wim van Meurs, The Bessarabian Question in Communist Historiography. Nationalist and Communist Politics and History-Writing. New York 1994, 79–84; King, The Moldovan Romania, Russia, and the Politics of Culture, 38.

53 ANR, Casa Regală-Miscelanee, 756, 51–57 [Antwort Königs Carols. II auf die Rede von Bischof Visarion Puiu anlässlich der Weihezeremonie der Kathedrale in Bălţi vom 2.6.1935]; 61f. [= Rede Königs Carols. II in Chişinău vom 3.6.1935].

54 Primăria Chişinău oferă regelui un banchet. Discursul d.lui ministru de interne. Răspunsul Suveranului, *Adevărul* 5.6.1935, S. 3.

Wie aus den beiden Reden hervorgeht, tat sich der Staat schwer, für Bessarabien eine andere Rolle zu definieren als die eines gefährdeten Grenzgebiets. In den siebzehn Jahren, in denen das Gebiet nun schon zu Rumänien gehörte, hatte die Nationalbewegung noch nicht die breiten Massen erreicht. Dass man sich Gedanken über die wirtschaftliche Entwicklung der Provinz machte, war hingegen ein gesamtstaatliches Phänomen. Die politische Elite, vor allem die Mitglieder der Nationalliberalen Partei (neben der Nationalen Bauernpartei die prägendste politische Kraft der Zwischenkriegszeit), sah die Entwicklung des Landes mit Hilfe einer zentral geleiteten Industrialisierung und Urbanisierung vor. Für einen Agrarstaat fehlten jedoch konkrete Pläne, um den ländlichen Raum in diesen Prozess einzubeziehen. Nach der Agrarreform von 1921, von der Innenminister Inculeţ gesprochen und die aus Rumänien ein Land von Kleingrundbesitzern gemacht hatte, ließen weitere ähnlich tiefgreifende Reformen auf sich warten.

Neben dieser Agrarreform konzentrierte sich der Zentralstaat in Bessarabien auf den Aufbau des Schul- und Verwaltungssystems.[55] Ein dringendes Problem waren auch neue Absatzmärkte. Die Exportwege einer Getreide- und Obstbauregion führten nun plötzlich nicht mehr in Richtung Osten, wo eine Infrastruktur vorhanden gewesen war, und nach Westen mussten erst neue Exportrouten erschlossen werden.[56] Das war eine Herausforderung, mit der unter umgekehrten geografischen Vorzeichen auch die Gebiete des ehemaligen Habsburgerreiches innerhalb Rumäniens konfrontiert waren.[57] Verglichen mit den anderen Regionen hinkte die Entwicklung in Bessarabien aber auf vielen Ebenen nach.[58] In puncto Urbanisierung und Alphabetisierung wies das Gebiet die niedrigsten Raten des ganzen Landes auf. Bei einigen Aspekten, wie etwa dem Elektrifizierungsgrad oder der Länge der Eisenbahnstrecken, entsprach es hingegen immerhin dem Niveau mancher Gegenden im Osten der Walachei.[59] Rumänien erweiterte das kurze Eisenbahnnetz in Bessarabien um 144 Kilometer und führte bei den Straßenverbindungen minimale

55 Alberto Basciani, La difficile unione. La Bessarabia e la Grande Romania 1918–1940. Roma 2007; King, The Moldovan Romania, Russia, and the Politics of Culture, 44–51; Irina Livezeanu, Cultural Politics in Greater Romania. Regionalism, Nation Building and Ethnic Struggle, 1918–1930. Ithaca 1995, 89–127; Svetlana Suveica, Die Verwaltung Bessarabiens in der Transformation. Legislativer Rahmen, Institutionen und Beamtenschaft (1918–1928), *Südost-Forschungen* 71 (2012), 183–232.

56 Nicolae Enciu, În componenţa României Întregite. Basarabia şi basarabenii de la Marea Unire la notele ultimative sovietice. Bucureşti, Brăila 2018, 143–153.

57 Eine Analyse auf lokaler Ebene darüber, wie sich die Grenzziehung in der Gemeinde Jimbolia, im ehemaligen habsburgischen Banat, auswirkte, bietet Walter Tonţa, Die wandernde Grenze: Die Banater Gemeinde Hatzfeld im Spannungsfeld der neuen Grenzziehungen nach dem Ersten Weltkrieg, in: Gräf/ Stanciu (Hgg.), Loyalitätswechsel und institutioneller Neuanfang, 393–429.

58 King, The Moldovan Romania, Russia, and the Politics of Culture, 23, 41–42.

59 Gheorghe Iacob, Rumänien in der Epoche der Modernisierung (1859–1939). Wien 2018, 218f.; Emil Ionescu, Producerea şi distribuţia energiei electrice, in: Dimitrie Gusti (Hg.), Enciclopedia României. Economia Naţională. Cadre şi producţie. Bd. 3. Bucureşti 1938, 1031–1046, hier 1036.

Verbesserungen durch.[60] Auch die Unterschiede zwischen dem Norden und dem Süden Bessarabiens blieben weiterhin bestehen. Dazu kam noch, dass Beamte aus dem Altreich und aus Siebenbürgen oft Vorrang in der neuen Verwaltung hatten. Aufgrund der weitverbreiteten Korruption, ihrer Überheblichkeit und des Ausschlusses der einheimischen Bevölkerung von wichtigen Ämtern machten sich die neuen Repräsentanten des Staates bei der einheimischen Bevölkerung rasch sehr unbeliebt. Viele Menschen hatte das Gefühl, dass das Gebiet okkupiert und nicht integriert wurde.[61]

Der Integrationsprozess wurde durch den ungeklärten politischen Status zusätzlich erschwert. Die durchaus mit dieser Absicht ins Leben gerufene Autonome Moldauische Sowjetrepublik, 1924 als Teil der Ukrainischen Sowjetrepublik direkt an der Grenze zu Rumänien gegründet, benutzten die Sowjets als Propagandaplattform, um Druck auf die Nachbarregion auszuüben und ihren Gebietsanspruch auf diese zu untermauern. Die dortige Kollektivierung und Mechanisierung der Landwirtschaft sollten auch die bessarabischen Bauern vom sowjetischen System überzeugen. Während die Dörfer auf der rumänischen Seite als arm und rückständig präsentiert wurden, gebe es – wurde behauptet – in den sowjetischen Dörfern massiven Fortschritt.[62] Rumänien antwortete mit einer intensiven Gegenpropaganda, an der sich die Kirche führend beteiligte. Auch Flüchtlinge aus der Sowjetunion, Kleriker wie Laien, wurden dafür eingesetzt. Die Rebellion von Tatar-Bunar im Jahr 1924, als sich Tausende von Bauern im Süden Bessarabiens mit sowjetischer Unterstützung aus dem jenseitigen Dnjestr-Gebiet gegen den rumänischen Staat auflehnten, bewies, wie instabil die Lage immer noch war. Diese und andere ähnliche Konflikte zeigten der Zentralregierung die gefährdete Beschaffenheit der Grenzziehung auf.[63] Eine Statistik der Polizei von 1930 über die Bewaffnung der Bevölkerung im nördlichen Kreis Hotin zeigt, dass „staatliche Beamte, Professoren und Lehrer", also diejenigen, die am intensivsten in den Nations- und Staatsbildungsprozess involviert waren, am stärksten bewaffnet waren und nicht etwa „Großgrundbesitzer, Anwälte, Ärzte" oder „Händler". Offensichtlich fühlte sich die erstgenannte Personengruppe von einer potentiell feindlich gesinnten Bevölkerung bedroht.[64] Als Beamte aus anderen Gebieten nach Bessarabien versetzt zu werden, eröffnete ihnen nicht gerade die besten Karrierechancen.

Nur selten wurde über den Integrationsprozess gezielt nachgedacht. Obwohl die Sicherheitsbehörden in ihren monatlichen Berichten regelmäßig die „Stimmung in der Bevölkerung" erhoben, war diese nie Anlass für Diskussionen. Erst mit dem zunehmenden Einfluss der Altkalendaristen im Norden Bessarabiens gerieten die Behörden in Unruhe

[60] Enciu, În componența României Întregite, 231–234.

[61] King, The Moldovan Romania, Russia, and the Politics of Culture, 42f.

[62] Paul Cernat, Vase comunicante. (Inter)fețe ale avangardei românești interbelice. Iași 2018, 167f.

[63] Ludmila Rotari, Mişcarea subversivă din Basarabia în anii 1918–1924. Bucureşti 2004; Igor Casu, Exporting Soviet Revolution: Tatarbunar Rebellion in Romanian Bessarabia (1924), *The International Journal of Intelligence, Security and Public Affairs*, 22:3 (2020), 224–243.

[64] ANR, Direcția Generală a Poliției, Personal, 41, 3 [Bericht der Polzei Hotin vom 29.5.1930 betr. die Bewaffnung der Behörden im Kreis Hotin].

und begannen erstmals gezielt nach den Wahrnehmungen der Einheimischen zu fragen. Sie schickten Agenten und Informanten in die Kleinstädte und in die Dörfer. Am Ende ihrer Untersuchungen stellten sie 1936 verblüfft fest, dass die zuständigen Stellen „nichts unternommen hatten, um die Sympathien der Bevölkerung zu gewinnen und diese vom Rumänentum zu überzeugen".[65]

***

Die Geschichte Bessarabiens in der Zwischenkriegszeit wird oft aus der Bukarester Perspektive in Form von Statistiken und der Aufzählung von Reformen dargestellt. Diese Daten sollten – je nach politischer Ausrichtung – die Erfolge oder das Scheitern der rumänischen Verwaltung belegen.[66] Ausnahmen bilden die Arbeiten von Alberto Basciani, Charles King, Irina Livezeanu und Svetlana Suveica, die von zentraler Bedeutung sind, da sie die Probleme des Vereinigungsprozesses in unterschiedlichen Bereichen mit umfangreichem Archivmaterial untersuchen.[67]

Die wenigen Studien, die sich ausschließlich dem Altkalendarismus in Rumänien widmen, übernehmen die Erklärungen der staatlichen und kirchlichen Behörden. Ohne die Anfänge der Bewegung ausführlich zu untersuchen, setzen sie sich mit der Zeit nach dem Zweiten Weltkrieg auseinander.[68] Die Altkalendaristen und der Kalenderkonflikt wurden in Arbeiten zu Bessarabien und in Studien zur Geschichte der rumänischen Orthodoxie nur beiläufig erwähnt.[69] Generell sind die Partei-, Kultur- und Ideengeschichte sowie die

65 ANR, Inspectoratul General al Jandarmeriei, 1936/60, 162–195, hier 184 [Monatsbericht der Informationsabteilung der Polizei Bălţi an das Zentralinspektorat der Gendarmerie in Bukarest vom 30.3.1936 betr. die Einstellung der einheimischen Bevölkerung gegenüber Rumänien].

66 Ion Nistor, Istoria Basarabiei. Scriere de popularizare. Bucureşti 2017.

67 Basciani, La difficile unione; Livezeanu, Cultural Politics in Greater Romania. Regionalism, Nation Building and Ethnic Struggle; Suveica, Die Verwaltung Bessarabiens in der Transformation; Svetlana Suveica, Basarabia în primul deceniu interbelic (1918–1928). Modernizare prin reforme. Chişinău 2010; dies., Ambivalent Reconfigurations of the Post-Imperial Space: A Transnational Design for Post-World War One Bessarabia. Habilitationsschrift Regensburg 2020.

68 Florian Bichir, Ortodocşii de lângă noi Studiu istoric şi canonic al Bisericii Ortodoxe de Stil Vechi din România. Documente inedite din Arhivele Securităţii. Timişoara 2011. Radu Petre Mureşan schließlich (s. oben, Anm. 17) behandelt auf knapp 200 Seiten die Geschichte des Altkalendarismus von seiner Entstehung bis 2011. In der wiederholten Wertung, dass der Altkalendarismus in Rumänien das Ergebnis kommunistischer Aktivitäten gewesen sei, übernimmt er ungeschmälert die dominante Wahrnehmung der damaligen Zeitgenossen. An anderer Stelle erläuterte Mureşan jedoch selbst, dass die Rolle der Kommunisten in der Kalenderfrage weiterer Forschungen bedürfe; die Kommunisten hätten „sicher bei der Ausbreitung der Bewegung entscheidend" mitgeholfen (Mureşan, 43, 59 f., 62, 134). Siehe dazu auch meine Rezension (unter dem Geburtsnamen: Andreea Petruescu) in den *Südost-Forschungen* 73 (2014), 628–630. Mureşan, Stilismul în România (1924–2011).

69 Basciani, La difficile unione, 14–319; Buzilă, Din istoria vieţii bisericeşti din Basarabia, 224– 233; Clark, Religious Reform and Sectarianism in Interwar Romania, 79–85; Enciu, În componenţa României Întregite, 337–338; Hausleitner, Deutsche und Juden in Bessara-

Geschichte verschiedener Minderheiten in der Zwischenkriegszeit gut erforscht[70] – im Gegensatz zum ländlichen Raum und zur orthodoxen Kirche, die bislang auf wenig Interesse stießen.[71]

Die Gründe für die mangelnde Auseinandersetzung mit der altkalendaristischen Bewegung sind unterschiedlich. Da es sich um ein Thema des ländlichen Raumes handelt, wo die Sicherheitsbehörden und die Amtskirche eine wichtige Rolle spielten, sind die Quellen über verschiedene Archive in Rumänien, der Republik Moldau und Russland verstreut. Forscherinnen und Forschern, die sich mit der Zwischenkriegszeit beschäftigen, sind die Herausforderungen bewusst: Die Archive der Rumänisch-orthodoxen Kirche sind kaum zugänglich, und viele Dokumente der Geheimpolizei oder Gerichtsakten liegen im Zentralarchiv des ehemaligen kommunistischen Geheimdienstes (CNSAS), wo der Zugang und die Arbeitsbedingungen schwieriger sind als in den regulären Archiven. Da dies auch Dokumente aus der Zwischenkriegszeit betrifft, verlangsamt das die Recherchen stark.

Mit der Öffnung der Archive nach 1990 widmeten sich Historikerinnen und Historiker im Westen vor allem dem Studium des Faschismus, einer damals in der Tat zentralen Forschungslücke. In der rumänischen Öffentlichkeit hingegen hatte die Zwischenkriegszeit nach dem Ende des Kommunismus lange Zeit den Ruf eines Goldenen Zeitalters, und eine Auseinandersetzung mit dieser Periode galt als „heikles Thema".[72] Anlässlich der Feierlichkeiten zum Jubiläumsjahr 2018 unterzeichnete das rumänische Parlament eine Erklärung darüber, „dass Rumänien und seine Bürger immer bereit sind und sein werden, jede organische Manifestation der Wiedervereinigung seitens der Bürger der Republik Moldau als Ausdruck ihres souveränen Willens zu begrüßen." In den Medien bedienten sich manche Politiker einer weniger vorsichtigen Sprache und äußerten sich im Sinne

bien: 1814–1941, 83; King, The Moldovan Romania, Russia, 44–45; Hans-Christian Maner, Multikonfessionalität und neue Staatlichkeit. Orthodoxe, griechisch-katholische und römisch-katholische Kirche in Siebenbürgen und Altrumänien zwischen den Weltkriegen (1918–1940). Stuttgart 2007, 194–197.

70 Marta Petreu, De la Junimea la Noica. Studii de cultură românească. Iaşi 2011; dies., Blaga între legionari şi comunişti. Iaşi 2021; Cristina A. Bejan, Intellectuals and Fascism in Interwar Romania. The Criterion Association. London 2019.

71 Sorin Radu/Oliver Jens Schmitt (Hgg.), Politics and Peasants in Interwar Romania. Perceptions, Mentalities, Propaganda. Newcastle upon Tyne 2017; Mirel Bănică, Biserica ortodoxă română: stat şi societate în anii '30. Iaşi 2007; Paul Brusanowski, Autonomia şi constituţionalismul în dezbaterile privind unificarea Bisericii Ortodoxe Române (1919–1925). Cluj-Napoca 2007; ders., Stat şi biserică în Vechea Românie între 1821–1925. Cluj-Napoca 2010; ders., Rumänisch-orthodoxe Kirchenordnungen (1786–2008): Siebenbürgen – Bukowina – Rumänien. Wien, Köln 2011; Clark, Religious Reform and Sectarianism in Interwar Romania; Maner, Multikonfessionalität und neue Staatlichkeit.

72 Smaranda Vultur, New Topics, New Tendencies and New Generations of Historians in Romanian Historiography, in: Ulf Brunnbauer (Hg.), (Re)writing History: Historiography in Southeast Europe after Socialism. Münster 2004, 235–276.

einer Vereinigung Rumäniens mit der Republik Moldau.[73] Aus der Fülle der staatlich geförderten Studien, die 2018 über Bessarabien erschienen sind, sticht das Buch Nicolae Encius hervor, eines Historikers aus der Republik Moldau.[74] Seine Studie ist immerhin ausgewogener und ausführlicher als die klassische Arbeit des Historikers Ion Nistor (1876–1962), der als Erster den Versuch unternommen hatte, die Zwischenkriegszeit in Bessarabien historisch zu analysieren. Als Mitglied der Nationalliberalen Partei und Angehöriger vieler Regierungen lautete Nistors Narrativ wenig überraschend, dass Rumänien für Bessarabien eine modernisierende Macht gewesen war.[75] Enciu hat einen etwas differenzierteren Blick und erwähnt sogar am Rande den Kalenderkonflikt. Die Lücken aber, vor allem wenn es um den Aufschwung des Antisemitismus und die faschistische Bewegung geht, und die Nichtberücksichtigung von jüngeren Arbeiten deuten auf eine ähnliche Tendenz hin: die Errungenschaften Rumäniens in Bessarabien herauszustreichen und vieles andere auszublenden.

In diesem Buch untersuche ich wie dargestellt Mechanismen der Nations- und Staatsbildung und die Gegenreaktionen, welche diese Prozesse im konkreten Fall hervorriefen. Ich analysiere die Interaktionen zwischen der ländlichen Bevölkerung und staatlichen und kirchlichen Akteuren auf regionaler wie auf nationaler Ebene. Gingen die Missverständnisse, welche der neue Kalender auslöste, auf eine mangelnde Kommunikation der Reform zurück? Wie hätte die zeitliche Erneuerung laut Amtskirche und Staat erfolgen sollen? Traf der neue Kalender allein bei den rumänischsprachigen Gläubigen auf Widerstand oder schlossen sich auch andere Gruppen den Altkalendaristen an? Was führte zu den Gewaltausbrüchen zwischen den Altkalendaristen und den Gendarmen ab den 1930er Jahren? Inwiefern beeinflusste die Beziehung Rumäniens zur Sowjetunion den Umgang mit den Altkalendaristen? Die beiden Länder nahmen ihre diplomatischen Beziehungen 1932/33 wieder auf, unterbrachen sie aber nur drei Jahre später erneut.

Nations- und Staatsbildung ist ein Prozess, der sich über Jahre erstreckt und an dem sich mehrere Generationen beteiligen. In Rumänien befand sich dieser Prozess nach 1918 in unterschiedlichen Phasen, wobei er in Bessarabien erst in den Kinderschuhen steckte. Dem Soziologen Andreas Wimmer zufolge gelingen solche Prozesse, wenn eine gewisse politische Integration und nationale Identifikation aller Bürger mit dem Staat erreicht werden. Freiwillige Organisationen, die Bereitstellung öffentlicher Güter und sprachliche Homogenität fördern die Nationsbildung. Wenn Maßnahmen zur Nationsbildung

[73] Parlamentul României adoptă prezenta Declarație pentru celebrarea unirii Basarabiei cu Țara Mamă, România, la 27 martie 1918; Liviu Dragnea, „Eu vreau să ne unim cu Moldova“: <https://www.digi24.ro/stiri/actualitate/politica/liviu-dragnea-eu-vreau-sa-ne-unim-cu-moldova-902587> (9.4.2021).

[74] Nicolae Enciu, În componența României Întregite. Basarabia și basarabenii de la Marea Unire la notele ultimative. București Brăila 2018.

[75] Nistor, Istoria Basarabiei. Scriere de popularizare.

von außen implementiert werden, wie das in Bessarabien der Fall war, ist von zentraler Bedeutung, dass Einheimische in diese Prozesse miteinbezogen werden.[76] Wie Wimmer und andere betonen, kommt es häufig vor, dass bei einem Regimewechsel von Kolonialherrschaft zu Nationalstaat sich Einheimische „gegen die nationale Regierung wehren, die sich mehr in ihr tägliches Leben einmischt als ihre koloniale Vorgängerin."[77] Der Anthropologe James C. Scott beschäftigte sich in diesem Zusammenhang intensiv mit der Frage des Widerstands von bäuerlichen Bevölkerungsschichten. Er macht die Haltung der neuen modernisierenden Eliten, die er als "the high-modernist ideology"" bezeichnet, als Grund für das Scheitern von Reformen aus. Die Reformen werden von oben nach unten implementiert, ohne Rücksicht auf die Bedürfnisse der Bevölkerung. Sie repräsentieren in der Regel einen Bruch mit der Vergangenheit und mit den Traditionen.[78] Die Widerstandsformen der ländlichen Bevölkerung gegen den Zentralstaat reichen von passivem Widerstand bis hin zu offen ausgetragenen Auseinandersetzungen. Konflikte münden laut Scott dann in Gewalt, wenn staatliche Behörden nicht mehr bereit sind, diese indirekten Widerstandsformen zu tolerieren.[79]

Wenn für viele Angehörige der Titularnation im Altreich und in den ehemaligen Gebieten des Habsburgerreichs mit der Entstehung Großrumäniens ein nationaler Traum in Erfüllung ging und sie die Orientierung des Landes nach Westen für selbstverständlich hielten, so waren Rumänischsprachige in Bessarabien wohl zumindest froh darüber, nicht länger eine Minderheit zu sein. Mit ihrer Sprache und Konfession bildeten sie eine Stütze des Nationalstaates im östlichen Grenzgebiet. Die Ablehnung des neuen Kalenders ging auf die verschiedenen Phasen in der Nationsbildung zurück. Eine „westliche" Reform wie die des Kalenders zu akzeptieren, war auch für die Rumänen im Altreich und in Siebenbürgen ein langer Prozess gewesen. Über die Jahrzehnte hatte sich eine rumänische Mittelschicht gebildet, welche als Trägerin der nationalen Ideen fungierte und über die Position des Landes in Europa reflektierte. Die Bukarester Elite ging nach 1918 davon aus, dass die Bessarabier dank Sprache und Glauben die Maßnahmen des Zentrums, bei denen sie kaum mitentscheiden durften, automatisch begrüßen würden. Es handelte sich um die von Scott beschriebene Haltung der Eliten in Reinformat, die überzeugt waren, dass Bessarabien bei der Modernisierung aufholen müsse. Laut Wimmer ist das Tempo bei solchen Prozessen zentral. Bukarest erwartete, dass die Gläubigen alle Maßnahmen auf einmal absorbieren würden, und zwar schnell, weil die Sowjets Schwäche und Konflikte ausnutzen könnten.

Die Folge war, dass zwei kulturelle Vorstellungen aufeinanderprallten. Nur 30 Jahre zuvor hatte der russischen Volkszählung von 1897 zufolge die Analphabetenrate unter den Ru-

76 Andreas Wimmer, Nation Building. Why Some Countries Come Together While Others Fall Apart. Princeton, Oxford 2018, 1f.

77 Wimmer, Nation Building, 3.

78 James C. Scott, Decoding Subaltern Politics, Ideology, Disguise, and Resistance in Agrarian Politics. New York 2013, 42, 96.

79 Scott, Decoding Subaltern Politics, 23.

mänen in Bessarabien 98,3 Prozent bei Frauen und 89,5 Prozent bei Männern betragen.[80] Selbst wenn der neue Kalender nur minimale symbolische Änderungen gebracht hätte, hätte seine Akzeptanz vorausgesetzt, dass die Gläubigen wissenschaftlichen Argumenten folgen konnten und die Notwendigkeit verstanden, Teil der westlichen Gemeinschaft zu werden und das Religiöse zugunsten der nationalen Interessen hintanzustellen. Die Akzeptanz eines neuen Kirchenkalenders hätte einer starken Identifikation der Gläubigen mit dem Nationalstaat bedurft. In einer krisengeschüttelten Nachkriegszeit, in der die Hinwendung zum religiösen Leben tendenziell stärker war als in stabileren Zeiten, wären ansonsten erhebliche Ressourcen, die Beteiligung kirchlicher und nichtkirchlicher Akteure aus dem Altreich ebenso wie aus Bessarabien, vor allem aber Zeit und Geduld notwendig gewesen. Die politischen Eliten – solange sie auf die Unterstützung der Kirchenleitung bei der Kalenderreform zählen konnten – sahen den Sinn einer solcher Ressourcenmobilisierung für eine Reform nicht ein, die sie als selbstverständlich empfanden.

Die Eskalation zwischen den Altkalendaristen und den Behörden sowie die Abschottung der Reformverweigerer, wie aus dem blutigen Zusammenstoß in Funduri Vechi hervorgeht, waren eine Folge des staatlichen Eindringens in die dörflichen Strukturen oder – mit anderen Worten – eine Folge der Gleichzeitigkeit von Nations- und Staatsbildungsprozess. Schule, Verwaltung, Sicherheitssystem – das waren die Bereiche, welche der Staat neu aufbaute und definierte. Die dörfliche Gendarmerie, welche für Ruhe und Ordnung im ländlichen Raum sorgte, war aber eine neue Erfahrung. Das Gefühl des Überwachtwerdens wurde dadurch verstärkt, dass die Sicherheitskräfte immer mehr in die Kalenderreform eingriffen. An diese Art von staatlicher und kirchlicher Kontrolle war die ländliche Bevölkerung nicht gewöhnt. Dorfpriester, Lehrer und Ortsfunktionäre fungierten auch als Repräsentanten des Zentrums, welche darauf achten mussten, dass die von oben oktroyierten Maßnahmen auch umgesetzt werden.

80 Solomon, Identitate etnică şi minorităţi în Republica Moldova, 162.

Karte 1: Schauplätze des Kalenderkonflikts in der Osthälfte von Zwischenkriegsrumänien

Karte 2: Die Rumänisch-orthodoxe Kirche der Zwischenkriegszeit

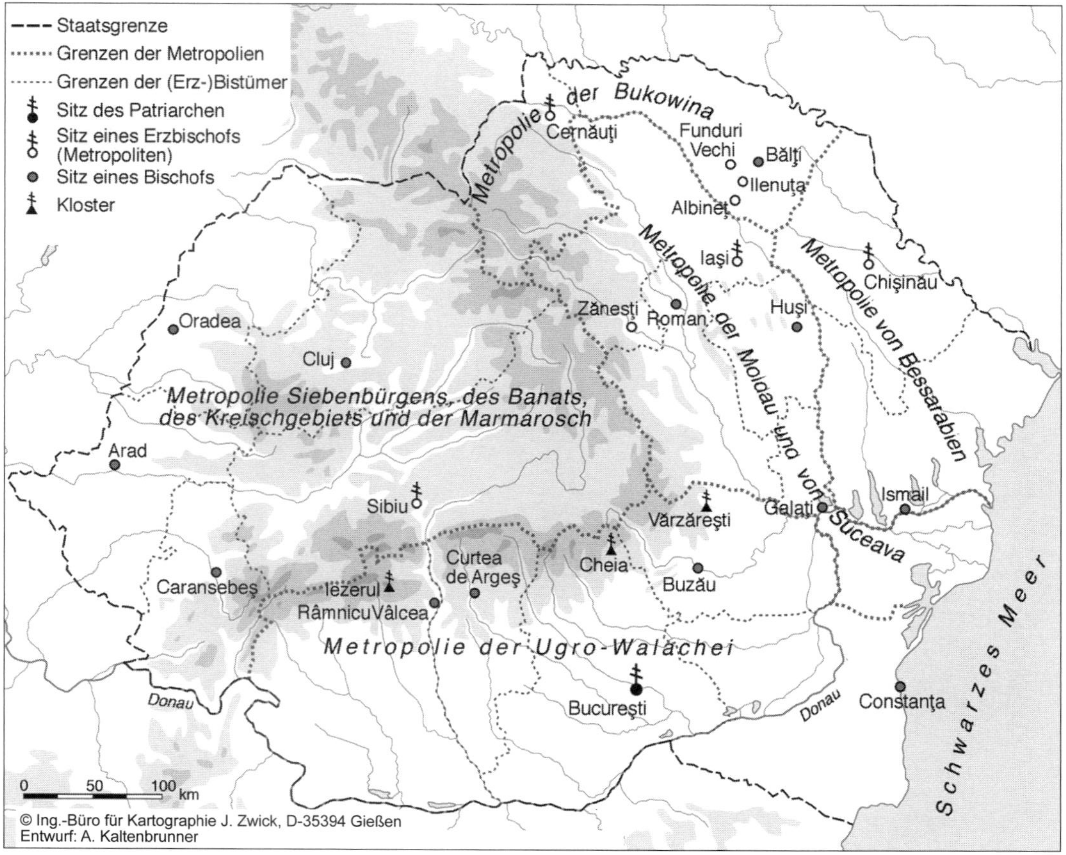

1 „Durst nach Neuerungen“: Reformen und Zentrifugalkräfte

Als 1929 eine Gruppe von Priestern der Metropolie von Bessarabien beim Metropoliten Gurie Grosu um eine Rücknahme der Kalenderreform anfragte, lautete seine Antwort, dass eine solche Entscheidung der Heiligen Synode zufalle.[1] Auch wenn der Metropolit bestimmte Entscheidungen der Kirchenleitung beeinflussen konnte, hatte Grosu Recht, dass über solch zentrale Fragen nur die Kirchenleitung entscheiden konnte. Die bessarabischen Kleriker waren deshalb besorgt, weil gleich in den ersten Stunden nach Inkrafttreten der Kalenderreform viele Gerüchte über die Veränderungen des Glaubens zirkulierten, welche der neue Kalender mit sich bringen würde, und über die angeblichen Ziele der Kirchenleitung, das kirchliche Leben umzukrempeln. Die offensichtliche Unbeliebtheit der Kalenderreform unter den Gläubigen und die Zurückhaltung der Priester deuteten aber auf größere Probleme hin, welche mit dem Kirchenvereinigungsprozess zusammenhingen. Die Einführung eines neuen Kalenders war so gesehen eine von den vielen Maßnahmen, durch welche die Rumänisch-orthodoxe Kirche versuchte, die Traditionen der russischen Orthodoxie durch ihre eigenen zu ersetzen und die östliche Provinzkirche stärker in ihre Strukturen und den Nationsbildungsprozess einzubinden. Diese Neuerungen betrafen auch das Verhältnis der Provinzkirchen zur Kirchenleitung und zum Staat. Sie griffen tief in die Rolle der Priester ein und räumten den einfachen Gläubigen in den Pfarrgemeinden mehr Platz ein. Für die Geistlichen in Bessarabien, die solch tiefgreifende Veränderungen seit Jahrzehnten nicht mehr erlebt hatten, war dies ein radikaler Einschnitt. Als die Kalenderreform 1924 beschlossen wurde, war der Kirchenvereinigungsprozess bereits weit fortgeschritten und die Amtskirche hatte schon Erfahrungen mit Gegenreaktionen gemacht. Welche Zentrifugalkräfte entwickelten sich und wie sehr konnten sie den Vereinigungsprozess der Kirchen tatsächlich beeinflussen? Welche Strategien hatte die Kirchenleitung, trotz der Kritik die Integration der bessarabischen Kirche voranzutreiben?

Der Verlauf der Vereinigung der beiden Kirchen wird von Historikern unterschiedlich dargestellt: entweder als eine harmonische Anpassung und als gegenseitiger Austausch zwischen der Mutter- und Regionalkirche, also als eine formale Angelegenheit, im Zuge

[1] Eparhia Chişinăului: Lucrările Adunării eparhiei Chişinăului. Sesiunea 9–11 Martie 1932. Chişinău: [1932].

derer die Rumänisch-orthodoxe Kirche mehrere Reformen einwandfrei umsetzte, oder als ein Prozess, der sich durch die Unterdrückung vieler Kleriker und Gläubiger kennzeichnen lässt. Boris Buzilă schrieb, dass die Kirche im Altreich sehr viele Elemente der bessarabischen Orthodoxie übernommen habe. Er verwendete Begriffe wie Assimilierung und Imitation, um die Kirchenvereinigung zu beschreiben.[2] Neuere Arbeiten rumänischer Historiker präsentieren die Reformen zur Kirchenvereinigung als Errungenschaften der Amtskirche und erwähnen die Probleme und Konflikte, welche sie auslösten, nicht.[3] Russische Historiker geben den Prozess in der Regel aus der Perspektive der russisch-orthodoxen Minderheit wieder, die oft mit den zahlreichen Neuerungen in der bessarabischen Kirche nicht zurechtkam. Sie schrieben daher von einem Unterdrückungsprozess.[4] Neben diesen eher einseitigen Darstellungen gibt es auch einige Studien, welche die Bemühungen um eine Vereinigung aller orthodoxen Provinzialkirchen und ihre Einordnung in den neuen Staat aus unterschiedlichen Perspektiven thematisieren.[5]

Unter den Zeitgenossen erklärten manche die Kirchenvereinigung sehr früh für abgeschlossen. Der Metropolit von Moldau Nicodim Munteanu zum Beispiel meinte, dass sie bereits 1918 erfolgt sei.[6] Der liberale Präfekt von Bălţi, Emanoil Catelly, ein bessarabischer Agronom, der die Vereinigung mit Rumänien in unterschiedlichen Verwaltungspositionen begleitete und als Mitglied des Eparchialrates direkt an der Verwaltung der Kirche beteiligt war, erklärte etwas realistischer die Vereinigung 1935 für abgeschlossen. In Wirklichkeit waren die Heilige Synode und das Kultusministerium über die gesamte Zwischenkriegszeit hinweg mit der institutionellen und kulturellen Anpassung der orthodoxen Kirche Bessarabiens beschäftigt.

Svetlana Suveicas Forschungen zu Reformen in der bessarabischen Verwaltung haben gezeigt, dass die Zentralbehörden bei deren Implementierung mit bemerkenswerter Rücksicht agierten. Das Modernisierungsprogramm der Zentralregierung für das Verwaltungssystem war „wohlüberlegt". Es ging von einer stufenweisen Transformation der Verwaltung und von einer schrittweisen Übertragung der Aufgabenbereiche an die neuen lokalen Verwaltungsbehörden aus.[7] Ein ähnlich vorsichtiger Vorgang lässt sich im kirch-

2 Boris Buzilă, Ortodoxismul basarabean, in: Silvia Grossu/Vlad Pohilă (Hgg.), Mitropolitul Gurie – misiunea de credinţă şi cultură. Culegere de articole şi studii despre Mitropolitul Gurie (Grosu) al Basarabiei (1877–1943). Chişinău 2007, 27–34.

3 Ştefan Plugaru/Mariana Ţăranu/Vlad Cubreacov (Hgg.), Mitropolia Basarabiei în perioada interbelică (studii, articole, documente). Huşi 2016.

4 Alla Jur'evna Skorcova, Russkie Bessarabii: opyt žizni v diaspore (1918–1940gg.). Kišinëv 2002; Aleksandr V. Slesarev, Starostil'nyj raskol v istorii Pravoslavnoj Cerkvi (1924–2008). Moskva 2009.

5 Clark, Religious Reform and Sectarianism in Interwar Romania; Brusanowski, Autonomia şi constituţionalismul în dezbaterile privind unificarea Bisericii Ortodoxe Române, 309–318; Maner, Multikonfessionalität und neue Staatlichkeit, 171–183.

6 Nistor, Istoria Basarabiei. Scriere de popularizare, 257.

7 Suveica, Die Verwaltung Bessarabiens in der Transformation, 195, 210f.

lichen Bereich nicht feststellen. Die Neugestaltung der orthodoxen Kirche Bessarabiens verlief zwar – wie im Falle der Transformation der Verwaltung – schrittweise. Aber sie geschah nicht mit Rücksichtnahme auf die Gläubigen oder die Geistlichen, sondern aufgrund von deren Widerstand.[8] Während bis 1917 die bessarabische Geistlichkeit einen großen Handlungsspielraum bei der Organisation und Verwaltung ihrer Parochien hatte, sah ein neues Organisationsgesetz eine Zentralisierung aller kirchlichen Bereiche vor. Die Wünsche vieler Priester nach mehr Autonomie einerseits und die zentralistische Politik der Kirchenleitung andererseits prägten die Beziehungen zwischen der Regionalkirche und der Heiligen Synode.[9]

Die Rumänisch-orthodoxe Kirche agierte in Bessarabien aus einer Position der Stärke heraus. Von einer autokephalen Kirche von 6,7 Millionen Gläubigen vor dem Ersten Weltkrieg war sie danach zu einer religiösen Großinstitution geworden. 1925, als sie sich in den Rang eines Patriarchats erhob, hatte sie 13 Millionen Angehörige. „Einzig Rumänien kann jetzt noch den orthodoxen Glauben anstelle von Russland bewahren" – so verstanden Kleriker die neue Rolle.[10] Während die russische Kirche nach der Oktoberrevolution unter die Kontrolle der Bolschewiki geriet und sich in mehrere Gruppen spaltete, übernahmen die Kirchen Rumäniens und Griechenlands führende Rollen in der orthodoxen Welt. 1923 organisierte das Ökumenische Patriarchat den Panorthodoxen Kongress in Konstantinopel, wo die teilnehmenden orthodoxen Kirchen über die Notwendigkeit einer Kalenderreform verhandelten.[11] Die russische Kirche wurde auf dem Kongress durch Repräsentanten der Russisch-orthodoxen Kirche im Ausland (ROKA) vertreten. Gegründet im Westen von Klerikern, die nach der Oktoberrevolution geflüchtet waren, beanspruchte diese Kirche die Aufgabe für sich, die Traditionen der russischen Kirche weiterzuführen. Ihre Vertreter sprachen sich auf dem Kongress gegen eine Kalenderreform aus und erklärten die „stark modernisierenden Entscheidungen" des Konzils für ungültig.[12]

Die Überlegenheit der rumänischen Kirchenleitung in Bessarabien stützte sich auch darauf, dass sie nach 1918 stärkere Unterstützung seitens des Staates bekam. Dies war nicht immer der Fall gewesen. Nach der Gründung des modernen Staates 1866 wurde die Kirche in Rumänien stärker unter staatliche Kontrolle gebracht und ihr Grundbesitz verstaat-

8 Nina NEGRU, Cazul Mitropolitului Gurie. Noi puncte de vedere, in: GROSSU/ POHILĂ (Hgg.), Mitropolitul Gurie, 134–143, hier 135.

9 BRUSANOWSKI, Rumänisch-orthodoxe Kirchenordnungen (1786–2008), 295.

10 Aussage enthalten in: ANRM, Inspectoratul regional de siguranță din Basarabia, 680, 3508, 322–326 [Bericht des Siguranța-Büros in Chișinău an das Regionalinspektorat der Polizei in Chișinău vom 23.1.1930 betr. die Generalversammlung des Vereins des orthodoxen Klerus Bessarabiens].

11 John Anthony MCGUCKIN, Calendar, in: DERS. (Hg.), The Encyclopedia of Eastern Orthodox Christianity. Bd. 1. Malden 2011, 95–97, hier 96.

12 Andrej A. KOSTRJUKOV, Russkaja Zarubežnaja Cerkov' v 1939–1964 gg. Administrativnoe strojstvo i otnošenija s cerkov'ju v otečestve. Moskva 2015, 314.

licht.[13] Die Amtskirche erhob den Anspruch, eine führende Rolle in der Nationsbildung zu spielen, was vom Staat auch anerkannt wurde. In den folgenden Jahren lässt sich eine große Staatsnähe, ja geradezu ein Verschmelzen mit staatlichen Institutionen beobachten.[14]

Einer der ersten Schritte der Vereinigung bestand darin, Schlüsselpositionen mit vertrauten Personen aus dem Altreich zu besetzen. Nachdem der ehemalige Bischof von Bessarabien Anastasij Gribanovskij gezwungen worden war, seine Stelle aufzugeben, wurden Visarion Puiu zum Bischof von Hotin-Bălţi und Iustinian Teculescu (1865–1932) zum Bischof von CetateaAlbă-Ismail ernannt. Nur bei der Position des Metropoliten musste eine Ausnahme gemacht werden. Geistliche aus Bessarabien bestanden darauf, den Einheimischen Gurie Grosu für die höchste Position auszuwählen.[15]

Die Neuernennungen der Bischöfe gingen Hand in Hand mit der institutionellen Reorganisation der Kirche. Sie sah die Teilung in drei Eparchien vor, nämlich Hotin-Bălţi, Chişinău und Cetatea Albă-Ismail. Während die beiden Letzteren von 1927 an die Metropolie von Bessarabien bildeten, wurde die Eparchie Hotin-Bălţi der Metropolie von Cernăuţi (Czernowitz) eingegliedert. Die Heilige Synode erklärte, dass dieser Bruch mit der Verwaltungskontinuität aus praktischen Gründen notwendig sei. Gleichzeitig erhoffte sie sich, dass die Implementierung weiterer Reformen dadurch schneller erfolgen würde.[16] Nach dieser Reform bestand die Eparchie Hotin-Bălţi aus 471 Parochien (acht Stadtparochien, 463 Dorfparochien und 485 Priestern) sowie 1.185.000 Gläubigen. Die Metropolie von Bessarabien bestand aus 628 Parochien (54 Stadtparochien, 574 Dorfparochien und 707 Priestern) und 1.311.346 Gläubigen.[17]

Diese Maßnahmen erweckten den Eindruck, dass die Heilige Synode und die liberale Regierung die bessarabische Kirche schwächen wollten.[18] Im Norden des Gebietes

13 Hitchins, Românii, 1774–1866, 382–383.

14 Hans-Christian Maner, Kirchen in Rumänien: Faktoren demokratischer Stabilität in der Zwischenkriegszeit? Zum Verhältnis von orthodoxer, römisch-katholischer und griechisch-katholischer Kirche, in: ders./Martin Schulze Wessel (Hgg.), Religion im Nationalstaat zwischen den Weltkriegen 1918–1939. Stuttgart 2002, 103–120; Lucian Leustean, Eastern Christianity and Politics in the Twenty-First Century. New York 2014.

15 Clark, Religious Reform and Sectarianism in Interwar Romania, 70.

16 Visarion Puiu, În ce împrejurări neprielnice s'a reînfiinţat episcopia Hotinului, cu reşedinţa în oraşul Bălţi, la anul 1923. Amintiri, Episcopia Hotinului: *Foaie Eparhială oficială* 3–4/1931, 20–26.

17 Brusanowski, Rumänisch-orthodoxe Kirchenordnungen, 302.

18 Bei der Versammlung des Eparchialkongresses der Chişinauer Eparchie verfassten die Teilnehmer ein Schreiben an den Kultusminister, in dem sie gegen diese Entscheidung protestierten. Die Priester meinten, dass es sich um eine kirchliche Einheit handle, die sich über die Jahrhunderte entwickelt habe. Die Eparchie von Hotin habe immer zu Chişinău gehört und die engen Verbindungen, die zwischen den beiden bestünden, seien für eine gute Verwaltung der Kirche wichtig. Trotz all dieser Interventionen wurde die Eparchie von Hotin der Metropolie von Cernăuţi unterstellt; siehe: Lucrările Congresului Eparhial al Arhiepiscopiei Chişinăului, sesiunea anului 1925, Februarie 9–18, Proces-Verbal Nr. 23, *Luminătorul*, 7–8 (1925), 25–26.

akzeptierten orthodoxe Kleriker die Gründung der Eparchie Hotin-Bălţi und ihre Unterstellung unter den Metropoliten von Cernăuţi erst, nachdem der neue Bischof Visarion Puiu ihnen versprochen hatte, dass man „die Traditionen und Gewohnheiten der bessarabischen Kirche berücksichtigen wird“.[19] Die Enttäuschung vieler Kleriker war groß, als sie sahen, dass Puiu auf ihre diesbezüglichen Wünsche keine Rücksicht nahm und dass in kurzer Zeit seine Meinung „identisch mit dem Programm der liberalen Partei“ geworden war.[20]

Zusätzlich zur organisatorischen Anpassung herrschte die Meinung vor, dass die zwei Kirchen (kulturell) verschieden waren. Zeitgenossen sprachen von einer „bessarabischen Orthodoxie“, welche sich in der Mentalität, im Verhalten und im Erscheinungsbild der Kleriker, in der Liturgie, in der Sprache und im Gesang von der rumänischen Orthodoxie unterschied.[21] Der Siebenbürger Onisifor Ghibu, der vor und nach 1918 führend am rumänischen Kulturtransfer nach Bessarabien beteiligt war, erklärte sehr zugespitzt die Mission der Rumänisch-orthodoxen Kirche auf diesem Gebiet:

> „Jeder [Rumäne], der sich in Bessarabien in den Dienst der Kultur stellt, muss als Erstes verstehen, dass wir die alten Altäre durch neue ersetzen müssen. Statt der Bewunderung für Russland müssen wir die Bewunderung für Rumänien einführen. [...] Wie früher im Russischen Reich die Russifizierung der Bevölkerung durch die Kirche geschehen ist, so soll jetzt ihre Rumänisierung stattfinden.“[22]

Der bessarabische Geistliche Alexandru Scvoznicov plädierte hingegen wie viele andere Kleriker aus der Region für einen weniger zentralistischen und einseitigen Zugang zur Kirchenvereinigung: „Seit Herbst 1924 [seit der Implementierung der Kalenderreform] begann in unserer Kirche die Epoche der großen Reformen [...]. Binnen kürzester Zeit wurde in unserem kirchlichen Leben eine Reihe von radikalen Reformen durchgeführt.“[23] Laut Scvoznicov sollten, um „die Kirchen wirklich zu vereinen und eine wahre Konsolidierung in einem untrennbaren Organismus zu erreichen, alle positiven Aspekte der Regionalkirchen akzeptiert und in die neue Kirche inkludiert werden und alles, was fremd ist, sollte entfernt werden.“[24] Viele andere bessarabische Kleriker waren ebenfalls der Meinung, dass für die Konsolidierung der rumänischen Nationalkirche die „fremden

19 ANR, Ministerul Cultelor şi Artelor, 1925/117, 75 [Bericht der Außenstelle des Kultusministeriums in Bessarabien an den Kultusminister vom 9.8.1925 betr. aus dem Russischen übersetzte Artikel über die Rumänisch-orthodoxe Kirche].

20 ANR, Ministerul Cultelor şi Artelor, 1925/117, 75 [wie eben].

21 Buzilă, Din istoria vieţii bisericeşti din Basarabia, 246, 262; Buzilă, Ortodoxismul basarabean, 27–34; Maria Bâtcă, Dimensiunile spirituale ale Basarabiei. Bucureşti 1998; Ion Gumenâi, Aspecte privind ortodoxia şi religiozitatea basarabeană în secolul al XIX-lea, in: Mihai Baciu/ Silvia Bocancea (Hgg.), Basarabia după 200 de ani. Iaşi 2012, 233–252.

22 Onisifor Ghibu, Trei ani pe frontul Basarabean. Bucureşti 1996, 70f.

23 Alexandru Scvoznicov, Epoca Reformelor, *Luminătorul* 9 (1926), 55–58, hier 55.

24 ders., wie eben, hier 57.

Elemente“ entfernt gehörten.[25] Welche Elemente durfte aber die orthodoxe Kirche Bessarabiens behalten? Was galt als genuin russisch oder bessarabisch? Wann wurde die Rumänisierung der bessarabischen Kirche vollzogen? Darüber entschieden weniger die Ortspriester als vielmehr die Heilige Synode.

Zu den ersten Maßnahmen gehörte die Einführung des Rumänischen als Liturgiesprache. Die Heilige Synode entschied 1924, dass in den rumänischssprachigen Dörfern die Liturgie auf Rumänisch, in den „slawischen“ Dörfern (wo Russisch, Ukrainisch oder Bulgarisch gesprochen wurde) ein Teil auf Kirchenslawisch, ein Teil auf Rumänisch stattfinden müsse.[26] Von den gegen 490 Priestern, die in der Zwischenkriegszeit für die Eparchie Hotin-Bălţi tätig waren, durften offiziell 37 die Gottesdienste auch auf Kirchenslawisch halten.[27] Neben ihnen gab es aber viele Priester, welche die Sprachregelungen nicht berücksichtigten und die Gottesdienste auch in rumänischen Dörfern nur auf Kirchenslawisch feierten. Sogar in den rumänischen Dörfern, welche am Pruth-Ufer lagen und nach einer Organisationsreform 1923 der Eparchie von Iaşi (Teil der Metropolie der Moldau) zugeteilt worden waren, hielten Priester die Gottesdienste teils auf Kirchenslawisch, teils auf Rumänisch.[28] Weitere Untersuchungen zeigten, dass die Gläubigen, unabhängig von ihrer Muttersprache, Kirchenslawisch zwar generell nicht verstanden, aber alle Lieder und Gebete auf Kirchenslawisch auswendig konnten und die Gottesdienste in dieser Sprache gerne besuchten.[29] Um die Rumänisierung voranzutreiben und solche Fälle zu vermeiden, verlangten manche kirchlichen Vertreter, in der bessarabischen Kirche einheitlich Rumänisch einzuführen und keine Rücksicht mehr auf die slawischsprachigen Minderheiten zu nehmen. Zu weiteren Einschränkungen bei der Verwendung des Kirchenslawischen in den Gottesdiensten sollte es jedoch erst 1938 kommen.[30]

Während für staatliche Beamte Sprachtests eingeführt wurden, war eine solche Maßnahme für die bessarabischen Dorfpriester nicht vorgesehen. Die meisten von ihnen stammten aus rumänischsprachigen Dörfern und hatten ihre Ausbildung noch im Zaren-

[25] Visarion Puiu, În ce împrejurări neprielnice s'a reînfiinţat episcopia Hotinului, cu reşedinţa în oraşul Bălţi, la anul 1923. Amintiri, Episcopia Hotinului: *Foaie Eparhială oficială* 3–4/1931, 20–26, hier 22.

[26] CNSAS, Fond Documentar, D006910, Vol. 3, 125f. [Beschlüsse der Heiligen Synode vom 18.11.1924 und 3.5.1938 betr. die Gottesdienste für die rumänische Bevölkerung].

[27] AMAE, Problema 16, Vol. 10 [Bericht des Patriarchen Cristea an den Außenminister vom 17.10.1930 betr. die Antwort der Eparchie Hotin-Bălţi].

[28] Însemnări mărunte. Îngrădirea limbii ruseşti în bisericile din Basarabia, *BOR* iulie 1927, 443f.

[29] Limba slavonă în bisericile minorităţilor, *BOR* septembrie 1929, 792f.; Arhiepiscop Gurie, Îndemn către cucernicii preoţi şi către cântăreţii bisericeşti din Basarabia ca să înveţe pe tineri rugăciunele moldoveneşti, *Luminătorul* 8 (1920), 13f.

[30] Die Heilige Synode entschied 1938, dass in den slawischen Dörfern der Großteil eines Gottesdienstes in rumänischer Sprache zu halten sei, siehe: CNSAS, Fond Documentar, D006910, Vol. 3, 125f. [Beschlüsse der Heiligen Synode v om 18.11.1924 und 3.5.1938 betr. die Gottesdienste für die rumänische Bevölkerung].

reich auf Russisch absolviert.[31] Für sie war es eine Frage der Gewöhnung, auf Rumänisch umzustellen und zu predigen.[32] Ein Großteil der liturgischen Bücher in den Dorfkirchen der Eparchie Hotin-Bălţi war in Kirchenslawisch oder Russisch verfasst und wurde nur langsam durch rumänische Bücher ersetzt (siehe Diagramm 1).

Diagramm 1: Liturgische Bücher in den Dorfparochien der Eparchie Hotin-Bălţi, 1935[33]

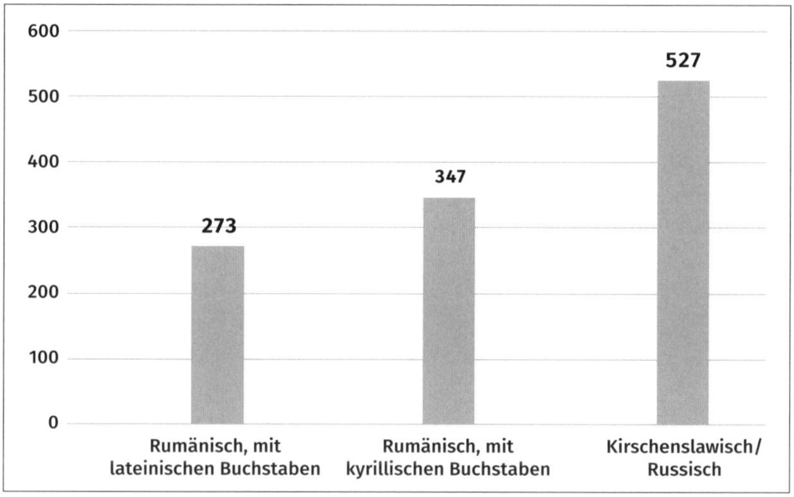

[31] AMAE, Problema 16, Vol. 10 [Bericht des Patriarchen Cristea an den Außenminister vom 17.10.1930 betr. die Antwort der Eparchie Hotin-Bălţi]; Anuarul Eparchiei Chişinăului şi Hotinului (Basarabia). Ediţie Oficială. Chişinău 1922, IV.

[32] Buzilă, Din istoria vieţii bisericeşti din Basarabia, 90f.

[33] Dieses Diagramm entstand durch die Analyse der Bibliotheksbestände von ca. 40 Dorfparochien aus der Eparchie Hotin-Bălţi (1934–1935). Als Generalsekretär im Kultusministerium schrieb der bekannte Theologe Nichifor Crainic 1926 dem Bischof von Hotin-Bălţi, er habe mit großem Entsetzen erfahren, dass es in Bessarabien acht Jahre nach der Union immer noch Priester gebe, welche in den rumänischsprachigen Dörfern für die Gottesdienste kirchenslawische liturgische Bücher verwendeten und die Gottesdienste auf Russisch hielten. Als Grund dafür vermutete Crainic den Mangel an rumänischen liturgischen Büchern. Er bat den Bischof, rumänische Bücher für alle Parochien zu besorgen. Siehe: Episcopia Hotinului: *Foaie Eparhială Oficială* 17–18/1926, 179. Ein Hinweis darauf, dass dieses Problem auch zehn Jahre später nicht behoben war, ist eine Bitte von Bischof Tit Simedrea an den Kultusminister im Jahr 1937, „mindestens 100 Bücher auf Rumänisch in die Eparchie Hotin-Bălţi zu schicken, damit die Priester in den rumänischen Dörfern die Gottesdienste nicht mehr auf Kirchenslawisch halten“. Das Geld, welches die Eparchieleitung Hotin-Bălţi von den Gläubigen für die Ausstattung der Dorfparochien mit Büchern sammelte, gab sie stattdessen für den Kirchenbau aus. Siehe: Episcopia Hotinului Bălţi: Actele desbaterile şi hotărîrile Adunărei Eparhiale din Sesiunea Ordinară din anul 1937. Bălţi [1937], 27, 30; ANRM, Episcopia Hotinului, 1217, 1, 725, 47–63, hier 54 [Bericht des Kirchenbauamtes des Eparchialrates der Eparchie Hotin-Bălţi vom 17.5.1936 betr. das Budget für die Parochialbibliotheken, das für den Kirchenbau verwendet wurde].

Die einheitliche Einführung des Rumänischen als Liturgiesprache wurde auch durch Geistliche erschwert, die aus dem zerfallenen Russischen Reich bzw. der jungen Sowjetunion nach Bessarabien geflüchtet waren. Manche integrierten sich in die neue Amtskirche und akzeptierten die Regeln der rumänischen Orthodoxie. Ein gutes Beispiel dafür ist der oben erwähnte Alexandru Scvoznicov. Er kam Anfang der 1920er Jahre und machte eine Karriere als Missionierungspriester.[34] Viele neuangekommene Kleriker lehnten die Inkorporation der orthodoxen Kirche Bessarabiens in die Rumänisch-orthodoxe Kirche jedoch ab und versuchten dort weiterhin als Priester der russisch-orthodoxen Kirche in ihrer Verkörperung durch die ROKA tätig zu sein. Stellte die Eparchieleitung fest, dass Priester die Rumänisierung und Nationalisierungsmaßnahmen in ihrer Gemeinde ablehnten, so wurden sie sanktioniert oder sogar entlassen.[35] Ein bekannter Fall ist der russische Priester Nicolae Grișcov (Nikolaj Griškov), der ebenfalls in den 1920er Jahren nach Bessarabien gekommen und als Priester in der Eparchie Hotin-Bălți angestellt worden war. 1937 wurde er entlassen, nachdem bei einer Kontrolle in seiner Parochie ausschließlich Bücher auf Russisch gefunden worden waren. Weitere Untersuchungen zeigten, dass er auch die Gottesdienste nur auf Russisch hielt.[36]

Ein weiteres Zeichen der Loyalität gegenüber der neuen Kirche war neben der Verwendung des Rumänischen als Gottesdienstsprache die Erwähnung des Königs und seiner Familie in jedem Gottesdienst. Dafür war ab 1931 der folgende Satz vorgesehen: „Für unseren allerhöchsten und rechtgläubigen König von Rumänien Carol II. und für die rumänische königliche Familie – beten wir zu Gott.“[37] Die Gendarmerie überwachte mit großer Aufmerksamkeit, ob die Dorfpriester den Satz richtig aussprachen und sie tatsächlich den rumänischen König und nicht den russischen Zaren nannten. Das Nichterwähnen des Königs war der Gendarmerie zufolge ein klares Zeichen dafür, dass Priester „noch russische Gefühle hatten und alles, was rumänisch war, negativ sahen.“[38]

In der Folge mussten sämtliche Relikte, die an die frühere Zugehörigkeit der orthodoxen Kirche Bessarabiens zur russischen Orthodoxie erinnerten, durch rumänische Sym-

[34] N. Dunăreanu, Figuri contemporane din Basarabia. Chișinău 1939, 118f.

[35] ANR, Ministerul Cultelor și Artelor, 1927/93, 8 [Mitteilung der Metropolie Bessarabien an den Kultusminister vom 17.2.1927 betr. die Entlassung Vladimir Poleacovs aus dem Kloster Tabăra und die Ernennung Andronic Buruianovs]; ANR, Direcția Generală a Poliției, 1926/19, 11 [Mitteilung der Siguranța an den Innenminister vom 12.4.1927 betr. die Entlassung Vladimir Poleacovs aus dem Kloster Tabăra].

[36] ANR, Ministerul Cultelor și Artelor, 1937/74, 158 [Mitteilung der Eparchie Cetatea Albă-Ismail an den Kultusminister vom 23.8.1937 betr. die Beschwerde gegen Nicolae Grișcov].

[37] Die Erwähnung des rumänischen Königs wurde bereits 1921 eingeführt. 1931 wurde die Formel erweitert, indem auch die königliche Familie inkludiert wurde, siehe: Formulă pentru pomenire, *Luminătorul* 8 (1921) 33; Pomenirea M. Regelui în biserică, *Luminătorul* 12 (1930), 1; Circulări în Eparhia Chișinăului, *Luminătorul* 4 (1931), 172.

[38] ANR, Ministerul Cultelor și Artelor, 1925/110, 212 [Mitteilung der Außenstelle des Kultusministeriums in Bessarabien an den Kultusminister vom 13.1.1925 betr. die Beschwerde gegen die „russischen Gefühle“ des Priesters Ion Marcoci, Kreis Chișinău].

bole ersetzt werden. Alle Inschriften mit kyrillischen Buchstaben, die nach 1918 entstanden waren, mussten daher entfernt werden.[39] Zudem gab es das Problem der russischen Kreuze, das auch die Priester betraf. In der russischen Kirche gab es die Tradition, dass jeder Priester bei seiner Priesterweihe ein Kreuz bekam, auf dem der Name des amtierenden russischen Zaren eingraviert war.[40] Der Bischof von Hotin-Bălţi Visarion Puiu machte die Heilige Synode darauf aufmerksam, dass viele Priester noch in den 1930er Jahren diese Art Kreuz trugen. Den Metropoliten von Bessarabien Gurie Grosu störte dies jedoch nicht. Er meinte, dass das Tragen dieses Kreuzes notwendig sei, denn nur so könnten die Bauern den Priester erkennen: „Würden die Priester kein Kreuz tragen, würde dies das Volk nur verwirren."[41] Schrittweise wurden jene Kreuze aber ersetzt.

Es wurde überhaupt viel über das äußere Erscheinungsbild der Priester diskutiert, so auch darüber, wie man ihr Gewand vereinheitlichen und an die Priester aus dem Altreich anpassen könne.[42] Grosu löste einen Eklat aus, als er bei der Ernennungszeremonie zum Metropoliten mit einem Kamilavkion, einer weißen Kopfbedeckung, erschien.[43] Während dies für manche ein Symbol der russischen Orthodoxie war, betrachtete es Grosu als etwas genuin Bessarabisches.

Einen wichtigen Bereich, der gleichfalls an die neuen Rahmenbedingungen angepasst werden musste, bildeten die Klöster. Diese waren Orte, wo die neue Sprache, die Symbole der rumänischen Orthodoxie und das offene Bekenntnis zur neuen staatlichen und kirchlichen Ordnung lange Zeit unberücksichtigt blieben. Aufgrund ihrer abgeschotteten Lage waren Klöster beliebte Rückzugsorte für geflüchtete Geistliche aus der Sowjetunion und boten auch ortsansässigen Priestern Unterkunft, welche die neuen Maßnahmen ablehnten. Auf Initiative lokaler Behörden und der Gendarmerie begann Mitte der 1920er Jahre eine Kampagne für die Rumänisierung der bessarabischen Klöster, vor allem der Klöster am Dnister-Ufer. In der Eparchie Hotin-Bălţi befanden sich vier Klöster und sechs Skiten.[44] Außer dem Kloster Dobruşa, wo ein Seminar für die Ausbildung

39 Inscripţiile şi emblemele ruseşti de pe obiectele bisericeşti, Episcopia Hotinului. *Foaie Eparhială oficială* 8/1938, 114. Für einen Überblick über die Neuerungen im Gottesdienst siehe: Nicolae Grişcov, Inovaţiile în serviciul divin. Chişinău 1936.

40 ANR, Ministerul Cultelor şi Artelor, 1925/115, 2 [Mitteilung Bf. Puius an den Kultusminister vom 29.12.1924 betr. das Tragen des Kreuzes durch die Priester].

41 ANR, Ministerul Cultelor şi Artelor, 1925/110, 168 [Mitteilung Bf. Grosus an den Kultusminister vom 6.3.1925 betr. das Tragen des Kreuzes durch die Priester].

42 Bessarabische Priester hatten keine Kleidungsvorschriften. Es gab Vorschläge, ihr äußeres Erscheinungsbild zu vereinheitlichen, zumindest was die Farbe des Gewandes betraf – dieses sollte schwarz sein, siehe: Circulara Nr. 46, Episcopia Hotinului: *Foaie Eparhială Oficială*, 15–16 (1926), 166.

43 Negru, Cazul Mitropolitului Gurie. Noi puncte de vedere, 141; Boris Buzilă, Patriarhie pentru ţara întregită. Mitropolie pentru provincial revenită la sînul Ţării, in: Grossu/Pohilă (Hgg.), Mitropolitul Gurie, 18–26, hier 25.

44 Melhisedec Dimitriu, Darea de seamă despre monăstirile şi schiturile din eparhia Hotinului, din punct de vedere administrativ, economic şi cultural pe anul 1926, Episcopia Hotinului: *Foaie Eparhială Oficială* 5–6/1927, 33–38, hier 33; Als Skite wird in der orthodoxen Kirche eine

der Kirchensänger organisiert wurde, befanden sich alle anderen in einem prekären Zustand. Im Allgemeinen hatten die Klöster Bessarabiens keinen guten Ruf in der Amtskirche. Sie galten als ärmer als diejenigen in der Moldau oder im Altreich, hatten kaum Manuskripte oder wertvolle Bücher und „nur ein kleiner Teil der Mönche und Nonnen widmete seine Arbeit dem Erhalt der rumänischen Kultur“.[45] Laut Angaben der Eparchie Hotin-Bălți waren 1924 90 Prozent der Nonnen und Mönche der Eparchie Analpha beten.[46]

1925 schrieb der Vizepräfekt des Kreises Soroca dem Innenminister, dass diese Klöster „fremde Elemente“ beherbergten und dass sie Orte des Widerstands gegen die Rumänisierung seien. Er bat das Ministerium um Hilfe.[47] Als Beispiel wurde das Kloster Japca genannt. Von den 106 Nonnen und Mönchen, die 1925 dort lebten, hatte nur ein Teil die rumänische Staatsbürgerschaft. Die Mehrheit weigerte sich, sie anzunehmen, oder zeigte kein Interesse daran. Darüber hinaus stellte der Vizepräfekt während einer Kontrolle fest, dass die Gottesdienste nur auf Russisch gehalten wurden.[48] Seiner Meinung nach verhinderte dies auch die Rumänisierung der Bevölkerung, welche die Gottesdienste in der Klosterkirche besuchte. Einer weiteren Untersuchung der Gendarmerie zufolge waren in allen Dörfern rund um die Klöster nur Altkalendaristen.[49] Der Kultusminister wurde aufgefordert, dort „rumänische Elemente einzuführen“.[50] Der Bischof von Hotin-Bălți Visarion Puiu unterstützte die Pläne zur Rumänisierung der Klöster und schlug sogar vor, dass alle geflüchteten Mönche und Nonnen, welche die Rumänisch-orthodoxe Kirche nicht anerkennen wollten, das Land verlassen sollten:

> „[...] ihr Weiterverbleib bringt keinen Vorteil für diesen heiligen Ort. Seit acht Jahren, seitdem sie dort [in den Klöstern Japca und Călărășeuca] leben, haben sie keine Verbesserungen und Renovierungen

Mönchs- oder Nonnengemeinschaft bezeichnet, die zurückgezogen lebt und sich unter der Verwaltung eines größeren Klosters befindet. Mehr dazu siehe: Dimitri Conomos, Mount Athos, in: John Anthony McGuckin (Hg.), The Encyclopedia of Eastern Orthodox Christianity. Bd. 1. Malden 2011, 403f.

45 Ștefan Berechet, Mănăstirile Basarabene, *BOR* iunie 1926, 400–415.

46 Melhisedec Dimitriu, Darea de seamă despre monăstirile și schiturile din eparhia Hotinului, din punct de vedere administrativ, economic și cultural pe anul 1926, Episcopia Hotinului: *Foaie Eparhială Oficială* 5–6/1927, 33–38, hier 34.

47 ANR, Ministerul Cultelor și Artelor, 1925/116, 9 [Kopie eines Berichtes der Präfektur Soroca an das Innenministerium vom 26.9.1925 betr. die Rumänisierung der Klöster am Dnjestrufer].

48 ANR, Ministerul Cultelor și Artelor, 1925/116, 10f. [Kopie eines Berichtes der Subpräfektur Vadu-Rașcu an die Präfektur Soroca vom 16.5.1925 betr. die Lage im Kloster Japca].

49 ANR, Inspectoratul General al Jandarmeriei, 1935/17, 3 [Mitteilung der Informationsabteilung der Polizei Bălți an das Zentralinspektorat der Gendarmerie in Bukarest vom 2.8.1935 betr. Klöster im Norden Bessarabiens].

50 ANR, Ministerul Cultelor și Artelor, 1925/116, 9 [Kopie eines Berichtes der Präfektur Soroca an das Innenministerium vom 26.9.1925 betr. die Rumänisierung der Klöster am Dnjestr-Ufer].

unternommen. Weil sie von einem anderen Volk sind und aus dem Osten kommen, bin ich der Meinung, dass sie zurück in ihre Klöster geschickt werden sollten.“[51]

1927 erteilte die Geheimpolizei den Befehl, alle Klöster, in denen „die russische Orthodoxie noch praktiziert wird“, müssten geschlossen werden.[52] Es kam zwar zu keiner Schließung, doch Mönche und Nonnen, welche die neue Amtskirche nicht akzeptierten, mussten die Klöster verlassen. Die entlassenen Mönche verkündeten daraufhin die Lehren der „russischen Orthodoxie“ nicht mehr hinter den Mauern ihrer Klöster, sondern in den Dörfern und vor allem in den bessarabischen Städten. Von dieser Maßnahme war auch Vladimir Poleacov (Vladimir Poljakov), ein führender Kleriker der russisch-orthodoxen Auslandskirche, betroffen. 1923 aus der Sowjetunion geflüchtet, wurde er 1927 aus dem Kloster Tabăra, wo er als Seelenhirte das Nonnenkloster betreut hatte, entlassen und nur mit größter Mühe durch einen rumänischen Geistlichen ersetzt. Die Nonnen des Klosters akzeptierten den neuen Kleriker erst, nachdem die Gendarmerie ihnen mit der Verhaftung gedroht hatte.[53]

Laut einem Bericht über den Zustand der bessarabischen Klöster aus dem Jahr 1927 hatte die Eparchie Hotin-Bălţi Probleme mit der Anerkennung der Reformen auch in denjenigen Klöstern, in denen einheimische Mönche und Nonnen lebten. Vor allem wurde die Kalenderreform nicht anerkannt.[54] Mitte der 1930er Jahren sollte aber die Rumänisierung der Klöster dennoch vermeintlich abgeschlossen sein. Der liberale Präfekt von Bălţi Emanoil Catelly erklärte, dass alle Klöster in der Eparchie Hotin-Bălţi „sich durch ein Wunder in wahre Zentren der nationalen Kultur und der fleißigen Arbeit verwandelt haben.“[55] Was der Präfekt nicht erwähnte, war, dass dieses „Wunder“ durch die Interventionen seiner Präfektur und mit Hilfe der Gendarmerie geschehen war. Trotz dieses positiven Berichtes waren die Klöster nicht vollständig rumänisiert. Das erwähnte Kloster Japca zum Beispiel behielt laut Angaben der Eparchieleitung seinen slawischen Charakter:

51 ANR, Ministerul Cultelor şi Artelor, 1925/116, 14 [Mitteilung der Eparchie Hotin-Bălţi an den Kultusminister vom 9.10.1925 betr. die Rumänisierung der Klöster in Bessarabien].

52 ANR, Direcţia Generală a Poliţiei, 1926/19, 17 [Mitteilung der Siguranţa an den Innenminister vom 22.9.1927 betr. Maßnahmen gegen die Verwendung der russischen Sprache und des alten Kalenders in den bessarabischen Klöstern].

53 ANR, Ministerul Cultelor şi Artelor, 1927/93, 8 [Mitteilung der Metropolie Bessarabien an den Kultusminister vom 17.2.1927 betr. die Entlassung Vladimir Poleacovs aus dem Kloster Tabăra und die Ernennung Andronic Buruianovs]; ANR, Direcţia Generală a Poliţiei, 1926/19, 11 [Mitteilung der Siguranţa an den Innenminister vom 12.4.1927 betr. die Entlassung Vladimir Poleacovs aus dem Kloster Tabăra].

54 Melhisedec Dimitriu, Darea de seamă despre monăstirile şi schiturile din eparhia Hotinului, din punct de vedere administrativ, economic şi cultural pe anul 1926, Episcopia Hotinului: *Foaie Eparhială Oficială* 5–6/1927, 33–38.

55 Alegerea, Investirea şi instalarea Preasfinţitului Tit Simedrea, ca Episcop al Hotinului, Episcopia Hotinului: *Foaie Eparhială Oficială* 1/1936, 18–52, hier 47.

> „Wie man sich gut vorstellen kann, ist der alte orthodoxe Einfluss nicht vollständig verschwunden. Man kann dort [im Kloster Japca] immer noch Lesungen in einer fremden Sprache hören. Der Großteil der Nonnen ist aber moldauisch. Es ist schön zu sehen, wie sehr sie sich bemühen, die neuen Bücher, die auf Rumänisch sind, genauso schnell zu lesen wie die alten Bücher. [...] Es sind weitere Bemühungen notwendig, um mit der starken Tradition endlich zu brechen."[56]

Die Haltung der Geistlichen den vielen Neuerungen gegenüber war sehr gespalten. Es lassen sich drei Haupttendenzen feststellen: Erstens gab es Geistliche, welche die Reformen akzeptierten, ohne sie allzu viel zu hinterfragen. Ein wichtiger Repräsentant dieser Gruppe war der wie schon angemerkt aus dem Altreich stammende Bischof von Hotin-Bălţi Visarion Puiu.[57] Dann gab es Kleriker, welche die Reformen anzweifelten oder sie sogar ablehnten. Sie leisteten Widerstand, nicht weil sie sich mit der russisch-orthodoxen Kirche identifizierten, sondern weil sie viele Aspekte als ein wichtiges kulturelles Erbe der bessarabischen Kirche betrachteten. Sie waren auch über die staatlichen Eingriffe in kirchliche Angelegenheiten wenig erfreut. Man könnte sie als Regionalisten bezeichnen. Einer ihrer führenden Vertreter war der bessarabische Metropolit Gurie Grosu. Eine dritte Gruppe von Geistlichen lehnte die Reformen grundsätzlich ab, weil sie sich weiterhin mit der russisch-orthodoxen Kirche identifizierte. Zu ihren wichtigsten Vertretern ist Vladimir Poleacov zu zählen. Die unterschiedlichen Positionen zwischen Grosu und Puiu verhinderten auf Dauer nicht nur eine Zusammenarbeit zwischen den zwei Eparchien (Hotin-Bălţi und Chişinău), sondern erschwerten auch die Durchsetzung zahlreicher Reformen. Diese Unterschiede werden sich im weiteren Verlauf auch in der Haltung der jeweiligen Eparchien den Altkalendaristen gegenüber widerspiegeln.

Das Kultusministerium und die Heilige Synode trugen bemerkenswert wenig zur Umsetzung dieser Reformen bei. Eine wichtige Kontrollinstanz der Dorfparochien war der sogenannte Eparchie-Revisor.[58] Er bestätigte in seinem ersten Bericht aus dem Jahr 1927,

56 Constantin N. Tomescu, 10 ani de la reînfiinţarea Episcopiei Hotinului 1923–1933. Bucureşti 1933, 271.

57 Bevor Visarion Puiu die Leitung der Eparchie Hotin-Bălţi übernahm, hatte er im Altreich als Bischof von Argeş fungiert. In Bessarabien war er bei vielen unbeliebt, vor allem bei den sog. Regionalisten. Diese meinten, er sei mit dem Ziel gekommen, die bessarabische Kirche zu schwächen; siehe: Lucrările Adunării Generale a Delegaţilor Uniunii Clericilor Ortodocşi din Basarabia. Sesiunea 5–7 octombrie 1932. Chişinău [1932], 17. Bf. Puiu kritisierte seinerseits die Entscheidung der Heiligen Synode, mit Gurie Grosu einen Einheimischen in der Leitung der orthodoxen Kirche Bessarabiens zu behalten: „Es war ein großer Fehler, lokale Bischöfe mit der Leitung der regionalen Kirche zu beauftragen. Denn auf diese Weise haben sich veraltete und nutzlose lokale Gewohnheiten erhalten und es hat sich die administrative Vereinigung nur verspätet." Siehe: Negru, Cazul Mitropolitului Gurie. Noi puncte de vedere, 141. Die zwei Bischöfe kamen auf unterschiedliche Art und Weise ins neue Amt: Während Puiu von der Heiligen Synode zum Bischof von Hotin-Bălţi gewählt wurde, wurde Grosu von den eigenen Priestern zum Bischof ernannt, auch wenn dies ein Verstoß gegen das Organisationsgesetz der Rumänisch-orthodoxen Kirche war.

58 Ein anderes Kontrollorgan war die hierarchische Zwischenebene der „protoierii" (Protohierarchen). Diese unterstützten unter anderem die Dorfpriester beim Bau oder der Renovierung

dass die Schuld am Chaos in der Eparchie Hotin-Bălţi, welches vor allem nach der Kalenderreform entstanden war, ausschließlich die Priester trugen. Diese, so der Revisor, hätten keine Disziplin und wollten keine Regeln einhalten.[59]

Im ländlichen Raum überwachte die Gendarmerie auch die Dorfpriester. Gendarmen meldeten unangemessenes Verhalten der Priester und Verstöße gegen die Reformen regelmäßig beim Kultusministerium.[60] Das Kultusministerium untersuchte diese Beschwerden nicht, denn das hätte zu viele Ressourcen beansprucht, sondern wandte sich an den zuständigen Bischof oder an die Heilige Synode. Ob Priester schließlich wegen des Negierens der Reformbestimmungen bestraft wurden oder nicht, hing damit vom zuständigen Bischof und von der Beziehung des betroffenen Priesters zum Bischofsamt ab. Es bleibt offen, wie ernst die Interventionen der Gendarmerie genommen wurden.[61] In Chişinău war die Kirchenleitung über die Einmischung der Gendarmerie empört und untersuchte einzelne Beschwerden nur auf Druck der Ministerien.[62] Wenn beispielsweise die Gendarmerie die Loyalität eines orthodoxen Priesters in Frage stellte, musste der Metropolit Grosu dem Kultusministerium Auskunft über das Verhalten des Priesters geben. Die Gendarmerie warf dem Priester etwa vor, dass er an wichtigen Feiertagen nicht in die Kirche gehe. Grosu erklärte die Abwesenheit des Priesters mit gesundheitlichen Problemen und versicherte dem Ministerium, dass der Priester loyal sei und durchaus positive Gefühle gegenüber dem rumänischen Staat hege. Diese Gefühle „hatte er bereits unter

der Kirchen oder teilten die Entscheidungen der Eparchieleitung den Dorfpriestern mit. Die Effizienz ihrer Arbeit wurde von der Eparchieleitung mehrmals in Frage gestellt, denn bei den rund 400 Dorfparochien der Eparchie Hotin-Bălţi gab es 12 Protohierarchen. Siehe: ANRM, Episcopia Hotinului, 1217, 1, 725, 47–63, hier 47–50 [Bericht der kirchlichen Abteilung des Eparchialrates der Eparchie Hotin-Bălţi vom 17.5.1936 betr. die Organisation und die Aktivitäten der Protohierarchen].

59 Eusebie Popovici, Referat. Revizorul Eparhial, Episcopia Hotinului: *Foaie Eparhială Oficială*, 3–4 (1927), 19–26.

60 ANR, Ministerul Cultelor şi Artelor, 1925/115, 21 [Mitteilung Bf. Puius an den Kultusminister vom 11.8.1925 betr. die Beschwerden der Gendarmerie gegen Priester beim Kultusministerium].

61 Ein flüchtiger Blick auf die Archivalien zeigt, dass die Untersuchung von Beschwerden der Gendarmerie gegen Dorfpriester in anderen Eparchien ausführlicher geschah als in Bessarabien. In der Metropolie der Moldau wurden diese Beschwerden von der Gendarmerie selbst und von den zuständigen kirchlichen Behörden untersucht. Es wurden der Bürgermeister, der Gemeindesekretär und die Lehrer befragt, ob sie mit den Diensten des betroffenen Priesters zufrieden seien, ebenso zufällig ausgewählte Gläubige. Es konnten bis zu 100 Gläubige an der Untersuchung beteiligt werden. Für ein solches Beispiel siehe: ANR, Ministerul Cultelor şi Artelor, 1937/20, 110 [Mitteilung Barbu Pârăianus an den Kultusminister vom 24.9.1937 betr. eine Beschwerde gegen einen orthodoxen Priester]; 129–137 [Mitteilung Nicodim Munteanus an den Kultusminister vom 18.12.1937 betr. Untersuchung der Beschwerde Pârăianus]. Für die Eparchie Hotin-Bălţi ließen sich derlei sorgfältige Bearbeitungen von Beschwerden gegen Priester bisher nicht finden.

62 Eparhia Chişinăului: Lucrările Adunării eparhiei Chişinăului. Sesiunea 18–21 iulie 1935. Chişinău [1935], 66.

russischer Herrschaft gehabt [...]. In seiner ganzen priesterlichen Aktivität nach 1918 war er nur damit beschäftigt, in der Bevölkerung patriotische Gefühle zu entwickeln.“[63] Mit dieser Intervention wurde der Fall geschlossen.

Die Parochien und ihre Priester

Während in der Verwaltung, im Schulbereich und im Sicherheitsapparat Personal aus allen Landesteilen nach Bessarabien geschickt wurde, war dies im kirchlichen Bereich weniger stark der Fall. Die Zentralisierungsbestrebungen stießen hier an ihre Grenzen. Die Rumänisch-orthodoxe Kirche verfügte nicht über die Mittel und den Einfluss, den Elitenwechsel auf die Dorfebene auszudehnen. Es schien auch keine dringende Angelegenheit zu sein, vor allem weil die Priester in ihrer Mehrheit Rumänisch sprachen. Die Amtskirche arbeitete also weiterhin mit einem Großteil des Personals der Russisch-orthodoxen Kirche.

In vielen Studien fällt die Bilanz der Zugehörigkeit der bessarabischen Kirche zur rumänisch-orthodoxen sehr positiv aus, vor allem was die Entwicklung der Eparchie Hotin-Bălţi betrifft. Die Errungenschaften lassen sich an den Kirchenneubauten und Renovierungen ablesen. Allein unter der Leitung von Bischof Puiu (1923–1935) wurden in der Eparchie Hotin-Bălţi 71 Kirchen gebaut und 397 renoviert, heißt es in vielen Studien.[64] Die Konzentration auf rein materielle Leistungen liefert jedoch ein unvollständiges Bild der eigentlichen Lage der orthodoxen Kirche im Norden Bessarabiens. Damit die Kalenderreform, welche viel Erklärungsarbeit beanspruchte, flächendeckend akzeptiert worden wäre, hätte es vor allem einer engagierten Geistlichkeit und gut ausgestatteter Parochien bedurft. Ein Überblick über den Zustand der Kirche in dieser Region zeigt aber, dass sie auf die Neuerungen, welche sie implementieren musste, nicht vorbereitet war.

Die orthodoxe Kirche befand sich dort in einer prekären materiellen Lage. Viele Gotteshäuser waren im Laufe des Ersten Weltkriegs und der Oktoberrevolution stark beschädigt worden.[65] Die Kirchenleitung war noch Jahre später mit den Renovierungen

63 ANR, Ministerul Cultelor şi Artelor, 1925/110, 255 [Mitteilung Bf. Grosus an den Kultusminister vom 1.10.1925 betr. die Aktivitäten des Priesters Ioan Marcoci]. Siehe auch: 1925/110, 253 [Mitteilung Bf. Grosus an den Kultusminister vom 28.9.1925 betr. die Verteidigung des Priesters der Parochie Gravicea]; 19f. [Mitteilung der Außenstelle des Kultusministeriums in Bessarabien an den Kultusminister vom 10.2.1925 betr. die Ablehnung der Kalenderreform durch den Priester Mihail Plaxin]; 257 [Mitteilung Bf. Grosus an den Kultusminister vom 3.8.1925 betr. die Verteidigung Mihail Plaxins].

64 Alegerea, investirea şi instalarea Preasfinţitului Tit Simedrea, ca Episcop al Hotinului, in: Episcopia Hotinului. *Foaie Eparhială Oficială* 1/1936, 18–52, hier 47; Dumitru Stavarache, Mitropolitul Visarion Puiu. Documente din Pribegie (1944–1963). Paşcani 2002, 13; Plugaru, Mitropolia Basarabiei, 22; Tomescu, 10 ani de la reînfiinţarea Episcopiei Hotinului, 151–161.

65 Episcopia Hotinului Bălţi: Actele desbaterile şi hotărîrile Adunării Eparhiale din Sesiunea Ordinară din anul 1937. Bălţi [1937], 25, 28.

beschäftigt. Noch in den 1920er Jahren suchten Dorfpriester nach Objekten, welche die Bauern zur Zeit der Revolution aus den Kirchen gestohlen hatten.[66] Der Präfekt von Bălți Emanoil Catelly betonte 1935 in einer Rede die materiellen und gesellschaftlichen Folgen der kriegerischen Auseinandersetzungen für die orthodoxe Kirche Bessarabiens:

> „Als Visarion Puiu nach Bălți kam [1923], war die ganze Eparchie eine materielle und moralische Ruine. [...] Der Klerus war zum Großteil seinem Volk [rum. neam] fremd und hatte eine Kultur, die gegen die rumänische gerichtet war. Dieser Klerus begriff die großen historischen Veränderungen, die zur Grenzverschiebung und zur Vereinigung des Landes geführt hatten, nicht und kannte die geistigen, kulturellen und nationalen Bedürfnisse des neugegründeten Mutterlandes nicht. Die große Masse der Bevölkerung war infolge der Russischen Revolution anarchisch. Die unsichere Lage und die Nachbarschaft zu einem Volk, das sich in voller Umgestaltung befand, übte einen schlechten Einfluss auf unsere geistige Konsolidierung aus [...]."[67]

Neben dieser schwierigen Ausgangslage bedeutete die Gründung der Eparchie Hotin-Bălți eine neue Organisationsform, die auf keinen gewachsenen Strukturen beruhte. Schon gleich nach ihrer Gründung herrschte ein Mangel an Personal und an Geld. Die meisten Finanzmittel, die das Kultusministerium der Eparchie zur Verfügung stellte, wurden in den Kirchenbau investiert. Vor allem in den Städten, die im Vergleich zu den Dörfern als weniger rumänisch galten, wurden Kirchengebäude errichtet, welche die Zugehörigkeit zur neuen Kirche und den Bruch mit der Vergangenheit symbolisieren sollten. Man sprach in diesem Kontext von der „Christianisierung der bessarabischen Städte".[68] Das Hauptprojekt der Eparchieleitung bestand in der Errichtung einer Kathedrale und eines Bischofpalastes in Bălți. Parallel zum Kirchenbau wurden dort Verwaltungsgebäude errichtet. Der Aufbau einer öffentlichen Verwaltungsinfrastruktur im Norden Bessarabiens war 1930 aber nicht viel weiter fortgeschritten als die Bauprojekte der Amtskirche. Viele Institutionen der öffentlichen Verwaltung amtierten in den 1930er Jahren in gemieteten Gebäuden.[69]

Der Fokus auf den städtischen Kirchenbau erwies sich später als kein guter Plan für die allgemeine Entwicklung der Kirche. Dadurch wurden andere Bereiche wie die Priesterausbildung oder die Seelsorge vernachlässigt.[70] Der Nachfolger Visarion Puius im Bischofsamt,

66 ANRM, Episcopia Hotinului, 1217, 1, 529, 1–8 [Bericht des Priesters der Parochie Costiujeni vom 1.1.1934 betr. allgemeine Informationen über die Parochie und ihre Mitglieder für das Jahr 1933]; Episcopia Hotinului Bălți: Actele desbaterile și hotărîrile Adunărei Eparhiale din Sesiunea Ordinară din anul 1936. Bălți [1936], 62f.

67 Alegerea, Investirea și instalarea Preasfințitului Tit Simedrea, ca Episcop al Hotinului, in: Episcopia Hotinului. *Foaie Eparhială Oficială* 1/1936, 18–52, hier 47.

68 E. Mateescu, Increștinarea orașului Bălți, *BOR* octomvrie 1926, 741.

69 ANR, Ministerul de Interne – Direcția Contabilității, 1936/15, 2f. [Bericht der Gemeindeverwaltung des Kreises Bălți an das Innenministerium vom September 1936 betr. den Zustand der öffentlichen Gebäude].

70 ANRM, Episcopia Hotinului, 1217, 1, 725, 10–25, hier 10 [Inhaltsprotokoll der ersten Sitzung der Eparchialversammlung vom 18.5.1936 betr. die materielle Situation der Priester der

Tit Simedrea, ein enger Mitarbeiter des Patriarchen Miron Cristea, kritisierte die Politik seines Vorgängers. In seiner ersten Rede nach der Amtsübernahme im Dezember 1935 betonte Simedrea, dass der Altkalendarismus ein Phänomen sei, welches auch aufgrund der Konzentration der Kirche auf Äußerlichkeiten entstanden sei:

> „Nach meinem Amtsantritt vor vier Monaten habe ich vom realen Ausmaß des Stilismus erfahren. An meinem ersten Arbeitstag konnte ich aber keine Missionierung sehen und keine kulturelle Propaganda in den Kirchen erblicken. Auf einmal befand ich mich in einem seelischen Krieg ohne Armee, ohne Munition, ohne Ausrüstung und ohne Kader. Es gibt keine missionarischen Priester und die Kulturabteilung funktioniert nicht [...]. Ich habe aber sehr schöne Gebäude gefunden! Diese müssen jetzt mit Seelen gefüllt werden.“[71]

Simedrea erklärte den Priestern auch, die Kirchenleitung habe den „gewaltigen Aufschwung“ der altkalendaristischen Bewegung der letzten Jahre nicht nachvollziehen können – dieser sei merkwürdig und unverständlich. Es seien in Bessarabien so schöne Kirchen errichtet worden, die aber unnütz seien, wenn „das rumänische Volk aufgrund des Kalenderstils in zwei feindliche Lager“ gespalten sei, zur Freude „der Feinde des Vaterlandes“.[72]

Puiu waren im Übrigen die Probleme seiner Eparchie bewusst und er zog eine negative Bilanz seiner Amtszeit, als er 1935 an Simedrea übergab:

> „In einer neuen Eparchie zu dienen, die früher ein Teil einer größeren Kirche war, mit einem Klerus, der für seine Mission total unvorbereitet gewesen war, der für seine Ausbildung nur das Seminar in Chişinău gehabt hatte (und viele hatten dieses Seminar nicht einmal abgeschlossen), konnte ich keine gute Verwaltung organisieren. [...] Die Ergebnisse sind weit von dem entfernt, was ich mir gewünscht habe.“[73]

Es war auch eine Fehleinschätzung gewesen zu glauben, dass die Dorfpriester die neue kirchliche und staatliche Ordnung akzeptieren würden, nur weil die Mehrheit von ihnen rumänischsprachig war. Bevor 1925 die Rumänisch-orthodoxe Kirche zum Patriarchat erhoben wurde, hatte Visarion Puiu selbst die Probleme benannt, welche „direkt an der Basis der Kirche lagen“, und folgerichtig eine andere Meinung über den Aufbau kirchlicher Strukturen in Bessarabien entwickelt. In einem Brief an Miron Cristea erklärte er, dass die Eparchie Hotin-Bălţi dringende andere Probleme habe, als in repräsentative Gebäude zu investieren:

Eparchie]; 64–72 [Bericht der Kulturabteilung des Eparchialrates vom 17.5.1936 betr. die finanzielle Lage der Parochien].

71 ANRM, Episcopia Hotinului, 1217, 1, 725, 27–36, hier 27f. [Rede Bf. Simedereas anlässlich der Eparchialversammlung vom 17.5.1936].

72 ANRM, Episcopia Hotinului, 1217, 1, 725, 27–36, hier 28 [wie eben].

73 Dare de seamă episcopală, in: Episcopia Hotinului. *Foaie Eparhială Oficială* 3–4 (1931), 16–19; Visarion Puiu, În ce împrejurări neprielnice s'a reînfiinţat episcopia Hotinului cu reşedinţa în oraşul Bălţi, la anul 1923. Amintiri, in: ebd. , 20–29.

„Während unsere Kirche sich hier in einer totalen Desorganisation befindet, kam die Nachricht aus Bukarest, dass ein Patriarchat gegründet wird. [...] Der Klerus befindet sich hier aber in einer totalen Finsternis. [...] Er ist weit entfernt von der kirchlichen Mission und kann sie in solchen Zeiten nicht erfüllen. Sechs Jahre nach der Union haben wir immer noch keine Mittel, die Kleriker auszubilden, und wir denken an einen Patriarchen! Das hat uns jetzt gerade noch gefehlt. Wir wollen einen Zylinderhut auf den Kopf eines Menschen setzen, der barfuß ist und zerrissene Kleidung trägt. [...] Wir imitieren nur die Slawen aus dem Norden und dem Süden, die Patriarchate errichtet haben."[74]

Um eine Verbesserung der Kirchenbasis, also der Priesterausbildung und der Betreuung der Gläubigen zu erreichen, orientierte sich Bischof Puiu an der katholischen Kirche. Sowohl er als auch andere bessarabische Kleriker sahen in ihr ein Vorbild in Sachen guter Organisation und Verwaltung. 1925 meinte Puiu:

„Ohne dass ich Angst habe, dass meine Worte anders interpretiert werden können, sage ich laut die folgende Weisheit: Es gibt in der ganzen christlichen Welt ein einziges Patriarchat, welches alle Voraussetzungen erfüllt, ein solches zu sein. Das ist das Patriarchat von Rom. Dieses existiert, weil es eine sehr stabile Basis hat, die ihm hilft, eine feste Position unter vielen Völkern zu behalten, und es hat auch eine feste Außenpolitik. Eine solche Basis fehlt uns völlig und es gibt wenig Hoffnung, dass es eine geben wird."[75]

Priester, die in ihrer Nachbarschaft katholische Pfarren hatten, stellten fest, dass diese weitaus besser als ihre orthodoxen Parochien organisiert waren.[76]

Trotz dieser mutigen Kritik passte sich Puiu mit der Zeit an die Politik des Zentrums an. Mit ihm als Oberhaupt der Eparchie Hotin-Bălţi verbesserte sich die Lage der einfachen Dorfpriester kaum. Die angehenden Priester konnten nach wie vor lediglich das inzwischen natürlich rumänisch statt russisch gestaltete theologische Seminar in Chişinău oder ab 1927 die theologische Fakultät (eine theologische Hochschule) besuchen. In der Eparchie existierte ansonsten ab 1923 ein achtklassiges theologisches Seminar in der Kleinstadt Edineţ, das aber bereits 1931 aus finanziellen Gründen wieder geschlossen werden musste.[77] Im Kloster Dobruşa gab es das erwähnte Seminar für Kirchensänger, und 1927 wurde im Nonnenkloster Japca eine Mädchenschule eröffnet.[78]

Von den 505 Dorfpriestern, die 1936 in der Eparchie Hotin-Bălţi tätig waren, hatte der Großteil aber immerhin im Kontrast zum früheren Erbe der russischen Zeit mit ihren vielen analphabetischen Geistlichen acht oder zehn Klassen des theologischen Seminars

[74] Visarion Puiu, Glas în pustie. Bd. 1: Îmbunătăţiri bisericeşti întîrziate. Chişinău 1931, 26.

[75] Puiu, Glas în pustie, 39.

[76] Gh. Gheorghianov, Plată benevolă sau salar dela stat?, *Luminătorul* 17 (1930), 1012–1016.

[77] Das Seminar von Edineţ hatte ursprünglich vier Klassenstufen und wurde als „spirituelle Schule" für zukünftige Priester bezeichnet. 1923 wurde das Seminar in ein theologisches Seminar mit acht Klassenstufen umgewandelt. 1930 wurde es nach Bălţi verlegt, aber aus Finanzgründen bereits 1931 geschlossen, siehe: Tanasă, Visarion Puiu. Biografia unui mitropolit, 59f.

[78] Episcopia Hotinului Bălţi: Actele desbaterile şi hotărîrile Adunărei Eparhiale din Sesiunea Ordinară din anul 1937. Bălţi [1937], 11.

von Chişinău absolviert.[79] Ein orthodoxer Priester der Eparchie Hotin-Bălţi war in der Regel für zwei bis vier Dörfer zuständig, was heißt, dass er in seiner Parochie 2.500 oder mehr Gläubige betreuen musste.[80] Obwohl die Eparchie zwischen 1930 und 1936 die Zahl der Priester um ca. 100 erhöhte, war der Priestermangel weiterhin spürbar,[81] vor allem weil die Priester nicht nur für die religiöse Betreuung zuständig waren. Sie mussten im kulturellen Bereich aktiv sein und es wurde von ihnen zudem erwartet, soziale Aufgaben zu übernehmen, welche der Staat nicht erfüllen konnte.[82]

Die Neugestaltung der Kirche griff tiefer in die Pflichten der Dorfpriester sowie in ihre Beziehung zur Kirchenleitung und zum Staat ein. Die Einführung der standesamtlichen Heirat 1930 änderte langfristig die Machtbefugnisse im Land. Überhaupt waren ab 1930 sowohl die Priester als auch die weltlichen Gemeindebehörden für die Registrierung von Geburten, Todesfällen und Heiraten zuständig.[83] Die Registrierung erfolgte aber zuerst im Rathaus und erst dann bei der Parochie. Priester fürchteten nun, dass durch das Eindringen staatlicher Verwaltung in ihren Aufgabenbereich die Gläubigen die Kirche vernachlässigen würden. In einem Bericht des Eparchialrates erklärten bessarabische Kleriker ihre Besorgnis über die Entwicklungen in ihrer Kirche:

> „Die Schwierigkeiten haben fast einen Höhepunkt erreicht. Keine Verbesserung könnte ein positives Licht auf die negativen Phänomene, mit denen derzeit die orthodoxe Kirche konfrontiert wird, werfen [...]. Fast jedes Jahr bringt etwas Neues – eine Neuerung nach der anderen. Diese erschüttern nur das kirchliche Leben und verhindern seine normale Entwicklung. Das jüngste Beispiel einer solchen Neuerung ist die Einführung der standesamtlichen Heirat in Bessarabien."[84]

79 Ca. 55 Prozent der Priester der Eparchie Hotin-Bălţi absolvierten das Seminar mit zehn Klassen, ca. 20 Prozent das Seminar mit acht Klassen, ca. 16 Prozent hatte gar keine theologische Ausbildung und nur ca. acht Prozent besaßen einen theologischen Hochschulabschluss. Siehe: ANRM, Episcopia Hotinului, 1217,1, 725, 56–63; Tomescu, 10 ani de la reînfiinţarea Episcopiei Hotinului, 181. – Zum früheren verbreiteten Analphabetismus vgl. oben, Seite 30.

80 Dare de seamă a secţiei administrative pe anul 1929, in: Episcopia Hotinului: *Foaie Eparhială oficială* 7/1930, 58–70, hier 67; Episcopia Hotinului Bălţi: Actele desbaterile şi hotărîrile Adunărei Eparhiale din Sesiunea Ordinară din anul 1937. Bălţi [1937], 26; ANRM, Episcopia Hotinului, 1217, 1, 725, 56, 176–178; Brusanowski, Rumänisch-orthodoxe Kirchenordnungen, 302.

81 Dare de seamă a secţiei administrative pe anul 1929, in: Episcopia Hotinului. *Foaie Eparhială oficială* 7/1930, 58–70, hier 65.

82 Tit Simedrea, Pentru înfiinţarea de Cămine culturale în fiecare sat, in: Episcopia Hotinului. *Foaie Eparhială oficială* 8/1936, 191–193.

83 Ordin circular despre aplicarea legii actelor de stare civilă în Basarabia, *Luminătorul* 24 (1929), 2; M. Vasilche, Unele considerente împotriva stării civile, *Luminătorul* 7 (1931), 378. Bis 1920 waren die Priester und die kirchlichen Gerichte auch für die Vorbereitung und Durchführung von Scheidungsverfahren zuständig. Danach mussten sie diese Aufgabe den zivilen Gerichten überlassen. Alle Versuche der Priester, sich an den Scheidungsprozessen weiterhin zu beteiligen, scheiterten. Siehe: Despre desfacerea căsătoriei, *Luminătorul* 24 (1919), 5; Despre congresul general preoţesc. Chestiuni Diverse, *Luminătorul* 12 (1920), 17; Ordine Circulare, 6. Despre divorţ (răzvod), *Luminătorul* 3 (1921), 17.

84 Gurie Grosu, Procesul şi apărarea mea. Denunţarea complotului apocaliptic. Bucureşti 1937, 82.

Der staatliche Geheimdienst, die Siguranța, gab in einem Bericht die Verzweiflung der Priester wieder, nachdem sie von der Einführung der standesamtlichen Eheschließung informiert worden waren:

> „Die Kirche und die Religion gehen in Bessarabien, wie auch in Russland, auf den Abgrund zu. Denn die Sache mit dem Kalender ist noch nicht ausgestanden, und ein weiterer, noch größerer Schlag ist erfolgt, nämlich die Einführung der standesamtlichen Ehe in dieser Provinz."[85]

Dorfpriester akzeptierten nur zähneknirschend die Kooperation mit den Gemeindebehörden, nachdem die Eparchieleitung Geldstrafen im Falle einer Nichtkooperation angedroht hatte.[86] Vier Jahre nach der Einführung der standesamtlichen Trauung berichteten Dorfpriester, dass diese zu einer „moralischen Dekadenz" der Dorfbevölkerung führe.[87] Real betrachtet war freilich die Stimmung unter den Priestern viel negativer, als es der tatsächlichen Lage entsprochen hätte. 1935 bevorzugte nur ein winziger Teil der orthodoxen Gläubigen die standesamtliche Heirat allein.[88]

Eng verbunden mit dem Zuständigkeitsbereich der Dorfpriester war die Einführung der Parochialräte. Das Organisationsgesetz der Rumänisch-orthodoxen Kirche sah vor, dass jede Parochie einen Parochialrat aus dem Kreise ihrer Gläubigen bilden musste. Zusammen mit dem Dorfpriester durfte er in weitreichenden Angelegenheiten des kirchlichen Lebens mitentscheiden. Alexandru Scvoznicov schrieb, dass diese Neuerung, die den Laien so viele Mitspracherechte in der Parochie einräumte, einen Schritt in Richtung Protestantismus bedeuten würde.[89]

Der einzige Aspekt, der den Priestern noch ein Gefühl von Unabhängigkeit vom Staat gab, war der finanzielle. Ihre Handlungsmöglichkeiten wurden aber auch in diesem Bereich Schritt für Schritt beschränkt. Vor 1918 hatten die Parochien mit ihrem gewöhnlich über 30 Hektar umfassenden Landbesitz zu den großen Grundeigentümern im Dorf gehört.[90] Darüber hinaus durften in jener Zeit die Priester Geldleistungen – und zwar

85 ANRM, Inspectoratul regional de siguranță din Basarabia, 680, 3508, 362–364 [Bericht des Informationsbüros der Siguranța Chișinău vom 30.1.1930].

86 Circulări, in: Episcopia Hotinului. *Foaie Eparhială oficială* 6/1931, 62–66; Circulări, in: Episcopia Hotinului. *Foaie Eparhială oficială* 13/1931, 147–148.

87 ANRM, Episcopia Hotinului, 1217, 1, 583, 1–8 [Bericht des Priesters der Parochie Sturzești vom 1.1.1934 betr. allgemeine Informationen über die Parochie und ihre Mitglieder für das Jahr 1933].

88 Die Aussage bezieht sich auf die Auswertung von 40 Fragebögen, verfasst zwischen 1933 und 1934 von Dorfpriestern aus dem Kreis Bălți. Es handelt sich um eine Stichprobe, die aus 40 Parochien (darin mit 75 Dörfern) aus dem Kreis Bălți besteht. Sie wurde aus den vorhandenen Quellen gebildet, welche sich in dem Fond der Eparchie Hotin-Bălți – als Bestand im Nationalarchiv der Republik Moldau – befinden. Siehe: ANRM, Episcopia Hotinului, 1217, 1: 517–521, 523–525, 529, 533, 539, 555, 572, 575–592, 594, 595, 596–598, 599, 600– 602.

89 Alexandru Scvoznicov, Epoca Reformelor, *Luminătorul* 9 (1926), 55–58; A. Scriban, Legea autonomiei în întrebuințarea Bisericii, *BOR* august 1926, 481.

90 Mehr über die Agrarreform und die Verstaatlichung des Kirchenbesitzes siehe: ANRM, Episcopia Hotinului, 1217, 1, 685. Einige Beispiele für den Ablauf der Agrarreform in der Eparchie

willkürlich von ihnen selbst festgesetzte Beträge – für ihre Dienste von den Gläubigen verlangen. Nun hingegen bestritten die Dorfpriester ihr Leben aus drei möglichen Einnahmequellen: aus der finanziellen Unterstützung vom Staat in Form von Subventionen[91], durch Spenden von Gläubigen und aus dem erwirtschafteten Einkommen aus dem Land, welches zur jeweiligen Parochie gehörte.[92] Keine dieser drei Möglichkeiten brachte ihnen fixe Einkünfte. Die Subventionen wurden vor allem in den 1930er Jahren mehrmals gekürzt oder mit großer Verspätung ausgezahlt.[93] Als die Agrarreform voranschritt, mussten die Parochien und die Klöster ihr Land an den Staat abtreten. Infolge der Reform wurden im nächsten Schritt jeder Dorfparochie 18 Hektar neu zugeteilt. Davon bekam jeweils der Dorfpriester zwölf und der Kirchensänger sechs Hektar als Nutzungsrecht. Die Dorfpriester waren mit ihren zwölf Hektar Land immer noch gut situiert im Vergleich zu den Bauern, die nach der Agrarreform im Durchschnitt 3,5 Hektar besaßen – die Unterschiede zwischen den beiden Gruppen waren aber in puncto Landbesitz nicht mehr so gewaltig wie vor 1918. Nach der Agrarreform waren Priester aber stärker auf die Hilfe des Staates und der Gläubigen angewiesen. Es wurde zunehmend schwieriger und auch von der Kirchenleitung nicht gern gesehen, Geld von den Gläubigen zu verlangen, weil die Bauern nach 1930 immer mehr in finanzielle Schwierigkeiten gerieten und mit dem Aufschwung des Altkalendarismus die Autorität der Priester stärker in Frage stellten.

Ein weiteres Problem für die Eparchie Hotin-Bălți stellten die sogenannten nichtetatisierten Parochien dar.[94] 58 Dorfparochien und ihre Kleriker bekamen überhaupt keine fi-

Hotin-Bălți siehe in: ANR, Ministerul Agriculturii și Domeniilor – Creditul Ipotecar, 489: 38.1925 (Mărăndeni), 37.1925 (Funduri Vechi), 32.1925 (Slobozia), 8.1925 (Baraboi), 59.1925 (Glodeni), 72.1925 (Sângureni), 77.1925 (Mihăileni).

91 Das Kultusministerium teilte jährlich den jeweiligen Eparchien einen bestimmten Geldbetrag zu. Davon bezahlte die Eparchie ihre Priester. Ein orthodoxer Dorfpriester der Eparchie Hotin-Bălți bekam je nach Ausbildung und Erfahrung zwischen 2.000 und 4.000 Lei monatlich. Ein Priester in der Stadt konnte bis zu 5.000 Lei verdienen. Der Bischof von Hotin-Bălți verdiente im Monat 17.200 Lei. Die Priester waren bis 1937 keine offiziellen staatlichen Gehaltsempfänger wie die Lehrer, siehe: ANRM, Episcopia Hotinului, 1217, 1, 725, 173–179 [Das Budget der Eparchie Hotin-Bălți, 1936–37]; ANR, Direcția Generală a Poliției, 1935/44, 4–6 [Kopie des Abstimmungsergebnisses der Kleriker im Kreis Putna ohne lesbares Datum betr. die Bezahlung der Priester]; ANR, Ministerul Cultelor și Artelor, 1937/3, 7 [Mitteilung des Kultusministers an das Justizministerium vom 22.2.1937 betr. Ersetzung der Subventionen der orthodoxen Priester durch fixe Löhne, ähnlich wie die Lehrerschaft].

92 Nur ein Teil der Kleriker der Russisch-orthdoxen Kirche hatte vor 1917 ein staatliches Gehalt erhalten. Die bessarabischen Priester hätten laut Buzilă vor 1917 nur den Grundbesitz ihrer Parochie und das von den Gläubigen kommende Geld für ihre Versorgung zur Verfügung gehabt, siehe: Buzilă, Din istoria vieții bisericești din Basarabia, 93; Igor Smolitsch, Geschichte der Russischen Kirche 1700–1917. Bd. 1. Leiden 1964, 487–494.

93 Gh. Gheorghianov, Plată benevolă sau salar dela stat?, *Luminătorul* 17 (1930), 1012–1016; M. Vasilache, Argumentul der prisos, *Luminătorul* 5 (1932), 254f.

94 Die nichtetatisierten Parochien entstanden in der Regel auf Initiative der Dorfbewohner. Die Gläubigen verpflichteten sich dem neuen Pfarrer gegenüber, ein Haus und Grund zur Verfügung

nanzielle Unterstützung, weder von der Eparchieleitung noch vom Kultusministerium. Ihr Erhalt war ausschließlich die Aufgabe der Gläubigen.[95] Diese Parochien, die aufgrund der Initiative der Gläubigen gegründet worden waren, wurden nur schrittweise in das Finanzierungssystem der Eparchie integriert.[96] Unter den über 400 Dorfparochien der Eparchie Hotin-Bălți war ihr Anteil zwar vergleichsweise gering. Die nichtetatisierten Priester spielten aber in der Umsetzung bestimmter Maßnahmen wie etwa der Kalenderreform eine entscheidende Rolle. Um ihren Lebensunterhalt zu sichern, verließen sie sich ausschließlich auf die Spenden der Gläubigen und verhielten sich in Fragen der Nationalisierung und Modernisierung ihrer Parochien entsprechend anders als ihre staatlich besoldeten Kollegen. Ihr Abhängigkeitsverhältnis von den Bauern zwang sie, sich an deren Wünsche und Bedürfnisse stärker anzupassen. Wenn zum Beispiel die Gläubigen von einem Priester einer nichtetatisierten Parochie verlangten, die Feiertage nach dem alten Kalender zu feiern, konnte er ihre Bitte nur schwer ablehnen, da er sonst riskierte, ohne Einkünfte dazustehen.

Bischof Puiu beschrieb in seinem Buch „Die Dorfpriester" in allen Details, wofür sie zuständig waren. Die Aufgabenliste reichte von der Seelsorge über die Einführung neuer landwirtschaftlicher Methoden bis zur Verbreitung des nationalen Gedankengutes.[97] Der Bischof erwartete zudem eine enge Beziehung der Dorfpriester zu allen Gläubigen: „Es reicht nicht, dass ihr eure religiösen Aufgaben pflichtbewusst erfüllt. Ihr müsst in die Mitte der Pfarrmitglieder gehen und mit jedem Mitglied in ununterbrochenem Kontakt stehen [...]."[98] Für einen Dorfpriester, der mehrere Dörfer betreute, selbst eine Familie

zu stellen und sein Gehalt zu bezahlen. Die meisten nichtetatisierten Parochien aus der Eparchie Hotin-Bălți entstanden vor 1918. In der Zwischenkriegszeit registrierten das Kultusministerium und die Eparchieleitungen einige Anfragen zur Gründung solcher Parochien im Kreis Bălți. Sie wurden in der Regel nicht genehmigt, da man dadurch eine finanzielle Belastung der Bauern befürchtete. Zugleich wurde dem Ministerium immer wieder gemeldet, dass die Bauern die nichtetatisierten Parochien nicht mehr finanzieren konnten. Die Eparchieleitung Hotin-Bălți erklärte 1936, dass sie die Gründung von neuen Parochien, die vom Staat finanziell nicht unterstützt werden, nicht genehmigen könne – auch wenn die Gläubigen eine eigene Parochie gebraucht hätten —, weil die finanzielle Lage der nichtetatisierten Priester so schlecht sei. Siehe: ANR, Ministerul Cultelor și Artelor, 1937/74, 45 [Kopie des Protokolls des Protopopen Kreis 1, aus dem Kreis Ismail vom 29.4.1930 betr. Gründung einer nichtetatisierten Parochie]; ANRM, Episcopia Hotinului, 1217, 1, 725, 47–63, hier 50 [Bericht der kirchlichen Abteilung des Eparchialrates der Eparchie Hotin-Bălți vom 17.5.1936 betr. die allgemeine Lage der nichtetatisierten Parochien].

95 Episcopia Hotinului Bălți: Actele desbaterile și hotărîrile Adunărei Eparhiale din Sesiunea Ordinară din anul 1937. Bălți [1937], 14f.; ANRM, Episcopia Hotinului, 1217, 1, 725, 47–63, hier 56 [Bericht der kirchlichen Abteilung des Eparchialrates vom 17.5.1936 betr. die finanzielle Lage der Priester].

96 ANR, Ministerul Cultelor și Artelor, 1937/75, 263f. [Tabelle der Eparchie Hotin-Bălți an das Kultusministerium ohne lesbares Datum betr. Priester und Parochien, die 1937/38 vom Staat finanziert wurden].

97 Visarion Puiu, Preoții satelor. Piatra Neamț [3]2009.

98 Circulara nr.2/2571 din 3.III 1930 despre o mai strînsă legătură a preoților cu păstoriții lor, *Luminătorul* 7 (1930), 388–390, hier 389.

hatte und Land bearbeiten musste, stellten die Erfüllung der kirchlichen und nationalen Aufgaben und seine Rolle als Verkünder der Modernisierung eine kaum zu bewältigende Herausforderung dar.[99] Diese Tatsache führte auf Dauer zu einer schlechten Betreuung der Gläubigen.[100] Die prekäre finanzielle Lage vieler Dorfpriester verschlechterte die allgemeine Situation der Kirche auf der Dorfebene zusätzlich.[101]

Als die Eparchie Hotin-Bălţi 1930 den Dorfpriestern die Frage stellte, wieso der Kirche und den Klerikern ein derart schlechter Ruf unter den Gläubigen vorauseilen würde, hatten manche Priester genaue Antworten parat. Die Dorfpriester mussten diese Frage essayistisch beantworten. Die Kalenderreform, „eingeführt ohne einen Plan und ohne die Vorbereitung der Kleriker und der Gläubigen“, sei ein wichtiger Grund für die schwache Position der Kirche, meinten einige.[102] Andere erklärten, dass die allgemein schlechte Lage der Kirche mit den vielen Neuerungen und Reformen, welche „die Gläubigen von dem wahren Glauben entfernt haben, zusammenhängt“.[103] Ein weiterer Priester schrieb in Zusammenhang mit den Reformen fast verzweifelt über die Lage in seiner Parochie:

> „An den Feiertagen [nach dem neuen Kalender] geht kaum noch jemand in die Kirche. Alle gehen in die Stadt, wo die Geschäfte offen sind. Nur wenige widerstanden der Invasion der sogenannten Neuerungen. Dieser Durst nach Neuerungen konnte mit traditionellen Methoden, angepasst an die intellektuelle Lage der Kleriker und der Bauern, nicht gelöscht werden. In den letzten Jahren fand ein besonders großer religiöser Erneuerungsprozess statt, um die seelischen Bedürfnisse der Intellektuellen und der Arbeiterschicht aus den Städten zu befriedigen.“[104]

Ein anderer Priester meinte, dass die schlechte Beziehung zwischen Klerikern und Gläubigen nichts Neues sei. Sie gehe auf die Tatsache zurück, dass der Glaube der Bauern mit der offiziellen Kirchenlehre nicht kompatibel sei: Bauern seien sehr „abergläubisch, pflegen heidnische Bräuche und lieben das Kartenspiel“.[105]

Die Essays sagen viel darüber aus, wie die Dorfpriester die vielen Reformen wahrnahmen. Ihre Antworten deuten auf eine klare Überforderung hin. Die Reformen wurden

[99] Einige Priester der Eparchie Hotin-Bălţi beschwerten sich sogar beim Kultusminister über die vielen Aufgaben, die ihnen zugeteilt wurden, siehe: ANR, Ministerul Cultelor şi Artelor, 1937/74, 142f. [Memorandum eines Priesters an das Kultumsministerium ohne lesbares Datum].

[100] ANR, Ministerul Cultelor şi Artelor, 1928/126, 6 [Beschwerde von Angehörigen der Amtskirche im Kreis Lăpuşna an den Kultusminister vom 26.1.1928 betr. mangelnde priesterliche Betreuung].

[101] ANR, Ministerul Cultelor şi Artelor, 1930/56, 142 [Mitteilung Bf. Puius an den Kultusminister vom 7.10.1930 betr. mangelnde priesterliche Betreuung in den Dorfparochien Bessarabiens].

[102] ANRM, Episcopia Hotinului, 1217, 1, 433, 57 [Essay von Priestern aus dem Kreis Bălţi als Antwort auf die Frage „Wieso die Kleriker ihr Prestige“ an Bf. Puiu von 1930].

[103] ANRM, Episcopia Hotinului, 1217, 1, 433, 57 [Essay von Priestern aus dem Kreis Bălţi als Antwort auf die Frage „Wieso die Kleriker ihr Prestige“ an Bf. Puiu von 1930].

[104] ANRM, Episcopia Hotinului, 1217, 1, 433, 14 [Essay von Priestern aus dem Kreis Bălţi als Antwort auf die Frage „Wieso die Kleriker ihr Prestige“ an Bf. Puiu von 1930].

[105] ANRM, Episcopia Hotinului, 1217, 1, 433, 40f. [Essay von Priestern aus dem Kreis Bălţi als Antwort auf die Frage „Wieso die Kleriker ihr Prestige“ an Bf. Puiu von 1930].

von oben nach unten implementiert und ihre Durchsetzung verlief in einer Atmosphäre des gegenseitigen Misstrauens. Priester wurden von der Gendarmerie überwacht, waren ihrerseits misstrauisch gegenüber jeder neuen Anordnung und fürchteten ein immer tieferes Eingreifen seitens des Staates in die kirchlichen Angelegenheiten. Die Kleriker hatten kein Mitspracherecht bei den Reformen; selbst wenn diese offensichtlich gescheitert waren, wie es bei der Kalenderreform der Fall war, wurden sie nicht nachhaltig revidiert.

Aus dem Alltag eines Dorfpriesters

Dorfpriester mussten von Zeit zu Zeit auch eine Analyse des Zustands ihrer Parochien durchführen. Die Untersuchung verlief nach einem zentralen Fragenkatalog, welchen sie von der Eparchieleitung zugeschickt bekamen. Ein repräsentativer Fall für die Eparchie Hotin-Bălţi ist das Dorf Limbenii Vechi, ein rumänisches Dorf mit 1.375 Einwohnern, 27 Kilometer entfernt von der Stadt Bălţi. Neben den orthodoxen Gläubigen, welche die Mehrheit der Bevölkerung ausmachten, lebten dort 1934 17 Juden, 29 Baptisten, fünf Katholiken und 15 Inochentisten. Die Analyse aus diesem Jahr zeigt, dass in Limbenii Vechi eine Kirche, eine Schule und ein Kulturzentrum, gegründet vom Kulturverein ASTRA, vorhanden waren. Dazu gab es im Dorf noch eine Schenke und vier Geschäfte (prăvălii). Die orthodoxe Kirche war ein Holzbau und 1842 von den Gläubigen selbst errichtet worden. 1931 gelang es dem Dorfpriester Sebastian Mârza, die Kirche mit Hilfe der Kirchenmitglieder zu restaurieren. Die Pfarrbibliothek hatte 30 Bücher: 13 auf Rumänisch und 17 auf Kirchenslawisch bzw. Russisch abgefasst. Das hatte keine allzu große Relevanz, denn laut Auskunft des Dorfpriesters lasen nur zehn Prozent der Einwohner Bücher und selbst die nur die einfachsten und selten. 75 Prozent der Dorfbewohner konnten nicht lesen und schreiben.[106] Die Kinder gingen nicht regelmäßig in die Schule, vor allem im Frühling und im Herbst blieben sie zu Hause und halfen ihren Eltern bei den Feldarbeiten. Die Bauern hatten laut dem Priester Probleme mit Alkoholismus und Diebstahl und unterhielten zudem oft außereheliche Beziehungen.

Der 1909 geborene Mârza stammte aus einer Bauernfamilie aus einem benachbarten Dorf und hatte das kurzlebige Seminar von Edineţ absolviert. Bevor er 1931 die Stelle als Priester in Limbenii Vechi antrat, wo er auch der Vorsitzende des ASTRA-Vereins war, hatte er in Bălţi als Sekretär eines Tierarztes gearbeitet. Seine Parochie zählte zu den 58 oben erwähnten nichtetatisierten Parochien der Eparchie Hotin-Bălţi. Die 12 Hektar Land, welche zu seiner Parochie gehörten und die er mit seiner Familie bearbeitete, brachten ihm keine allzu hohen Erträge. Seine Haupteinkommensquelle waren die Spenden der Bauern. Die Beziehung zu den Gläubigen bezeichnete er als gut; „ihre Moral ist nicht so niedrig wie in

[106] ANRM, Episcopia Hotinului, 1217, 1, 525, 1–8 [Bericht des Priesters der Parochie Limbenii Vechi vom 1.1.1934 betr. allgemeine Informationen über die Parochie und ihre Mitglieder für das Jahr 1933].

den benachbarten Dörfern", meinte er, nur ab und zu gab es Konflikte zwischen ihm und den Gläubigen. Um die Lage der Kirche und der Dorfbewohner verbessern zu können, schlug der Priester vor, die Eparchieleitung solle sich mehr im kirchlichen Leben engagieren, und verlangte ein fixes Einkommen, damit „er bei den Gläubigen nicht mehr betteln" müsse. Nach Gendarmerieberichten war der Priester auch politisch sehr engagiert. Er nahm an Treffen der rechtsextremen und antisemitischen Partei LANC teil – jener Partei, die Mitte der 1930er Jahre die führende politische Kraft im Norden Bessarabiens war – und hielt Reden gegen die Bukarester Regierung und die Sicherheitskräfte.[107] 1936 erreichte er nationale Bekanntheit, als es ihm laut der Partei nahestehenden Zeitungen gelang, die Altkalendaristen zurück in die Kirche zu führen.[108] Die Probleme, welche er mit den Altkalendaristen hatte, erwähnte er in seinem Bericht nicht. Wie in vielen bessarabischen Parochien verließ damals auch ein Großteil der orthodoxen Gläubigen aus Limbenii Vechi die orthodoxe Kirche und begann ein altkalendaristisches Gebetshaus zu erbauen. Sie taten das laut der Gendarmerie vor allem „aus Rache an ihrem Dorfpriester, der jahrelang viel Geld von ihnen verlangte und sie schlecht behandelte."[109] Es ist anzunehmen, dass Sebastian Mârza wie viele andere Priester seinen Bericht für die Eparchie stark geschönt hatte. Sein sogenannter Erfolg bei der Bekehrung der Altkalendaristen war auch eine reine Erfindung der Presse, wie die Dokumente der Sicherheitskräfte zeigen.[110] Davon wird noch anderweitig die Rede sein. Was den Zustand der Kirche, die öffentliche Infrastruktur und die allgemeine wirtschaftliche Entwicklung betrifft, war Limbenii Vechi anderen Dörfern im Norden Bessarabiens sehr ähnlich.[111] Die meisten hatten eine eigene Schule, ein Bürgermeisteramt und eine orthodoxe Kirche. Nur in seltenen Fällen gab es auch einen eigenen Gendarmerieposten[112], eine Apotheke[113] oder einen Kulturverein. Die Mehrheit der Dorfbewohner beschäftigte

[107] ANR, Ministerul Justiției – Direcția Judiciară, 1936/18, Vol. 2, 360 [Bericht des Gerichts Bălți an den Justizminister vom 10.8.1936 betr. die Propaganda der LANC im Norden Bessarabiens].

[108] Biserica misionară și problema stilismului, *Țara Noastră* 14.1.1936, enthalten in: CNSAS, Fond Documentar, D015283, 58.

[109] ANR, Direcția Generală a Poliției, 1935/49, 158 [Mitteilung des Regionalinspektorats der Polizei in Chișinău an das Zentralinspektorat der Polizei in Bukarest vom 9.3.1936 betr. „die Propaganda der Altkalendaristen im Kreis Bălți"].

[110] CNSAS, Fond Documentar, D015261, 529 [Aussage Galaction Ciobanus vom Oktober 1936 betr. seine Tätigkeit als altkalendaristischer Priester].

[111] Die Ergebnisse der folgenden Analyse beziehen sich auf die Auswertung von 40 Fragebögen, verfasst zwischen 1933 und 1934 von Dorfpriestern aus dem Kreis Bălți. Es handelt sich um eine Stichprobe, die aus 40 Parochien und 75 Dörfern aus dem Kreis Bălți besteht. Sie wurde aus den vorhandenen Quellen gebildet, welche sich in dem Fond der Eparchie Hotin-Bălți – im Nationalarchiv der Republik Moldau – befinden. Siehe: ANRM, Episcopia Hotinului, 1217, 1: 517–521, 523–525, 529, 533, 539, 555, 572, 575–592, 594, 595, 596–598, 599, 600–602.

[112] Von den 75 in der Stichprobe enthaltenen Dörfern hatten 17 einen eigenen Gendarmerieposten. Dieser war in der Regel mit zehn bis 15 Gendarmen besetzt.

[113] Apotheke oder „dispensar" – eine Art medizinische Versorgungsstation. Ein Gesundheitssystem war im ländlichen Nordbessarabien praktisch inexistent. Nur vier der 75 untersuchten Dörfer

sich mit dem Anbau von Getreide, vor allem Mais, Weizen, Gerste und Buchweizen.[114] Die gewerbliche Tätigkeit auf dem Land beschränkte sich auf Mühlen und einige Ölfabriken. Die meisten eigentlichen Fabriken befanden sich in den Städten Bălţi und Hotin.

Ein besorgniserregendes Problem der Dorfbewohner war der hohe Alkoholkonsum. Alle untersuchten Dörfer in dieser Analyse hatten 1935 eine oder mehrere Schenken. Einen absoluten Rekord im Kreis Bălţi stellte mit Sicherheit die Ortschaft Glodeni auf, eine Art Marktgemeinde, wo bei etwa 2.800 Einwohnern elf Schenken und sechs Geschäfte vorhanden waren.[115] In Relation zur Bevölkerung war aber andernorts die Situation noch ungünstiger. Slobozia-Chişcăreni, ein Dorf im Kreis Bălţi mit 1.403 Einwohnern, hatte acht Schenken und 22 Geschäfte.[116] Alle Priester bezeichneten den Alkoholismus als das größte Übel der Landbewohner. Sie sahen in der Schließung der Schenken – von Priestern auch als „Brennpunkte der Finsternis" bezeichnet – eine Lösung für viele Probleme, sogar für die Kalenderfrage.

Die Analphabetenrate war 1935 unter den Bauern immer noch sehr hoch. Das Vorhandensein von Schulen war keine Garantie, dass die Lage sich bald bessern würde, vor allem wenn Schüler sehr unregelmäßig den Unterricht besuchten.[117] Die Dorfpriester äußerten sich in ihren Berichten nur selten bezüglich des nationalen Zugehörigkeitsgefühls der Gläubigen: „Das Nationalbewusstsein der Gläubigen ist in einem Entwicklungszustand", konstatierte der orthodoxe Priester aus dem rumänischen Dorf Anfisofca 1934.[118] Die Berichte der Dorfpriester erwecken den Eindruck, dass es viel wichtigere Angelegenheiten in ihren Parochien gab als die Verkündung des nationalen Gedankengutes.

hatten ein „dispensar". Das erklärt zu einem erheblichen Teil auch die hohe Sterberate in Bessarabien und die Epidemien, die immer wieder auftraten.

114 Dimitrie Gusti (Hg.), Enciclopedia României. Ţara Românească. Bd. 2. Bucureşti 1938, 54–57, 217–221, 674f.

115 ANRM, Episcopia Hotinului, 1217, 1, 519, 1–8 [Bericht des Priesters der Parochie Glodeni vom 1.1.1934 betr. allgemeine Informationen über die Parochie und ihre Mitglieder für das Jahr 1933].

116 ANRM, Episcopia Hotinului, 1217, 1, 602, 1–8 [Bericht des Priesters der Parochie Slobozia, Kreis Bălţi, vom 1.1.1934 betr. allgemeine Informationen über die Parochie und ihre Mitglieder für das Jahr 1933].

117 In allen 75 Dörfern, die für 1934–1935 untersucht wurden, besuchten die Kinder den Dorfpriestern zufolge den Unterricht nur unregelmäßig. Ca. 50 Prozent der Kinder gingen gar nicht in die Schule. Von den im Unterricht angemeldeten Kindern besuchte wiederum etwa die Hälfte regelmäßig die Schule (also rund ein Viertel aller Schulpflichtigen).

118 ANRM, Episcopia Hotinului, 1217, 1, 595, 1–8 [Bericht des Priesters der Parochie Anfisoca vom 1.1.1934 betr. allgemeine Informationen über die Parochie und ihre Mitglieder für das Jahr 1933].

Interner Widerstand

Die orthodoxe Kirche hatte zu den wohlhabendsten Institutionen des Russischen Reichs gehört. In Bessarabien stieg sie in der zweiten Hälfte des 19. Jahrhunderts zur größten Grundbesitzerin auf. Die Verwaltung des Kirchenvermögens war eine Angelegenheit der jeweiligen Eparchien. Diese verwendeten die Ressourcen, um die Priester finanziell zu unterstützen und den Kirchenapparat am Laufen zu halten.[119] Das Recht, das Kirchenvermögen regional zu verwalten, ermöglichte der Kirche größere Freiheiten und eine relative Autonomie gegenüber der Heiligen Synode in Moskau.

Das Organisationsgesetz der Rumänisch-orthodoxen Kirche sah jedoch vor, dass die Heilige Synode und das Kultusministerium das Vermögen aller Provinzkirchen zentral verwalten sollten.[120] Die Provinzkirchen bestanden aber darauf, dass die Verwaltung des Kirchenbesitzes ihre Aufgabe bleiben sollte.[121] Im Zuge der Debatten über die Verwaltung des Kirchenvermögens schlossen sich Priester 1922 zur „Vereinigung der bessarabischen Geistlichkeit“ zusammen, um der Enteignung und Nationalisierung des kirchlichen Vermögens zu entgehen.[122] Zur Vereinigung gehörten 98 Prozent der Kleriker des Gebietes; ein angesehener Teilnehmer an ihren Treffen war auch Metropolit Gurie Grosu.[123] Boris Buzilă bezeichnete die Gründung der Vereinigung aus der Sicht des nachgeborenen Historikers als Zeichen für „die Unfähigkeit der Kleriker, sich an die Erneuerungen der Übergangsphase im wirtschaftlichen, sozialen, politischen und kirchlichen Bereich anzupassen.“[124]

Laut ihrem Organisationsstatut hatte die Vereinigung unter anderem folgende Rechte: Sie durfte alle Arten von Immobilien, welche der bessarabischen Kirche gehörten, verwalten, Schulen und Heime für Kleriker und pensionierte Geistliche gründen sowie Druckereien, Hotels, Geschäfte, Fabriken, Genossenschaften, Altersheime, Erholungsheime

[119] Leon Trofimov, Congresele Eparhiale, *Luminătorul* 1 (1924), 30–43, hier 31, 39.

[120] Die Rumänisch-orthodoxe Kirche wollte ein Weiterbestehen der Eparchialkongresse, welche das Vermögen der Kirche in Bessarabien verwalteten, nicht länger dulden und erklärte ihre Auflösung wie folgt: „Bessarabien wurde samt seiner kirchlichen Organisation aus dem Russischen Reich dem Mutterland inkorporiert. Diese kirchliche Organisation war aber sehr an die speziellen lokalen Bedürfnisse angepasst. In den letzten Jahren, vor allem nach der Revolution, sind die Eparchialkongresse aus Organisationen mit rein wirtschaftlichen Aufgaben zu Korporationen geworden, die auch Verwaltungsaufgaben in der Orthodoxen Kirche über den Pruth hinaus beanspruchen.“ Siehe: CNSAS, Fond Documentar, D006910, Vol. 3, 159–239, hier 162 [Ausführung zur Lage der Konfessionen in Großrumänien ohne lesbares Datum].

[121] Buzilă, Din istoria vieţii bisericeşti din Basarabia, 263; Maner, Multikonfessionalität und neue Staatlichkeit, 181.

[122] Maner, Multikonfessionalität und neue Staatlichkeit, 181.

[123] Lucrările Adunărei Generale a Uniunii Clericilor Ortodocşi din Basarabia: 17–19 martie 1925. Chişinău [1925].

[124] Buzilă, Din istoria vieţii bisericeşti din Basarabia, 262.

und andere philanthropische Institutionen besitzen.[125] Ihr erstes und wichtigstes Ziel war es, die Rechte der bessarabischen Kleriker und der Kirche zu verteidigen. Sie erklärte sich auch bereit, Witwen, Waisenkindern und anderen Menschen in Not zu helfen.[126] Die Organisation hatte also breit angelegte Ziele und sah eine rege Aktivität in vielen Bereichen des kirchlichen Lebens vor. Sie räumte mögliche Illoyalitätsvorwürfe aus dem Weg, indem sie klarmachte, dass ihre Aktivität sich auf eine nationale Basis stützte.

Was für die bessarabischen Geistlichen ein Organ zur „Verteidigung der juristischen, wirtschaftlichen und beruflichen Rechte der Kirche und des Klerus"[127] darstellte, war für das Kultusministerium und die Heilige Synode ein angemaßt eigenständiges Verwaltungsorgan, welches eine vollständige Vereinigung beider Kirchen nur behinderte. Der Konflikt um das Kirchenvermögen erstreckte sich über mehrere Jahre und hinterließ eine tiefe Kluft zwischen einem Großteil der örtlichen Priester und dem Staat. Die Vereinigung wurde nach ihrer Gründung durch die Interventionen des Justizministeriums schrittweise entmachtet. Gemeinsam mit diesem erklärte das Kultusministerium 1923 die Verwaltung des kirchlichen Vermögens durch die Vereinigung für illegal und leitete rechtliche Schritte gegen die Organisation ein.[128] Die bessarabischen Geistlichen reagierten ab Oktober 1923 mit einem Rückzug aus den Verhandlungen über die Union aller orthodoxen Provinzialkirchen, die zur Erhebung der Rumänisch-orthodoxen Kirche zum Patriarchat führten sollten.[129] Bereits im August 1923 hatte die Staatsanwaltschaft polizeiliche Durchsuchungen am Sitz der Organisation durchführen lassen und mit Gewalt alle Dokumente und Grundbuchauszüge der Vereinigung beschlagnahmt.[130]

Im Juni 1924 wurde bei einer Versammlung der Heiligen Synode eine Lösung für den Konflikt um das Kirchenvermögen gefunden. Sie bestand in der Gründung eines neuen gesamtstaatlichen kirchlichen Organs, der sogenannten Ephorie, welche direkt der Heiligen Synode unterstellt war.[131] Zu den Mitgliedern der Ephorie gehörten auch Kleriker aus Bessarabien.[132] Das Vermögen der dortigen orthodoxen Kirche wurde in den Jahren darauf schrittweise diesem Organ übertragen.[133] Für die Zentralisierungsgegner war die Gründung der Ephorie eine bittere Niederlage. Viele meinten, dass diese Maßnahme ein

125 ANR, Ministerul Cultelor și Artelor, 1925/117, 34–35 [Organisationsstatut der „Vereinigung der bessarabischen Geistlichkeit"].

126 ANR, Ministerul Cultelor și Artelor, 1925, wie eben.

127 ANR, Ministerul Cultelor și Artelor, 1925, wie eben.

128 Chestia averilor „Uniunei clericilor ortodocși din Basarabia", *Luminătorul* 18 (1923), 79.

129 Brusanowski, Rumänisch-orthodoxe Kirchenordnungen, 285.

130 Lucrările Adunărei Generale a Uniunii Clericilor Ortodocşi din Basarabia: 17–19 martie 1925. Chișinău [1925].

131 ANR, Ministerul Cultelor și Artelor, 1925/117, 227 [Mitteilung der Außenstelle des Kultusministeriums in Bessarabien an den Kultusminister vom Dezember 1925 betr. aus dem Russischen übersetzte Artikel über die Rumänisch-orthodoxe Kirche].

132 Acte oficiale de înființarea Eforiei în Biserica Basarabiei, *Luminătorul* 28 (1924), 3–10.

133 Buzilă, Din istoria vieţii bisericeşti din Basarabia, 280.

Sieg des Staates bzw. der liberalen Regierung über die Kirche sei. „Der Kampf der bessarabischen Kirche ist durch den Sieg der Liberalen beendet!“, berichteten regierungskritische Zeitungen aus Chişinău.[134]

In der bisherigen Forschung wurde übersehen, dass die „Vereinigung der bessarabischen Kleriker“ sich nach diesen Ereignissen nicht auflöste. Ihre Mitglieder trafen sich regelmäßig und versuchten mit begrenzten Mitteln, Priester und Gläubige materiell zu unterstützen. Sie bot gleichzeitig Raum für Diskussionen über unterschiedliche Probleme des Klerus. Die Vereinigung behielt ihren konservativen, antizentralistischen und regierungskritischen Charakter bei. „Der Staat soll die Kirche unterstützen, anstatt sich in ihre Angelegenheiten einzumischen, wie es bei der Kalenderreform oder der Beschlagnahmung ihres Vermögens der Fall war“, lautete die Kritik einem Bericht der Siguranţa zufolge, welche die Treffen der Vereinigung überwachte.[135] Die Berichte, welche die Polizei und die Siguranţa über die Aktivitäten der Vereinigung erstatten mussten, bestätigen schon durch ihre bloße Existenz, dass das Kultusministerium weiterhin kein Vertrauen in diese Organisation hatte.

Es gibt keine genauen Mitgliederzahlen, aber es konnte sich jeder bessarabische Geistliche an den Aktivitäten der Organisation beteiligen. Da sie unter dem Einfluss von Gurie Grosu stand, nahmen Kleriker aus der Eparchie Hotin-Bălţi an ihren Versammlungen selten teil. Der Vereinigung zufolge verbot Bischof Visarion Puiu den Priestern seiner Eparchie eine solche Art von Kooperation. Ein Grund dafür lag darin, dass Kirchenvermögen der Eparchie Hotin-Bălţi sich teilweise im Besitz der Metropolie von Bessarabien befand. Immer wieder wurden Konflikte zwischen der Vereinigung und Puiu offen ausgetragen; in einem offiziellen Bericht der Organisation aus dem Jahr 1932 hieß es dazu:

> „Die Beziehung zwischen der Vereinigung und der Eparchie Bălţi ist schlecht. Das Verhalten von Visarion Puiu gegenüber dem bessarabischen Klerus ist eine Beleidigung. […] Seine Mission ist es, die Kirche zu schwächen und zu vernichten. Selbst als die beiden Kirchen [die Eparchie von Bălţi und die von Chişinău] Teil der russischen Kirche waren, war die Beziehung zueinander besser.“[136]

Die Vereinigung stand insgesamt der Einführung des neuen Kalenders kritisch gegenüber und verlangte immer wieder die Rückkehr zum alten Kalender. In einem Bericht aus dem Jahr 1929 hieß es beispielsweise: „Der Klerus in Bessarabien ist gezwungen, auf der Seite des Volkes zu bleiben und Ostern nach dem alten Stil zu feiern. Das ist wichtig für unser

[134] ANR, Ministerul Cultelor şi Artelor, 1925/117, 74–77, hier, 77 [Mitteilung der Außenstelle des Kultusministeriums in Bessarabien an den Kultusminister vom 4.8.1925 betr. aus dem Russischen übersetzte Artikel über die rumänisch-orthodoxe Kirche].

[135] ANRM, Inspectoratul regional de siguranţă din Basarabia, 680, 3508, 321–326 [Bericht der Siguranţa Chişinău an das Regionalinspektorat der Polizei in Chişinău vom 28.1.1930 betr. die Versammlung der „Vereinigung der bessarabischen Geistlichkeit“].

[136] Lucrările Adunării Generale a Delegaţilor Uniunii Clericilor Ortodocşi din Basarabia. Sesiunea 5–7 octombrie 1932. Chişinău [1932].

Prestige, aber auch notwendig, um das Volk in der nationalen orthodoxen Kirche halten zu können."[137]

Nachdem Metropolit Gurie Grosu aufgrund angeblicher finanzieller Unregelmäßigkeiten in seiner Eparchie 1936 entlassen worden war, versuchte er seine Rolle in der Vereinigung herunterzuspielen. Er bezeichnete seine Entmachtung als ein Komplott einiger Mitglieder der Vereinigung und gab an, nie diese konservativen Kräfte in seiner Eparchie unterstützt zu haben. Ganz im Gegenteil, er habe immer versucht, ihr Streben nach mehr kirchlicher Autonomie einzudämmen. Er sei der einzige Modernisierungsbefürworter gewesen:

> „Die Entscheidungen der Heiligen Synode und der rumänischen Regierung haben nur mich als Unterstützer und Verteidiger gehabt. In meinem ganzen Leben, mit allen Risiken, habe ich eine kirchliche und nationale Politik in Übereinstimmung mit den großen Interessen und Entscheidungen verfolgt."[138]

Über die eigentlichen Gründe seiner Entlassung wird in der Forschung viel diskutiert. Relevant für diese Arbeit ist, dass mit der Vereinigung auch dank der Unterstützung durch den Metropoliten Grosu eine gewichtige Organisation bestand, die der institutionellen Anpassung der orthodoxen Kirchen Bessarabiens an die neue Amtskirche skeptisch bis ablehnend gegenüberstand.

Die russisch-orthodoxen Gläubigen Bessarabiens

Widerstand gegen den Prozess der Kirchenvereinigung leistete auch eine kleine Gruppe von russischsprachigen Gläubigen in Chişinău. Während die Rumänisch-orthodoxe Kirche mit ihrer östlichen Provinzkirche über die Kalenderreform und das Kirchenvermögen stritt und die Bischöfe von Bălţi und Chişinău miteinander konkurrierten, gründeten die Russischsprachigen in der bessarabischen Hauptstadt den Verein der russisch-orthodoxen Minderheit. Ihr erklärtes Ziel war es, das russisch-kulturelle Erbe zu bewahren. Der Verein lehnte die Zugehörigkeit der örtlichen russisch-orthodoxen Bevölkerung zur rumänischen Orthodoxie ab und erhob den Anspruch auf eine eigene russisch-orthodoxe Kirchenorganisation auf rumänischem Territorium. Radikalere Stimmen akzeptierten überhaupt die Union der orthodoxen Kirche Bessarabiens mit der rumänischen Kirche nicht und strebten nach einer Rückkehr zum Status vor 1918, als die orthodoxe Kirche Bessarabiens Teil der russischen Orthodoxie gewesen war.

137 ANRM, Episcopia Hotinului, 1217, 1, 381, 58 [Bitte der Vereinigung der orthodoxen Kleriker Bessarabiens an Bf. Puiu vom 16.1.1929 betr. Feiern des Osterfestes wie „die anderen orthodoxen Kirchen"]; 59–62 [Protokoll des Kongresses der Vereinigung der orthodoxen Kleriker Bessarabiens vom 28.10.1928 an Bf. Puiu vom 16.1.1929 betr. die Kalenderreform in Bessarabien].

138 Grosu, Procesul şi apărarea mea, 87–90.

An der Spitze der Vereinsleitung stand Gheorghe Tzamutali (Georgij Camutali), ein ehemaliger Marineoffizier der Armee des Zaren. Geboren 1894 in Moskau, lebte Tzamutali seit 1919 als Großgrundbesitzer in der Gegend von Chişinău[139], wo er mehrere Besitztümer von seinen Großeltern geerbt hatte und nun Zuflucht vor den Roten suchte, die ihn 1918 für zwei Monate festgehalten hatten. In den Akten der Siguranţa und der Militärstaatsanwaltschaft taucht er auf als Weißgardist, Monarchist und russischer Nationalist. In Bessarabien war er innerhalb der russischsprachigen Elite bestens vernetzt und unterhielt Kontakte zu russischen Emigranten im Westen. Seine Unzufriedenheit gegenüber Rumänien hing auch mit der Agrarreform von 1921 zusammen, in deren Folge er Land und Wälder an den Staat abtreten musste.[140] Der Verein der russisch-orthodoxen Minderheit operierte illegal, da vom Kultusministerium keine Genehmigung der Vereinsgründung erfolgt war.[141] Es haben sich keine genauen Mitgliederzahlen oder offizielle Statuten des Vereins erhalten. Laut Tzamutali galt der Verein als Sprachrohr aller russisch-orthodoxen Gläubigen Bessarabiens, die 12,3 Prozent der Bevölkerung ausmachten.[142]

Der Verein bezeichnete die Inkorporation der russisch-orthodoxen Gläubigen in die Rumänisch-orthodoxe Kirche als einen Verstoß gegen das Kirchenrecht und die internationalen Minderheitenrechte. Es ging vor allem um die Frage der kanonischen Jurisdiktion. Unter dem Begriff kanonische Jurisdiktion oder auch kanonisches Territorium versteht man die kirchenrechtliche Zuständigkeit oder ein bestimmtes Gebiet, das der jeweiligen orthodoxen Kirche zufällt.[143] Das kanonische Recht bietet kaum klare Regelungen zur Festlegung des kanonischen Territoriums, außer dass in einem Gebiet jeweils nur eine einzige orthodoxe Kirchenorganisation bestehen soll.[144] Im Kultusgesetz wurde dieses Prinzip bekräftigt, indem festgelegt wurde, dass eine ausländische orthodoxe Kirche auf dem Territorium der rumänischen Kirche, das mit den Staatsgrenzen

139 CNSAS, Fond Personal, P0078288, Vol. 1, 20–23 [Aussage Gheorghe Tzamutalis vom 16.4.1941 vor der Militärstaatsanwaltschaft betr. seine Biographie und seine Aktivitäten in Rumänien]; Vol. 2, 21f. [Verhörprotokoll Gheorghe Tzamutalis vom 12.8.1919].

140 CNSAS, Fond Personal, P0078288, Vol. 1, 20–23 [wie vorige Anm.].

141 AMAE, Problema 16, Vol. 10 [Korrespondenz zwischen dem Patriarchen Cristea und dem rumänischen Außenminister, am 31. Oktober 1931].

142 Iacob, Rumänien in der Epoche der Modernisierung (1859–1939), 217; Solomon, Identitate etnică şi minorităţi în Republica Moldova, 167. In der Volkszählung von 1930 wurde aber die Gruppe der russisch-orthodoxen Gläubigen nicht getrennt erfasst. Für alle Orthodoxen, unabhängig von der nationalen Zugehörigkeit, war nur die Kategorie „orthodoxe Gläubige“ vorgesehen; AMAE, Problema 16, Vol. 10 [Schreiben des Patriarchen Cristea an den rumänischen Außenminister, am 24. Februar, 1931]; ANR, Direcţia Generală a Poliţiei, 1926/68, 68–71 [Beschwerde George Tzamutalis an den Völkerbund vom 10.9.1930].

143 Johannes Oeldemann, The Concept of Canonical Territory in the Russian Orthodox Church, in Thomas Bremer (Hg.) Religion and the Conceptual Boundary in Central and Eastern Europe. Encounters of Faith Basingstoke/New York 2008, 229–236, hier 232.

144 Oeldemann, The Concept of Canonical Territory in the Russian Orthodox Church, 231.

gleichzusetzen war, nicht bestehen dürfe.[145] Die Vereinigung mit Rumänien führte also dazu, dass alle orthodoxen Gläubigen unabhängig von ihrer nationalen Zugehörigkeit automatisch Mitglieder der neuen Amtskirche wurden. Der Verein der russisch-orthodoxen Minderheit wollte dies ändern und plädierte für eine geteilte Jurisdiktion über die orthodoxe Kirche Bessarabiens oder – wie erwähnt – für die Jurisdiktion der russischen Kirche allein.

Der gleichzeitige Anspruch russischer und rumänischer Kleriker auf das kanonische Territorium von Bessarabien ging auf die unterschiedliche Interpretation der Ereignisse des Jahres 1918 zurück. Während für die rumänische Seite die Änderung der politischen Grenzen die automatische Integration der orthodoxen Kirche bedeutete, stellte dies für den Verein und viele russische Kleriker einen vorübergehenden Zustand dar. Ein führender russischer Geistlicher der russisch-orthodoxen Auslandskirche, der auch dem Verein nahestand, erklärte 1933 in einem Brief an den Metropoliten Grosu die Position seiner Kirche in Bezug auf den Status der orthodoxen Kirche Bessarabiens wie folgt:

> „Der russische Bischof von Amerika, Platon, hat mir in einem Brief erklärt, dass der Patriarch Tichon die Vereinigung der bessarabischen Kirche mit der rumänischen Kirche nicht anerkannt hat und dass die bessarabische Kirche noch unter der Jurisdiktion der russischen Kirche steht."[146]

Die Rumänisch-orthodoxe Kirche vertrat eine entgegengesetzte Position, wie die Antwort von Grosu zeigt:

> „Diese Aussagen sind aber falsch. Denn laut den kirchlichen Kanones ändert sich die Jurisdiktion einer Kirche mit der Änderung der politischen Grenzen. 1812 kam Bessarabien unter russische Herrschaft und ab dem Zeitpunkt hat sich die Heilige Synode [der ROK] um die orthodoxen Gläubigen in diesem Gebiet gekümmert. 1917 fand die politische Vereinigung Bessarabiens mit dem Mutterland statt und die orthodoxe Kirche Bessarabiens wurde unter die Jurisdiktion der rumänisch-orthodoxen Kirche gestellt."[147]

Russische Kleriker wiesen stets darauf hin, dass das damalige Oberhaupt der Russisch-orthodoxen Kirche, Patriarch Tichon, die Vereinigung nicht bewilligt habe.[148] Die rumä-

[145] AMAE, Problema 16, Vol. 10 [Schreiben des Patriarchen Cristea an den rumänischen Außenminister, am 24. Februar, 1931]; Brusanowski, Autonomia și constituționalismul, 294.

[146] Gemeint ist Platon (Roždestvenskij), einer der einflussreichsten Kleriker der russischen Kirche in Nordamerika. Patriarch Tichon war zwischen 1917 und 1925 das Oberhaupt der Russisch-orthodoxen Kirche. Siehe: Eparhia Chișinăului: Lucrările Adunării eparhiei Chișinăului. Sesiunea 22–23 Mai 1933. Chișinău [1933], 139f.

[147] Wie eben, 140.

[148] Der russische Patriarch Tichon sprach sich gegen eine Inkorporation der orthodoxen Kirche Bessarabiens in die rumänische Kirche aus. Er sah die politische Eingliederung Bessarabiens in den rumänischen Staat nicht als kanonischen Grund für eine kirchliche Union. Siehe: Daniela Kalkandjieva, The Russian Orthodox Church: 1917–1948. From Decline to Resurrection. London 2015, 23.

nisch-orthodoxe Kirche erklärte hingegen, dass sie dessen Einverständnis nicht gebraucht habe, da das kanonische Recht solche Angelegenheiten klar regle.

Die Forderungen der Russisch-orthodoxen Kirche im Ausland und des Vereins nach einer eigenen Kirchenorganisation in Bessarabien waren nicht völlig aus der Luft gegriffen.[149] In der Tat wäre es durchaus möglich gewesen, Ausnahmen zu machen, denn das Prinzip der kanonischen Jurisdiktion – ein Territorium, eine orthodoxe Kirche – war in Großrumänien nicht immer streng eingehalten worden. Die orthodoxen Serben im rumänisch gewordenen Teil des Banat durften nämlich nach 1918 ihre eigene Kirchenorganisation und alle Verbindungen zur serbisch-orthodoxen Kirche behalten.[150] Der Unterschied zur russischen Minderheit in Bessarabien lag darin, dass die kirchlichen Rechte der Serben im rumänischen Banat das Ergebnis von Verhandlungen mit Jugoslawien waren. Die Banater Serben waren Mitglieder einer starken nationalen Kirche und hatten im „Mutterland“ eine Regierung, welche in diplomatischen Beziehungen mit dem rumänischen Staat stand und sich für sie einsetzte. Im Fall der russischen Minderheit in Bessarabien existierten solche Bedingungen nicht. Nach der Wiederaufnahme diplomatischer Beziehungen zwischen Rumänien und der Sowjetunion im Jahr 1934 zeigte Letztere keinerlei Interesse am Schutz der russischen Orthodoxie in Bessarabien. Diese Position kam der rumänischen Kirche sehr entgegen, denn unter solchen Umständen konnte sie ihre formale Nationalisierung fortsetzen und die Anfragen der Russisch-orthodoxen Kirche im Ausland weiter ignorieren.[151]

Als die Rumänisierung und Nationalisierung der orthodoxen Kirche Bessarabiens voranschritten und die Unterschiede zwischen der rumänischen und russischen Orthodoxie immer sichtbarer wurden, wandelte sich der Konflikt um die kanonische Jurisdiktion zu einem kulturellen Konflikt.[152] Der bessarabienrussische Verein begründete die Notwendigkeit der Trennung beider Kirchen immer stärker mit kulturellen Gründen und die Kalenderreform stellte eines der Hauptargumente gegen die Inkorporation der russisch-orthodoxen Gläubigen in die neue Amtskirche dar. Das altkalendaristische Phänomen diente in dieser Phase als Beweis dafür, dass diese Eingliederung von den russisch-orthodoxen Gläubigen selbst abgelehnt werde, auch wenn der Altkalendarismus realiter

[149] AMAE, Problema 16, Vol. 10 [Beschwerde des „Vereins der russischen Minderheit Rumäniens“ an den Völkerbund vom 10.9.1930].

[150] 1933 wurde ein bilateraler Vertrag zwischen Rumänien und Jugoslawien entworfen, in dem die beiden Regierungen die jeweils andere „Nationalkirche“ diesseits der Grenze als exempt anerkannten und je ein Bistum in Vršac (rum. Vârșeț, dt. Werschetz) und Timișoara (serb. Temišvar, dt. Temeswar) errichtet wurde. Mehr zum Status und zur Lage der serbisch-orthodoxen Gläubigen im rumänischen Teil des Banats siehe bei Brusanowski, Rumänisch-orthodoxe Kirchenordnungen, 319.

[151] AMAE, Problema 16, Vol. 10 [Bericht des Diplomaten Savel Rădulescu über die Verhandlungen zwischen Nicolae Titulescu und Maksim Litvinov, am 16. Februar 1935].

[152] Andrej A. Kostrjukov, Russkaja Zarubežnaja Cerkov’ v 1925–1938 gg. Jurisdikcionnye konflikty i otnošenija s moskovskoj cerkovnoj vlast’ju. Moskva 2011, 72–74.

ein Phänomen rumänischsprachiger Dörfer war. In der Korrespondenz zwischen dem Metropoliten Grosu und dem als angesehenes Mitglied der russisch-orthodoxen Auslandskirche in Bessarabien bereits erwähnten Vladimir Poleacov schwang auch die Idee von einer Überlegenheit der russischen gegenüber der rumänischen Orthodoxie deutlich mit: Poleacov erklärte dem Metropoliten, dass er „keine Befehle von einem moldauischen Bischof akzeptieren kann, da er als russischer Geistlicher zu einer führenden Nation gehört, die berufen ist zu dominieren."[153]

Metropolit Grosu hatte 1930 zum ersten Mal in einem Hirtenbrief die Bemühungen gegen diese zentrifugalen Gruppen innerhalb der Kirche zum Thema gemacht:

> „Die orthodoxe Kirche Bessarabiens befindet sich in einem Kampf um ihre Einheit. Diese neue Gefahr bedroht die Existenz unserer Kirche. [...] Manche Gläubige der Chişinăuer Kirche – rumänische Staatsbürger und keine russischen Flüchtlinge – organisierten sich, um ihre nationalen und kulturellen Interessen zu verteidigen und die slawische Sprache im Gottesdienst zu behalten. Unter dem Vorwand, dass die religiösen Traditionen [in Bessarabien] anders als in der rumänisch-orthodoxen Kirche sind, begannen sie, ihre eigene Kirche zu errichten."[154]

Als dieses Schreiben Grosus in der offiziellen Zeitschrift der Metropolie von Bessarabien veröffentlicht wurde, hatte der Konflikt bereits eine lange Vorgeschichte. Sie war einerseits durch Versuche des Vereins der russisch-orthodoxen Minderheit, eine stabile Kirchenorganisation in Bessarabien aufzubauen, gekennzeichnet, andererseits durch die Interventionen der Amtskirche und unterschiedlicher Ministerien, dies zu verhindern.

Es ist schon angeklungen, dass der Verein der russisch-orthodoxen Minderheit in seiner Tätigkeit von der russisch-orthodoxen Auslandskirche (ROKA) unterstützt wurde. Die Kirche verfügte im europäischen und transatlantischen Westen über mehrere Zentren, die von emigrierten Klerikern der Russisch-orthodoxen Kirche im Laufe der 1920er Jahre gegründet worden waren.[155] Auch einige Priester aus Bessarabien, die mit der Kirchenvereinigung nicht einverstanden gewesen waren, verließen Rumänien und schlossen sich ihr an.[156] Bis 1927 befand sich die Russisch-orthodoxe Kirche im Ausland noch in einer Verbindung mit der orthodoxen Kirche in der Sowjetunion und ihre Geistlichen waren kanonisch dem Moskauer Patriarchen unterstellt. Als aber Sergij, das Oberhaupt der russischen-orthodoxen Kirche, 1927 eine Loyalitätserklärung gegenüber der sowjetischen Regierung unterzeichnete und das Gleiche von den russischen Klerikern im Aus-

[153] Eparhia Chişinăului: Lucrările Adunării eparhiei Chişinăului. Sesiunea 22–23 Mai 1933. Chişinău [1933], 139.

[154] Gurie Grosu, Carte pastorală despre rătăcirea unor clerici şi mireni spre desbinare religioasă, *Luminătorul* 17 (1930), 977–981.

[155] Allgemein zur Gründung der Russisch-orthodoxen Kirche im Ausland siehe: Kalkandjieva, The Russian Orthodox Church: 1917–1948, 35–52.

[156] Kostrjukov, Russkaja Zarubežnaja Cerkov' v 1925–1938 gg., 72–74.

land verlangte, unterbrach die Russisch-orthodoxe Kirche im Ausland jede Verbindung mit dem Moskauer Patriarchat.[157]

In ihrer Organisation und Ideologie galt die Russisch-orthodoxe Kirche im Ausland als eine Filiale der russischen Orthodoxie. Sie nahm sich als Schutzherrin aller russisch-orthodoxen Gläubigen wahr und versuchte sich um deren Seelsorge zu kümmern.[158] Eines ihrer wichtigsten Ziele war es, die Einheit der russischen Kirche und des orthodoxen Glaubens zu erhalten.[159] Die Kirche und ihre Vertreter waren stets bemüht, den wahren orthodoxen Glauben zu bewahren, ihn vor Modernisierung, vor jeglichen Reformen und vor dem Ökumenismus zu schützen – angesichts dessen galten sie im Westen als sehr konservativ.[160] Mit Vehemenz lehnten sie die Einführung eines neuen Kalenders in der orthodoxen Kirche ab. In der Folge baten sie alle autokephalen Kirchen, welche unter ihren Mitgliedern auch russisch-orthodoxe Gläubige hatten, diese nicht zur Akzeptanz der Kalenderreform zu zwingen. Sollte dies dennoch passieren, wollte die Russisch-orthodoxe Kirche im Ausland Vertreter zu den einzelnen Kirchen entsenden, um eine Lösung gegen die forcierte Modernisierung ihrer Gläubigen zu finden.[161] Genau dies sollte einige Jahre später in Bessarabien tatsächlich passieren.

Der Aufbau einer Kirchenstruktur der Russisch-orthodoxen Kirche im Ausland in Bessarabien begann Anfang der 1930er Jahre, als die Kirche selbst über eine relativ stabile Organisation verfügte.[162] Der schon genannte einstige russische Marineoffizier Tzamutali spielte in dieser Hinsicht dank seiner Ressourcen und Kontakte im Westen eine wichtige Rolle.[163] Bischof Serafim Lade, der 1929 aus der Sowjetunion in den Westen emigriert war und sich seit 1930 in Wien befand, wurde im gleichen Jahr von Bischof Anastasij Gribanovskij – bis 1918 Oberhaupt der orthodoxen Kirche in Bessarabien – beauftragt, eine Filiale der Russisch-orthodoxen Kirche im Ausland zu organisieren.[164] Da er die kanonische Jurisdiktion der Rumänisch-orthodoxen Kirche über die bessarabische Kirche nicht

157 Oxana Antić, The Russian Orthodox Church Abroad, in Pedro Ramet (Hg.), Eastern Christianity and Politics in the Twentieth Century. Durham, London 1988, 135–145, hier 137.

158 Antić, The Russian Orthodox Church Abroad, 139; ANR, DGP, 68.1926, 223.

159 Antić, The Russian Orthodox Church Abroad, 135.

160 Antić, The Russian Orthodox Church Abroad, 142.

161 Dmitrij Pavlovič Anaškin, Zakonodatel'stvo Russkoj Pravoslavnoj Cerkvi Zagranicej 1921–2007. Moskva 2013, 58.

162 Zu den Konflikten innerhalb der Russisch-orthodoxen Kirche im Ausland siehe: Kalkandjieva, The Russian Orthodox Church: 1917–1948, 35–53.

163 CNSAS, Fond Personal, P0078288, Vol. 2, 3 [Bericht des Regionalinspektorats der Polizei Chişinău an das Zentralinspektorat der Polizei in Bukarest vom 28.10.1931 betr. die Aktivitäten Gheorghe Tzamutalis]; 28 [Bericht desselben an dasselbe vom 1.10.1936 betr. die Aktivitäten Gheorghe Tzamutalis].

164 Michail Efimovič Gubonin, Akty Svjatejšego Tichona, Patriarcha Moskovskogo i vseja Rossii, pozdnejšie dokumenty i perepiska o kanoničeskom preemstve vysšej cerkovnoj vlasti, 1917–1943. Moskva 1994, 837, 990; Kalkandjieva, The Russian Orthodox Church: 1917–1948, 50–51; Kostrjukov, Russkaja Zarubežnaja Cerkov' v 1939–1964 gg., 313–316.

akzeptiert hatte[165], war Gribanovskij entlassen worden und hatte die Region verlassen.[166] 1935 wurde er zum Oberhaupt der Russisch-orthodoxen Kirche im Ausland gewählt.[167] Serafim Lade, 1883 als Albert Lade in einer lutherischen Familie in Leipzig geboren, war 1904 zur Orthodoxie übergetreten.[168] Nach seiner Ausbildung am Theologischen Seminar in Sankt Petersburg arbeitete er bis 1929 für die Russisch-orthodoxe Kirche. Er schloss sich in den 1920er Jahren der prosowjetischen „Lebendigen Kirche" an und als die Sowjets 1929 die Kirche nicht mehr benötigten, erlaubten sie ihm die Ausreise in den Westen, „nicht ohne ihn dabei als GPU-Agenten zu verpflichten." Vor der Karlowitzer Synode tat Lade seine Reue über seine Tätigkeit für die Lebendige Kirche kund und wurde rehabilitiert.[169] Er gehörte auch fortan zu den einflussreichsten russischen Klerikern in Westeuropa.[170]

165 Laut dem Kirchenhistoriker Michail Vital'evič Škarovskij und dem Historiker Pëtr Šornikov bat die rumänische Kirchenleitung Bischof Gribanovskij und den Bischof von Cetatea Albă (Akkerman), ihre Stellen zu erhalten, unter der Bedingung, die Obrigkeit der Rumänisch-orthodoxen Kirche in Bessarabien anzuerkennen. Da beide Kirchenoberen dies ablehnten, wurden sie festgenommen und im April 1918 auf das andere Dnjestr-Ufer gebracht. Anastasij Gribanovskij befand sich in dieser Zeit in Moskau. Als er mit der Absicht nach Bessarabien zurückkehren wollte, die Beziehungen zwischen der dortigen Kirche und dem Moskauer Patriarchat wiederherzustellen, verhinderten die rumänischen Behörden seine Einreise. Siehe in: Michail Vital'evič Škarovskij, Pravoslavnye Cerkvi Jugo-Vostočnoj Evropy meždu dvumja mirovymi vojnami (1918–1939 gg.). Moskva 2019, 254–257; Pëtr Šornikov, Politika rumynskich vlasctej i krizis pravoslavnoj cerkvi v Bessarabii 1919–1940 gody, *Otečestvennaja istorija* 5 (1998), 158–167.

166 ANR, Ministerul Cultelor și Artelor, 1935/125, 138 [Mitteilung der Heiligen Synode an das Kultusminsterium ohne lesbares Datum].

167 Antuan Niv'er, Pravoslavnye Svjaščennoslužiteli, bogoslovy i cerkovnye dejateli russkoj emigracii v zapadnoj i central'noj Evrope, 1920–1995. Moskva/Pariž 2007, 65.

168 Albert Lade, Rom und der orthodoxe Orient. Entgegnung auf die „Vorlesungen über die orientalische Kirchenfrage" von Prinz Max, Herzog zu Sachsen. St. Petersburg 1909.

169 Frank Golczewski, Die deutsch geförderte Ukrainisierung der polnischen Orthodoxie 1939–1941, in Martina Thomsen (Hg.), Religionsgeschichtliche Studien zum östlichen Europa. Stuttgart 2017, 281–306.

170 Als Mitherausgeber eines Buches über die orthodoxe Kirche für das deutschsprachige Publikum (erschienen 1950) erklärte Serafim Lade, warum das Buch, das eigentlich einen Überblick über alle orthodoxen Kirchen bieten sollte, den Schwerpunkt auf die russisch-orthodoxe legte: „Das erklärt sich einfach dadurch, daß die überwiegende Mehrzahl der orthodoxen Christen der Russischen Orthodoxen Kirche angehört und das kirchliche Leben sich in der Russischen Kirche in Laufe vieler Jahrhunderte ruhig und friedlich entwickeln konnte, während die orthodoxen Kirchen auf dem Balkan in ihren Möglichkeiten sehr eingeschränkt waren [...]. Das kirchliche Leben in den slawischen Kirchen des Balkans und auch in der Rumänischen Orthodoxen Kirche hat sich in der letzten Zeit teilweise auch unter dem Einfluß der Russischen Kirche gebildet, da sich die Zarenregierung seinerzeit als Beschützerin der orthodoxen Christen des Balkans gefühlt und sich ihrer tatsächlich sehr angenommen hat." (Seraphim Lade, Die Ostkirche. Stuttgart 1950, 10.)

Im Dezember 1932 unternahm Serafim Lade seine erste und einzige Reise nach Bessarabien.[171] Er blieb zwar nur drei Tage, hatte aber das Ziel, den Grundstein für eine russisch-orthodoxe Kirche zu legen. Er hielt mehrere Gottesdienste in Chişinău und versuchte auch die künftige Seelsorge für russisch-orthodoxe Gläubige zu sichern, indem er drei Priester weihte.[172] Geistliche der Rumänisch-orthodoxen Kirche aus Chişinău berichteten, dass Gläubige ihn dort enthusiastisch empfangen hätten.[173] Angaben der Polizei zufolge wurden seine Gottesdienste, die in improvisierten Gebetszimmern in Privatwohnungen stattfanden, von bis zu 200 Personen besucht, vor allem von älteren Frauen und Bauern aus den Dörfern um Chişinău.[174] Während seines dreitägigen Aufenthalts nahm Lade keinen Kontakt zu Metropolit Grosu oder anderen Persönlichkeiten der Amtskirche auf. Mit seinem Verhalten hatte Lade ein klares Signal in Bezug auf die kanonische Jurisdiktion über Bessarabien gesandt. Als Grosu von diesem Besuch informiert wurde, reagierte er empört: „Man hat mich von der Ankunft eines sog. Bischofs Serafim aus Wien informiert. Er ist nach Bessarabien gekommen, hat uns aber nicht besucht. Ich bin aber hier der Metropolit!"[175] Wie die Wortwahl des Metropoliten andeutete, existierten zu der Zeit keine Beziehungen zwischen der Russisch-orthodoxen Kirche im Ausland und der Rumänisch-orthodoxen Kirche.[176] Es hatte bis dahin auch nur ein einziges Treffen zwischen Anastasij Gribanovskij und Miron Cristea gegeben, nämlich im Jahr 1925, als Letzterer zum Patriarchen ernannt wurde.[177]

Ob Serafim Lade den Verein der russisch-orthodoxen Minderheit finanziell unterstützte, konnte bisher nicht festgestellt werden. Den Vereinsangaben zufolge finanzierte er sich durch Spenden seiner örtlichen Mitglieder. Untersuchungen der Polizei ergaben, dass die im Verein aktiven Priester ihre Auslandsreisen zu den Versammlungen der Russisch-orthodoxen Kirche im Ausland selbst bezahlten.[178] Lade wiederum unternahm keine weiteren Reisen nach Bessarabien oder insgesamt Rumänien und erfüllte in den folgenden Jahren seinen Auftrag nur aus der Ferne. Der eine Besuch schuf aber gute Bedingungen für

[171] ANRM Inspectoratul regional de siguranţă din Basarabia, 680, 1, 3651, Vol. 1, 3 [Mitteilung des Regionalinspektorats der Polizei an das Zentralinspektorats der Polizei vom 20.12.1932 betr. den Aufenthalt Serafims in Chişinău]; ANR, Direcţia Generală a Poliţiei, 1926/68, 186 [Mitteilung des Regionalinspektorats der Gendarmerie in Chişinău an das Zentralinspektorat der Gendarmerie in Bukarest vom 3.1.1933 betr. Maßnahmen gegen Vladimir Poleacov].

[172] AMAE, Problema 16, Vol. 10 [Korrespondenz zwischen dem Patriarchen Cristea und dem rumänischen Außenminister vom 7. April 1933].

[173] Eparhia Chişinăului: Lucrările Adunării eparhiei Chişinăului. Sesiunea 22–23 Mai 1933. Chişinău [1933], 73.

[174] ANR, Direcţia Generală a Poliţiei, 1926/68, 186 [wie eben in Anm. 171].

[175] Eparhia Chişinăului: Lucrările Adunării eparhiei Chişinăului. Sesiunea 22–23 Mai 1933. Chişinău [1933] , 139.

[176] Kostrjukov, Russkaja Zarubežnaja Cerkov' v 1939–1964 gg., 313–316.

[177] Geffert, Eastern Orthodox and Anglican Diplomacy, 203.

[178] CNSAS, Fond Personal, P105506, Vol. 2, 490–496 [Aussage Nicolai Climovicis vor dem Gericht Bălţi vom 5.10.1936 betr. seine Tätigkeit als altkalendaristischer Priester].

eine weitere bessarabische Arbeit der Russisch-orthodoxen Kirche im Ausland. Während seines Aufenthalts knüpfte der Bischof wichtige Verbindungen zu örtlichen Priestern und brachte sie mit Mitgliedern der Synode im serbischen Karlowitz in Verbindung, wo sich ein weiteres Zentrum der Russisch-orthodoxen Kirche im Ausland befand. Bessarabische Kleriker, die sich die Reisen leisten konnten, nahmen an Versammlungen der Synode von Karlowitz teil oder gingen – zur Priesterweihe oder in anderen kirchlichen Angelegenheiten – sogar nach Wien. Die russische Auslandskirche wurde in Bessarabien in kurzer Zeit für viele, die der Modernisierung und Rumänisierung der orthodoxen Kirche zu entgehen versuchten, zu einer alternativen kirchlichen Organisation. Sie bot den russischen Klerikern, die in Bessarabien blieben, ein Refugium und gab ihnen die Möglichkeit, ihren Beruf außerhalb der rumänischen Kirche und in der Tradition der russischen Orthodoxie auszuüben. Außerdem versorgte sie die Priester mit Literatur und liturgischen Objekten. Neben dieser spirituellen und materiellen Unterstützung bedeutete die Russisch-orthodoxe Kirche im Ausland auch eine internationale Vernetzung, welche den russischen Klerikern in Bessarabien in ihren Auseinandersetzungen mit dem rumänischen Staat zugutekommen sollte.[179]

Vertreter von Staat und Kirche haben Serafim Lade als Oberhaupt der Altkalendaristen in Bessarabien bezeichnet.[180] Auch in späteren Dokumenten aus den 1940er und 1960er Jahren ist immer wieder von Lade als einem der wichtigsten Altkalendaristen überhaupt die Rede.[181] Diese Bezeichnung ist jedoch irreführend und zeichnet ein falsches Bild der altkalendaristischen Bewegung. In den vorhandenen Dokumenten findet sich kein Hinweis darauf, dass Lade sich jemals für die Altkalendaristen in Bessarabien eingesetzt hätte. Den russischen Priestern, die ihm nahestanden, untersagte er jede Aktivität unter „der moldauischen Bevölkerung Bessarabiens".[182] Die Ursache für die gegenteilige Einschätzung durch die Behörden und die rumänische Kirche liegt im rein örtlichen Geschehen, denn ungeachtet von Lades Haltung präsentierten ihn die Mitglieder des Vereins der

[179] ANR, Direcția Generală a Poliției, 1926/68, 163 [Kopie der Antwort Vladimir Poleacovs an die Eparchie Chișinău vom 19.1.1931].

[180] ANRM, Episcopia Hotinului, 1217, 1, 725, 86–93 [Bericht der Kulturabteilung des Eparchialrates der Eparchie Hotin-Bălți vom 17.5.1936 betr. den Altkalendarismus]; ANR, Direcția Generală a Poliției, 1926/68, 222 [Mitteilung des Regionalinspektorats der Gendarmerie in Chișinău an das Zentralinspektorat der Gendarmerie in Bukarest vom 14.9.1935 betr. Aktivitäten Vladimir Poleacovs].

[181] In einem Bericht der Geheimpolizei aus dem Jahr 1940 hieß es: „Serafim Lade befand sich zwischen 1933 und 1936 in Bessarabien, wo er subversive Aktivitäten für den alten Stil organisierte. Mit seinen Aktivitäten hat er wahre Volksaufstände verursacht, die dem Staat große Schwierigkeiten bereiteten." CNSAS, Fond Documentar, D015283, 120 [Mitteilung der Siguranța Chișinău vom 28.2.1940 betr. die Organisation der Altkalendaristen in Bessarabien].

[182] ANR, Direcția Generală a Poliției, 1935/49, 61 [Aus dem Russischen übersetzte Kopie der Bestätigung des Bischofs von Wien Serafim vom 30.8.1934 betr. die Priesterweihe Nicolai Climovicis]; CNSAS, Fond Personal, P105506, Vol. 2, 486 [Personalakte des Gerichts Bălți über Nicolai Climovici vom Oktober 1936].

russischen Minderheit als Oberhaupt der Altkalendaristen, obwohl ihn die Mehrheit der Altkalendaristen nur von vom Verein verteilten Fotos kannte.[183] In der Folge betrachteten die Altkalendaristen in der Tat ihn als einen ihrer Anführer.[184]

Abb. 1: Foto von Serafim Lade, das unter den Altkalendaristen zirkulierte, ca. 1935

Als in den 1930er Jahren die Konflikte zwischen den Altkalendaristen und den Behörden zunahmen und immer wieder in blutige Auseinandersetzungen ausarteten, hofften die Altkalendaristen, Lade würde nach Bessarabien kommen, um sie vor dem rumänischen Staat zu schützen. 1936 verbreitete sich im Norden der Region das Gerücht, er warte mit 200 Priestern an der Grenze. Mit dieser „Armee von Priestern“ wolle er die Führung der orthodoxen Kirche übernehmen, wenn ihnen die Regierung nur die Einreise erlauben würde.[185] Manche Altkalendaristenführer ermunterten mit diesem Gerücht die Bauern, den Kampf gegen die Kalenderreform nicht aufzugeben, denn Lade würde in Chişinău weitere altkalendaristische Priester weihen und die Kirchenorganisation ausweiten.[186] Durch die geschickte Propaganda des Vereins, aber auch aufgrund der Verzweiflung vieler Altkalendaristen wurde Lade zum Inbegriff der Religionsfreiheit und zum imaginären Retter der Altkalendaristen.

183 ANR, Inspectoratul General al Jandarmeriei, 1935/25, 24–42 [Monatsbericht des Regionalinspektorats der Gendarmerie in Chişinău an das Zentralinspektorat der Gendarmerie in Bukarest vom 31.3.1936 betr. Aktivitäten der Altkalendaristen].

184 ANR, Inspectoratul General al Jandarmeriei, 1935/25, 273–282, hier 281 [Monatsbericht des Regionalinspektorats der Gendarmerie in Chişinău an das Zentralinspektorat der Gendarmerie in Bukarest vom 31.7.1936 betr. Propaganda der Altkalendaristen mit Hilfe eines Fotos von Serafim Lade].

185 ANR, Inspectoratul General al Jandarmeriei, 1935/25, 193f. [Mitteilung der Gendarmerie Bălţi an das Regionalinspektorat der Gendarmerie in Chişinău vom 8.6.1936 betr. Aktivitäten der Altkalendaristen]; 235–248, hier 247 [Monatsbericht des Regionalinspektorats der Gendarmerie in Chişinău an das Zentralinspektorat der Gendarmerie in Bukarest vom 30.6.1936 betr. den Aufschwung der Altkalendaristen].

186 ANR, Ministerul Justiţiei – Direcţia Judiciară, 1936/98, 150 [Mitteilung der Gendarmerie Bălţi an das Zentralinspektorat der Gendarmerie vom 15.6.1936 betr. Entwicklungen unter den Altkalendaristen im Norden Bessarabiens].

Der zweite Grund, weshalb Serafim Lade als Oberhaupt der Altkalendaristen betrachtet wurde, hing mit der durch die Vertreter von Kirche und Staat gehegten Überzeugung zusammen, dass die Altkalendaristen kommunistische Agenten seien oder in Verbindung mit kommunistischen Organisationen stünden. In dieser Vorstellungswelt, in der alles Russische mit dem Kommunismus gleichgesetzt wurde, spielte Lade die Rolle des Vermittlers zwischen kommunistischen Organisationen und den Altkalendaristen.[187] Ortsansässige Geistliche aus der Eparchie Hotin-Bălți waren überzeugt davon, dass „Bischof Serafim sich insgeheim im Dienst des Kommunismus befand." Er habe die Aufgabe, den ganzen Balkan mit russischen Priestern zu versorgen, die in Wirklichkeit kommunistische Agenten seien. Unter dem Deckmantel des Altkalendarismus würden diese Priester kommunistische Ziele verfolgen, meinten sie. Lade und seine Priester würden die Bevölkerung betrügen, indem sie in den Gottesdiensten den russischen Zaren Nikolaus II. erwähnten, und zwar mit dem Ziel, die Herausbildung einer rumänischen Identität „unter der moldauischen Bevölkerung" zu verhindern.[188] Bukarester Zeitungen wie etwa *Universul* berichteten, dass Serafim Lade für die sowjetische Regierung arbeite, und nannten dafür als Beweis, dass er in Wien lebte – weitere Fakten führten sie für diese weit verbreitete Behauptung nicht an.[189] Es bestand überhaupt der Verdacht, dass die Vereinsmitglieder auch sowjetische Agenten seien. Die Tatsache, dass die im Verein aktiven russischen Geistlichen vor den Sowjets nach Bessarabien geflüchtet waren, wurde nicht als Gegenargument anerkannt. Lokale Angehörige der Sicherheitsorgane hatten aber auch kaum Informationen über Serafim Lade und seine Ziele. Er war als Heilsfigur präsent in den Dörfern, aber niemand kannte ihn persönlich – eine geeignete Konstellation für Spekulationen.

Mehr Aufklärung in dieser konfusen Lage brachten 1935 die Untersuchungen der Sicherheitsbehörden aus Chișinău. Sie ergaben keine Anhaltspunkte auf eine Zusammenarbeit zwischen der Sowjetunion und den Mitgliedern des Vereins:

> „Wir konnten bisher keine Beweise für eine mögliche Einmischung der sowjetischen Regierung in diese Organisation [in den Verein der russisch-orthodoxen Minderheit] finden. Wir vermuten aber, dass der russische Bischof Serafim Lade, der eigentliche Führer aller Altkalendaristen in Bessarabien, [...] von der sowjetischen Regierung toleriert wird und man ihn deshalb als Gesandten und Agenten der Sowjets betrachten kann. Er schürt Konflikte innerhalb der orthodoxen Kirche, um unseren Glauben zu zerstören."[190]

[187] ANRM, Episcopia Hotinului, 1217, 1, 725, 10–25, hier 17 [Inhaltsprotokoll der ersten Sitzung der Eparchialversammlung vom 18.5.1936 betr. Unterstützung der altkalendaristischen Bewegung durch Kommunisten].

[188] ANRM, Episcopia Hotinului, 1217, 1, 725, 10–25, hier 17f. [wie eben].

[189] De ce agitațiile stiliste aparțin comunismului. „Episcopul" comunist Serafim, *Universul* 2.10.1936.

[190] ANR, Direcția Generală a Poliției, 1926/68, 222 [Mitteilung des Regionalinspektorats der Gendarmerie in Chișinău an das Zentralinspektorat der Gendarmerie in Bukarest vom 14.9.1935 betr. die Aktivitäten Vladimir Poleacovs].

Der Präsident des Vereins, Tzamutali, befand sich von seiner Ankunft in Rumänien 1919 bis in die späten 1960er Jahre unter der Überwachung der Geheimpolizei (der Siguranţa, ab 1948 der Securitate), ohne dass sie eine politische Zugehörigkeit feststellen konnte.

In Wirklichkeit fand Serafim Lade in Bessarabien unter den Klerikern und beim russischen Teil der orthodoxen Bevölkerung weniger Unterstützer, als die Behörden annahmen. Es gab nur eine kleine Gruppe von Klerikern, die ihm folgte und bereit war, dem Druck der Amtskirche zu widerstehen und illegal am Aufbau einer russisch-orthodoxen Kirche zu arbeiten. Von ihren konkreten Aktivitäten und ihrer Beziehung zum Staat wird später die Rede sein. Die Gruppe seiner aktiven Unterstützer bestand aus sechs Geistlichen, nämlich Vladimir Poleacov, Boris Bineţchi (Boris Bineckij), Nicolai Climovici (Nikolaj Klimovič), Andrei Ivancenco (Andreij Ivančenko), Vladimir Steţchievici (Vladimir Steckevič) und Gherasim Herlan (Gerasim Cherlan)[191] und mehreren Laien, die rein organisatorische Tätigkeiten ausübten. Gheorghe Tzamutali schrieb 1930 dem Innenminister, dass die Mehrheit der russischen Minderheit Rumäniens sich weiterhin der russischen Orthodoxie zugehörig fühle.[192] Viele meinten hingegen, dass die Position des von Tzamatuli geführten Vereins nicht repräsentativ für die russische Minderheit Bessarabiens sei.[193] Die Berichte der Sicherheitsorgane zeigen, dass die Gottesdienste der russischen Priester von nicht mehr als 2.000 russisch- und rumänischsprachigen Gläubigen besucht wurden.[194] Sicher ist, dass keine strikte nationale Trennung unter den Anhängern und Mitgliedern des Vereins bestand. Auf dem Land waren die besagten Priester der Russisch-orthodoxen Kirche im Ausland auch in rumänischsprachigen Dörfern aktiv.[195] Ihre Kirche wurde von zahlreichen orthodoxen Gruppen, unabhängig von der nationalen Zugehörigkeit, deswegen akzeptiert, da sie in ihrer Organisation und im kirchlichen Alltag einen konservativen Charakter bewahrte. Die Gottesdienste der Priester der Russisch-orthodoxen Kirche im Ausland fanden auf Russisch statt, es wurde für die russische Zarenfamilie gebetet und die religiösen Feiertage wurden nach dem alten Kalender gefeiert. Die Gläubigen Bessarabiens waren mit dieser Form der Orthodoxie gut vertraut.

Auf die Anfragen des Vereins bezüglich einer legalen Organisation der Russisch-orthodoxen Kirche im Ausland in Bessarabien antworteten das Kultusministerium und

[191] Un proces senzaţional al agitatorilor stilişti ruşi, *Universul* 8.4.1936, enthalten in: ANR, Inspectoral General al Jandarmeriei, 1936/25, 49.

[192] ANR, Direcţia Generală a Poliţiei, 1926/68, 39f. [Schreiben Gheorghe Tzamutalis an den Innenminister vom 17.7.1930 betr. die Organisation der russischen Minderheit in Rumänien].

[193] ANR, Direcţia Generală a Poliţiei, 1926/68, 116–125 [Kopie des Sitzungsprotokolls des Abgeordnetenhauses vom 19.12.1930].

[194] ANR, Direcţia Generală a Poliţiei, 1926/68, 25–28 [Telegramm des Regionalinspektorats der Gendarmerie in Chişinău an das Zentralinspektorat der Gendarmerie in Bukarest vom 12.7.1930 betr. die Aktivitäten Vladimir Poleacovs].

[195] CNSAS, Fond Documentar, D015261, 764 [Mitteilung der Gendarmerieleitung Bălţi vom 12.10.1936 betr. die Organisation der Russisch-orthodoxen Kirche im Ausland in Bessarabien und deren Zusammenarbeit mit den Altkalendaristen im Norden Bessarabiens].

die Amtskirche stets mit Verweis auf das Kultusgesetz.[196] Der Justizminister erklärte 1930, dass er dem Bau russischer Kirchen nicht zustimmen könne, denn

> „in einem Gebiet, das erst vor kurzem von der russischen Herrschaft befreit wurde, in dem der Staat nur mit großer Schwierigkeit die Kalenderreform durchgeführt hat, wäre eine orthodoxe Kirche der russischen Minderheit ein permanenter Streitgrund. Das würde nur zu Unruhen führen, vor allem weil die ganze rumänisch-bessarabische Bevölkerung zum alten Kalender zurückkehren will."[197]

Nach einer 1934 dem Innenminister mitgeteilten Auffassung des Patriarchen Miron Cristea sollte die Russisch-orthodoxe Kirche auf rumänischem Gebiet verboten werden, da sie zum einen den kirchenrechtlichen Regelungen nicht entsprechen und zum anderen sie die Staatssicherheit und die nationale Einheit gefährden würde. Zugleich mit dieser Äußerung des Patriarchen erklärte auch Bischof Puiu dem Innenminister, die russischen Priester, die eigene orthodoxe Kirchen eröffnen wollten, seien Mitglieder „einer religiösen Bewegung, welche russische-nationalistische Zwecke verfolgte" – „es wäre im Interesse des rumänischen Staates gewesen, sie von Anfang an zu unterdrücken".[198] Ziel dieser Gruppierung sei es, so der Patriarch,

> „den kirchlichen und politischen Frieden in Bessarabien zu zerstören [...] und im Bewusstsein der bessarabischen Bauern die Idee wachzuhalten, dass eines Tages die russische Herrschaft zurückkehrt. Man suggeriert dadurch, dass die orthodoxen Gläubigen sich nicht mehr an das rumänische Regime anzupassen brauchen. Deswegen gibt es in Bessarabien dauernd Unruhen."[199]

Nachdem 1935 der ehemalige Bischof Anastasij Gribanoskij zum Oberhaupt der Russisch-orthodoxen Kirche im Ausland ernannt worden war, stand eine Legalisierung der russischen orthodoxen Kirche in Bessarabien für den Patriarchen und das Ministerium erst recht nicht mehr zur Diskussion.[200]

Doch nicht die russischen Gläubigen, sondern die Altkalendaristen waren der eigentliche Grund, wieso der rumänische Staat keine Verhandlungen mit Mitgliedern der Russisch-orthodoxen Kirche im Ausland führte und eine getrennte russische Kirchenorganisation so vehement ablehnte. Hintergrund waren Befürchtungen, dass sich allzu viele Geistliche und Gläubige einer legalen ROKA anschließen würden.[201] Da die kulturellen

196 AMAE, Problema 16, Vol. 10 [Korrespondenz zwischen dem Kultus- und dem Außenminister vom 12.11.1935].

197 ANR, Direcția Generală a Poliției, 1926/68, 90–97, hier 94 [Kopie des Sitzungsprotokolls des Abgeordnetenhauses vom 5.12.1930].

198 AMAE, Problema 16, Vol. 10 [Korrespondenz zwischen der Heiligen Synode der Rumänisch-orthodoxen Kirche und dem Innenminister vom 26. 11.1934].

199 AMAE, Problema 16, Vol. 10 [Korrespondenz zwischen dem Patriarchen Cristea und dem Kultusminister vom April 1936].

200 AMAE, Problema 16, Vol. 10 [wie eben].

201 Ein bekannter Fall ist der Priester Andrei Ivancenco. Bevor er die Seiten wechselte und sich in den Dienst der Russisch-orthodoxen Kirche im Ausland in Bessarabien stellte, hatte er als Priester der

Ähnlichkeiten mit der bessarabischen Orthodoxie groß und viele Gläubige mit der Amtskirche unzufrieden waren, bestand das Risiko, dass die ROKA die Position der Amtskirche, die ohnehin aufgrund interner Konflikte geschwächt war, noch stärker gefährdete. Es herrschte aber auch keine Klarheit über das Programm der Russisch-orthodoxen Kirche im Ausland und die Beziehung zwischen den emigrierten Geistlichen und dem Moskauer Patriarchat, vor allem weil die Ansprüche der Auslandskirche gegenüber der orthodoxen Kirche Bessarabiens denen des Moskauer Patriarchats sehr ähnlich waren. Rumäniens Patriarch Cristea war zudem mit Interventionen von Klerikern aus dem Ausland konfrontiert, die dem Moskauer Patriarchat nahestanden und sich für eine russisch-orthodoxe Kirche in Bessarabien einsetzten. So bekam der Patriarch Anfang der 1930er Jahre einen Brief vom litauischen Metropoliten Elevferij (Bogojavlenskij), der enge Beziehungen zu Moskau pflegte[202] und „mit brüderlicher Hoffnung" schrieb, dass Cristea die Wünsche der orthodoxen Russen aus der Eparchie Chişinău nach Gründung einer eigenen Kirche nicht ignorieren solle. Bogojavlenskij, dessen Kirche unter der Jurisdiktion des Moskauer Patriarchats stand, fügte seinem Brief an Cristea eine Nachricht eines Vertreters des Moskauer Patriarchats bei. Dieser erinnerte den rumänischen Patriarchen daran, dass die Verwaltung der Eparchie Chişinău durch die Rumänisch-orthodoxe Kirche nur vorübergehend sei, denn der politische Status der Region sei noch unklar. Er forderte ihn mehrmals auf, den orthodoxen Russen aus der Eparchie eine eigene Kirchenorganisation zu erlauben.[203]

In kirchlichen und staatlichen Kreisen wurden die Aktivitäten der Russisch-orthodoxen Kirche im Ausland im Allgemeinen als Beweis „für die religiöse und nationale Spaltung und für das Fehlen einer spirituellen Union zwischen Bessarabien und Rumänien" wahrgenommen.[204] Die Stilisierung Bischof Serafim Lades zum Führer aller Altkalendaristen war auch eine Taktik vor allem der Amtskirche, um staatliche Kontrolle über und

Rumänisch-orthodoxen Kirche für die Eparchie Cetatea Albă-Ismail gearbeitet, siehe: CNSAS, Fond Documentar, D015261, 895 [Aussage des Priesters Vasile Ionescu vom 8.10.1936 betr. die Tätigkeit von Andrei Ivancenco].

202 Elevferij (Bogojavlenskij) war für seine Loyalität gegenüber dem Moskauer Patriarchat bekannt. Er wird auch bezeichnet als „the most loyal hierarch of the Moskow Patriarchate outside the Soviet Union": Kalkandjieva, The Russian Orthodox Church: 1917–1948, 34f.

203 Zur Reaktion der rumänischen Regierung auf die Interventionen orthodoxer Kleriker, welche dem Moskauer Patriarchat nahestanden, siehe die Korrespondenz zwischen dem rumänischen Diplomaten Vladimir Ghika und dem Patriarchen Cristea. Ghika schrieb: „Man sollte der russischen Kirche keine Antwort geben. Es handelt sich um eine Kirche, die unter Terror lebt und für ihre eigenen Taten nicht verantwortlich ist. Sie verfolgt die politischen Intentionen einer nicht anerkannten Regierung, mit der wir in keiner Beziehung stehen." Korrespondenz zwischen dem Außenministerium und dem Patriarchen Cristea, am 28.4.1932. In: AMAE, Problema 16, Vol. 10.

204 ANR, Ministerul Cultelor şi Artelor, 1935/125, 27f. [Mitteilung der Leitung des Abgeordnetenhauses an das Kultusministerium vom 19.2.1935 betr. die Gefahr der altkalendaristischen Bewegung]; ANR, Direcţia Generală a Poliţiei, 1926/68, 208 [Kopie der Mitteilung des Regional-

Interventionen gegen die Altkalendaristen zu rechtfertigen.[205] Die Altkalendaristen hatte es freilich schon gegeben, bevor sich die Mitglieder der russisch-orthodoxen Kirche im Ausland an sie gewandt hatten. Die kalendarischen Probleme waren hausgemacht. Wären die Reformen erfolgreich gewesen, hätte die russisch-orthodoxe Kirche im Ausland keine allzu große Unterstützung in den Dörfern gefunden.

Die Heilige Synode hatte 1924 die Implementierung der Kalenderreform vor einem konfliktreichen Hintergrund beschlossen. Die Vereinigung der orthodoxen Kirche Bessarabiens mit der Rumänisch-orthodoxen Kirche war zu dieser Zeit weit fortgeschritten. Diese hatte es von 1918 bis 1924 vermocht, sowohl die bessarabische Kirche neu zu organisieren und die Verwaltung von deren Vermögen unter ihre Kontrolle zu bringen als auch einige wichtige Reformen formal zu implementieren. Im Herbst 1924, kurz nachdem der Konflikt um den Kirchenbesitz in eine Phase des Stillstands gekommen war, informierte die Heilige Synode die Regionalkirchen über die zeitliche Erneuerung. Die Position zahlreicher Kleriker war dabei strikt ablehnend gegenüber jeglichen Reformen und daher auch gegenüber einem neuen Kalender.[206]

Viele Priester ignorierten die Nachricht von der Kalenderreform. Es waren in zu kurzer Zeit zu viele Veränderungen geschehen, die nun eigentlich einen vorsichtigeren Umgang seitens der Heiligen Synode und des Kultusministeriums erfordert hätten. Visarion Puiu kannte die Stimmung unter den Klerikern und unternahm einen zaghaften Versuch, die Kritik der Priester an der Kalenderreform vorbeugend aufzugreifen. In einem offenen Brief an alle Kleriker und Gläubigen seiner Eparchie Hotin-Bălţi schrieb er:

> „In diesen für uns und für Sie schwierigen Tagen voller Unklarheiten und seelischer Störungen, welche die Verbesserung des Kalenders und vor allem die Einmischung weltlicher Machthaber in diese Angelegenheit verursachten, möchten wir Ihnen einige Erklärungen geben, damit Ruhe und Liebe in Ihre Seelen zurückkehren."[207]

Puiu erklärte ihnen, dass er für die kalendarische Erneuerung nicht zuständig sei und sie auch nicht verhindern könne. Er bat die Gläubigen und Geistlichen, ihm zu folgen und die Reformen zu akzeptieren. Er wandte sich auch an diejenigen, die sich der Reform verweigerten, und meinte, dass sie deshalb nicht zu Feinden der Kirche werden sollten.

Die unterschiedliche Einstellung der bessarabischen Kleriker zu den vorangegangenen Reformen sollte ihre Strategien zur Implementierung oder Nichtanwendung der Ka-

inspektorats der Polizei in Chişinău an das Gericht Lăpuşna vom 19.2.1933 betr. Beweise für die Tätigkeit Vladimir Poleacovs].

205 Sesiunea ordinară din anul 1935. Şedinţa dela 2 Octomvrie 1935, *BOR*, *Parte oficială* 1935, 192.

206 Th. Cuculschi, Cum s-a rezolvit acum 20 ani chestiunea reformei calendarului, *Luminătorul* 18 (1923), 51–56.

207 Visarion Puiu, Scrisoarea preasfinţitului episcop Visarion, către clerul şi credincioşii eparhiei Hotinului, *Luminătorul* 10 (1926), 8–10.

lenderreform entscheidend beeinflussen, vor allem deshalb, weil sich an der Spitze der bessarabischen Kirche zwei Männer befanden, die entgegengesetzte Positionen vertraten. Während Puiu hartnäckig darauf bestand, dass Dorfpriester trotz des Widerstands der Gläubigen dem neuen Kalender folgen sollten, war Grosu zu Konzessionen bereit und erlaubte den Dorfpriestern seiner Eparchie, immer wieder den alten Kalender zu verwenden. Für den einen war die Kalenderreform ein wichtiger Bestandteil der Kirchenvereinigung, für den anderen eher eine formale Angelegenheit, welche die Union beider Kirchen nicht in Frage stellte. Grosu stand als Metropolit höher und genoss mehr Ansehen als Puiu als Bischof. Die Haltung der Eparchie von Chişinău diente als Vorbild für viele Gläubige und Dorfpriester. Puiu erklärte 1926 dem Patriarchen Miron Cristea, wie sich diese Situation auf seine eigene Eparchie auswirkte:

> „Aufgrund der schwachen Führung eines Klerikers [Gurie Grosus] aus der Nachbareparchie, der die disziplinarischen Zügel über seine Kleriker nicht fest genug in der Hand hielt und die Folgen einiger Ausnahmen nicht berücksichtigte, wurde manchen aufrührerischen Geistlichen und Rebellen erlaubt, den alten Kalender zu verwenden. Und diese Kleriker aus Chişinău und ihre Delegierten haben andere unterstützt, das Gleiche zu tun. Binnen kurzem wurde der Friede in der Eparchie Hotin-Bălţi gestört."[208]

Mit der zunehmenden Kritik an der Kalenderreform wurde ihre Anwendung eine Aufgabe sowohl der Amtskirche als auch des Staates. Der Erfolg der Reform hing nicht länger nur von einem konstruktiven Austausch zwischen Visarion Puiu und Gurie Grosu ab, sondern auch von der Art der Zusammenarbeit zwischen den kirchlichen und staatlichen Akteuren. Welche konkreten Schritte unternahmen diese, eine Implementierung der Kalenderreform abzusichern?

[208] Puiu, Glas în pustie, 58.

2 Kirchenstrukturen für die alte Zeit – und für die neue

Onisifor Ghibu (1883–1972) war eine Leitfigur der Nationsbildung in Bessarabien, bis er mit dem Kultusministerium und dem ASTRA-Verein, dem führenden rumänischen Kulturverein der Zwischenkriegszeit, in einen langjährigen Streit geriet. Ghibu hatte in Bukarest, Budapest, dem damals deutschen Straßburg und in Jena Philosophie und Pädagogik studiert und war vor 1914 als Schulinspektor und Professor für Theologie am orthodoxen Seminar im siebenbürgischen Hermannstadt (Sibiu) tätig gewesen. Mit Beginn des Ersten Weltkrieges flüchtete er mit seiner Familie ins Altreich. Von Iaşi aus, wo die rumänische Regierung und die Eliten des Landes Zuflucht fanden, als die Mittelmächte Bukarest und weite Teile des Landes besetzten, wurde Ghibu auf die Lage in Bessarabien aufmerksam. 1917 ging er nach Chişinău, wo er in den nächsten Jahren am Aufbau eines rumänischen Schulsystems arbeitete.[1] König Ferdinand und Gurie Grosu ersuchten Ghibu im Jahr 1924, die kulturelle Mission des ASTRA-Vereins auch in Bessarabien fortzusetzen. Der Verein war 1861 in Hermannstadt mit dem Ziel gegründet worden, die rumänische Kultur in Siebenbürgen zu fördern.[2] Ghibu, der seit 1919 eine Professur an der Universität von Klausenburg (Cluj) innehatte, legte einen Aktionsplan vor: 20 Führungsfiguren der rumänischen Nationalbewegung in Siebenbürgen, darunter Octavian Goga und Nicolae Bălan, der Metropolit von Siebenbürgen, sollten im darauffolgenden Jahr – vollbeladen mit Broschüren über Rumänien – in das neue Gebiet aufbrechen, um den kulturellen Vereinigungsprozess voranzutreiben. Die bessarabischen Eliten sollten für die rumänische Nation gewonnen werden. Ghibu machte sich im Mai 1926 intensiv an die Arbeit, nachdem die Leitung von ASTRA ihn zum „Generalkommissar für die kulturelle Propaganda in Bessarabien" ernannt hatte.[3] Es folgte auch die offizielle Gründung einer bessarabischen Filiale, welche finanziell vom Vereinszentrum in Sibiu sowie von verschiedenen Ministerien unterstützt werden sollte. Seine Aktivitäten bestanden in der

1 Livezeanu, Cultural Politics in Greater Romania.

2 Keith Hitchins, Orthodoxy and Nationality. Andreiu Şaguna and the Rumanians of Transylvania, 1846–1873. Cambridge Mass., London 1977, 254–257.

3 ANR, Onisifor Ghibu, 411, 1–2 [Schreiben Onisifor Ghibus an die ASTRA-Leitung vom 18.11.1924 betr. die Gründung einer ASTRA-Filiale in Bessarabien]; 14 [Kopie einer Mitteilung Romul Simus an Onisifor Ghibu vom 12.5.1926 betr. die Ernennung Ghibus zum „Generalkommissar für die kulturelle Propaganda in Bessarabien"].

Organisation von Veranstaltungen und der Gründung von Kulturhäusern und Bibliotheken. Vereinsmitglieder waren in der Regel Intellektuelle und hohe Beamte.[4]

Da das Kultusministerium erst in den Jahren 1925/26 seine Aufmerksamkeit auf den Kulturbereich in Bessarabien lenkte, konnte dies für die Einführung des neuen Kalenders nur eines bedeuten: Die Kalenderreform war kaum vorbereitet worden, und der Staat und die Kirche reagierten auf Kritik mit großer Verspätung. Neben der Einbeziehung von ASTRA kamen weitere Maßnahmen zur Durchführung der Reform zum Einsatz. Eine moderne Verwaltung setzte dabei vor allem auf die Anwendung des schriftlichen Wortes bei der Aufklärung der Gläubigen. All dies bestätigt James C. Scotts interpretatorisches Konzept: Die Eliten hatten tiefes Vertrauen in ihr Modernisierungsprogramm und waren davon überzeugt, dass die Gläubigen früher oder später die kalendarische Erneuerung annehmen würden.

Der Kalender als wissenschaftliche Angelegenheit

Als Verein setzte ASTRA die einzige nichtkirchliche Initiative für eine umfassende Akzeptanz des neuen Kalenders. Onisifor Ghibu hatte das Konfliktpotenzial der Kalenderreform frühzeitig erkannt. Er begründete seine Mitarbeit an ihrer Umsetzung wie folgt: „Um die Vereinigung Bessarabiens mit Rumänien zu vervollständigen, habe ich mich mit voller Energie für die Kalenderreform engagiert. Sie hat in Bessarabien starke Unruhen verursacht, welche allein zum Vorteil der russischen Kirche wirkten.“[5]

Vorträge waren im Jahr 1926 die ersten Maßnahmen des Vereins, um der Bevölkerung die Kalenderreform nahezubringen. Damit verbunden war das Ziel, einen Perspektivenwechsel zu erreichen: Die Bevölkerung sollte die Reform nicht länger als religiöse, sondern als wissenschaftliche Angelegenheit betrachten. Laut dem Verein sei die Amtskirche mit der Reform den Wissenschaftlern, welche die Einführung eines neuen Kalenders für notwendig erklärt hätten, entgegengekommen, ohne aber den Glauben oder den Ritus zu verändern. Ghibu beauftragte daher die wissenschaftliche Abteilung des Vereins mit der kalendarischen Aufgabe.[6]

Unabhängig von ihrem weitreichenden Ziel hatte die Aufklärungskampagne der ASTRA einige Schwächen. So war sie vor allem an die jüngere städtische Bevölkerung gerichtet, obwohl immer wieder betont wurde, dass unmittelbar nach der Reform der größte Widerstand gegen den neuen Kalender von der ländlichen Bevölkerung – vorwiegend der älteren Generation – erfolgte.[7]

4 Eugen Hulea, ASTRA. Istoric, organizare, activitate, statute şi regulamente. Sibiu 1944, 13.

5 Ghibu, Trei ani pe frontul Basarabean, 87.

6 Ghibu, Trei ani pe frontul Basarabean, 113.

7 ANRM, Inspectoratul regional de siguranţă din Basarabia, 680, 1, 3561, II, 247 [Mitteilung der Polizei Bălţi an das Regionalinspektorat der Polizei Chişinău von 1933 betr. die altersmäßige

1926 organisierte der Verein erst eine einzige Informationsveranstaltung über die Kalenderreform, und zwar in Chişinău.[1] Von den 64 Vorträgen, die 1927 gehalten wurden, befasste sich wiederum nur ein einziger mit der Kalenderreform, erneut in Chişinău. Im Jahr 1928 hielten noch zwei orthodoxe Priester in Dörfern im Kreis Tighina Vorträge darüber. Die Zahl von Veranstaltungen dieser Art war also viel zu gering, um einen realen Erfolg zugunsten einer großräumigen Implementierung der Reform erzielen zu können.

Der Grund für diese spärliche Tätigkeit war die Unterfinanzierung des Vereins, die sich in Streitigkeiten um die Ressourcenverteilung zwischen der Vereinsleitung in Sibiu und den regionalen Filialen äußerte. Die Konflikte brachen gleich am Beginn der ASTRA-Aktivitäten 1926/27 aus. Für die Gründung der bessarabischen Filiale und ihre Aktivitäten waren ursprünglich 2,5 Millionen Lei vorgesehen; ein Großteil davon hätte vom Kultusministerium bezahlt werden sollen. Der Regierungswechsel von 1926, als die Nationalliberale Partei durch die konservative Volkspartei General Averescus ersetzt wurde, änderte die Pläne des Vereins. Die Summe wurde erst auf eine Million und dann auf nur noch eine halbe gekürzt. Damit die bessarabische Filiale ihre Aktivitäten dennoch fortsetzte, bekam sie für den Zeitraum 1927/1928 die erwähnten 500.000 Lei vom Zentralverein in Sibiu. Für die späteren Jahre war keine weitere Budgetunterstützung seitens des Zentrums mehr vorgesehen.[2]

Ghibus Karriere als Generalkommissar für kulturelle Propaganda in Bessarabien endete im Oktober 1927 nach nur 18 Monaten. Bei seiner Ernennung hatte er übersehen, dass die Stelle ehrenamtlich gewesen war. Aufgrund der Budgetkürzungen war für ihn selbst nichts mehr geblieben. Darüber hinaus hatte er die Kosten für den Druck von Kalendern und Broschüren, für die Organisation von Konferenzen und Veranstaltungen – rund 450.000 Lei – selbst zu tragen. Um diese Summe zurückzubekommen, führte er bis in die späten 1930er Jahren mehrere Prozesse gegen den ASTRA-Verein.[3] Als einflussreichster Kulturverein der Zwischenkriegszeit verfügte dieser sowohl über eigene finanzielle Mittel als auch über Unterstützungsgelder der Regierung. Ghibus Hauptvorwurf richtete sich gegen den Vereinspräsidenten Vasile Goldiş, der zwischen März 1926 und Juni 1927 zu seiner Zeit als Kultusminister für die bessarabische Filiale vorgesehene Geldmittel für die siebenbürgische Filiale verwendet habe. Der Verein verteidigte seine Vorgehensweise und warf Ghibu vor, genügend Geld für seine Arbeit bekommen zu haben. Während seines Aufenthalts in

Zusammensetzung der Kalendergegner]; Episcopia Hotinului, 1217, 1, 725, 27–36, hier 33f. [Rede Bf. Simedereas anlässlich der Eparchialversammlung vom 17.5.1936].

1 Activitatea Asociaţiei culturale „Astra“ Basarabeană de la înfiinţare (Octombrie 1926) până la Sf. Paşti (20 Aprilie) 1930. Chişinău [1930], 10f.

2 ANR, Onisifor Ghibu, 411, 18 [Mitteilung der ASTRA-Leitung an Onsifor Ghibu vom 23.1.1928 betr. das Budget für die bessarabische Filiale].

3 ANR, Onisifor Ghibu, 423, 4 [Mitteilung Onsifor Ghibus an den Kultusminister vom 20.2.1935 betr. die Tätigkeit des ASTRA-Vereins in Bessarabien].

Chişinău hatte Ghibu außerdem mit Hilfe der Regierung eine rumänische Zeitung herausgegeben, wodurch viel staatliches Geld in seine Taschen geflossen sein soll.[4]

Von entscheidender Bedeutung war nun, dass es dem Verein gelang, das Bildungsministerium in die Umsetzung der Kalenderreform miteinzubeziehen. Onisifor Ghibu sah, dass Schulen in dieser Hinsicht eine wichtige Rolle spielen könnten. Er stellte fest:

> „Die Kalenderreform ist keine reine kirchliche Angelegenheit mehr. Der ASTRA-Verein sieht die Lösung dieses Problems in der kulturellen Erziehung. Vor allem Schulen, Schüler und Studenten könnten jetzt eine wichtige Rolle spielen. Lehrer müssen im Mathematik- und Physikunterricht den Schülern die Kalenderreform erklären. Es sollte eine Prüfung über den Kalender geben und deren Ergebnis sollte Teil des Schlusszeugnisses sein. Die Schüler müssen so gut vorbereitet sein, dass sie, wenn sie in den Ferien zurück nachhause in ihre Dörfer gehen, wie Apostel dieses wichtige Problem erklären."[5]

Das Bildungsministerium setzte diesen Plan um. Doch auch diese Maßnahme – die Durchführung der kalendarischen Modernisierung mit Hilfe der Schule – war nicht unproblematisch. Ihr Erfolg hing von zwei Faktoren ab: einerseits von den Lehrern und ihrer Bereitschaft, sich dafür zu engagieren, und andererseits vom Schulbesuch in den Dörfern. Der Aufbau eines Schulsystems mit Lehrern, die an einer Erziehung im nationalen Geist arbeiteten, zählte zu den wichtigsten Maßnahmen, die der rumänische Staat nach 1918 in Bessarabien traf.[6] Trotz der vielen Probleme wurden die Rumänisierung und Nationalisierung des Schulsystems 1922 offiziell abgeschlossen.[7] Wie viele Kinder im Norden Bessarabiens aber tatsächlich die Schule besuchten, darüber gibt es nur Schätzungen. Laut den Dorfpriestern gab es in dem Bereich noch viel Platz für Verbesserung. Zahlreiche Kinder waren 1935 in der Schule gar nicht angemeldet und selbst diejenigen, die es waren, besuchten nur unregelmäßig den Unterricht.

Wie lange das Thema der Kalenderreform Teil des Schullehrplans war, ist nicht bekannt. Die Gendarmerie und die Dorfpriester warfen den Lehrern immer wieder vor, dass sie zu wenig für die Kalenderreform tun würden. Sie machten unterschiedliche Vorschläge, wie Lehrer stärker in die nationale Erziehung einbezogen werden könnten, und regten zum Beispiel an, Dorflehrer sollten gemeinsam mit den Schülern verpflichtet sein, regelmäßig in die Kirche zu gehen.[8]

4 ANR, Onisifor Ghibu, 423, 9–41 [Memorandum Onisifor Ghibus an das Zentralkomitees des ASTRA-Vereins vom 18.10.1935 betr. seine Tätigkeit in Bessarabien].

5 Ghibu, Trei ani pe frontul Basarabean, 165.

6 Livezeanu, Cultural Politics in Greater Romania, 100–112.

7 Livezeanu, Cultural Politics in Greater Romania, 112, 116.

8 Hotărârea Sfântului Sinod despre calendarul îndreptat, *Luminătorul* 1 (1926), 2–4; Gurie Grosu, Carte pastorală despre calendarul îndreptat, *Luminătorul* 1 (1926), 4–7; ANRM, Inspectoratul regional de siguranţă din Basarabia, 680, 1, 3651, 2, 242 [Mitteilung des Regionalinspektorats der Polizei Chişinău an das Zentralinspektorat der Polizei von 1933 betr. die Einführung der Kalenderreform durch Lehrer].

Trotz dieser Kritik an den Lehrern gibt es eindeutige Hinweise, dass einige Dorflehrer aktive Akteure bei der Implementierung der Kalenderreform waren. Mit dem Aufschwung der Altkalendaristen wurde aber diese Aufgabe auch für sie, genauso wie für die Dorfpriester, schwieriger. Nachdem Altkalendaristen mit der Organisation ihrer Gemeinschaften begonnen hatten, brachen sie jeden Kontakt sowohl mit der amtlichen Dorfkirche als auch mit den Dorfschulen ab. Sie weigerten sich, ihre Kinder in die Schule zu schicken, denn dort müssten diese die „Propaganda gegen den alten Kalender" hören und mit den Lehrern die amtskirchliche Messe besuchen.[9] Der Bericht eines Dorflehrers aus Ilenuța, einem wichtigen altkalendaristischen Dorf im Norden Bessarabiens, ist in dieser Hinsicht aussagekräftig. Er schrieb 1936, dass es viel leichter gewesen sei, in Ilenuța als Lehrer nach dem Krieg zu arbeiten als 1935. Nach 1918 sei er als Lehrer in die Region gekommen und habe dort problemlos eine rumänische Schule aufbauen und die rumänische Kultur propagieren können. Die Bauern seien damit einverstanden gewesen und hätten sogar mitgemacht. Seitdem aber die Altkalendaristen die Herrschaft in Ilenuța übernommen hätten, könne der Lehrer seinen Beruf nur noch schwer ausüben. Viele Altkalendaristen verlangten von der Regierung in der Tat eigene altkalendaristische Schulen. Manche Gemeinschaften waren so fortgeschritten in ihrer Organisation, dass sie tatsächlich altkalendaristische Lehrer für ihre Kinder engagierten.[10]

Die 100.000-Kalender-Aktion

In Zusammenarbeit mit der „Vereinigung der orthodoxen Gläubigen Bessarabiens", einer kirchennahen Organisation mit Sitz in Chișinău, entwarf die Heilige Synode 1925 eine vielversprechende Aktion zur Implementierung der Kalenderreform, die in der kostenlosen Verteilung von 100.000 Kalendern nach dem neuen Stil an die orthodoxen Gläubigen Bessarabiens bestand. Die Heilige Synode erklärte sich bereit, diese Verteilung durch ihre Priester zu unterstützen, während die Vereinigung die logistischen sowie die finanziellen Aspekte übernehmen musste. Von den Gläubigen selbst Geld für die neuen Kalender zu verlangen, kam nicht in Frage, waren die Bauern doch in den Jahren zuvor mit vielen finanziellen Problemen konfrontiert gewesen. Die Vereinigung nahm sich vor, 500.000 Lei zu sammeln: Ein Teil davon sollte für den Druck der Kalender verwendet werden, ein anderer Teil für Broschüren und für die Organisation von Veranstaltungen zur Kalenderreform. Um zu den notwendigen Geldsummen zu kommen, sandte die Vereinigung Hilferufe an zahlreiche Institutionen, in denen sie erklärte, dass sie dringend Spenden für eine

9 ANR, Ministerul Justiției – Direcția Judiciară, 1936/98, 80–83 [Kopie der Mitteilung der Metropolie der Moldau an die Heilige Synode vom April 1936 betr. die altkalendaristische Bewegung].

10 CNSAS, Fond Personal, P105506, Vol. 2, 36 [Aussage Ion Besetis, Lehrer im Dorf Ilenuța, vor dem Gericht Bălți vom 29.9.1936 betr. die Organisation der Altkalendaristen im Norden Bessarabiens].

„heilige Angelegenheit" brauche. Durch „die bolschewistischen Manöver von dem anderen Dnister-Ufer" würde die Bevölkerung gedrängt, den neuen Kalender abzulehnen:

> „Wir alle – die Bürger Rumäniens – sollten einsehen, dass eine heilige Angelegenheit auf dem Spiel steht. Wir bitten um eure Unterstützung, um die bessarabischen Brüder aus der Lepra der Unwissenheit herauszuholen und von dem Joch der russischen Sklaverei zu befreien. Durch dieses Geschenk sollten sie einsehen, dass es ein falscher Schritt ist, wenn sie auf die Fremden hören, die ihnen nur das Joch um ihren Hals legen wollen. Nur diese drängen die bessarabische Bevölkerung zu unbedachten Handlungen, wie den verbesserten Kalender abzulehnen."[11]

Die Unterstützung der Kalenderreform würde also laut der Vereinigung den sowjetischen Einfluss zurückdrängen und hatte auch eine zivilisatorische Aufgabe, indem der neue Kalender zur Aufklärung der Gläubigen beitragen sollte.

Es gibt keine Hinweise darauf, dass die Aktion tatsächlich umgesetzt wurde, was wohl auf finanzielle Gründe zurückzuführen ist. Die „Vereinigung der orthodoxen Gläubigen Bessarabiens" wandte sich 1926 im Rahmen ihrer Sammelaktion sogar an Hans Freytag, den deutschen Gesandten in Bukarest, und schickte ihm einen Kalender nach dem neuen Stil. Die zuständigen Gesandtschaftmitarbeiter zeigten Verständnis für den „Bettelbrief" der Vereinigung, wie das Schreiben hier im inneren deutschen Schriftverkehr bezeichnet wurde, und befürworteten die finanzielle Unterstützung der Aktion, welche sie dem Gesandten wie folgt erklärten:

> „Es handelt sich um [die] Verbreitung des gregorianischen Kalenders seitens der rumänischen orthodoxen Kirche als Gegenaktion gegen den in Bessarabien noch volkstümlichen russischen Kalender (alten Stils), also eine Maßnahme gegen das russische Interesse. Hiezu wird um Geldunterstützung gebeten. Falls Herr Minister[12] mit Rücksicht auf die deutschen Bauern in Bessarabien überhaupt etwas geben wollen, wäre es wohl das Beste, wenn Herr Hirsch beauftragt würde, an Ort und Stelle etwa 1000 Lei im Namen von Herrn Minister auszuhändigen. Dadurch führt er sich zugleich bei der Kirchenbehörde gut ein."[13]

Ob die geplante Verteilungsaktion, so sie denn umgesetzt worden wäre, eine effektive Maßnahme dargestellt hätte, sei dahingestellt – umso mehr, als sich die Kalender äußerlich nicht von anderen orthodoxen Kalendern unterschieden und keinerlei Erklärungen der Kalenderreform enthielten. Die Aktion ist nur ein Beispiel dafür, dass konkrete Ideen zur Implementierung der Reform an mangelnden Finanzmitteln und letztlich an mangelnder Unterstützung seitens des Zentrums scheiterten. Bemerkenswert ist übrigens auch die Argumentation: Die Ablehnung der Kalenderreform durch die Gläubigen wurde schon sehr früh als kommunistisches Komplott betrachtet, die Durchsetzung der Kalenderreform demnach als Maßnahme gegen russische bzw. sowjetische Interessen.

11 Politisches Archiv des Auswärtigen Amtes (Berlin), Bestand Bukarest, 23.11 [Th. Ghiorghiu am 17.1.1926].

12 Gemeint ist der Gesandte.

13 Politisches Archiv des Auswärtigen Amtes (Berlin), Bestand Bukarest, 23.11.

Der alte (verbesserte) Kalender

Das Mittel, auf das sich die Amtskirche bei der Erklärung des neuen Kalenders am meisten verließ, waren Broschüren. Von der Einführung der Kalenderreform am 1. Oktober 1924 bis zum Jahr 1937 gaben Geistliche und sonstige Vertreter der Kirche an die zehn Broschüren über den neuen Kalender und den Altkalendarismus heraus, wobei allerdings keine einzige Broschüre gleich im Jahr der Reform oder gar vorbereitend veröffentlicht wurde. Die erste Broschüre erschien 1925, und noch bis 1934 unternahm die Kirche mit Ausnahme einer weiteren Broschüre keine ernsthaften schriftlichen Versuche mehr, die Kalenderreform den Gläubigen zu erklären. Alle übrigen Broschüren wurden von 1934 bis 1936 gedruckt, als der Kalenderkonflikt seinen Höhepunkt erreichte.

Unter religiösen Gruppen in Bessarabien waren Broschüren längst ein gängiges Kommunikationsmittel. Für die Kirchenleitung selbst war diese Methode kostengünstig und praktisch, denn sie ersparte ihr eine direkte Konfrontation mit den Kalendergegnern. Sie entsprach auch der Vorstellung der Kirchenleitung, wie die Modernisierung der Kirche verlaufen sollte: von oben nach unten und auf Schriftlichkeit gegründet. Dorfpriester hatten aber ihre Schwierigkeiten damit: nicht nur aufgrund der hohen Analphabetenrate und der Tatsache, dass die Bauern, wie die Priester berichteten, generell nichts lasen, sondern auch aufgrund des lateinischen Alphabets, in dem die Broschüren gedruckt waren (die amtliche Umstellung von den kyrillischen zu den lateinischen Lettern war gleich 1918 erfolgt). Dies zeigt, dass die Broschüren an eine junge Generation gerichtet waren, die bereits in rumänische Schulen gegangen war.

Im Folgenden wird auf den Entstehungskontext und den Inhalt einiger Broschüren näher eingegangen.[14] Dabei geht es nicht nur um die Frage, wer die Autoren und die Adressaten der Broschüren waren und mit welchen Argumenten versucht wurde, die orthodoxen Gläubigen von der Notwendigkeit der Kalenderreform zu überzeugen. Es geht auch um eine kulturelle Transfergeschichte, welche die Modernisierung der rumänischen Kirche aus der Perspektive der Kirchenleitung präsentiert. Die ausgewählten Broschüren machen deutlich, dass die Amtskirche auf die Argumente der Kalendergegner unentschlossen reagierte. Einerseits versuchte sie, ihre Rolle als Modernisiererin zu wahren, andererseits der lauten Kritik entgegenzutreten, indem sie die Reform in eine Modernisierung auf einem genuin rumänischen Weg umdeutete. Die Broschüren zeigen, wie aus dem neuen Kalender – als einem Kulturprodukt des Westens und der Moderne – ein rumänisches Produkt, ein fixer Bestandteil der rumänisch-orthodoxen Tradition gestaltet wurde.

Bereits bei der ersten Broschüre – „Unser Kalender wurde nicht verändert, sondern nur verbessert“ – lässt sich dieser Bedeutungswandel beobachten. Erschienen 1925, war

[14] Es werden hier sechs Broschüren näher analysiert. Die anderen Broschüren unterschieden sich von ihnen kaum. Ihre Autoren übernahmen teilweise wortwörtlich die gleichen Argumente und lieferten dadurch keine neuen Erklärungen.

sie vom Theologieprofessor Constantin Chiricescu verfasst worden.[15] Als erste schriftliche Reaktion eines wichtigen Kirchenmannes auf den Widerstand gegen die Kalenderreform versuchte der Professor, einige Vorwürfe an die Kirchenleitung zu widerlegen: Der Kalender der Rumänisch-orthodoxen Kirche solle seiner Meinung nach mit dem gregorianischen Kalender nicht gleichgesetzt werden und mit der Reform sei es zu keiner Annäherung zwischen der rumänischen Orthodoxie und dem Katholizismus gekommen. Das Hauptargument des Theologieprofessors bestand eben darin, dass die Kirche 1924 ihren alten Kalender nicht verändert, sondern nur verbessert habe. Damit präsentierte er eine Neuinterpretation der Reform:

> „Wir haben nie den Kalender verändert, sondern ihn nur verbessert, so wie es sich gehörte. Aber auch wenn wir ihn verändert hätten, was aber die Heilige Synode nicht gemacht hat, hätten wir das alte Gesetz nicht verändert, weil zwischen ihm und dem Kalender keine Verbindung besteht."[16]

Der Autor suggerierte, dass die Kirche den alten Kalender weiter in einer verbesserten Form benutze. Dieser sei ohnehin viel präziser und besser als der gregorianische Kalender der „Papisten".[17] In einem historischen Exkurs erklärte er, wie die Fehler im julianischen Kalender entstanden seien und wie die Berechnung des Osterdatums erfolge. Er ging auch auf die Unterschiede in der Kalenderberechnung zwischen der Rumänisch-orthodoxen und der katholischen Kirche ein und bemühte sich stets, die Überlegenheit ersterer in der Kalenderfrage zu beweisen. Die „Verbesserung des Kalenders" sei aufgrund wissenschaftlicher Studien notwendig geworden. Die Amtskirche betreibe mit der Kalenderreform keine Politik und verfolge auch kein kulturell-modernisierendes Programm.

Diese erste Broschüre war nicht an die breite Masse der Bevölkerung gerichtet. Die gehobene Sprache und die teilweise komplizierten Erklärungen waren für die einfachen Gläubigen wenig geeignet. Der Theologieprofessor versuchte eher Missverständnisse, die aufgrund der Kalenderreform in den kirchlichen oder kirchennahen Kreisen entstanden waren, aufzuklären. Die Broschüre diente im besten Fall den orthodoxen Priestern als Einführung in die Reform. Chiricescus Erläuterungen spielten aber in der Debatte über die Kalenderreform eine entscheidende Rolle. In späteren Broschüren übernahmen die Autoren sein Argument, dass der neue Kalender der alte sei, da er von der Amtskirche nicht verändert, sondern nur verbessert worden sei. Diese Neuinterpretation setzte sich Ende der 1920er Jahren auch unter den meisten orthodoxen Geistlichen weitgehend durch.

Die Behauptung, dass die Kalenderreform keine Veränderung, sondern nur eine Verbesserung darstelle, ist heute schwer nachvollziehbar, denn jede Verbesserung ist gleichzeitig auch eine Veränderung. Die innovative Erklärung des Theologieprofessors barg eher die Gefahr, eine noch größere Verwirrung um die Kalenderreform auszulösen. Die Reformverweigerer empfanden die „Verbesserungen" jedenfalls nicht als solche: Das Weg-

[15] Constantin Chiricescu, Calendarul nostru nu e schimbat, ci îndreptat. Bucureşti 1925.

[16] Chiricescu, Calendarul nostru nu e schimbat, ci îndreptat, 4.

[17] Chiricescu, Calendarul nostru nu e schimbat, ci îndreptat, 8.

streichen von 13 Tagen im laufenden Kirchenjahr führte zu einer Verkürzung der Fastenzeit, wichtige Feiertage fielen weg und die Berechnung des Osterdatums wurde dadurch noch komplizierter. Selbst die Natur reagierte, so sahen sie es, negativ auf die kalendarische Änderung – mit langen Dürrezeiten und schlechten Ernten.

Die zweite Broschüre stammte vom Metropoliten der Moldau Pimen Georgescu und erschien 1928, was kein Zufall war.[18] In diesem Jahr nahmen die kalendarischen Unruhen massiv zu, nachdem die Heilige Synode für das darauffolgende Jahr ein Osterdatum festgelegt hatte, das mit dem alten Kalender nicht korrespondierte. Viele, die noch unsicher waren, ob sie die Kalenderreform gut oder schlecht finden sollten, waren aufgrund dieser Entscheidung der Heiligen Synode überzeugt, dass sie ein Fehler gewesen sei. In diesem Kontext sollte die Broschüre des Metropoliten die Gläubigen über die Verbesserung des Kalenders und die Feststellung des Osterdatums für 1929 aufklären. Dem Metropoliten fiel es aber, wie er selbst zugab, schwer, allgemeinverständliche Erklärungen dafür zu finden. Er argumentierte ähnlich wie 1925 der Theologieprofessor und versicherte den Gläubigen, dass alle diese Verbesserungen den Glauben nicht berühren würden. Seine Hauptbotschaft lautete, dass die Gläubigen Vertrauen in die Heilige Synode haben müssten und deren Entscheidungen nicht hinterfragen dürften: „Ihr müsst aber verstehen, dass diese Angelegenheit nicht so leicht ist, dass jeder sie erklären und verstehen kann. [...] Die Gläubigen sollen alle Glaubensangelegenheiten der Heiligen Synode überlassen, denn nur sie kann in diesem Bereich entscheiden."[19]

Die Broschüre, deren Text die Form einer Rede hatte, war an alle Gläubigen gerichtet. Entweder kannte der Metropolit das Ausmaß des Widerstands gegen die Kalenderreform nicht oder er übersah einfach, dass „der alte verbesserte Kalender" brennende Glaubensfragen auslöste. Die Reaktion des Metropoliten als Vertreter der hohen Geistlichkeit zeigte eine gewisse Gleichgültigkeit gegenüber dem Kalenderproblem und deutete auf die tiefe Kluft zwischen ihm und den einfachen Gläubigen hin.

Es haben sich keine Informationen über die Verbreitung und Rezeption der Broschüre erhalten, doch ist nicht davon auszugehen, dass sie von den Altkalendaristen positiv aufgenommen wurde. So etwa enthielt die Broschüre Behauptungen, über deren Unrichtigkeit die Altkalendaristen genau informiert waren. Um beispielsweise die Legitimität der Reform zu untermauern, meinte der Metropolit unter anderem, dass diese in allen orthodoxen Kirchen stattgefunden habe,[20] doch Altkalendaristen, die Kontakte mit russischen Klerikern und mit Mönchen vom Berg Athos pflegten, wussten, dass viele orthodoxe Kir-

18 Nestorian Cicală, Epistolă de lămurire către creştini cu privire la îndreptarea calendarului şi la data serbării Sf. Paşti în anul 1929. Iaşi 1928.

19 Cicală, Epistolă de lămurire către creştini cu privire la îndreptarea calendarului, 7, 15.

20 Auf den Seiten 9–10 betonte der Metropolit: „Die Kalenderreform wurde zusammen mit allen Schwesterkirchen beschlossen. Einige haben die Reform bereits durchgeführt, einige werden das bald machen." (Cicală, Epistolă de lămurire către creştini cu privire la îndreptarea calendarului, 9f.)

chen die Kalenderreform ablehnten. Sie verwiesen daher auch in ihren Petitionen gerade auf den gemeinsamen Widerstand all jener Kirchen, die beim alten Kalender geblieben waren.

Ein zweiter, viel wichtigerer Grund, weshalb die Broschüre kaum Reformverweigerer überzeugen konnte, war freilich ihr Verfasser. Der Metropolit Georgescu war unter den altkalendaristischen Bauern sehr unbeliebt, da er angeblich 1924 den alten Kalender unterstützt und später die Seiten gewechselt hatte.[21] Viele machten den Metropoliten daher sogar für das Fehlschlagen der Kalenderreform in der Metropolie Moldau verantwortlich.[22]

Ein Indiz für die angebliche Unterstützung des alten Kalenders durch den Metropoliten war der Tag der heiligen Paraskeva. Es kursierte die Geschichte, dass 1925 und 1926 die Gläubigen und Priester den Metropoliten Georgescu gefragt hätten, wann sie nach Iaşi kommen sollten, um die heilige Paraskeva zu feiern. An ihrem Festtag – bis heute einer der wichtigsten Feiertage in der Orthodoxie – ist die Kathedrale von Iaşi, wo ihre Reliquien aufbewahrt werden, das Ziel großer Pilgerfahrten.[23] Der Metropolit habe den Gläubigen erklärt, so das Gerücht, er würde die Reliquien der Heiligen an ihrem Festtag nach dem alten Kalender präsentieren, was angeblich auch tatsächlich geschehen sei. Damit hatte der Metropolit in den Augen vieler ein klares Zeichen gegen die Reform gesetzt.[24]

Ende der 1920er Jahre trat der Metropolit allerdings als überzeugter Anhänger der Kalenderreform und als Gegner des Altkalendarismus auf.[25] Er gab die erwähnte Broschüre heraus und veröffentlichte in der offiziellen Kirchenzeitschrift einen Hirtenbrief über den neuen Kalender.[26] Diese Interventionen zeitigten eine stärkere Wirkung als seine Nicht-Reaktion auf die erwähnten Vorwürfe rund um die Feier der heiligen Paraskeva. Denn es war eher unüblich für hochrangige Kleriker Ende der 1920er Jahre, öffentlich Erklärungen für die Kalenderreform abzugeben – nach außen galt sie zu dieser Zeit bereits als abgeschlossen. Als die altkalendaristische Bewegung jedoch immer größer

21 Regăţeni şi Stilul vechi, *Vremea* 16.9.1934 enthalten in: CNSAS, Fond Documentar, D013408, Vol. 2, 232.

22 Wie eben.

23 Konrad Petrovszky, Die Makellose und ihre unheimlichen Avatare. Der Paraskeva-Kult in Südosteuropa als kulturelle *bricolage*, in Dietlind Hüchtker/Kerstin Jobst (Hgg.), Heilig: Transkulturelle Verehrungskulte vom Mittelalter bis in die Gegenwart. Göttingen 2017, 113–130; Mirel Bănică, Nevoia de miracol. Fenomenul pelerinajelor în România contemporană. Iaşi 2014.

24 ANR, Inspectoratul General al Jandarmeriei, 1935/17, 75 [Mitteilung der Informationsabteilung der Polizei Bălţi an das Zentralinspektorat der Gendarmerie in Bukarest vom 25.9.1935 betr. die Verbreitung des Altkalendarismus im Norden Bessarabiens].

25 ANR, Direcţia Generală a Poliţiei, 1935/49, 139 [Mitteilung der Gendarmerie Bălţi vom 7.2.1936 betr. die altkalendaristische Bewegung im Norden Bessarabiens, weitergeleitet vom Regionalinspektorat der Polizei in Chişinău an das Zentralinspektorat der Polizei in Bukarest].

26 Pastorala Înalt Prea Sfinţitului Mitropolit al Moldovei Pimen. Despre reforma calendaristică, *BOR* iulie 1928, 824–826.

wurde, schlug der Metropolit der Heiligen Synode vor, mit staatlicher Hilfe gegen sie vorzugehen. Er habe, so seine Argumentation, mit allen Mitteln versucht, einen weiteren Aufschwung des Altkalendarismus zu verhindern, doch sei ihm das nicht gelungen und die Reform sei wegen der Dorfpriester gescheitert, welche „ihre Mission" nicht verstanden hätten.[27]

Die dritte Broschüre, welche die Kalenderreform zum Thema hatte, erschien 1934.[28] Der Autor, der Mönch Nestorian Cicală aus dem Kloster Cernica im Kreis Ilfov, habe, wie er angab, jahrelang „aus ähnlichen Gründen wie die Altkalendaristen" die Kalenderreform abgelehnt. Doch durch eine intensive Auseinandersetzung mit kirchlichen Schriften sei es ihm gelungen, die Reform endlich zu verstehen, und er sei ihr Anhänger geworden. Seine Argumentation unterschied sich nicht von der in anderen Broschüren, wenn er behauptete, dass die Reform keine Modifikation des Kalenders, sondern nur eine Verbesserung bedeute.

Da in der altkalendaristischen Bewegung viele Mönche und Nonnen aktiv waren, welche sie ideologisch stark beeinflussten, war die schriftliche Intervention eines Mönches eine willkommene Initiative zur Erklärung der Reform. Er kannte die Argumente der Altkalendaristen gut und griff sie auf, um sie mit zahlreichen Erläuterungen zu entkräften. Zudem verwies er auf Literatur und zitierte kirchliche Gesetze und Entscheidungen. Anders als in den übrigen Broschüren versuchte der Mönch, die Altkalendaristen nicht zu belehren, sondern auf Augenhöhe mit ihnen zu sprechen. Der Autor verwendete eine einfache Sprache und anschauliche Vergleiche, um das Prinzip des neuen Kalenders auch den einfachen Gläubigen verständlich zu machen: „Die Verbesserung des Kalenders ist wie das Aufziehen einer Uhr. Wenn eine Uhr nachgeht, sagen wir, dass sie nicht richtig funktioniert. Aber wir lassen sie nicht so, sondern wir stellen sie richtig. [...] Meine christlichen Brüder – das Gleiche passierte auch mit dem Kalender."[29]

Zehn Jahre nach der Ankündigung der Kalenderreform hatte die Amtskirche mit der Arbeit des Mönchs Nestorian Cicală zum ersten Mal eine Broschüre zur Hand, welche zur Erklärung der Reform auch für diejenigen Gruppen geeignet war, die am stärksten Widerstand dagegen leisteten, nämlich für die ländliche Bevölkerung und die orthodoxen Mönche und Nonnen.

Eine außergewöhnliche Broschüre hinsichtlich ihres Zugangs zur Thematik verfasste 1934 der moldauische Priester Petru Chirică.[30] Darin erzählte er die Erfolgsgeschichte eines Priesters, der zufällig wie der Verfasser der Broschüre Petru hieß. Diesem, berichtete Chirică, sei trotz des großen Widerstands der Gläubigen gegen die Kalenderreform deren vollständige Implementierung in seiner Parochie gelungen. Die Broschüre stellte

[27] Partea oficială. Sesiunea ordinară din anul 1933, Ședința din ziua de 15 Decembrie. Sumarul Ședinței, *BOR* martie-aprilie 1935, 60f.

[28] Nestorian Cicală, Îndreptarea calendarului. Mănăstirea Cernica-Ilfov 1934.

[29] Cicală, Îndreptarea calendarului, 21.

[30] Petru Chirică, Lămuriri bune. Iași 1934.

das Rezept für diese Erfolgsgeschichte vor und war gleichzeitig als Lob für den Autor gedacht, der, wie an vielen Stellen klar wird, mit dem Priester Petru identisch war. Trotz dieser literarischen Finte ist die Broschüre aufschlussreich, da sie die Umsetzung der Kalenderreform von unten erzählt und die Stimmung unter den Dorfbewohnern nach der Kalenderreform gut wiedergibt.

In der Erzählung bildeten sich nach der Ankündigung der Kalenderreform in einer orthodoxen Parochie zwei Lager. Auf der einen Seite standen die Reformverweigerer, die Altkalendaristen, die fest davon überzeugt waren, dass sie durch die Kalenderreform „von oben germanisiert" würden.[31] Sie behaupteten, dass die Regierung mit der Zustimmung zur Kalenderreform ihren Glauben verkauft habe, wussten aber nicht genau, an wen. Die Reformverweigerer gingen nicht mehr in die Kirche und brachen jeden Kontakt mit dem Dorfpriester ab. Auf der anderen Seite waren die Reformanhänger. Zu dieser eher kleinen Gruppe gehörten der Dorfpriester und einige aufgeklärte Bauern. Der Priester und seine Unterstützer hatten nach der Reform ein schweres Leben und konnten dem Druck, „der Hooligans, die gegen die Seele des Dorfes arbeiteten", nur mit größter Mühe widerstehen.[32]

Die Bekehrung der Altkalendaristen fand im Rahmen zahlreicher Gespräche statt. Die wissbegierigen Reformverweigerer stellten den Reformanhängern detaillierte Fragen über die Kalenderreform. Letztere waren vorher von ihrem Dorfpriester bezüglich aller kalendarischer Aspekte aufgeklärt worden und meisterten daher die Konfrontationen mit den Altkalendaristen vorbildlich. Nach langen Gesprächen erkannten die Altkalendaristen ihre Fehler und gaben zu, dass sie sich geirrt hatten: „Danke, Sie haben uns sehr schön aufgeklärt. Ihr habt bestimmt alle diese Informationen vom Priester Petru. […] Wie gelehrt er ist!"[33] Die rebellischen Bauern erklärten sich infolge dieses Aufklärungsprozesses bereit, die Gottesdienste der orthodoxen Kirche wieder zu besuchen.

Mit dieser Geschichte suggerierte Petru Chirică, dass der Erfolg der Kalenderreform zu einem großen Teil von dem zuständigen Dorfpriester abhängig sei. Wenn dieser die Reform so gut verstünde, dass er sie auch den anderen anschaulich erklären könnte, würde sich die Gruppe der Reformanhänger mit der Zeit gegen die Reformskeptiker durchsetzen, so der Tenor. Die Dorfpriester dürften aber keine Feiertage nach dem alten Kalender erlauben und müssten die Anwendung der Reform konsequent verfolgen.

Die Broschüre endete mit antisemitischen Parolen, die auftauchten wie aus dem Nichts. Die Altkalendaristen wollten noch wissen, wer tatsächlich hinter der Kalenderreform und der altkalendaristischen Bewegung stehe. In einem letzten Gespräch mit den Reformanhängern fragten sie nach der Rolle der Juden bei der Kalenderreform. Denn wenn sie auf dem Markt Juden begegneten, sagten ihnen diese: „Gebt nicht auf, gebt nicht auf! Haltet euch an den alten Kalender. Wir haben von euren Priestern erfahren,

[31] Chirică, Lămuriri bune, 2.
[32] Chirică, Lămuriri bune, 8.
[33] Chirică, Lămuriri bune, 17.

dass sie euch an die Katholiken verkauft haben."[34] Petru Chirică warnte in seiner Broschüre „die rumänischen Christen" vor den Juden, die Heiden seien. Diese wollten „eine Revolution organisieren" und „rumänisches Blut vergießen."[35] Der Autor erklärte damit nicht weniger, als dass die ganze altkalendaristische Bewegung eine jüdische Konspiration sei, vor allem von jüdischen Kommunisten, die gegen den rumänischen Staat arbeiteten.

1936, zwei Jahre nach dem Erscheinen dieser Erzählung, setzten sich damit die Altkalendaristen in einer eigenen Broschüre auseinander und brachten eine andere Version der vorgestellten Erfolgsgeschichte. Sie sahen darin eine reine Propaganda des Priesters Petru Chirică, da in dessen Parochie angeblich noch viele Reformverweigerer lebten. Was die Altkalendaristen an seiner Broschüre besonders irritierte, waren die deutlich erkennbare Arroganz des Priesters und die Vermutung, dass die Altkalendaristen von Juden beeinflusst worden seien:

> „Du verwirrter Priester, du behauptest, dass du mit dem ‚Heer des Herrn' (Oastea Domnului)[36] bist, aber wie kannst du solche Lügen sagen und dich selbst loben. Du glaubst, dass du so gut und gebildet bist. [...] Es ist eine Lüge, dass Juden aus Neamţ und Fälticeni uns geraten haben, den alten Kalender zu behalten. Siehst du, wie dumm du bist! Denn die Juden haben das gegenteilige Interesse. Sie sagen den Menschen, dass sie den neuen Kalender akzeptieren sollen, damit sie Ostern gleichzeitig mit oder vor ihnen feiern können."[37]

Des Weiteren warfen die Altkalendaristen Chirică vor, er sei mit den Problemen der Bauern nicht vertraut. Sie behaupteten, dass vor der Kalenderreform der Kuckuck immer am Palmsonntag zu singen begonnen habe. Die Natur bzw. die Vögel würden sich nach wie vor am alten Kalender orientieren, denn der Kuckucksruf sei erst am Palmsonntag nach dem alten und nicht nach dem neuen Kalender zu hören. Der Priester, der diese altkalendaristischen Gegenargumente durchaus kannte, erklärte in seiner Broschüre, dass solche Erscheinungen nicht verlässlich seien und auf keinen Fall als Argument gegen die Kalenderreform interpretiert werden dürften. Die Reaktion der Altkalendaristen darauf: „Du Priester Chirică glaubst, dass du klug bist. In Wirklichkeit bist du sehr dumm."[38] Der alte Kalender sei im perfekten Einklang mit der Natur, und keine wissenschaftlichen Erklärungen, von denen der Priester so viel halte, könnten dies widerlegen. Er brauche nur die Älteren im Dorf fragen und jeder werde ihm das Gleiche sagen.[39]

[34] Chirică, Lămuriri bune, 21.

[35] Chirică, Lămuriri bune, 23.

[36] Die Organisation „Heer des Herrn", gegründet 1923 in Sibiu, galt als Erneuerungsströmung innerhalb der rumänischen Orthodoxie. Die Bewegung wollte zur „moralischen Regeneration", zur Erneuerung des Glaubens und zur Besinnung auf die eigentlichen Inhalte der Bibel aufrufen. Siehe: Maner, Multikonfessionalität und neue Staatlichkeit, 259–264; Clark, Religious Reform and Sectarianism in Interwar Romania, 143–167.

[37] [O. V.,] Apărarea noastră a ortodocşilor, 1936, ohne Seitenangaben.

[38] Wie eben.

[39] Wie eben.

Von großer Relevanz für diese Arbeit ist die Frage nach dem schriftlichen Beitrag der orthodoxen Kirche Bessarabiens zur Erklärung der Kalenderreform. Immerhin befand sich in ihren Eparchien 1936 die überwältigende Mehrheit der Altkalendaristen.[40] Es konnten bisher nur zwei Broschüren über die Kalenderreform, welche von Geistlichen der orthodoxen Kirche Bessarabiens verfasst wurden, ausfindig gemacht werden. Auffällig ist wiederum ihr Erscheinungsdatum – beide wurden erst 1936 publiziert. Es gibt keine Erklärung für die schwache schriftliche Beteiligung örtlicher Geistlicher an der kalendarischen Aufklärungskampagne.[41]

Die erste bessarabische Broschüre stammte vom Leiter der Missionierungsabteilung der Eparchie Hotin-Bălţi, Alexandru Scvoznicov.[42] Er hatte als Missionspriester unter anderem Studienaufenthalte in Rom absolviert und jahrelange Erfahrung in der Sektenbekämpfung. Dadurch war er im Umgang mit religiös Andersdenkenden erfahren und auch mit dem Kalenderproblem in den orthodoxen Kirchen vertraut.

Anders als in den übrigen Broschüren, die mit einer Erklärung der Notwendigkeit des neuen Kalenders begannen, stellte Scvoznicov zuerst die Frage, was überhaupt ein Kalender sei. Damit konzentrierte er sich auf das Auseinanderhalten von Kalender und Glauben und zeigte, dass „der Kalender mit dem Glauben nicht gleichzusetzen" sei.[43] Erst nachdem er dargelegt hatte, dass Jesus den Kalender weder erwähnt noch festgelegt hatte, begann er mit der Erklärung der Kalenderreform. Er wählte also eine deduktive Herangehensweise. Wie auch den anderen Autoren war es dem Missionspriester wichtig klarzumachen, dass durch die Kalenderreform keine Annäherung zwischen der eigenen Kirche und der katholischen stattfinde:

> „Verwechsle nicht den ‚neuen Stil' der Westler mit dem ‚verbesserten Stil', welchen unsere Heilige Orthodoxe Kirche eingeführt hat. Wir haben den gregorianischen Kalender der Westler nicht ausgeborgt und ihren ‚neuen Stil' nicht angenommen, sondern wir haben selbst unseren alten Kalender verbessert […]."[44]

Scvoznicov erläuterte außerdem als Einziger nicht nur die Position der Russisch-orthodoxen Kirche der Kalenderreform gegenüber, sondern hielt auch fest, dass diese mehrmals kurz davor gewesen sei, auch eine Kalenderreform durchzuführen.[45] Er verwendete

40 Auf die erste statistische Erfassung der Altkalendaristen wird im vierten Kapitel genauer eingegangen.

41 Der infrastrukturelle Rahmen für das Verfassen von Broschüren war in der bessarabischen Kirche vorhanden. Die Missionspriester der Eparchie Hotin-Bălţi waren sogar verpflichtet, jährlich zwei Broschüren über wichtige Aspekte im religiösen Leben der Gläubigen zu verfassen. Siehe: Eparhia Chişinăului: Lucrările Congresului al doilea eparhial al Episcopiei Hotinului. 6–11 august 1924. Chişinău [1924], 16.

42 Alexandru Scvoznicov, Cuvântul iubitor de adevăr. Despre calendar. Stilul vechiu şi stilul îndreptat. Chişinău 1936.

43 Scvoznicov, Cuvântul iubitor de adevăr, 9.

44 Scvoznicov, Cuvântul iubitor de adevăr, 30.

45 Scvoznicov, Cuvântul iubitor de adevăr, 33f.

eine einfache Sprache und viele Regionalismen sowie Wiederholungen und rhetorische Fragen, wodurch es ihm gelang, den Sachverhalt auf eine verständliche Weise zu erklären. Dadurch war die Broschüre auch zum Vorlesen geeignet.[46] Wenn man bedenkt, dass die Mehrheit der Gläubigen der Eparchie Hotin-Bălţi nicht lesen und schreiben konnte, war dies eine geschickte und notwendige Darstellungsweise. Es war die einzige Broschüre, welche auf diesen Aspekt Rücksicht nahm.

Die zweite Broschüre aus Bessarabien ähnelte den bereits existierenden Arbeiten stark.[47] Es war üblich für die Verfasser solcher Art von Broschüren, Argumente und sogar ganze Absätze von anderen Autoren zu übernehmen. Der Autor, der Mönch Toma Gherasimescu, erklärte die Kalenderreform so, dass „sie auch ein kleines Kind verstehen kann". Neu in seiner Broschüre waren die Warnungen vor den Mönchen, welche die Gläubigen gegen den neuen Kalender aufbringen würden. Diese verstünden die Reform auch deshalb nicht, da sie den ganzen Tag hart arbeiten müssten, um sich ernähren zu können. Daher hätten sie wenig Zeit, Bücher zu lesen. Falls Mönche, die gegen die Kalenderreform Propaganda machten, in die Dörfer kommen sollten, sollten die Gläubigen keinen Kontakt mit ihnen aufnehmen.[48]

Deutlich früher, nämlich 1926 und damit zwei Jahre nach der Kalenderreform, hatte Gurie Grosu, der Metropolit von Bessarabien, allen Priestern seiner Kirche Broschüren zur Erklärung der Kalenderreform übergeben und ihnen Strafen angedroht, wenn sie den alten Kalender noch verwenden sollten.[49] Die oben analysierten Broschüren kamen erst ab 1936 und noch stärker ab 1937 in den Dorfparochien zum Einsatz. Im Herbst 1936 begann eine intensive Missionierungskampagne zur Bekehrung der Altkalendaristen, im Zuge derer an die Gläubigen Broschüren, kleine Kreuze und Ikonen verteilt wurden.[50] Eine ähnlich großflächige Kampagne ist vor 1936 nicht bekannt. Priester stellten aber immer wieder die Wirkung und das Erklärungspotenzial der Broschüren in Frage und meinten, sie seien kein geeignetes Mittel für die Erklärung der Kalenderreform, da für

46 Scvoznicov, Cuvântul iubitor de adevăr, 5.

47 Toma Gherasimescu, Îndreptarea calendarului. Bălţi 1936.

48 Gherasimescu, Îndreptarea calendarului, 26–28.

49 Circulara Nr. 1, Episcopia Hotinului: *Foaie Eparhială oficială* 1–2/1926, 5.

50 CNSAS, Fond Documentar, D013408, Vol. 1, 63 [Mitteilung des Regionalinspektorats der Polizei Iaşi vom 18.3.1936 betr. Anordungen des Metropoliten der Moldau für eine organisierte Propaganda der Priester gegen die Altkalendaristen]; ANRM, Poliţia centrelor judeţene: Bălţi, 694, 2, 312, III, 273 [Bericht der Polizei Bălţi an das Regionalinspektorat der Polizei vom Februar 1938 betr. intensive Propaganda gegen die Altklaenderisten mit Hilfe von Broschüren]; Episcopia Hotinului, 1217, 1, 738, 51 [Mitteilung des dritten Pastoralkreises der Parochie Pârliţi, Kreis Soroca, an die Eparchie Hotin-Bălţi vom August 1936 betr. Veranstaltungen des Pastoralkreises]; 54 [Mitteilung des dritten Pastoralkreises der Parochie Visoca, Kreis Soroca, an die Eparchie Hotin-Bălţi vom August 1936 betr. Veranstaltungen des Pastoralkreises]; 162 [Mitteilung der Parochie Soroca an die Eparchie Hotin-Bălţi vom Januar 1937 betr. Veranstaltungen der Pastoralkreise über die Kalenderreform].

die Bauern zu kompliziert; deshalb hätten sie lieber Flugblätter zur Hand gehabt.[51] Die Kirchenleitung sollte schnell eine bessere Lösung finden, denn wie mit dem „Honig, der im Bienenstock bleibt und den man nicht isst", sei es auch mit den Broschüren, wenn sie nicht gelesen würden, erklärte ein Dorfpriester.[52] Eine weitere Schwierigkeit für die Dorfpfarreien war die Finanzierung der Broschüren, für die jede Dorfparochie der Eparchie Hotin-Bălți selbst zuständig war.[53] Nur in wenigen Fällen konnten sie dafür Geld von den Gläubigen verlangen. Priester aus dem Kreis Bălți beklagten sich 1936, dass sie nicht genügend finanzielle Mittel hätten, um ausreichend religiöse Literatur bereitzustellen: „Auch, wenn sie [die Parochien] einige Broschüren kaufen, reichen diese in den meisten Fällen nicht aus, um sie an alle Gläubigen, die in die Kirche kommen, auszuteilen."[54]

Einige Broschüren der Amtskirche erreichten führende Altkalendaristen jedoch bereits vor 1936. Diese sahen sich dadurch gezwungen, als Gegenmaßnahme ihre Positionen in eigenen Broschüren zu verteidigen. Sie sollten auch die Verbreitung „von antichristlichen Ideen" durch die Rumänisch-orthodoxe Kirche, welche „zur Verwirrung der orthodoxen Gläubigen dienten", verhindern.[55] Altkalendaristen aus dem Kreis Bălți reagierten Mitte der 1930er Jahre noch aggressiver auf die Kalenderpropaganda der Kirche, indem sie beispielsweise Drohbriefe an diejenigen schickten, die sie für die Autoren der Broschüren hielten. An den Bischof von Hotin-Bălți, Tit Simedrea, schrieben sie:

> „Du Schwein, sei nicht beleidigt, dass wir dich so nennen. Wir haben aber eine Broschüre von dir und anderen Teufeln wie dir gefunden. In dieser seid ihr als große Kämpfer gegen Häretiker und Schismatiker dargestellt. Ihr habt aber unsere heilige Kirche seit 12 Jahren tief erschüttert. Geleitet vom Antichristen wolltet ihr unsere Kirche dem Papst ausliefern."[56]

Die Altkalendaristen drohten sogar, Tit Simedrea umzubringen, wenn er seine Kampagne gegen sie nicht aufgeben und „seine" Broschüren nicht zurückziehen würde[57].

Zurück zum Inhalt der Broschüren: Eine allgemeinverständliche Darlegung, warum die Kalenderreform notwendig gewesen sei, bereitete den Verfassern oft genauso viele Schwierigkeiten wie die Erklärung der tatsächlichen kalendarischen Änderungen. Ähn-

[51] ANRM, Episcopia Hotinului, 1217, 1, 725, 10–25, hier 15 [Inhaltsprotokoll der ersten Sitzung der Eparchialversammlung vom 18.5.1936 betr. die Schwierigkeiten der Gläubigen beim Lesen von Broschüren].

[52] ANRM, Episcopia Hotinului, 1217, 1, 690, 82 [Bericht der Parochie Ciutulești vom 27.9.1936 betr. den Verlauf der Veranstaltung des Pastoralkreises].

[53] ANRM, Episcopia Hotinului, 1217, 1, 815, 1–203 [Bericht der Parochie Belousova, Kreis Hotin an die Eparchie Hotin-Bălți von 1935].

[54] ANRM, Episcopia Hotinului, 1217, 1, 738, 199 [Mitteilung der Priester des Kreises Bălți an die Eparchie Hotin-Bălți von 1936 betr. die Daten der Veranstaltungen der Pastoralkreise].

[55] [O. V.,] Apărare, și Răspuns Catigoric, 1935, ohne Seitenangaben.

[56] ANR, Inspectoratul General al Jandarmeriei, 1935/26, 202f. [Kopie eines anonymen Briefes von Altkalendaristen aus dem Kreis Bălți an Bf. Simederea vom 16.7.1936].

[57] ANR, Inspectoratul General al Jandarmeriei, 1935/26, 202f. [Kopie eines anonymen Briefes von Altkalendaristen aus dem Kreis Bălți an Bf. Simederea vom 16.7.1936].

lich wie schon in den ersten Broschüren wurde die Kalenderreform nicht länger als eine Erneuerung interpretiert, sondern als eine Verbesserung. Um nicht den Eindruck zu erwecken, die Amtskirche würde etwas aus dem Westen nachahmen oder gar den Kalender der katholischen Kirche übernehmen, waren die Verfasser stets bemüht zu beweisen, dass die Kalenderreform keine Veränderung des Kalenders bedeute. Dadurch würde kein westliches oder katholisches Gedankengut importiert. Sogar die Idee einer Kalenderreform überhaupt, behauptete ein Autor, stamme ursprünglich von der orthodoxen Kirche, nur sei die katholische Kirche bei ihrer Umsetzung schneller gewesen.[58] Indem sie eine ähnliche Semantik wie die Reformverweigerer übernahm – die Altkalendaristen sprachen vom „alten Kalender", die Amtskirche vom „alten (verbesserten) Kalender" –, versuchte Letztere zumindest an der Oberfläche, die Kritik der Reformverweigerer zu umgehen: Der neue Kalender habe sich in Abgrenzung zum Westen zu einem autochthonen rumänischen Produkt entwickelt. Diese semantische Wandlung, die eine völlig neue Perspektive auf die Reform darstellte, war die einzige nachhaltige Strategie der Amtskirche bei der Anwendung der Kalenderreform. Dass sie sich auf der Dorfebene als keine gute Methode erwies, zeigten die steigenden Zahlen der Reformverweigerer.

Was die Gründe für das bis dahin zu Tage getretene Fehlschlagen der Reform betrifft, die in den Broschüren nur am Rande behandelt wurden, herrschte unter den Verfassern keine Einigkeit: Während die einen wie schon gesehen meinten, die altkalendaristische Bewegung sei eine Konspiration der Kommunisten (insbesondere der „jüdischen Kommunisten"), sahen die anderen wiederum andere Feinde der Kirche hinter dem kalendarischen Komplott am Werk.

Insgesamt war im Vergleich zur Größe des altkalendaristischen Phänomens die Zahl der Broschüren eher gering und die oben angesprochenen Probleme stellten deren Nutzen stark in Frage. Allerdings zeigen die Broschüren deutlich, wie sich die Kirche die Implementierung der Kalenderreform vorstellte: Die mühsame Aufgabe der Erklärung der Reform wurde den Dorfpriestern überlassen. Diese mussten sich aber zuerst mit ihrer neuen Rolle in dem neuen Staat zurechtfinden und waren von den zahlreichen Reformen oft überfordert.

Kalendarische Ausnahmen

In der zweiten Hälfte der 1920er Jahre war die Amtskirche in zwei Skandale verwickelt, welche die Kalenderreform noch unpopulärer machten. Anlass dafür war Ostern, das wichtigste orthodoxe Fest im Jahreskreis. So wie sie 1924 beschlossen wurde, regelte die Kalenderreform nicht die Frage nach der Feststellung des Osterdatums.[59] Auf dem

[58] Gherasimescu, Îndreptarea calendarului, 16f.

[59] Franz Mali, Julianische Berechnung des Osterdatums und der Gregorianische Kalender?, *Ostkirchliche Studien* 53 (2004) H. 4, 309–327.

Panorthodoxen Kongress 1923 in Konstantinopel war dies den jeweiligen Nationalkirchen überlassen worden.[60] Die Rumänisch-orthodoxe Kirche informierte ursprünglich ihre Gläubigen, dass für die Berechnung des Osterdatums der alte Kalender verwendet werde. 1926 und vermehrt ab 1929 kam es aber zu kalendarischen Unruhen, nachdem die Kirchenleitung zweimal Osterdaten festgelegt hatte, die mit dem alten Kalender nicht übereinstimmten. Als Reaktion auf die Proteste der Gläubigen erlaubten die Heilige Synode und die Regierung, Ostern ausnahmsweise auch nach dem alten Kalender zu feiern. Diese kalendarischen Ausnahmen waren ein klarer Beweis dafür, dass die Regierung und die Kirchenleitung die unterschiedlichen Geschwindigkeiten der Modernisierung der bessarabischen Kirche und ihrer Gläubigen erkannt hatten und diese Geschwindigkeitsunterschiede inoffiziell auch akzeptierten. Nach außen hin sendeten sie jedoch falsche Signale. Dorfpriester berichteten noch Jahre nach diesen Vorfällen, wie sehr sich diese zum Nachteil der Kalenderreform ausgewirkt hätten. Die Konflikte um das Osterdatum, vor allem die ausgeprägten Konflikte von 1929, gehören zwar noch in die Phase des passiven Widerstands gegen die Kalenderreform, sie führten aber erstmals zu einer klaren Mobilisierung der Kalendergegner.

1926 fand die erste offizielle kalendarische Teilrevision rund um das Osterfest statt. Da sie vom Innenministerium und nicht – wie eigentlich zu erwarten – von der Heiligen Synode durchgeführt wurde, kann diese ausnahmsweise Verwendung des alten Kalenders nur im damaligen politischen Kontext verstanden werden. Die Revision fiel mit den folgenden politischen Entscheidungen zusammen: mit der Einführung eines neuen Wahlrechtes, mit der Einsetzung einer neuen Regierung und mit einer Wahlkampagne. Das neue Wahlgesetz ersetzte das Zensuswahlrecht durch ein allgemeines Wahlrecht.[61] Nach vier Jahren liberaler Herrschaft gelang es 1926 der konservativen Volkspartei (Partidul Poporului) von General Alexandru Averescu, wieder an die Regierung zu kommen.

Die Volkspartei, gegründet nach dem Ersten Weltkrieg von ebendiesem General, stellte die Agrar-, Wahl- und Verwaltungsreform in den Mittelpunkt ihres Programms. Sie wandte sich vor allem an die ländliche Bevölkerung und versuchte eine Brücke über die tiefe Kluft zwischen Stadt und Land zu schlagen.[62] Seit ihrer Gründung positionierte sie sich gegen die Liberale Partei und war stets bemüht, trotz der vielen programmatischen Überschneidungen sich von deren Doktrin abzugrenzen. In der Zwischenkriegszeit war die Volkspartei zweimal an der Regierung – 1921 bis 1922 und 1926/27 –, doch stellte sich jeweils heraus, dass die junge politische Kraft „noch konturenlos wirkte und den innenpolitischen Schwierigkeiten nicht gewachsen war.“[63]

[60] Patrick Viscuso, A Quest for Reform of the Orthodox Church. The 1923 Pan-Orthodox Congress. An Analysis and Translation of its Acts and Decisions. Berkeley 2006, 186–188; Bichir, Ortodocşii de lângă noi, 54.

[61] Maner, Parlamentarismus in Rumänien, 49–52.

[62] Maner, Parlamentarismus in Rumänien, 56f.

[63] Maner, Parlamentarismus in Rumänien, 56.

Nach internen Streitigkeiten in der Liberalen Partei entschloss ihr Vorsitzender Ion I. C. Brătianu, der auch Regierungschef war, sich Anfang 1926 mitsamt der Partei aus der Regierung zurückzuziehen. Zur Überraschung vieler ernannte König Ferdinand in der Folge Alexandru Averescu zum neuen Premierminister.[64] Um die Position seiner Partei in den beiden Parlamentskammern abzusichern, verlangte Averescu Neuwahlen, die im Mai 1926 stattfanden. Aus dem kurzen Wahlkampf ging die regierende Volkspartei siegreich hervor.[65] In Bessarabien bekam sie 56,3 Prozent der Stimmen, was als großer Erfolg zu werten war,[66] da die dortige Parteifiliale sehr klein war und sich in Chişinău rund um einige ehemalige Armeeangehörige organisierte. Sie stand dort in direkter Konkurrenz zur Bauernpartei, die mit einer längeren Tradition aufwarten konnte und auch große Beliebtheit bei der ländlichen Bevölkerung genoss.[67] Der Sieg der Volkspartei war das Ergebnis populärer Maßnahmen, zu der auch die teilweise Kalenderrevision gehörte, aber auch der massiven Wahlmanipulation, an der große Teile des Staatsapparats beteiligt gewesen waren.[68]

Die Volkspartei versuchte auch im Regierungsprogramm von 1926, sich von der Liberalen Partei abzugrenzen. Da aber Averescu nach der unerwarteten Ernennung zum Regierungschef seine Macht nicht konsolidiert hatte, konnte er die von den Liberalen initiierten Reformen in wichtigen Bereichen wie der Wirtschaft noch nicht im Sinne der Volkspartei neu formulieren.[69] Die Teilrevision der mit der Handschrift der Liberalen Partei verbundenen Kalenderreform war daher ein klarer und leicht vollziehbarer Abgrenzungsversuch zum liberalen Programm. Über diese politischen Interessen hinweg war die Teilrevision auch eine Folge des mangelnden Konsenses unter den politischen Entscheidungsträgern gegenüber der Kalenderreform. Octavian Goga, der als Innenminister die Teilrevision bekanntmachte und ein Vertreter des konservativen und nationalistischen Lagers war, betrachtete die Reform nämlich nicht als eine notwendige Modernisierungsmaßnahme.[70]

Kaum war die Regierung von Averescu am 30. März 1926 vereidigt worden, übermittelte Innenminister Goga auch schon am 3. April allen Präfekturen in Bessarabien die Nachricht über die Kalenderrevision.[71] In der Eparchie Hotin-Bălţi gab der Präfekt von Bălţi allen Bürgermeistern und Gendarmeriekommandanten Bescheid:

[64] Petre Otu, Alexandru Averescu: Marschall, Politiker, Legende. Hainburg 2011, 305.

[65] Suveica, Basarabia in primul deceniu interbelic, 100f.

[66] Horia Bozdoghină, Antisemitismul lui A. C. Cuza în politica românească, Bucureşti 2012, 107; Suveica, Basarabia in primul deceniu interbelic, 106.

[67] Gheorghe I. Bodea, Octavian Goga: o viaţă, un destin. Bd. 2. Cluj-Napoca 2007, 180–183, 203.

[68] Suveica, Basarabia in primul deceniu interbelic, 100–107.

[69] Bodea, Octavian Goga, Bd. 2, 191; Otu, Alexandru Averescu, 304–316.

[70] Octavian Goga, Problema religioasă, in ders., Opere. Bd. 2: Publicistică. Bucureşti 2010, 812–821.

[71] Puiu, Glas în pustie, 58.

> „Im Namen der Regierung Averescu informiere ich die orthodoxe Bevölkerung, dass die Regierung keine Maßnahmen gegen die orthodoxen Gläubigen treffen wird, wenn sie das Heilige Osterfest nach dem alten Kalender feiern möchten. Es ist im Interesse aller Bürger, dass sie das Osterfest in Ruhe und Frieden feiern. Infomieren Sie ab sofort die ganze Bevölkerung, dass entsprechend ihren Wünschen Ostern auch nach dem alten Stil gefeiert werden darf."[72]

Der Innenminister erklärte, dass die Maßnahme notwendig geworden sei, um Unruhen, die aufgrund des Osterdatums entstehen hätten können, zu vermeiden. Aus den Dokumenten der Sicherheitskräfte geht aber nicht hervor, dass Gläubige damals Proteste gegen die Kalenderreform vorbereitet hätten. Wahrscheinlich sah die Mehrheit der Bevölkerung noch keinen Grund, offen Widerstand gegen die Reform zu leisten. Gerade weil Dorfpriester die große Unzufriedenheit der Gläubigen mit dem neuen Kalender kannten, feierten sie wichtige Festtage nach wie vor nach dem alten. 1924 und 1925 wurden in Bessarabien laut den Berichten der Gendarmerie viele Feiertage, darunter auch Weihnachten und Ostern, nach dem alten Kalender begangen.[73]

Die Nachricht von der teilweisen Kalenderrevision nahmen die Geistlichen der bessarabischen Kirche unterschiedlich wahr. Was einige für unpassend hielten, war die intransparente Art und Weise, in der die Entscheidung getroffen und mitgeteilt worden war. Die Heilige Synode hatte sie nicht mit allen Bischöfen besprochen bzw. diese nicht ausreichend darüber informiert. Die Mehrheit der Priester erfuhr zuerst von der Regionalverwaltung über die Entscheidung der neuen Regierung.[74] Der Bischof von Hotin-Bălți Visarion Puiu berichtete über chaotische Zustände in seiner Eparchie als Folge der schlechten Kommunikation:

> „Die Präfekten und manche Priester geben die Befehle des Zentrums weiter, andere Kleriker befolgen die älteren Befehle. Die Bevölkerung ist nun verwirrt und streitet mit dem Klerus. Die Parteien der Opposition geben auch noch verschiedene Ratschläge, welche das Chaos nur verschlimmern. Wer weiß, was aus dieser Geschichte wird."[75]

Geistliche wie etwa Bischof Puiu, welche die ausnahmslose Einführung des neuen Kalenders befürworteten, kritisierten die Heilige Synode, dass sie sich der Entscheidung

72 Puiu, Glas în pustie, 59.

73 ANR, Ministerul Cultelor și Artelor, 1925/110, 2f. [Mitteilung der Außenstelle des Kultusministeriums in Bessarabien an den Kultusminister vom 22.1.1925 betr. Feiertage nach dem alten Stil in Bessarabien]; 19f. [Mitteilung der Außenstelle des Kultusministeriums in Bessarabien an den Kultusminister vom 10.2.1925 betr. Feiertage nach dem alten Stil in Bessarabien]; 253 [Mitteilung Bf. Grosus an den Kultusminister vom 28.9.1925 betr. Feiertage nach dem alten Stil in Bessarabien]; ANRM, Episcopia Hotinului, 1217, 1, 381, 63 [Protokoll der Eparchialversammlung Chișinău vom 8.12.1925 betr. Probleme in Zusammenhang mit der Kalenderreform in Bessarabien].

74 Puiu, Glas în pustie, 62.

75 Puiu, Glas în pustie, 60.

des Innenministeriums nicht widersetzt und eine derartige Einmischung der Regierung in kirchliche Angelegenheiten erlaubt habe. Puiu bat die Heilige Synode um Ratschläge, wie er die neuen kalendarischen Missverständnisse lösen könne. In seiner Eparchie hätten ihm zufolge alle Gläubigen die Kalenderreform akzeptiert; seitdem sie aber von der Entscheidung des Innenministers gehört hätten, würden sie sie erneut ablehnen. Er wandte sich auch an den Innen- und den Kultusminister, ohne eine konkrete Antwort zu bekommen.[76]

Aufgrund der beschriebenen Ausnahmeregelung wurde die Legitimität der Kalenderreform noch stärker in Frage gestellt als zuvor. Ein Dorfpriester meldete sich in einer regionalen Zeitung zu Wort und gab die Folgen der Revision aus seiner Perspektive wieder:

> „Durch Rundschreiben und drastische Befehle wurden Lehrern, Priestern und Dorfgelehrten vorgeschrieben, das Volk in der Kalenderangelegenheit aufzuklären. [...] Und jetzt? Ein einfacher Befehl zeigt den Gläubigen, dass die Lehrer und die Priester gelogen haben. [...] Wer traut sich noch, den Bauern etwas über den Kalender zu sagen? [...] Der Herr Minister soll jetzt diese Arbeit übernehmen. Hat jemals die Heilige Synode [...] eine Maßnahme zur Implementierung der Kalenderreform getroffen? [...] Man soll ein für alle Mal mit diesem Kalenderspiel aufhören. Entweder so oder so oder jeder nach Belieben."[77]

Die Reaktionen der Regierung auf diese Protestschriften müssen die Kleriker der Eparchie Hotin-Bălţi überrascht haben. Innenminister Goga schrieb an Puiu, dass er die Revision zusammen mit dem Patriarchen Miron Cristea beschlossen habe. Es sei keine rein politische Entscheidung gewesen, die ohne Beratung mit der Kirchenleitung getroffen worden sei:

> „Um die Bevölkerung Bessarabiens zu beruhigen, habe ich in Absprache mit dem Patriarchen entschieden, dass, falls Gläubige Ostern nach dem alten Stil feiern möchten, sie nicht bestraft werden. Der Patriarch hat aber bestimmt Gurie Grosu über diese Maßnahme informiert. Es wundert mich sehr, dass er Eurer Heiligkeit unseren Wunsch nicht mitgeteilt hat."[78]

Zwei Anmerkungen sind hier wichtig: Dem Innenminister zufolge war die kalendarische Ausnahme schlichtweg ein Wunsch der neuen Regierung gewesen. Dass keine harmonische Beziehung zwischen der Kirchenleitung von Bălţi und Chişinău herrschte, wurde hier weiter oben bereits mehrmals betont. Die chaotischen Zustände in den Parochien im Norden Bessarabiens waren nun auch eine Folge dieser schlechten Beziehung. Für Puiu stand hinter der Entscheidung der Regierung Metropolit Grosu, der ein gutes Verhältnis zur neuen Regierung im Allgemeinen und zu Innenminister Goga im Speziellen pflegte.

76 Puiu, Glas în pustie, 62.
77 Gheorghe V. Moisei, Un ministru şi un rabin, *Galaţii Noi* 26.4. 1926, 1.
78 Puiu, Glas în pustie, 64.

Die kalendarische Ausnahme von 1926 war also kein Teil einer durchdachten Strategie für eine großräumige Implementierung der Kalenderreform, sondern reines Machtkalkül. Octavian Goga war über die Lage in Bessarabien bestens informiert. Er kannte die Unzufriedenheit der ländlichen Bevölkerung mit einigen liberalen Entscheidungen wie der Kalender- oder der Agrarreform. Ihm war bewusst, dass die Volkspartei nicht darauf vorbereitet war, in der Agrarreform schnell Verbesserungen durchzuführen – was aber ansonsten notwendig gewesen wäre, um bei der anstehenden nächsten Wahl, so kurz nach der Ernennung von Alexandru Averescu zum Regierungschef, die Unterstützung der ländlichen Bevölkerung zu erlangen.

Als bereits nach einem guten Jahr, Anfang Juni 1927, die Regierung Averescu von König Ferdinand entlassen wurde, verschwand die Kalenderreform wieder aus dem Blickfeld der Zentralregierung. Für General Averescu bedeutete die Entlassung das Ende seiner politischen Karriere.[79] Die Liberalen kamen wieder an die Macht und eine Revision der Kalenderreform stellte für die nächsten Regierungen kein bedeutendes Thema mehr dar. Die Idee, die Reform rückgängig zu machen, verschwand aber dennoch nicht vollständig aus dem Denken rechtskonservativer politischer Kreise. Politiker wie Octavian Goga oder Alexandru Constantin Cuza, die 1926 Averescu nahegestanden waren, sollten erst Mitte der 1930er Jahre wieder eine wichtige politische Rolle spielen und die Kalenderreform dann mit noch mehr Geschick instrumentalisieren.

1926 feierten die meisten Dorfpriester Ostern nach dem alten Kalender, so wie es sich die Mehrheit der Gläubigen wünschte. Um Unruhen zu vermeiden, mischten sich die Präfekturen hier nicht in die kirchlichen Angelegenheiten ein und überließen den Gläubigen die Entscheidung über den Termin der Osterfeiern.[80]

Das Osterfest 1926 markierte eine Zäsur in der Kalenderreform in ihrer Anwendung in Bessarabien. Die Ausnahme zeigte den Gläubigen offensichtlicher denn je, dass eine Rücknahme der Reform in der bessarabischen Kirche möglich wäre, wenn die Regierung und die Kirchenleitung nur dazu bereit wären. Die wissenschaftlichen Argumente, welche die Kalenderreform hätten legitimieren sollen, verloren nach dieser Episode stark an Glaubwürdigkeit. In den Jahren danach boykottierten viele Bauern den neuen Kalender, indem sie nur mehr am Sonntag in die Kirche gingen, da dieser Tag sowohl nach dem alten als auch nach dem neuen Kalender zu feiern war. Es kam, wie weiter unten gezeigt wird, auch vermehrt zu Protesten. Schon Wochen vor einem Feiertag nach dem alten Kalender versuchten Gläubige durch diverse Aktionen und Bittschriften, von der Kirchenleitung die Erlaubnis zu erhalten, die Feiertage nach dem alten Kalender zu begehen.

1929 erreichten die kalendarischen Unruhen einen ersten Höhepunkt, nachdem die Heilige Synode abermals eine unerwartete Änderung an der Kalenderreform vorgenom-

79 Otu, Alexandru Averescu, 311–313; ANR, Alexandru Averescu, 54, 2–5 [Tabelle mit den Wahlergebnissen der Volkspartei von 1931,1932 und 1933].

80 ANRM, Episcopia Hotinului, 1217, 1, 381, 15 [Mitteilung der Präfektur Hotin an die Eparchie Hotin-Bălţi vom 5.2.1929 betr. Begehen der Feiertage nach dem alten Kalender].

men hatte. Es kam wie schon erwähnt zu einer ähnlichen Revision des Osterdatums wie 1926, allerdings mit dem Unterschied, dass dieses Mal den Konflikt um das Osterdatum die Heilige Synode auslöste und nicht die Regierung. Nun handelte es sich auch nicht um eine politische Entscheidung, sondern um eine Reaktion auf den massiven Widerstand der orthodoxen Gläubigen.

Im Juni 1928 informierte die Heilige Synode ihre Mitglieder, dass im Folgejahr Ostern am 31. März und nicht am 5. Mai gefeiert werden würde, wie es nach dem alten Kalender hätte sein sollen. Um die anschließende Wirkung dieses Schritts zu verstehen, muss man wissen, dass die Heilige Synode 1924 verkündet hatte, für die Berechnung des Osterdatums weiterhin den alten Kalender zu verwenden.[81] Der nunmehrige Schritt war inhaltlich ganz willkürlich, denn das neu bestimmte Datum entsprach weder dem Osterdatum in den anderen orthodoxen Kirchen noch dem in der katholischen oder protestantischen Kirche. Die Rumänisch-orthodoxe Kirche und ihre Gläubigen sollten also Ostern getrennt von allen anderen Christen feiern. Die Heilige Synode hatte sich für dieses Datum entschieden, nachdem sie eigene Berechnungen, die mit den neuesten wissenschaftlichen Ergebnissen konform sein sollten, angestellt hatte.[82] Mit der Berechnung war der Theologieprofessor Constantin Chiricescu beauftragt worden, der bereits als Autor einer Broschüre zu Wort gekommen ist. Er sollte im Sinne der Rumänisierung der Kalenderreform ein neues Osterdatum entwickeln und legte den 31. März fest,[83] ohne dass die Kirchenleitung den Gläubigen Bessarabiens erklärt hatte, wie und wieso dieses Datum zustande gekommen war. Die Dorfpriester selbst wussten darüber in den meisten Fällen nicht Bescheid und konnten den Parochieangehörigen daher keine befriedigenden Erklärungen liefern.[84]

Der Widerstand gegen dieses willkürlich festgelegte Osterdatum war groß. Es war nicht nur die ländliche Bevölkerung Bessarabiens und auch der Moldau, welche es ablehnte, sondern auch bedeutende Intellektuelle wie Nae Ionescu oder Mircea Vulcănescu kritisierten die Heilige Synode. Durch eine aktive Pressekampagne versuchten sie die Kirchenleitung dazu zu bringen, Ostern wie in den anderen orthodoxen Kirchen am 5. Mai zu feiern. Sie schrieben von der Sinnlosigkeit der Berechnung des Ostertermins und warfen der Heiligen Synode vor, die Kirche zu stark modernisieren zu wollen. Priester fürchteten, dass die Spaltung unter den Gläubigen, die nach der Kalenderreform entstanden war, sich aufgrund des neuen Osterdatums vertiefen würde.[85]

81 Dela sfântul Sinod, Episcopia Hotinului: *Foaie Eparhială oficială* 13–14 (1930), 1.

82 Constantin, Biserica si elitele intelectuale interbelice, 44, 47–48.

83 Bichir, Ortodocşii de lângă noi, 61–62.

84 ANRM, Episcopia Hotinului, 1217, 1, 690, 240–243 [Studie Mihai Ciureas ohne lesbares Datum betr. das Problem des Altkalendarismus].

85 Constantin, Biserica şi elitele intelectuale interbelice, 52; George Racoveanu, Die Rumänische Orthodoxie, *Ostkirchliche Studien* 3 (1953), 161–198, hier 174–175; Buzilă schrieb über ein „außergewöhnliches Jahr 1929", siehe: Buzilă, Din istoria vieţii bisericeşti din Basarabia, 225.

Die Heilige Synode, durch diese Kritik unter Druck gesetzt, war schließlich bereit, das Osterfest zu verschieben, als auch der Metropolit von Bessarabien Gurie Grosu sich immer offener für den 5. Mai als Osterdatum einsetzte. Da aber die orthodoxe Kirche der Bukowina dezidiert gegen eine Änderung war, musste die Kirchenleitung beide Daten für das Feiern des Osterfestes erlauben. So wurde 1929 in der rumänisch Kirche offiziell zweimal Ostern gefeiert. Aufgrund dieser Konflikte entschied die Heilige Synode, in der Zukunft Ostern nur mehr nach dem alten Kalender zu begehen.[86]

Über die Meinungsverschiedenheiten zwischen den Intellektuellen und der Kirchenleitung hinaus löste das außergewöhnliche neue Osterdatum in der ländlichen Bevölkerung eine regelrechte Schockwelle aus. In den bessarabischen Dörfern begannen die Proteste gegen die Kalenderreform, kurz nachdem die Gläubigen über das neue Osterdatum informiert worden waren. Die Reformverweigerer starteten in ihren Dörfern eine aktive Kampagne für das Feiern des Osterfestes am 5. Mai. Sie sammelten Unterschriften, schickten Petitionen an die Eparchieleitung und besetzten immer wieder die orthodoxen Kirchen. Die ersten Anzeichen einer umfangreichen Aktion gegen den neuen Kalender wurden sichtbar.

Die Analyse einiger Protestaktionen aus der Eparchie Hotin-Bălți bietet einen genaueren Einblick in die Anfangsphase der altkalendaristischen Bewegung. Im Laufe dieser Proteste gelang es den Reformverweigerern, klare Ziele zu formulieren und eine Strategie zu entwickeln. Ihr Ziel war die Rückkehr zum alten Kalender, was sie durch Zwang und Drohungen zu erreichen versuchten. Die Eparchieleitung reagierte auf diese Proteste alles andere als deeskalierend. Die Streitigkeiten über das Feiern religiöser Festtage 1929 in der Eparchie Hotin-Bălți führten letztlich unwiderruflich zur Radikalisierung der Bauern und zu ihrem endgültigen Bruch mit der Amtskirche.

Die ersten Protestaktionen 1929 fanden bald nach Jahresbeginn zum Epiphaniastag (rum. Boboteaza) statt, als Schlusspunkt der Weihnachtszeit zugleich der erste wichtige orthodoxe Feiertag eines jeden Jahres. Nach dem reformierten Kalender (und dem gregorianischen) wäre er auf den 6. Januar gefallen, nach dem alten aber auf den 19. des Monats im weltlichen Kalender. Die Gläubigen wandten sich mit der folgenden Bitte an Bischof Puiu: „Seit vier Jahren haben wir keine Eucharistie mit Weihwasser, das an dem Epiphaniasfest geweiht wird, empfangen. Wir haben keine Geduld mehr. Wir hoffen nur, dass wir in diesem Jahr aus der heiligen Quelle, gefüllt mit der Kraft des Heiligen Geistes, kosten werden."[87] Auch ihrem Dorfpriester schickten sie eine ähnliche Bitte:

> „Als Gläubige Eurer Parochie bitten wir Sie, die zukünftigen Feiertage, darunter auch die Epiphanie, nach dem alten Stil zu halten, denn wir wurden geboren und erzogen in dieser alten Religion. Wir

[86] Bucovina va serba Sf. Paști la 31 Martie, *Luminătorul* 4 (1929), 51; Constantin, Biserica și elitele intelectuale interbelice, 59; Bichir, Ortodocșii de lângă noi, 62.

[87] ANRM, Episcopia Hotinului, 1217, 1, 381, 4 [Schreiben Petr Turețchis aus der Parochie Coșeni-Floceni, Kreis Bălți an Bf. Puiu vom 17.1.1929 betr. die Wiedereinführung des alten Kalenders in der Kirche].

schätzen unsere alten Bräuche sehr und können daher die Feiertage nicht nach dem neuen Kalender halten.“[88]

Wenn die Boboteaza nach dem neuen Kalender gefeiert würde, so die Argumentation der Altkalendaristen, würde das Weihwasser seine heiligen Eigenschaften verlieren. Seit der Einführung des neuen Kalenders oder spätestens seitdem auch die Dorfpriester die Kalenderreform akzeptiert hatten, mussten Bauern in ihrem religiösen Leben nun ohne Weihwasser auskommen.

Als die Epiphanie nach dem neuen Kalender sich näherte und die Kirchenleitung auf die Bitten der Bauern nicht reagierte, wurden diese ungeduldig. Ohne eine Antwort von Bischof Puiu bekommen zu haben, versuchten manche Bauern, ihren Dorfpriester zu zwingen, den Feiertag nach dem alten Kalender zu begehen. Dazu ein Beispiel aus dem Dorf Cofeni (Kreis Bălţi): Am Tag der Epiphanie nach dem neuen Kalender besetzten ca. 200 Bauern die orthodoxe Kirche und hinderten den Priester daran, den Gottesdienst zu halten. „Sie schrien unaufhörlich, dass sie keine Gottesdienste nach dem neuen Stil mehr haben wollen. Sie möchten nur mehr nach dem alten Stil beten. [...] Sie haben es satt und drohen, die Kirche zu schließen“, berichtete der Dorfpriester.[89] Der Bürgermeister von Cofeni und der Postenkommandant der Gendarmerie, die am Gottesdienst teilnehmen wollten, schauten dem Priester hilflos zu und mischten sich in die spontane Protestaktion der Gläubigen nicht ein. Sie waren in der Unterzahl und hatten keine Mittel, etwas gegen die Wut der Menschen zu unternehmen.[90]

Auch in anderen Dörfern der Eparchie Hotin-Bălţi verhinderten Bauern mit Gewalt, dass die Gottesdienste nach dem neuen Kalender gehalten wurden.[91] Priester schrieben der Eparchieleitung, dass sie von den Bauern terrorisiert würden, und baten um Hilfe. Bischof Puiu solle ihnen Missionspriester schicken, um „die Gläubigen aus dieser verrückten Verwirrung herauszuholen.“[92] Die Eparchieleitung schlug den Dorfpriestern jedoch vor, sich mit ihren Beschwerden an die Zentralregierung zu wenden.[93]

88 ANRM, Episcopia Hotinului, 1217, 1, 381, 11f. [Schreiben orthodoxer Gläubiger der Parochie Coşeni an den Priester von Coşeni, I. Popescu, vom 5.1.1929 betr. das Begehen der religiösen Feiertage nach dem alten Kalender].

89 ANRM, Episcopia Hotinului, 1217, 1, 381, 13 [Protokoll I. Popescus, Priester von Coşeni vom 6.1.1929 betr. die Verhinderung von Gottesdiensten durch Gläubige].

90 ANRM, Episcopia Hotinului, 1217, 1, 381, 13 [wie eben].

91 ANRM, Episcopia Hotinului, 1217, 1, 381, 39 [Mitteilung des Priesters der Parochie Rubelniţa an die Eparchie Hotin-Bălţi vom 30.8.1929 betr. Konflikte des Priesters mit Kalendergegnern].

92 ANRM, Episcopia Hotinului, 1217, 1, 381, 81f. [Mitteilung der Protohierarchie III, Kreis Soroca, an Bf. Puiu vom 20.2.1929 betr. Konflikte des Priesters mit den Bauern wegen des Osterfestes].

93 ANRM, Episcopia Hotinului, 1217, 1, 381, 113 [Mitteilung der Eparchie Hotin-Bălţi an den Priester der Parochie Sturzeşti, Kreis Bălţi vom 9.9.1929 betr. Interventionen bei den Behörden gegen Feste nach dem alten Kalender].

Sobald Bischof Puiu über die neuen kalendarischen Probleme in seinen Parochien informiert wurde, versuchte er zunächst, sie mit Hilfe der Sicherheitsorgane zu lösen. Er bat den Präfekten von Bălți, Diomid Calistru von der Bauernpartei, den zuständigen Sicherheitsorganen die Erlaubnis zu geben, solche Protestaktionen der Gläubigen zu verhindern.[94] In seiner Antwort, welche er auch dem damaligen Innenminister Alexandru Vaida Voevod schickte, lehnte der Präfekt den Vorschlag des Bischofs ab:

> „Wir glauben, dass es im Interesse der Kirche ist, wenn Sie keine öffentliche Gewalt in der Durchsetzung von Maßnahmen, die von oberen kirchlichen Organen getroffen wurden, anwenden. [...] Wir sind der Meinung, dass unsere Interventionen die Autorität und das Prestige der Kirche nur schwächen würden. Daher wäre es besser, wenn die Eparchie selbst Maßnahmen ergreift und mit eigenen Mitteln ihre Probleme löst. Durch das Predigen der Wahrheit wird sie bestimmt eine innere Spaltung der Orthodoxie verhindern."[95]

Die Regionalverwaltung hatte also einen laizistischen Zugang zum Kalenderproblem – es war eine Angelegenheit der Kirche und sollte es auch bleiben. Anders als 1926 oder auch in den 1930er Jahren kamen jetzt die regierenden Lokalpolitiker der Eparchieleitung nicht zu Hilfe. Dies hing mit der allgemeinen politischen Lage zusammen. 1929 war die Bauernpartei unter Iuliu Maniu an der Regierung und ihre Regionalorganisation ging auf eine gewisse Distanz zur Kirche. Eine Zusammenarbeit in der Kalenderreform oder eine Einmischung in sie, wie sie die Volkspartei oder die Liberale Partei befürwortete, war für die Bauernpartei unvorstellbar.

Bischof Puiu glaubte freilich nicht, dass er „durch das Predigen der Wahrheit" die rebellischen Gläubigen vom neuen Kalender überzeugen könne, weshalb er den Bauern offen drohte: Sollten diese in der Zukunft die Arbeit der Dorfpriester weiter behindern, würde ihnen die Eparchie die Kirchen schließen und die Dorfpriester wegnehmen.[96] Der Bischof war nicht länger bereit, Kompromisse in der Kalenderreform einzugehen, wusste aber auch nicht, was er tun sollte, um eine weitere Spaltung der orthodoxen Gläubigen zu verhindern. Jedenfalls entstand kein Dialog zwischen der Eparchieleitung und den unzufriedenen Bauern: Es gab keine offenen Debatten über den Kalender, weshalb sich langsam zwei Fronten bildeten, die einander immer feindlicher gegenüberstanden. Die Gesprächsverweigerung seitens der Eparchieleitung frustrierte die Altkalendaristen sehr: „Wieso kommen die großen Bojaren und der Bischof von Bălți nicht herunter in unsere Mitte und schicken in solchen Angelegenheiten immer die Verwaltungsbehörden vor?",

[94] ANRM, Episcopia Hotinului, 1217, 1, 381, 9 [Mitteilung der Eparchie Hotin-Bălți an den Präfekten von Bălți vom 12.1.1929 betr. Maßnahmen gegen die Proteste gegen die Kalenderreform].

[95] ANRM, Episcopia Hotinului, 1217, 1, 381, 8 [Mitteilung des Präfekten von Bălți an die Leitung der Eparchie Hotin-Bălți vom 18.2.1929 betr. die Ablehung staatlicher Unterstützung für die Amtskirche].

[96] ANRM, Episcopia Hotinului, 1217, 1, 381, 10 [Mitteilung der Eparchie Hotin-Bălți an den Priester von Coșeni-Floceni, Kreis Bălți ohne lesbares Datum betr. Maßnahmen gegen die Kalendergegner].

fragten sie einen Mitarbeiter der Präfektur, der die Lage in den altkalendaristischen Dörfern inspizieren musste.[97]

Die Reaktion des Präfekten Calistru war ein Affront gegen die kirchliche Autorität. Solch eine Haltung war Bischof Puiu von der Regionalverwaltung nicht gewohnt. Empört über die Nichtkooperation der Präfektur, schrieb er der Heiligen Synode, damit diese die Regierung informiere, dass er Hilfe in der Durchsetzung der Kalenderreform brauche: „Das Kalenderproblem ist in Bessarabien nicht gelöst [...] Die Heilige Synode soll vom Innen-, Kultus- und Justizministerium verlangen, dass gegen solche Personen [Reformverweigerer] die passenden Maßnahmen getroffen werden."[98]

Die Drohungen aus der Eparchie hinderten die Bauern nicht daran, weiter gegen alle Feiertage, die nach dem neuen Kalender gefeiert wurden, zu protestieren. Auch der Präfekt Calistru verhielt sich, wenngleich er sich offiziell in das Kalenderproblem nicht einmischte, nicht immer neutral in dieser Angelegenheit. Dorfpriester berichteten, dass sich Calistru und seine Parteifreunde bei den Protestaktionen immer wieder auf die Seite der Bauern stellten, und verwiesen auf einige diesbezügliche Beispiele. So fragten im Jahr 1929 einen Tag vor Mariä Himmelfahrt nach dem alten Kalender Gläubige aus der Kleinstadt Fălești und den benachbarten Dörfern den dortigen Priester, ob er ihnen am nächsten Tag die Gottesdienste halten könne. Der Priester lehnte ab, da er bereits im Monat davor das Fest nach dem neuen Kalender gefeiert hatte. Dennoch arbeiteten die Bauern am nächsten Tag nicht und feierten das Fest, ohne in die Kirche zu gehen. Dies war an sich noch nichts Außergewöhnliches – die Priester waren schon daran gewöhnt, dass die Bauern sich nur mehr nach dem alten Kalender ausrichteten. An diesem Tag kam jedoch eine Delegation der Bauernpartei aus Bălți, der auch Präfekt Calistru angehörte, nach Fălești. Die Gläubigen beschwerten sich bei der Delegation, dass der Priester ihnen keine Gottesdienste nach dem alten Kalender mehr halten wolle. Es kam zu einer spontanen Versammlung, zu der auch der Priester eingeladen wurde. Die Delegationsmitglieder erklärten ihm, dass er verpflichtet sei, die Wünsche der Gläubigen zu erfüllen. Er gab aber dem Druck der Bauern und der Politiker nicht nach und blieb beim neuen Kalender. Die Gläubigen boykottierten in der Folge seine Arbeit immer direkter und aggressiver, so dass der Priester seine Tätigkeit nur mehr mit großer Mühe verrichten konnte.[99]

Andere Mitglieder der Bauernpartei unterstützten den Widerstand der Bauern gegen den neuen Kalender nach Meinung der Dorfpriester eher indirekt, indem sie etwa Dorf-

[97] ANR, Ministerul Justiției-Direcția Judiciară, 1936/98, 86f. [Bericht Dumitru Ștegărescus an den Präfekten von Bălți vom 20.4.1936 betr. seine Untersuchungen in den altkalendaristischen Gemeinschaften im Norden Bessarabiens].

[98] ANRM, Episcopia Hotinului, 1217, 1, 381, 33 [Mitteilung Bf. Puius an die Heilige Synode vom 4.9.1929 betr. das Problem der Kalenderreform in Bessarabien].

[99] ANRM, Episcopia Hotinului, 1217, 1, 381, 30f. [Mitteilung des orthodoxen Priesters von Fălești, Ioan Dimitriu, an die Eparchie Hotin-Bălți vom 4.9.1929 betr. eine Beschwerde der Gläubigen und des Präfekten Calistru gegen den neuen Kalender].

feste mit Tanz und Musik immer auf Feiertage nach dem alten Kalender legten.[100] Nur der Gottesdienstbesuch fehlte: „Nur mit Musik und Alkohol wird aber unser gläubiges Volk zugrunde gehen und das Fundament der Kirche wird komplett vernichtet werden", schrieben sie voller Besorgnis.[101] Lokale Politiker bestritten, dass eine bestimmte Absicht hinter dem Datum dieser Feste stecke, und unterstrichen ihre Neutralität – sie würden die Dorffeste an den Tagen nach dem alten Kalender eben deshalb erlauben, weil dies dem Wunsch der Bauern entspreche.[102]

Der ehemalige Innenminister Octavian Goga, der nun auf der Oppositionsbank saß, hatte den Eindruck, dass die regierende Bauernpartei eine zu milde Politik in Bessarabien fahre. In einem seiner Artikel von 1929 schrieb er, dass die Regierung unter Iuliu Maniu das Gebiet in eine Krise gestürzt habe. Die Regierung unterschätze dort die kommunistische Gefahr, gewähre der Bevölkerung zu viele Freiheiten und schränke die Macht der Gendarmerie und Polizei zu stark ein. Bessarabien sollte ihm zufolge direkt vom Zentrum aus regiert und kontrolliert werden und die innere Stabilisierung des Gebietes sei nur durch eine wohlüberlegte Zusammenarbeit zwischen den Verwaltungs- und Militärrepräsentanten zu gewährleisten.[103]

Die kalendarischen Unruhen mehrten sich 1929, als sich das Osterfest näherte. Monate davor schickten die Bauern Bischof Puiu Briefe und baten ihn, „ihren Glauben nicht zu ändern" und ihnen zu erlauben, Ostern nach dem alten Kalender zu feiern. Die Gläubigen drohten den Dorfpriestern, dass sie Ostern niemals nach dem neuen Stil feiern würden.[104] Diese Petitionen und Briefe liefern auch die ersten konkreten Hinweise auf eine Zusammenarbeit zwischen den Altkalendaristen über die einzelne Dorfebene hinaus. So kam es vor, dass Gläubige in ihren Petitionen Bezug auf andere Dörfer nahmen oder die Petition überhaupt gemeinsam verfassten. Immer wieder tauchen auch Petitionen mit dem gleichen oder ähnlichen Inhalt auf. All dies weist eindeutig auf eine begonnene Zusammenarbeit der Bauern gegen die Kalenderreform über Dorfgrenzen hinweg hin.

Die unterschiedlichen Zugänge zur Kalenderreform, die der Bischof von Hotin-Bălți Visarion Puiu und der Metropolit von Bessarabien Gurie Grosu an den Tag legten, waren auch 1929 sichtbar und hatten entscheidende Konsequenzen für die Entwicklung des Altkalendarismus. Nicht dass Gurie Grosu für eine Annullierung der Reform plädiert

[100] ANRM, Episcopia Hotinului, 1217, 1, 381, 42 [Kopie des Berichts N. Hușanus, Priester der Parochie Glingheni, Kreis Bălți, an die Protohierarchie Bălți vom 29.8.1929 betr. das Begehen von Feiertagen nach dem alten Kalender].

[101] ANRM, Episcopia Hotinului, 1217, 1, 381, 42 [wie eben].

[102] ANRM, Episcopia Hotinului, 1217, 1, 381, 15 [Mitteilung der Präfektur Hotin an die Eparchie Hotin-Bălți vom 5.2.1929 betr. das Begehen von Feiertagen nach dem alten Kalender].

[103] Octavian Goga, E rău în Basarabia, in: ders., Opere. Bd. 2: Publicistică. București 2010, 1411–1416.

[104] ANRM, Episcopia Hotinului, 1217, 1, 381, 87 [Schreiben orthodoxer Gläubiger der Parochie Limbenii-Vechi an Bf. Puiu vom 26.2.1929 betr. die Ablehnung der Kalenderreform].

hätte, im Vergleich zur strengen Haltung von Visarion Puiu war er aber zu Konzessionen bereit – der Druck der Priester seiner Eparchie war groß und die Mitglieder der russisch-orthodoxen Kirche im Ausland, die in Chişinău aktiv waren, freuten sich, mit den Gläubigen die Feiertage nach dem alten Kalender zu feiern. Die Folge war, dass anders als in der Eparchie Hotin-Bălţi, wo die Beziehung zwischen den Bauern und der Kirchenleitung im Frühjahr 1929 sehr angespannt war, die Feiertage in der Eparchie Chişinău ohne nennenswerte Zwischenfälle verliefen. In Chişinău gab es unter der ländlichen Bevölkerung keinen Anlass für Unruhen, da die meisten Dorfpriester auf der Seite der Gläubigen blieben. Die „Vereinigung der bessarabischen Geistlichkeit" hatte die Heilige Synode bereits im Januar 1929 informiert, dass sie mit dem festgelegten Osterdatum nicht einverstanden sei. Die Mitglieder der Vereinigung waren fest davon überzeugt, dass dieses Datum sich in der bessarabischen Kirche nie durchsetzen werde. Die Kirchenleitung sollte, wie sie schrieben, mehr Rücksicht auf die schwierige wirtschaftliche Lage der Bauern nehmen. Gerade in Bessarabien, wo sie „aufgrund der wirtschaftlichen Krise und der langen Dürrezeit viele Probleme hatten", würden die Bauern empfindlicher auf solche Neuerungen reagieren. Die Dorfpriester würden dem Widerstand der einfachen Bevölkerung nicht standhalten können, weshalb es keinen Sinn habe, diese Entscheidung durchzusetzen.[105] Die Beziehung zwischen Bălţi und Chişinău war deswegen angespannt und selbst die ohnehin minimale Zusammenarbeit zwischen ihren Klerikern wurde nun unterbrochen. Die „Vereinigung der bessarabischen Geistlichkeit" schrieb 1929: „Wir haben sehr große Konflikte mit dem Klerus aus der Eparchie Hotin-Bălţi. Dieser ist nicht länger Teil der Vereinigung, profitiert aber weiterhin von ihren Ressourcen [...]."[106]

Nachdem Gurie Grosu sich offen bereit erklärt hatte, Ostern nach dem alten Kalender zu feiern, blieb Visarion Puiu nichts anderes übrig, als dies auch in seiner Eparchie zu erlauben.[107] Gläubige machten Bischof Puiu eigens darauf aufmerksam, dass sie wüssten, dass Grosu in der benachbarten Eparchie von Chişinău den Gläubigen erlaubt habe, Ostern nach dem alten Stil zu feiern: „Wieso sollen wir dann anders feiern?", fragten sie den Bischof.[108]

„Es gibt eine ganze Welt, für welche die Angelegenheit des Kalenders erledigt ist. Neben ihr besteht eine andere Welt, die von einer Kalenderänderung nichts hören will",

[105] ANRM, Episcopia Hotinului, 1217, 1, 381, 59–62, hier 62 [Protokoll des Kongresses der Vereinigung der orthodoxen Kleriker Bessarabiens am 28.10.1928 an Bf. Puiu vom 16.1.1929 betr. die Kalenderreform in Bessarabien].

[106] Lucrările Adunărei Generale a Uniunii Clericilor Ortodocşi din Basarabia Sesiunea decembrie 1928. Chişinău [1928], 30f.

[107] Bischof Grosu erklärte einige Jahre später in seinen Erinnerungen, dass er 1929 dem Druck der Dorfpriester nicht widerstehen habe können und deswegen das Datum ablehnen habe müssen. Siehe: Grosu, Procesul şi apărarea mea, 95–98.

[108] ANRM, Episcopia Hotinului, 1217, 1, 381, 87 [Schreiben orthodoxer Gläubiger der Parochie Limbenii-Vechi an Bf. Puiu vom 26.2.1929 betr. die Ablehnung der Kalenderreform].

hatte ein Priester aus der Moldau bereits 1926 erklärt.[109] Diese zwei Welten wurden 1929 sichtbarer denn je; nicht nur, dass sie parallel existierten, sie gingen langsam auf Konfrontationskurs. Anders als beim Osterfest 1926, als es aufgrund der kalendarischen Ausnahme zu keinen Konflikten unter den orthodoxen Gläubigen gekommen war, waren die Gläubigen 1929 zwischen Reformverweigerern und Reformanhängern tief gespalten. Die Kalenderreform hatte also auch in der Eparchie Hotin-Bălţi bereits einige Anhänger gefunden, die unzufrieden waren, dass sie sich an die ländliche Bevölkerung anpassen mussten. Daher waren die Folgen der Ausnahme von 1929 eskalatorischer als drei Jahre zuvor.

Ende Februar wurden auch die Dorfpriester über die Ostern betreffende Revision informiert. Sie löste unter den meisten Priestern und Gläubigen Freude und Erleichterung aus. Viele bedankten sich bei Bischof Puiu, dass er die „seelische Ruhe in den Dörfern wiederhergestellt" habe.[110] Unter den Anhängern der Kalenderreform sorgte die Teilrevision hingegen für Entsetzen und Unzufriedenheit. Die städtische Bevölkerung Bessarabiens hatte in der Regel die zeitliche Modernisierung akzeptiert und wollte Ostern eben nicht mehr nach dem alten Kalender feiern. Selbst in den Dörfern, wo die Mehrheit der Bauern für den alten Kalender war, waren einige Gläubige, vor allem Schüler, Lehrer und Armeeangehörige, mit dem von der Heiligen Synode ursprünglich festgelegten Osterdatum einverstanden.[111] Außerdem waren die Vorbereitungen für das Osterfest am 31. März bereits weit fortgeschritten. Priester und Gläubige wussten nicht, ob sie mit den Vorbereitungen neu beginnen sollten oder die bis dahin unternommenen noch Gültigkeit hatten. Die Fastenzeit, die 40 Tage vor Ostern beginnt, war ebenfalls bereits in Gang. Sollten die Priester sie unterbrechen und alles später neu beginnen, oder waren die absolvierten Fasttage für das Osterfest am 5. Mai noch gültig?

Der Druck auf die Eparchieleitung kam nun plötzlich von den Reformanhängern. Kaum hatten sie erfahren, dass Ostern auch nach dem alten Kalender gefeiert werden dürfe, schickten „Neukalendaristen" etliche Beschwerden, da es für sie äußert schwierig war, in der ganzen Eparchie noch einen Priester zu finden, der bereit war, mit ihnen die Feiertage nach dem neuen Kalender zu begehen. Die Eparchie solle ihnen eine Lösung bieten.[112] Bischof Puiu erklärte ihnen:

[109] I. C. Beldie, Iarăşi Calendarul, *Galaţii* Noi 4.1.1926, S. 1.

[110] ANRM, Episcopia Hotinului, 1217, 1, 381, 96 [Telegramm des Protohierarchen Dumbrava an Bf. Puiu vom 11.3.1929 betr. Dank für die Erlaubnis, das Osterfest nach dem alten Kalender zu feiern].

[111] ANRM, Episcopia Hotinului, 1217, 1, 381, 43 [Mitteilung der Protohierarchie II, Kreis Hotin, an die Eparchie Hotin-Bălţi vom 16.9.1929 betr. Priester, die den alten Kalender verwenden]; 46 [Anfrage des Priesters der Parochie Noua Suliţă, Kreis Hotin, an Bf. Puiu vom März 1929 betr. das Feiern des Osterfestes nach dem neuen Kalender]; 49 [Bitte orthodoxer Gläubiger aus Târgul Suliţa, Kreis Hotin, an Bf. Puiu vom 18.3.1929 betr. das Feiern des Osterfestes nach dem neuen Kalender].

[112] ANRM, Episcopia Hotinului, 1217, 1, 381, 23f. [Mitteilung des Chefs der Division a 14-a an die Eparchie Hotin-Bălţi vom 26.3.1929 betr. Feiern des Osterns nach dem neuen Kalender];

„Die Heilige Synode und die Regierung haben beschlossen, dass der Bevölkerung Bessarabiens erlaubt ist, Ostern am 5. Mai zu feiern. Um des Friedens willen, der vor allem zwischen staatlichen Repräsentanten und der Bevölkerung herrschen soll, sollen Sie sich von der bessarabischen Bevölkerung in einer für sie so bedeutenden Angelegenheit nicht unterscheiden. Vor allem ist es nicht gut, wenn der Klerus das gleiche Fest zwei Mal im Jahr an unterschiedlichen Daten feiert."[113]

Als die Zahl der Anfragen zum Begehen des Osterfestes am 31. März zunahm, musste Bischof Puiu eine Kompromisslösung finden: Falls jemand Ostern dann feiern wollte, sollte er Kontakt mit einem der Militärgeistlichen aufnehmen, denn diese waren verpflichtet, für ihre Armeeeinheiten Ostern am gleichen Tag wie der Rest des Landes zu feiern.[114]

Am Beispiel dieser Zwischenfälle sind die unterschiedlichen Geschwindigkeiten der Modernisierung innerhalb der bessarabischen Kirche und auch in Bezug zu den anderen Regionalkirchen gut erkennbar. Der Bischof von Hotin-Bălţi war in eine komplizierte Lage geraten: Einerseits war er durch den Beschluss der Heiligen Synode verpflichtet, den Gläubigen das Feiern am 5. Mai zu erlauben. Andererseits musste er sicherstellen, dass in seiner Eparchie Ostern einheitlich gefeiert wurde und keine Unterschiede zwischen Bauern, Stadtbewohnern und den Staatsbediensteten bestanden. Die Anpassung vorwiegend an die Bedürfnisse der ländlichen Bevölkerung säte aber Zwietracht unter den Gläubigen. Für die Reformverweigerer wie auch für die Reformanhänger war das Hin und Her zwischen den Kalendern verwirrend.

Einige Folgen der Kalenderausnahmen von 1926 und 1929 wurden bereits besprochen. Grundsätzlich verringerten sie die Wahrscheinlichkeit, dass die Kalenderreform jemals einheitlich akzeptiert werden würde. Dorfpriester berichteten, dass nach diesen Revisionen die Bauern von der Kalenderreform gar nichts mehr hören wollten: „Also all die da oben sind verrückt geworden! Lassen wir es uns gutgehen, denn ab jetzt brauchen wir nichts mehr von denen. Wir brauchen weder Popen noch Kirchen!"[115] Mit den kalendarischen Unruhen von 1929 verlor sogar Visarion Puiu den Glauben daran, dass die

102 [Telegramm des Präfekten von Hotin, Leon Gheorghiu, an Bf. Puiu vom 27.3.1929 betr. das Begehen des Osterfestes am 31.3.]; 105 [Telegramm von Einwohner der Stadt Soroca an Bf. Puiu vom 27.3.1929 betr. das Begehen des Osterfestes am 31.3.].

[113] ANRM, Episcopia Hotinului, 1217, 1, 381, 104 [Mitteilung der Eparchie Hotin-Bălţi an die Präfektur Hotin vom 24.3.1929 betr. das Begehen des Osterfesetes am 31.3. in den „Militärkirchen"].

[114] ANRM, Episcopia Hotinului, 1217, 1, 381, 110 [Mitteilung der Eparchie Hotin-Bălţi an das Kommando der Division a4, vom 24.3.1929 betr. das Osterfest].

[115] Der Bericht stammt vom Dorfpriester aus Clingheni, einem führenden altkalendaristischen Dorf 1935. Zitat im Original: „Măi, ei tiţi au nebunit cei mari iar noi să ne împlinim cheful şi d'acolo nu ne mai trebueşte nimic, nici popă, nici biserică." In: ANRM, Episcopia Hotinului, 1217, 1, 381, 42 [Kopie des Berichts N. Huşanus, Priester der Parochie Glingheni, Kreis Bălţi, an die Protohierarchie Bălţi vom 29.8.1929 betr. das Begehen der Feiertage nach dem alten Kalender].

Kalenderreform von der Bevölkerung noch vollständig akzeptiert werden würde. Er, einst Befürworter eines harten Reformprogramms, erklärte:

> „Die einzige Lösung, um Ruhe und Frieden unter dem Klerus und den örtlichen Gläubigen wiederherzustellen, ist die Rückkehr zum alten Kalender. Die Autorität der Heiligen Synode wird aber davon nicht betroffen, weil sie letztlich nur eine Verbesserung des Kalenders erreichen wollte. Die Verantwortung tragen die anderen [die Regierung].“[116]

Bischof Puiu sah ein, dass die Konflikte von 1929 nicht ohne Folgen bleiben würden. Es entstand eine tiefe Kluft zwischen den Gläubigen und der Kirche, und seine Eparchie verfügte nur über begrenzte Mittel, etwas gegen diese Entwicklung zu unternehmen. Er konnte die Modernisierung nicht mehr vorantreiben, sie aber auch nicht mehr stoppen oder teilweise rückgängig machen. Der Widerstand gegen die Kalenderreform wurde deutlicher. Die Bauern lernten, sich zu organisieren und für ihre Ziele zu kämpfen.

Die Heilige Synode gab aber die Kalenderreform nicht auf, weil sie zu deren Anwendung ab 1929 zumindest auf dem Papier die Unterstützung des Kultusministeriums bekam. Das ist eine weitere wichtige Folge der kalendarischen Unruhen von 1929. Sie markierten den Anfang einer Zusammenarbeit zwischen der Amtskirche und den Ministerien gegen den Altkalendarismus.

Nach den Vorfällen von 1929 bat der Patriarch Miron Cristea das Kultusministerium um Hilfe.[117] Der damalige Kultusminister, Aurel Vlad von der PNȚ (der Nationalen Bauernpartei), entwarf einen Kooperationsplan für die Lösung des Kalenderproblems. Infolge dieses Hilferufs informierte er die Heilige Synode, dass „das Kultusministerium alle notwendigen Maßnahmen ergreifen wird, damit die Kalenderreform akzeptiert wird. In Zusammenarbeit mit dem Justizministerium werden in der Zukunft alle Agitatoren gegen die Kalenderreform bestraft.“ Auch Priester gerieten nun unter Druck, denn laut dem neuen Plan sollten sie keine finanzielle Unterstützung mehr vom Staat bekommen, wenn sie sich gegen die Kalenderreform betätigten.[118]

Kultusminister Vlad war ein ehemaliger Schüler des Patriarchen Cristea. Beide stammten aus Siebenbürgen und pflegten auch nach 1918 enge Kontakte.[119] Der Plan des Kultusministeriums war daher mehr das Ergebnis ihrer persönlichen Beziehung und entsprach weniger der politischen Realität, da er von einer perfekten Kooperation zwischen kirchlichen und staatlichen Institutionen und allen Parteien auf regionaler wie auch nationaler Ebene ausging. Seine Umsetzung sollte sich jedoch in der Regierungszeit der Li-

116 Puiu, Glas în pustie, 66.

117 ANRM, Episcopia Hotinului, 1217, 1, 381, 28 [Mitteilung der Heiligen Synode an die Eparchie Hotin-Bălți vom 17.4.1929 betr. Maßnahmen gegen die Kalendergegner].

118 ANRM, Episcopia Hotinului, 1217, 1, 381, 29 [Kopie der Mitteilung des Kultusministers an die Heilige Synode von 1929 betr. Maßnahmen zur Anwendung der Kalenderreform].

119 Valentin Orga, Aurel Vlad. Istorie și destin. Cluj-Napoca ²2005. (Ich danke dem Autor für die Übersendung eines Exemplars seines Buches.)

beralen Partei (ab 1933) aufgrund der instabilen politischen Lage als schwierig erweisen. Die Intervention der Heiligen Synode und die Reaktion des Kultusministeriums zeigen aber die klare Richtung, in welche sich die Beziehung zwischen dem Staat, der Amtskirche und den Altkalendaristen in den nächsten Jahren entwickeln sollte. Die neu entstandene Kooperation zwischen der Kirchenleitung und der Regierung sah keine friedliche und schrittweise Implementierung der Kalenderreform vor, sondern sie bedeutete, dass die Kirche in der kalendarischen Angelegenheit auf die Sicherheitsorgane setzte.

Von einer konsequenten Kalenderpolitik konnte jedoch zu keinem Zeitpunkt die Rede sein. Allein 1929 wurde innerhalb weniger Monate zunächst eine Maßnahme getroffen, die gegen die Kalenderreform sprach – nämlich die Revision des Osterdatums –, bevor später weitere Pläne entworfen wurden, die eine harte Durchsetzung der Kalenderreform vorsahen.

Kirchenbau-Wettbewerb

Da Broschüren weder bei der Einführung des neuen Kalenders noch bei der Bekämpfung des Altkalendarismus eine wesentliche Wirkung zeitigten – vor allem ab den 1930er Jahren, als die Altkalendaristen bereits eine etablierte religiöse Gruppe bildeten –, kamen manche Priester zum Schluss, es brauche schnelle und sichtbare Maßnahmen, um die weitere Ausbreitung des Altkalendarismus zu verhindern. Zu ihren wichtigsten Vorschlägen gehörten die Organisation großräumiger Missionierungskampagnen und der Bau von orthodoxen Kirchen in denjenigen Gemeinden, in denen die Altkalendaristen besonders aktiv waren. Im Folgenden wird anhand einer Untersuchung des Kirchenbaus in den vom Altkalendarismus betroffenen Parochien der Eparchie Hotin-Bălți zwischen 1935 und 1938 der Versuch unternommen, einen genaueren Einblick in die Reaktion der bessarabischen Kirche auf den Aufschwung des Altkalendarismus zu bekommen. Unterstützte die Eparchieleitung die Dorfparochien, wo sich die altkalendaristischen Hochburgen befanden, oder agierte sie passiv, als die Reformverweigerer immer mehr Anhänger gewannen? Anders formuliert: Mit welchen Mitteln führte die Amtskirche den Legitimationskampf, den die altkalendaristischen Gemeinschaften auslösten?

Konkret handelt es sich um die Geschichte des Baus einer orthodoxen Kirche in der Parochie von Albineț, wo sich ab 1934 das Zentrum der Altkalendaristen im Norden Bessarabiens befand. Albineț, von Behördenvertretern auch „Zitadelle des Altkalendarismus“[120] genannt, galt als Sitz „des bessarabischen Rasputins“, des Altkalendaristenführers Nicolai Climovici.[121] Mit einer Bevölkerung von 1.218 Einwohnern, 79 Prozent davon

[120] ANR, Ministerul Justiției-Direcția Judiciară, 1936/98, 9 [Bericht des Gerichts Bălți an den Justizminister vom 6.1.1936 betr. Propagandamaterial und Aktivitäten der Altkalendaristen].

[121] Aussage enthalten in: *Sunday Express*, 29.9.1935, Artikel enthalten in: CNSAS, Fond Documentar, D015283, 35.

rumänischsprachig, und mit einer kleinen russischen und jüdischen Minderheit war Albineţ ein durchschnittliches bessarabisches Dorf.[122]

Die Altkalendaristen aus Albineţ gehörten zu den Vorreitern beim Aufbau und der Organisation der altkalendaristischen Gemeinschaft. Bereits Anfang 1929 hatten sie begonnen, die Kalenderreform durch Beschwerden an die Kirchenleitung aktiv zu bekämpfen.[123] 1934 wandelten sie ein Bauernhaus in ein altkalendaristisches Gebetshaus um; 1935 begannen sie, eine eigene Kirche zu errichten.[124] Das war ein wichtiges Projekt, an dem sich Altkalendaristen aus der ganzen Umgebung beteiligten. Nach der Fertigstellung ihrer Kirche planten sie, Albineţ zum Eparchiesitz zu erheben.[125]

Während dort Mitte der 1930er Jahre die altkalendaristische Gemeinschaft blühte, übte die orthodoxe Parochie der Ortschaft, zu der 1935 nur noch zehn Prozent der orthodoxen Gläubigen von Albineţ gehörten, kaum noch Einfluss auf den Dorfalltag aus. Denn wichtige Bereiche, für die früher der orthodoxe Priester zuständig gewesen war, wie der Religionsunterricht oder die Organisation von kulturellen Veranstaltungen, lagen 1935 vollständig in den Händen der Altkalendaristen.[126] Der Druck auf die übriggebliebenen orthodoxen Gläubigen zur Bekehrung zum Altkalendarismus war daher sehr groß.

Als Reaktion auf diese Entwicklung entschied 1935 der orthodoxe Priester von Albineţ, Ion Cazacu, die alte Holzkirche durch eine neue, größere Steinkirche zu ersetzen. Dafür benötigte er über 500.000 Lei. Ungefähr zur selben Zeit kündigte auch die Präfektur von Bălţi an, ein sogenanntes „dispensar" (eine Art Sanitätspunkt), ein öffentliches Bad und andere staatliche Einrichtungen in Albineţ errichten zu lassen. Diese verspäteten Reaktionen sollten das Ansehen des rumänischen Staates aufpolieren und die Macht der Amtskirche demonstrieren.

122 Sabin Manuilă, Recensământul general al populaţiei României din 29 decemvrie 1930. Bd. 2: Neam, Limba Maternă, Religie. Teil 1: Neam, Limbă Maternă. Bucureşti 1938, 48.

123 ANRM, Episcopia Hotinului, 1217, 1, 381, 72 [Bitte der Mitglieder der Parochie Albineţ, Kreis Bălţi, an Bf. Puiu vom 21.2.1929 betr. das Begehen des Osterfestes nach dem alten Kalender].

124 ANR, Ministerul Justiţiei-Direcţia Judiciară, 1935/82, 59 [Bericht des Gerichtes Bălţi an den Justizminister vom 18.9.1935 betr. den Bau der altkalendaristischen Kirche in Albineţ]; ANR, Direcţia Generală a Poliţiei, 1935/49, 124–126 [Mitteilung der Gendarmerie Bălţi vom 31.1.1936 betr. die altkalendaristische Bewegung in Bessarabien, weitergeleitet vom Regionalinspektorat der Polizei in Chişinău an das Zentralinspektorat der Polizei in Bukarest].

125 ANR, Inspectoratul General al Jandarmeriei, 1936/64, 35–58, hier 48f. [Monatsbericht der Informationsabteilung der Polizei Bălţi an das Zentralinspektorat der Gendarmerie in Bukarest vom Mai 1936 betr. den Bau altkalendaristischer Kirchen]; CNSAS, Fond Documentar, D015261, 152f. [Mitteilung der Informationsabteilung der Polizei Bălţi vom 13.9.1936 betr. die Ergebnisse der Untersuchung des Agenten Nr. 43 in den altkalendaristischen Gemeinschaften im Norden Bessarabiens].

126 ANR, Inspectoratul General al Jandarmeriei, 1935/17, 194 [Mitteilung der Informationsabteilung der Polizei Bălţi an das Zentralinspektorat der Gendarmerie in Bukarest vom 25.11.1935 betr. die Organisation und die Aktivitäten der Altkalendaristen im Norden Bessarabiens].

Andere Maßnahmen zur Bekämpfung des Altkalendarismus traf die Eparchie Hotin-Bălţi 1934, als sie eine Missionierungskampagne gegen alle Sekten – mit Schwerpunkt auf dem Altkalendarismus – initiierte. Da sie aber kaum Mittel in diese Kampagne investierte, wurden keine nennenswerten Erfolge gegen die Altkalendaristen oder andere religiöse Gruppen registriert. Der Leiter der Missionierungskampagne im Kreis Bălţi war gleichzeitig auch der ursprüngliche Priester von Albineţ. Er gab aber ungefähr ein Jahr nach ihrem Beginn seine Stelle als Priester und als Kampagnenleiter auf.[127] 1935 folgte ihm der besagte Ion Cazacu nach. Geboren 1905 in einem Dorf im Kreis Tighina (dem heutigen Bender), hatte er das Theologische Seminar von Chişinău absolviert, wo er auch bis 1935 zusammen mit seiner Frau lebte.[128]

Die Priesterstelle in Albineţ musste in den 1930er Jahren mehrmals neu besetzt werden, da sie von den Geistlichen wegen der dortigen schwierigen Arbeitsbedingungen gemieden wurde. Es war für sie eine durchaus lebensgefährliche Tätigkeit. Sie brachte ihnen auch keine finanziellen Vorteile, im Gegenteil: Da die Schar der amtskirchlichen Gläubigen so klein war, waren zwangsläufig auch die Einkünfte der Parochie sehr gering. Das Zusammenleben altkalendaristischer und amtskirchlicher Gläubiger war Mitte der 1930er Jahre sehr angespannt. Konflikte zwischen den beiden Gruppen gehörten geradezu zum Dorfalltag.[129] Der Vorgänger von Cazacu etwa war nicht lange im Dorf geblieben: Er hatte sein Amt 1934 angetreten und Albineţ nach einer blutigen Auseinandersetzung zwischen Altkalendaristen, der Gendarmerie und anderen Dorfbewohnern im August 1935 schon wieder verlassen.[130] Auch Ion Cazacu erhielt bald nach seiner Ankunft in Albineţ Morddrohungen von Altkalendaristen.[131] In den benachbarten Dorfparochien befanden sich die Priester auf ähnliche Weise in einem Dauerkonflikt mit den Altkalendaristen. In Ilenuţa, rund 20 Kilometer von Albineţ entfernt, musste der orthodoxe

[127] ANRM, Poliţia centrelor judeţene: Bălţi, 694, 2, 86, 462 [Mitteilung der Eparchie Hotin-Bălţi an die Polizei Bălţi vom August 1934 betr. Unterstützung der Missionspriester des Kreises Bălţi durch die Polizei].

[128] ANRM, Administraţia Publică Locală, Judeţul Bălţi, 120, 1, 874, 216f. [Bericht der Kreisleitung Bălţi von 1935 betr. allgemeine Informationen über die Einwohner von Albineţ].

[129] ANR, Direcţia Generală a Poliţiei, 1935/49, 108 [Bericht des Regionalinspektorats der Polizei in Chişinău an das Zentralinspektorat in Bukarest vom 7.12.1935 betr. einen Vorfall am Friedhof von Albineţ]; 124–126 [Mitteilung der Gendarmerie Bălţi vom 31.1.1936 betr. die altkalendaristische Bewegung in Bessarabien, weitergeleitet vom Regionalinspektorat der Polizei in Chişinău an das Zentralinspektorat in Bukarest]; 167 [Mitteilung der Gendarmerie in Bălţi vom 23.3.1936 betr. die Organisation der Altkalendaristen im Norden Bessarabiens, weitergeleitet vom Regionalinspektorat der Polizei in Chişinău an das Zentralinspektorat in Bukarest], 198f. [Mitteilung des Patriarchen Cristea und der Eparchieleitung von Hotin-Bălţi an den Innenminister vom 17.9.1936 betr. die Altkalendaristen in Bessarabien].

[130] ANR, Ministerul Justiţiei-Direcţia Judiciară, 1935/82, 11f. [Bericht der Generalstaatsanwaltschaft an den Justizminister vom Januar 1936 betr. die altkalendaristische Bewegung].

[131] ANR, Inspectoratul General al Jandarmeriei, 1935/25, 193f. Mitteilung der Gendarmerie Bălţi an das Regionalinspektorat in Chişinău vom 8.6.1936 betr. Aktivitäten der Altkalendaristen].

Priester sogar eine eigene bewaffnete Garde organisieren, um sich vor den Altkalendaristen zu schützen.[132]

Ion Cazacu war als junger Priester in Albineţ voller Hoffnung, dass er durch harte Arbeit die Lage seiner Parochie bald verbessern könnte. Der Bau der orthodoxen Kirche verwandelte sich jedoch rasch in ein Abenteuer, das aufgrund mangelnder Unterstützung durch Amtskirche und Regierung nie beendet wurde. Zunächst musste der Priester einen Finanzierungsplan für sein Projekt aufstellen. Aufgrund der sonstigen Baupläne, welche die Präfektur für Albineţ angekündigt hatte, riskierte er, dass die Kreisverwaltung den Bau der Kirche nicht unterstützen würde. Mit den wenigen Spenden der Gläubigen seiner Parochie konnte der Priester sein Projekt nicht finanzieren.[133] Cazacu informierte also Bischof Puiu und Präfekt Catelly über sein Vorhaben. Beide erklärten sich mit seinem Plan einverstanden, der Präfekt versprach sogar eine Spende von 100.000 Lei. Anfang Mai 1936, ein Jahr nach der Bekanntgabe des Kirchenbaus, fand in Albineţ eine große Einweihungszeremonie statt. In Anwesenheit wichtiger Führungspersönlichkeiten aus dem Ort weihten mehrere orthodoxe Priester den ersten Stein der zu bauenden Kirche.[134] Die Veranstaltung diente Cazacu zugleich dazu, Zusagen für weitere materielle Unterstützung des Bauvorhabens zu erhalten. Eine ähnliche Zeremonie hatten Altkalendaristen einige Monate vorher in Albineţ für ihre zukünftige Kirche organisiert, freilich ohne Beisein von Honoratioren.[135] Die an der orthodoxen Einweihungsfeier teilnehmenden Vertreter des Militärs, der Justiz, der Kirche und der Präfektur versprachen den versammelten Klerikern und Gläubigen, für sie eine schöne orthodoxe Kirche zu bauen. Der Bischof von Hotin-Bălţi besuchte bei dieser Gelegenheit auch andere Parochien, wo Altkalendaristen aktiv waren.[136]

Die offizielle Bistumszeitschrift brachte einen ausführlichen Artikel über die Feierlichkeiten in Albineţ und sogar auf dem Titelblatt ein Foto davon. Fotos wurden in der Kirchenzeitschrift aus Spargründen selten veröffentlicht, und genauso selten erwähnte die Zeitschrift die altkalendaristische Bewegung. Dass die Eparchie jenem Ereignis so viel öffentliche Aufmerksamkeit schenkte, zeigt, wie wichtig es für sie war, ihre Maßnahmen

[132] ANR, Ministerul Justiţiei-Direcţia Judiciară, 1936/98, 177 [Kopie eines Berichtes der Parochie Ilenuţa an die Eparchie Hotin-Bălţi vom 22.7.1936 betr. die Aktivitäten von Nicolai Climovici].

[133] ANRM, Episcopia Hotinului, 1217, 1, 714, 79 [Bitte Bf. Simedreas an den Gesundheitsminister vom 23.11.1938 betr. Unterstützung beim Kirchenbau in Albineţ].

[134] ANR, Inspectoratul General al Jandarmeriei, 1935/25, 68 [Mitteilung des Regionalinspektorats der Gendarmerie in Chişinău an das Zentralinspektorat in Bukarest vom 1.5.1936 betr. den Bau einer altkalendaristischen Kirche in Albineţ].

[135] ANR, Direcţia Generală a Poliţiei, 1935/49, 82 [Telegramm des Regionalinspektorats der Polizei in Chişinău an das Zentralinspektorat in Bukarest vom 21.9.1935 betr. vier altkalendaristische Priester in Albineţ]; 84 [Mitteilung der Gendarmerie Bălţi vom 16.9.1935 betr. die Weihe der Altkalendaristen-Kirche von Albineţ, weitergeleitet vom Regionalinspektorat der Polizei in Chişinău an das Zentralinspektorat in Bukarest].

[136] Episcopia Hotinului Bălţi: Actele desbaterile şi hotărîrile Adunărei Eparhiale din Sesiunea Ordinară din anul 1937. Bălţi [1937], 63.

gegen den Altkalendarismus und vor allem ihren vermeintlichen Erfolg bekanntzumachen. Allerdings präsentierte die Zeitschrift ein völlig falsches Bild der dortigen orthodoxen Parochie. Sie berichtete über einen triumphierenden Dorfpriester, der durch harte Arbeit die Altkalendaristen besiegt hatte: Ion Cazacu „hat sich sehr bemüht, die Verirrten zurück in unsere Heilige Kirche zu bringen. Seine Mühe war aber nicht umsonst, denn in dem Dorf, in dem die altkalendaristische Bewegung ihr Hauptnest hatte, sind bereits drei Viertel der Bewohner in die Kirche ihrer Vorfahren zurückgekehrt."[137]

Die Version vom siegreichen Priester stammte gewiss nicht aus der eigenen Parochie, denn Cazacu wusste, dass er noch viel Arbeit vor sich hatte, wenn er den Altkalendarismus wirklich besiegen wollte. Die Feierlichkeiten in Albineţ fanden kurz nach der Ernennung von Tit Simedrea zum neuen Bischof von Hotin-Bălţi statt. Das Bild der erfolgreichen Parochie in Albineţ entsprach dem Anspruch des Bischofs. Er wollte dadurch beweisen, dass er nicht lange nach seiner Amtsübernahme die Lage in den altkalendaristischen Dörfern bereits unter Kontrolle gebracht hatte. Dieses Ziel war vermutlich auch der Hauptgrund, der hinter seiner Ernennung zum zuständigen Bischof gestanden war. Die Eparchieleitung verstand die jetzige Inszenierung auch als eine Botschaft gegen die Vorwürfe, sie habe zu wenig für die Bekämpfung des Altkalendarismus getan. Die Inszenierung war zugleich ein Signal an jene Altkalendaristen, die regelmäßig nach Albineţ pilgerten und weiterhin die Hoffnung hatten, dass sie dort ihren ersten Bischof installieren würden.[138]

Der Bau oder die Renovierung einer Dorfkirche in der Eparchie Hotin-Bălţi erfolgte meist auf Initiative eines Dorfpriesters oder aufgrund eines von der Eparchie vorgeschlagenen Projektes. Für die Finanzierung neuer Kirchen waren jedoch hauptsächlich die örtlichen orthodoxen Gläubigen zuständig.[139] Laut offiziellen Regelungen der Eparchie sollte es sich dabei stets um eine freiwillige Angelegenheit handeln. Priester entschieden gemeinsam mit dem Parochialrat und der Gemeindeversammlung über einen möglichen Kirchenbau und seine Finanzierung.[140] Jährlich oder halbjährlich wurden dann bestimmte Beiträge von den Gläubigen eingehoben. Entgegen diesem demokratischen Entscheidungsprozess

[137] La Albineţi. Întemelierea bisericii cu hramul Sf. Voevozi din parohia Albineţi, jud. Bălţi, Episcopia Hotinului: *Foaie Eparhială oficială* 10/1936, 228–232.

[138] La Albineţi. Întemelierea bisericii cu hramul Sf. Voevozi din parohia Albineţi, jud. Bălţi, Episcopia Hotinului: *Foaie Eparhială oficială* 10/1936, 228–232.

[139] Dare de seamă a secţiei administrative pe anul 1929, Episcopia Hotinului: *Foaie Eparhială oficială* 7/1930, 58–70, hier 63–65. Für die großen Bauprojekte wie die Kathedrale oder andere Kirchen in den Städten verwendete die Eparchie das Geld, welches sie vom Staat als Entschädigung für die Verstaatlichung des Grundbesitzes der Kirche bekam, aber auch weitere staatliche Subventionen – diese waren aber nach Aussagen der Eparchieleitung sehr begrenzt, siehe: Adunarea Eparhială a Episcopiei Hotinului. Sesiunea din primăvara anului 1927, Episcopia Hotinului: *Foaie Eparhială oficială* 11–12/1927, 90–100, hier 94–96; Episcopia Hotinului Bălţi: Actele desbaterile şi hotărîrile Adunărei Eparhiale din Sesiunea Ordinară din anul 1936. Bălţi [1936], 5–16.

[140] ANRM, Episcopia Hotinului, 1217, 1, 383, 44 [Bitte Bf. Simedreas an das Gesundheitsministerium von 1938 betr. den Kirchenbau in Funduri Noi].

erhielt das Kultusministerium in den 1930er Jahren aber zahlreiche Beschwerden von Gläubigen der Eparchie Hotin-Bălţi über Dorfpriester, die sie zwangen, verschiedene Bauarbeiten in ihren Parochien zu finanzieren.[141] In diesem Sinne überlegte die Eparchieleitung, ob es nicht besser wäre, einen jährlichen Pflichtbeitrag einzuführen, den die Gläubigen für die Renovierung und den Bau der Kirchen zahlen sollten. Die Eparchie führte diese Maßnahme aber nicht ein, denn die Bauern waren ohnehin mit der Bezahlung der religiösen Dienste überfordert.

Neben den Finanzschwierigkeiten, mit denen Dorfpriester konfrontiert waren, wenn sie eine Kirche renovieren oder bauen wollten, hatten sie immer wieder Probleme mit den örtlichen Baufirmen. Die beauftragten Handwerker spekulierten oft mit den Preisen, verlangten mehr als ursprünglich vereinbart oder vernachlässigten die Bauarbeiten. Aus diesen Gründen verzögerten sich viele Bauprojekte oder wurden nie abgeschlossen.[142] Es gab einige Initiativen, wie etwa seitens der „Vereinigung der orthodoxen Gläubigen Bessarabiens", den Kirchenbau im ländlichen Raum zentral zu organisieren. Vertreter der Vereinigung hatten bereits 1925 den Kultusminister um Erlaubnis ersucht, die Verantwortung für die Renovierungsarbeiten und den Kirchenbau übernehmen zu dürfen. Sie und nicht die Gläubigen oder die Dorfpriester sollten mit Handwerkern verhandeln.[143] Um weitere mögliche Betrügereien und Konflikte zu verhindern, gründete schließlich die Eparchie Hotin-Bălţi in den 1930er Jahren eine eigene Bauabteilung.[144]

Der Enthusiasmus der Kreis- und Eparchieleitung für die neue Kirche in Albineţ hielt jedenfalls nicht lange an. Nach der pompösen Einweihungszeremonie spendete die Präfektur nur 50.000 anstatt der versprochenen 100.000 Lei. Damit und mit weiteren Geldgaben der Eparchie gelang es dem Dorfpriester, knapp die Hälfte des Kirchenfundaments zu errichten. Nach diesen Arbeiten waren die Kassen der Parochie wieder leer. Somit setzten sich für Ion Cazacu die Finanzprobleme fort und er musste mit großem Entsetzen beobachten, mit welcher Geschwindigkeit währenddessen die Altkalendaristen ihre eigene Kirche bauten.

[141] Im Dorf Buzoviţa (Kreis Hotin) entschied beispielsweise der Priester, weitere Renovierungsarbeiten durchzuführen, nachdem die Bauern 1935 ein neues Kirchendach finanziert hatten, und beauftragte die Mitarbeiter der Präfektur, das Geld für die neuen Arbeiten von den Bauern einzusammeln. Da aber die Bauern aufgrund der Dürre der vorangegangenen Jahre große wirtschaftliche Probleme hatten, wollten sie die neuen Arbeiten nicht bezahlen. Es kam daher zu Konflikten mit den Mitarbeitern der Präfektur. Siehe: ANR, Ministerul Cultelor şi Artelor, 1936/87, 8 [Beschwerde von Angehörigen der Amtskirche in der Parochie Buzoviţa, Kreis Hotin, an den Kultusminister vom 4.2.1936 betr. die Kosten für die Renovierung der Kirche].

[142] ANR, Ministerul Cultelor şi Artelor, 1925/110, 77f. [Mitteilung der „Vereinigung der orthodoxen Gläubigen Bessarabiens" an den Kultusminister vom 22.1.1925 betr. den Bau und die Renovierung der orthodoxen Kirchen in Bessarabien].

[143] ANR, Ministerul Cultelor şi Artelor, 1925/110, 77f. [wie eben].

[144] Tomescu, 10 ani de la reînfiinţarea Episcopiei Hotinului, 147f.

Abb. 2: Altkalendaristen in Albineţ
vor ihrer im Bau befindlichen Kirche, 1935[145]

Die Teilnahme des Bischofs Simedrea und wichtiger staatlicher Repräsentanten an der Einweihungszeremonie hatte die Dorfpriester dennoch beeindruckt und ermutigte sie in ihrem Kampf gegen den Altkalendarismus. Es war eine Premiere gewesen, dass hochrangige Kleriker und Beamte ihnen und dem altkalendaristischen Phänomen so viel Aufmerksamkeit geschenkt hatten.[146] Der Dorfpriester von Albineţ selbst konnte nach dieser

145 ANR, Inspectoratul General al Jandarmeriei, 1935/25, 20 [Foto von den Altkalendaristen in Albineţ, 1935].

146 Darea de seamă a secţiei administrative pe anul 1929, Episcopia Hotinului: *Foaie Eparhială oficială* 7/1930, 58–76, hier 64.

Veranstaltung immerhin manche Verbesserungen beobachten. Er schrieb seinem Bischof, dass die Lage in Albineţ sich verbessere, doch könnte er mehr gegen den Altkalendarismus ausrichten, wenn er nur mit dem Kirchenbau voranzuschreiten vermöge:

> „Die Stilisten haben ihre Kirche fast fertiggebaut und das entmutigt die Gläubigen der offiziellen Kirche. Aufgrund mangelnder Finanzierung und Arbeitskräfte haben wir erst geschafft, den Grundstein der Kirche zu legen. Um die treue Bevölkerung weiter zu unterstützen, brauchen wir finanzielle Hilfe. Wir brauchen die Unterstützung der ganzen Eparchie, um den Kampf in Albineţ weiterführen zu können."[147]

Die Einweihungszeremonie für den Bau der orthodoxen Kirche hatte den Altkalendaristen einen neuen Mobilisierungsschub gebracht. Durch eine rasch initiierte Aktion sammelten sie ca. 30.000 Lei, womit sie den Kauf der Glocken für ihre Kirche finanzierten. Sie feierten dies, indem sie kurz nach der Veranstaltung der orthodoxen Pfarre eine Einweihungszeremonie für die neuen Glocken organisierten.[148] Während die Amtskirche noch mit dem Fundament an ihrer Kirche beschäftigt war, setzten die Altkalendaristen bereits ihr Kirchendach auf.

Um den Bau der orthodoxen Kirche voranzutreiben, schlug der Bischof dem Dorfpriester vor, sich mit seiner Bitte an den Landwirtschaftsminister zu wenden – in der Hoffnung, dass dieser Baumaterialien spenden würde. Cazacu folgte diesem Vorschlag und schrieb dem Minister: „Sie kennen die tragische Situation gut, die seit einigen Jahren aufgrund der stilistischen Agitationen in Albineţ herrscht. Wir alle haben die Pflicht, die Gläubigen, die noch Teil der offiziellen Kirche sind, zu unterstützen."[149] Der Dorfpriester bekam keine Antwort.

Im November 1936 initiierte Bischof Simedrea eine Spendenaktion zur Unterstützung Cazacus. Jede Parochie aus der Eparchie Hotin-Bălţi musste mindestens 500 Lei für die neue Kirche in Albineţ spenden. Der offizielle Aufruf lautete:

> „Ihr kennt die tragischen Ereignisse der letzten Jahre gut [...]. Wir haben die Pflicht, dass dort, wo die Stilisten ihre Kirche gebaut haben, auch wir unsere Heilige Kirche bauen. Jede Parochie wird aber mit der Zeit diese Summe zurückbekommen aus den Spenden, welche die Priester verpflichtet sind, von den Gläubigen zu sammeln."[150]

147 ANRM, Episcopia Hotinului, 1217, 1, 714, 33 [Mitteilung Ion Cazacus an die Eparchie Hotin-Bălţi vom 5.9.1936 betr. Geldmittel für den Kirchenbau in Albineţ].

148 ANR, Inspectoratul General al Jandarmeriei, 1936/60, 251f. [Mitteilung der Informationsabteilung der Polizei Bălţi vom 4.5.1936 betr. den Bau der altkalendaristischen Kirche in Albineţ].

149 ANRM, Episcopia Hotinului, 1217, 1, 714, 35 [Mitteilung Bf. Simedereas an den Landwirtschaftsminister vom 16.9.1936 betr. die Bitte des Priesters von Albineţ nach Holz für den Kirchenbau].

150 ANRM, Episcopia Hotinului, 1217, 1, 714, 36 [Kopie des Rundschreibens von Bf. Simederea vom 7.11.1936 betr. Spenden für den Kirchenbau in Albineţ].

Das Budget der Dorfparochien sollte also durch die Probleme in Albineţ nicht dauerhaft in Mitleidenschaft gezogen werden und Dorfpriester sollten sich das gespendete Geld von den Gläubigen zurückholen.

Der Bau der neuen orthodoxen Kirche, obgleich so wichtig für den Ruf der Amtskirche, des rumänischen Staates und letztlich für das Weiterbestehen einer Parochie in Albineţ, ging weiter nur in kleinen Schritten voran. Derweil forderten andere altkalendaristische Gemeinschaften aus den benachbarten Dörfern 1935 den Kultusminister auf, ihnen die Infrastruktur der Amtskirche abzutreten, weil die Altkalendaristen die Mehrheit der Gläubigen in den Dörfern ausmachten. So müssten sie keine neuen Kirchen mehr errichten.[151] Das Kultusministerium ging darauf selbstredend nicht ein, doch auch ohne amtliche Bewilligung registrierte die Gendarmerie Fälle, in denen Altkalendaristen orthodoxe Kirchen mit Gewalt besetzten oder Objekte aus orthodoxen Kirchen in Beschlag nahmen.[152] In Albineţ kam es so weit, dass von den zehn Prozent der Bevölkerung, die 1935 noch Mitglieder der Rumänisch-orthodoxen Kirche waren, sich 1936 einige bereit erklärten, zum Altkalendarismus überzutreten, um den täglichen Schikanen der Altkalendaristen und der weiteren Abschottung durch die Dorfgemeinschaft zu entgehen.[153] Unter derlei Umständen wuchs der Druck auf den orthodoxen Priester: Er musste so rasch wie möglich eine vollständige Machtübernahme in seiner Parochie durch die Altkalendaristen verhindern.

Laut dem ersten Finanzbericht über den Kirchenbau, erstellt 1937, brachte die Einweihungszeremonie an Spenden nur etwa 5.000 Lei und damit viel weniger, als Cazacu sich erhofft hatte. Dagegen bekamen die Altkalendaristen bei ihrer Einweihungszeremonie Spenden von 48.000 Lei zusammen.[154] Auch Präfekt Catelly löste bis 1937 seine Finanzierungszusage nur zur Hälfte ein und die Eparchieleitung stellte fast exakt die gleiche Summe wie die Präfektur zur Verfügung – nämlich 48.500 Lei. Der erste Bericht zeigt

151 ANR, Ministerul Cultelor şi Artelor, 1935/125, 154 [Mitteilung des Kultusministeriums an das Zentralinspektorat der Gendarmerie vom 25.10.1935 betr. die Petition der Altkalendaristen von Ilenuţa].

152 ANR, Ministerul Justiţiei-Direcţia Judiciară, 1936/98, 90f. [Mitteilung des Gerichts Bălţi an den Justizminister vom 22.4.1936 betr. Beschlagnahme von orthodoxen Kultusobjekten durch die Altkalendaristen]; CNSAS, Fond Documentar, D015261, 273 [Bericht der Protohierarchie I, Kreis Bălţi, vom 22.3.1936 an den Innenminister betr. die Besetzung der Kirche Petrunea durch die Alkalendaristen].

153 ANR, Ministerul Justiţiei-Direcţia Judiciară, 1936/98, 148 [Mitteilung der Gendarmerie Bălţi an das Regionalinspektorat der Gendarmerie in Chişinău und das Gericht Bălţi vom 8.6.1936 betr. die Lage der Altkalendaristen nach dem Zusammenstoß in Funduri Vechi]; ANR, Inspectoratul General al Jandarmeriei, 1935/17, 76 [Mitteilung der Informationsabteilung der Polizei Bălţi an das Zentralinspektorat der Gendarmerie in Bukarest vom 24.9.1935 betr. die Organisation der Altkalendaristen von Albineţ].

154 ANR, Inspectoratul General al Jandarmeriei, 1935/17, 76 [Mitteilung der Informationsabteilung der Polizei Bălţi an das Zentralinspektorat der Gendarmerie in Bukarest vom 24.9.1935 betr. die Organisation der Altkalendaristen von Albineţ].

auch, dass zwischen 1935 und 1937 das meiste Geld für den Kirchenbau von den orthodoxen Gläubigen der Eparchie Hotin-Bălți stammte.[155] Auch das angekündigte staatliche Infrastrukturprogramm der Präfektur ging in Albineț nur schleppend voran: Innerhalb von zwei Jahren waren eine Brücke gebaut und ein Gendarmerieposten eröffnet worden, der aber immer wieder mit personellen Engpässen konfrontiert war.[156] Von dem geplanten Sanitätspunkt und dem öffentlichen Bad war hingegen keine Spur.

Im zweiten Bericht des Pfarrers aus dem Jahr 1938 lassen sich einige Fortschritte beobachten. Die Eparchieleitung hatte ihren Beitrag erhöht, die Spenden der orthodoxen Gläubigen blieben aber immer noch höher als die Beiträge aus den Haushalten der Eparchie und der Präfektur.

Im August 1938 gab Ion Cazacu seine dortige Priesterstelle auf und verließ Albineț. Er nahm eine Stelle in Cornești an, die seit der Pensionierung des alten Priesters im Mai 1938 vakant gewesen war.[157] Die Parochie von Cornești (Kreis Bălți) war im Vergleich zu Albineț größer, wohlhabender und – was viel wichtiger war – nicht als Hochburg der Altkalendaristen bekannt.[158] Dass Cazacu die Stelle in Albineț verließ, war für die Eparchieleitung keine Überraschung. Der Kirchenbau der Amtskirche ging trotzdem voran. Im November 1938 suchte Bischof Simedrea persönlich um finanzielle Unterstützung beim Gesundheitsministerium an, wobei zu erwähnen ist, dass damals niemand anderer als Patriarch Miron Cristea als Präsident des Ministerrates die Regierung führte. Die Chancen standen also gut, dass die Ministerien der Eparchie entgegenkommen würden, zumal Tit Simedrea als ehemaliger Mitarbeiter der Heiligen Synode direkte Kontakte zum aktuellen Regierungschef besaß.[159] Der Bischof schrieb an den amtierenden Minister für Gesundheit:

> „In der Parochie von Albineț hat man vor einigen Jahren mit dem Bau einer Kirche begonnen. Diese ist für die seelischen und religiösen Bedürfnisse der Gläubigen absolut notwendig. Die Gläubigen haben es aber mit den eigenen Mitteln nicht geschafft, ihren Wunsch zu erfüllen – sie sind zu wenige und ihre Mittel sind begrenzt. [... W]enn wir auch die geografische Lage dieser Eparchie berücksichtigen – diese liegt am Dnister-Ufer –, bitten wir Sie um Hilfe."[160]

[155] ANRM, Episcopia Hotinului, 1217, 1, 714, 56 [Bericht an Bf. Simedrea vom 1.12.1937 betr. die Kosten für den Kirchenbau in Albineț].

[156] ANRM, Administrația Publică Locală, Județul Bălți, 120, 1, 903, 3 [Bericht der Kreisleitung Bălți vom 1937 betr. allgemeine Angaben zur Gemeinde Albineț]; 55 [Bericht der Kreisleitung Bălți vom 1937 betr. allgemeine Angaben zur Gemeinde Albineț]; CNSAS, Fond Documentar, D015854, 37–45, hier 41 [Protokoll Manoil Alexandrus vom 10.3.1936 betr. die Untersuchung einer Beschwerde der Altkalendaristen].

[157] Posturi vacante de preoți, Episcopia Hotinului: *Foaie Eparhială oficială* 15–16/1938, 227.

[158] Posturi vacante de preoți, Episcopia Hotinului: *Foaie Eparhială oficială* 9/1938, 130.

[159] Arhiereul Tit Simedrea, Episcopia Hotinului: *Foaie Eparhială oficială* 1/1936, 53–55.

[160] ANRM, Episcopia Hotinului, 1217, 1, 714, 79 [Bitte Bf. Simedreas an den Gesundheitsminister vom 23.11.1938 betr. Unterstützung beim Kirchenbau in Albineț].

Interessant ist, dass der Bischof den Altkalendarismus nicht erwähnte. Dies konnte zwei Gründe haben: Die führenden Altkalendaristen aus Albineţ waren im Herbst 1936 verhaftet und ihre Kirche war geschlossen worden, womit das Kalenderproblem in Regierungskreisen als erledigt galt. Der Bischof erwähnte die Altkalendaristen wahrscheinlich aber auch deswegen nicht, weil der Gesundheitsminister mit der altkalendaristischen Angelegenheit nicht vertraut war. Insgesamt gibt es in den Akten keine Hinweise darauf, dass die Parochie von Albineţ von den Ministerien je irgendeine Art von Hilfe für den Kirchenbau erhalten hat.

Im Oktober 1938 wurde die vakante Priesterstelle in Albineţ mit dem Theologiestudenten Pavel Boţoc besetzt.[161] Obwohl sich unter den Kandidaten ältere Priester mit abgeschlossenem Studium und mehr Berufserfahrung befunden hatten, war Boţoc der einzige Bewerber, der Erfahrung in der Bekämpfung von Sekten und in der Missionierung hatte. Er gehörte auch zu einer jüngeren Generation von bessarabischen Priestern, die ihre Ausbildung an einer Institution der Rumänisch-orthodoxen Kirche erhalten hatten. Nach der Ankunft der Roten Armee 1941 sollte er Bessarabien verlassen.[162]

Der neue Priester wollte den Kirchenbau fortsetzen, musste aber schnell feststellen, dass beim Bau grundlegende Fehler gemacht worden waren, so dass das neue Kirchengebäude einsturzgefährdet war und dringend neue Befestigungsmauern brauchte.[163] Ganz anders als 1935/36, als die Mehrheit der Gläubigen sich an dem Bau der orthodoxen Kirche nicht beteiligt hatte, bekam Boţoc 1938 nun die Unterstützung vieler Bauern: „Ehemalige" Altkalendaristen arbeiteten jetzt eifrig am Kirchenbau mit.[164] Nach der großen Aktion gegen die Altkalendaristen vom Herbst 1936 waren viele verhaftet worden und zahlreiche Prozesse gegen sie waren selbst 1938/39 noch nicht abgeschlossen. Aus Angst vor weiteren Repressalien mussten Altkalendaristen schnell und überzeugend ihre Loyalität gegenüber der Amtskirche beweisen und engagierten sich deshalb in der orthodoxen Parochie. Der orthodoxe Priester konnte dann eine schriftliche Bestätigung ausstellen, die im Prozess als Beweis für die Rückkehr des jeweiligen einst rebellischen Bauern in die Amtskirche verwendet werden konnte.[165] Nach den Ereignissen vom Herbst 1936 herrschte in dem ehemaligen altkalendaristischen Zentrum also eine neue kirchliche Machtkonstellation – der orthodoxe Priester hatte dank der Sicherheitskräfte wieder das Sagen in Albineţ und Umgebung.

161 Proces Verbal. Şedinţa dela 16 Septembrie 1938, Episcopia Hotinului: *Foaie Eparhială oficială* 19/1938, 284.

162 Plugaru, Mitropolia Basarabiei, 53.

163 ANRM, Episcopia Hotinului, 1217, 1, 714, 89 [Protokoll Pavel Boţocs vom 27.8.1939 betr. Probleme beim neuen Kirchengebäude in Albineţ].

164 ANRM, Episcopia Hotinului, 1217, 1, 714, 254f. [Mitteilung Pavel Boţocs an die Eparchie Hotin-Bălţi von 1938 betr. ehemalige Altkalendaristen, die beim Kirchenbau helfen].

165 Ein Beispiel für eine solche Intervention ist die des orthodoxen Dorfpriesters von Mărăndeni in einem Prozess gegen die Altkalendaristen: CNSAS, P106124, Vol. 2, 62 [Aussage des Priesters Diomid Danilov vor dem Gericht Bălţi vom 30.11.1936 betr. die Anerkennung der Kalenderreform durch ehemalige Altkalendaristen].

Die Zeitschrift der Eparchie Hotin-Bălți berichtete in diesem Zusammenhang erneut über die aus ihrer Sicht positiven Entwicklungen im Kampf gegen den Altkalendarismus:

> „Nachdem die ehemaligen Stilisten aus der Parochie von Albineț den Irrweg, auf dem sie waren, erkannt haben, haben sie selbst ihr Gebetshaus vernichtet und sich für den Bau der neuen Kirche aufgeopfert. Sie haben ihre Handarbeit für den Kirchenbau kostenlos zur Verfügung gestellt und weiters mit Baumaterialien und Geld die Parochie unterstützt."[166]

Abermals stellte die Eparchieleitung damit die Lage in den Dorfparochien in idealisierter Form dar und sparte nicht mit irreführenden Angaben: Die Altkalendaristen hatten ihr Gebetshaus keineswegs freiwillig vernichtet und waren nicht ohne Druck in die Rumänisch-orthodoxe Kirche zurückgekehrt. Das alles war durch massive Gewaltanwendung seitens der Sicherheitskräfte erfolgt. Darüber hinaus war das bereitwillige materielle und finanzielle Engagement der Altkalendaristen schieres Wunschdenken der Eparchieleitung: Ehemalige Altkalendaristen und auch die orthodoxen Gläubigen verhandelten mit Priester Boțoc beinhart über die Beiträge für den Kirchenbau. Für das Jahr 1939 erklärten sie sich bereit, 150.000 Lei zu spenden. Obwohl der Priester und der Bürgermeister sich höhere Spenden gewünscht hätten, setzten sich die Bauern mit dieser Summe durch.[167]

Nach 1936 zählten also die ehemaligen Altkalendaristen nur unfreiwillig zu den wichtigsten Unterstützern beim Bau der orthodoxen Kirche. Nachdem die Sicherheitskräfte die altkalendaristische Kirche und das Gebetshaus von Albineț geschlossen hatten, erhielt die dortige orthodoxe Parochie zahlreiche Gegenstände aus dem darin befindlichen altkalendaristischen Inventar, darunter die wertvollen Glocken und eine aus Holz geschnitzte Ikonostase – von „einer seltenen Schönheit", wie die Gendarmerie berichtete.[168] Pavel Boțoc konnte aber weder die Ikonostase noch die Ikonen der Altkalendaristen in der neuen orthodoxen Kirche verwenden, denn das hätte den Altkalendaristen den Eindruck vermittelt, dass sie sich in ihrer Kirche befinden würden.[169]

[166] Mulțumări publice, Episcopia Hotinului: *Foaie Eparhială oficială* 5/1938, 66f.

[167] ANRM, Administrația Publică Locală, Județul Bălți, 120, 1, 480, 105 [Mitteilung der Gemeindeverwaltung Albineț von 1939 betr. eine Geldsammlung für den Bau der orthodoxen Kirche]; 110 [Protokoll der Mitglieder der Parochie Albineț von 1939 betr. eine Geldsammlung von 150.000 Lei für den Kirchenbau].

[168] ANR, Direcția Generală a Poliției, 1935/49, 225 [Mitteilung des Regionalinspektorats der Polizei in Chișinău an das Zentralinspektorat in Bukarest vom 3.10.1936 betr. die Interventionen in den altkalendaristischen Gemeinschaften und die Beschlagnahmung der altkalendaristischen Gebetshäuser].

[169] CNSAS, Fond Documentar, D015261, 487–489 [Mitteilung der Informationsabteilung der Polizei Bălți vom 3.10.1936 an das Zentralinspektorat der Gendarmerie in Bukarest betr. Ergebnisse der Untersuchungen über die Organisation der altkalendaristischen Gemeinschaften am Ende der Niederschlagungsaktion].

Die Dorfkirche von Albineţ wurde bis 1940 nicht fertiggebaut.[170] Eine neue Dorfkirche kostete in der Regel zwischen 150.000 und 800.000 Lei, ein Bauernhaus in Albineţ gewöhnlich rund 58.000 Lei.[171] Dass die Errichtung der Kirche trotz der – unfreiwillig erfolgten – großzügigen Spenden nicht abgeschlossen wurde, lag hauptsächlich an ihrer Größe. Für ihre Rolle als Prestigeprojekt sollte sie größer als die altkalendaristische Kirche und die üblichen orthodoxen Kirchen in der Umgebung sein. Die Baumängel, welche der neue Priester entdeckt hatte, verzögerten zudem ihre Fertigstellung. Höchstwahrscheinlich wäre sie nicht in jener Form zustande gekommen, in der sie während des kalendarischen Konfliktes geplant worden war.[172]

Im Gesamtbild hatte der Bau der altkalendaristischen Kirche in Albineţ einen regelrechten Wettbewerb zwischen den altkalendaristischen Gemeinschaften einerseits und der orthodoxen Parochie andererseits ausgelöst. Trotz der – wenn auch zögerlichen – Unterstützung, welche der orthodoxe Dorfpriester von der Präfektur und der Eparchieleitung bekam, konnte er mit den Altkalendaristen nicht Schritt halten. Die altkalendaristischen Bauern waren schneller und besser organisiert. Über die Kosten von deren Kirche haben sich keine Dokumente erhalten. Das ursprüngliche Ziel der altkalendaristischen Gemeinschaft aus Albineţ war Untersuchungen der Gendarmerie zufolge gewesen, 500.000 Lei für den Kirchenbau zu sammeln.[173] Die altkalendaristischen Bauern spendeten enorme Summen für ihre zukünftige Kirche und erbrachten auch eine hohe Eigenleistung. Bis zur großen Niederschlagungsaktion im Herbst 1936 hatten sie ihr Ziel überschritten und bereits 700.000 Lei gesammelt.[174] Auf derartige Ressourcen konnte der orthodoxe Priester aus Albineţ nicht zurückgreifen – erst im Laufe von drei Jahren hatte er mit größter Mühe und mitsamt den ersten wenig freiwilligen Beiträgen durch die verfolgten Altkalendaristen ca. 490.000 Lei zusammengetragen (siehe Tabelle 1).

[170] ANRM, Episcopia Hotinului, 1217, 1, 714, 91 [Bericht Pavel Boţocs an Bf. Simedrea vom 14.2.1940 betr. Geldmittel für die neue Kirche in Albineţ].

[171] Tomescu, 10 ani de la reînfiinţarea Episcopiei Hotinului, 151–161; ANRM, Administraţia Publică Locală, Judeţul Bălţi, 120, 1, 903, 41 [Bericht der Kreisleitung Bălţi vom 1937 betr. die allgemeinen Angaben zur Gemeinde Albineţ].

[172] 1960, in sowjetischer Zeit, wurde die Kirche, die vor allem aus Holz bestand, in Brand gesteckt und dadurch völlig vernichtet Die heutige Kirche in Albineţ (heute Albineţiul Vechi) wurde in den 1980er Jahren mit der Unterstützung der dortigen Gläubigen errichtet. – Gespräch mit Tatiana Huzun, Albineţiul Vechi, 22.7.2017.

[173] CNSAS, Fond Documentar, D015261, 487–489 [Mitteilung der Informationsabteilung der Polizei Bălţi vom 3.10.1936 an das Zentralinspektorat der Gendarmerie in Bukarest betr. Ergebnisse der Untersuchungen über die Organisation der altkalendaristischen Gemeinschaften am Ende der Niederschlagungsaktion].

[174] ANR, Ministerul Justiţiei-Direcţia Judiciară, 1935/82, 168 [Bericht des Gerichtes Bălţi an den Justizminister vom 12.4.1935 betr. die Organisation der Altkalendaristen in Albineţ und Umgebung]; CNSAS, Fond Documentar, D015261, 487–489 [wie eben].

Tabelle 1: Finanzierung der orthodoxen sowie der altkalendaristischen Kirche in Albineţ

Finanzierung der orthodoxen Kirche in Albineţ, 1935–1938[175]		**Finanzierung der altkalendaristischen Kirche in Albineţ, 1934–1936**[176]	
Geldgeber/Herkunft	**Summe in Lei**	**Geldgeber/Herkunft**	**Summe in Lei**
Gläubige aus der Parochie Albineţ	177.689	Altkalendaristen aus Albineţ und Umgebung, 1934–1935	500.000
Präfektur von Bălţi	50.000	Altkalendaristen aus Albineţ und Umgebung, 1936	200.000
Eparchieleitung	49.606		
Gläubige aus der Eparchie Hotin-Bălţi	214.500		
Bauleiter	336		
Gesamt	**492.131**	**Gesamt**	**700.000**

Vergleicht man die Geschichte des Kirchenbaus in Albineţ mit Bauprojekten aus anderen Dorfparochien der Eparchie Hotin-Bălţi, so war die orthodoxe Kirche in Albineţ noch ein glücklicher Fall. Andere Dorfparochien, in denen ebenfalls viele Altkalendaristen lebten, bekamen weder von der Eparchieleitung noch von der Präfektur Finanzhilfe. So wollte etwa in der Parochie Funduri Noi, einige Kilometer von Albineţ entfernt, ein Dorfpriester 1929 eine orthodoxe Kirche bauen. Funduri Noi lag in der Nachbarschaft von Funduri Vechi, wo 1936 eine aktive altkalendaristische Gemeinschaft bestand. Nach der am Beginn des Buches geschilderten altkalendaristischen Rebellion von Funduri Vechi im Mai 1936, als die Gendarmerie von den altkalendaristischen Bauern zurückgeschlagen wurde, erlangten die Altkalendaristen des Dorfes große Popularität in der Umgebung und übernahmen die organisatorische Leitung weiterer Gemeinschaften.

Funduri Noi dagegen war 1918–1919 von rumänischen und ukrainischen Bauern, die aus dem Norden des Kreises Hotin geflüchtet waren, gegründet worden. 1930 gab es dort eine Schule, mehrere Geschäfte und eine Schenke. Es fehlte nur eine Kirche. Neben den orthodoxen Gläubigen, welche die Mehrheit der Bevölkerung ausmachten, lebten dort kleine Gruppen von Katholiken, Juden und Inochentisten. Die meisten Bauern konnten nicht schreiben oder lesen und nur wenige Kinder gingen in die Schule.[177]

175 ANRM, Episcopia Hotinului, 1217, 1, 714, 74 [Bericht an Bf. Simedrea vom 15.9.1938 betr. die Kosten für den Kirchenbau in Albineţ].

176 CNSAS, Fond Documentar, D015261, 487–489 [wie eben in Anm. 173].

177 ANRM, Episcopia Hotinului, 1217, 1, 589, 1–8 [Bericht des Priesters der Parochie Funduri Noi vom 1.1.1934 betr. allgemeine Informationen über die Parochie und ihre Mitglieder für das Jahr 1933].

Die Parochie von Funduri Noi existierte weitgehend auf dem Papier: Da sie nicht-etatisiert war, was nicht zuletzt bedeutete, dass die Priesterstelle weder von der Eparchieleitung noch vom Kultuministerium finanziert wurde und in diesem Fall auch keine eigene Kirche dazugehörte, blieb die Stelle meist unbesetzt. Bei nur ca. 1.000 orthodoxen Gläubigen der Parochie waren die Einkünfte für einen örtlichen orthodoxen Priester sehr gering. Eine etatisierte Parochie zu erhalten hätte aber seitens der Eparchieleitung sehr viele Ressourcen beansprucht. Aus diesen Gründen wurde Funduri Noi durch den Priester aus Funduri Vechi mitbetreut. Dieser nahm sich vor, 253.000 Lei für eine neue Kirche zu sammeln. Wenn jede Familie im Laufe eines Jahres 1.000 Lei an die Parochie spenden würde, sollte er mit Hilfe auch der Eparchieleitung in absehbarer Zeit die nötigen Mittel beisammen haben. 1933, vier Jahre nach Bekanntmachung dieses Plans, schrieb der Dorfpriester aber enttäuscht an Bischof Puiu:

> „Trotz der zahlreichen Predigten und Ratschläge erwies es sich als mühsam, die Gläubigen dieser Parochie zu einer Einheit zu bringen. Die Mehrheit der Einwohner erklärte sich bereit, 1.000 Lei für die neue Kirche zu spenden. Es hat sich aber als unmöglich herausgestellt, etwas von ihnen zu bekommen. Der Grund dafür ist die aktuelle wirtschaftliche Krise. Die Einwohner sind Kolonisten – sie stammen aus mindestens 48 unterschiedlichen Orten. Jeder hat seine eigene Meinung und kümmert sich nicht um das Gemeinwohl. Wenn man ihnen über den Kirchenbau erzählt, sagen die meisten, dass sie hier nicht bleiben möchten. Oder sie antworten, dass sie gar keine Kirche brauchen. Viele Einwohner aus Funduri Noi waren früher Knechte reicher Bojaren. Sie trinken viel und sind gemein zu den anderen. Das sind heutzutage die schlimmsten Bauern.“[178]

Die Eparchieleitung gab zur Antwort, dass sie ihm keine finanzielle oder sonstige Unterstützung anbieten könne, und wünschte dem Priester viel Erfolg und Ausdauer bei seiner Mission. Er solle seine Bemühungen nicht aufgeben und weiterhin fleißig arbeiten.[179] 1937 wurde die Parochie Funduri Noi offiziell aufgelöst und ihre Gläubigen sahen sich in die Parochie von Funduri Vechi integriert.[180] Bis 1940 gelang es dem Dorfpriester aus Funduri Vechi lediglich, 6.684 Lei statt der einst angestrebten 253.000 Lei zu sammeln. Damit konnte er nicht einmal mit der Errichtung des Kirchenfundaments beginnen.[181]

Wenn es also um die konkrete Unterstützung orthodoxer Pfarreien in Orten mit altkalendaristischen Gläubigen ging, ergriffen die Eparchieleitung und die lokalen Verwaltungsbehörden im Wesentlichen Scheinmaßnahmen. Diese dienten zur Machtinszenierung und zur Imagepflege eines starken Staates und einer mächtigen Nationalkirche. Am

[178] ANRM, Episcopia Hotinului, 1217, 1, 383, 28 [Mitteilung des Priesters Grigorie Sofronie an Bf. Puiu von 1933 betr. fehlende Mittel für den Kirchenbau].

[179] ANRM, Episcopia Hotinului, 1217, 1, 383, 30 [Mitteilung Bf. Puius an Grigorie Sofronie von 1933 betr. Mittel für den Kirchenbau].

[180] Episcopia Hotinului Bălţi: Actele desbaterile şi hotărîrile Adunărei Eparhiale din Sesiunea Ordinară din anul 1937. Bălţi [1937], 24.

[181] ANRM, Episcopia Hotinului, 1217, 1, 383, 44 [Bitte Bf. Simedreas an das Gesundheitsministerium von 1938 betr. den Kirchenbau in Funduri Noi].

Ende wurde von den großartigen Plänen nur wenig umgesetzt. Weder verbesserte die Präfektur spürbar die öffentliche Infrastruktur in Albineţ, noch schaffte es die Eparchie, ihre Bauprojekte zu Ende zu bringen. Dennoch wäre es falsch zu behaupten, dass die Eparchieleitung von Hotin-Bălţi und die Präfekturen nichts gegen den Aufschwung des Altkalendarismus unternommen hätten. Doch aufgrund von dessen Stärke zeitigten ihre Maßnahmen kaum Wirkung und konnten sogar das Gegenteil bewirken. Der verzögerte Kirchenbau und die unerfüllten Versprechungen der Präfektur führten den Gläubigen vor Augen, wie gleichgültig die Zentralregierung ihren Problemen gegenüberstand. Die altkalendaristische Gemeinschaft diente hingegen als Beispiel einer erfolgreichen Zusammenarbeit der Bauern selbst und als eine effizientere Alternative zu vielen staatlichen und kirchlichen Dienstleistungen.

Die naheliegende Frage ist, ob dieser eher passive Zugang auf die schwierige finanzielle Lage der Eparchie und der örtlichen Präfektur zurückzuführen war oder ob eine bewusste Strategie dahinterstand.[182] Mehrere Indikatoren deuten darauf hin, dass diese Entscheidungen wohlüberlegt waren. Bis zur Fertigstellung der Kathedrale von Bălţi 1935 wurden die meisten finanziellen Ressourcen der Eparchie in den Kirchenbau in den Städten investiert. Zahlreiche Dokumente von 1935 bestätigen, dass der Kirchenbau im ländlichen Raum bereits damals nicht mehr als eine realistische Maßnahme zur Durchsetzung der Kalenderreform und für die Bekämpfung des Altkalendarismus betrachtet wurde. Der neue Bischof von Hotin-Bălţi, Tit Simedrea, war gleichfalls der Meinung, dass die Eparchie in keine neuen Kirchenbauten investieren solle, sondern mehr in die Erhaltung der alten und in die Priesterausbildung. Dies waren aber längerfristige Maßnahmen. Das Kalenderproblem brauchte hingegen schnelle konkrete Lösungen. 1935 und 1936 waren viele Kirchenvertreter fest davon überzeugt, man könne das „altkalendaristische Problem" nur durch staatliches Eingreifen lösen.[183] Hochrangige Kleriker schrieben dem Kultusministerium bereits im September 1935, also deutlich bevor die Altkalendaristen in Albineţ mit dem Bau ihrer Kirche begannen, dass der Altkalendarismus nicht länger durch eine Aufklärungsaktion seitens der Kirche bekämpft werden könne, sondern vielmehr der Staat mit seinen Sicherheitskräften intervenieren müsse.[184] Warum also sollte sich dann die Eparchieleitung mit einem mühsamen und kostspieligen Kirchenbau in abgelegenen

[182] Aufgrund der schnellen Fertigstellung der Kathedrale in Bălţi geriet die Eparchie in Schulden. In einem offiziellen Bericht an das Kultusministerium hieß es: „Da die Eparchie sehr viele Schulden hat, kann sie keine Aktivitäten für das Volk entfalten. Wir bitten das Ministerium, uns das notwendige Geld zur Verfügung zu stellen, damit wir unsere Schulden begleichen können." Siehe: ANRM, 1217, 1, 725, 10–25, hier 19 [Inhaltsprotokoll der ersten Sitzung der Eparchialversammlung vom 18.5.1936 betr. den Finanzbericht der Eparchie Hotin-Bălţi 1935].

[183] CNSAS, Fond Documentar, D015261, 213–222 [Memorandum der Mitglieder der Protohierarchie I, Kreis Bălţi, an den Innenminister vom 31.3.1936 betr. die Gefahr der altkalendaristischen Bewegung].

[184] ANR, Ministerul Cultelor şi Artelor, 1935/125, 94 [Mitteilung der Eparchie Huşi an das Kultusministerium vom 3.6.1935 betr. die Schließung altkalendaristischer Gebetshäuser].

Dörfern beschäftigen, wenn aus ihrer Sicht viele Anhaltspunkte darauf hindeuteten, dass das „altkalendaristische Problem" nach einer Lösung durch den Staat verlangte?

Die öffentliche Meinung und der kalendarische Konflikt

Eine engagierte Öffentlichkeit mit einer kritischen und aktiven Presse hätte den kalendarischen Konflikt aus einer anderen als der offiziellen Perspektive betrachten und den Kurs der Kirchenleitung und des Zentrums gegenüber den Altkalendaristen hinterfragen können. Die Presse war aber sehr stark auf Bukarest konzentriert. Als regionales und ländliches Phänomen zog der Altkalendarismus nur zu bestimmten Anlässen die Aufmerksamkeit der Hauptstadtpresse auf sich. Zeitungen berichteten über die Altkalendaristen vor allem dann, wenn es zu blutigen Auseinandersetzungen mit der Gendarmerie gekommen war. Die Berichterstattung über die Zusammenstöße von Albineț vom 18. August 1935 und über die Niederschlagung der altkalendaristischen Bewegung von September bis Oktober 1936 zeigt auf, wie sehr sich die Wahrnehmung der Altkalendaristen durch die Presse von jener der staatlichen und kirchlichen Behörden unterschied. Es geht dabei nicht um die Frage, ob der Altkalendarismus als gut oder böse dargestellt wurde, denn er wurde von vornherein in fast allen Zeitungen als negatives Phänomen präsentiert. Vielmehr soll hier versucht werden, die Unterschiede zwischen dem linken und dem rechten politischen Meinungsspektrum zu identifizieren und zu analysieren, wie die Krise im östlichen Grenzgebiet interpretiert wurde.

Untersuchungen des Innenministeriums zeigten, dass der Konflikt von Albineț – ähnlich wie wenige Monate davor in der Nähe dazu der Konflikt von Funduri Vechi[185] – von der Gendarmerie ausgelöst worden war, indem ein regionaler Postenkommandant aus eigener Initiative eine Aktion zur Verhaftung eines Altkalendaristenführers geplant hatte. Als die Gendarmen die Verhaftung durchführen wollten, leisteten die Altkalendaristen von Albineț Widerstand. Es kam zu einem offenen Kampf, der mehrere Opfer forderte: Drei Altkalendaristen starben an Ort und Stelle und einige weitere wurden ebenso wie auch Gendarmen verletzt.[186] Die Verhaftungsaktion fand zu einer Zeit statt, als ein Befehl des Innenministeriums gültig war, welcher die Gendarmen davon abhalten sollte, sich in die Aktivitäten der Altkalendaristen einzumischen. Der Postenkommandant machte sich deshalb durch sein Vorgehen mehrerer Verstöße schuldig – er beachtete weder die Anweisung des Innenministeriums noch holte er für seine Intervention eine Genehmigung bei seinem Vorgesetzten ein.[187]

[185] Vgl. oben in der Einleitung, die Seiten 9f.

[186] ANR, Ministerul Justiției – Direcția Judiciară, 1935/82, 116–123 [Bericht des Gerichtes Bălți an den Justizminister vom 27.9.1935 betr. die Rebellion in Albineț und die Rolle von Nicolai Climovici in der altkalendaristischen Bewegung].

[187] ANR, Inspectoratul General al Jandarmeriei, 1935/23, 88–108, hier 106f. [Monatsbericht des Regionalinspektorats der Gendarmerie in Chișinău an das Zentralinspektorat in Bukarest

Die Auseinandersetzung von Albineț war der erste blutige Konflikt zwischen den bessarabischen Altkalendaristen und der Gendarmerie. Die Bukarester Presse, darunter Zeitungen wie *Universul, Curentul, Adevărul* und *Dimineața*, berichtete ausführlich darüber. Die ersten Artikel erschienen zwar erst drei Tage nach der Rebellion; bis Anfang September 1935 waren die Vorkommnisse in Albineț jedoch für *Dimineața* und *Universul* fast täglich ein Thema. Zunächst wurden die Berichte auf der ersten oder zweiten Seite platziert. Mit der Zeit wurde die Berichterstattung knapper und auf die hinteren Seiten verbannt. Kleinere Zeitungen beschränkten sich auf kurze und eher rein beschreibende Berichte, wenn sie denn überhaupt über die Auseinandersetzung informierten.[188] Unmittelbar nach der Rebellion dienten den Journalisten die offiziellen Mitteilungen des Innenministeriums als Hauptinformationsquelle. Ob die Zeitungen für ihre Berichterstattung jemals unterschiedliche Quellen verwendeten, lässt sich nur schwer feststellen. Schon einige Tage nach der Auseinandersetzung erwähnte die Zeitung *Universul*, dass ihre Artikel über Albineț sich auf die Arbeit ihres Korrespondenten in Bălți stützen würden. *Adevărul* erklärte hingegen, dass die Bukarester Journalisten alle Informationen über Albineț nur aus den Berichten der regionalen Behörden und des Innenministeriums beziehen würden. Laut *Adevărul* sei kein Redakteur auch nur nach Bălți, geschweige denn nach Albineț gefahren, um mit den Bauern zu reden oder mehr über die Hintergründe der Auseinandersetzung zu erfahren.[189] Obwohl die Journalisten auch der größeren Blätter mit dem altkalendaristischen Phänomen nicht vertraut waren und über die altkalendaristischen Gemeinschaften in den aus hauptstädtischer Perspektive peripheren nordöstlichen Kreisen kaum etwas wussten, zögerten sie nicht, die Ereignisse mit weitreichenden Interpretationen zu versehen. So gaben die Artikel nicht nur die offiziellen Berichte wieder, sondern enthielten viele Spekulationen und einfallsreiche Erklärungen über die Gründe des Konflikts.

Je nach politischer Ausrichtung verfolgten die einzelnen Zeitungen mit der Berichterstattung unterschiedliche Ziele und hatten daher auch verschiedene Zugänge, um die Auseinandersetzung zu beschreiben und ihren Lesern zu erklären.[190] Zeitungen wie *Universul* oder *Curentul*, welche der damaligen liberalen Regierung von Gheorghe Tătărăscu nahe-

vom 31.8.1935 betr. den Zusammenstoß zwischen Altkalendaristen in Albineț und Gendarmen].

188 Sângeroasă ciocnire între stiliști și jandarmi lângă Cetatea Albă. 6 morți și 12 grav răniți, *Facla* 22.8.1935, S. 3; Ce s'a petrecut la Albineț, *Facla* 23.8.1935, S. 3; Mari turburări stiliste în județul Bălți *Zorile* 21.8.1935; Sângeroasa încăerare între țărani și jandarmi în jud. Bălți, *Ordinea* 21.8.1935.

189 Cazul dela Albineț. Persuasiune, nu masacru, *Adevărul* 27.8.1935, S. 1.

190 In der Analyse wird von rechts- und linksgerichteten Zeitungen die Rede sein. Als rechts gelten hier Zeitungen wie *Universul* und *Curentul*, die der regierenden Nationalliberalen Partei nahestanden. Die politischen Positionen der Partei schwankten zwischen Mitte-rechts bis rechtsextrem. Die hier verwendeten linksgerichteten Zeitungen, *Adevărul* und *Dimineața*, betrieben Opposition und standen daher der Nationalen Bauernpartei nahe.

standen, hatten zum Ziel, Regierungsmitglieder wie auch regionale staatliche Stellen von jeder Schuld reinzuwaschen. Sie taten dies, indem sie von einer geplanten Aktion der Altkalendaristen gegen die Sicherheitskräfte ausgingen. Als die wirklichen Feinde betrachteten sie aber nicht die „moldauischen Bauern" – denn diese wären ihrer Meinung nach gar nicht in der Lage gewesen, so eine Aktion zu orchestrieren –, sondern „dunkle Kräfte" im Ausland. Man suggerierte, dass die Hauptverantwortlichen für die Rebellion russische Kleriker oder Kommunisten seien, die sich im Westen, in Wien und in Paris, aufhielten und im Sold des sowjetischen Regimes stünden. Diese hätten ihre eigenen Agenten, auch „altkalendaristische Partisanen" genannt, welche vor Ort verschiedene Aufträge erfüllen würden. Die Rebellion sei also eine Aktion der Kommunisten, um Bessarabien zu destabilisieren und im Ausland den Eindruck zu erwecken, die Bevölkerung der Region sei mit dem rumänischen Staat unzufrieden.[191]

Obwohl sich die rechtsgerichtete Presse also eigentlich einig war, dass die Rebellion eine kommunistische Aktion gewesen sei, stellte *Universul* etwa zwei Wochen nach der Auseinandersetzung eine neue Erklärung vor, dass hinter den Ereignissen in Albineț ukrainische Irredentisten stünden.[192] Dies muss für ihre Leserschaft sehr unerwartet gewesen sein, hatte doch gerade *Universul* bis dahin in sechs Artikeln am intensivsten von allen die Version einer kommunistischen Verschwörung vertreten und sogar von einem „zweiten Tatarbunar" gesprochen.[193] Keine der beiden Versionen konnte die Zeitung durch plausible Argumente untermauern – übrigens genauso wenig wie die Sicherheitsorgane selbst, obwohl diese verschiedenste Untersuchungen angestellt hatten.[194]

Der Schwerpunkt der Berichterstattung der rechten Zeitungen lag also auf den sogenannten Organisatoren der Rebellion, auf den Feinden des Nationalstaates und nicht auf den Tätern oder auf den Opfern der Auseinandersetzung. Während die Gendarmen in der Regel heldenhaft dargestellt wurden, finden sich die altkalendaristischen Bauern als arm, rückständig und naiv gezeichnet. Diese Art Berichterstattung vermittelte den Eindruck, dass die Altkalendaristen keine handelnden Akteure seien, sondern bloß passive Opfer, welche durch Manipulationen von den „bösen Russen in Partisanen des alten Stils" verwandelt worden seien.[195]

Neben diesem dominierenden Diskursstrang fragten die Zeitungen bei dieser Gelegenheit doch auch nach den Ursachen für die Entstehung und den Erfolg des Altkalendarismus. *Universul* verstand nicht, wieso die Bauern „so verwirrt" seien, und spürte den Fehlern nach, die im Vereinigungsprozess von Bessarabien mit Rumänien gemacht

[191] Incidente sângeroase în Basarabia, *Universul* 21.8.1935.

[192] Cazul dela Albineț, *Universul* 1.9.1935, S. 6.

[193] Über die Ereignisse in Tatar-Bunar siehe die Einleitung.

[194] ANR, Direcția Generală a Poliției, 1935/49, 30–55 [Bericht von Kriminalbeamten der Polizei an den Innenminister vom 24.8.1935 betr. die „Rebellion der Altkalendaristen von Albineț, Kreis Bălți"].

[195] Tulburările dela Albineț (Bălți). Dela trimisul nostru special, *Universul* 22.8.1935, S. 1f.

worden seien. So stellte das Blatt fest, dass nicht die Beamtenelite aus dem Altreich zum Aufbau einer Verwaltung gesandt worden sei, sondern zufällig ausgewählte Beamte, welche sich „wie kleine Diktatoren" benommen und sehr viel Schaden verursacht hätten.[196]

Curentul erlaubte auch kritische Stimmen gegen die Amtskirche. Der Schriftsteller Cezar Petrescu, der sich bis dato mit dem Phänomen des Altkalendarismus nicht beschäftigt hatte, meldete sich zu Wort und stellte aus der Perspektive eines Bukarester Intellektuellen einige interessante Gedanken zum Thema vor. Er verglich erstmals den Umgang der Rumänisch-orthodoxen Kirche mit dem Altkalendarismus und mit dem „Phänomen von Maglavit". In Maglavit, einem Dorf im Süden Rumäniens, behauptete 1935 der Hirte Petrache Lupu, Botschaften von Gott zu bekommen, wodurch er große Bekanntheit erlangte.[197] Petrescu zufolge seien beide Phänomene Ausdruck der starken religiösen Bedürfnisse der ländlichen Bevölkerung. Während die Amtskirche den Altkalendarismus sofort an den Pranger gestellt habe, tue sie das mit dem Maglavit-Phänomen nicht. Obwohl viele Kleriker diesem kritisch gegenüberstünden, würden sie sich nicht trauen, den Hirten öffentlich zu rügen, vor allem nachdem sie gesehen hätten, mit welchem Erfolg das Phänomen in die Amtskirche integriert wurde. Petrescu zufolge benutzte die Kirchenleitung Maglavit als eine Art Überphänomen, um die Entwicklung anderer religiöser Erscheinungen zu hemmen – in der Hoffnung, dass Maglavit und nicht andere „religiöse Sekten" wie zum Beispiel der Altkalendarismus die religiösen Bedürfnisse der ländlichen Bevölkerung befriedigten. Die orthodoxen Priester hätten laut Petrescu keine Zeit dafür, weil sie mit politischen Angelegenheiten zu sehr beschäftigt seien. Sie seien wie die Staatsangestellten, welche ihre Arbeitszeit nur mit Wahlkampagnen und politischen Konflikten verbrächten. Denn auch nachdem die Priester eingesehen hätten, dass sie ihre ursprüngliche Aufgabe der geistlichen Betreuung der Gläubigen vernachlässigt hätten – das Auftreten des Altkalendarismus und des Phänomens von Maglavit sei ein klarer Beweis dafür –, hätten sie staatliche Hilfe verlangt, um die von ihnen selbst verursachten Probleme zu lösen. Petrescu erklärte, dass es sich um sehr schwierige politische und wirtschaftliche Zeiten handle, „in der die spirituellen Bedürfnisse der Gläubigen größer als zuvor sind. Für die Kirchenleitung macht es keinen guten Eindruck, wenn ein Hirt [Petrache Lupu] und nicht ihre Kleriker die seelische Unterstützung für die einfache Bevölkerung leistet". Unabhängig davon habe die Kirche eine abgesicherte Stellung in der Gesellschaft, weil sie „von der Armee mit den Bajonetten und mit Tränengas" verteidigt werde.[198]

Für linksgerichtete Zeitungen wie *Adevărul* und *Dimineța* war die Rebellion von Albineț nur ein weiterer Beweis dafür, dass die regierende Nationalliberale Partei eine

[196] Basarabia și calendarul, *Universul* 8.9.1935, S. 6.

[197] Oliver Jens Schmitt, Das „rumänische Lourdes": Der gute Hirte von Maglavit zwischen Medialisierung und Politisierung, in Thomsen (Hg.), Religionsgeschichtliche Studien zum östlichen Europa, 263–279.

[198] Semne ale timpului, *Curentul* 24,8.1935, S. 1.

sehr problematische Politik in Bessarabien betreibe. Anders als in *Universul* standen in *Adevărul* und *Dimineața* die ländliche Bevölkerung und ihre wirtschaftlichen Probleme im Vordergrund der Berichterstattung. Die Auseinandersetzung sei eine Reaktion der Bauern auf die schlechte Verwaltung, die „nicht nach Gesetzen organisiert" sei und die Bürgerrechte nicht respektiere. Ohne die Altkalendaristen zu verteidigen, lässt sich in diesen Zeitungen eine Tendenz zur Idealisierung der Bauern beobachten. So berichtete *Adevărul*: „Was [am Konflikt] von großer Bedeutung ist, sind die außergewöhnliche Standhaftigkeit der Einwohner und ihre Bereitschaft, alles durchzumachen, um ihr religiöses Gewissen zu verteidigen."[199] Weiter zog dieselbe Zeitung einen Vergleich zwischen dem Phänomen von Maglavit und dem Altkalendarismus, um zu zeigen, dass die Altkalendaristen den Maglavit-Anhängern überlegen seien. Denn während im Fall von Maglavit die Bauern von „der religiösen Obskurität" geleitet würden, seien die Bauern in Albineț von anderen Motiven getrieben: „Hier leisten die Menschen mit dem Preis ihres Lebens Widerstand, damit die Behörden ihren Priester nicht verhaften. Das lässt sich nicht, wie es einige versuchen, durch separatistische oder fanatische Überzeugungen erklären."[200] Die Bevölkerung in Albineț sowie in ganz Bessarabien leide unter Armut und bringe ihre Unzufriedenheit mit Hilfe des „Altkalendarismus" zum Ausdruck. Des Weiteren erklärte die Zeitung, dass es durchaus möglich sei, dass die Altkalendaristen sich so aggressiv „gegen die Behörden manifestierten", weil sie auf gewisse „obskurantistische Politiker", die im Norden Bessarabiens aktiv seien, gehört hätten. Linke Zeitungen lehnten also die Version einer ausländischen kommunistischen Aktion in Albineț völlig ab und kritisierten die schlechte wirtschaftliche Lage und die Tätigkeit der dort führenden Parteien, ohne diese beim Namen zu nennen.

Auf der Begriffsebene lässt sich beobachten, dass *Universul* und *Curentul* für die Ereignisse in Albineț unbekümmert Begriffe wie Rebellion und Revolte verwendeten und auch die Altkalendaristen entsprechend bezeichneten. *Dimineața* und *Adevărul* gingen mit diesen Begriffen etwas vorsichtiger um und setzten sie oft in Anführungszeichen. Während *Universul* über Altkalendaristen, ihre blutige Rebellion gegen den Staat und über ihre Gewaltbereitschaft schrieb, berichtete *Adevărul* über in Armut lebende Bauern und über die Missbräuche der Gendarmen im Umgang mit der ländlichen Bevölkerung.

In der Frage, wie solche Auseinandersetzungen in der Zukunft zu vermeiden seien, schlugen die Journalisten unterschiedliche Lösungen vor. *Universul* plädierte für mehr staatliche Interventionen in den altkalendaristischen Gegenden, eine stärkere Kontrolle der Minderheiten und eine intensivere Arbeit der Amtskirche bei der Erläuterung der Kalenderreform. Missionspriester sollten nach Bessarabien geschickt werden, um den Bauern „den richtigen Glauben" darzulegen.[201] *Dimineața* hingegen forderte, dass die Regie-

[199] Cazul dela Albineț. Persuasiune, nu masacru, *Adevărul* 27.8.1935, S. 1.
[200] Wie eben.
[201] Cazul dela Albineț, *Universul* 1.9.1935, S. 6.

rung die altkalendaristischen Bauern in Ruhe lassen solle, denn mehr staatliche Eingriffe und Gewaltanwendung würden nur zu einer Verschlimmerung der bereits angespannten Lage führen: „Die Regierung soll alles unternehmen, um ein weiteres Blutvergießen zu vermeiden. Es gibt aber keinen Grund für Repressionen. Die Regierung würde einen Fehler machen, wenn sie mit Gewalt gegen die Altkalendaristen vorgeht und diese nicht mit Verständnis behandelt."[202]

Um den politischen Hintergrund der Berichterstattung besser nachvollziehen zu können, ist ein Artikel der *Apărarea Națională*, des Sprachrohrs der LANC, sehr hilfreich. Offensichtlich fühlte sich die Partei verpflichtet, eine schriftliche Erklärung über die Rebellion von Albineț abzugeben, nachdem *Adevărul* und *Dimineața* stets über die Verantwortung der im Norden Bessarabiens aktiven Parteien geschrieben hatten. Da der Kreis Bălți, wo die Rebellion stattgefunden hatte, eine Hochburg der LANC war, war allen klar, dass die Kritik dieser Zeitungen an die LANC gerichtet war. Dies steht im Gegensatz zu den regierungstreuen Blättern *Universul* und *Curentul*, welche aus Rücksicht auf die Annäherung der LANC an die regierende Nationalliberale Partei dieses Detail verschwiegen hatten.

Der Artikel in *Apărarea Națională* trug den Titel „Die Nationalchristliche Partei und der Stilismus" und begann wie folgt:

> „Manche Zeitungen suggerieren, dass einer der Gründe für die Ereignisse in Albineț die Unterstützung des Stilismus durch Mitglieder der National-christlichen Partei sei. In Wirklichkeit ist genau das Gegenteil passiert. Unsere Korrespondenz aus Bălți zeigt, dass Prof. Gheorghe Cuza[203] am Tag vor den unglücklichen Geschehnissen einen Besuch bei den Einwohnern in Albineț gemacht hatte. Aus unserer Korrespondenz geht hervor, dass unsere Repräsentanten eine wichtige Rolle in den Friedensverhandlungen spielten. Für diese Rolle haben sich sogar die Behörden bei ihnen bedankt."[204]

In allen Einzelheiten wurde das angebliche Treffen mit den Altkalendaristen wiedergegeben:

> „Nachdem Prof. Gheorghe Cuza die Festungsmauer[205] erreicht hatte, wollte er mit ihrem Priester reden. In der Mitte von 500 Altkalendaristen [starostilnici] erklärte er den Rebellen die Notwendigkeit, sich den staatlichen Gesetzen zu unterwerfen – unabhängig davon, wie diese formuliert sind. Denn ungerechte Gesetze sollte man nicht durch Rebellionen, sondern durch neue Gesetze ersetzen [...]. Prof. Cuza erklärte ihnen noch, dass er seit langem ihr Anliegen verstehe. Als Abgeordneter von Bălți hatte er jedes Mal, wenn sie aus diesem Grund gelitten hatten, interveniert. Darüber hinaus hatte er im Parlament immer wieder die freie Religionsausübung verlangt. [...] Prof. Cuza war also der Einzige, der in die Mitte der Rebellen von Albineț vordringen konnte. Die Stilisten empfingen ihn mit großer Liebe und hörten ihm aufmerksam zu."

202 Cazul dela Albineț. Persuasiune, nu masacru, *Adevărul* 27.8.1935, S. 1.

203 Gheorghe Cuza war der Sohn des Parteivorsitzendes A. C. Cuza und 1935 unter anderem auch Präsident der LANC-Organisation im Kreis Bălți.

204 Partidul național-creștin și stilismul, *Apărarea națională* 1.9.1935, S. 3.

205 Mit Festungsmauern waren die bis zu vier Meter hohen Holzzäune des Gebetshauses in Albineț gemeint.

Beim Abschied habe Gheorghe Cuza den versammelten Altkalendaristen noch das Ziel seines Besuches erklärt: „Ich bin zu euch gekommen mit dem Wunsch, euch in ein friedliches Verhältnis zur Herrschaft zu bringen und euch vor ihrer Verfolgung zu schützen."[206] Dass sich Gheorghe Cuza am Tag vor der Rebellion tatsächlich in Albineţ aufgehalten hatte, lässt sich durch andere Quellen nicht belegen. Die Sicherheitsorgane, welche über die Kontakte zwischen den Altkalendaristen und den LANC-Mitgliedern in Bălţi Bescheid wussten, erwähnten den Besuch jedenfalls nicht. Unabhängig davon waren die Vorwürfe der linken Zeitungen an die Adresse der LANC nicht völlig unberechtigt. Denn auch wenn diese die Rebellion nicht geplant hatte, war das Verhalten der Bauern auch eine Folge der aggressiven Lokalpolitik der LANC in Nordbessarabien gewesen. Anders als die in *Apărarea Naţională* präsentierte Version von der deeskalierenden Vermittlerrolle der LANC geht aus zahlreichen Berichten der Sicherheitsbehörden klar hervor, dass die Partei die Bauern immer wieder zum Ungehorsam gegenüber den Behörden angespornt hatte. Auch in den Berichten des Innenministeriums über die Rebellion von Albineţ wurde die „Propaganda der LANC" gegen die Kalenderreform als einer der Gründe für die gewalttätigen Reaktionen der Altkalendaristen auf die Intervention der Gendarmerie genannt.[207]

Die LANC verfolgte mit diesem Zeitungsartikel zwei Ziele: Einerseits wollte sie glaubhaft machen, dass ihre Parteimitglieder den Konflikt nicht provoziert hatten, während sie andererseits gleichzeitig den eigenen Einfluss auf die altkalendaristischen Bauern herausstrich. Die Partei inszenierte sich somit als friedensstiftende Macht zwischen den Bauern und dem Staat. Die Altkalendaristen würden auf die Ratschläge der Cuzisten Rücksicht nehmen, nicht aber auf diejenigen der Behörden. Wenn also die Regierung für Ruhe und Ordnung sorgen wollte, war die Vermittlerrolle der LANC unverzichtbar.

Die Bukarester Zeitungen berichteten im Verlauf der Niederschlagungsaktion regelmäßig über die Ereignisse in den altkalendaristischen Dörfern. Da die Regierung die Presse über ihre Pläne, alle Anführer der Bewegung zu verhaften und die Gebetshäuser zu schließen, nicht im Voraus informiert hatte, nahmen die meisten Journalisten die Interventionen der Sicherheitskräfte nicht als die endgültige Niederschlagung der Bewegung wahr. So berichteten sie über einzelne Verhaftungsaktionen, ohne deren Ausmaß zu begreifen. Als wichtigste Quellen für die Berichterstattung dienten den Journalisten nach wie vor die amtlichen Mitteilungen aus dem Innenministerium; nur selten stammten die Informationen direkt von den eigenen Korrespondenten aus der Moldau und aus Bessarabien.

Die erste Zeitung, die etwas über die Niederschlagungsaktion veröffentlichen wollte, war *Adevărul*. Sie bereitete für den 14. September 1936 einen neutralen und eher beschreibenden Artikel über die Verhaftung einer Gruppe von Altkalendaristen im Kreis

206 Partidul naţional-creştin şi stilismul, *Apărarea naţională* 1.9.1935, S. 3.

207 ANR, Direcţia Generală a Poliţiei, 1935/49, 30–55, hier 37f. [Bericht von Kriminalbeamten der Polizei an den Innenminister vom 24.8.1935 betr. die „Rebellion der Altkalendaristen von Albineţ, Kreis Bălţi"].

Neamţ vor.[208] Da der Artikel, wie in den Gendarmeriedokumenten vermerkt wurde, es nicht geschafft hatte, durch die staatliche Zensur zu kommen, informierte schließlich *Universul* als erstes Blatt die Öffentlichkeit über die Niederschlagungsaktion.[209] Kurz danach schrieb *Adevărul* erneut einen Artikel über die Verhaftung im Kreis Neamţ, welcher diesmal auch publiziert werden durfte.[210] Vergleicht man die beiden Beiträge in *Adevărul* – den gedruckten und den ungedruckten –, wird klar, in welche Richtung die Regierung die Berichterstattung zu lenken versuchte. Der unveröffentlicht gebliebene Artikel hinterlässt mit seinem Titel „Ernsthafte Auseinandersetzungen zwischen ‚Stilisten' und Behörden in Piatra Neamţ" den Eindruck, dass die Frage nach den Auslösern der Auseinandersetzung noch offen sei – es könnten auch die Sicherheitskräfte gewesen sein. Auch wurden die Vorfälle nicht als Rebellion bezeichnet, sondern eben als Auseinandersetzung. Die Bezeichnung Altkalendaristen wurde unter Anführungszeichen gesetzt, was wiederum auf eine distanzierte Haltung der Zeitung den offiziellen Informationen gegenüber hinweist. In dem veröffentlichten Artikel hingegen waren alle diese Zweifel weg, wie schon sein Titel – „Die Rebellion der Stilisten aus Piatra Neamţ" – verriet. Während der erste Artikel eher deskriptiv gehalten war (er berichtete über aggressive Bauern, welche die Sicherheitskräfte „durch Gebrauch von Schusswaffen zu beruhigen" versucht hatten), stand im zweiten die Gefahr, die von den Altkalendaristen ausgehen würde, im Vordergrund. Jede kritische Äußerung über die Regierung fehlte – das Innenministerium wurde nun sogar positiv dargestellt.

Auch wenn die Zeitungen offensichtlich aufgrund der Zensur weniger Freiraum hatten und die Position der Regierung zum Altkalendarismus mit jener der rechtsgerichteten Zeitungen übereinstimmte, lassen sich weiterhin einige Unterscheide in der Darstellung der Niederschlagungsaktion feststellen. In den rechten Zeitungen wie *Universul*, *Curentul* und *Porunca Vremii* gab es eine klare Tendenz, die Sprache aus den Berichten des Innenministeriums zu übernehmen. Ähnlich wie die Behörden schrieben sie über eine „Säuberung von Stilisten" und gingen, wenn sie von der „Ausrottung der stilistisch-kommunistischen Geißel" und einem „antistilistischen Kreuzzug" berichteten, mit ihren Interpretationen sogar noch einen Schritt weiter als die Regierung.[211] Linke Zeitungen hingegen zeigten eine neutralere und distanziertere Wortwahl und schrieben eher über „Auseinandersetzungen zwischen Bauern und Gendarmerie" und über arme Bauern.[212]

[208] Grave incidente intre „Stilişti" şi autorităţi la Piatra Neamţ, *Adevărul* 14.9.1936, enthalten in: CNSAS, Fond Documentar, D015283, 63.

[209] O provocare a stiliştilor în nordul Moldovei, *Universul* 16.9.1936, enthalten in: CNSAS, Fond Documentar, D015283, 64.

[210] Rebeliunea Stiliştilor din Piatra-Neamţ. Patru morţi şi numeroşi răniţi, *Adevărul*, 16.9.1936, S. 3.

[211] Judeţul Baia curăţat de stilişti, Universul, 25.9.1936, enthalten in: CNSAS, Fond Documentar, D015261, 377.

[212] Incidente cu stiliştii la Piatra Neamţ, *Dimineaţa* 16.9.1936, enthalten in: CNSAS, Fond Documentar, D015283, 65.

Bezüglich der Notwendigkeit einer Intervention der Sicherheitskräfte gegen die Altkalendaristen gingen rechte Zeitungen davon aus, dass sie berechtigt gewesen sei, denn die Altkalendaristen hätten Rebellionen und Aufstände gegen den Staat geplant. Sie lobten die Regierung, dass sie ab September 1936 so hart gegen die Altkalendaristen vorging, kritisierten sie aber für ihr zu langes Zögern: „Es hat Jahre gedauert, bis der rumänische Staat effektive Maßnahmen gegen die Altkalendaristen getroffen hat." „Die Autorität des Staates lässt sich nicht durch Zögern absichern. Was hat die Regierung bisher gemacht?", fragte einigermaßen vorwurfsvoll *Porunca Vremii*.[213] Linke Zeitungen hielten dagegen lediglich fest, dass die Gendarmerie die Altkalendaristen verhaften musste, weil sie „religiöse Unruhen" gestiftet hätten. Weder lobten sie die Interventionen der Sicherheitskräfte gegen die Altkalendaristen noch kritisierten sie sie.

Einig waren sich die Zeitungen hingegen darin, dass der Altkalendarismus als organisierte Bewegung in den Dörfern eine Art Importprodukt darstellte, da die Bauern nicht imstande gewesen wären, eine solche Bewegung selbst zu organisieren. Die Journalisten gingen davon aus, dass die Bewegung bereits über eine feste Organisation, Ideologie und Hierarchie verfügte. Wer aber den Altkalendarismus unter die Bauern gebracht hatte, darüber herrschte keine Einigkeit. Für die rechten Zeitungen waren die Kommunisten verantwortlich, da sie als Feinde des Staates „an der seelischen Zerstörung des Landes arbeiteten". Die altkalendaristischen „Agitatoren" seien daher „der Seele des Volkes fremd".[214] Manche rechte Zeitungen behaupteten, der Altkalendarismus sei ein Erbe aus der Regierungszeit der Nationalen Bauernpartei (1928–1933), wobei deren Mitglieder weiterhin die „armen und verwirrten Bauern" beeinflussen würden. Linke Zeitungen stellten weniger Spekulationen über die Führung der Bewegung an und verwiesen wie gewohnt auf wirtschaftliche Ursachen. Es sei die bittere Armut, die seit Jahren in den moldauischen und bessarabischen Dörfern herrsche, welche die Bauern gezwungen habe, Zuflucht in der Religion zu suchen.

Die rechten Zeitungen gingen auf die regionalen Unterschiede der altkalendaristischen Bewegung ein und schauten mit einer Art orientalisierendem Blick über den Pruth. Damit wiesen sie darauf hin, dass die Altkalendaristen in der Moldau weniger gefährlich als diejenigen in Bessarabien seien. Eben dort, in Bessarabien, liege der Ursprung der Bewegung, da dort die Bauern naiver, religiöser, „mystischer" als die in der Moldau seien.[215] Das Gleiche gelte auch für die zwei wichtigsten Führer der Altkalendaristen, Glicherie Tănase und Nicolai Climovici: Ersterer sei als Anführer der altkalendaristischen Gemeinschaften in der Moldau harmloser als Letzterer in Bessarabien. Es waren nicht nur Journalisten, sondern auch Vertreter der staatlichen Behörden, welche die Unterschiede

[213] Rebeliunea de la Piatra-Neamț, *Porunca Vremii*, 17.9.1936, enthalten in: CNSAS, Fond Documentar, D015283, 70 (beide Zitate).

[214] Cum s'a produs rebeliunea dela Ilenuța, *Universul* 30.9.1936.

[215] Peripețiile arestării „mitropolitului Climovic", *Credința* 6.10.1936, enthalten in: CNSAS, Fond Personal, P105506, Vol. 1, 544.

zwischen den moldauischen und bessarabischen Altkalendaristen durch dieses Schema von Gut und Böse wiedergaben. Dadurch suggerierten sie, dass der Mangel an Anpassungsfähigkeit der orthodoxen Gläubigen Bessarabiens an die rumänische Orthodoxie der eigentliche Grund für die vielen Probleme bei der kirchlichen Vereinigung gewesen sei.

Die Zeitungen machten kaum konkrete Vorschläge, wie die Regierung und die orthodoxe Kirche weiter mit den Altkalendaristen umgehen sollten. Für *Adevărul* und *Dimineața* galten wirtschaftliche Maßnahmen zur Entwicklung der Dörfer als Allheilmittel gegen die „obsessive Beschäftigung" der Bauern mit ihrem religiösen Leben. *Porunca Vremii* stellte bloß in Frage, ob die Regierung auf Dauer mit Gewalt „die religiösen Überzeugungen der Stilisten" unterdrücken könne: „Der Stilismus ist eine Angelegenheit der Volkspsychologie. Seelische Probleme der Massen lassen sich nur durch psychologische Maßnahmen lösen. [...] Wenn wir eine kollektive Psychose durch repressive Mittel lösen möchten, verschlimmern wir nur die Lage."[216]

Der Vergleich zwischen den Jahren 1935 und 1936 legt nahe, dass die Zeitungen immer massiver von Zensur betroffen waren, was schließlich zu einer stärkeren Anpassung an den staatlichen Diskurs über den Altkalendarismus führte. Dennoch entstanden zwei unterschiedliche Betrachtungsweisen über die Niederschlagungsaktion: In einem Fall ging die Regierung gegen eine „anarchistische Bewegung" vor und führte einen „Kreuzzug", im anderen kämpften Gläubige um „religiöse Selbstbestimmung". Vor allem von Seiten rechter Zeitungen lässt sich innerhalb eines Jahres eine Radikalisierung des Diskurses feststellen. Ansonsten behielten die Zeitungen ihre Argumente und Erklärungsmuster im Zeitverlauf bei.

Neu war 1936 auch der Richtungswechsel der *Apărarea Națională*. Noch 1935 hatte sich die Zeitung verständnisvoll gegenüber den Altkalendaristen gezeigt. Im Laufe des Jahres 1936 erschienen nur mehr wenige Artikel zu diesem Thema, wobei sich die Zeitung nun negativ gegenüber den Reformverweigerern äußerte.[217] Es wurde gar die Bekehrung der Altkalendaristen als eines der Ziele der LANC präsentiert. Um dies glaubhaft zu machen, wurde im genannten Blatt ebenso wie in *Țara Noastră*, einer weiteren Zeitung, die der LANC nahestand, über eine „erfolgreiche Bekehrung" des altkalendaristischen Priesters und Mönches Galaction Ciobanul berichtet, der mit Hilfe des schon an anderer Stelle erwähnten orthodoxen Dorfpriesters von Limbenii Vechi (Kreis Bălți), Sebastian Mârza (der zugleich der Vorsitzende der LANC in der dortigen Gemeinde war)[218], den Weg zurück in die Amtskirche gefunden habe. Im Gegensatz zu den aggressiven Maß-

[216] In marginea problemei stiliste, *Porunca Vremii* 18.9.1936, enthalten in: CNSAS, Fond Documentar, D015261, 506.

[217] Comunismul și sectantismul, *Apărarea Națională* 7.7.1936, S. 1; Sectele religioase creiate și conduse de jidani învenineazǎ sufletul poporului, *Apărarea Națională* 4.8.1936, S. 2.

[218] Zu ihm vgl. oben, Seite 57f.

nahmen der Gendarmerie sei es dem Dorfpriester durch friedliche Mittel gelungen, dieses Ziel zu erreichen:[219]

> „Vor führenden Mitgliedern der Christlich-Nationalen Partei und vor dem Bischof von Hotin-Bălţi, Tit Simedrea, gestand der 60-jährige Mönch, dass es ein Irrtum seinerseits gewesen sei, die Kalenderreform so lange abzulehnen, und bat um Vergebung. Der vagabundierende Mönch zog sich dann in ein Kloster zurück und die Bauern kehrten in die offizielle Kirche zurück. Das ist ein gelungener Fall einer Konversion ohne die Hilfe der Gendarmerie!“[220]

Berichte der Gendarmerie zeigen hingegen, dass diese Erfolgsgeschichte fast vollständig erfunden worden war. Galaction Ciobanul kehrte zwar für kurze Zeit in die rumänisch-orthodoxe Kirche zurück, nachdem er mit einigen altkalendaristischen Gemeinschaften aus dem Kreis Bălţi in Konflikt geraten war. Da er für sie nicht mehr arbeiten wollte und nach dem Verlassen der Gemeinschaften weder Unterkunft noch Geld hatte, bat er Sebastian Mârza um Hilfe. Die Eparchieleitung akzeptierte seine Rückkehr und stellte ihm einen Platz in einem bessarabischen Kloster zur Verfügung. Ciobanul fühlte sich aber dort nicht wohl und hatte auch nicht vor, den neuen Kalender zu akzeptieren. Daher verließ er das Kloster und ging in die Moldau, wo er eine Stelle als altkalendaristischer Priester bei der Gemeinschaft von Tansa im Kreis Iaşi fand.[221]

Die Berichterstattungen der rechten und linken Zeitungen wiesen aber auch einige Gemeinsamkeiten auf: Alle besaßen sie nur wenige Informationen über die altkalendaristische Bewegung, pflegten einen nachlässigen Umgang mit Zahlen und Daten über die Altkalendaristen und nahmen eine relativ kritische Haltung gegenüber der Amtskirche ein – auch diese, hieß es, trage Verantwortung in dieser Sache. Die Berichte der Bukarester Zeitungen dienten den jeweiligen politischen Interessen und lieferten Argumente für politische Auseinandersetzungen; sehr ausgeprägt war diese Tendenz vor allem bei *Apărarea Naţională*. Sie waren auch ein Spiegelbild der politischen Klasse, welche mit den Konflikten im Zentrum zu sehr beschäftigt war, um sich mit den Problemen des Landvolks ernsthaft auseinanderzusetzen. Obwohl *Dimineaţa* und *Adevărul* auch sehr oberflächlich über die Altkalendaristen berichteten, war die Argumentation im Ganzen verglichen mit *Universul* oder *Porunca Vremii* viel ausgewogener und distanzierter, in der Wortwahl wie auch in der Interpretation der Ereignisse.

Es waren vor allem die Dorfpriester, welche die schwierige Aufgabe überantwortet bekamen, die Modernisierung ihrer Parochien durchzuführen – mit den Methoden, die sie für richtig hielten, und den finanziellen Mitteln vor allem der orthodoxen Gläubigen, der-

219 Biserica misionară şi problema stilismului, *Ţara Noastră* 14.1.1936, enthalten in: CNSAS, Fond Documentar, D015283, 58.

220 Wie eben.

221 CNSAS, Fond Documentar, D015261, 529 [Aussage Galaction Ciobanus vom Oktober 1936 betr. seine Tätigkeit als altkalendaristischer Priester].

selben Gläubigen also, die in so großer Zahl gegen die Kirche rebellierten. Weniger ideologisch ausgerichtete Blätter als die erwähnten rechts- und linksorientierten Zeitungen fehlten ebenso, wie es an Vereinen mangelte, die weder kirchen- noch staatsnah gewesen wären und das Kalenderproblem aus der Perspektive der Bauern zu verstehen versucht hätten. Die spärlichen Erfolge, welche die Kirche und das Kultusministerium mit ihren Maßnahmen erzielten, wurden durch die politischen Entwicklungen in den 1930er Jahren weiter unterminiert. Aufgrund seines wegen der sowjetischen Gebietsansprüche nicht vollends geklärten Status war Bessarabien unmittelbar vom Aufstieg NS-Deutschlands und der Radikalisierung der sowjetischen Außenpolitik betroffen. Dies wirkte sich auch auf die altkalendaristische Bewegung aus.

3 Rumänische Nationalisten, russische Priester: der Aufschwung der Altkalendaristen

Ende der 1920er Jahre untersuchten Angehörige des Rumänischen Sozial-Instituts die Gründe für den kalendarischen Konflikt in Bessarabien und mussten dabei feststellen, dass die orthodoxen Kirchen leer standen. Viele Gläubige besuchten im besten Fall die Gottesdienste an Feiertagen nach dem alten Kalender, ansonsten hielten sie sich von den Parochie-Angelegenheiten fern. Anstatt mit ihren Priestern zu streiten und sie von der Bedeutung des alten Kalenders zu überzeugen, ersparten sich die Bauern eine direkte Konfrontation.[1]

In den ersten Jahren dominierten im kalendarischen Konflikt eher Formen von passivem Widerstand, wie sie der Anthropologe James C. Scott als wesentliches Element bäuerlichen Widerstands analysiert hat. Und wenngleich ab 1929 die ersten Anzeichen eines organisierten Widerstands auftraten und immer mehr Gläubige aus der Amtskirche innerlich austraten, erreichten die Reformverweigerer in der Zwischenkriegszeit keine feste Organisation. Solange unter den Altkalendaristen keine zentrale Führung bestand und ihre Gemeinschaften nach außen hin keine Vertreter hatten, versuchten andere Gruppen, das Protestpotential und die Unzufriedenheit der Gläubigen für ihre Zwecke zu nutzen.

Die Frage nach der taktischen Instrumentalisierung der Altkalendaristen durch andere Organisationen interessierte auch die staatlichen und kirchlichen Behörden. Dahinter steckte die Absicht, die Verantwortung für den wachsenden Zulauf zu den Kalendergegnern auszulagern. Die gängigste Erklärung lautete, dass die Pläne des Zentrums gescheitert seien, da antinationale Kräfte den Modernisierungsprozess und die vollständige Integration Bessarabiens in die staatlichen Strukturen Rumäniens zu verhindern trachteten. Rumänische Mönche vom Berg Athos, die Russisch-orthodoxe Kirche im Ausland und die LANC seien die eigentlichen Rädelsführer im Kampf gegen die kalendarische Modernisierung gewesen. Die vorhandenen Dokumente zeigen, dass sie allesamt in der Tat ein Interesse an den Altkalendaristen hatten. Ihr Einfluss auf die Altkalendaristen

[1] Ernest BERNEA, Contribuții la problema calendarului în satul Cornova, *Arhivă pentru știință și reformă socială. Organul Institutului Social Român* 1–4 (1932), 191–204.

blieb jedoch begrenzt, denn als sie auf diese aufmerksam wurden, waren die Bauern schon längst offen unzufrieden. Dennoch wirkte ihr Mitmischen im kalendarischen Konflikt gleichsam als eine „Ergänzung" des Widerstands: Während der Berg Athos und die Russisch-orthodoxe Kirche im Ausland den Altkalendaristen vor allem Argumente für die Ablehnung des neuen Kalenders lieferten und ihnen Propagandamaterial zur Verfügung stellten, kam die LANC den altkalendaristischen Gemeinschaften in organisatorischen Angelegenheiten entgegen. Die Maßnahmen, welche die Kirchenleitung in Kooperation mit den verschiedenen Ministerien traf, verhinderten indessen, dass sich die Altkalendaristen einer dieser Gruppen anschlossen.

Der Berg Athos: eine Quelle des Widerstands

Im zugänglichen Teilnachlass des Patriarchen Miron Cristea im Bukarester Nationalarchiv finden sich nur wenige Spuren der altkalendaristischen Bewegung. Ein anonymer Brief, den der Patriarch am 28. Juni 1938 erhielt, ist jedoch eine aufschlussreiche Quelle. Darin bat ein ehemaliger Altkalendarist Cristea um die Entlassung der Altkalendaristen aus den Gefängnissen und darum, jene, die noch in Prozesse verwickelt waren, von ihrer Schuld zu befreien. Der Altkalendarist schilderte dem Oberhaupt der Rumänisch-orthodoxen Kirche seine eigene Lebensgeschichte und vor allem ein Schlüsselmoment für seinen Übertritt zum Altkalendarismus. Er entstammte einer bescheidenen altkalendaristischen Bauernfamilie aus einem Dorf in der Moldau und misstraute als Jugendlicher dem neuen Kalender, war aber von den altkalendaristischen Ideen auch nicht überzeugt. Erst nachdem er die Briefe und die Broschüren von Mönchen vom Berg Athos gegen die Kalenderreform gelesen hatte, waren alle seine Zweifel am Altkalendarismus ausgeräumt. Nach der Lektüre „dieser wichtigen Schriften" entschied er, sich der altkalendaristischen Gemeinschaft in seinem Dorf anzuschließen.[2] Innerhalb der altkalendaristischen Gemeinschaft fand er einen Sinn im Leben und einen Zusammenhalt. Ihn wie auch die anderen Gläubigen schmerzten die Zusammenarbeit der Amtskirche mit dem Innenministerium und die Einmischung der Gendarmerie in den kalendarischen Konflikt. Der Altkalendarismus hingegen war seiner Meinung nach keine „Bewegung mit fremden Wurzeln". Die Kirche wäre zur Versöhnung mit den Bauern in der Lage gewesen, „wenn sie sie nicht so vernachlässigt hätte". Es gibt übrigens keine Hinweise, dass der Patriarch auf diesen Brief reagiert hat. Da er damals eine der höchsten politischen Funktionen im Land – Präsident des Ministerrates, also de facto Regierungschef – erreicht hatte, war er wohl mit anderen Angelegenheiten beschäftigt.

Vertreter von Staat und Kirche erkannten früh, dass nicht nur die Mitglieder der Russisch-orthodoxen Kirche im Ausland eine Kampagne gegen den neuen Kalender inner-

[2] ANR, Miron Cristea, 6, 87–91 [Anonymes Schreiben an Patriarch Cristea vom 28.6.1938].

halb der Amtskirche führten, sondern auch die rumänischen Mönche vom Berg Athos.[3] Die Siguranţa erklärte 1929 die Außeneinflüsse auf den kalendarischen Widerstand wie folgt: „Es gibt zwei Arten von Agitation gegen die Kalenderreform: Agitation, die von den Bauern selbst ausgeht, und solche, die von außen kommt. Die von außen erfolgt auf zwei Wegen: vom Heiligen Berg Athos – aus materiellen Gründen – und von der Dritten Internationale in Moskau – aus politisch-subversiven Gründen."[4]

Die Mönche vom Berg Athos gehörten innerhalb der Gesamtorthodoxie zu den eifrigsten Gegnern der Kalenderreform.[5] Nach deren Ankündigung innerhalb der rumänischen Kirche und verstärkt nach den kalendarischen Konflikten rund um die Ostertermine von 1926 und 1929 zogen sich auch aus Rumänien weitere Reformverweigerer, Mönche wie Laien, auf den Berg Athos zurück. Dort wurden sie vor allem in der rumänischer Skite Podromu beherbergt.[6]

Die Sicherheitsorgane in Bessarabien berichteten 1927, dass sie seit der Ankündigung der Kalenderreform zahlreiche Anfragen nach Ausreisen auf den Heiligen Berg Athos bekamen:

> „Vor ihrer Auswanderung auf den Berg Athos verkaufen Bauern ihr ganzes Vermögen. Sie verlassen ihre Familien, weil sie es nicht ertragen können, den alten Kalender, den sie von ihren Vorfahren geerbt haben, zu ändern. Dort angekommen schreiben sie aber ihren Verwandten, dass diese den Glauben, in dem sie geboren wurden, nicht ändern sollen. Diesen Glauben können sie nur dann finden, wenn sie den alten Kalender behalten."[7]

In den 1930er Jahren wanderten erneut Mönche und Nonnen aus, nachdem die Kirchenleitung sie aufgrund ihres Widerstands gegen die Kalenderreform aus den Klöstern

[3] ANRM, 1217, 1, 448, 5 [Mitteilung der Heiligen Synode an die Eparchie Hotin-Bălţi vom 2.1.1930 betr. Maßnahmen der Kirchenleitung gegen die Propaganda der Mönche vom Berg Athos gegen die Kalenderreform in Rumänien]; Circulări, Episcopia Hotinului: *Foaie Eparhială oficială* 3–4/1930, 24f.

[4] ANR, Direcţia Generală a Poliţiei, 1926/19, 192–194 [Mitteilung der Siguranţa an den Innenminister vom 3.6.1929 betr. Propaganda gegen die Kalenderreform].

[5] Während grundsätzlich alle Mönche des Athos gegen die Kalenderreform waren (und noch heute in der ganzen Athosrepublik kirchlich der julianische Kalender gilt), leisteten einige aktiv Widerstand. Die sog. „Heilige Union der Zeloten-Mönche", der 450 Mönche und Erzmönche auf dem Berg Athos angehörten, verteidigte den alten Kalender und kritisierte den Patriarchen von Konstantinopel, dem der Athos untersteht. 1927 wurden 19 der aktivsten Mitglieder vom heiligen Berg vertrieben, und die obige Organisation wurde verboten. Siehe: Slesarev, Starostil'nyj raskol v istorii Pravoslavnoj Cerkvi, 271.

[6] CNSAS, Fond Documentar, D015261, 1047 [Mitteilung Barbu Pâräianus an die Heilige Synode vom 5.12.1936 betr. Verbindungen zwischen Altkalendaristen und dem Berg Athos]. Neben Podromu existierte auf dem Athos noch eine weitere rumänische Skite, nämlich Lacu – diese taucht allerdings in den vorhandenen Dokumenten nicht als Rückzugsort der Kalendergegner auf.

[7] ANR, Direcţia Generală a Poliţiei, 1926/19, 9 [Mitteilung der Siguranţa an den Innenminister vom 12.4.1927 betr. den Wunsch vieler Altkalendaristen, zum Berg Athos zu reisen].

entlassen hatte. Viele Reformverweigerer gingen wieder auf den Berg Athos oder nach Jerusalem.[8] Die Amtskirche unterstützte ihre Ausreise, weil sie sich durch ihren Abgang irrtümlich eine Lösung des Kalenderproblems erhoffte. Die „Kalenderflüchtlinge" pflegten aber, wie aus ihrer zum Teil erhaltenen Korrespondenz hervorgeht, noch enge Kontakte mit den Altkalendaristen in Rumänien. Manche kehrten sogar nach einiger Zeit zurück.

Eine Gemeinsamkeit in den Lebensläufen wichtiger religiöser Altkalendaristenführer der 1930er Jahre bestand darin, dass sie sich nach der Kalenderreform einige Zeit auf dem Berg Athos aufgehalten hatten. Auch einer der bedeutendsten Altkalendaristenführer der Periode nach 1940, Sabin Oţa, lebte von ca. 1924 bis 1940 in einem der dortigen Klöster.[9] Diese Klöster können daher, neben ihrer Funktion als ideologische Quelle gegen die Reform, durchaus auch als Kaderschmiede für religiöse Führungskräfte des Altkalendarismus betrachtet werden.

Staats- und Kirchenvertreter hatten lange Zeit den Eindruck, dass die Russisch-orthodoxe Kirche im Ausland und der Berg Athos die altkalendaristische Bewegung in regelrechte Einflusssphären aufgeteilt hatten. Denn während die Altkalendaristen in der Moldau sich stärker unter dem Einfluss der Klöster vom Berg Athos befanden, wurden jene in Bessarabien von den „Agitatoren der russischen Minderheit" unterstützt.[10] Dieser regionsweise Unterschied existierte zwar, war aber wahrscheinlich keiner strategischen Entscheidung geschuldet, sondern eher aus der sozialen und kirchlichen Konstellation entstanden. Während viele ausgewanderte Mönche aus der Moldau stammten und Kontakt mit ihren Familien pflegten, stammten die aus Rumänien kommenden Anhänger der Russisch-orthodoxen Kirche im Ausland aus Bessarabien. Ideologisch unterschieden sich die beiden Gruppen kaum – sie vertraten die gleiche ablehnende Position gegenüber der Modernisierung der Orthodoxie. Auf der übernationalen kirchlichen Ebene pflegten sie enge Kontakte miteinander und unterstützten sich gegenseitig in ihrem Kampf gegen die Kalenderreform.[11] Die Botschaft der Mönche vom Berg Athos erreichte sowohl die Altkalendaristen in Bessarabien als auch diejenigen in der Moldau. Die altkalendaristischen Gläubigen wussten zum Beispiel, dass der Berg Athos ihnen Priester für ihre zukünftigen altkalendaristischen Kirchen schicken werde. Sie glaubten aber auch fest daran, dass der Bischof der Russisch-orthodoxen Kirche im Ausland, Serafim Lade, ihre Parochien mit kirchlichem Personal unterstützen werde. Daraus wird klar: Diese beiden Gruppen stellten für die Altkalendaristen keinen Gegensatz dar.[12] Mitte der 1930er Jahre begann sich diese räumliche

[8] CNSAS, Fond Documentar, D015261, 193f. [Beschluss der Metropolie von Moldau vom 22.9.1930 betr. die Entlassung aller Mönche, welche die Kalenderreform ablehnen].

[9] CNSAS, Fond Informativ I161963, Vol. 1, 17 [Kopie eines Ansuchens Oţa Sabins an den Innenminister vom 16.12.1964 betr. Wohnrecht in Bucureşti].

[10] CNSAS, Fond Documentar, D015261, 351–366 [Bericht Bf. Simedreas an die Heilige Synode von 1936 betr. die altkalendaristische Bewegung].

[11] Slesarev, Starostil'nyj raskol v istorii Pravoslavnoj Cerkvi, 271.

[12] ANR, Inspectoratul General al Jandarmeriei, 1936/64, 35–58, hier 36 [Monatsbericht der Informationsabteilung der Polizei Bălţi an das Zentralinspektorat der Gendarmerie in Bukarest

Teilung aufzulösen, als viele Mönche aus der Moldau nach Bessarabien flohen, wo die Kontrolle durch die Kirche und die Sicherheitsorgane weniger stark war und die altkalendaristischen Gemeinschaften eher bereit waren, die Mönche vor der Gendarmerie zu schützen.[13]

Wie die Verbindungen der Altkalendaristen zu den Klöstern vom Berg Athos im Detail funktionierten, ist aufgrund der Quellenlage schwer zu rekonstruieren. Einige Briefe und Broschüren, welche sich in den Polizei- und Gerichtsakten erhalten haben, eröffnen aber Einblicke in diese Zusammenarbeit. Man kann nachvollziehen, wie die Mönche den Widerstand gegen den neuen Kalender erklärten und eine übernationale orthodoxe Gemeinschaft, bestehend aus Altkalendaristen, aufzubauen versuchten. Wie sich die beiden rumänischen Athosklöster dabei jeweils engagiert und gegebenenfalls in ihrem Engagment unterschieden haben, auch wie oder wie weit sie den Widerstand gegen die Kalenderreform in Rumänien lenkten und wie viele Mönche daran beteiligt waren, sind Fragen, die noch weitere Forschungen benötigen.

Mönche vom Athos gaben nicht nur ausführliche Erklärungen gegen die Kalenderreform ab, sondern sie produzierten auch Propagandamaterial dagegen. In ihren Klöstern wurden wichtige altkalendaristische Broschüren und Kalender nach dem alten Stil gedruckt.[14] In Rumänien war es verboten, solche Materialien herauszugeben. Sogar die schon ab dem späten 17. Jahrhundert als altgläubige Religionsflüchtlinge im Donaudelta etablierten ostslawischen Lipowaner, denen es behördlich erlaubt gewesen war, den alten Kalender zu verwenden, durften ab ca. 1935 keine Kalender nach dem alten Stil mehr veröffentlichen.[15] Mönche, die sich auf dem Berg Athos aufhielten, schickten Kalender und Broschüren nach Rumänien oder brachten sie mit, wenn sie zu Besuch kamen.[16] Die Altkalendaristen finanzierten den Druck von Kalendern und Broschüren durch Geldsendungen teilweise selbst und betrieben auch Handel damit. Der Verkauf von Propagandamaterial vom Berg Athos besaß auch eine wirtschaftliche Komponente und stellte für viele altkalendaristische Gemeinschaften eine wichtige Einnahmequelle dar.[17]

vom Mai 1936 betr. Bemühungen der Altkalendaristen in Bessarabien um ihre rechtliche Anerkennung].

13 CNSAS, Fond Documentar, D015261, 351–366 [Bericht Bf. Simedreas an die Heilige Synode von 1936 betr. die altkalendaristische Bewegung].

14 CNSAS, Fond Documentar, D013408, Vol. 4, 65 [Mitteilung der Polizei Huşi an das Regionalinspektorat der Polizei Iaşi vom 16.3.1934 betr. Propagandamaterialien der Altkalendaristen]; ANR, Direcţia Generală a Poliţiei, 1926/19, 192–194 [Mitteilung der Siguranţa an den Innenminister vom 3.6.1929 betr. Propaganda gegen die Kalenderreform].

15 ANR, Ministerul Cultelor şi Artelor, 1936/158, 115 [Anfrage des Innenministeriums an das Kultusministerium vom 30.12.1936 betr. die Verwendung von Kalendern nach dem alten Stil durch die Lipowaner].

16 CNSAS, Fond Documentar, D013408, Vol. 4, 65 [Mitteilung der Polizei Huşi an das Regionalinspektorat der Polizei Iaşi vom 16.3.1934 betr. Propagandamaterialien der Altkalendaristen].

17 CNSAS, Fond Documentar, D015261, 160 [Mitteilung Barbu Pâräianus an die Heilige Synode vom August 1936 betr. von den Altkalendaristen beschlagnahmtes Propagandamaterial]; ANR, Ministerul Justiţiei-Direcţia Judiciară, 1936/98, 150 [Mitteilung der Gendarmerie Bălţi an das

Altkalendaristen betrachteten, wie sie in ihren Broschüren erläuterten, die Klöster vom Berg Athos als „die wichtigsten Hüter der Orthodoxie über die Jahrhunderte" und hatten großes Vertrauen in die Schriften der Mönche.[18] Da sie selbst in der Zwischenkriegszeit nur sehr wenig schrieben, dienten ihnen die Broschüren und andere Schriften der Mönche als ideologische Stütze. Zudem waren sie zunächst mehr damit beschäftigt, die Kalenderreform rückgängig zu machen, während sie sich später, als man von einer altkalendaristischen Ideologie reden konnte, um die Erlangung eines legalen Status für ihre Gemeinschaften bemühten. Führende Mitglieder waren oft in Streitigkeiten verwickelt und mussten sich um die Organisation der Bewegung kümmern, wenn sie nicht gerade auf der Flucht waren. Es fehlten ihnen die Zeit und die Mittel, sich auf einer ideologischen Ebene intensiver mit der Kalenderreform auseinanderzusetzen und altkalendaristisches Propagandamaterial zu produzieren. Dies lässt sich an den altkalendaristischen Broschüren – das sind die ausführlichsten altkalendaristischen Schriften aus der Zeit – klar erkennen. Es handelte sich dabei um keine Abhandlungen über die Kalenderreform und keine tiefgreifenden Darstellungen einer altkalendaristischen Ideologie, sondern um eher hastig verfasste Antworten auf die Vorwürfe, welche die Kirchenleitung und die Behörden den Reformverweigerern machten.[19] Die Schriften der Mönche vom Berg Athos waren also für den inneren Zusammenhalt der Bewegung wichtig und dienten den Altkalendaristen auch dazu, weitere Anhänger zu rekrutieren. Darüber hinaus nutzten die Reformverweigerer die Broschüren vom Berg Athos auch dazu, ihren Widerstand gegen die Kalenderreform nach außen zu erklären. So war etwa ein wichtiges Argument der rumänisch-orthodoxen Kirche gegen den Altkalendarismus dessen Unwissenschaftlichkeit: Den Altkalendaristen wurde immer wieder vorgeworfen, dass die Ablehnung des neuen Kalenders sich auf keine wissenschaftlichen oder schriftlichen Argumente stützte. In solchen Fällen konnten die Altkalendaristen dann auf die Schriften der Mönche rekurrieren.[20]

Dass die Athosklöster aus materiellen und nicht aus ideologischen Gründen den Widerstand gegen die Kalenderreform in Rumänien unterstützten, davon war beispielsweise die Siguranţa überzeugt. Sie besaßen noch zahlreiche Skiten in Rumänien, welche bei den rumänischen Gläubigen beliebt waren. Da die Skiten nach 1924 den neuen Kalender, ihre Mutterklöster vom Berg Athos jedoch den alten verwendeten, drohten den Letzteren Einkommensverluste. Die Gläubigen gaben vor den Feiertagen den Skiten große Spenden und verlangten dafür bestimmte Dienste vom Berg Athos. Mit der zeitlichen Desynchronisation wäre der Sicherheitspolizei zufolge eine solche Zusammenarbeit nicht mehr möglich.[21]

Zentralinspektorat Bukarest vom 15.6.1936 betr. Entwicklungen unter den Altkalendaristen im Norden Bessarabiens]; ANR, Direcţia Generală a Poliţiei 1936/53, 17f. [Mitteilung des Zentralinspektorats der Polizei vom 27.3.1936 betr. die Propaganda der Altkalendaristen in Bessarabien].

18 [O. V.,] Apărarea noastră a ortodocşilor, 1936, ohne Seitenangaben.

19 Wie eben.

20 Wie eben.

21 ANR, Direcţia Generală a Poliţiei, 1926/19, 192–194 [Mitteilung der Siguranţa an den Innenminister vom 3.6.1929 betr. Propaganda gegen die Kalenderreform].

In der Zusammenarbeit zwischen dem Berg Athos und den Altkalendaristen spielte die ideologische Dimension aber eine zumindest ebenso wichtige Rolle wie die materielle. Die Mönche versuchten ein enges Verhältnis mit den Reformverweigerern aufzubauen und ihnen religiöse Betreuung aus der Ferne zu bieten.[22] Als Beispiel sei ein Brief des Mönches Gherasim Schimonahul vom März 1934 an seine Anhänger angeführt, in dem er die Bedeutung des alten Kalenders erklärte und zum Schluss kam: „Wir haben [durch die Ablehnung der Kalenderreform] die Wahrheit begriffen. Ihr müsst das auch tun. Denn nachdem wir die Wahrheit kennen, müssen wir sie mit dem ganzen Glauben verteidigen."[23] Er schickte den Altkalendaristen auch Broschüren und gab ihnen sehr genaue Anweisungen, wie sie zu lesen waren: „Lest mit aller Frömmigkeit diese heiligen Büchlein, weil ihr darin die Wahrheit finden könnt. Falls ihr sie nicht findet, dann schickt mir mehr Geld [parale] und ich werde euch mehr Material senden. Kümmert euch um eure Seele, weil sie das Wertvollste im Leben ist."[24]

Die Korrespondenz von Gherasim Schimonahul enthält auch detailliertere Informationen für die Altkalendaristen in Rumänien über die Pläne der Athosmönche. Die Reformverweigerer seien Schimonahul zufolge Teil einer großen orthodoxen Gemeinschaft, welche sich unter dem Schutz der Athosmönche befinde. Als Bestätigung dafür fügte er einen Brief griechischer Mönche an die rumänischen Altkalendaristen an. Darin berichteten griechische Reformverweigerer über ihren langjährigen Kampf gegen die Kalenderreform. In einem Kommentar zu diesem Brief suggerierte der Mönch die Zugehörigkeit der Altkalendaristen zu einer größeren altkalendaristischen Gemeinschaft und hob gleichzeitig die Vorbildfunktion anderer Altkalendaristen für die Reformverweigerer in der Kirche hervor:

> „Meine geliebten Brüder, diesen Brief haben wir von der griechischen Bevölkerung bekommen, welche wie wir seit 12 Jahren für das Behalten des alten orthodoxen Kalenders kämpft. Durch ihre Tapferkeit hat sie es geschafft, den alten Kalender in ihre Kirche zurückzubringen. Das hellenische Volk ist zur Orthodoxie zurückgekehrt. Es wollte nicht mehr in einem Schisma leben und das können wir auch nicht länger erlauben. Ihr, das rumänische Volk, [...] ihr könnt nicht so weitermachen! Die Wissenschaft und der Fortschritt haben immer den Glauben gehasst, waren aber gegenüber der Religion immer hilflos. [...] Eine nationale und religiöse Bewegung kann in Rumänien nur mit Hilfe der Altkalendaristen gelingen. Sie sind die Einzigen in diesem Land, die noch einen Glauben haben. In euren Händen befindet sich die Zukunft dieses Volkes."[25]

22 CNSAS, Fond Documentar, D015261, 1047 [Mitteilung Barbu Pârăianus an die Heilige Synode vom 5.12.1936 betr. Verbindungen zwischen Altkalendaristen und dem Berg Athos].

23 CNSAS, Fond Documentar, D015261, 1052 [Kopie eines Briefes Gherasim Schimonahuls vom 25.5.1934, beschlagnahmt von der Gendarmerie Tutova].

24 CNSAS, Fond Documentar, D015261, 1053 [Kopie eines Briefes Gherasim Schimonahuls von 1935, beschlagnahmt von der Gendarmerie Tutova].

25 CNSAS, Fond Documentar, D015261, 162–165, hier 165 [Broschüre über den Kirchenkalender mit einer angeblichen Botschaft von den Metropoliten der Orthodoxen Autokephalen Kirche, 1936].

Die Mönche vom Athos versuchten die genaue Richtung der Entwicklung der altkalendaristischen Bewegung vorzugeben. Der Protest der Altkalendaristen sollte nicht ohne klare Ziele und Pläne stattfinden. Nach Auffassung der Mönche könnten die Altkalendaristen mit ihren Gemeinschaften die Rolle der Nationalkirche übernehmen und mit der Mission einen entscheidenden Beitrag zum Aufbau des Nationalstaats leisten.

Zu groß und unübersichtlich war allerdings der Widerstand gegen die Kalenderreform, als dass die Mönche vom Berg Athos die vollständige Kontrolle über die altkalendaristische Bewegung erlangen hätten können. Wie die Korrespondenz aus der Mitte der 1930er Jahre zeigt, war der Athos mit dem aktiv praktizierten Altkalendarismus nicht einverstanden. Er unterstützte die Organisation der Altkalendaristen in geschlossenen altkalendaristischen Gemeinschaften nicht, wie sie die Altkalendaristenführer Glicherie Tănase in der Moldau und Nicolai Climovici in Bessarabien betrieben. Die Athosmönche standen, soweit es sich feststellen lässt, für eine Machtübernahme der Altkalendaristen innerhalb der Rumänisch-orthodoxen Kirche und nicht für eine Spaltung bzw. die Gründung einer neuen Kirche, worauf die führenden Altkalendaristen Mitte der 1930er Jahre abzielten und was sie teilweise auch umsetzten. Die Mönche warfen den Altkalendaristenführern vor, nicht die Interessen der Orthodoxie zu vertreten und sich zu stark an die Bedürfnisse der Bauern anzupassen: „Da tauchte plötzlich einer wie der Priester Glicherie auf und gründete aus eigener Initiative eine Armee. Mit dieser konfrontierte er dann die kirchliche und weltliche Herrschaft.“[26] Die Mönche vom Berg Athos unterstützten ihn nicht, obwohl er sie mehrmals um Hilfe ersucht hatte. 1937 machte ein Athosmönch noch deutlicher, dass der Athos keine Unterstützerrolle in der altkalendaristischen Bewegung mehr spielte: „Die Angelegenheit der rumänischen Altkalendaristen hängt von den Mönchen vom Heiligen Berg Athos nicht ab, sondern von der Torheit einiger Führer, die nur auf das Volk hören und unfähig sind, nach dem Willen Gottes zu agieren.“[27]

Vielleicht hatten die Klöster präzise Vorstellungen davon, wohin der Widerstand gegen die Kalenderreform führen sollte. Doch es fehlten ihnen genauere Pläne und auch die Mittel, die Vorhaben umzusetzen. Ihre Botschaft brauchte lange, bis sie die Altkalendaristen erreichte, und der Erfolg ihrer Aktionen hing von der Loyalität und der finanziellen Unterstützung durch ihre innerrumänischen Anhänger ab. Die Mönche waren aus der Ferne mit den Problemen des altkalendaristischen Alltags und mit anderen kalendarischen Angelegenheiten, die rasche Unterstützung benötigt hätten, nicht vertraut. Obwohl es Fälle gab, in denen die Mönche die Organisation des Widerstands auf Dorfebene selbst übernahmen, geschah dies in der Regel nur punktuell. So berichtete die Gendarmerie darüber, wie ein Mönch vom Berg Athos, Ştefan Mocanu, der im März 1934 seine Ver-

[26] ANR, Inspectoratul General al Jandarmeriei, 1937/25, 371f. [Kopie eines Briefes Ion Halmăcianus vom Berg Athos an den Priester Emilian vom 31.8.1937, beschlagnahmt von der Siguranţa].

[27] ANR, Inspectoratul General al Jandarmeriei, 1937/25, 371f. [wie eben]; CNSAS, Fond Documentar, D015261, 873 [Aussage Emilian Gheorghe Hălmăceanus vom Oktober 1936].

wandten besuchte, binnen kurzer Zeit zwei Dörfer aus dem Kreis Huşi in der Moldau zum Altkalendarismus überführte. Der Mönch hatte zahlreiche Broschüren, Ikonen und Kalender nach dem alten Stil mitgebracht. Drei Tage lang brauchte er, bis er seine Mutter und seine Verwandten überzeugt hatte, dass sie den neuen Kalender nicht akzeptieren dürften. Nach Gesprächen mit dem Mönch gingen die Bauern nicht mehr in die Kirche, weil dort die „Papisten", welche sie als „Teufel" betrachteten, predigen würden. Die Gendarmerie stellte fest, dass innerhalb weniger Tage dieselben Ideen sich auch in den benachbarten Dörfern verbreiteten. Nachdem der Mönch das Dorf wieder verlassen hatte, überließ er alle praktischen Aufgaben den frisch „bekehrten" Altkalendaristen.[28]

Ohne Zweifel erschwerten auch die Behörden und die Amtskirche die Arbeit der Mönche. Im Modernisierungskampf zwischen der Rumänisch-orthodoxen Kirche und den Klöstern vom Berg Athos holte sich die Heilige Synode immer wieder staatliche Hilfe. Die Zusammenarbeit zwischen ihr und dem Innenministerium gegen die Mönche begann nach den kalendarischen Konflikten von 1929, als die Regierung sich bereit erklärt hatte, mit Hilfe der Sicherheitsorgane den Briefwechsel zwischen den Mönchen und den altkalendaristischen Bauern zu überwachen.[29] Die in den Archiven überlieferten und hier analysierten Broschüren und Briefe wurden Mitte der 1930er Jahre als Folge dieser Entscheidung beschlagnahmt. Das Innenministerium bestätigte 1936 erneut seine Unterstützung in dieser Angelegenheit.[30] Der Patriarch Miron Cristea wandte sich 1937 mit der folgenden Bitte noch einmal an den Kultusminister Victor Iamandi von der PNL:

> „Mönche vom Athos fordern in ihren Briefen die Stilisten im ganzen Land auf, den neuen Kalender abzulehnen. Herr Minister, Sie müssen aber verstehen, dass auf diese Weise der Widerstand gegen den neuen Kalender weiterbestehen wird. Deswegen müssen Sie die Korrespondenz dieser Mönche stoppen. Die einzige Lösung ist, dass die ganze Korrespondenz vom Athos und sogar aus Jerusalem, Konstantinopel, Athen, Jugoslawien und Wien (von Serafim [Lade]) zensuriert wird. Das sind die wichtigsten Orte, welche zum Widerstand gegen den neuen Kalender aufrufen. Diese Maßnahmen sind sowohl im Interesse der Kirche als auch für die staatliche Sicherheit notwendig."[31]

Der Kultusminister zeigte sich verständnisvoll gegenüber den Sorgen des Patriarchen und erklärte ihm, dass für diese Angelegenheit die Siguranţa und nicht sein Ministerium zuständig sei. Der Patriarch sollte sich daher mit seiner Bitte an das Innenministerium wen-

[28] CNSAS, Fond Documentar, D013408, Vol. 4, 65 [Mitteilung der Polizei Huşi an das Regionalinspektorat der Polizei Iaşi vom 16.3.1934 betr. Propagandamaterialien der Altkalendaristen].

[29] ANRM, Episcopia Hotinului, 1217, 1, 381, 29 [Kopie einer Mitteilung des Kultusministers an die Heilige Synode von 1929 betr. Maßnahmen zur Anwendung der Kalenderreform].

[30] ANRM, Episcopia Hotinului, 1217, 1, 381, 29 [wie eben]; ANR, Ministerul Justiţiei-Direcţia Judiciară, 1936/98, 170f. [Mitteilung des Gerichts Bălţi an den Justizminister vom 3.8.1936 betr. die Ergebnisse des Treffens vom 11.6.1936 zwischen dem Innenminister und verschiedenen Kirchenvertretern].

[31] ANR, Ministerul Cultelor şi Artelor, 1937/134, 10 [Mitteilung des Patriarchen Cristea an den Kultusminister vom 19.1.1937 betr. die Verbindungen zwischen Mönchen vom Berg Athos und Altkalendaristen in Rumänien].

den.[32] Der Hilferuf des Patriarchen von 1937 zeigt, dass die Siguranța die Verbindungen zwischen den Mönchen und den Altkalendaristen doch nicht vollständig kontrollierte. Selbst nach der Niederschlagung der altkalendaristischen Bewegung im Herbst 1936 gab es noch mehrere gescheiterte Versuche seitens der Altkalendaristen, Hilfe vom Berg Athos zu erhalten.[33]

Die (Re-)Russifizierung der Altkalendaristen?

Als der 39-jährige Priester Vladimir Poljakov/Poleacov 1923 aus der Sowjetunion nach Bessarabien flüchtete, deutete nichts darauf hin, dass er wenige Jahre später den Widerstand der russisch-orthodoxen Gläubigen gegen die Reformen der Rumänisch-orthodoxen Kirche anführen würde. Der verwitwete Poleacov (wir verwenden hier weiterhin die Schreibung der rumänischen Akten) ließ sich gemeinsam mit seinen drei Kindern und seiner Mutter in Chişinău nieder, von wo die Familie ursprünglich stammte. Er hatte das russische Theologische Seminar von Chişinău besucht und weitere Seminare an der Theologischen Akademie in Kiew absolviert.[34] Nach seinem Studienabschluss war er für die Russisch-orthodoxe Kirche an unterschiedlichen Orten des Russischen Reiches tätig gewesen. Die rumänische Kirche verfolgte generell eine offene Politik gegenüber geflüchteten Klerikern aus der Sowjetunion: Die Kirche nahm sie auf, um sie in russischsprachigen Parochien einzusetzen. Aufgrund seiner Studien und Erfahrung wurde Poleacov für die Eparchie Chişinău als Missionspriester tätig. Seine Hauptaufgaben bestanden in der Organisation von Vorträgen gegen die Bolschewiki und gegen die Lebendige Kirche, also jene Abspaltung der russischen Kirche, die mit dem sowjetischen Regime zusammenarbeitete.[35]

Da Poleacov bald nach seiner Aufnahme in die rumänische Kirche offen eingestand, dass er die Kalenderreform ablehnte, verlor er seine Stelle als Missionspriester. Er zog sich ins Kloster Tabăra zurück, wo er bis 1927 blieb. Danach trat er aus der Rumänisch-orthodoxen Kirche aus und begann für die Russisch-orthodoxe Kirche im Ausland in Bes-

32 ANR, Ministerul Cultelor şi Artelor, 1937/134, 40 [Mitteilung des Minsteriums für Öffentliche Arbeiten und Kommunikation an das Kultusministerium vom 19.2.1937 betr. die Zensur der Korrespondenz über die Kalenderreform].

33 ANR, Ministerul de Interne – Diverse, 1939, 14 [Mitteilung des Innenministeriums an die Zentralinspektorate der Polizei und Gendarmerie vom 21.6.1939 betr. mögliche Korrespondenz zwischen den Altkalendaristen und dem Berg Athos].

34 ANR, Direcţia Generală a Poliţiei, 1926/68, 49f. [Telegramm des Regionalinspektorats der Polizei in Chişinău an das Zentralinspektorat in Bukarest vom 7.8.1930 betr. Maßnahmen gegen Vladimir Poleacov]; 87 [Mitteilung des Zentralinspektorats der Polizei in Bukarest an den Innenminister vom 4.12.1930 betr. allgemeine Informationen über Vladimir Poleacov].

35 ANR, Direcţia Generală a Poliţiei, 1926/68, 42 [Kopie einer Bestätigung Bf. Grosus vom 7.8.1930 betr. Vladimir Poleacovs Tätigkeit für die Eparchie Chişinău 1924/25].

sarabien zu arbeiten.[36] In kurzer Zeit kletterte er in der Hierarchie an die zweite Stelle direkt nach Bischof Serafim Lade. Seinen eigenen Angaben zufolge bestand seine Hauptaufgabe als Priester der ROKA darin, die Rechte der russisch-orthodoxen Bevölkerung zu verteidigen – vor allem nach der Einführung des neuen Kalenders und nach Abschluss des Konkordats zwischen dem rumänischen Staat und dem Vatikan im Jahr 1927.[37] In Chişinău eröffnete Poleacov ohne Genehmigung der Amtskirche oder des Kultusministeriums eine russisch-orthodoxe Kirche, wo er die Gottesdienste auf Russisch und nach dem alten Kalender zelebrierte.

Die russisch-orthodoxen Gläubigen waren 1918 plötzlich von den Angehörigen einer Staatskirche, die zu den tragenden Säulen des Russischen Reichs gezählt hatte, zu einer Minderheit in einem neukonstituierten Nationalstaat geworden. Viele blickten mit Nostalgie zurück und manche organisierten sich im Verein der russisch-orthodoxen Minderheit Rumäniens, dem sich auch Geflüchtete aus dem zerfallenen Russischen Reich anschlossen. In ihren Augen hatte die Russisch-orthodoxe Kirche in Bessarabien über Jahrzehnte hinweg eine zivilisierende Kraft dargestellt. Mit Unterstützung der ROKA versuchten sie, die Traditionen der russischen Orthodoxie zu bewahren. Mit den rumänischsprachigen Kalendergegnern in den nordbessarabischen Dorfparochien teilten sie die Verwendung des alten Kalenders und eine negative Einstellung zum Zentralstaat. Da sie über mehr Ressourcen als die Mönche vom Berg Athos verfügten, ging ihre Kooperation mit den Altkalendaristen tiefer. Die Auseinandersetzungen zwischen Amtskirche und staatlichen Behörden einerseits und Vladimir Poleacov und den russisch-orthodoxen Gläubigen Bessarabiens andererseits brachte Anfang der 1930er Jahre eine Verschärfung der Politik gegenüber den Altkalendaristen. Die Behörden trieb die Angst um, die Altkalendaristen könnten sich allesamt der ROKA anschließen und damit Staat und Kirche schweren Schaden zufügen. Die zunehmend negative Einstellung des Zentrums gegenüber den Altkalendaristen ist daher vor dem Hintergrund der Aktivitäten der Russisch-orthodoxen Kirche im Ausland zu sehen.

Die Amtskirche zögerte nicht lange, Poleacov für seine Rebellion zu bestrafen. Aus diplomatischen Gründen – war doch Rumänien Mitglied des Völkerbundes und hatte sich in der Friedensordnung nach dem Ersten Weltkrieg verpflichtet, die Minderheitenrechte zu wahren – musste die Kirchenleitung jedoch behutsam vorgehen. Metropolit Gurie Grosu informierte 1927 den Kultus- und den Innenminister über die Aktivitäten von Vladimir Poleacov und forderte sie auf, Maßnahmen dagegen zu ergreifen. Das Militärgericht von Chişinău leitete gegen den Priester rasch einen Prozess wegen „Verletzung der Gesetze und der staatlichen Ordnung“ ein. Damit war seine Tätigkeit gegen die Kalenderreform gemeint. Der Prozess endete noch im selben Jahr mit der Verurteilung

36 ANR, Direcţia Generală a Poliţiei, 1926/68, 163 [Kopie der Antwort Vladimir Poleacovs an die Eparchie Chişinău vom 19.1.1931].

37 Valeriu Pasat, Pravoslavie v Moldavii: vlast', cerkov', verujuščie. 1940–1953. Bd. 1. Moskva 2009, 278.

von Poleacov zu einem Monat Haft und einer Strafe von 5.000 Lei.[38] Obwohl Poleacov, zum Erstaunen vieler, 1927 die rumänische Staatsbürgerschaft erhalten hatte, entschloss er sich, Bessarabien zu verlassen. Die Siguranţa erlaubte ihm die Ausreise unter der Bedingung, dass er nie wieder nach Rumänien zurückkehren würde.[39] Er ging nach Serbien, wo er in einer Filiale der ROKA Unterkunft fand, während seine Familie in Chişinău blieb. Die serbisch-orthodoxe Kirche nahm ihn und eine Gruppe russischer Geistlicher in Karlowitz unter ihren Schutz. Poleacov wurde dort zum Bischof geweiht.[40] Der serbische Patriarch soll ihm sogar versprochen haben, sich bei der rumänischen Königsfamilie dafür zu verwenden, dem frisch geweihten Bischof die Rückkehr nach Rumänien zu erlauben und die Eröffnung einer eigenen russisch-orthodoxen Kirche, in der die Gläubigen den alten Kalender verwenden dürften, zu ermöglichen.[41]

Da Poleacov in Bessarabien seine Familie und noch viele Anhänger hatte, wollte er bald nach Chişinău zurückkehren.[42] Die Familie und Mitglieder des Vereins der russisch-orthodoxen Minderheit wandten sich in dieser Angelegenheit Ende 1929 an den Kultus- und den Innenminister, an die Königin Maria und deren Sohn Nicolae.[43] Das Verhalten Poleacovs solle nicht als Untreue gegenüber der rumänischen Kirche und dem rumänischen Staat verstanden werden, erklärten sie. Er lehne die Kalenderreform nicht aus Protest gegen den Staat ab, sondern weil er als Priester verpflichtet sei, die wahren orthodoxen Traditionen zu bewahren. Nach Ansicht seiner Bekannten sei er ein sehr guter, wenn auch sehr konservativer Priester. Poleacov sei fest davon überzeugt, dass „die Moderne mit ihren neuen Moden nur schädliche Neuerungen für die Orthodoxie" bringe. Konträr zu den Behauptungen der Behörden betrachte er sich nicht als Russe, sondern als Bessarabier, „der loyal zur Königsfamilie und seinem Mutterland Großrumänien" sei. Er stehe im Dienst des Staates und habe die Mission, „die Menschen von neuen teuflischen Strömungen wie dem Bolschewismus fernzuhalten."[44] Die Briefe ließen die Tätigkeit des

[38] ANR, Direcţia Generală a Poliţiei, 1926/19, 7 [Mitteilung der Siguranţa an den Innenminister vom 4.4.1927 betr. die Bestrafung Vladimir Poleacovs].

[39] ANR, Direcţia Generală a Poliţiei, 1926/68, 9 [Mitteilung der Siguranţa Târgu Jiu an das Zentralinspektorat der Polizei vom 30.4.1927 betr. Vladimir Poleacovs Ausreise]; 13 [Telegramm des Zentralinspektorats der Polizei an die Siguranţa Târgu Jiu vom 2.5.1927 aus gleichem Betreff].

[40] ANR, Direcţia Generală a Poliţiei, 1926/68, 22 [Telegramm des Regionalinspektorats der Gendarmerie in Chişinău an das Zentralinspektorat in Bukarest vom 10.6.1930 betr. die Aktivitäten Vladimir Poleacovs]; 49f. [Telegramm des Regionalinspektorats der Polizei in Chişinău an das Zentralinspektorat in Bukarest vom 7.8.1930 betr. Maßnahmen gegen Vladimir Poleacov].

[41] ANR, Direcţia Generală a Poliţiei, 1926/68, 90–97, hier 95 [Kopie des Sitzungsprotokolls des Abgeordnetenhauses vom 5.12.1930].

[42] ANR, Direcţia Generală a Poliţiei, 1926/68, 49f. [wie etwas weiter oben in Anm. 34].

[43] ANR, Direcţia Generală a Poliţiei, 1926/68, 15f. [Brief M., Olga, Iulia und Valentina Poleacovas an Königin Maria vom 5.9.1927]; 17f. [Brief derselben an Thronprinz Nicolae, vom 4.10.1927].

[44] ANR, Direcţia Generală a Poliţiei, 1926/68, 15f. [wie eben].

Priesters in Serbien oder seine Zusammenarbeit mit der Russisch-orthodoxen Kirche im Ausland unerwähnt.

Trotz dieser Interventionen blieb das Einreiseverbot gegen Vladimir Poleacov bestehen. Doch 1930 gelang es ihm ohne Schwierigkeiten, nach Chişinău zurückzukehren und seine Arbeit als Priester der Russisch-orthodoxen Kirche im Ausland wieder aufzunehmen. Er eröffnete erneut eine Kirche in Chişinău, in der er wie vor seiner Verurteilung die Gottesdienste auf Russisch und nach dem alten Kalender hielt. Am ersten Gottesdienst nach seiner Rückkehr nahmen 1.500 Personen teil.[45] Der Polizei zufolge stellte Poleacov auf diese Weise nicht bloß eine Bedrohung für die staatliche Sicherheit dar: „Indem er immer mehr Gläubige auf seine Seite zieht, gefährdet er auch die Existenz der dominanten Kirche“, denn die Bauern aus der Umgebung und „vor allem moldauische Gläubige[46] besuchten regelmäßig seine Gottesdienste“.[47] Metropolit Grosu und das Kultus- und Innenministerium verständigten sich darauf, dass Poleacov so schnell wie möglich das Land wieder verlassen müsse, was die einfachste Lösung sei, um die Umsetzung der Kalenderreform voranzutreiben und die Konkurrenz der russischen Auslandskirche auszuschalten.[48] Die kalendarischen Unruhen in den Dörfern im Norden Bessarabiens von 1929 waren noch nicht abgeflaut und die Amtskirche wusste, dass die altkalendaristischen Bauern, mit der Kirchenleitung mehr als unzufrieden, auf der Suche nach einer kirchlichen Alternative waren. Es bestand die Gefahr, dass die Altkalendaristen die Russisch-orthodoxe Kirche im Ausland als Lösung für ihre Konflikte mit der Kirche betrachten würden.

Metropolit Grosu bezeichnete Poleacovs Aktivitäten als „ein verstecktes Plebiszit“, das letztlich über die Zugehörigkeit Bessarabiens zu Großrumänien entscheiden werde.[49] Der Patriarch bat den Kultusminister daher dringend, Maßnahmen gegen Poleacov zu treffen, „denn dieser verfolgt ein national-russisches Programm und hat mit seiner Propaganda gegen die Kalenderreform auch viel Erfolg unter den rumänischen Bessarabiern.“[50] Als der Metropolit erfuhr, dass immer mehr Gläubige Poleacovs neue Kirche frequentierten,

[45] ANR, Direcţia Generală a Poliţiei, 1926/68, 25–28 [Telegramm des Regionalinspektorats der Gendarmerie in Chişinău an das Zentralinspektorat in Bukarest vom 12.7.1930 betr. die Aktivitäten Vladimir Poleacovs].

[46] Gemeint waren hier rumänischsprachige orthodoxe Gläubige in Bessarabien.

[47] ANR, Direcţia Generală a Poliţiei, 1926/68, 22 [Telegramm des Regionalinspektorats der Gendarmerie in Chişinău an das Zentralinspektorat in Bukarest vom 10.6.1930 betr. die Aktivitäten Vladimir Poleacovs]; 25–28 [Telegramm des Regionalinspektorats der Gendarmerie in Chişinău an das Zentralinspektorat vom 12.7.1930 betr. die Aktivitäten Vladimir Poleacovs].

[48] ANR, Direcţia Generală a Poliţiei, 1926/68, 6 [Mitteilung des Innenministers an den Präfekten von Orhei vom 8.12.1926 betr. die Überwachung Vladimir Poleacovs].

[49] ANR, Direcţia Generală a Poliţiei, 1926/68, 35 [Telegramm des Metropoliten von Bessarabien an den Innenminister vom Juni 1930 betr. die Aktivitäten Vladimir Poleacovs].

[50] ANR, Direcţia Generală a Poliţiei, 1926/68, 52 [Mitteilung des Patriarchen an den Innenminister vom 11.8.1930 betr. Maßnahmen gegen Vladimir Poleacov].

bat er sie in einem offenen Brief, den „verbesserten Kalender" nicht länger zu boykottieren und in die Rumänisch-orthodoxe Kirche zurückzukehren.[51]

Nachdem die Regierung informiert worden war, dass der Verein der russisch-orthodoxen Minderheit gegen den rumänischen Staat eine Beschwerde beim Völkerbund wegen der Behandlung Vladimir Poleacovs und der Minderheit im Allgemeinen eingereicht hatte, sah sie von weiteren Maßnahmen gegen ihn ab. Den Vereinsmitgliedern war bewusst, dass „die Bukarester Regierung, welche sich vor der öffentlichen Meinung Europas fürchtete", jede Maßnahme gegen den Verein einstellen werde, wenn sie die Angelegenheit auf die internationale Bühne bringen würden. Diese Überlegungen waren nicht falsch. Die Beschwerde löste einen Skandal aus und das Außenministerium sah sich mit vielen vorwurfsvollen Briefen konfrontiert, dass der rumänische Staat der russischen Minderheit keine religiöse Freiheit gewähre.

Es steht außer Frage, dass die Regierung eine Beschädigung ihres Rufes im Westen auf alle Fälle vermeiden wollte. Der Gesandte des Außenministeriums in den Vereinigten Staaten befürchtete gar, dass der Skandal sich negativ auf die Handelsbeziehungen Rumäniens mit den westlichen Staaten auswirken könnte. Vor allem eine Beschwerde des Fürsten Sergej Obolenskij, der „mit der einflussreichen Frau Astor" verheiratet war, bereitete dem Gesandten große Sorgen. Wie der Fürst sollen dem Gesandten zufolge auch andere Exilrussen über gute Kontakte zu wichtigen amerikanischen Handelsfirmen verfügt haben, weshalb deren Beschwerden den Handel zwischen Amerika und Rumänien möglicherweise beeinträchtigt hätten. Der Gesandte riet daher dem Außenministerium, die Beschwerde des Vereins mit aller Ernsthaftigkeit zu behandeln.[52]

Erst durch die internationale Aufmerksamkeit begann die Regierung, sich genauer mit der Russisch-orthodoxen Kirche im Ausland zu beschäftigen. Das Außenministerium bat seinen Gesandten in Wien, Caius Brediceanu, und dessen damaligen Sekretär, Lucian Blaga, Kontakt mit dem ROKA-Bischof Serafim Lade aufzunehmen. Sie sollten herausfinden, womit sich dieser in Wien genau beschäftigte. Brediceanu wurde von der Regierung zudem gebeten, Lösungen vorzuschlagen, wie die Einmischung der Russisch-orthodoxen Kirche im Ausland in die Angelegenheiten der rumänischen Kirche verhindert werden könnte. Da aber Serafim Lade just zu dieser Zeit von Wien nach München gezogen war, kamen keine diplomatischen Kontakte zwischen den Vertretern des rumänischen Außenministeriums in Wien und der Russisch-orthodoxen Kirche im Ausland zustande.[53]

Bei einem Besuch von Innenminister Ion Mihalache (PNŢ) im Dezember 1930 in Chişinău überreichte ihm der Verein der russisch-orthodoxen Minderheit ein auf

[51] ANR, Direcţia Generală a Poliţiei, 1926/68, 57 [Mitteilung des Regionalinspektorats der Gendarmerie in Chişinău vom 30.8.1930 betr. die Haltung von Angehörigen der russischen Minderheit zur Kalenderreform].

[52] AMAE, Problema 16, Vol. 10 [C. Davila am 26. März 1931].

[53] AMAE, Problema 16, Vol. 10 [ohne Seitenangabe].

Russisch verfasstes Memorandum. Darin drohte der Verein der Regierung mit weiteren internationalen Aktionen, sollte sie den russischen Gläubigen nicht religiöse Freiheit gewähren:

> „Wir werden an die öffentliche Meinung der ganzen zivilisierten Welt appellieren, bis man uns erlauben wird, unseren griechisch-russischen orthodoxen Glauben zu behalten [...], mit den Regeln und Riten, welche in Bessarabien vor der politischen Vereinigung mit Rumänien existiert haben. Man kann uns im 20. Jahrhundert, nach dem großen Krieg, nicht zwingen, Mitglieder einer bestimmten Kirche zu sein. [...] Alle Vorwürfe, dass wir Bolschewisten oder Irredentisten sind, sind unbegründet [...].“[54]

Der Verein verteilte das Memorandum in Chişinău und Umgebung. Gheorghe Tzamutali, der Vorsitzende des Vereins, argumentierte, wenn Rumänien zur zivilisierten Welt gehören wolle, solle die Regierung den russisch-orthodoxen Gläubigen erlauben, eine eigene russische Kirche zu haben: „Die Religionsfreiheit ist in der ganzen zivilisierten Welt ein Recht, das sich von selbst versteht.“[55]

Die Regierung verschob zunächst die Ausweisung Vladimir Poleacovs, versuchte aber, ihn zumindest aus Bessarabien zu entfernen. Mit der Begründung, dass das Innenministerium Flüchtlingen, die eine Gefahr für die öffentliche Sicherheit seien, einen bestimmten Wohnsitz zuweisen könne, wollte man den Priester, der 1923 (obwohl in Chişinău geboren) offiziell als Flüchtling nach Bessarabien gekommen war, zu einem Wohnsitz in Târgu Jiu im Südwesten Rumäniens zwingen.[56] Das war jedoch schwierig, da er wie erwähnt seit 1927 rumänischer Staatsbürger war. Der Vorschlag des Patriarchen Cristea und des Metropoliten Grosu, Poleacov die Staatsbürgerschaft zu entziehen, wurde nicht umgesetzt. Ihrer Meinung nach wäre eine solche Maßnahme berechtigt gewesen, denn „Vladimir Poleacov hat durch seine ganze Aktivität das Vaterland missachtet.“ Er vertrete nicht die nationalen Interessen und könne daher nicht länger Angehöriger der rumänischen Nation sein.[57] Mittels weiterer schriftlicher Interventionen bat der Patriarch den Innenminister, alle Maßnahmen zu treffen, damit der Priester „die Ruhe und Ordnung in der Kirche Bessarabiens nicht mehr stört.“[58]

Die Rumänisch-orthodoxe Kirche war über das Verhalten Poleacovs empört und stellte sich geradezu als Opfer der Russisch-orthodoxen Kirche im Ausland dar. In ihrer Korrespondenz mit den Behörden hieß es, dass Poleacov aus der Sowjetunion nach Bessarabien geflüchtet sei und die Amtskirche ihm aus Mitleid geholfen habe. Sie habe ihm eine Stelle

[54] ANR, Direcţia Generală a Poliţiei, 1926/68, 101–105 [aus dem Russischen übersetztes Memorandum des Vereins der russischen Minderheit an den Innenminister vom 30.10.1930].

[55] ANR, Direcţia Generală a Poliţiei, 1926/68, 101–105 [wie eben].

[56] ANR, Direcţia Generală a Poliţiei, 1926/68, 90–97, hier 96f. [Kopie des Sitzungsprotokolls des Abgeordnetenhauses vom 5.12.1930].

[57] ANR, Direcţia Generală a Poliţiei, 1926/68, 145 [Kopie der Mitteilung des Metropoliten von Bessarabien an den Patriarchen vom 14.1.1931 betr. die Aktivitäten Vladimir Poleacovs].

[58] ANR, Direcţia Generală a Poliţiei, 1926/68, 142f. [Mitteilung des Patriarchen an den Innenminister vom 31.13.1930 betr. Maßnahmen gegen Vladimir Poleacov].

verschafft, damit er und seine Familie nicht verhungern müssten. Doch der Priester habe seine Dankbarkeit darin gezeigt, dass er viele Reformen abgelehnt und die Gläubigen dazu gebracht habe, es ihm gleichzutun.[59] Solange jedoch die besagte Beschwerde beim Völkerbund lag, verschob das Innenministerium weitere Maßnahmen gegen Poleacov. Die Sicherheitskräfte sollten ihn strenger überwachen und lediglich darauf achten, dass er keine Gottesdienste mehr halte und keine neuen Kirchen mehr eröffne.[60]

Intern wagten nur wenige Politiker, sich auf die Seite Poleacovs zu stellen. Seiner Mutter zufolge stand die Familie mit Octavian Goga in Verbindung. Bereits 1926/27, als Goga Innenminister gewesen war, soll er Poleacov Hilfe versprochen haben.[61] Auch der Bürgermeister der nordbessarabischen Stadt Hotin, Vladimir Condac, verteidigte Poleacov öffentlich und brachte im Dezember 1930 dessen Fall auf die Tagesordnung des Abgeordnetenhauses in Bukarest. Seine Stellungnahme lautete: „Die Gläubigen des alten Kalenderstils in Bessarabien sind konservative Elemente. Sie sind Antibolschewisten, friedlich und loyal zur Krone. Der Kampf gegen sie ist ein Fehler, wird illegal geführt und ist gegen die staatlichen Interessen."[62] Condac fand aber keine Unterstützung bei den Mitgliedern des Abgeordnetenhauses: „Wer die Gesetze des Landes nicht einhält, dem sollte nicht geholfen werden", erklärte dort der Bessarabier Pantelimon Halippa. Daher solle Poleacov nach Jugoslawien zurückkehren. Der Priester repräsentiere nicht die russische Minderheit Rumäniens, denn diese sei eine disziplinierte Minderheit, welche die Gesetze des Landes befolge. Die meisten Mitglieder des Abgeordnetenhauses begrüßten Halippas Rede.[63]

Die Regierung nahm 1932 die gerichtliche Verfolgung Poleacovs wieder auf, nachdem der Völkerbund das Verfahren zugunsten des rumänischen Staates abgeschlossen hatte. Da die Russisch-orthodoxe Kirche im Ausland und ihre Anhänger in Bessarabien neue Maßnahmen gegen ihre Organisation befürchteten, versuchten sie durch weitere schriftliche Interventionen, einen legalen Status für ihre Aktivitäten zu erlangen. Die Argumente, die sie dafür nannten, schreckten jedoch das Kultusministerium und die Amtskirche zu sehr ab, als dass diese bereit gewesen wären, Konzessionen zu machen. So erklärte das Oberhaupt der Russisch-orthodoxen Kirche im Ausland, Metropolit Antonius, in einem

59 AMAE, Problema 16, Vol. 10 [Patriarch Cristea am 24.2.1931].

60 ANR, Direcţia Generală a Poliţiei, 1926/68, 135 [Telegramm des Zentralinspektorats der Gendarmerie in Bukarest an das Regionalinspektorat in Chişinău vom Juni 1930 betr. die Strategie gegenüber Vladimir Poleacov]; 182 [Bericht des Regionalinspektorats der Gendarmerie in Chişinău an den Innenminister vom 29.3.1932 betr. allgemeine Informationen über Vladimir Poleacov].

61 ANR, Direcţia Generală a Poliţiei, 1926/68, 15f. [Brief M., Olga, Iulia und Valentina Poleacovas an Königin Maria vom 5.9.1927].

62 ANR, Direcţia Generală a Poliţiei, 1926/68, 90–97 [Kopie des Sitzungsprotokolls des Abgeordnetenhauses vom 5.12.1930]; 116–125 [Kopie des Sitzungsprotokolls des Abgeordnetenhauses vom 19.12.1930].

63 ANR, Direcţia Generală a Poliţiei, 1926/68, 116–125 [wie eben].

Brief an Miron Cristea, dass allen Maßnahmen gegen den Verein und die russischen Priester eine Rechtsgrundlage fehlte. Die russisch-orthodoxen Gläubigen Bessarabiens könnten nämlich nur dann Mitglieder der Rumänisch-orthodoxen Kirche werden, wenn die russische Kirche ihnen dies erlaube. Denn ausschließlich diese sei für russisch-orthodoxe Gläubige und Kleriker, egal wo sie sich befänden, zuständig:

> „Wenn ein Teil der russisch-orthodoxen Minderheit in Chişinău die Vereinigung der Chişinăuer Eparchie mit dem rumänischen Patriarchat nicht anerkennt, obgleich Sie diese Vereinigung für gerechtfertigt halten, so kann diese Nichtanerkennung objektiv gesprochen nicht als kanonisches Verbrechen betrachtet werden, denn diese Frage ist nicht endgültig entschieden, solange die höchste Gewalt der russisch-orthodoxen Kirche nicht ihr Einverständnis gibt. Diejenigen Kleriker, die der Überzeugung sind, dass sie von der Pflicht, die kanonische Einheit mit der russischen Kirche zu bewahren, nicht befreit sind, können also von einer Behörde der rumänischen Kirche nicht bestraft werden. In ihren Handlungen ist kein kanonisches Verbrechen zu sehen und außerdem sind sie nicht in den Bestand des Klerus der rumänischen Kirche eingetreten."[64]

Zwei Jahre später, im Juni 1934, wurde Vladimir Poleacov wegen illegaler Eröffnung von Kirchen und des Abhaltens von Gottesdiensten nach dem alten Kalender erneut zu einer Geldstrafe von 5.000 Lei verurteilt.[65] Er stand weiter unter Überwachung durch die Sicherheitsorgane, denn trotz allem gab er seine Arbeit als Priester für die Russisch-orthodoxe Kirche im Ausland nicht auf.

Der Verein kritisierte in diesem Kontext Miron Cristea und das Kultusministerium scharf. Dem Patriarchen wurde eine enge Zusammenarbeit mit den Ministerien gegen die russisch-orthodoxe Kirche vorgeworfen. Der Regierung unterstellte der Verein, dass sie den Ausnahmezustand über Bessarabien mit dem Ziel verlängere, den russischen Gläubigen die Religionsfreiheit vorzuenthalten.[66] Bemerkenswerterweise bestritt der Verein vehement, dass Poleacov irgendetwas mit der altkalendaristischen Bewegung zu tun habe: „Wir alle können garantieren, dass sich der Priester Poleacov nicht unter diejenigen Agitatoren der Rumänisch-orthodoxen Kirche mischt, welche die Feiertage nach dem alten Kalenderstil feiern und Unruhen unter der Mehrheit der Gläubigen verursachen."[67] Diese Aussage stimmte nur zum Teil: Poleacov besuchte tatsächlich niemals die altkalendaristischen Dörfer, sondern arbeitete ausschließlich in den Städten am Aufbau einer russischen Kirche. Die Kontakte funktionierten jedoch in die umgekehrte Richtung: Die Bauern

64 AMAE, Problema 16, Vol. 10 [Mitropolit Antonius, 1933], original Deutsch.

65 5.000 Lei entsprach ca. zwei Monatslöhnen eines orthodoxen Stadtpriesters der Eparchie Hotin-Bălți, siehe: ANR, Direcția Generală a Poliției, 1926/68, 191 [Mitteilung des Regionalinspektorats der Gendarmerie in Chişinău an das Zentralinspektorat in Bukarest vom 13.6.1934 betr. das Gerichtsurteil gegen Vladimir Poleacov]; 193 [Mitteilung des Regionalinspektorats der Gendarmerie in Chişinău an das Zentralinspektorat in Bukarest vom 8.8.1934 betr. die Aktivitäten Vladimir Poleacovs]; 209 [Gerichtsurteil gegen Vladimir Poleacov vom 25.5.1934].

66 AMAE, Problema 16, Vol. 10 [Serafima Dubina u.a. am 23.10.1935].

67 AMAE, Problema 16, Vol. 10 [wie eben].

gingen zu ihm und anderen Priestern der Russisch-orthodoxen Kirche im Ausland, da sie wussten, dass diese die Kirchenfeste nach dem alten Kalender begingen.[68] Darüber hinaus breitete die Russisch-orthodoxe Kirche im Ausland ab 1934 ihre Strukturen auch in den Städten im Norden Bessarabiens aus und versuchte im Zuge dessen gezielt, die altkalendaristischen Dörfer auf ihre Seite zu ziehen. ROKA-Mitglieder, die in Bălţi und in Soroca ihren Sitz hatten, traten ab 1934 vermehrt mit den altkalendaristischen Bauern in Kontakt. Die Aufgabe der Anwerbung von Altkalendaristen übernahm also nicht Poleacov selbst, der seit 1930 Bischof war, sondern sie wurde von seinen Untergebenen wahrgenommen.[69]

Im Juni 1936 bestrafte das Militärgericht Poleacov abermals, weil er in einem Gebiet, welches sich im Ausnahmezustand befand, illegal Priestergewand getragen und die kirchlichen Feiertage nach dem alten Kalender gehalten hatte, mit fünfzehntägiger Haft.[70] Im Oktober 1937 wurde er festgenommen und erst danach erneut ein Verfahren gegen ihn eingeleitet.[71] Im Dezember des gleichen Jahres wurde er zu 15 Monaten Haft und 6.000 Lei Strafe verurteilt.[72] Nach seiner Entlassung lebte Poleacov in Chişinău, wo er in seiner Privatwohnung Gottesdiente nach dem alten Kalender und auf Russisch hielt, auch während des Zweiten Weltkriegs. Seinen größten Karrieresprung erlebte er nach Kriegsende, als Bessarabien unter sowjetische Herrschaft gelangte. 1947 wurde er Oberhaupt der

68 ANRM, Inspectoratul regional de siguranţă din Basarabia, 680, 3508, 193–195, hier 193 [Bericht der Siguranţa Chişinău an das Regionalinspektorat der Polizei in Chişinău vom 20.1.1930 betr. Gottesdiente nach dem alten Kalender in Chişinău]; 204 [Bericht derselben an dasselbe vom 20.1.1930 betr. Konflikte zwischen Altkalendaristen und Mitgliedern der Amtskirche in Chişinău]; 207 [Bericht derselben an dasselbe vom 19.1.1930 betr. Gottesdiente nach dem alten Kalender in Chişinău].

69 CNSAS, P105506, Vol. 2, 49f. [Aussage Nicolai Climovicis vor dem Gericht Bălţi vom 1.10.1936 betr. seine Tätigkeit als altkalendaristischer Priester]; 490–496 [Aussage desselben ebenda vom 5.10.1936 betr. seine Tätigkeit als altkalendaristischer Priester]; P105506, Vol. 1, 562–564 [Mitteilung des Regionalinspektorats der Polizei in Chişinău an das Zentralinspektorat in Bukarest vom 26.4.1934 betr. die Organisation der Russisch-orthodoxen Kirche im Ausland im Norden Bessarabiens]; P105506, Vol. 1, 567, 569 [Mitteilung des Regionalinspektorats der Polizei in Chişinău an das Zentralinspektorat in Bukarest vom 28.11.1934 betr. dasselbe]; Inspectoratul General al Jandarmeriei, 1935/24, 35–56, hier 47f. [Monatsbericht des Regionalinspektorats der Gendarmerie in Chişinău an das Zentralinspektorat in Bukarest vom 2.7.1935 betr. Verbindungen zwischen den Altkalendaristen von Albineţ und der Russisch-orthodoxen Kirche im Ausland].

70 ANR, Direcţia Generală a Poliţiei, 1926/68, 228 [Kopie des Urteils gegen Vladimir Poleacov vom 24.6.1936].

71 ANR, Direcţia Generală a Poliţiei, 1926/68, 229 [Mitteilung des Regionalinspektorats der Gendarmerie in Chişinău an das Zentralinspektorat in Bukarest vom 7.11.1937 betr. die Festnahme Vladimir Poleacovs]; 231 [Mitteilung desselben an dasselbe vom 7.12.1937 betr. den Prozess gegen führende Mitglieder der Russisch-orthodoxen Kirche im Ausland in Chişinău].

72 ANR, Direcţia Generală a Poliţiei, 1926/68, 233 [Mitteilung des Regionalinspektorats der Gendarmerie in Chişinău an das Zentralinspektorat in Bukarest vom 22.12.1937 betr. Urteil gegen führende Mitglieder der Russisch-orthodoxen Kirche im Ausland in Chişinău].

Moldauisch-orthodoxen Kirche[73], welche nach dem Zweiten Weltkrieg dem Moskauer Patriarchat untergeordnet wurde.[74]

In einer kurzen Autobiografie, welche er 1947 vor dieser Ernennung zum moldauischen Kirchenoberhaupt verfasst hatte, schrieb Poleacov über einen „fast 20-jährigen heftigen Kampf", welchen er gegen die rumänische Kirche geführt habe – einen Kampf, der von Verfolgungen und Repressionen durch den rumänischen Staat gekennzeichnet gewesen war.[75] Derartige Darstellungen sollten mit Vorsicht betrachtet werden. Gerade in seinem Fall lässt sich in den Jahren der Zwischenkriegszeit eine gewisse Zurückhaltung auf Seiten der Behörden beobachten. Obwohl er wiederholt das Gesetz brach und insgesamt dreimal verurteilt wurde (1927, 1934 und 1936), dauerte es Jahre, bis er für längere Zeit – 15 Monate – ins Gefängnis kam. Im Vergleich zu den Mönchen vom Berg Athos gelang es der Russisch-orthodoxen Kirche im Ausland überdies – trotz der Überwachung durch die Sicherheitsorgane –, eine viel stabilere kirchliche Struktur in Bessarabien aufzubauen. Ihre Aktivitäten wurden von den Zentralbehörden als ein großer Störfaktor im Vereinigungsprozess betrachtet, alle Maßnahmen gegen die Kirche und Poleacov wurden aber innerhalb des vorhandenen gesetzlichen Rahmens getroffen. Der Völkerbund als supranationale Kontrollinstanz des rumänischen Staates trug das Übrige dazu bei, die Maßnahmen gegen die Russisch-orthodoxe Kirche im Ausland zu mildern.

Die Vorsicht der Ministerien im Umgang mit dem Verein und dem Priester Vladimir Poleacov ist einerseits in den Beschwerden beim Völkerbund zu suchen, andererseits aber auch im Strafgesetz, das keine höheren Strafen für diese Art von Rechtsverstößen vorsah.[76] Die Beschwerden zeigen, wie die Russisch-orthodoxe Kirche im Ausland den kalendarischen Konflikt zu instrumentalisieren versuchte, aber auch, wie sehr die Amtskirche und der Staat bemüht waren, die Probleme mit der Kalenderreform zu verbergen.

Insgesamt reichte der Verein der russisch-orthodoxen Minderheit zwei Beschwerden beim Völkerbund ein. Deren Ziel war, internationale Unterstützung für die Gründung einer russisch-orthodoxen Kirche in Bessarabien und eine Rechtsgrundlage für die Beibehaltung des alten Kalenders zu schaffen. Die erste Beschwerde, eingereicht 1930, trug entscheidend zu einem Perspektivenwechsel seitens der Zentralregierung und der Kir-

73 Mit „moldauisch" ist hier die Moldauische Sowjetrepublik gemeint.

74 Mihail Panas, Istoria Bisericii Ortodoxe din Republica Moldova. Chişinău 2009; auf der offiziellen Seite der Moldauisch-orthodoxen Kirche gibt es über die Aktivitäten von Vladimir Poleacov zwischen 1917 und 1940 keine genauen Informationen: „Höchstwahrscheinlich hat er zwischen 1917 und 1940 als Priester gearbeitet, weil es Beweise gibt, dass er 1940 der Priester der Friedhofskirche in Chişinău war." Siehe: <http://mitropolia.md/benedict-poleakov/> (abgerufen zuletzt 7.10.2021).

75 Pasat, Pravoslavie v Moldavii, Bd. 1, 273f.

76 ANR, Inspectoratul General al Jandarmeriei, 1936/60, 57f. [Mitteilung des Regionalinspektorats der Gendarmerie in Chişinău an das Zentralinspektorat in Bukarest vom 27.2.1936 betr. Vorschläge zur Unterdrückung der Altkalendaristen]; 261–265 [Bericht Barbu Pârăianus an den Innenminister betr. die altkalendaristische Bewegung].

chenleitung in Hinblick auf das Kalenderproblem bei: Aus einem kirchlichen und regionalen Problem, als welches der Altkalendarismus bis dahin betrachtet worden war, wurde eine Angelegenheit der nationalen Sicherheit. Nach den kalendarischen Unruhen von 1929 wurden die Altkalendaristen immer stärker als eine eigene religiöse Gruppe wahrgenommen und die Regierung sah in der Annäherung zwischen den Reformverweigerern und dem Verein der russisch-orthodoxen Minderheit eine Gefahr.

Die Kirchenleitung gab die Kalenderreform nicht auf. Visarion Puiu, der Bischof von Hotin-Bălți, konnte sich aber mit Gurie Grosu, dem Metropoliten von Bessarabien, auf keine einheitliche Herangehensweise in der Kalenderreform einigen. Obwohl Bischof Puiu und sein Nachfolger Tit Simedrea von einer vollständigen Anwendung der Reform in Bessarabien nicht länger überzeugt waren, verfolgten sie einen harten Reformkurs. In Chişinău hingegen überlegte die Kirchenleitung, wie sie die Attraktivität eines Vladimir Poleacov und der Russisch-orthodoxen Kirche im Ausland verringern konnte, sah sich aber gezwungen, weitgehende Konzessionen in der Verwendung des alten Kalenders zu machen. Um 1930 verlangten zahlreiche orthodoxe Priester vom Metropoliten bekanntlich sogar die Annullierung der Kalenderreform. Er lehnte das ab. Zusammen mit den Priestern seiner Eparchie rang er sich jedoch zu einer Zwischenlösung durch: Ab 1929 durften die Dorfkirchen der Eparchie Chişinău an allen Feiertagen sowohl nach dem alten als auch nach dem neuen Kalender geöffnet sein. Die Gläubigen konnten jederzeit in die Kirche gehen, egal ob sie Alt- oder „Neukalendaristen" waren.[77] Damit brauchten Altkalendaristen, anders als in der Eparchie Hotin-Bălți, keine eigenen Kirchen zu errichten. Nicht wenige Priester der Chişinăuer Eparchie kamen den Reformverweigerern inoffiziell sogar noch stärker entgegen. Um zu verhindern, dass Bauern die Gottesdienste der Russisch-orthodoxen Kirche im Ausland besuchten, zelebrierten viele die Feiertage entweder nur nach dem alten Kalender oder nach beiden Kalendern.

Die internationale Kampagne der Russisch-orthodoxen Kirche im Ausland setzte die kirchlichen und staatlichen Machthaber stark unter Druck. Verantwortlich für die erste Beschwerde war der Präsident des „Vereins der russischen Minderheit Rumäniens", Gheorghe Tzamutali. Er hatte Erfahrung mit solchen Prozessen, denn zur gleichen Zeit bereitete er eine umfangreiche Beschwerde gegen die Verstaatlichung der Wälder durch den rumänischen Staat nach 1918 vor, welche er beim Völkerbund einreichte.[78]

Am Anfang der Beschwerde hoben ihre Verfasser hervor, dass eine kirchliche Vereinigung aller orthodoxen Gläubigen Bessarabiens mit den orthodoxen Gläubigen „jenseits des Pruth", des Grenzflusses zwischen Bessarabien und der Moldau, nicht möglich sei.

77 Eparhia Chişinăului: Lucrările Adunării eparhiei Chişinăului. Sesiunea 9–11 Martie 1932. Chişinău [1932].

78 Georges Tzamoutali (24 juin 1933): Pétition.adressée au Conseil de la Société des Natios par les membres des minorités nationales domiciliées en Bessarabie (Roumanie), online unter: <https://i0.1616.ro/media/2/2621/33238/18678810/27/petitie-liga-natiunilor-exproprieri-paduri-basarabia.pdf> (abgerufen zuletzt 7.10.2021).

Auch wenn der rumänische Staat nach der Vereinigung die ganze orthodoxe Bevölkerung „zwangsweise" unter die Jurisdiktion der rumänischen Nationalkirche gestellt habe, sei in Wirklichkeit keine vollständige kirchliche Vereinigung geschehen:

> „Die russisch-orthodoxe Bevölkerung Rumäniens wurde nach den internationalen Verträgen rumänisch. Sie unterbrach aber nie die Beziehung zu der russisch-orthodoxen Kirche und pflegt weiter die spirituelle Bindung zu ihrer Mutterkirche. [...] Mit dem Wechsel der Jurisdiktion unserer Kirche hat die rumänische Regierung die russische Sprache, die in der Kirche verwendet wurde, durch das Rumänische ersetzt und die Bräuche und die Riten der rumänischen Kirche eingeführt. Darüber hinaus zwingt uns die rumänische Regierung, unsere Feiertage an den Tagen zu feiern, die von der rumänischen Kirche festgelegt werden."[79]

Die Beschwerdeschreiber gingen in der Folge auf die offenen Konflikte zwischen den Priestern der Russisch-orthodoxen Kirche im Ausland und den rumänischen Behörden ein und beschrieben ihren Kampf um kirchliche Autonomie. Sie hätten einige legale und illegale Versuche gemacht, Kirchen zu eröffnen. Diese seien aber von den Sicherheitsorganen mit Gewalt geschlossen worden. Die Verfasser traten der Behauptung vehement entgegen, dass es zwischen der rumänischen und der russischen Orthodoxie keine Unterschiede gebe. Vielmehr seien diese im Laufe von Jahrhunderten entstanden und hätten sich vor allem nach 1918 vertieft. Weil sie darüber nicht hinwegblicken könnten und die Rumänisierung ihrer Kirche ablehnten, würden sie vom Staat verfolgt:

> „Die Regierung meint, dass wir Mitglieder der rumänischen Kirche sind und unter der kanonischen Jurisdiktion der Rumänisch-orthodoxen Kirche stehen. In Wirklichkeit gibt es zwischen der rumänischen und der russischen Kirche essentielle Unterschiede. Außerdem verfügen alle anderen religiösen Minderheiten Rumäniens über Religionsfreiheit."[80]

Die Beschwerde führte mehrere Gründe gegen eine automatische Aufnahme der russisch-orthodoxen Gläubigen in die Rumänisch-orthodoxe Kirche an: Zum einen gab es kulturelle Unterschiede, welche eine solche Vereinigung erschwerten, zum anderen behandelte die Kirchenpolitik Rumäniens die orthodoxen Minderheiten unterschiedlich. Der rumänische Staat sollte, fuhren die Beschwerdeführer fort, der russisch-orthodoxen Minderheit Bessarabiens so wie der serbisch-orthodoxen Minderheit im Banat eine eigene orthodoxe Kirchenorganisation erlauben. Die gegenwärtige Politik verstieß ihrer Meinung nach gegen alle internationalen Verträge, welche Rumänien nach 1917 unterzeichnet habe. Damals habe sich der Staat bereit erklärt, die Minderheitenrechte anzuerkennen. Ein letztes Argument für die Gründung einer russisch-orthodoxen Kirche waren die demografischen Gegebenheiten Bessarabiens: Dem Verein zufolge würden die russisch-orthodoxen Gläubigen die Mehrheit der Bevölkerung in den Städten und Dörfern ausmachen.[81]

79 AMAE, Problema 16, Vol. 10 [Georges Tzamoutali, 10.9.1930].
80 AMAE, Problema 16, Vol. 10 [wie eben].
81 AMAE, Problema 16, Vol. 10 [wie eben].

Die Beschwerde löste bekanntlich intern und im Ausland viele Reaktionen aus. Russische Vereine aus den Vereinigten Staaten und Kanada ebenso wie russische Kleriker, die sich vorher nie mit der russischen Minderheit oder mit der Lage der orthodoxen Kirche Bessarabiens beschäftigt hatten, wandten sich mit unterschiedlichen Petitionen an die rumänischen Behörden. So verlangte etwa der Verein „All Russian Union of America", der über 40.000 Mitglieder hatte, mittels eines Memorandums die Religionsfreiheit für die russische Minderheit Bessarabiens. Den Konflikt zwischen den russischen Gläubigen und dem rumänischen Staat nahmen viele Russen im Exil als einen Kulturkampf wahr, der mit der Einführung der Kalenderreform in der Rumänisch-orthodoxen Kirche ausgelöst worden sei. Der oben erwähnte Verein stellte fest:

> „Die orthodoxe Kirche Rumäniens hat den europäischen Kalender eingeführt. Dadurch hat sie sich von dem östlichen Kalender entfernt. Die russische Minderheit in Chişinău hat sich aber entschieden, die alte Tradition zu behalten und die Kalenderreform in ihrer Kirche, deren Oberhaupt Vladimir Poleacov ist, abzulehnen."[82]

Das Außenministerium informierte im September 1930 Patriarch Miron Cristea über die Beschwerde der russischen Minderheit. Innerhalb eines Monats musste er in seiner Antwort die offizielle Position der Rumänisch-orthodoxen Kirche zur Gründung einer russisch-orthodoxen Kirche in Bessarabien darlegen.[83] An ihrer Formulierung beteiligten sich auch hochrangige Geistliche aus der Region, nämlich Gurie Grosu, Visarion Puiu und Iustinian Teculescu. Alle schlossen die Gründung einer eigenen russisch-orthodoxen Kirche in Bessarabien aus. Sollte das Kultusministerium dies erlauben, müsse die Regierung damit rechnen, dass ein Teil der Gläubigen die Rumänisch-orthodoxe Kirche verlassen und sich der Russisch-orthodoxen Kirche im Ausland anschließen würde. Wie groß diese Gruppe sein würde, sei nicht abzuschätzen. Sie bezeichneten die Mitglieder des Vereins als Agitatoren, welche die Schwächung der Nationalkirche und des rumänischen Staates verfolgten. Der Präsident des Vereins Gheorghe Tzamutali wurde für die Einreichung der Beschwerde beim Völkerbund heftig kritisiert, vor allem weil er als „Grieche in Namen aller Russen Bessarabiens sprach."[84] Die bessarabische Kirche, die zwölf Jahre nach der Kirchenvereinigung immer noch keine stabile Stellung unter den Gläubigen hatte und von internen Konflikten gebeutelt war, konnte sich eine solche Konkurrenz auf keinen Fall leisten.

Die Geistlichen bestritten in ihren Antworten freilich, dass es innerhalb der orthodoxen Kirche Bessarabiens Probleme wegen der Nationalisierung der Kirche gebe, und zeichneten nach außen das Bild einer harmonischen Integration in die rumänisch-orthodoxen Strukturen. Bischof Puiu schrieb beispielsweise bezüglich der Sprach- und Kalenderreform:

[82] AMAE, Problema 16, Vol. 10 [Paul M. Dzwonchyk, Petre P. Zouboff, ohne Datum].

[83] AMAE, Problema 16, Vol. 10 [Außenministerium am 29.9.1930].

[84] AMAE, Problema 16, Vol. 10 [Eparchieleitung Hotin-Bălţi am 17.10.1930].

„Es war nicht notwendig, [nach 1918] das Russische durch das Rumänische zu ersetzen. Denn bereits unter russischer Herrschaft beherrschten sowohl Priester, die ethnische Russen waren, als auch die Gläubigen die rumänische Sprache – die Sprache der Mehrheit der Bevölkerung. Was den Kalender betrifft, lässt es sich leicht verstehen, dass, da die Mehrheit der Gläubigen den neuen Kalender akzeptiert hat, diesen auch alle anderen Eparchiemitglieder akzeptieren mussten. [...] Unsere Gläubigen leben in wahrer christlicher Harmonie, welche bisher von niemandem gestört wurde.“[85]

Beide Aussagen – die unwidersprochene Einführung des Rumänischen als Liturgiesprache und die vollständige Akzeptanz der Kalenderreform – entsprachen nicht der Realität. Die zitierten schriftlichen Stellungnahmen zur Lage der Kirche in Bessarabien waren aber für ein ausländisches Publikum formuliert. Die Kirchenleitung wollte nicht offen zugeben, dass sie bei der Integration des Gebietes mit kulturell-religiösen Schwierigkeiten konfrontiert war. Die Reaktionen des Patriarchen und der bessarabischen Kleriker auf die Völkerbundbeschwerde bestätigen nur die wichtige Rolle der Rumänisch-orthodoxen Kirche im Lobbying gegen die Russisch-orthodoxe Kirche im Ausland und zeigen, wie sehr sie bemüht waren, ihre dominante Rolle zu bewahren.

Die erste Rückmeldung aus Genf deutete auf eine Teilniederlage des rumänischen Staates hin. Die für die Beschwerde zuständige Kommission des Völkerbundes „hatte den Eindruck, dass der rumänische Staat zu wenig für die russische Minderheit machte“.[86] Daher schlug sie dem Kultusministerium vor, den russischen Gläubigen eine eigene Kirche in Chişinău zur Verfügung zu stellen. Darin sollte ihnen erlaubt sein, die Gottesdienste auf Russisch zu halten und die Feiertage nach dem alten Kalender zu begehen. Die Gründung einer russisch-orthodoxen Kirche unter einer getrennten kirchlichen Jurisdiktion in Bessarabien unterstützte die Kommission nicht.

Der rumänische Vertreter in Genf erhielt vom Außenministerium den Auftrag, der Kommission zu erklären, dass der Verein der russisch-orthodoxen Minderheit rein politische Ziele verfolge. Durch die Ablehnung der Kalenderreform wolle er weitere Mitglieder aus den Reihen der rumänischen Gläubigen gewinnen. Die Rumänisch-orthodoxe Kirche sei bereit, den russischen Gläubigen eine eigene Kirche in Chişinău zur Verfügung zu stellen, wo Russisch als Gottesdienstsprache verwendet werden dürfe. Der Priester der Kirche müsse allerdings ein Mitglied der rumänischen Amtskirche und nicht der Russisch-orthodoxen Kirche im Ausland sein und die Feiertage müssten nach dem neuen Kalender gefeiert werden.[87] Weder das Kultusministerium noch die Heilige Synode wollten hinsichtlich der Kalenderreform Konzessionen machen. Es wäre zu riskant gewesen, die Verwendung des alten Kalenders auch nur in einer einzigen Kirche offiziell zu erlauben.

85 AMAE, Problema 16, Vol. 10 [wie eben].

86 AMAE, Problema 16, Vol. 10 [5.8.1931].

87 AMAE, Problema 16, Vol. 10 [Mitteilung der rumänischen Delegation in Genf an das Außenministerium am 5.8.1931].

Das Untersuchungsverfahren der Kommission des Völkerbundes verlief langsam und eher oberflächlich. Nach der Einreichung der Beschwerde forderte die Kommission den rumänischen Staat auf, eine schriftliche Stellungnahme abzugeben. Weitere Interventionsmöglichkeiten hatte die Kommission nicht.[88] Weder schickte sie Kommissionsvertreter nach Bessarabien, um die Lage vor Ort zu untersuchen, noch fanden weitere Gespräche mit Mitgliedern des Vereins statt. Der Fall wurde 1932 zugunsten der rumänischen Kirche und des rumänischen Staates abgeschlossen. Die Kommission erklärte, dass sie das Organisationsgesetz der Rumänisch-orthodoxen Kirche und das rumänische Kultusgesetz berücksichtigen müsse. Diese sahen vor, dass auf dem Territorium eines Staates nur *eine* orthodoxe Kirchenorganisation bestehen dürfe. Die Beschwerde des Vereins hatte übrigens auch einige inhaltliche Schwächen. Der Vorwurf, dass die rumänische Amtskirche in allen Kirchen das Russische durch das Rumänische ersetzt habe, stimmte nicht. Ein weiterer Aspekt wirkte sich zuungunsten des Vereins aus: Als er die Beschwerde einreichte, verfügte er über keine amtliche Genehmigung und hatte mehrere illegale Kirchen eröffnet. Für die Kommission war außerdem die Verwendung unterschiedlicher Kalender kein Argument für die Gründung einer getrennten orthodoxen Kirche.

Die Rumänisch-orthodoxe Kirche profitierte von diesem Sieg und von den günstigen diplomatischen Beziehungen zwischen Rumänien und der Sowjetunion, um sich Elemente der russischen Orthodoxie anzueignen und die Russisch-orthodoxe Kirche im Ausland in Rumänien noch mehr zu schwächen. 1932–1933 nahmen die zwei Länder ihre diplomatischen Beziehungen wieder auf. Außenminister Nicolae Titulescu, die leitende Figur dieser Annäherung, war überzeugt, dass Rumänien die internationale Anerkennung der Zugehörigkeit Bessarabiens nur mit Hilfe der Sowjets erreichen könne. Dies wird auch in Bezug auf die sogenannte „russische Kirche“ in Bukarest deutlich. Das Gotteshaus war Anfang des 20. Jahrhunderts gebaut worden und bis ca. 1918 dem Moskauer Patriarchat untergeordnet. Die Russisch-orthodoxe Kirche im Ausland übernahm in der Zwischenkriegszeit die Kontrolle darüber und unterstellte es nicht der Rumänisch-orthodoxen, sondern der Serbisch-orthodoxen Kirche.[89] Die Serbisch-orthodoxe Kirche hatte das Patronat über die russische Bukarester Kirche quasi stellvertretend für die ihr nahestehende Russisch-orthodoxe Kirche im Ausland wahrgenommen. Durch geschickte Interventionen seitens des Patriarchen Cristea wurde die Bukarester Kirche jedoch in den Besitz der Rumänisch-orthodoxen Kirche gebracht: Cristea bat im Dezember 1934 Titulescu, beim sowjetischen Außenkommissariat zu intervenieren, damit es gegen den Transfer der rus-

[88] Für mehr Details über das Untersuchungsverfahren von Beschwerden beim Völkerbund und die zeitgenössische Kritik über die Unwissenheit des Völkerbundes siehe: Martin SCHEUERMANN, Minderheitenschutz contra Konfliktverhütung? Die Minderheitenpolitik des Völkerbundes in den zwanziger Jahren. Marburg 2000, 393–408.

[89] ANR, Inspectoratul General al Jandarmeriei, 1934/15, 65 [Mitteilung des Zentralinspektorats der Polizei vom 15.12.1934 betr. die „altkalendaristische Bewegung und die russische Gemeinschaft“].

sischen Kirche an die rumänische Amtskirche nicht protestiere. Cristea versicherte dabei dem Außenminister, dass die „rumänische Kirche weiß, wie man ein solches Nest des Panslawismus in eine rumänische Institution, welche die Interessen des rumänischen Staates verfolgt", umwandeln könne.[90] Im Laufe der Verhandlungen zwischen Titulescu und dem sowjetischen Außenkommissar Maksim Litvinov verzichtete dieser in der Tat auf etwaige Proteste. Die einzige Bedingung für diesen Transfer seitens der sowjetischen Behörden bestand darin, dass „die Kirche nicht den russischen Flüchtlingen dienen soll".[91] Die Gottesdienste in Bukarest fanden fortan auf Rumänisch und Russisch – im Januar 1935 wurde nämlich ein Russisch sprechender Priester der Rumänisch-orthodoxen Kirche eingesetzt – und nach dem neuen Kalender statt. Die Übergabe soll den Repräsentanten der Serbisch-orthodoxen Kirche zufolge wenig friedlich erfolgt sein: Die rumänische Amtskirche habe das Gotteshaus mit Hilfe der Polizei und der Gendarmerie in Besitz genommen und der neue Priester die Vertreter der serbischen Kirche daran gehindert, die Kirche auch nur zu betreten. Der Priester selbst dementierte allerdings diese Vorwürfe und berichtete, dass die Übernahme ein Erfolg gewesen sei: „Nach dem ersten Gottesdienst haben uns russische Flüchtlinge, vor allem solche mit guten Positionen in der Stadt, erklärt, dass sie sehr zufrieden sind, dass die Gottesdienste in ihrer Kirche nach dem neuen Kalender stattfinden. Denn nur so fühlen sie sich frei und können ohne Gewissensbisse in die Kirche gehen."[92]

Einen ähnlichen Transfer versuchte Miron Cristea auch für die bulgarische Kirche von Bukarest zu erreichen. Unter dem Vorwand, dass die Priester der Bulgarisch-orthodoxen Kirche altkalendaristische Propaganda betreiben würden und Agenten von Bischof Lade seien, verlangte der Patriarch vom Gendarmeriechef Barbu Pârăianu im August 1936 die Überwachung der Kirche. Der Patriarch vermutete, dass die bulgarischen Priester „teuflische Pläne" gegen die rumänische Kirche und den rumänischen Staat verfolgen würden.[93] Obgleich es keinerlei Hinweise gibt, dass Priester der bulgarischen Kirche in Bukarest irgendeinen Kontakt mit der altkalendaristischen Bewegung in Bessarabien oder in den Kreisen im Norden der Moldau hatten, betrachtete sie der Patriarch als Risiko. Pârăianu ließ in der Folge die bulgarischen Priester in der Tat überwachen, wobei nicht bekannt ist, ob gegen sie auch weitere Maßnahmen ergriffen wurden.

Bischof Lade versuchte vom Ausland aus, die kirchlichen Angelegenheiten der Russisch-orthodoxen Kirche im Ausland in Bessarabien zu organisieren. Er sah ein, dass unter den schwierigen Bedingungen die Mitglieder des Vereins ihre Arbeit beenden wollen könnten. In seinen Schreiben ermutigte er sie zum Weitermachen:

90 AMAE, Problema 16, Vol. 10 [Patriarch Cristea am 12.12.1934].
91 AMAE, Problema 16, Vol. 10 [Savel Rădulescu am 16.2.1935].
92 AMAE, Problema 16, Vol. 10 [Patriarch Cristea am 18.1.1935].
93 CNSAS, Fond Documentar, D015261, 479 [Mitteilung der Heiligen Synode an Barbu Pârăianu vom 31.8.1936 betr. die Ablehnung des neuen Kalenders in der bulgarischen Kirche in Bukarest].

> „Wieso werdet ihr verfolgt? Was habt ihr gemacht? Welche schlimmen und unmoralischen Delikte habt ihr begangen? Ihr habt mit großer Vorsicht die Traditionen unserer heiligen Kirche, unserer Eltern und Vorfahren respektiert. Und habt die anderen Gläubigen dazu gebracht, das Gleiche zu tun. Ihr habt den Glauben wie die anderen Gläubigen aus dem heiligen Russland behalten. [...] In einem Land, welches sich orthodox nennt, werden aber Gläubige ihres Glaubens wegen verfolgt und verhaftet [...]. Es gibt so viel Hass gegen die Wahrheit Christi, gegen die Gerechtigkeit und die Liebe."[94]

Nachdem die erste Völkerbundsbeschwerde keinen Erfolg gehabt hatte und mit der Einverleibung der russischen Kirche von Bukarest in die Rumänisch-orthodoxe Kirche die Russisch-orthodoxe Kirche im Ausland noch schwächer geworden war, reichte der russische Minderheitenverein im März 1936 eine zweite Beschwerde gegen den rumänischen Staat beim Völkerbund ein. Die Aktion hatte das Oberhaupt der Russisch-orthodoxen Kirche im Ausland, Metropolit Antonij, initiiert, nachdem dieser festgestellt hatte, dass „die Lage der russischen Minderheit in Bessarabien sich Tag für Tag verschlechterte."[95]

Inhaltlich ähnelte die zweite Beschwerde der ersten, sie legte aber den Schwerpunkt auf die Konflikte, welche von 1932 bis 1935 zwischen der Russisch-orthodoxen Kirche im Ausland und dem rumänischen Staat stattgefunden hatten. Die Verfasserin der Beschwerde war Serafima Dubina, eine pensionierte Krankenschwester, die den Verein und die russischen Priester über die Jahre begleitet und finanziell unterstützt hatte. Die Beschwerde wurde aus ihrer Perspektive verfasst, was dem offiziellen Dokument eine persönliche Note gab. Dubina war 65 Jahre alt und Angehörige der russisch-orthodoxen Kirche, „in der sie geboren, getauft [war] und ihr ganzes Leben" verbracht hatte, wie sie schrieb.[96] Während des Ersten Weltkriegs habe sie als Krankenschwester für das Rote Kreuz gearbeitet und sei unter anderem auch bei der Schlacht in Mărășești eingesetzt gewesen. Ihre Arbeit sei für sie eine große Ehre gewesen und sie habe nie „einen Unterschied zwischen den russischen und rumänischen Soldaten" gemacht.[97] Bei Kriegsende sei sie in Chișinău geblieben, der Heimatstadt ihres Ehemannes, und durch die Vereinigung Bessarabiens mit Rumänien „rumänische Staatsbürgerin geworden"; sie sei aber nach wie vor „Gläubige ihrer Mutterkirche, der russisch-orthodoxen Kirche", und Anhängerin der russischen Kultur. Die Politik des rumänischen Staates und der rumänischen Amtskirche gegenüber den Gläubigen der russischen Auslandskirche beschrieb sie als „harte Unterdrückung", von der die ganze zivilisierte Welt erfahren müsse. Die Kernaussage ihrer Beschwerde war gegen die rumänische Kirche gerichtet: Diese habe in Zusammenarbeit mit den Ministerien und den Sicherheitsorganen die Verfolgung der russischen Kleriker organisiert. Der Völkerbund solle die notwendigen Maßnahmen treffen, damit der rumänische Staat die Min-

94 AMAE, Problema 16, Vol. 10 [Bischof Lade am 20.12.1935].
95 AMAE, Problema 16, Vol. 10 [wie eben].
96 AMAE, Problema 16, Vol. 10 [Séraphine Doubina am 24.4.1936].
97 AMAE, Problema 16, Vol. 10 [wie eben].

derheitenrechte respektiere und ihr persönlich das Recht gewähre, den Glauben „ihrer Vorfahren" frei auszuüben.[98]

Während die erste Beschwerde intern und extern mehrere Reaktionen ausgelöst hatte, verfehlte die zweite rundwegs ihr Ziel. Die rumänische Regierung bemühte sich nicht einmal, eine Stellungnahme abzugeben. Das Außenministerium äußerte sich ebenfalls nicht, weil sich die Position des Kultusministeriums und der Heiligen Synode in dieser Angelegenheit nicht geändert habe, meinten die zuständigen Behörden. 1937 – ein Jahr, nachdem der Völkerbund dann doch eine offizielle Erklärung vom rumänischen Staat verlangt hatte – formulierte das Außenministerium nach einigen Interventionen des rumänischen Vertreters in Genf eine Antwort auf die Beschwerde. Darin erklärte das Ministerium, dass alle Maßnahmen gegen den Verein und die Russisch-orthodoxe Kirche im Ausland von den zuständigen Behörden zusammen mit der Heiligen Synode aus Sicherheitsgründen und für die Ruhe unter den Gläubigen getroffen worden seien:

> „Die öffentliche Sicherheit wurde durch die Aktionen und Agitationen der Stilisten stark betroffen. Es hat sich herausgestellt, dass sich unter die Stilisten viele Agenten mischten. Diese Agenten waren russische Priester, welche von russischen Bischöfen geweiht wurden."[99]

Der Völkerbund hielt diese Erklärungen für ausreichend und schloss das Untersuchungsverfahren.

Obgleich die zweite Beschwerde auf nationaler und internationaler Ebene also wirkungslos geblieben war, hatte sie schon im Vorfeld wichtige Auswirkungen auf die altkalendaristischen Gemeinschaften Bessarabiens. Als der Verein die Entscheidung zur Formulierung einer zweiten Beschwerde getroffen hatte, war vorgesehen, ihr eine Liste mit Unterschriften aller Unterstützer der Russisch-orthodoxen Kirche im Ausland in Bessarabien anzufügen. Die vielen Unterschriften sollten die große Zahl ihrer Anhänger bewei sen und auch suggerieren, dass die Mehrheit der dortigen Gläubigen die russische Orthodoxie befürwortete. Diese Aktion veranlasste die Russisch-orthodoxe Kirche im Ausland – wie erwähnt –, ab 1934 ihre Netzwerke auch in den Norden der Region auszudehnen.

Die Unterschriftenaktion war in den Städten nicht erfolgreich, sehr wohl jedoch in den altkalendaristischen Dörfern, was das Vordringen des „Vereins der russischen Minderheit" in die Dörfer bewies. Dem Verein gelang es, insgesamt etwa 400.000 Unterschriften zu sammeln. Auch die Gendarmerie bestätigte, dass die Mehrheit davon aus dem ländlichen Raum stammte. Zum einen war in den Dörfern die Überwachung durch die Sicherheitsorgane geringer als in den Städten, und zum anderen war es dort auch leichter, in kurzer Zeit Anhänger zu rekrutieren. Die altkalendaristischen Bauern empfingen

98 AMAE, Problema 16, Vol. 10 [wie eben].

99 AMAE, Problema 16, Vol. 10 [Kultusministerium am 4.4.1937]; [G. Crutzesco am 19.6.1937].

die Vertreter des Vereins mit offenen Armen.[100] Allerdings gab die Gendarmerie an, dass die Altkalendaristen vom Vorhaben des Vereins nichts gewusst hätten, und evozierte das Bild der armen Bauern, die von „bösen russischen Priestern“ manipuliert worden seien: „Die Bevölkerung wurde von der russischen Minderheit in die Irre geführt. Diese hat das Kalenderproblem, das unter den Moldauern[101] verbreitet ist, ausgenutzt. Unter dem Vorwand, dass sie Unterschriften für den alten Kalenderstil sammelten, verwendeten sie die Unterschriften im Interesse der russischen Minderheit aus Chişinău [...].“[102]

Tatsächlich hatten die russischen Priester und die Mitglieder des Vereins, die in den Dörfern aktiv waren, ihre Ziele nie verheimlicht. Sie erklärten den Bauern, dass sie Unterschriften für eine Beschwerde sammeln würden, mit der sie die legale Verwendung des alten Kalenders erreichen könnten.[103] Mag sein, dass einige Gläubige das Programm des Vereins nicht bis ins Detail kannten, doch ging es ihnen primär um die Ablehnung der Kalenderreform. Sie waren zufrieden damit, dass sie mit den russischen Priestern jetzt orthodoxe Kleriker auf ihrer Seite hatten, welche sie im Kampf gegen die Kalenderreform unterstützten. Ein klarer Beleg dafür sind die Anträge auf Austritt aus der Rumänisch-orthodoxen Kirche, welche die altkalendaristischen Gemeinschaften im Norden Bessarabiens bei den jeweiligen Gemeindeämtern einreichten. Ungefähr zur selben Zeit, als der Verein seine Arbeit in den Dörfern aufzunehmen begann, erklärten die Bauern offiziell ihren Bruch mit der Amtskirche.[104] In keinem Austrittsantrag erwähnten aber die Gläubigen, dass sie Mitglieder der Russisch-orthodoxen Kirche werden wollten, wofür der Verein in Bessarabien eigentlich stand. Die Bauern wollten lediglich zur orthodoxen Kirche in der Form, wie sie vor der Kalenderreform bestanden hatte, zurückkehren, auch wenn diese Kirche offiziell als Institution nicht existierte.[105]

Obwohl die Russisch-orthodoxe Kirche im Ausland im Norden lediglich von drei Priestern repräsentiert wurde, war sie erfolgreich. Die Gendarmerie, welche diese Annäherung mit großer Sorge beobachtete, brachte in einem ihrer Berichte die Bedeutung

100 Antonie LUŢCAN, Cronică internă. Stilismul, *Luminătorul* 12 (1936), 755–757, hier 756; ANRM, Inspectoratul regional de siguranţă din Basarabia, 680, 3508, 565f. [Bericht der Siguranţa Chişinău an das Regionalinspektorat der Polizei in Chişinău vom 22.2.1930 betr. Aktivitäten des Vereins der russisch-orthodoxen Minderheit]; 612–614 [Bericht derselben an dasselbe vom 20.2.1930 betr. die Gründung neuer Filialen des Vereins der russisch-orthodoxen Minderheit].

101 Gemeint waren hier rumänischsprachige orthodoxe Gläubige in Bessarabien.

102 ANR, Inspectoratul General al Jandarmeriei, 1935/26, 209–222, hier 220f. [Monatsbericht des Regionalinspektorats der Gendarmerie in Chişinău an das Zentralinspektorat in Bukarest vom Oktober1936 betr. den Altkalendarismus nach der Niederschlagungsaktion].

103 ANR, Ministerul Justiţiei-Direcţia Judiciară, 1935/82, 38 [Bericht des Gerichtes Bălţi an den Justizminister vom 19.2.1935 betr. die Gründe für Nicolai Climovicis Verhaftung].

104 Auf diese Listen wird in Kapitel 7 näher eingegangen.

105 ANR, Inspectoratul General al Jandarmeriei, 1936/12, 54f. [Tabelle mit den Familienoberhäuptern orthodoxer Gläubiger nach dem alten Stil aus Funduri Vechi, Kreis Bălţi/ Tablou de numele şi Pronume a cap. de familie a credinioşilor pe vechiu din comuna Funduri-Vechiu Judetul-Bălţi].

der Russisch-orthodoxen Kirche im Ausland für die altkalendaristischen Gemeinschaften auf den Punkt:

> „Die Gefühle der Bevölkerung sind jetzt stärker den Russen gegenüber als für uns, die Altreichler. […] Während die Priester als sehr gierige Personen wahrgenommen werden, gelten die altkalendaristischen Priester [der Russisch-orthodoxen Kirche im Ausland] und die Mönche als wahre Diener Gottes, welche die Gläubigen nie ausrauben."[106]

Trotz solchen Erfolges der Russisch-orthodoxen Kirche im Ausland in den altkalendaristischen Dörfern ist sie allein weder für den kalendarischen Widerstand noch für den Aufschwung des Altkalendarismus verantwortlich zu machen, obwohl es in Berichten oft so dargestellt wurde. Von einer engeren Zusammenarbeit mit den Altkalendaristen kann zudem ohnehin erst ab 1934/35 die Rede sein. Die Aktivitäten der ROKA waren auf einige Dörfer begrenzt – vorwiegend im Kreis Bălţi – und es kam zu keiner einheitlichen Organisation. Zwischen wichtigen Mitgliedern der ROKA wie Vladimir Poleacov oder Nicolai Climovici auf der einen und Altkalendaristenführen aus der Moldau wie Glicherie Tănase auf der anderen Seite bestand keine Kooperation. Genauso wie die Mönche vom Berg Athos musste die ROKA ihre Aktivitäten aus der Ferne steuern, und zwar mit begrenzten Mitteln und auf die Gefahr hin, dass die Sicherheitskräfte ihr weiteres Wirken verhindern würden.

Politischer Synkretismus: Die Zusammenarbeit der LANC mit den Altkalendaristen

Als ein Angestellter der zuständigen Präfektur sich Anfang 1936 in den altkalendaristischen Dörfern im Kreis Bălţi aufhielt und beobachtete, wie die Altkalendaristen einander mit „Sieg" (izbândă) begrüßten, zeigte er sich alarmiert.[107] Dies war die Grußformel der antisemitischen Partei der LANC. Hieß dies nun, dass Altkalendaristen sich politisch engagierten und mit der stimmenstärksten Partei im Norden Bessarabiens zusammenarbeiteten? Die Frage nach der Annäherung zwischen der LANC und den Kalenderreformverweigerern beschäftigte Mitte der 1930er Jahre auch sonst Gendarmerie und Regionalverwaltung in zunehmendem Maß. Der Generalstaatsanwalt von Chişinău erklärte im Mai 1936 dem Justizminister diese Entwicklung mit folgenden Worten:

> „Ich muss betonen, dass vor allem im Kreis Bălţi die Agitationen [gegen den Kalender] viel gefährlicher sind als die in den anderen Kreisen. Seit über einem Jahr ist ein Großteil der Bevölkerung in

[106] ANR, Inspectoratul General al Jandarmeriei, 1936/64, 1144–133, hier 129 [Monatsbericht der Informationsabteilung der Polizei Bălţi an das Zentralinspektorat der Gendarmerie in Bukarest vom Juni1936 betr. „die Stimmung unter der rumänischen Bevölkerung"].

[107] ANR, Direcţia Generală a Poliţiei, 1935/49, 112 [Bericht der Polizei an den Innen- und den Kultusminister vom 3.1.1936 betr. den Zusammenstoß in Albineţ und die Organisation der Altkalendaristen in Bessarabien].

eine politische Bewegung mit religiösem Charakter involviert. Diese befolgt weder die Anordnungen der Justiz noch der regionalen Verwaltungsbehörden oder der politischen und kirchlichen Organe."[108]

Die LANC war neben der Legionärsbewegung die führende antisemitische Partei der rumänischen Zwischenkriegszeit. Die Anfänge der Partei liegen in der moldauischen Hauptstadt Iași. Als die Fürstentümer Moldau und Walachei die faktische Unabhängigkeit vom Osmanischen Reich erlangten und sich 1860 zu einem Staat vereinigten, wurde eine Reihe von Reformen durchgeführt, um die Entwicklung des neuen Staates anzukurbeln. Die Lage der Landbevölkerung veränderte sich aber nur langsam, vor allem deshalb, weil man sich nicht auf tiefgreifende Neuerungen einigen konnte. Auch als 1864 eine Agrarreform beschlossen wurde, welche die Leibeigenschaft aufhob und den Bauern Land zuteilte, gehörten nach wie vor 70 Prozent der Acker- und Weideflächen Großgrundbesitzern.[109] Mit der Verlegung der Hauptstadt nach Bukarest verlor Iași an politischer Bedeutung und wurde mehr und mehr zu einem kulturellen Zentrum der moldauischen Juden. Alexandru Constantin Cuza, der Parteigründer der LANC, der zur Zeit seines Studiums in Deutschland und Belgien mit der modernen Spielart des Antisemitismus in Berührung gekommen war, startete nach seiner Rückkehr eine Antialkohol-Kampagne, die zumal gegen die jüdischen Schankwirte in den Dörfern gerichtet war. Bis zur Formulierung eines antisemitischen Parteiprogramms war es von da nur noch ein kleiner Schritt. Aufgrund seiner zahlreichen antisemitischen Schriften und Aktionen wurde A. C. Cuza als „Vater des rumänischen Antisemitismus" bekannt.

Nach mehreren gescheiterten Versuchen, eine stabile politische Organisation aufzubauen, gründete Cuza 1923 gemeinsam mit dem Arzt Nicolae Paulescu die LANC. Aufgrund seiner Position als Professor für Wirtschaft an der Universität in Iași mobilisierte Cuza zuerst seine Studenten.[110] Corneliu Zelea Codreanu, ein Gründungsmitglied der LANC, trennte sich 1927 von Cuza, der auch sein Taufpate war, um die faschistische Legionärsbewegung zu gründen. Cuzas Partei blieb konservativ, zutiefst antisemitisch und königstreu. Mit dem Aufschwung Hitlers und der NSDAP fand das nationalsozialistische Deutschland in der LANC-Führung einen eifrigen Anhänger in Rumänien. Eine weitere wichtige Episode war die Fusion mit der Nationalen Bauernpartei des siebenbürgischen Nationaldichters Octavian Goga zur Nationalchristlichen Partei (Partidul Național Creștin, PNC) im Jahr 1935. Mit Organisationen in allen Kreisen des Landes war die LANC, die im Osten auch nach 1935 weiterhin als solche bekannt war, keine Regionalpartei mehr, sondern erhob vermehrt Führungsansprüche. Cuza und Goga erlebten den Höhepunkt ihrer politischen Karriere Ende Dezember 1937. Da bei den Parlamentswahlen keine Partei 50 Prozent der Wählerstimmen erhalten hatte, beauftragte König Carol II.

108 ANR, Ministerul Justiției-Direcția Judiciară, 1936/18, Vol. 2, 246 [Bericht des Gerichts Chișinău an den Justizminister vom 25.5.1936 betr. Propaganda der LANC im Norden Bessarabiens].

109 Hitchins, Românii, 1774–1866, 373–380.

110 Bozdoghină, Antisemitismul lui A. C. Cuza în politica românească, 81–106.

die PNC mit der Regierungsbildung. Die nur 44 Tage währende Regierungszeit der PNC war von antisemitischen Maßnahmen und zunehmender Gewalt gegen die jüdische Bevölkerung gekennzeichnet.[111]

Die LANC lenkte nach der Parteispaltung von 1927 die Aufmerksamkeit auf den ländlichen Raum im Osten Rumäniens. Die Partei erkannte schnell, dass sie stärker auf die Bedürfnisse der Bauern eingehen musste, um in Bessarabien Wähler zu mobilisieren. Geschickt nutzte sie den Konflikt zwischen Zentrum und Peripherie – hier konkret zwischen der Zentralregierung und den Altkalendaristen –, der sich mit dem Aufschwung des Altkalendarismus noch stärker zuspitzte. Die Partei betrieb eine intensive Propaganda gegen die Vertreter des Staates auf Ortschaftsebene: gegen die Sicherheitskräfte, die Verwaltungsbehörden und vor allem gegen die Steuereintreiber. Dies kam den Altkalendaristen sehr entgegen. Die LANC-Mitglieder waren dabei wie ursprünglich auch die Altkalendaristen loyale Anhänger der Monarchie und König Carols II. Von allen Repräsentanten der Zentralmacht war die rumänische Königsfamilie die einzige Instanz, der die altkalendaristischen Bauern noch lange Zeit Vertrauen schenkten.[112] Der Antisemitismus, der wichtigste ideologische Bestandteil der LANC überhaupt, war auch den Altkalendaristen nicht fremd: In ihren Petitionen und Briefen waren antisemitische Parolen keine Seltenheit.[113]

Die Gendarmerie brachte die Gründe für den Erfolg der LANC unter der bessarabischen Landbevölkerung auf den Punkt:

> „Aufgrund der schlechten Behandlung, welche die Masse der Bevölkerung von den Behörden und von den bisherigen Politikern in den letzten Jahren erhalten hat, [...] will sie von orthodoxen Priestern, Juden und Politikern nichts mehr hören. Die Bevölkerung meint, dass all diese drei Gruppen sie ausgeraubt oder im besten Fall betrogen haben. Deswegen sind alle entschlossen, nur die Cuzisten zu wählen. Die Bewegung ist so groß, dass trotz der großen Armut der Landbevölkerung sich die Bauern deren typische Uniformen besorgen."[114]

[111] Dumitru, The State, Antisemitism, and Collaboration in the Holocaust, 71f.; Bozdoghină, Antisemitismul lui A. C. Cuza în politica românească, 201–233; Armin Heinen, Rumänien, der Holocaust und die Logik der Gewalt. München 2007, 49–54; Carol Iancu, Le Juifs en Roumanie (1919–1938). De l'émancipation à la marginalisation. Paris 1996, 279–314; Oliver Jens Schmitt, Căpitan Codreanu. Aufstieg und Fall des rumänischen Faschistenführers. Wien 2016, 243–269.

[112] [O. V.,] Apărare, și Răspuns Catigoric, 1935, ohne Seitenangaben; ANR, Inspectoratul General al Jandarmeriei, 1935/26, 204 [Kopie eines anonymen Schreibens von Altkalendaristen aus dem Kreis Bălți an den Gendarmerieposten Fălești vom 7.8.1936].

[113] ANR, Direcția Generală a Poliției, 1935/49, 183 [Mitteilung des Zentralinspektorats der Gendarmerie in Bukarest an das Zentralinspektorat der Polizei in Bukarest und an das Innenministerium vom 3.6.1936 betr. die Organisation der Altkalendaristen in Bessarabien].

[114] ANR, Inspectoratul General al Jandarmeriei, 1935/17, 172 [Monatsbericht der Informationsabteilung der Polizei Bălți vom November 1935 an das Zentralinspektorat der Gendarmerie in Bukarest betr. das Problem des Altkalendarismus].

Eine weitere Bestandsaufnahme der Gendarmerie erklärt noch genauer, worauf die Beliebtheit der LANC beruhte:

> „Die Mehrheit der Dorfbevölkerung sind LANC-Anhänger. Die Bauern möchten von der Propaganda anderer Parteien nichts hören. [...] Überall weihen sie die Fahnen der LANC. Die Bauern sind von den Versprechungen der Partei fasziniert. Vor allem von: der Rückgängigmachung der Kalenderreform, der Befreiung aus den Krallen der Juden und der Steuerbehörden. [...] Ich übertreibe nicht, wenn ich sage, dass, wenn die nächsten Wahlen frei verlaufen werden, in dieser Gegend die Cuzisten über 70 Prozent der Stimmen bekommen werden."[115]

Zu den führenden LANC-Mitgliedern im Norden Bessarabiens zählten: Gheorghe Cuza, das war der Sohn des Parteigründers und Präsident der Regionalorganisation; Eugen Hâncu, Oberarzt des Krankenhauses von Bălţi und dortiger Parteivorsitzender; Gheorghe Ciolac, Vorsitzender in Hotin; Vladimir Noviţchi, Großgrundbesitzer von 134 Hektar im Kreis Bălţi und Eigentümer mehrerer Immobilien in der Stadt. Weitere bedeutende Mitglieder waren der Senator Iuliu Mumuianu und die Rechtsanwälte Dumitriu und Gheorghiu – von der Gendarmerie auch die „Advokaten der Altkalendaristen" genannt. Hochburg der Partei in Bessarabien war der Kreis Bălţi. Er stand Ende der 1930er Jahre unter direktem Einfluss des Parteivorsitzenden und seines Sohnes.[116] Für die Parteiangelegenheiten in den Dörfern war hauptsächlich der Großgrundbesitzer Noviţchi zuständig. 1936 bestand die Mehrheit der Parteimitglieder und -anhänger aus Bauern, während der Gendarmerie zufolge nur wenige Handwerker die LANC unterstützten. Hingegen waren „fast alle Dorffunktionäre, Lehrer und Priester Parteimitglieder. Diese sind die wahren Führer dieser Bewegung in den Dörfern."[117]

Die führenden Mitglieder der regionalen Parteiorganisation stammten aus der städtischen Oberschicht und glaubten nicht an die Heiligkeit des alten Kalenders. In ihrem Alltag war die Kalenderreform kein Thema, sie waren aber bereit, Kompromisse einzugehen und dieses Zeichen der Modernisierung zu entfernen – trotz des Risikos, darüber mit der Heiligen Synode in Streit zu geraten. Die Partei wollte vor allem diejenigen Gemeinschaften, bei denen der Verdacht bestand, dass sie unter kommunistischem Einfluss standen, dazu bringen, ihre „revolutionäre Haltung" aufzugeben.[118] Damit konnte die LANC sich nicht nur beim König beliebt machen. Das Hinrücken zu den Altkalendaristen brachte ihr auch wichtige Wählerstimmen. Während bei den Parlamentswahlen in Bessarabien

[115] ANR, Inspectoratul General al Jandarmeriei, 1936/60, 4–39, hier 30 [Monatsbericht der Informationsabteilung der Polizei Bălţi an das Zentralinspektorat der Gendarmerie in Bukarest vom Januar 1936 betr. die Popularität der Nationalchristlichen Partei].

[116] Bozdoghină, Antisemitismul lui A. C. Cuza în politica românească, 137.

[117] ANRM, Poliţia centrelor judeţene: Bălţi, 694, 2, 312, I, 10–14 [Bericht der Polizei Bălţi vom Oktober 1936 betr. die Organisation der LANC im Norden Bessarabiens].

[118] CNSAS, Fond Documentar, D015261, 420 [Aussage des Priesters Eugeniu E. Călugăru vom 20.10.1936 betr. seine Tätigkeit als Altkalendarist]; 432–437 [Aussage desselben vom 18.9.1936 betr. dasselbe].

1927 die LANC nur zwei Prozent erreicht hatte, gelang es ihr binnen zehn Jahren, von 21,3 Prozent der bessarabischen Wähler die Stimme zu erhalten.[119]

Die Zusammenarbeit zwischen den Altkalendaristen und der LANC war etwas Regionalspezifisches und auch innerhalb Bessarabiens hatte sie genaue Grenzen. Trotz der großen Übereinstimmung gelang der LANC keine vollständige Absorbierung der altkalendaristischen Bewegung, wie ein Angehöriger der Sicherheitskräfte 1935 dem Innenminister erklärte.[120] Es bestand aber eine loyale wechselseitige Unterstützung. Nicht alle Altkalendaristen waren LANC-Mitglieder, so wie auch nicht alle LANC-Mitglieder automatisch zu Altkalendaristen wurden. Das hängt einerseits mit den relativ schwachen Strukturen der Partei in den bessarabischen Dörfern zusammen (die Partei begann erst Ende 1932/33 damit, solche aufzubauen[121]); andererseits verhinderten die staatlichen und kirchlichen Interventionen ab 1936 eine vollständige Fusion beider Gruppierungen. Es stellt sich auch die Frage, wie weit die Vereinbarkeit zwischen den zwei Organisationen wirklich reichte und ob für die Altkalendaristen ein Aufgehen in der LANC überhaupt erstrebenswert war. Beide Gruppen wiesen trotz der aufgezeigten Übereinstimmungen erhebliche Unterschiede auf: Die LANC war eine antisemitische Protestpartei, während die altkalendaristische Bewegung aus unterschiedlichen Gruppierungen ohne klar formuliertes Programm und ohne feste Organisationsstruktur bestand. Das Einzige, was für die Altkalendaristen lange Zeit zählte, war die Bekämpfung der Kalenderreform; doch nutzten manche die Parteistrukturen auch, um ihre eigene Gemeinschaft stärker zu organisieren.

Die Ablehnung der Kalenderreform durch die LANC war auf den Norden der Region beschränkt. Die Partei wählte dort eine Taktik, welche James C. Scott als „politischen Synkretismus" bezeichnet hat:[122] Damit ist gemeint, dass die LANC sich regional an die Bedürfnisse und Probleme der Bevölkerung anpasste. Betrachtet man das Parteiprogramm auf gesamtstaatlicher Ebene oder die der Partei nahestehende Presse in Bukarest, ist von einer Unterstützung der Altkalendaristen nichts zu spüren. Nicht einmal in ganz Bessarabien vertrat die LANC eine einheitliche Position gegenüber den Altkalendaristen.

[119] Suveica, Basarabia în primul deceniu interbelic, 106; Bozdoghină, Antisemitismul lui A.C. Cuza în politica românească, 222.

[120] ANR, Direcția Generală a Poliției, 1935/49, 30–55, hier 50 [Bericht von Kriminalbeamten der Polizei an den Innenminister vom 24.8.1935 betr. die „Rebellion der Altkalendaristen von Albineț, Kreis Bălți"]. Im Juni 1935 erfolgte der Zusammenschluss der LANC und der Nationalen Agrarpartei (Partidul Național Agrar, PNA) zur Nationalchristlichen Partei (PNC). Der Zusammenschluss der beiden politischen Organisationen vollzog sich vor allem im ländlichen Raum sehr langsam. Siehe: Maner, Parlamentarismus in Rumänien (1930–1940), 206–210. In Bessarabien verwendeten die Behörden sowohl die Bezeichnung PNC als auch LANC, ohne einen Unterschied zwischen den beiden zu machen. In dieser Arbeit wird weiter das Kürzel LANC verwendet.

[121] Nicolenco, Extrema dreaptă în Basarabia, 52, 63; Bozdoghină, Antisemitismul lui A. C. Cuza în politica românească, 134–135.

[122] Scott, Decoding Subaltern Politics, 43.

In Gegenden mit weniger Altkalendaristen hielt die Partei Abstand von ihnen. Die Grenzen waren klar gezogen: In den drei nördlichen Kreisen Soroca, Bălţi und Hotin, wo sich auch die Mehrheit der Altkalendaristen befand, unterstützte sie die LANC, weiter südlich jedoch nicht. So erklärte etwa 1936 Constantin Tomescu, Professor an der Theologischen Fakultät in Chişinău und LANC-Vorsitzender des Kreises Lăpuşna (wo wesentlich weniger Altkalendaristen lebten), dass der „verbesserte Stil mit aller Heiligkeit gehalten werden [soll], denn er schadet dem Glauben nicht".[123]

Die Grenze der Zusammenarbeit zwischen der LANC und den Altkalendaristen verlief zugleich auch entlang der Grenze zwischen der Eparchie Hotin-Bălţi und der Metropolie von Bessarabien, also zwischen den Bistumsbereichen von Visarion Puiu und Gurie Grosu. Ersterer galt als Sympathisant der LANC, Letzterer der Legion.[124] Puiu hatte ein enges Verhältnis zu einigen LANC-Mitgliedern, wie etwa zum oben erwähnten Constantin Tomescu, es gibt aber keinerlei Hinweise, dass er eine Zusammenarbeit der Partei mit den Altkalendaristen direkt befürwortet hätte. Jedoch sah er darin vermutlich eine indirekte Möglichkeit, die Altkalendaristen unter irgendeiner Art von Kontrolle zu halten. Beschwerden gegen die LANC sind von seiner Seite jedenfalls nicht bekannt. Bis zu seiner Absetzung 1935 sollte Puiu noch ausdrücklicher die Rückkehr zum alten Kalender verlangen, was eigentlich auch der Position der Regionalorganisation der LANC entsprach.[125]

Die folgenden Episoden von Mitte 1935, nach der Fusion der LANC mit Gogas Partei und während der Wahlkampagne, können das angewandte Konzept des politischen Synkretismus auf lokaler Ebene veranschaulichen. In dieser Phase warb die LANC neue Mitglieder hauptsächlich durch Aufmärsche und Veranstaltungen an. Sie wurden von den Vorsitzenden der Regionalorganisationen in Zusammenarbeit mit Mitgliedern der paramilitärischen Einheiten der LANC, der sogenannten Blauhemden (cămăşile albastre), organisiert. Die Cuzisten, wie die Anhänger der LANC nach dem Familiennamen des Parteivorsitzenden genannt wurden, marschierten in Trachten oder in blauen Hemden mit Hakenkreuz durch die Dörfer, sangen Lieder und hielten antisemitische und bukarest- sowie elitenkritische Reden.[126]

[123] Aussage enthalten in: ANR, Inspectoratul General al Jandarmeriei, 1935/24, 258–303, hier 270 [Monatsbericht des Regionalinspektorats der Gendarmerie in Chişinău an das Zentralinspektorat in Bukarest vom 29.2.1936 betr. die Propaganda der Cuzisten]; Siehe auch: 1936/11, 444–448 [Mitteilung der Gendarmerie Orhei an das Regionalinspektorat der Gendarmerie in Chişinău vom 5.7.1936 betr. den Kongress der Cuzisten in Orhei].

[124] Grosu, Procesul şi apărarea mea, 23; Bozdoghină, Antisemitismul lui A. C. Cuza în politica românească, 188.

[125] Partea oficială. Sesiunea ordinară din anul 1933. Şedinţa din ziua de 11 Decembrie. Sumarul şedinţei, *BOR* Martie-Aprilie 1935, 39f.

[126] CNSAS, Fond Documentar, D015261, 234 [Mitteilung des Zentralinspektorats der Gendarmerie in Bukarest vom 24.3.1936 an das Regionalinspektorat Chişinău betr. die Organisation der Cuzisten].

Bei einem der ersten Aufmärsche im Oktober 1935 in Briceva im Kreis Soroca erlitt ein Parteimitglied bei einer Auseinandersetzung mit der örtlichen jüdischen Bevölkerung schwere Verletzungen und verstarb kurz danach. Die Cuzisten machten den jüdischen Ortsbürgermeister Leib Tendler für den Tod ihres Mitstreiters verantwortlich.[127] In Briceva, einer im 19. Jahrhundert gegründeten jüdischen Ansiedlung mit 2.735 Einwohnern, fand einer der bedeutendsten Wochenmärkte der Gegend statt. Gelegen an der Grenze zwischen den Kreisen Soroca und Bălți, versammelten sich dort seit der zweiten Hälfte des 19. Jahrhunderts allwöchentlich jüdische Händler und orthodoxe Bauern aus dem weiten Umland.[128]

Der Todesfall in Briceva war das Ergebnis eines Versagens der örtlichen Behörden, vor allem der Gendarmerie. Die vorhandenen Dokumente nähren den Verdacht, dass die Auseinandersetzung sogar mit Unterstützung der örtlichen Gendarmerie stattgefunden hat, denn sie wusste, dass sich die Cuzisten an besagtem Tag treffen und wahrscheinlich einen Marsch durch jüdisch geprägte Ortschaften veranstalten würden. Sie hatte von der Kreisverwaltung Befehl bekommen, die Massenaktivitäten der LANC zu verhindern und die Polizei in Bălți oder in Soroca so rasch wie möglich darüber zu informieren; doch weder die Gendarmerie noch andere Behörden hatten das Treffen der LANC und den Marsch rechtzeitig gemeldet.[129] Das lässt sich entweder als indirekte Unterstützung der LANC oder als Folge eines schwachen Sicherheitssystems im ländlichen Raum deuten.

Das Gericht in Bălți bearbeitete den Todesfall von Briceva sehr langsam. Bürgermeister Tendler kam ins Gefängnis, wurde aber nach kurzer Zeit mangels Beweisen wieder entlassen.[130] Die Cuzisten nutzten die Empörung darüber, um weitere Anhänger zu rekrutieren. Am Begräbnis des verstorbenen LANC-Mitglieds nahmen neben der Parteiführung von Bessarabien sogar Repräsentanten aus der Moldau teil.[131] Bei dieser Gelegenheit versprachen sie, sich um die Familie des Verstorbenen zu kümmern, weihten Fahnen und nahmen neue Mitglieder in die Partei auf.

127 ANR, Ministerul Jusitiției-Direcția Judiciară, 1935/82, 181f. [Mitteilung des Gerichts Soroca an den Justizminister vom 23.1.1936 betr. die Untersuchung des Zusamenstoßes von Briceva]; ANR, Inspectoratul General al Jandarmeriei 1935/17, 143f. [Mitteilung der Informationsabteilung der Polizei Bălți an das Zentralinspektorat der Gendarmerie in Bukarest vom 21.10.1935 betr. den Vorfall in Briceva].

128 Von den 2735 Einwohnern Bricevas (1934) waren 2431 Juden, 202 Russen und 98 Rumänen, siehe: Manuilă, Recensământul general al populației României din 29 decemvrie 1930, Bd. 2, Teil 1, 424.

129 ANR, Inspectoratul General al Jandarmeriei, 1935/17, 149 [Mitteilung der Informationsabteilung der Polizei Bălți an das Zentralinspektorat der Gendarmerie in Bukarest vom 26.10.1935 betr. die Entwicklungen in Briceva, Baraboi und Mihăileni].

130 ANR, Inspectoratul General al Jandarmeriei, 1936/60, 50 [Bericht der Gendarmerie Soroca an das Zentralinspektorat der Gendarmerie vom 20.2.1936 betr. die Aufklärung eines Todesfalls]; 67–96, hier 70f. [Monatsbericht der Informationsabteilung der Polizei Bălți an das Zentralinspektorat der Gendarmerie in Bukarest vom Februar 1936 betr. die Propaganda der Cuzisten].

131 ANRM, Poliția centrelor județene: Bălți, 694, 5, 35, 64 [Bericht der Polizei Bălți vom 23.10.1935 betr. das Begräbnis Toader Damians].

Um sich für das Ableben ihres Mitglieds zu rächen, veranstalteten die Cuzisten wochenlang Boykottaktionen gegen „den jüdischen Markt“ von Briceva. Versuchten Bauern, Waren auf dem Markt zu kaufen oder zu verkaufen, wurden sie von den Cuzisten mit Gewalt ferngehalten.[132] Eine weitere Verschlechterung der bereits angespannten Lage trat ein, als die Gendarmerie einen Toten in Briceva fand.[133] Er war betrunken in Ohnmacht gefallen und in der Nacht seinen Verletzungen erlegen. Noch bevor die offizielle Todesursache bekanntgemacht wurde, machten die Cuzisten abermals die Juden für den Tod des Mannes verantwortlich. Einige jüdische Familien aus Briceva und der Umgebung verließen daraufhin ihre Häuser, weil die täglichen Drohungen der Cuzisten nicht mehr zu ertragen waren.[134]

Die Wahlkampagne 1936/37, die bereits 1935 begann, lässt sich durch gewalttätige Auseinandersetzungen zwischen der LANC und ihren politischen Gegnern, der jüdischen Bevölkerung und den Sicherheitskräften charakterisieren. In ihren Reden versprachen die LANC-Mitglieder die Wiedereinführung des alten Kalenders sowie die „Befreiung von den Juden“ und schimpften über die Gendarmerie und die Regierung in Bukarest, die von den Bauern zu hohe Steuern verlange. „Die Rumänen von jenseits des Pruth beuten uns aus, nieder mit ihnen!“, lautete ein beliebter Satz während der Wahlkampagne der LANC.[135] Die Parteiführung gab im Mai 1936 der Polizei gegenüber an, dass allein in Briceva und in den benachbarten Dörfern über 10.000 Bauern unter ihrer direkten Kontrolle stünden. Diese seien jederzeit bereit, den Markt von Briceva zu zerstören und die Häuser der jüdischen Bewohner anzuzünden. Es hänge allein von den Bauern ab, ob es zu Ausschreitungen komme oder nicht.[136] Vladimir Novițchi erklärte dem Gendarmeriechef von Bălți, „seine Leute“ würden den Bürgermeister von Briceva umbringen, wenn dieser nicht wieder verhaftet würde: „Ich schwöre, dass er nicht mit dem

[132] CNSAS, Fond Personal, P104820, 35 [Aussage Grigore Maftei Furtunas vor dem Prätor der Gemeinde Ghizdița, Kreis Soroca vom 20.5.1936 betr. Konflikte mit den Cuzisten auf dem Wochenmarkt in Briceva].

[133] ANR, Inspectoratul General al Jandarmeriei, 1936/60, 50 [Bericht der Gendarmerie Soroca an das Zentralinspektorat der Gendarmerie vom 20.2.1936 betr. die Aufklärung eines Todesfalls].

[134] ANRM, Poliția centrelor județene: Bălți, 694, 5, 35, 78f. [Bericht der Polizei Bălți vom November 1936 betr. Aktivitäten der LANC im Norden Bessarabiens]; ANR, Inspectoratul General al Jandarmeriei, 1936/60, 220–249, hier 242 [Monatsbericht der Informationsabteilung der Polizei Bălți an das Zentralinspektorat der Gendarmerie in Bukarest vom April 1936 betr. die Auswanderung jüdischer Familien aus Briceva].

[135] ANR, Ministerul Jusitiției-Direcția Judiciară, 1936/18, Vol. 2, 360 [Bericht des Gerichtes Bălți an den Justizminister vom 10.8.1936 betr. den Kongress der LANC auf dem Wochenmarkt in Balotina, Kreis Bălți].

[136] ANR, Ministerul Jusitiției-Direcția Judiciară, 1936/18, Vol. 2, 241 [Bericht des Gerichtes Bălți an den Justizminister vom 26.5.1936 betr. die Organisation der LANC im Norden Bessarabiens]; ANR, Direcția Generală a Poliției, 1936/25, 55 [Mitteilung des Zentralinspektorats der Polizei vom 19.6.1936 betr. Spannungen auf den Wochenmärkten in Briceva und Baraboi].

Leben davonkommen wird. Er wird genau dort im Gerichtssaal sterben."[137] Es herrschte Pogromstimmung.

Die Lage auf dem Wochenmarkt in Briceva und in der Umgebung war so angespannt, dass der Präfekt von Bălți, Emanoil Catelly (PNL), der weitere antisemitische Ausschreitungen befürchtete, den Cuzisten erlaubte, einen „christlichen Wochenmarkt" im Dorf Baraboi zu eröffnen.[138] Baraboi befand sich im Kreis Bălți und war, anders als Briceva, fast rein rumänisch bevölkert.[139] Die Cuzisten machten dort Anfang 1936 ihren eigenen Wochenmarkt auf, aber ohne die notwendigen Bewilligungen des Handelsministeriums und daher illegal.[140] Die Partei feierte diesen ersten außerordentlichen Erfolg in großem Stil: An der Eröffnung des neuen Marktes nahmen etwa 5.000 Personen teil, darunter auch die LANC-Parteiführungen von Bălți, Hotin, Soroca und Iași. Fünf orthodoxe Priester strichen durch eine Einweihungszeremonie die Bedeutung des „christlichen Wochenmarktes" heraus.[141] Bei dieser Gelegenheit hielten angesehene LANC-Mitglieder Reden. Der Parteilinie entsprechend waren diese antisemitisch, systemkritisch und vor allem gegen die Kalenderreform und die Regierung in Bukarest gerichtet. Eine bevorzugte Methode der LANC, Altkalendaristen anzuwerben, war die Fahnenweihe an Feiertagen nach dem alten Kalender.[142]

Mit der Eröffnung des neuen Marktes in Baraboi war der Konflikt der LANC mit der jüdischen Bevölkerung aus Briceva nicht gelöst. Beide Märkte fanden am gleichen Tag statt. Ein Teil der Cuzisten kümmerte sich um die Organisation des „christlichen Marktes", ein Teil boykottierte weiter den Markt in Briceva, so lange, bis dieser endgültig ge-

137 ANR, Inspectoratul General al Jandarmeriei, 1936/60, 67–96, hier 89 [Monatsbericht der Informationsabteilung der Polizei Bălți an das Zentralinspektorat der Gendarmerie in Bukarest vom Februar 1936 betr. die Propaganda der Cuzisten im Norden Bessarabiens].

138 ANR, Direcția Generală a Poliției, 1936/25, 34 [Mitteilung des Zentralinspektorats der Polizei vom 30.3.1936 betr. die Gründung des Wochenmarktes in Baraboi, Kreis Bălți]; 48 [Mitteilung des Zentralinspektorats der Polizei vom 2.8.1936 betr. Spannungen auf dem Wochenmarkt in Briceva].

139 Manuilă, Recensământul general al populației României din 29 decemvrie 1930, Bd. 2, Teil 1, 52.

140 ANR, Direcția Generală a Poliției, 1936/25, 55 [Mitteilung des Zentralinspektorats der Polizei vom 19.6.1936 betr. Spannungen auf den Wochenmärkten in Briceva und Baraboi]; 1935/24, 145 [Mitteilung des Regionalinspektorats der Gendarmerie in Chișinău an das Zentralinspektorat in Bukarest vom 30.1.1936 betr. den neuen Wochenmarkt der Cuzisten in Baraboi, Kreis Bălți].

141 ANR, Inspectoratul General al Jandarmeriei, 1936/60, 219 [Mitteilung der Informationsabteilung der Polizei Bălți vom 25.4.1936 betr. ein Treffen der LANC in Baraboi].

142 ANR, Inspectoratul General al Jandarmeriei, 1935/24, 258–303, hier 269 [Monatsbericht des Regionalinspektorats der Gendarmerie in Chișinău an das Zentralinspektorat in Bukarest vom 29.2.1936 betr. die Propaganda der Cuzisten]; ANR, Ministerul Jusitiției-Direcția Judiciară, 1936/98, 17 [Mitteilung des Gerichts Bălți an den Justizminister vom 10.1.1936 betr. die Suche nach altkalendaristischen Priestern].

schlossen werden würde.[143] Die Cuzisten bauten dafür extra eine neue Straße, welche die zwei Ortschaften miteinander verband. Dadurch sicherten sie sich die direkte Kontrolle über beide Märkte.[144] Ziel dieser Aktionen war es einerseits, weitere Anhänger zu gewinnen, andererseits den Handel in Bessarabien, in dem die jüdische Bevölkerung sehr aktiv war, vollständig unter ihre Kontrolle zu bringen. Der neue Markt diente der LANC auch als Bühne für Propaganda, denn an jedem Markttag wurden dort Parteitreffen organisiert und Reden gehalten.[145]

Die regionalen Behörden waren zu schwach, um das eigenmächtige Handeln der Cuzisten zu verhindern. Die Präfektur in Bălţi hatte nicht einmal über den neu eröffneten Markt Kontrolle. Alle Versuche, einheitliche Regeln, Eintrittsgebühren oder Warenkontrollen einzuführen, scheiterten an der Ablehnung der Cuzisten.[146] Obwohl diese gegen die jüdische Bevölkerung und jene, die mit den Juden weiterhin wirtschaftliche Beziehungen unterhielten, Gewalt anwendeten, wurde behördlicherseits kaum etwas unternommen: An den Markttagen zum Beispiel warteten die Cuzisten in Briceva beim Dorfeingang und „warnten" die Bauern vor den Juden. Diese „möchten das Blut der Christen trinken".[147] Zudem wurden die Bauern mit Gewalt daran gehindert, Handel mit den Juden zu treiben.[148] Als etwa eine Bäuerin ihre Waren auf dem Markt verkaufen wollte, hinderten sie die Cuzisten daran, „den Juden Essen zu bringen". Sie leerten ihre Körbe aus, trampelten auf ihren Waren herum und vertrieben sie gewaltsam.[149]

143 ANR, Ministerul Jusitiţiei-Direcţia Judiciară, 1936/18, Vol. 2, 244 [Bericht des Gerichtes Bălţi an den Justizminister vom 26.5.1936 betr. die Propaganda der Cuzisten auf den Wochenmärkten in Baraboi und in Briceva].

144 ANR, Inspectoratul General al Jandarmeriei, 1935/17, 149 [Mitteilung der Informationsabteilung der Polizei Bălţi an das Zentralinspektorat der Gendarmerie in Bukarest vom 26.10.1935 betr. die Entwicklungen in Briceva, Baraboi und Mihăileni].

145 ANR, Inspectoratul General al Jandarmeriei, 1935/24, 206 [Mitteilung der Gendarmerie Soroca an das Regionalinspektorat der Gendarmerie Chişinău vom 4.2.1936 betr. die Propaganda der Cuzisten auf den Wochenmärkten im Norden Bessarabiens].

146 ANR, Inspectoratul General al Jandarmeriei, 1936/12, 309 [Bericht des Zentralinspektorats der Gendarmerie an den Innenminister und das Zentralinspektorat der Polizei vom 27.8.1936 betr. Probleme am Wochenmarkt in Baraboi].

147 CNSAS, Fond Personal, P104820, 36 [Protokoll des Prätors von Năduşiţa, Kreis Soroca, vom 20.5.1936 betr. die Untersuchung der Konflikte auf dem Wochenmarkt in Briceva].

148 ANR, Inspectoratul General al Jandarmeriei, 1936/64, 35–58, hier 43 [Monatsbericht der Informationsabteilung der Polizei Bălţi an das Zentralinspektorat der Gendarmerie in Bukarest vom Mai 1936 betr. die Propaganda der Cuzisten].

149 CNSAS, Fond Personal, P104820, 35 [Aussage Grigore Maftei Furtunas vor dem Prätor in Ghizdiţa, Kreis Soroca vom 20.5.1936 betr. Konflikte mit den Cuzisten auf dem Wochenmarkt in Briceva]. Siehe auch: ANR, Ministerul Jusitiţiei-Direcţia Judiciară, 1936/18, Vol. 2, 245f. [Bericht des Gerichtes Bălţi an den Justizminister vom 15.5.1936 betr. die Unruhen der Cuzisten in Briceva]; 249f. [Bericht desselben an denselben vom 20.5.1936 betr. die Unruhen der Cuzisten am Wochenmarkt in Briceva].

Nach den Vorfällen in Briceva führte die Präfektur im Sicherheitsapparat kaum Verbesserungen durch. Der Gendarmerieposten in Briceva, wo an die sieben Gendarmen im Einsatz waren, wurde personell nicht aufgestockt. Nur der Zentralposten der Gendarmerie in Bălți wurde modernisiert. Er bekam „zwei spezielle Pistolen für zehn Tränengaspatronen und fünf Tränengasgranaten, die im Notfall, falls es wieder zu einer blutigen Auseinandersetzung wie in Briceva kommen sollte, verwendet werden konnten".[150] Die Anwendung von Tränengas durch die Gendarmerie galt damals als „moderne Technologie".[151] In Bălți verfügte die Gendarmerie zwar über eine Art mobiler Einheit, bestehend aus ca. 30 Gendarmen, die dort eingesetzt werden konnte, wo es am dringendsten nötig war. Die Mobilisierung anderer Gendarmeriestationen funktionierte jedoch sehr langsam, gab es doch weder telegrafische noch telefonische Verbindung.[152] Mit dieser unzureichenden Ausrüstung konnten die Boykottaktionen der LANC, an denen Hunderte von Anhängern teilnahmen, nur schwer verhindert werden, umso mehr als die Veranstaltungen der Cuzisten von „bewaffneten Garden" der Partei bewacht wurden.[153] Dabei war es nicht nur der ländliche Raum, wo die LANC mit der Zeit das Sicherheitssystem überforderte. Auch in den Städten kam es immer wieder zu Zusammenstößen zwischen LANC-Mitgliedern, der jüdischen Bevölkerung und der Polizei.[154]

Ob Gendarmen Sympathie für die LANC hegten, ist insgesamt schwer festzustellen. In einigen Fällen traf dies jedoch eindeutig zu. Manche Gendarmerieposten verhinderten die Aktivitäten der LANC nicht, etwa indem sie ihre übergeordneten Stellen nicht rechtzeitig darüber informierten, wie es in Briceva der Fall war. Bei manchen Gendarmen löste die LANC Bewunderung aus. Der Chef der Informationsabteilung der Polizei in Bălți, der seinerseits keinerlei Verständnis für die Altkalendaristen hatte und zu einer Art heiligen Krieg gegen sie aufrief[155], äußerte sich in seinen Berichten gegenüber der LANC

150 ANRM, Inspectoratul regional de siguranță din Basarabia, 680, 1, 88, 99 [Bericht des Regionalinspektorats der Polizei Chișinău an das Zentralinspektorat in Bukarest von 1936 betr. die Bewaffnung des Regionalinspektorats der Gendarmerie für zukünftige Konflikte in Briceva, Kreis Soroca].

151 CNSAS, Fond Documentar, D015261, 1011–1015 [Bericht Aurel Bogdans vom Herbst 1936 betr. „das Problem des Altkalendarismus in der Moldau"].

152 ANR, Ministerul Jusitiției-Direcția Judiciară, 1936/18, Vol. 2, 245f. [Bericht des Gerichtes Bălți an den Justizminister vom 15.5.1936 betr. die Unruhen der Cuzisten in Briceva].

153 ANR, Ministerul Jusitiției-Direcția Judiciară, 1936/18, Vol. 2, 245f. [wie eben].

154 ANR, Ministerul Jusitiției-Direcția Judiciară, 1936/18, Vol. 2, 254f. [Bericht des Gerichtes Bălți an den Justizminister vom 24.6.1936 betr. die Unruhen der Cuzisten in Bălți]; 291 [Bericht desselben an denselben vom 17.6.1936 betr. die Unruhen der Cuzisten in Bălți]; 313–315 [Bericht desselben an denselben, ohne lesbares Datum, betr. die Unruhen der Cuzisten in Glodeni, Kreis Bălți].

155 ANR, Inspectoratul General al Jandarmeriei, 1935/17, 13–26, hier 18 [Monatsbericht der Informationsabteilung der Polizei Bălți an das Zentralinspektorat der Gendarmerie in Bukarest vom Juni1935 betr. das Problem der religiösen Sekten].

immer wieder verständnisvoll. Beispielsweise schrieb er, dass der Cuzismus eine „Bewegung der Rumänen voller Hoffnung auf bessere Tage" sei.[156]

Die Tatsache, dass die LANC mehr oder weniger ungestört agieren konnte, war in erster Linie eine Folge der schwachen Behörden. Es gab angesichts der Masse der LANC-Anhänger einfach zu wenige Gendarmen. Erst im Juni 1936 verlangte die Präfektur in Bălţi von den Zentralbehörden Hilfe in ihrem Vorgehen gegen die LANC. Präfekt Catelly erklärte den Hilferuf wie folgt: „Der Polizeiapparat ist absolut ineffizient und nicht in der Lage, die Agitationen und Unruhen, für die in letzter Zeit die Mitglieder der LANC in der Stadt und im Kreis verantwortlich sind, zu kontrollieren." [157] Das Gericht in Bălţi wiederum untersuchte die Aktivitäten der LANC nur sehr langsam. Der Tod des LANC-Mitglieds bei den Zusammenstößen in Briceva wurde nie aufgeklärt. Die Verantwortlichen für die zahlreichen antisemitischen Ausschreitungen wurden nicht bestraft, obwohl es viele Augenzeugen und auch Beweise gegen Beteiligte gab. So wurde zum Beispiel gegen Vladimir Noviţchi, den Hauptagitator der LANC im ländlichen Raum und zugleich wie gesehen die wichtigste Verbindungperson zwischen der Partei und den Altkalendaristen, 1936 ein Strafverfahren eingeleitet. Das Militärgericht entschied jedoch 1937 trotz der vielen gegen ihn vorliegenden Aussagen, es einzustellen – weil bei den von Noviţchi organisierten Aktivitäten „nicht festgestellt werden konnte, dass die Teilnehmer eine feindselige Haltung gegen die öffentliche Sicherheit eingenommen hatten, und es wurden auch keine Hinweise auf eine Rebellion gegen die staatliche Ordnung gefunden."[158]

Der große Spielraum der LANC war letzten Endes nur deswegen möglich, weil das Staatszentrum wegschaute. Die liberale Regierung zeigte zwischen 1935 und 1936 eine auffallende Toleranz gegenüber rechten Kräften. Die Taktik der regierenden Nationalliberalen Partei unter Gheorghe Tătărescu bestand in diesem Zeitraum darin, Parteien wie die LANC zu unterstützen oder zumindest zu tolerieren, um die eigene Position gegenüber der Bauernpartei zu stärken.[159] Gleichzeitig war die vom Zentrum geduldete Zusammenarbeit zwischen der LANC und den Altkalendaristen ein Versuch, die Aktivitäten der altkalendaristischen Gemeinschaften unter einer gewissen Kontrolle zu halten.

Kurz nach dem Ausbruch des Konfliktes in Briceva erreichte die Heilige Synode die Nachricht, dass die LANC den Gläubigen für ihre Unterstützung bei den nächsten Wahlen versprach, die Kalenderreform rückgängig zu machen. Patriarch Miron Cristea informierte Anfang April 1936 Gheorghe Tătărescu, dass die LANC das Kalenderproblem

[156] ANR, Inspectoratul General al Jandarmeriei, 1935/17, 251–276, hier 270 [Monatsbericht der Informationsabteilung der Polizei Bălţi an das Zentralinspektorat der Gendarmerie in Bukarest vom Dezember 1935 betr. Entwicklungen in der LANC].

[157] ANR, Ministerul Jusitiţiei-Direcţia Judiciară, 1936/18, Vol. 2, 254f. [Bericht des Gerichtes Bălţi an den Justizminister vom 24.6.1936 betr. die Unruhen der Cuzisten in Bălţi]

[158] CNSAS, Fond Personal, P104820, 159 [Beschluss der Militärstaatsanwaltschaft von 1937 betr. Vladimir Noviţchi].

[159] Maner, Parlamentarismus in Rumänien, 223–228.

aus politischem Interesse instrumentalisiere. Die Regierung sollte nach Auffassung des Patriarchen das Kalenderproblem der Kirche allein überlassen, aber die notwendigen Maßnahmen treffen, um die Einmischung anderer Parteien in diese Angelegenheit zu verhindern.[160] Da der Premierminister auf die Bitte des Patriarchen nicht reagierte, organisierte dieser ein Treffen mit allen Parteivorsitzenden, um das Kalenderproblem genauer zu erörtern. Er bat sie „aus Patriotismus und für die seelische Harmonie", das Kalenderproblem aus ihrem Parteiprogramm zu streichen, da die Propaganda gegen die Reform nur Unruhe unter den Gläubigen stifte. Es sei so weit gekommen, dass die Altkalendaristen, „unterstützt von verschiedenen Parteien", sich von der Rumänisch-orthodoxen Kirche abspalten wollten. Bezeichnend ist, dass der Patriarch keine Partei beim Namen nannte. Alle Teilnehmer waren mit der Bitte des Patriarchen einverstanden.[161] Die LANC war bei diesem Treffen durch Octavian Goga und den Senator Mumuianu aus Bessarabien vertreten. In einem persönlichen Schreiben an den Vizepräsidenten der Partei A. C. Cuza erklärte der Patriarch, die Errichtung von Gebetshäusern durch die Altkalendaristen sei illegal, denn dafür gebe es keine Genehmigungen, worin die orthodoxen Priester und die Staatsvertreter übereinstimmten. Laut den Informationen, welche der Patriarch vom Innenministerium bekommen hatte, sei die Bewegung auch von einigen Politikern unterstützt worden. Schon in früheren Jahren hatte Cristea Cuza gebeten, dass weder dieser noch dessen Partei sich in die kalendarische Angelegenheit einmischen sollten; jetzt wandte er sich erneut mit dieser Bitte an Cuza.[162]

Zurück in Bessarabien, war die Bitte des Patriarchen seitens der LANC rasch vergessen. Kurz nach dem Treffen in Bukarest organisierte sie einen riesigen Kongress in Bălţi, an dem an die 60.000 Personen teilnahmen.[163] Die Zusammenkunft fand, wie es in der Eröffnungsrede von Vladimir Noviţchi hieß, „an einem großen Feiertag statt: am Tag des Heiligen Gregor nach dem alten Stil!"[164] Zu diesem Anlass hielt auch der eigens angereiste Octavian Goga eine Rede, in der er die Teilnehmer zu einer nationalen Revolution aufrief: „Das Land soll dankbar sein, dass zum ersten Mal die Seele Bessarabiens mit der Seele Rumäniens eng verbunden ist."[165] Diese Verbindung sei dank seiner Partei entstanden. Was die Politiker der LANC in Bukarest vertraten, war eine Sache, was die regionalen

160 CNSAS, Fond Documentar, D015261, 201 [Schreiben von Patriarch Cristea an den Ministerpräsidenten Gheorghe Tătărăscu vom 4.4.1936 betr. die Unterstützung der Altkalendaristen durch die politischen Parteien].

161 Problema Stilismului, *Universul*, 17.6.1936, enthalten in: CNSAS, Fond Documentar, D015283, 59.

162 ANR, A. C. Cuza, 23, 69 [Schreiben von Patriarch Cristea an A. C. Cuza vom 22.6.1933 betr. die altkalendaristische Bewegung].

163 Măreaţa adunare naţional-creştină dela Bălţi. Peste 60.000 de congresişti cer guvernarea ţării, *Apărarea Naţională* 21. Mai, Nr. 8/1936, S. 3.

164 ANRM, Poliţia centrelor judeţene: Bălţi, 694, 5, 35, 157–161 [Bericht der Polizei Bălţi vom 6.5.1936 betr. den Verlauf des LANC-Kongresses in Bălţi].

165 ANRM, Poliţia centrelor judeţene: Bălţi, 694, 5, 35, 157–161 [Bericht der Polizei Bălţi vom 6.5.1936 betr. den Verlauf des LANC-Kongresses in Bălţi].

Aktivisten machten, eine andere. Die Ablehnung des neuen Kalenders jedenfalls war ein zentraler Bestandteil der LANC-Ideologie im Norden Bessarabiens.

Die Regionalorganisation der LANC stand den altkalendaristischen Gemeinschaften auch direkt auf der Dorfebene bei. Sie stellte ihnen die notwendigen Ressourcen wie Autos oder Waffen zur Verfügung, was ihnen half, die Organisation ihrer Bewegung voranzutreiben. Sie bot den Altkalendaristen in vielen Fällen auch Schutz vor den Sicherheitsorganen. Rechtsanwälte, die Mitglieder der Partei waren, halfen den Bauern in rechtlichen Angelegenheiten und unterstützten deren Bemühungen, einen legalen Status zu erhalten. Zudem brachten sie altkalendaristische Gruppierungen aus Bessarabien und der Moldau miteinander in Kontakt.[166]

Nach der zu Beginn dieses Buches geschilderten blutigen Auseinandersetzung zwischen den Altkalendaristen und der Gendarmerie im August 1935, die als die Rebellion von Albineț bekannt geworden ist, musste die dortige religiöse Führung der Altkalendaristen die Gemeinschaft ihrer Anhänger verlassen. Die Kontrolle durch die Gendarmerie nahm infolge der Auseinandersetzung zu und den Altkalendaristenführern drohte die Verhaftung. Nur wenige Monate zuvor war es der Gendarmerie gelungen, einen altkalendaristischen Priester, der in Albineț und Umgebung tätig gewesen war, zu verhaften, so dass die Altkalendaristen einige Zeit gebraucht hatten, bis sie einen neuen Priester fanden.

Eine Gruppe von Cuzisten brachte die führenden Altkalendaristen nun in einem Dorf in der Moldau in Sicherheit. Gleichzeitig füllte das altkalendaristische Komitee von Albineț das Vakuum in der religiösen Führung mit Priestern aus der Moldau, die von den Sicherheitsorganen (noch) nicht verfolgt wurden und mit Hilfe der Cuzisten nach Bessarabien transferiert wurden.[167]

Bald kam es aber aus finanziellen und organisatorischen Gründen zu heftigen Konflikten zwischen den bessarabischen und den moldauischen Altkalendaristen, worauf Letztere nach einigen Monaten Bessarabien wieder verließen und in die Moldau zurückkehrten. Da der Plan also gescheitert war und die Altkalendaristen im Norden Bessarabiens kaum noch Priester hatten, sah sich die LANC gezwungen, die in der Moldau binnenexilierten Altkalendaristen wieder zurück nach Bessarabien zu bringen. Sie wurden von der LANC in einem Dorf in der Nähe von Albineț abgesetzt, wo der Bürgermeister Cuparenco und der Dorfpriester LANC-Mitglieder waren und die altkalendaristische Führung

[166] ANR, Inspectoratul General al Jandarmeriei, 1936/60, 61f. [Mitteilung der Informationsabteilung der Polizei Bălți vom 29.2.1936 betr. die von einem Agenten gesammelten Informationen über die altkalendaristische Gemeinschaft von Albineț und Umgebung]; hier 278f. [Bericht derselben an das Zentralinspektorat der Gendarmerie in Bukarest betr. die Untersuchung einer Beschwerde der Altkalendaristen]; ANR, Ministerul Jusitiției-Direcția Judiciară, 1936/98, 51 [Mitteilung des Gerichtes Bălți an den Justizminister vom 15.3.1936 betr. die Organisation der Altkalendaristen im Norden Bessarabiens].

[167] Wie eben.

tolerierten. Der Bürgermeister half den Altkalendaristen, sich vor den Sicherheitskräften zu schützen.[168] Interessant ist, dass die gesamten Kosten für diese Aktion von altkalendaristischen Bauern aus dem Kreis Bălţi übernommen wurden. Sie zahlten sowohl für die Transport- als auch für die Lebenshaltungskosten der Altkalendaristen in der Moldau. Die LANC war also der altkalendaristischen Bewegung in einem Schlüsselmoment zu Hilfe gekommen. Dank dieser Hilfe konnten die Altkalendaristen eine gewisse Kontinuität in der Führungsriege ihrer Bewegung bewahren. [169]

Die Unterstützung durch die LANC gab der altkalendaristischen Bewegung, wie auch die Sicherheitsorgane richtig bemerkten, eine neue Stoßrichtung. Die Cuzisten beeinflussten den Charakter der Bewegung und wirkten bis zu einem gewissen Grad wie eine Ergänzung zur altkalendaristischen Ideologie.[170] Die antistaatliche Haltung der Altkalendaristen nahm in den Jahren der intensiven LANC-Propaganda (1935–1936) aggressive Formen an, was auch die Ziele der Bewegung allmählich veränderte: 1936 verlangten viele Altkalendaristen nicht mehr nur die Rücknahme der Kalenderreform oder die Anerkennung als eigene religiöse Gruppe wie vor den LANC-Kontakten, sondern formulierten immer häufiger auch politische und ökonomische Forderungen. Einige Gemeinschaften träumten nun von einer eigenen kirchlichen Organisation im Norden Bessarabiens und sogar von einer neuen staatlichen Regierungsform.[171] Ein anderer Bereich, wo der Einfluss

[168] So erklärte sich zum Beispiel der Bürgermeister in Absprache mit den Altkalendaristen damit einverstanden, dass jeder, der das Dorf betreten wollte, von den Altkalendaristen überprüft würde; siehe: ANR, Inspectoratul General al Jandarmeriei, 1936/60, 61f. [Mitteilung der Informationsabteilung der Polizei Bălţi vom 29.2.1936 betr. die von einem Agenten gesammelten Informationen über die altkalendaristische Gemeinschaft von Albineţ und Umgebung].

[169] ANR, Ministerul Jusitiţiei-Direcţia Judiciară 1936/98, 105 [Mitteilung der Eparchie Hotin-Bălţi an das Gericht Bălţi vom 23.2.1936 betr. die Aktivitäten von Nicolai Climovici]; 119 [Bericht des Gerichtes Bălţi an den Justizminister vom 6.2.1936 betr. die zunehmende Organisation der Altkalendaristen im Norden Bessarabiens]; ANR, Direcţia Generală a Poliţiei, 1935/49, 132–134 [Mitteilung des Zentralinspektorats der Polizei in Bukarest an den Innenminister vom 9.2.1936 betr. die altkalendaristische Bewegung im Norden Bessarabiens]; ANR, Inspectoratul General al Jandarmeriei, 1935/24, 251–253 [Mitteilung der Informationsabteilung der Polizei Bălţi an das Zentralinspektorat der Gendarmerie in Bukarest vom 29.2.1936 betr. die Organisation der Altkalendaristen in Bessarabien].

[170] Die Gendarmerie berichtete oft, wie sich die Stimmung unter den Dorfbewohnern nach einem Besuch oder einer Veranstaltung der LANC änderte. Nachdem beispielsweise eine LANC-Delegation ein Dorf besucht hatte, nahmen die Bauern das Gehörte fast wortwörtlich und begannen sich gegen Behördenvertreter mit Gartengeräten zu bewaffnen; siehe: ANR, Inspectoratul General al Jandarmeriei, 1935/24, 79 [Mitteilung des Regionalinspektorats der Gendarmerie in Chişinău an das Zentralinspektorat in Bukarest vom 24.12.1935 betr. die Propaganda der Cuzisten].

[171] ANR, Inspectoratul General al Jandarmeriei, 1935/26, 204 [Kopie eines anonymen Schreibens der Altkalendaristen aus dem Kreis Bălţi an den Gendarmerieposten Făleşti vom 7.8.1936]; ANR, Direcţia Generală a Poliţiei, 1935/49, 165 [Mitteilung der Gendarmerie Bălţi vom 30.4.1936 betr. die Pläne der Altkalendaristen in Bessarabien].

der LANC sichtbar wurde, war die Organisation der altkalendaristischen Gemeinschaften. Die Altkalendaristen übernahmen von der LANC nicht nur wie schon gesehen die Grußformel „Sieg“ (izbândă), sondern viele trugen wie die Cuzisten eine stilisierte Nationaltracht.[172] Auch die neuen altkalendaristischen Garden wurden in Anlehnung an die Garden der Cuzisten-LANC gebildet.[173]

Entwickelte sich also Mitte der 1930er Jahre aus einer Bewegung gegen die Kalenderreform eine allgemeine systemkritische Bewegung? Wenn die altkalendaristische Bewegung als ein sozial-religiöses Phänomen, das eine Million Anhänger hatte, verstanden wird, lautet die Antwort nein. Die beschriebenen radikalen Tendenzen waren lediglich in einigen wenigen altkalendaristischen Gemeinschaften sichtbar, vorwiegend im Kreis Bălţi. Für die Behörden blieb das altkalendaristische Phänomen im Allgemeinen eine schwer begreifbare „religiöse Psychose“.[174] Was die Sicherheitsorgane aber gewiss beunruhigte, war die Schnelligkeit, mit welcher die Altkalendaristen aus dem Kreis Bălţi ihr Organisationsmodell und ihre altkalendaristischen Vorstellungen auf die anderen Reformverweigerer ausdehnten. Der Altkalendarismus, unterstützt von der LANC und der Russisch-orthodoxen Kirche im Ausland, entwickelte sich in rasendem Tempo hin zu einem organisierten Protest gegen die Kalenderreform.

Wenn Gruppen von Altkalendaristen unterwegs waren, in der Regel in Fuhrwerk-Konvois, führten sie Plakate mit der Aufschrift „Nieder mit dem Kommunismus“ mit.[175] Trotz dieser klaren Botschaft und trotz der Zusammenarbeit der Altkalendaristen mit der LANC bestand für die Behörden weiterhin der Verdacht, sie stünden unter kommunistischem Einfluss. Von außen betrachtet behielt die altkalendaristische Bewegung Mitte der 1930er Jahre weiterhin einen diffusen Charakter:

> „Ohne zu übertreiben, muss ich Ihnen mitteilen, dass die Cuzisten in diesem Kreis [Bălţi] eine Propaganda machen, die uns direkt in den Kommunismus führen wird. Sie versprechen den Bauern: die Wiedereinführung des alten Stils, die Abschaffung der Steuereintreibung und der Steuerbehörden und

172 ANR, Direcţia Generală a Poliţiei, 49.1935/49, 112 [Bericht der Polizei an den Innen- und den Kultusminister vom 3.1.1936 betr. den Zusammenstoß in Albineţ und die Organisation der Altkalendaristen in Bessarabien].

173 Wenn die Gendarmerie die Arbeit der Altkalendaristen aus nächster Nähe überwachen wollte, wählte sie die Methode, ihre Agenten als „Cuzisten“ zu verkleiden, um die Altkalendaristen zu infiltrieren; siehe: ANR, Inspectoratul General al Jandarmeriei, 1935/24, 79 [Mitteilung des Regionalinspektorats der Gendarmerie in Chişinău an das Zentralinspektorat in Bukarest vom 24.12.1935 betr. die Propaganda der Cuzisten]; 1935/17, 246 [Mitteilung der Informationsabteilung der Polizei Bălţi an das Zentralinspektorat der Gendarmerie in Bukarest vom 23.12.1935 betr. die Organisation der Altkalendaristen von Albineţ].

174 CNSAS, Fond Documentar, D015260, 4–9, hier 5 [Beschluss des Gerichtes Bălţi vom Dezember 1936 betr. die Bestrafung der Altkalendaristen von Funduri-Vechi, Kreis Bălţi].

175 CNSAS, Fond Documentar, D015261, 167 [Mitteilung des Zentralinspektorats der Gnedarmerie vom 12.9.1936 an das Innenministerium und das Zentralinspektorat der Polizei betr. die Organisation des altkalendaristischen Kongresses].

weitere Landverteilung. Sie versprechen ihren Anhängern, dass sie von den Wohlhabenden Land an die Armen verteilen werden."[176]

Als andere in Bessarabien aktive Parteien erkannten, dass die LANC mit ihrem Versprechen der Annullierung der Kalenderreform Erfolg hatte, versuchten sie ebenfalls, ähnliche Wahlversprechen zu machen. Nicht alle Parteien waren aber zu einem solchen Kompromiss wie die LANC bereit: Manche, wie etwa die Nationalliberale Partei, behielten ihre Rolle als modernisierende Aufklärer bei und bestanden auf einer vollständigen Implementierung der Kalenderreform. LANC-Mitglieder intervenierten übrigens sofort, wenn sie den Eindruck hatten, dass auch andere politische Gruppierungen die Altkalendaristen für sich zu gewinnen versuchten. Eugen Hâncu beschwerte sich zum Beispiel bei der Polizei, dass die Propaganda „kommunistischer Zeitungen" aus Chişinău und Bălţi für den Altkalendarismus nicht zu tolerieren sei.[177]

In Wirklichkeit konnten kommunistische Gruppierungen, die im Norden Bessarabiens tätig waren, mit dem Widerstand der Bauern gegenüber der Kalenderreform nichts anfangen und machten den Altkalendaristen klar, dass sie ihre Aktionen gegen den neuen Kalender nicht unterstützten. Ein repräsentatives Beispiel dafür ist ein Flugblatt kommunistischer Organisationen aus Bălţi aus dem Jahr 1935, in welchem sie die LANC für ihre oberflächliche Unterstützung der Bauern kritisierten und gleichzeitig ihr Desinteresse am Kalenderproblem zeigten:

> „Cuzisten nehmen Bauernnamen an, aber sie unterstützen in Wirklichkeit keine Bauern. Als im Kreis Bălţi Bauern die Gottesdienste nach dem alten Stil halten wollten, haben sie mit Waffen geschossen und die Priester ins Gefängnis geschickt. Wir, die Kommunisten, glauben nicht an Gott und an keine Religion, egal wie sie heißt. Sie ist die größte Betrügerei, welche von der herrschenden Klasse dazu verwendet wird, die Arbeiterklasse in Finsternis zu halten."[178]

Mit solchen Argumenten konnten kommunistische Gruppierungen freilich keine altkalendaristischen Gemeinschaften für eine Kooperation gewinnen.[179]

Eine ähnlich kritische Position gegenüber dem Altkalendarismus und der Kirche generell vertrat auch die Nationale Bauernpartei (PNŢ) im Norden Bessarabiens. Bereits wäh-

[176] ANR, Inspectoratul General al Jandarmeriei, 1936/60, 4–39, hier 10 [Monatsbericht der Informationsabteilung der Polizei Bălţi an das Zentralinspektorat der Gendarmerie in Bukarest vom Januar 1936 betr. die Popularität der Nationalchristlichen Partei].

[177] ANRM, Poliţia centrelor judeţene: Bălţi, 694, 5, 35, 438 [Beschwerde Eugen Hâncus an die Polizei Bălţi vom 8.1.1937 betr. Propaganda der Kommunisten für den Altkalendarismus].

[178] Aussage enthalten in: ANR, Inspectoratul General al Jandarmeriei, 1935/24, 216f. [Mitteilung des Regionalinspektorats der Gendarmerie in Chişinău an das Zentralinspektorat in Bukarest vom 11.2.1936 betr. beschlagnahmtes kommunistisches Propagandamaterial].

[179] CNSAS, Fond Documentar, D015283, 8–12 [Mitteilung des Regionalinspektorats der Polizei in Chişinău an das Zentralinspektorat in Bukarest vom 5.5.1929 betr. kommunistische Propaganda und die Kalenderreform].

rend der kalendarischen Vorfälle von 1929, als sie sich noch an der Regierung befunden hatte, war eine distanzierte Haltung sichtbar, weshalb die regionale Parteiorganisation Bischof Puiu bei der Niederschlagung der Kalenderproteste auch nicht unterstützt hatte.[180]

Die Legionärsbewegung, die im Zentrum und im Süden Bessarabiens eine wichtige politische Kraft darstellte, teilte die Ablehnung der Kalenderreform nicht. So musste beispielsweise ein Dorfpriester aus dem Kreis Bălți, der sich am Anfang gegen die Kalenderreform ausgesprochen hatte und in den 1930er Jahren zum „fanatischen Anhänger" der Legion wurde, die Kalenderreform akzeptieren. Altkalendarist zu sein war mit der LANC kompatibel, nicht aber mit der Legion.[181] Die Bauern verstanden den plötzlichen Seitenwechsel des Priesters nicht und waren von seinem Verhalten enttäuscht.[182]

Andere Parteien konnten mit dem Erfolg der LANC nicht Schritt halten. Die „Agrarische Union", eine Kleinpartei, die im Kreis Bălți durch den Händler N. Macarenco organisiert wurde, versuchte auch Altkalendaristen anzuwerben, war doch Macarenco früher der LANC nahegestanden, so dass er eine ähnliche Ideologie vertrat.[183] Da die Partei sich schnell wieder auflöste, blieb der Altkalendarismus jedoch ausschließlich eine Angelegenheit der LANC.

Die Kooperation zwischen der LANC und den Altkalendaristen begann ab Herbst 1936 nachzulassen. Dafür gab es mehrere Gründe. Die liberale Regierung wurde stärker unter Druck gesetzt, den Altkalendarismus aus dem gewöhnlichen politischen Kräftespiel herauszunehmen und gänzlich auszuschalten. Es war nicht nur die Kirchenleitung, die das verlangte. Bei einem großen Treffen für den gesamten Osten Rumäniens im April 1936 entwarfen die Sicherheitskräfte einen ausführlichen Plan für die Niederschlagung der altkalendaristischen Bewegung. Ein entscheidender Schritt in dieser Hinsicht war laut dem Gendarmeriechef Pâràianu „ein politischer Waffenstillstand zwischen den verschiedenen politischen Gruppen, damit sie diese Angelegenheit [den Altkalendarismus] nicht mehr für ihre eigenen Interessen ausnutzen."[184] Auch die Bitten der Regionalverwaltung

180 Mehr dazu siehe in Kapitel zwei, Kalendarische Ausnahmen.

181 ANR, Ministerul Jusitiției-Direcția Judiciară, 1936/98, 119 [Bericht des Gerichtes Bălți an den Justizminister vom 6.2.1936 betr. die zunehmende Organisation der Altkalendaristen im Norden Bessarabiens].

182 ANR, Direcția Generală a Poliției, 1935/49, 132–134 [Mitteilung des Zentralinspektorats der Polizei in Bukarest an den Innenminister vom 9.2.1936 betr. die altkalendaristische Bewegung im Norden Bessarabiens]; ANR, Inspectoratul General al Jandarmeriei, 1935/17, 130 [Kopie eines von der Gendarmerie beschlagnahmten Briefes Gh. Strates an den Priester E. Cucuetu vom 21.10.1935]; 181 [Mitteilung der Informationsabteilung der Polizei Bălți an das Zentralinspektorat der Gendarmerie in Bukarest vom 29.10.1935 betr. einen vom Priester E. Cucuetu in Mihăileni erhaltenen Brief].

183 ANR, Inspectoratul General al Jandarmeriei, 1936/60, 220–249, hier 221 [Monatsbericht der Informationsabteilung der Polizei Bălți an das Zentralinspektorat der Gendarmerie in Bukarest vom April 1936 betr. die Organisation der „Agrarischen Union"].

184 CNSAS, Fond Documentar, D015261, 232f. [Bericht Barbu Pârăianus an die Leitung der Siguranța vom 22.4.1936 betr. das Problem der Altkalendaristen].

nach mehr Unterstützung seitens der Zentralregierung gegen die illegalen Aktivitäten der LANC wurden ab Mitte 1936 lauter.

Nach einem internen Skandal in der Regionalorganisation der LANC begann das Ansehen der Partei unter den Altkalendaristen abzunehmen: In den bessarabischen Dörfern verbreitete sich rasch das Gerücht, dass Vladimir Noviţchi, bevor er Politiker geworden sei, als Spion für den rumänischen Staat in der Sowjetunion gearbeitet habe. Augenzeugen berichteten, dass er gleichzeitig auch den Sowjets Informationen geliefert habe. Er sei also ein Doppelagent, ein Verräter, so die Vorwürfe. Weitere Enthüllungen sollten zeigen, dass er in seiner Jugendzeit den Bauern Vieh gestohlen habe und so zu seinem großen Vermögen gekommen sei. In der Folge verließen Angaben der Gendarmerie zufolge die Cuzisten massenhaft die Partei.[185] Ob die Gerüchte über Noviţchi eine reale Basis hatten, ist schwer festzustellen. In den Gerichtsakten aus den Jahren 1936, 1937 und 1939 wurde seine Spionagetätigkeit nicht erwähnt. Dieser Skandal und die Interventionen der Sicherheitskräfte gegen den Altkalendarismus schwächten die Position beider Gruppen stark. Als die LANC wie schon erwähnt Ende Dezember 1937 für 44 Tage mit Octavian Goga als Ministerpräsidenten an die Regierung kam, unternahm sie keinerlei Maßnahmen bezüglich der Kalenderreform. Der Altkalendarismus blieb ab Herbst 1936 strengstens verboten.

Zusammengefasst war mit der ungefähr zeitgleichen Hinwendung der LANC und der Russisch-orthodoxen Kirche im Ausland zu den altkalendaristischen Dörfern eine günstige Konstellation für den weiteren Aufschwung der Kalendergegner entstanden. Bereits seit den kalendarischen Vorfällen von 1929 suchten die Reformverweigerer nach Wegen, wie sie ihr religiöses Leben außerhalb der rumänischen Amtskirche und nach dem alten Kalender gestalten könnten. Der Berg Athos, die LANC und die Russisch-orthodoxe Kirche im Ausland eröffneten ihnen unterschiedliche Lösungsansätze, die aber aufgrund ihrer mangelnden Ressourcen und ihrer Überwachung durch die Sicherheitsorgane nur begrenzt umgesetzt wurden. Diese Einflüsse von außen auf den kalendarischen Konflikt brachten aber einen Mobilisierungsschub unter den Gläubigen und reichten in manchen Gemeinschaften aus, den Charakter der Bewegung zu verändern. Mitte der 1930er Jahre war der rumänische Staat mit einer Bewegung konfrontiert, die aus unterschiedlichen Gruppierungen bestand, von welchen viele zu radikalen Lösungen neigten, um ihre Ziele zu erreichen. Viele Altkalendaristen strebten ab 1934 nach der Anerkennung als eigenständige religiöse Gruppe, um mit dem Aufbau ihrer Kirchenorganisation legal voranschreiten zu können. Sollte die Regierung ihnen diese religiöse Freiheit nicht gewähren, bekundeten nicht wenige Altkalendaristen ihre Bereitschaft, „für ihren Glauben“ zu

185 ANR, Inspectoratul General al Jandarmeriei, 1936/60, 220–249, hier 220 [Monatsbericht der Informationsabteilung der Polizei Bălţi an das Zentralinspektorat der Gendarmerie in Bukarest vom April 1936 betr. die Vorwürfe gegen Vladimir Noviţchi].

sterben.[186] Wie die Behörden mit dieser neuen Form eines aggressiven Altkalendarismus umgingen, der auch zahlreiche gewaltsame Auseinandersetzungen mit sich bringen sollte, wird im nächsten Kapitel deutlich werden.

[186] ANR, Inspectoratul General al Jandarmeriei, 1935/25, 284–288 [Memorandum der Altkalendaristen an König Carol II. vom 1936].

4 Zwischen Scheintoleranz und Repression

Zum ersten Mal wurde der kalendarische Konflikt im rumänischen Parlament im Jahr 1934 behandelt. Damals stellte im Abgeordnetenhaus ein Mitglied der Nationalen Bauernpartei (PNŢ) dem Kultusminister eine Anfrage zur Gewalt zwischen Gendarmen und Altkalendaristen. Innenminister Ion C. Inculeţ (PNL) antwortete, dass es nicht die Absicht der Regierung sei, den Altkalendarismus „mit den Gendarmen und mit den Bajonetten" zu bekämpfen. Mit dieser Reaktion gab er zu verstehen, dass die Nationalliberale Partei (PNL), welche Ende 1933 die PNŢ als Regierungspartei abgelöst hatte, eine neue Politik gegenüber den Kalenderreformverweigerern verfolgen würde.[1] Seit der Abmachung zwischen dem Patriarchen Miron Cristea und dem Kultusminister Aurel Vlad im Jahr 1929, in der das Kultusministerium der Kirchenleitung seine Unterstützung bei der Implementierung der Kalenderreform versprochen hatte, hatte es dazu keine weiteren Regelwerke seitens der Ministerien gegeben. Die Gendarmerie überwachte „religiöse Sekten", die im Norden Bessarabiens aktiv waren, wie die Inochentisten oder die Stundisten[2], und hatte genaue Weisungen, wie mit ihnen umzugehen sei. Doch die Gendarmen konnten auf keine vom Zentrum entworfene Strategie gegenüber den Altkalendaristen zurückgreifen, da es sich dabei immer noch um ein neues Phänomen handelte.

Mit der Ernennung von Ion C. Inculeţ zum Innenminister Anfang 1934 schenkte sein Ministerium den Altkalendaristen wesentlich mehr Aufmerksamkeit als zuvor. Inculeţ, der 1884 in einer Bauernfamilie im Dorf Răzeni, 33 Kilometer entfernt von Chişinău, geboren worden war, hatte das Theologische Seminar in Chişinău/Kišinëv absolviert und Physik und Mathematik in Sankt Petersburg studiert. Er hatte jener Gruppe von Bessarabiern angehört, die bei der Revolution von 1905 mehr Rechte für die rumänischsprachige Bevölkerung eingefordert hatte. Zurück in Bessarabien, unterstützte Inculeţ 1917 zuerst die Unabhängigkeit des Gebietes und ab 1918 die Vereinigung mit Rumänien. Obwohl er ab 1918 in Bukarest lebte, blieb er mit den Angelegenheiten in seiner Heimatregion eng vertraut. Als Mitglied der Eparchialversammlung von Chişinău kannte er das Kalender-

1 Monitorul Oficial. Dezbateri parlamentare, 1934–1935, Nr.5, 33.

2 Der Stundismus war eine protestantische Volksbewegung im Russischen Reich. Die evangelische Bewegung der deutschen Kolonisten und die religiöse Erweckung der orthodoxen Landbevölkerung verschmolzen in ihr zusammen. Siehe: ZHUK, Russia's Lost Reformation, 155–199.

problem recht gut. Bereits 1925 schickte er zusammen mit 55 anderen Mitgliedern der Eparchialversammlung ein Memorandum an die Heilige Synode und an die Regierung, in welchem für die „Ruhe der bessarabischen Bevölkerung" um eine Revision der Kalenderreform gebeten wurde.[3]

Inculețs Politik gegenüber den Altkalendaristen kann als Deeskalationsstragie bezeichnet werden. Sie zielte auf weniger Einmischung seitens der Sicherheitskräfte und auf mehr Zusammenarbeit zwischen der Kreisverwaltung und der Kirchenleitung gegen den Altkalendarismus ab. Dies bedeutete nicht, dass die Zentralbehörden die Altkalendaristen nunmehr tolerierten, sondern lief eher auf eine Scheinduldung hinaus, bis andere Lösungen gefunden würden. Es herrschte unter den Regierungsmitgliedern die Überzeugung, dass ein verstärktes Engagement der Amtskirche die Altkalendaristen zurückholen und sich die Bewegung auf diese Weise totlaufen würde.

Diese Einstellung war auch eine Reaktion auf die Rebellion von Toporăşti (Kreis Vaslui, in der Moldau) vom 8. Juli 1934 – die erste blutige Auseinandersetzung zwischen altkalendaristischen Bauern und der Gendarmerie, die über die Kreisebene hinaus ein großes Echo fand.[4] Im Zuge der Verhaftung eines im Dorf befindlichen altkalendaristischen Mönches war es zu Zusammenstößen zwischen 80 Gendarmen und gegen 400 Altkalendaristen gekommen. Als Folge der Auseinandersetzung starben drei Altkalendaristen und mehrere Gendarmen, und auch weitere Bauern wurden schwer verletzt. An den Folgetagen demonstrierten tausende Altkalendaristen in der gesamten Moldau vor den Präfekturen für die Freilassung des Mönches.[5]

Um diesen Gewaltausbrüchen Herr zu werden, legte das Innenministerium die Zuständigkeiten der Gendarmerie gegenüber den altkalendaristischen Gemeinschaften fest, ohne aber den Altkalendaristen irgendeinen Status entsprechend dem Kultusgesetz zu verleihen: Ab Juli 1934 durfte sich die Gendarmerie nicht mehr in die altkalendaristischen Angelegenheiten einmischen und „keine repressiven Maßnahmen gegen die Stilisten mehr treffen". Gendarmen durften entsprechend dem neuen Befehl die Altkalendaristen lediglich „aus der Ferne überwachen" und Informationen über sie sammeln.[6] Diese Entscheidung ersetzte alle diesbezüglichen älteren Anordnungen, so dass die Gendarme-

3 ANRM, Episcopia Hotinului, 1217, 1, 381, 63 [Protokoll der Eparchialversammlung Chişinău vom 8.12.1925 betr. Probleme in Zusammenhang mit der Kalenderreform in Bessarabien]; ANR, Casa Regală-Miscelanee, 423, 4 [Memorandum der Mitglieder der Eparchialversammlung Chişinău an die Heilige Synode von 1925 betr. die Kalenderreform].

4 Monitorul Oficial. Dezbateri parlamentare, 1934–1935, Nr.5, 31–33.

5 ANR, Direcția Generală a Poliției, 1934/43, 14 [Mitteilung des Zentralinspektorats der Polizei vom 10.7.1934 betr. die Auseinandersetzungen zwischen Altkalendaristen und Gendarmen in Toporăşti].

6 CNSAS, Fond Documentar, D013408, Vol. 2, 151 [Mitteilung der Polizei Iaşi an die Siguranța Iaşi vom 13.7.1934 betr. den Befehl des Innenministeriums zur Überwachung der Altkalendaristen]; ANR, Ministerul Cultelor şi Artelor, 1935/125, 100f. [Mitteilung der Heiligen Synode an das Kultusministerium vom 15.7.1935 betr. Maßnahmen gegen Altkalendarismus].

rie nun eine reine Beobachterposition einnahm. Der Befehl wurde 1935 dahingehend ergänzt, dass die Gendarmen die Erlaubnis bekamen, Maßnahmen zu ergreifen, wenn die Kreisverwaltungen oder die Eparchieleitungen dies verlangten.[7]

Die Anweisungen von 1934 blieben zwei Jahre lang in Kraft und führten unter anderem dazu, dass die Zentralregierung die Mittlerrolle im Konflikt mit den altkalendaristischen Bauern, welche bisher zum Großteil von der Gendarmerie erfüllt worden war, der Kreisverwaltung und inoffiziell auch der LANC anvertraute – diese mussten als Konfliktmediatoren zwischen dem Staat und den Altkalendaristen agieren. Gleichzeitig erwartete die Regierung, dass die Kirche sich stärker in die „Lösung des altkalendaristischen Problems“ einbringen würde. Indem die Zentralbehörden den Altkalendarismus jetzt als kirchliches Problem bezeichneten, versuchten sie Distanz zwischen Gendarmerie und Altkalendaristen zu schaffen und gleichzeitig die Amtskirche bei der Bekämpfung des Altkalendarismus in die Pflicht zu nehmen.[8]

Die fast vier Jahre, in denen sich die PNL mit Gheorghe Tătărăscu als Präsident des Ministerrates an der Regierung befand, von Ende 1933 bis Ende 1937, waren aber von einer Radikalisierung der politischen Landschaft, dem Aufschwung der faschistischen Bewegung und den zunehmend autoritären Zügen der Herrschaft Königs Carol II. gekennzeichnet. Die Entlassung des bedeutenden Außenministers Nicolae Titulescu im August 1936, der eine prosowjetische Außenpolitik vertreten hatte, signalisierte eine schrittweise Annäherung Rumäniens an das nationalsozialistische Deutschland. Vor dem Hintergrund der politisch immer angespannteren Atmosphäre stärkte das Innenministerium Mitte der 1930er Jahre den Sicherheitsapparat.

Eine wichtige Entwicklung in Zusammenhang mit der behördlichen Behandlung der Altkalendaristen waren die Maßnahmen, die zum Ausbau der Gendarmerie getroffen worden waren, derjenigen Institution also, die in der Zwischenkriegszeit für die Ordnung und Sicherheit im ländlichen Raum zuständig war. Die Gendarmerie spielte nach 1918 an der Seite von Armee und Polizei bei der Stabilisierung der neuen Gebiete eine zentrale Rolle. Als eine Institution des Kriegsministeriums wurde sie in Bessarabien aus Gendarmen gebildet, die nach 1918 aus dem Altreich hingeschickt wurden, und durch

7 ANR, Inspectoratul General al Jandarmeriei, 1936/9, 112 [Befehl Barbu Pârăianus vom 19.6.1935 betr. Verbote der Verfolgung der altkalendaristischen Mönche durch Gendarmen]; ANR, Direcția Generală a Poliției, 1935/49, 58 [Schreiben des Innenministeriums an die Gendarmerieleitungen vom 29.3.1935 betr. die Bekämpfung des Altkalendarismus].

8 Als zum Beispiel Mitglieder der LANC Anfang 1935 bei der Regierung anfragten, welche Strategie diese gegenüber den Altkalendaristen in Bessarabien verfolge, antwortete der damalige Kultusminister Alexandru Lăpedatu, der Altkalendarismus sei „eine Angelegenheit, welche die Rumänisch-orthodoxe Kirche betrifft“. In einer Parlamentssitzung erklärte er: „Deshalb haben wir die Heilige Synode [mit dem altkalendaristischen Problem] betraut und sie wird es sicher mit aller Ernsthaftigkeit behandeln. Wir erwarten uns, dass sie eine Lösung findet, denn wir befinden uns in einer Lage, welche eine rasche Intervention seitens des Staates und der Kirche verlangt.“ (Monitorul Oficial. Dezbateri parlamentare, 1935–1936, Nr.45, 1214f.).

Soldaten und Unteroffiziere, die am Ende des Krieges dort stationiert waren. Der damals 22-jährige Soldat Ion Brichiuş, aus einer Bauernfamilie im Kreis Argeş im Norden der Walachei stammend, berichtete in seinen Memoiren darüber: In Bessarabien stationiert, wurden die Angehörigen seines Regiments schlicht zu Gendarmen erklärt. Brichiuş ließ sich danach in Oradea im äußersten Nordwesten des Landes zum Polizisten ausbilden, denn die Position als Gendarm empfanden er und seine Regimentskameraden als unverdiente Zurücksetzung. Polizisten hingegen wurden in den Städten eingesetzt. Am Ende seiner Ausbildung wurde er in den nordbessarabischen Kreis Soroca geschickt, wo er eine Einheimische heiratete. Seit dem Aufbau eines Polizeisystems ab der zweiten Hälfte des 19. Jahrhunderts war es in vielen Staaten üblich gewesen, Polizisten unter ehemaligen Soldaten zu rekrutieren, welche dann, so wie Brichiuş, eine Ausbildung absolvierten.[9] Für rumänische Gendarmen gab es diese Zusatzausbildung unmittelbar nach 1918 nicht.

Das Schwierigste am Übergang vom Soldaten zum Gendarmen und schließlich zum Polizisten war Brichiuş zufolge die neue Einstellung gegenüber der Bevölkerung gewesen. Für einen Soldaten war „jeder, der eine Waffe in der Hand hatte, ein Feind. Ohne Waffen war er ein Mensch". Die Ausbildung zum Polizisten brachte ihm hingegen bei, „dass jede Person, solange sie nicht untersucht wurde, suspekt war." [10]

In den Jahren nach dem Ersten Weltkrieg litt die Gendarmerie unter mangelnder Finanzierung. Unter der Regierung der Nationalen Bauernpartei und aufgrund der Wirtschaftskrise wurde ihr Personalstand von 30.149 auf 18.822 reduziert und ein Teil ihrer Ressourcen an die Armee übergetragen. 1929 wurde sie vom Kriegs- zum Innenministerium neu zugeordnet.[11] Dies sollte zu einer Professionalisierung der Gendarmerie, einer besseren Schulung des Personals und einer verbesserten Ausstattung beitragen.

Mit der Rückkehr der Liberalen an die Regierung begann unter dem neuen Gendarmeriechef General Barbu Părăianu der Ausbau der Gendarmerie.[12] Der Personalstand stieg bis 1936 auf eine Rekordhöhe von 36.849 Angestellten. [13] Die Ressourcen und die Ausbildungsmöglichkeiten blieben aber weiterhin begrenzt. Das hatte zur Folge, dass vie-

[9] Neil WEISSMAN, Regular Police in Tsarist Russia, 1900–1914, *The Russian Review* 44 (1985), 45–68.

[10] Ion BRICHIUŞ, Strajă la Nistru. Bucureşti 2009, 116.

[11] ANR, Inspectoratul General al Jandarmeriei, 1929/1, 1–11 [Darstellung der Motive für die Vorschläge zur Modifizierung des Organisationsgesetzes der Gendarmerie von 1929]; Ilie NUŢU, Jandarmeria 1918–1940. Legislaţie şi organizare. Bacău 2012, 59–68.

[12] ANR, Inspectoratul General al Jandarmeriei, 1932/6, 1–30, 79f. [Aufstellung über die Vervollständigung der Gendarmerieausrüstung von 1932]; 30–34 [Studie über Probleme in Zusammenhang mit dem Gesetz über die ländliche Gendarmerie, General Grozeanu]; NUŢU, Jandarmeria 1918–1940; Ovidiu Marius MIRON, Jandarmeria română în perioada interbelică 1919–1941. Mit şi realitate. Lugoj 2003, 44f.

[13] ANR, Inspectoratul General al Jandarmeriei, 1893/1, 73–78 [Register der Gendarmerie vom 1.2.1929 betr. Gründung und Auflösung von Gendarmerieeinheiten]; NUŢU, Jandarmeria 1918–1940, 70f., 80.

le der neuen Gendarmen nicht über die nötige Vorbereitung verfügten. Eine der blutigsten Auseinandersetzungen zwischen den Kalendergegnern und Gendarmen im Norden Bessarabiens wurde am 19. August 1935 von einem inkompetenten neuen Postenkommandanten entfesselt, der mit dem kalendarischen Konflikt nicht vertraut gewesen war und die offiziellen Anordnungen nicht kannte. Oberleutnant Oculeanu, so hieß dieser neue Chef, war erst am 16. August 1935 von Bukarest nach Bessarabien gereist, wo er die Leitung des Gendarmeriepostens von Fălești übernahm. Kaum angekommen, entschloss er sich, gegen das altkalendaristische Zentrum in Albineț vorzugehen – ohne einen Befehl seiner Vorgesetzten und ohne auf die erfahrenen Gendarmen zu hören, welche ihn von einer solchen Aktion abzuhalten versuchten. Die Intervention endete wie gesehen in einer Art Blutbad, es gab tote Altkalendaristen und viele Verletzte auf beiden Seiten.[14]

Das Innenministerium setzte neue Maßnahmen um, indem die Gendarmerieposten mit Tränengas ausgestattet wurden und die vorhandene Statistikabteilung weiter ausgebaut wurde. Damit wurden die Altkalendaristen erstmals zahlenmäßig erfasst. Wie die Statistiken in Diagramm 2 zeigen, bildeten die Altkalendaristen 1935 die größte religiöse Gruppe im Land unter den als „Sekten" kategorisierten Gemeinschaften. Geografisch betrachtet (Diagramm 3) war die übergroße Mehrheit der Altkalendaristen auf Bessarabien konzentriert, mit weitem Abstand gefolgt von der Moldau, während sich in den übrigen historischen Regionen Großrumäniens kaum Anhänger fanden.

Die Frage nach der nationalen Zugehörigkeit, die dem Staat sehr wichtig war, beantworten die Statistiken nicht. Alle Untersuchungen in dieser Hinsicht zeigen aber, dass die Bewegung eindeutig einen rumänischen Charakter hatte. Der Bischof von Hotin-Bălți Tit Simedrea betonte 1936, dass sich die altkalendaristische Bewegung „nur unter den Moldauern ausbreitet", womit die rumänischsprachige Bevölkerung Bessarabiens gemeint war: „In der ganzen Eparchie wird kein Dorf der Minderheiten vom Altkalendarismus heimgesucht."[15]

Viele genauere Fragen zu der hier im Schaubild aufgegriffenen zahlenmäßigen Erfassung der Altkalendaristen durch die Gendarmerie müssen noch offenbleiben. Wie war die Datenerhebung erfolgt? Vermutlich mussten die Postenleiter der jeweiligen Statistikabteilungen diese Zahlen übermitteln, denn es haben sich keine Berichte erhalten, dass die Statistikabteilung eine zentralisierte Aktion mit eigenem Personal durchgeführt hätte. Angesichts der Stärkung der Gendarmerie ab 1934, mitsamt der Aufnahme eines zum Teil schwach ausgebildeten Personals, muss die exakte Verlässlichkeit der Zahlen angezwei-

[14] Andreea Kaltenbrunner, Die Bekämpfung der religiös Andersdenkenden. Die rumänischen Altkalendaristen aus Cucova-Putna, 1934–1935, *Südost-Forschungen* 77 (2018), 216–235; dies., Modernization Struggles in Interwar Romania: Old Calendarists, Church and Government in Bessarabia in the 1930s, *Slavonic and East European Review* 99 (2021), 520–543.

[15] ANRM, Episcopia Hotinului, 1217, 1, 725, 27–36, hier 27f. [Rede Bf. Simedereas anlässlich der Eparchialversammlung vom 17.5.1936].

felt werden. Wie gut mögen neue Gendarmen aus anderen Gebieten den kalendarischen Konflikt gekannt haben, um die Altkalendaristen richtig identifizieren zu können? Die Zahlen sind aber dennoch die genaueste Erfassung, die bislang zur Verfügung steht.

Diagramm 2: „Religiöse Sekten" im ländlichen Raum Großrumäniens, 1935[16]

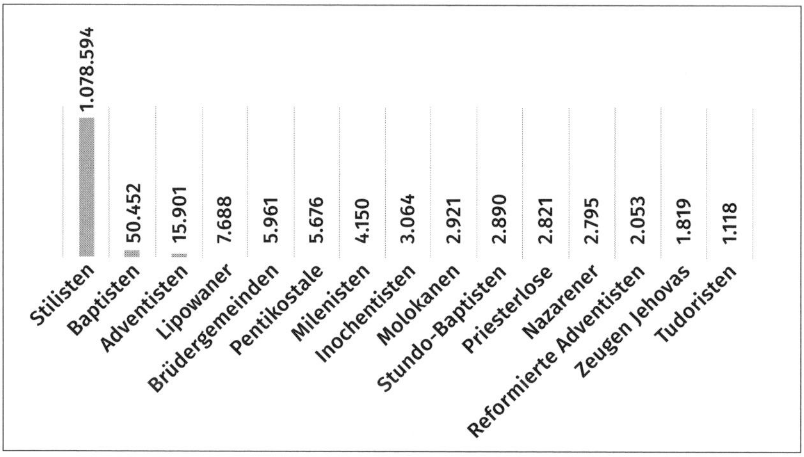

Diagramm 3: Regionale Verbreitung der Altkalendaristen, 1935[17]

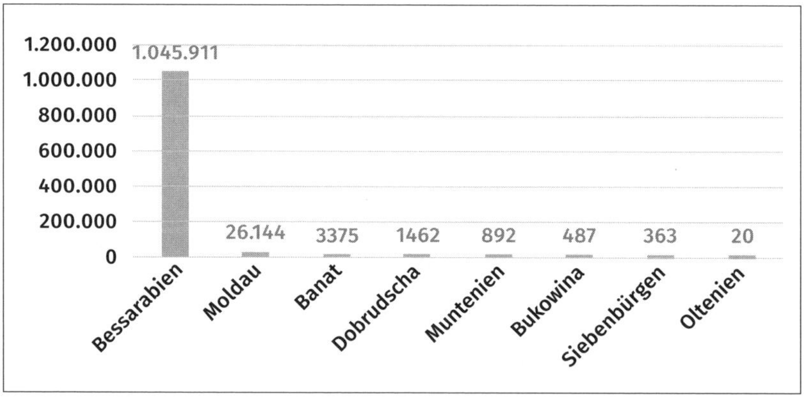

[16] Das Diagramm 2 wurde mit Daten und einem Überblicksakt aus dem Gendarmeriebestand erstellt. Siehe: ANR, IGJ, 1936/18, 173–176 [Mitteilung Barbu Pârăianus an den Innenminister vom 16.12.1936 betr. eine Tabelle der Mitglieder religiöser Sekten].

[17] Das Diagramm 3 wurde mit Daten aus auch für Diagramm 2 grundlegenden Gendarmeriebestand 1936/18, 173–176 erstellt.

Die Erstellung dieser Statistiken durch die Gendarmerie war für die Bukarester Wahrnehmung der Kalendergegner von zentraler Bedeutung. Weder das Kultusministerium noch die Amtskirche besaßen vergleichbar umfangreiche Informationen über die Altkalendaristen. Die Eparchien hatten zwar eigene Abteilungen, welche sich mit „religiösen Sekten" beschäftigten, doch erhoben sie offenbar keine statistischen Angaben über die Altkalendaristen; die Eparchie Hotin-Bălți, welche die meisten Altkalendaristen aufwies, hatte nie eigene Zahlen dazu erstellt.[18] So ist zu erklären, dass in einem Bericht vom Mai 1936 über die jährliche Versammlung der erwähnten Eparchie (Adunarea Eparhială) davon die Rede ist, von den 1.100.245 Gläubigen der Eparchie seien nur 12.586 „Sektierer". Die an der Versammlung teilnehmenden Geistlichen besprachen das Problem der altkalendaristischen Bewegung, vermieden aber, die Altkalendaristen als Sektierer zu bezeichnen. Der Altkalendarismus sei eine Bewegung, die im Hintergrund „von den Feinden des rumänischen Volkes", von den „Kommunisten", gegen die rumänische Nation orchestriert würde.[19] Obwohl die Eparchieleitung genaue Zahlen über die Altkalendaristen von der Gendarmerie bekommen hatte, veröffentlichte sie sie nicht in eigenen offiziellen Dokumenten. Die Amtskirche weigerte sich lange, die Altkalendaristen als Sekte anzuerkennen, denn sie hoffte wahrscheinlich auf deren Auflösung durch eine vollständige Umsetzung der Kalenderreform. Zudem hätte eine Veröffentlichung der Zahlen, welche das Ausmaß des altkalendaristischen Phänomens gezeigt hätten, ihre eigene gesellschaftliche und politische Legitimität weiter untergraben und womöglich Konsequenzen in Bezug auf die staatliche Finanzierung nach sich gezogen.

Die Reaktionen auf die neue Strategie von Innenminister Inculeț fielen unterschiedlich aus. Während die Altkalendaristen seine Weisung als eigenen Sieg über die Gendarmen und als ein Zeichen der Toleranz wahrnahmen, stieß er bei vielen orthodoxen Geistlichen ebenso wie bei den Gendarmen auf Unverständnis. Die Altkalendaristenführer sorgten dafür, dass sich die Kunde von dem Befehl rasch verbreitete, und erklärten ihren Anhängern, der Staat habe ihnen nun Religionsfreiheit gewährt. So verkündete etwa der in der Moldau tätige Glicherie Tănase bei einem Begräbnis im September 1935 – ein Schriftstück mit dem angeblichen Befehl des Innenministeriums in der Hand – vor den versammelten Altkalendaristen, dass diese jederzeit die Feiertage nach dem alten Kalender feiern, ihre eigenen Kirchen bauen oder auch die orthodoxen Kirchen benutzen dürften.[20]

18 Die bessarabischen Eparchien veröffentlichten ursprünglich Zahlen über vier „religiöse Sekten" – Baptisten, Adventisten, Inochentisten und Molokanen. Ab 1935 wurden auch die Zeugen Jehovas sowie die Stundisten erwähnt. Die Daten dafür bezogen die Eparchien von den „Verwaltungsbehörden und den Sicherheitsorganen". Siehe: Eparhia Chişinăului: Lucrările Adunării eparhiei Chişinăului. Sesiunea 22–23 Mai 1933. Chişinău [1933], 105–110; Lucrările Adunării eparhiei Chişinăului. Sesiunea 18–21 iulie 1935. Chişinău [1935], 41–44.

19 ANRM, Episcopia Hotinului, 1217, 1, 725, 10–25, hier 13 [Inhaltsprotokoll der ersten Sitzung der Eparchialversammlung vom 18.5.1936 betr. die Zahl der Mitglieder „religiöser Sekten"].

20 ANR, Direcția Generală a Poliției, 1935/41, 51 [Mitteilung des Zentralinspektorats der Polizei in Bukarest vom 11.10.1935 betr. die Organisation der Altkalendaristen in Bessarabien].

Diese von den Altkalendaristenführern falsch interpretierte Freiheit spielte eine wichtige Rolle für die Mobilisierung der Altkalendaristen. Positiv wirkte sich auch wie im vorigen Kapitel dargestellt die Vorherrschaft der LANC auf Kreisebene im Norden Bessarabiens aus. So ist es kein Zufall, dass die Mehrheit der altkalendaristischen Gebetshäuser nach der Entscheidung des Innenministeriums zum Nichteingreifen der Gendarmerie errichtet wurde.[21]

Die Heilige Synode dagegen reagierte mit zwei widersprüchlichen Strategien auf die Deeskalationsstrategie des Innenministeriums: Einerseits versuchte sie die Dorfpriester von diesem Zugang zu überzeugen und sie zu mehr Engagement bei der Missionierung der Altkalendaristen zu bewegen, während andererseits wichtige Bischöfe bei verschiedenen Ministerien intervenierten, eben diese Strategie aufzugeben und die Kontrolle der Altkalendaristen durch die Sicherheitskräfte wieder zu erlauben.

So entwickelte die Kirchenleitung Ende 1935 einen Plan zur Bekämpfung des Altkalendarismus, der aus sechs Schritten bestand und in erster Linie mehr Engagement seitens der Dorfpriester voraussetzte. Überall dort, wo Altkalendaristen lebten, empfahl die Heilige Synode, dass Priester „ihre Propaganda intensivieren“ sollten, „um die Verirrten in die Kirche zurückzubringen, ohne dass von Gewalt Gebrauch gemacht werden sollte“. Priester sollten den Altkalendarismus vielmehr mit „christlicher Liebe und priesterlichem Takt“ bekämpfen.[22] Des Weiteren legte die Heilige Synode den bessarabischen Dorfpriestern nahe, mit orthodoxen Priestern in der Moldau einen Erfahrungsaustausch zu beginnen, denn im Vergleich zu Bessarabien lebten dort (auch den Gendarmeriestatistiken von 1935 zufolge) viel weniger Altkalendaristen. Als letzten Schritt schlug die Kirchenleitung den Dorfpriestern noch vor, eine engere Zusammenarbeit mit den dörflichen „Intellektuellen“, vor allem den Lehrern, anzustreben.[23] Priester sollten also möglichst friedfertig mit den Altkalendaristen umgehen, jedenfalls keine Konflikte verursachen. Das alleinige Ziel der Dorfpriester sollte die friedliche Bekehrung der Altkalendaristen sein. Die Kirchenleitung akzeptierte dergestalt die Deeskalationsstrategie des Innenministeriums, überließ aber zugleich die Bekämpfung des Altkalendarismus sowie die Verwirklichung der Kalenderreform ausschließlich den Dorfpriestern. Das war schon nach 1924 der Fall gewesen, und die gleiche Strategie sollte nun weiterhin umgesetzt werden, auch wenn sie offensichtlich nicht funktioniert hatte.

Wie indessen die Korrespondenz zwischen der hohen Geistlichkeit und den Ministern aus jener Zeit anschaulich beweist, hielten Erstere den Rückzug der Gendarmerie in Wirklichkeit für keine gute Strategie. Da die positiven Folgen des Befehls für die alt-

21 ANR, Ministerul Cultelor şi Artelor, 1935/125, 100f. [Mitteilung der Heiligen Synode an das Kultusministerium vom 15.7.1935 betr. Maßnahmen gegen den Altkalendarismus].

22 ANR, Ministerul Cultelor şi Artelor, 1935/125, 181f. [Mitteilung derselben an dasselbe vom 19.12.1935 betr. die Beschlüsse der Kirchenversammlung vom 13.12.1935 gegen die altkalendaristische Bewegung].

23 ANR, Ministerul Cultelor şi Artelor, 1935/125, 181f. [wie eben].

kalendaristischen Gemeinschaften schnell sichtbar wurden, versuchte die Kirchenleitung die Zentralregierung dazu zu bringen, abermals einen Strategiewechsel zu vollziehen. So schrieb der Patriarch Miron Cristea Anfang April 1936 an den Innenminister:

> „Das stilistische Problem ist kein rein kirchliches Problem mehr. Es ist eine staatliche Angelegenheit, welche die öffentliche Ordnung und die Sicherheit betrifft. [...] Vor allem nachdem das Innenministerium befohlen hatte, dass man gegen die Stilisten keine Maßnahme mehr trifft, hat unter den bessarabischen Bewohnern die Propaganda für den alten Stil zugenommen, was zu Unordnung und Anarchie führte."[24]

Der Patriarch schlug daher vor, dass die Sicherheitsorgane wieder die Kontrolle über die Altkalendaristen übernehmen sollten.

Visarion Puiu, der Bischof von Hotin-Bălţi, teilte die Position von Cristea und verlangte vom Kultusminister etwas direkter eine Intervention der Sicherheitskräfte:

> „Um die [altkalendaristische] Bewegung vollständig zu liquidieren, ist es notwendig, dass die örtlichen Sicherheits- und Verwaltungsorgane von den zuständigen Ministerien freie Hand bekommen, mit voller Kraft gegen die Agitatoren vorgehen zu können. Daher bitten wir Sie, beim Justiz- und Innenministerium zu intervenieren."[25]

Puius Nachfolger Tit Simedrea schickte kurz nach seinem Amtsantritt im Dezember 1935 sämtlichen Eparchien im Land ein Telegramm, in dem er sich über die „suspekte Toleranz der Zentralbehörden gegenüber den Altkalendaristen" beschwerte.[26]

Der Bischof der Moldau, Nicodim Munteanu, schloss sich dem Patriarchen und Bischof Puiu an und erklärte dem Kultusminister, dass die Gendarmerie mehr Befugnisse in den altkalendaristischen Angelegenheiten bekommen müsse. Außerdem seien es die Zentralbehörden gewesen, welche 1924 von der Kirche verlangt hätten, eine Kalenderreform durchzuführen. Die Ministerien seien daher laut Munteanu verpflichtet, „der Kirche in

24 CNSAS, Fond Documentar, D015261, 253 [Mitteilung von Patriarch Cristea an den Innenminister vom 7.3.1936 betr die Organisation der altkalendaristischen Bewegung in Bessarabien]. CNSAS, Fond Documentar, D015261, 254 [Mitteilung des Justizministers an den Innenminister vom 21.3.1936 betr. neue Entwicklungen unter den Altkalendaristen im Norden Bessarabiens].

25 ANR, Ministerul Cultelor şi Artelor, 1935/125, 109 [Mitteilung der Eparchie Hotin-Bălţi an den Kultusminister vom Juli 1935 betr. Maßnahmen „zur Liquidierung" der altkalendaristischen Bewegung].

26 In diesem Telegramm schrieb Bf. Simedrea: „Die altkalendaristische Bewegung nimmt eine besorgniserregende Größe an und droht der rumänischen Seele mit ihrer Spaltung in zwei feindliche Lager. Der Altkalendarismus stellt sowohl für die Kirche als auch für die nationale Einheit eine Gefahr dar, wird aber bedauerlicherweise von Politikern unterstützt und von den staatlichen Autoritäten mit einer suspekten Toleranz ignoriert. Im Namen der kirchlichen Einheit und der rumänischen Seele bitte ich euch, gegen diese schwierige Lage zu protestieren." Enthalten in: Eparhia Chişinăului: Lucrările Adunării eparhiei Chişinăului. Sesiunea mai 1936. Chişinău [1936], 52; ANR, Inspectoratul General al Jandarmeriei, 1935/25, 302 [Bericht Barbu Pârăianus an das Innenministerium vom Mai 1936 betr. die Gefahr des Altkalendarismus].

solch schwierigen Zeiten entgegenzukommen. [...] Es reicht nicht zu sagen, dass das Kalenderproblem die Arbeit der Kirche allein ist".[27]

Orthodoxe Priester der Eparchie Klausenburg/Cluj solidarisierten sich mit dem Bischof von Hotin-Bălţi und sandten dem Innenminister einen Brief, in dem sie ihre Unterstützung im Kampf gegen den Altkalendarismus erklärten:

> „Die Eparchie Hotin hat uns ein Memorandum über die Missbräuche der Stilisten geschickt. Die zuständigen staatlichen Organe dürfen nichts dagegen unternehmen. Die Ausrede, dass das Kalenderproblem eine kirchliche Angelegenheit sei, ist nicht gültig, denn es ist bekannt, dass der Staat sich die Veränderung des Kalenders gewünscht hatte. Und jetzt, nachdem die Kirche sich für ihn aufgeopfert hat, hat er sie den Händen dieser Agitatoren überlassen, welche subversive Zwecke nicht gegen die Kirche, sondern gegen den Staat verfolgen. [...] Der Staat wird furchtbaren Schaden erleiden, wenn er nicht repariert, was die jetzige Regierung durch die den Stilisten gewährte Freiheit verursacht hat. Wir verstehen nicht, wieso die Staatsorgane so gleichgültig gegenüber einem so großen Problem sind."[28]

Die Umsetzung des oben erwähnten Planes der Heiligen Synode erwies sich als kompliziert. Aus den Berichten der Dorfpriester geht hervor, dass sie ohne eine umfangreiche Unterstützung der Kirchenleitung kaum etwas gegen die altkalendaristischen Gemeinschaften unternehmen konnten. Die Altkalendaristen stellten bereits geschlossene Einheiten dar und reagierten oft aggressiv auf die Bekehrungsversuche durch amtskirchliche Priester.[29] Immer wieder wurden auch Erfahrungsberichte der Dorfpriester über ihre Misserfolge auf diesem Felde an die Zentralbehörden weitergeleitet. Ein Priester aus dem Kreis Bălţi beschrieb beispielsweise, wie schnell sich in seiner Parochie die Altkalendaristen nach dem Rückzug der Sicherheitskräfte mobilisiert hätten. Binnen kurzer Zeit hätten sie ein Komitee organisiert und ein Gebetshaus errichtet: „Die Passivität der Sicherheitsbehörden vermittelt diesen Leuten den Eindruck, dass sie die offiziellen Priester umbringen können."[30] Ein anderer Priester berichtete, wie er eine Einweihungszeremonie für eine neugebaute Kirche ausrichten wollte, aber von den Parochieangehörigen aufgehalten worden sei. Diese erklärten ihm, dass er in ihr Dorf nicht mehr zu kommen brauche,

27 ANR, Ministerul Justiţiei – Direcţia Judiciară, 1936/98, 80–83 [Kopie der Mitteilung der Metropolie der Moldau an die Heilige Synode vom April 1936 betr. die altkalendaristische Bewegung].

28 CNSAS, Fond Documentar, D015261, 224 [Mitteilung des rumänisch-orthodoxen Eparchialrates von Cluj an den Innenminister vom 19.5.1936 betr. die Gefahr der altkalendaristischen Bewegung].

29 ANR, Direcţia Generală a Poliţiei, 1935/49, 144 [Bericht an den Polizeidirektor in Bukarest vom 5.3.1936 betr. die Konflikte zwischen den Missionierungspriestern und den Altkalendaristen]; 148 [Bericht des Zentralinspektorats der Polizei in Bukarest an den Innenminister vom 4.4.1936 betr. die Konflikte zwischen den Missionierungspriestern und den Altkalendaristen in Bessarabien].

30 ANRM, Episcopia Hotinului, 1217, 1, 748, 4 [Bericht der Protohierarchie II, Kreis Bălţi, an Bf. Simedrea vom Januar 1936 betr. den zunehmenden Einfluss der Altkalendaristen].

da der Altkalendarismus nun legal sei und sie einen altkalendaristischen Priester anstellen würden, der ihnen die Einweihungszeremonie halten und alle anderen kirchlichen Feste nach dem alten Kalender begehen werde.[31]

Ein weiterer Bericht aus dem Kreis Bălţi zeigt die Hilflosigkeit der Dorfpriester gegenüber den Altkalendaristen und ihre Angst, die Kontrolle über ihre Pfarrgemeinden vollständig zu verlieren:

> „Es ist sehr schmerzhaft zu sehen, wie die Sicherheitsorgane diese Sache dulden. Es entsteht der Eindruck, dass eigentlich die Stilisten und nicht die orthodoxen Priester auf der Seite des Volkes stehen. Unsere Lage verschlechtert sich von Tag zu Tag. Wir müssen uns vereinen, um unser Prestige zu verteidigen [...]. Die Zeit ist knapp. Wir brauchen Eure Unterstützung und Mut, denn ohne Mut verlieren wir alles. Wir bitten Sie, der Gendarmerie zu erlauben, in der Kalenderangelegenheit zu intervenieren, denn wenn wir den Kalender verteidigen, verteidigen wir die Kirche und den Staat."[32]

Viele Gendarmen, vor allem diejenigen, welche direkten Kontakt mit Altkalendaristen hatten, verstanden den neuen Kurs der Zentralregierung geradezu als eine Beleidigung der Institution, welche sie verkörperten, und suchten dem Innenminister mehrmals klarzumachen, dass er den Altkalendaristen keine religiöse Freiheit gewähren sollte:

> „Vergessen Sie nicht, dass die ganze Sicherheit des Staates auf unseren Schultern liegt. Wir vergessen nie die heilige Aufgabe, unsere Grenzen zu schützen. [...] Ein Gendarm allein hält 2.000 bis 3.000 Seelen in den Dörfern unter Kontrolle und kümmert sich darum, dass Ordnung im Staat gehalten wird."[33]

Die Gendarmerie im Norden Bessarabiens verschärfte nach der Entscheidung des Innenministeriums in ihren Berichten den Ton gegenüber den Altkalendaristen. Sie berichtete über Tausende von Bauern, die nicht mehr in die Kirche gingen und ihr kirchliches Leben selbständig nach dem alten Kalender gestalteten – das konnte laut der dortigen Gendarmerie zu nichts anderem führen als zu Revolution und Anarchie.[34]

[31] ANRM, Episcopia Hotinului, 1217, 1, 748, 6 [Bericht des Priesters der Parochie Soci-Bocani, Kreis Bălţi, an Bf. Simedrea vom Januar 1936 betr. den zunehmenden Einfluss der Altkalendaristen].

[32] ANRM, Episcopia Hotinului, 1217, 1, 748, 8 [Bericht des Priesters der Parochie Soci-Bocani, Kreis Bălţi, an Bf. Simedrea vom Januar 1936 betr. dringende Maßnahmen gegen die Altkalendaristen].

[33] ANR, Inspectoratul General al Jandarmeriei, 1936/16, 119 [Schreiben einer Gruppe von Gendarmen an den Innenminister ohne lesbares Datum betr. die Aufgaben der Gendarmen und die finanziellen Herausforderungen der Gendarmerie].

[34] ANR, Inspectoratul General al Jandarmeriei, 1935/24, 69 [Mitteilung des Regionalinspektorats der Gendarmerie in Chişinău an das Zentralinspektorat in Bukarest vom 17.12.1935 betr. den Aufschwung des Altkalendarismus]; Inspectoratul General al Jandarmeriei, 1935/25, 302 [Bericht Barbu Pâräianus an das Innenministerium vom Mai 1936 betr. die Gefahr des Altka-

Der Chef der Informationsabteilung der Polizei in Bălţi, Alexandru Manoil, plädierte sogar für eine militärische Intervention gegen die Altkalendaristen, stellte aber dem Innenminister zwei Optionen vor: entweder die Kalenderreform rückgängig zu machen und die Konsequenzen zu akzeptieren – keine nationale Einheit und keine staatliche Legitimität in den Dörfern – oder militärische Mittel zur Bekämpfung des Altkalendarismus einzusetzen.[35]

Da die regionale Gendarmerie der Deeskalationsstrategie ablehnend gegenüberstand, war die praktische Umsetzung des Befehls schwieriger, als das Innenministerium angenommen hatte. Auch nach dem Juli 1934 fanden gewaltsame Auseinandersetzungen zwischen Altkalendaristen und Gendarmerie statt. Neben dem blutigen Zusammenstoß in Albineţ vom August 1935 kam es zu ähnlichen Kämpfen in Bessarabien, die ebenfalls auf große Resonanz stießen. Zu nennen ist hier nicht nur der schon dargestellte Fall von Funduri Vechi im Mai 1936, sondern auch noch derjenige des ebenfalls im Kreis Bălţi gelegenen Dorfes Ilenuţa im September desselben Jahres. Innenminister Inculeţ und der oberste Gendarmeriechef, Barbu Pârăianu, sahen sich dadurch gezwungen, ihre deeskalierende Politik klarer zu formulieren und die Gendarmen darauf hinzuweisen, dass diese „sich in die altkalendaristischen Angelegenheiten nicht mehr einmischen dürfen, denn dafür sind die Kirche und die Kreisverwaltung zuständig".[36]

Auf die Altkalendaristen zugehen

Solange es die Aufgabe der Gendarmerie gewesen war, die Regierung über Sekten und deren Aktivitäten zu informieren, zeigten die Präfekturen kein Interesse an der altkalendaristischen Bewegung. In den wenigen Fällen, in denen Präfekten den Ministerien darüber berichteten, griffen sie auf die Arbeit der Gendarmerie zurück und stellten – mit wenigen Ausnahmen – keine eigenständigen Erkundungen in den altkalendaristischen Dörfern an. Das änderte sich mit dem an die Gendarmerie ergangenen Nichteinmischungs-Befehl: Die Kreisverwaltungen mussten jetzt Wege finden, mit den Altkalendaristen direkt zu kommunizieren. Im Kreis Bălţi beauftragte die Präfektur den Leiter der Prätur der Klein-

lendarismus]; MCA, Minister Cultelor şi Artelor, 1936/125, 8 [Mitteilung der Präfektur Neamţ an die Gendarmerie Neamţ vom 21.12.1934 betr. die Bekämpfung des Altkalendarismus].

35 ANR, Inspectoratul General al Jandarmeriei, 1935/17, 86–107, hier 96 [Monatsbericht der Informationsabteilung der Polizei Bălţi an das Zentralinspektorat der Gendarmerie in Bukarest vom September 1935 betr. das Problem der religiösen Sekten]; Inspectoratul General al Jandarmeriei, 1936/60, 67–96, hier 73f. [Monatsbericht derselben an dasselbe vom Februar 1936 betr. notwendige Maßnahmen für die Implementierung der Kalenderreform].

36 ANR, Ministerul Cultelor şi Artelor, 1935/125, 100f. [Mitteilung der Heiligen Synode an das Kultusministerium vom 15.7.1935 betr. Maßnahmen gegen Altkalendarismus]; ANR, Inspectoratul General al Jandarmeriei, 1936/9, 112 [Befehl Barbu Pârăianus vom 19.6.1935 betr. Verbote der Verfolgung der altkalendaristischen Mönche durch Gendarmen].

stadt Fălești, Dumitru Ștegărescu, mit der altkalendaristischen Angelegenheit.[37] Er musste unter anderem den Altkalendaristen Entscheidungen der Kreisverwaltung übermitteln und sie gleichzeitig überwachen, um auf diese Weise mehr von den inneren Strukturen und von der Größe der einzelnen Gemeinschaften zu erfahren. Es war ein erster Versuch seitens der Präfektur, einen direkten Kommunikationskanal zu den Altkalendaristen aufzubauen.[38]

Der Prätor Ștegărescu hatte sich bis 1935 mit dem Altkalendarismus auch nicht auseinandergesetzt. Er stammte aus dem Altreich und war in den 1920er Jahren nach Bessarabien gekommen, um eine Stelle in der Prätur in Fălești anzutreten. Obwohl er für die Mission in den altkalendaristischen Dörfern einige Hilfskräfte zugeteilt bekam, stellte sich bald heraus, dass er von den vielen Aufgaben, die er in den altkalendaristischen Gemeinschaften zu erfüllen hatte, überfordert war.

Im Gegensatz zu den Gendarmen schaffte es der Prätor allerdings, eine Gesprächsbasis zu den Altkalendaristen aufzubauen. Als Ștegărescu im Frühjahr 1935 in den altkalendaristischen Dörfern auftauchte, verstanden seine Ansprechpartner, dass es sich bei ihm nicht um einen Vertreter der Sicherheitsorgane, sondern der Kreisverwaltung handelte, mit dem sie kooperieren sollten und konnten. Die Altkalendaristen waren daher gesprächsbereit und offen ihm gegenüber. Ștegărescu hatte diese Vermittlungsposition etwa ein Jahr lang inne. Durch ihn lernten auch die Zentralbehörden die Altkalendaristen aus einer anderen Perspektive kennen als bis dahin durch die Gendarmerie und die Kirche.

In seinen ersten Berichten aus den Dörfern überraschte Ștegărescu die Präfektur mit dem positiven und verständnisvollen Ton, in dem er über die Altkalendaristen schrieb. Anders als für Alexandru Manoil stellten die altkalendaristischen Gemeinschaften für Ștegărescu keine Gefahr dar, weder für die nationale Sicherheit noch für die Kirche. Nach mehreren Gesprächen mit Bauern aus dem altkalendaristischen Zentrum in Albineț kam er zu folgendem Ergebnis:

> „Der Hass der Bauern ist nicht gegen die Gendarmerie gerichtet, wie man immer wieder sagt. Die Bauern möchten nur, dass die Gendarmen sich in ihr religiöses Leben nicht mehr einmischen. Ich habe sie gewarnt, dass die Präfektur vorhat, einen Gendarmerieposten in ihrem Dorf aufzumachen. Daraufhin antworteten sie, dass sie nichts dagegen hätten, solange der Postenchef ein guter Mann sei, der nicht trinkt, sie menschlich behandelt und keine Rache an ihnen nimmt."[39]

[37] Die „Prätur" war ein Verwaltungsorgan auf der regionalen Ebene, welches die Kreisverwaltung unterstützte, indem es zwischen den Dörfern und dem Präfekten vermittelte. Der Vorsitzende einer Prätur hieß an sich „Prim-Prätor" (hier im Buch ansonsten einfach: Prätor). Siehe: Andrei Florin Sora, Servir l'État roumain. Le corps préfectoral, 1866–1940. București 2011, 242.

[38] CNSAS, Fond Documentar, D015261, 267–272 [Mitteilung des Justizministeriums an den Innenminister vom 18.3.1936 betr. neue Erkenntnisse über die Organisation der Altkalendaristen in Bessarabien].

[39] ANR, Ministerul Jusitiției-Direcția Judiciară, 1935/82, 70 [Bericht der Prätur Fălești an das Gericht Bălți vom 6.11.1935 betr. eine Untersuchung bei den Altkalendaristen in Albineț].

Ştegărescu erklärte der Präfektur zudem, dass die Bauern den Staat und dessen Sicherheitssystem nicht grundsätzlich ablehnen würden und bereit seien, mit allen staatlichen Vertretern zu kooperieren, solange ihre Religionsfreiheit nicht eingeschränkt würde. Wenn Ştegărescu in seinen Berichten etwas negativ darstellte, dann eher die Gendarmen und die „Dorfintellektuellen", welche kaum etwas unternehmen würden, um den Bauern die Kalenderreform zu erklären, so dass sie mit ihrem Verhalten kein Vorbild seien. Er suggerierte, dass die Präfektur hohe Erwartungen an die Bauern habe, aber nichts dazu beitrage, dass sie auch erfüllt werden könnten.[40]

Im Frühjahr 1936 beauftragte die Präfektur Ştegărescu mit einer vorbeugenden Maßnahme: Er musste die Altkalendaristen darüber informieren, dass die Kreisverwaltung keine Gewalt zwischen Altkalendaristen und orthodoxen Gläubigen tolerieren werde. Die Altkalendaristen sollten darauf achten, dass es zu keinen Konflikten komme, ansonsten würde die Gendarmerie wieder ihre altgewohnte Rolle übernehmen. Dies musste Ştegărescu persönlich allen altkalendaristischen Gemeinschaften und orthodoxen Gläubigen im Kreis Bălţi mündlich mitteilen. Darüber hinaus war diese Aufgabe vor dem 20. April 1936 zu erfüllen, denn an diesem Tag sollte ein Kirchenfest für beide Gruppen stattfinden, was laut Präfektur die Gefahr einer Konflikteskalation vergrößern könnte.[41] Wenn für Altkalendaristen und orthodoxe Gläubige am selben Tag ein Fest anstand, feierte jede Gruppe jeweils in ihrer eigenen Kirche bzw. in ihrem eigenen Gebetshaus. Oft trafen die zwei Gruppen auf dem Friedhof zusammen, denn viele altkalendaristische Gemeinschaften besaßen noch keine eigenen Friedhöfe und mussten den orthodoxen benutzen.

Es ist noch wichtig zu erwähnen, dass die Eparchie Hotin-Bălţi gegen diese Aktion der Präfektur heftig protestierte und auch Ştegărescu nicht unterstützte, denn wäre die Kirche mit dieser Maßnahme einverstanden gewesen, hätte sie die Altkalendaristen als gleichwertige Ansprechpartner anerkannt. Daher lautete die offizielle Position der Eparchieleitung wie folgt: „Der Altkalendarismus ist innerhalb des rumänischen Staates keine legale Bewegung. Die Sicherheitsorgane haben mehrmals bewiesen, dass unter dem Vorwand einer religiösen Unzufriedenheit anarchistische Zwecke verfolgt werden."[42] Um sicherzustellen, dass das Kirchenfest am 20. April friedlich verlaufen würde, riet die Eparchie der Präfektur, die Gendarmerie mit der Überwachung der Altkalendaristen während des

[40] ANR, Ministerul Jusitiţiei-Direcţia Judiciară, 1935/82, 70 [wie eben].

[41] CNSAS, Fond Documentar, D015261, 267–272 [Mitteilung des Justizministeriums an den Innenminister vom 18.3.1936 betr. neue Erkenntnisse über die Organisation der Altkalendaristen in Bessarabien]; ANR, Ministerul Jusitiţiei-Direcţia Judiciară, 1936/98, 68 [Bericht des Gerichtes Bălţi an den Justizminister vom 17.4.1936 betr. Konflikte zwischen Mitgliedern der Amtskirche und den Altkalendaristen in Albineţ]; 95 [Mitteilung der Parochie Catrânac an die Prätur Fălești vom 8.5.1936 betr. die zunehmenden Aktivitäten der Altkalendaristen]; 1937/8, Vol. 1, 7f. [Kopie eines Berichtes der Präfektur in Zusammenarbeit mit der Eparchie Hotin-Bălţi vom 18.4.1936 betr. eine Konferenz zum Thema Altkalendarismus].

[42] ANR, Ministerul Jusitiţiei-Direcţia Judiciară, 1937/8, Vol. 1, 7f. [wie eben].

Festes zu beauftragen. Die Kirche schlug auch eine verbesserte Zusammenarbeit mit dem Innenministerium vor.[43]

Ştegărescu musste also in jedem Dorf mit Vertretern der Altkalendaristen wie auch der Orthodoxen Gespräche führen und sie davon überzeugen, tolerant miteinander umzugehen. Obwohl er einige Wochen vor dem Kirchenfest mit den entsprechenden Dorfbesuchen begonnen hatte, gelang es ihm nicht, seine Aufgabe zu Ende zu bringen. Im Laufe seiner Tätigkeit stellte sich nämlich heraus, dass in viel mehr Dörfern als bis dahin bekannt altkalendaristische Gemeinschaften gegründet worden waren. Obwohl nicht wenige Dörfer, die er jetzt besuchen musste, ursprünglich gar nicht auf seiner Liste aufgeschienen waren, schickte ihm die Präfektur keine zusätzliche Unterstützung. Zudem hatte er zu spät mit den Gesprächen begonnen. So berichtete der Prätor beispielsweise, dass die Bauern – Altkalendaristen ebenso wie orthodoxe Gläubige – schon drei Tage vor dem Fest vom 20. April dermaßen betrunken gewesen seien, dass er große Schwierigkeiten gehabt habe, sich mit ihnen zu verständigen. Trotz allem verlief das Kirchenfest friedlich.

Im Laufe des Jahres 1936 änderte aber Ştegărescu seine Meinung über die Altkalendaristen. Nun stellten sie für ihn doch eine nationale Gefahr dar. Der Grund für seine Kehrtwende lag wohl einerseits an den Altkalendaristen selbst: Seitdem die Kontrolle durch die Gendarmerie nachgelassen hatte, traten sie fordernder auf. In immer mehr Dörfern existierten altkalendaristische Gemeinschaften, welche nun selbstbewusster agierten und konkrete Ziele verfolgten. Die geänderte Einschätzung durch Ştegărescu hing aber andererseits auch mit seiner persönlichen Beziehung zu führenden altkalendaristischen Gemeinschaften zusammen. Dafür lieferten sowohl die Altkalendaristen als auch die Polizei Hinweise. In einem Drohbrief an den Postenkommandanten von Făleşti erklärten Altkalendaristen aus Albineţ und Ilenuţa, sie würden ihren „Kampf für den alten Kalender" nicht aufgeben, auch wenn so viele Menschen sie enttäuscht und verraten hätten, namentlich Innenminister Inculeţ, der Gendarmeriechef von Făleşti sowie eben Dumitru Ştegărescu. Dieser sei ein noch größerer Verräter, wurde behauptet, als all die anderen, weil er bis zu 100.000 Lei von den Altkalendaristen erhalten habe, um die Gendarmerie und die Präfektur zu ihren Gunsten zu beeinflussen. Dank des Bestechungsgeldes habe er ihnen auch wichtige Informationen der Zentralbehörden geliefert. Ştegărescu habe nun das Geld, sei aber den Altkalendaristen nicht bis zum Schluss treu geblieben. Angesichts dieses angeblichen Verrats wurde die Kritik der Altkalendaristen an den Behörden lauter und antirumänische Parolen wurden klarer als je zuvor ausgesprochen. In demselben Drohbrief schrieben sie nämlich: „Wir, die Menschen aus dem Osten, werden den alten Stil nicht aufgeben! [...] Räuber aus dem rumänischen Land – weiß der Teufel, wer sie

[43] CNSAS, Fond Documentar, D015261, 227f. [Bericht Dumitru Ştegărescus an den Präfekten von Bălţi vom 20.3.1936 betr. seine Untersuchungen in den altkalendaristischen Gemeinschaften im Norden Bessarabiens].

hierhergebracht hat –, die ihr uns den Russen weggenommen habt. Nieder mit dem rumänischen Land, hoch leben unsere Gebetshäuser!“[44]

In der Tat besaß auch das Innenministerium Informationen, dass Ştegărescus Zusammenarbeit mit den Altkalendaristen allzu eng gewesen sei und er Geld im Austausch gegen wichtige Informationen bekommen habe. Dadurch, so der Vorwurf, soll er die Arbeit der Sicherheitskräfte erschwert haben.[45] Es ist nicht bekannt, ob die Zentralbehörden ein Untersuchungsverfahren gegen ihn einleiteten. Er wurde zunächst nicht entlassen, musste aber seine Arbeit in den Dörfern einstellen. Die Zentralbehörden gingen eher mild mit ihm um, vor allem weil sie auf die Kooperation mit ihm nicht verzichten konnten. Ştegărescu kannte besser als die anderen Beamten die inneren Mechanismen der altkalendaristischen Gemeinschaften und arbeitete daher später bei der großen Niederschlagungsaktion gegen den Altkalendarismus mit der Gendarmerie zusammen.[46]

Dass es keine weiteren Versuche der Präfektur gab, mit den Altkalendaristen zu kommunizieren, liegt wohl daran, dass der Präfekt von Bălţi, Emanoil Catelly, der die Arbeit von Ştegărescu koordiniert hatte, der Deeskalationsstrategie des Innenministeriums selbst sehr skeptisch gegenüberstand. Im Mai 1935 beschwerte er sich zum Beispiel beim Kultusministerium über „unsere zu große religiöse Toleranz“, welche zu Unruhen und zu freier Entwicklung der Sekten führen würde: „Die Autorität der herrschenden Kirche erleidet daher Niederlagen und Spaltungen [...].“ Catelly nannte die aus seiner Sicht problematischen Sekten und Kulte auch beim Namen: die Lipowaner, die Altkalendaristen, die Baptisten und die Juden.[47] Der Präfekt von Bălţi forderte daher vom Kultusminister eine rasche Verschärfung des Kultusgesetzes.

Parallel zur Arbeit Ştegărescus wandte sich das Innenministerium auch der Beziehung zwischen der Gendarmerie und den Altkalendaristen zu. Von den vielen Petitionen und Beschwerden, welche die Zentralregierung von den Altkalendaristen im Laufe der Zeit bekommen hatte, entschied Innenminister Inculeţ Anfang 1936, die Beschwerde einer Gruppe von Altkalendaristen aus dem Kreis Bălţi gegen die Gendarmerie ausführlich untersuchen zu lassen.[48] Es war ein einmaliger Fall, dass die Zentralregierung bei Beschwer-

44 ANR, Inspectoratul General al Jandarmeriei, 1935/26, 204 [Kopie eines anonymen Briefs von Altkalendaristen aus dem Kreis Bălţi an den Gendarmerieposten Fălești vom 7.8.1936].

45 ANR, Direcţia Generală a Poliţiei, 1935/49, 237 [Telegramm des Regionalinspektorats der Polizei in Chişinău an das Zentralinspektorat in Bukarest vom 22.10.1936 betr. den Korruptionsverdacht gegen Dumitru Ştegărescu].

46 ANR, Inspectoratul General al Jandarmeriei, 1936/64, 152 [Mitteilung der Informationsabteilung der Polizei Bălţi an das Zentralinspektorat der Gendarmerie in Bukarest vom 23.7.1936 betr. die Vorbereitungen für die Festnahme von Nicolai Climovici].

47 ANR, Inspectoratul General al Jandarmeriei, 1935/17, 1 [Bericht Emanoil Catellys an den Kultusminister vom 10.5.1935 betr. strengere Gesetze gegen die religiösen Sekten].

48 ANR, Inspectoratul General al Jandarmeriei, 1936/60, 278–284 [Bericht der Informationsabteilung der Polizei Bălţi an das Zentralinspektorat der Gendarmerie in Bukarest betr. die Untersuchung einer Beschwerde der Altkalendaristen]; CNSAS, Fond Documentar, D015854, 33

den solcher Art intervenierte – in der Regel waren für derartige Angelegenheiten die regionalen Staatsanwaltschaften zuständig. Die Intention des Innenministeriums war es, den Altkalendaristen zu zeigen, dass die Zentralbehörden auf ihre Beschwerden endlich Rücksicht nahmen. Dadurch sollte auch geklärt werden, welche Rolle die Gendarmerie bei der Durchführung der Kalenderreform gespielt hatte. Die Umsetzung erwies sich aber als sehr problematisch. Anstatt sich für eine neutrale Untersuchungskommission zu entscheiden, beauftragte das Innenministerium den Chef der Informationsabteilung der Polizei in Bălți, Alexandru Manoil, mit dieser Aufgabe. Dieser hatte zwar keinen direkten Kontakt mit der konkreten Altkalendaristengruppe, von der die Beschwerde gekommen war, als Vertreter der Polizei war er aber gewiss kein neutraler Akteur. Der Staatsanwalt von Bălți wäre – wie erwähnt – für diese Aufgabe geeigneter gewesen.[49] Wieso sich der Innenminister für Manoil entschieden hatte, ist nicht mehr zu eruieren. Hing es mit den begrenzten finanziellen Mitteln der Präfekturen zusammen oder glaubte der Innenminister tatsächlich, dass Manoil eine neutrale Untersuchung durchführen könnte? Jedenfalls waren bei einer solchen Vorgehensweise die Ergebnisse absehbar.

Da der Altkalendarismus ein ländliches Phänomen war, lag die Überwachung der Kalendergegner in der Amtspraxis in der Zuständigkeit der Gendarmerie und nicht der Polizei, die in den Städten eingesetzt wurde. Die Polizei spielte allgemein im kalendarischen Konflikt eine marginale Rolle. Eine Ausnahme bildete Alexandru Manoil. Dieser war am 1. April 1935 von der Leitung der Gendarmerie Botoșani in jene von Bălți transferiert worden.[50] Kaum in Bessarabien angekommen, wechselte er zur Polizei, wo er die Leitung der Informationsabteilung der Polizei in Bălți übernahm. In einer Ausnahmesituation hatte Manoil 1935–36 im Zuge einer außertourlichen gemeinsamen Kommandostruktur die Befehlsgewalt über die in Bălți eingesetzten Verbände beider Institutionen.

Die konkrete Aufgabe, die Manoil von Minister Inculeț erhielt, bestand darin festzustellen, ob die Gendarmerie einen Unterschied bei der Behandlung der Altkalendaristen und der orthodoxen Gläubigen machte – ob also die Gendarmen die Altkalendaristen tatsächlich gezielt schikanierten, wie es so oft in den Beschwerden geheißen hatte. Der pflichtschuldige Beamte Manoil erfüllte seine Aufgabe trotz seiner nicht unheiklen Position vorbildlich und führte sowohl mit den Verfassern der Beschwerde als auch mit den betroffenen Gendarmen, die in den altkalendaristischen Dörfern tätig gewesen waren, Gespräche. Etwa zehn führende Altkalendaristen sollten in die Kleinstadt Fălești kommen, wo Manoil sie einvernahm. Von ihnen getrauten sich freilich nur fünf, den für sie offenkundig furchteinflößenden staatlichen Repräsentanten persönlich zu treffen; die Übrigen

[Befehl Ion Inculețs an Barbu Pârăianu vom 25.2.1936 betr. die Untersuchung einer Beschwerde der Altkalendaristen].

49 CNSAS, Fond Documentar, D015854, 37–45 [Protokoll Manoil Alexandrus vom 10.3.1936 betr. die Untersuchung einer Beschwerde der Altkalendaristen].

50 ANR, Inspectoratul General al Jandarmeriei, 1893/2, 61 [Register der Gendarmerie Botoșani vom 1.4.1935 betr. Alexandru Manoils Versetzung von Botoșani nach Bălți].

waren aus Angst zu Hause geblieben oder hatten sich versteckt. Inhaltlich lieferten die entstandenen Verhörprotokolle kaum neue Erkenntnisse, denn die Altkalendaristen wiederholten nur, was sie bereits in ihrer Beschwerde geschrieben hatten. Sie berichteten von den täglichen Schikanen, von den unbegründeten Verhaftungen und den Strafaktionen der Gendarmerie, die einzig gegen sie und nicht gegen die orthodoxen Gläubigen gerichtet seien.[51]

Nach diesen Gesprächen informierte Manoil seine Vorgesetzten über die ersten Ergebnisse seiner Untersuchung. Die befragten Altkalendaristen konnten ihm zufolge keine Beweise erbringen, dass die Gendarmerie sie verfolgte: Keiner der Unterzeichner der Beschwerde „konnte nachweisen, dass Stilisten von der Gendarmerie aufgrund ihrer religiösen Überzeugungen täglich verfolgt werden".[52] Manoil hätten offensichtlich nur schriftliche Beweise davon überzeugen können, dass die Gendarmen die Altkalendaristen härter als die orthodoxen Gläubigen bestraften. Dabei wusste er sehr gut, dass Schikanen und andere Strafen der Gendarmerie durchaus außerhalb des legalen Rahmens stattfinden konnten.

Anschließend befragte Manoil die Postenkommandanten in den altkalendaristischen Dörfern, ob die Beschwerden der Altkalendaristen in ihren Augen berechtigt seien. Es ist wenig überraschend: Sie fanden das nicht. Immerhin gestanden sie ein, dass ihre Beziehungen zu den Altkalendaristen alles andere als friedlich seien; die von ihnen ergriffenen Maßnahmen seien aber nicht illegal. Die Gendarmeriechefs gaben zu, dass sie Altkalendaristen festgenommen und bestraft hätten, weil diese ohne Genehmigung Gebetshäuser mit Schutzzäunen errichtet oder Spenden gesammelt und dadurch „die offizielle Religion gefährdet" hätten.[53] Der Postenkommandant von Albineţ, wo die meisten Unruhen zwischen den Sicherheitskräften und den Bauern stattgefunden hatten, erklärte, dass er über alle Bauern, die sich Rechtsverstößen schuldig gemacht hätten, Strafen verhängt habe – „unabhängig von ihrer religiösen oder ethnischen Zugehörigkeit".[54] Die Altkalendaristen hätten daher keinen Grund, „sich schlecht behandelt zu fühlen".[55]

Eine beliebte Erklärung der Gendarmen, ihre Maßnahmen gegen die Altkalendaristen zu rechtfertigen, war die Behauptung, dass die Betroffenen keine Altkalendaristen, sondern Inochentisten seien. Die Inochentisten gehörten zu den illegalen religiösen Sekten, welche sich unter strenger Überwachung der Gendarmerie befanden.[56] Diese Behauptung

51 CNSAS, Fond Documentar, D015854, 37–45 [wie eben].

52 ANR, Inspectoratul General al Jandarmeriei, 1936/60, 278–284 [Bericht der Informationsabteilung der Polizei Bălţi an das Zentralinspektorat der Gendarmerie in Bukarest betr. die Untersuchung einer Beschwerde der Altkalendaristen].

53 CNSAS, Fond Documentar, D015854, 37–45, hier 44 [Protokoll Manoil Alexandrus vom 10.3.1936 betr. die Untersuchung einer Beschwerde der Altkalendaristen].

54 CNSAS, Fond Documentar, D015854, 37–45, hier 43 [wie eben].

55 CNSAS, Fond Documentar, D015854, 37–45, hier 41 und 43 [wie eben].

56 CNSAS, Fond Documentar, D015854, 37–45, hier 39 [Protokoll Manoil Alexandrus vom 10.3.1936 betr. die Untersuchung einer Beschwerde der Altkalendaristen]; ANR, Direcţia Generală a Poliţiei, 1935/49, 30–55, hier 43 [Bericht von Kriminalbeamten der Polizei an den In-

war 1935 aber kein gültiges Argument mehr, denn viele Inochentisten hatten sich den Altkalendaristen angeschlossen und bezeichneten sich nun auch als solche, was den Gendarmen auch bewusst war.[57]

Alexandru Manoil stellte die Aussagen der Altkalendaristen denen der Gendarmen gegenüber und konnte Erstere dabei nur mit einiger Müh und Not widerlegen. So meinten die Altkalendaristen zum Beispiel, dass die zehn Gendarmen des neugegründeten Postens in Albineţ sie stets schikanieren würden. Manoil entgegnete: „Die Stilisten irren sich, denn der Gendarmerieposten hat nie mit zehn, sondern mit maximal sechs Gendarmen gearbeitet."[58] Ähnlich verfuhr er mit der Rechnung für den Gendarmerieeinsatz bei der Niederschlagung der altkalendaristischen Rebellion in Albineţ vom August 1935. Für die zusätzlichen Kosten, welche aufgrund der Auseinandersetzung für die Gemeinde Albineţ entstanden waren – gemeint waren die Kosten für Telefonanrufe, Fahrten sowie Verpflegung der Gendarmen –, mussten nun die Altkalendaristen aufkommen, die den Betrag von 16.000 Lei nannten. Dies war für Manoil abermals ein Beweis, dass die „Stilisten nur Lüge verbreiteten", denn sie hätten ja nur 8.000 Lei zahlen müssen.

Nach getaner Untersuchung zog Manoil das folgende Fazit:

> „Die Stilisten werden von den Gendarmen nicht terrorisiert, aber die Gendarmerie sieht sie nicht positiv. Vor allem jene Stilisten, welche Gebetshäuser gebaut und den Gendarmen Widerstand geleistet haben, wie die in Albineţ, werden von der Gendarmerie nicht toleriert. Außerdem haben die Gendarmen vom Innenministerium wiederholt schriftliche Befehle bekommen, dass sie sich in die stilistischen Angelegenheiten nicht einmischen dürfen. Sie wissen, dass es verboten ist, gegen die Stilisten vorzugehen. Die letzten zwei Rebellionen der Stilisten in Albineţ gegen die Gendarmen haben gezeigt, dass es besser ist, wenn die Gendarmen sich in deren Sachen nicht einmischen. Die Stilisten fühlen sich heilig und unverletzlich."[59]

nenminister vom 24.8.1935 betr. die „Rebellion der Altkalendaristen von Albineţ, Kreis Bălţi"]; ANR, Inspectoratul General al Jandarmeriei, 1936/16, 2–8 [Tabelle des Zentralinspektorats der Gendarmerie vom 3.9.1936 betr. „religiöse Sektem im ländlichen Raum"].

57 ANR, Inspectoratul General al Jandarmeriei, 1936/60, 67–96, hier 68–70 [Monatsbericht der Informationsabteilung der Polizei Bălţi an das Zentralinspektorat der Gendarmerie in Bukarest vom Februar 1936 betr. den Fall einer Inochentistin, die altkalendaristische Propaganda betrieb]; ANR, Direcţia Generală a Poliţiei, 1935/49, 148 [Bericht des Zentralinspektorats der Polizei in Bukarest vom 4.4.1936 an den Innenminister betr. die Konflikte zwischen den Missionierungspriestern und den Altkalendaristen in Bessarabien]; CNSAS, Fond Personal, P106124, Vol. 2, 22 [Aussage Ioan Prodans vor der Gendarmerie Slobozia, Kreis Bălţi vom 8.10.1936 betr. seine Aktivitäten als Inochentist]; 29 [Tabelle der Gendarmerie Slobozia, Kreis Bălţi, vom 21.5.1936 betr. die Inochentisten in Mărăndeni]; 80 [Verhörprotokoll Vasile Anton Prodans vor dem Gericht Bălţi vom 3.11.1936 betr. seine Zusammenarbeit mit den Altkalendaristen].

58 ANR, Inspectoratul General al Jandarmeriei, 1936/60, 278–284, hier 280 [Bericht der Informationsabteilung der Polizei Bălţi an das Zentralinspektorat der Gendarmerie in Bukarest betr. den Zustand des Gendarmeriepostens in Albineţ].

59 ANR, Inspectoratul General al Jandarmeriei, 1936/60, 278–284, hier 278f. [Bericht derselben an dasselbe betr. die Untersuchung einer Beschwerde der Altkalendaristen].

Da Manoil eine neutrale Bestätigung für die Ergebnisse seiner Untersuchung erhalten wollte, organisierte er im April 1936 ein Treffen mit wichtigen Vertretern von Staat und Kirche auf Kreisebene[60], bei dem Bischof Simedrea erklärte, dass es der Gendarmerie erlaubt sein sollte, führende Altkalendaristen zu überwachen und festzunehmen: „Die Nation und der Staat haben viel zu verlieren, wenn diese [die Altkalendaristen] weiterhin toleriert werden.“[61] Eine ähnliche Position vertraten auch der Präfekt und der Oberstaatsanwalt von Bălți. Sie alle einigten sich darauf, dass die Verhaftung der Altkalendaristenführer zu erfolgen habe, wenn der Staat wieder die Kontrolle über die altkalendaristischen Dörfer übernehmen wolle: „Die Beschwerden der Stilisten gegen die Gendarmerie sind völlig unbegründet. Die Stilisten stellen sich darin als Opfer dar, mit dem Ziel, ihre Aktivitäten ungestört weiterführen zu können“, resümierte der Oberstaatsanwalt.[62]

Hätte Alexandru Manoil in seiner Untersuchung tatsächlich Unregelmäßigkeiten seitens der Gendarmen im Umgang mit den Altkalendaristen gemeldet, so wäre er selbst als Leiter eines Gendarmeriepostens mitverantwortlich dafür gewesen. Er hätte zugeben müssen, dass die Gendarmerie zur Verschärfung der kalendarischen Krise beigetragen habe. Manoils Untersuchungsergebnisse kamen der Gendarmerieleitung im Sommer 1936, als die Entscheidung zur Niederschlagung der altkalendaristischen Bewegung getroffen wurde, jedoch sehr entgegen: Die Gendarmen hätten die Befehle befolgt und die blutigen Konflikte seien allein durch die Schuld der Altkalendaristen entstanden.

Dass die Beschwerden der Altkalendaristen durchaus begründet waren, zeigt die folgende Intervention der Eparchieleitung. Ein halbes Jahr, nachdem Alexandru Manoil die konkrete Beschwerde untersuchte hatte, verlangte Bischof Simedrea vom Innenministerium, dass es die Arbeit des Chefs des Gendarmeriepostens von Albineț überprüfen solle, um ihn so schnell wie möglich zu bestrafen. Denn das Verhalten des Gendarmeriechefs sei laut dem Bischof inakzeptabel und für die Dorfgemeinschaft schädlich. Der Bischof schrieb:

> „Er [der Gendarmeriechef] fühlt sich sehr mächtig und souverän, legt von sich aus Beschwerde ein, führt selbständig und aus eigener Initiative Untersuchungen durch, er droht den Dorfbewohnern und terrorisiert sie. [...] Aufgrund seiner Willkür ist er ein Tyrann, welcher sich nicht schämt, sich selbst ‚Vizekönig von Albineț‘ zu nennen.“[63]

60 CNSAS, Fond Documentar, D015854, 24–31, hier 27 [Bericht der Informationsabteilung der Polizei Bălți betr. die Ausbreitung der altkalendaristischen Bewegung].

61 CNSAS, Fond Documentar, D015854, 24–31, hier 28 [wie eben].

62 CNSAS, Fond Documentar, D015854, 24–31, hier 28–31 [wie eben].

63 ANR, Inspectoratul General al Jandarmeriei, 1936/42, 257 [Kopie einer Mitteilung der Eparchie Hotin-Bălți an den Innenminister vom Mai 1937 betr. die Beschwerde gegen den Leiter des Gendarmeriepostens Albineț].

Königlicher Besuch

Eine weitere wichtige Initiative des Innenministeriums, die im Kontext des deeskalierenden Zugangs zu betrachten ist, war die erste Bessarabienreise Carols II. als rumänischer König im Juni 1935.[64] In Begleitung von seinem Sohn Mihai, Ministerpräsident Gheorghe Tătărescu und Innenminister Ion C. Inculeț unternahm der König eine dreitägige Zugreise durch die wichtigsten Städte im Norden bis nach Chişinău. Die Königsfamilie sollte Bessarabien insgesamt überhaupt nur dreimal besuchen: Die erste königliche Visite hatte 1920 stattgefunden, als König Ferdinand die Region nach ihrer Vereinigung mit Rumänien besucht hatte. Die dritte und letzte königliche Reise sollte im Januar 1940 folgen, als Carol II. wenige Monate vor der Besetzung durch sowjetische Truppen dorthin reiste.

Offizieller Anlass 1935 war die Einweihungszeremonie für die neugebaute orthodoxe Kathedrale in Bălți, die einzige Kathedrale und zugleich die größte orthodoxe Kirche in Bessarabien. Die Einweihung markierte laut Carol II. das erfolgreiche Ende der Rumänisierung Bessarabiens.[65] Siebzehn Jahre nach der Vereinigung mit Rumänien wurde damit also der Eingliederungsprozess auch (aber nicht nur) im kirchlichen Bereich für abgeschlossen erklärt, wie auch „die geistige Union", von der unter den Zeitgenossen so oft die Rede war. Allein am Bau der Kathedrale lässt sich freilich auch erkennen, wie mühsam es war, das Gebiet in den administrativen und kirchlichen Rahmen des Nationalstaates zu integrieren. Die Eparchieleitung hatte die Bauarbeiten, die 1923 begonnen hatten, immer wieder verschoben, angeblich aufgrund des Desinteresses der Bevölkerung am neuen Gotteshaus. Dabei war die Eparchie auf die finanzielle Hilfe der Gläubigen angewiesen, nachdem die Mittel, welche ihr das Kultusministerium zur Verfügung gestellt hatte, für die Fertigstellung der Kathedrale nicht ausgereicht hatten. Die geringe Spendenfreudigkeit der Gläubigen rührte nicht zuletzt daher, dass in der Stadt Bălți Mitte 1930 das Gerücht kursierte, dass „der rumänische Staat selbst den Bau finanziell nicht mehr unterstützt, weil er nicht sicher ist, ob Bessarabien Teil von Rumänien bleiben wird".[66] Mit größter Mühe brachte Bischof Puiu schließlich die notwendigen Mittel auf; er musste aber dafür andere kirchliche Bereiche, die ebenfalls großen Modernisierungsbedarf aufwiesen, stark vernachlässigen.

1935 hatte die Bukarester Delegation ihren ersten Aufenthalt in der Stadt Hotin. Bilder zeigen König Carol in weißem Anzug, wie er die dortige mittelalterliche Festungsanlage besichtigt. Es wurden Pläne für eine orthodoxe Kirche im Stadtzentrum besprochen und eine Einweihungszeremonie des Baugrundes, auf dem diese künftige Kirche errichtet werden sollte, vorgenommen.[67] Von Hotin reisten die Gäste weiter nach Bălți.

64 Vgl. auch in der Einleitung, Seite 24.

65 Suveranul în Basarabia. Inaugurarea catedralei Bălților, *Adevărul* 4.6.1935, S. 3.

66 Tomescu, 10 Ani dela Reinființarea Episcopiei Hotinului, 53.

67 Mehr über die Pläne einer Kathedrale in Hotin siehe in: ANRM, Episcopia Hotinului, 1217, 1, 725, 47–63, hier 53 [Bericht der kirchlichen Abteilung des Eparchialrates der Eparchie Hotin-Bălți vom 17.5.1936 betr. die Reise Carols II. nach Bessarabien].

Sie machten aber während der Fahrt kurze Zwischenhalte in kleineren Orten längs der Bahnlinie, etwa in Fălești. Aus Sicherheitsgründen oder wegen des knappen Zeitplanes stieg der König nicht immer aus dem Zug und schritt bisweilen nur zum Fenster seines Abteils, von wo er den in den Bahnhöfen auf ihn wartenden versammelten Bauern zuwinkte.[68]

Den Höhepunkt des Besuches stellten indes die Feierlichkeiten in Bălți am 2. Juni dar. Bei dieser Gelegenheit hielten der König wie auch der örtliche Bischof Puiu ihre Ansprachen. Ihr jeweiliger Inhalt gibt Aufschluss über die Bedeutung der Zeremonie und die Hintergründe der Reise. Carol II. erklärte, dass die Einweihungszeremonie der beste Anlass für seinen Besuch „auf dem für immer rumänischen Boden" sei. Denn „dieses moldauische Volk, das zutiefst religiös ist, hat den Sinn des Glaubens und damit der rumänischen Nation verstanden. Diese Orte, die zum Vaterland zurückgekehrt sind, werden aufgrund des gemeinsamen Glaubens für immer Teil unseres Volkes [neam] bleiben".[69] Der König betonte mithin die unauflösliche Verbindung zwischen dem orthodoxen Glauben (und der Rumänisch-orthodoxen Kirche) und dem rumänischen Nationalstaat sowie die automatische Zugehörigkeit der bessarabischen Mehrheitsbevölkerung zur rumänischen Nation aufgrund ihres Glaubens.

Bischof Puiu, der 1923 den Kathedralbau initiiert und den Aufschwung des Altkalendarismus hautnah miterlebt hatte, hielt eine weniger enthusiastische Rede. In ihr sprach er vor allem über die Gefahren, denen die Gläubigen ausgesetzt seien:

> „Nichts hat stärker das Leben der Menschen betroffen als die Handlungen der Herrscher, welche sich entweder aus dem politischen Autoritarismus aus dem vorherigen Jahrhundert oder aus gestörten modernen Sozialtheorien speisen. Europäische Sozialtheorien, welche den Menschen vom Glauben entfernen und aus ihm einen Gefangenen des Weltlichen machen, haben dazu geführt, dass der Mensch heutzutage über den Glauben und die soziale Ordnung ein völlig falsches Sammelsurium aus Theorien besitzt."[70]

Von Bălți reiste Carol II. mit seinen Begleitern weiter nach Chișinău, wo ihn Innenminister Inculeț in Empfang nahm. Dort war es nun an Inculeț, eine Rede zu halten:

> „Seien Sie willkommen im bessarabischen Volk! Schon vor siebzehn Jahren, als Bessarabien zu seinem Vaterland zurückgekehrt ist, hat dieses Gebiet Sie mit Liebe umarmt und als seinen Erben akzeptiert. Und jetzt empfängt es Sie mit Stolz, Andacht und Loyalität als zukunftsweisenden Herrscher und größte Hoffnung des rumänischen Volkes. [...] Die nationale Sache wurde hier durch die Agrarreform gelöst, in dem eine Million Hektar an 400.000 Hausherren, Nachfolger von Ștefan dem Großen, verteilt wurden [...]. Nach der Vereinigung haben wir viele Probleme bewältigt, um zu beweisen, dass das

[68] ANR, Inspectoratul General al Jandarmeriei, 1935/7, 77 [Plan des Zentralinspektorats der Gendarmerie Chișinău vom 29.5.1935 betr. die „Route des königlichen Zugs"].

[69] ANR, Casa Regală-Miscelanee, 756, 51–57 [Antwort Königs Carols. II auf die Rede von Bf. Puiu anlässlich der Weihezeremonie der Kathedrale in Bălți vom 2.6.1935]; 61f. [Rede Königs Carols. II in Chișinău vom 3.6.1935].

[70] Suveranul în Basarabia. Inaugurarea catedralei Bălților, *Adevărul* 4.6.1935, S. 3.

> Volk seine geistigen und materiellen Kräfte nur innerhalb eines Nationalstaates entwickeln kann. Die Kirche, welche [bis 1918] starke Gefühle für den russischen Zarismus gehabt hat, hat sich mittlerweile zu einem Mittel zur Stärkung des Glaubens und der nationalen Seele entwickelt."[71]

Bei genauerer Betrachtung hinterlassen alle drei Reden den Eindruck, dass der Nationsbildungsprozess an der östlichen Peripherie noch im Gange war. Während der König den Fokus auf die geistige und unauflösliche Verbindung zwischen der Bevölkerung von Bessarabien mit der des Altreichs legte, sprach der Innenminister im Zitat und den weiteren Passagen konkrete Probleme an. Der rumänische Staat konnte knapp zwei Jahrzehnte nach der Vereinigung einige wichtige Errungenschaften vorweisen: Die Bauern hätten dank einer erfolgreichen Agrarreform ausreichend Land und könnten ihren Glauben in einer starken Nationalkirche frei leben. Im Kontrast zum östlichen Nachbarstaat, der Sowjetunion, wo 1935 Privatbesitz und freie Religionsausübung Fremdwörter seien, befänden sich die bessarabischen Bauern in einer günstigeren Lage, und dafür sollten sie mehr Loyalität, Patriotismus und Dankbarkeit gegenüber dem rumänischen Staat zeigen.

Diese Dankbarkeit sollte sich zum Beispiel in der Akzeptanz des neuen Kalenders äußern. Die Angehörigen der Delegation sprachen den Altkalendarismus nicht direkt an, richteten aber indirekt durchaus eine Botschaft an die altkalendaristischen Bauern.

Schon die Auswahl der Gäste bei der Einweihungszeremonie war als eine Botschaft an die Altkalendaristen gedacht. Die Präsenz hochrangiger griechischer und serbischer Kleriker in den vorderen Reihen sollte das Zusammenwirken zwischen der rumänisch-orthodoxen Kirche und den jeweiligen Schwesterkirchen demonstrieren: Hatten doch altkalendaristische Priester, die in den altkalendaristischen Gemeinschaften aktiv waren und in vielen Fällen enge Verbindungen zum Berg Athos oder zur serbischen Kirche pflegten, den Bauern oft erklärt, dass sie Teil einer größeren, übernationalen orthodoxen Gemeinschaft von Altkalendaristen seien, zu denen gerade auch griechische und serbische Gläubige gehörten.

Die Zeitungen berichteten unabhängig von ihrer politischen Färbung enthusiastisch über den Besuch des Königs in Bessarabien. Sie gaben die Einweihungszeremonie in positiven Worten wieder und schrieben über die breite Unterstützung, welche der König in der Bevölkerung genoss. Die Zeitung *Renașterea* beispielsweise berichtete:

> „Letzten Sonntag hat die Einweihungszeremonie der Kathedrale der Stadt Bălți stattgefunden, an der König Carol II. persönlich teilgenommen hat. [...] Die erste Fahrt des Königs nach Bessarabien war ein wahrer Triumph, den man nie vergessen wird. Das moldauische Volk hat ihn mit einem unbeschreiblichen Enthusiasmus empfangen, seine Wege wurden von Liedern und Blumen gesäumt. Nie zuvor hat das Land am Dnister so viele märchenhafte Momente erlebt. Diese haben die Macht des Rasseninstinktes und das unauflösliche Band zwischen dem Volk und der Dynastie bewiesen. Der König war

[71] Primăria Chișinău oferă regelui un banchet. Discursul d.lui ministru de interne. Răspunsul Suveranului, *Adevărul* 5.6.1935, S. 3.

zutiefst beeindruckt von der überall gleich starken Liebe des Volkes – sei es in Chişinău, in Bălţi oder in Hotin. Überall hat ihn die glückliche Bauernschaft bejubelt."[72]

Adevărul zeigte sich etwas zurückhaltender, berichtete jedoch ebenfalls im Feierton über die Zeremonie in Bălţi:

„Viele Bauern in Festgewand haben an den Feierlichkeiten teilgenommen. Die kleine Stadt war mit Blumen und Fahnen geschmückt. [...] Vor der Kathedrale warteten Kinder, zahlreiche Gäste und Journalisten. Hunderte Priester unter der Leitung des Metropoliten Maximos aus Griechenland warteten desgleichen auf den König. Um halb zehn, als die Glocken läuteten und die Hymne lautstark gesungen wurde, erschien im Jubel des Volkes der in Weiß gekleidete Carol II."[73]

Die vollendete Vereinigung, welche die Politiker und die Presse so stark hervorhoben, war zumindest im kirchlichen Bereich immer noch eher ein frommer Wunsch; der Realität in den Dörfern im Norden Bessarabiens entsprach sie nicht. Die Zugehörigkeit zur selben Konfession als Bindeglied, in den Reden von König und Innenminister so betont, bedeutete nicht eine automatische Identifikation der Bauern mit dem rumänischen Nationalstaat – vor allem da die Amtskirche in den Augen der Altkalendaristen den Glauben durch die Kalenderreform so stark verändern wollte.

Die Feierlichkeiten und besonders die Fertigstellung der Kathedrale sind vor dem Hintergrund des Aufschwungs des Altkalendarismus zu betrachten. Die Reise an sich war eine Machtinszenierung. Sie diente vor allem dazu, den Ruf des Königs und der Zentralbehörden zu verbessern und zugleich den Bauern zu signalisieren, dass die staatlichen Stellen auf ihre Probleme Rücksicht nehmen würden. Es ging weniger darum, den Triumph des Rumänentums zu feiern, als vielmehr den Versuch zu unternehmen, den Altkalendarismus einzudämmen und dessen Gläubige in der Nationalkirche zu halten. Diese Strategie des Innenministeriums konnte durchaus funktionieren, denn viele Altkalendaristen, die sich unter der Einflusssphäre der LANC befanden, waren glühende Anhänger der Monarchie, und Carol II. erfreute sich bei vielen Bauern großen Vertrauens. Ein Besuch von Innenminister Inculeţ allein hätte ungeachtet seiner eigenen bessarabischen Herkunft keine Wirkung gebracht. Denn obwohl er unter den altkalendaristischen Bauern eine bekannte Persönlichkeit war, hielten sie nicht viel von ihm, wie sie in ihren Petitionen und Briefen oftmals betonten: Er sei ein Dieb, der sich nach 1918 in Bukarest bereichert und ihnen den alten Kalenderstil gestohlen habe.[74] So erklärt sich, wieso der König nur die nördlichen Kreise bereiste und sein Zug in Orten stehen blieb, die als besonders altkalendaristisch galten, wie beispielsweise die Kleinstadt Făleşti.

[72] Sfinţirea Catedralei dela Bălţi, *Renaşterea* 9.6.1935, S. 4.

[73] Primăria Chişinău oferă regelui un banchet. Discursul d.lui ministru de interne. Răspunsul Suveranului, *Adevărul* 5.6.1935, S. 3.

[74] ANR, Inspectoratul General al Jandarmeriei, 1935/26, 204 [Kopie eines anonymen Schreibens von Altkalendaristen aus dem Kreis Bălţi an den Gendarmerieposten Făleşti vom 7.8.1936].

Die Berichte der Sicherheitsbehörden, zuständig für die Sicherheitsvorkehrungen während der Reise, zeigen eine gewisse Diskrepanz zwischen dem inszenierten Triumph und den Bemühungen, die hochgestellten Gäste vor den vielen Gefahren zu schützen, denen sie ausgesetzt waren. Nach Bekanntmachung des Besuches hatten verschiedene Gruppen, darunter Altkalendaristen, orthodoxe Priester und sogar kommunistische Organisationen, bei der Kreisverwaltung den Wunsch geäußert, den König persönlich zu treffen, um ihm Beschwerden oder Petitionen zu überreichen oder verschiedene Probleme zu besprechen. So wollte eine Altkalendaristengruppe aus dem Umland von Fălești mit dem König über die Kalenderreform reden und ihn überzeugen, diese aufzugeben oder den Altkalendarismus zu legalisieren. Eine Gruppe von orthodoxen Priestern aus dem Kreis Orhei hoffte, sich beim König persönlich über die niedrigen Löhne beschweren zu können und ihn gleichzeitig um die Autonomie der bessarabischen Kirche und die Wiedereinführung des alten Kalenders zu bitten.[75]

Einen Tag vor der Abreise der königlichen Reisegesellschaft aus Bukarest erhielt der oberste Gendarmeriechef Barbu Pârăianu die Information, dass unbekannte Personen – „vermutlich Kommunisten“ – genaue Angaben über die Reise sammelten, um eine Aktion gegen den König vorzubereiten. Darauf wurde die Überwachung der Delegation verstärkt und die Gendarmerie bekam den Befehl, alle Personen, die sich allzu genau über den Reiseverlauf erkundigten, zu verhaften.[76] Darüber hinaus befahl Innenminister Inculeț, ein jeder, der während der Reise versuchen würde, Kontakt mit dem König aufzunehmen oder sich ihm nur zu nähern, sei von der Gendarmerie festzunehmen: „Egal wie klein oder groß die Delegation ist, oder auch wenn es sich nur um eine Person handelt, wird es ihr nicht erlaubt, sich dem König zu nähern. Wenn der Zug vorbeifährt oder stehen bleibt, werden alle Menschen auf den Plätzen warten, die für sie vorgesehen sind.“[77] Unter solchen Sicherheitsmaßnahmen verlief die Reise ohne Zwischenfälle.

Der Besuch des Königs hatte unterschiedliche und zum Teil unerwartete Folgen. Die Eparchieleitung bezeichnete die Einweihungszeremonie als eines der wichtigsten Ereignisse für die Stärkung des nationalen Zusammenhalts, das in jener Region jemals stattgefunden hätte. Diese kollektive Manifestation habe dazu beigetragen, die angespannte Lage unter den Gläubigen etwas zu beruhigen.[78]

75 ANR, Inspectoratul General al Jandarmeriei, 1935/7, 70 [Mitteilung Barbu Pârăianus an die Regionalinspektorate der Gendarmerie Cernăuți, Chișinău und an die Gendarmerie Bălți vom 31.5.1935 betr. die Absicht des Priesters von Orhei, mit dem König zu sprechen].

76 ANR, Inspectoratul General al Jandarmeriei, 1935/7, 69 [Mitteilung desselben an dieselben vom 31.5.1935 betr. strengere Sicherheitsmaßnahmen im Norden Bessarabiens].

77 ANR, Inspectoratul General al Jandarmeriei, 1935/7, 66 [Mitteilung des Zentralinspektorats der Gendarmerie vom 30.5.1935 betr. die Bewachung König Carols II. während seiner Reise in Bessarabien].

78 ANRM, Episcopia Hotinului, 1217, 1, 725, 37–46, hier 37 [Bericht der Eparchialversammlung vom 18.5.1936 betr. Aktivitäten der Eparchie Hotin-Bălți im Jahr 1935].

Während der Reise waren auch Filmaufnahmen von Carol II. in Bessarabien entstanden, die den Bauern, die nicht die Möglichkeit gehabt hatten, ihn selbst zu sehen, gezeigt werden sollten. Den Film verwendeten auch Missionspriester der Eparchie Hotin-Bălţi für Kinovorführungen. Wanderkinos für das flache Land galten als eine effiziente, allerdings sehr kostspielige Missionierungsmethode und wurden durch die Amtskirche in den altkalendaristischen Dörfern im Norden Bessarabiens ab 1936 verwendet.[79] Da aber die damit angepeilten Altkalendaristen behaupteten, dass der König sie und nicht die orthodoxe Parochie unterstütze, reagierten sie eher aggressiv auf den Film. So brach beispielsweise im Januar 1936 bei einer Filmvorführung im Dorf Ilenuţa (Kreis Bălţi) offener Streit zwischen dem orthodoxen Priester und einer Gruppe von Altkalendaristen aus. Während der Film im Hintergrund lief und der Missionspriester den Altkalendaristen erklärte, der König sei ein guter Christ, der sich um die Kirche kümmere, begannen die Altkalendaristen zu schreien, dass dies nicht stimme und sie den König ohnehin nicht mehr brauchen würden.[80]

Unabhängig davon spielte der Besuch eine wichtige Rolle in der kollektiven Erinnerung der Altkalendaristen. In ihrer Überlieferung galt der Besuch Carols II. als ein Beweis für seine Unterstützung der Altkalendaristen. Diese radikale Umdeutung des Ereignisses geschah dank der Altkalendaristenführer und sogar dank einiger orthodoxer Dorfpriester. Der unschlagbare Beweis dafür war ihrer Meinung nach ein Zusammentreffen von Carol II. und führenden Altkalendaristen am Bahnhof in Făleşti gewesen. So sei der König aus dem Zug gestiegen und direkt auf eine Gruppe von Altkalendaristen, die auf ihn gewartet hatte, zugegangen. Er habe sich mit ihnen längere Zeit unterhalten und am Ende als Zeichen der Anerkennung und der Akzeptanz das Kreuz und die Bibel der Altkalendaristen geküsst.[81] Ähnlich wie zuvor den Befehl über die Nichteinmischung der Gendarmerie von 1934 interpretierten die Altkalendaristen damit auch den Besuch in ihrem Sinne um: Desinformation war ein wichtiges Mittel, auf das die Altkalendaristenführer immer wieder zurückgriffen, um die eigenen Leute zu mobilisieren.

Die Geschichte von dem Treffen zwischen den Altkalendaristen und dem König gewann auch deshalb an Plausibilität, weil sie durch örtliche Priester stark instrumentalisiert wurde, wenn auch mit anderer Absicht. Priester der Eparchie Hotin-Bălţi übernahmen sie nämlich ungeprüft, und zwar als Beweis dafür, dass die Gendarmerie die Altkalendaristen unterstützt habe.[82] So sei dieses Treffen dank der Gendarmerie möglich gewesen, welche

[79] Eparhia Chişinăului: Lucrările Adunării eparhiei Chişinăului. Sesiunea 22–23 Mai 1933. Chişinău [1933], 78f.; für mehr Informationen über die Anwendung von Filmen bei der Missionierung siehe: Clark, Religious Reform and Sectarianism in Interwar Romania, 125–139.

[80] ANR, Inspectoratul General al Jandarmeriei, 1936/60, 278–284, hier 280 [Bericht der Informationsabteilung der Polizei Bălţi an das Zentralinspektorat der Gendarmerie in Bukarest betr. Propaganda der Altkalendaristen].

[81] ANRM, Episcopia Hotinului, 1217, 1, 725, 86–93 [Bericht der Kulturabteilung des Eparchialrates der Eparchie Hotin-Bălţi vom 17.5.1936 betr. den Altkalendarismus].

[82] ANRM, Episcopia Hotinului, 1217, 1, 725, 86–93 [wie eben].

die Annäherung zwischen den Altkalendaristen und dem König gestattet habe. Dies war als Retourkutsche auf die Vorwürfe der Gendarmerie zu verstehen, welche die orthodoxen Kleriker beschuldigte, für den Altkalendarismus verantwortlich zu sein.

Auf dem offiziellen Reiseplan war eine Begegnung zwischen König und Altkalendaristen nicht vorgesehen gewesen; die Gendarmerie hatte vom Innenministerium genaue Befehle bekommen, eine ungeplante Begegnung mit allen Mitteln zu verhindern. Es könnte sein, dass der König auf dem kleinen Bahnhof in Fălești ausgestiegen war, da der Zug dort eine Pause von etwa achtzehn Minuten einlegte. Die Zeitungen berichteten jedoch nur, wie er dort von „20.000 Bauern begrüßt und bejubelt" wurde.[83] Weder die Presse noch die internen Schriftstücke der Sicherheitskräfte erwähnen jedoch eine persönliche Begegnung des Königs mit Altkalendaristen. Am Bahnhof in Fălești bewachten an die 1.000 bewaffnete Gendarmen die Gäste aus Bukarest; darüber hinaus hatte der Zug eine eigene Schutzgarde, bestehend aus Dutzenden Gendarmen und Soldaten. Insgesamt waren entlang der ganzen Reise 5.141 Gendarmen aus anderen Gebieten im Einsatz. Die an den Bahnhöfen versammelten Menschenmengen waren durch spezielle Zäune vom Zug getrennt. Auch in den altkalendaristischen Dörfern rund um Fălești, wo die Gendarmerie über die Pläne einiger Altkalendaristen, eine „Prozession am Bahnhof zu organisieren", in Kenntnis war, wurden die Sicherheitsmaßnahmen intensiviert.[84] Eine spontane Begegnung zwischen dem König und altkalendaristischen Bauern scheint unter solchen Bedingungen unrealistisch.[85]

Die Ziele der von Innenminister Inculeț lancierten Deeskalationsstrategie haben sich kaum erfüllt. Das Ministerium bemühte sich zu wenig um ihre Umsetzung und traf Entscheidungen, die sogar im Widerspruch zur angestrebten Deeskalation standen. Einerseits erlegte der Innenminister der Gendarmerie größtmögliche Zurückhaltung in Bezug auf die Altkalendaristen auf. Anderseits wurde der Sicherheitsapparat im ländlichen Raum verstärkt, wodurch die Gendarmen näher an die Altkalendaristen heranrückten. Die Verstärkung war in diesem Fall nicht qualitativ, sondern quantitativ. Die altkalendaristische Hochburg Albineț veranschaulicht diese Entwicklung: Während bis 1935 für Albineț und die umliegenden Dörfer Gendarmen aus Năvârneți zuständig gewesen waren, gab es nun zumindest auf dem Papier zehn Gendarmen speziell für die etwa 1.218 Dorfbewohner. Nicht bloß die Altkalendaristen bekamen diese verstärkte Kontrolle zu spüren. Der neue Bischof von Hotin-Bălți, Tit Simedrea, beschwerte sich wie gesehen persönlich über den

83 Traian D. Lazăr, Un nume cu adevărat românesc. O vizită regală în Bucovina și Basarabia, Revista română 4 (66), 24.

84 ANR, Inspectoratul General al Jandarmeriei, 1935/7, 70 [Mitteilung Barbu Pârăianus an die Regionalinspektorate der Gendarmerie Cernăuți, Chișinău und an die Gendarmerie Bălți vom 31.5.1935 betr. die Absicht des Priesters von Orhei, mit dem König zu sprechen].

85 Wenn König Carol II mit dem Zug reiste, mussten für eine Strecke von 60 Kilometern 46 Gendarmen vier Stunden vor Ankunft des Zuges diese Strecke überwachen. Da es sich bei der Bessarabienreise um eine spezielle Reise handelte, wurde die Anzahl der Gendarmen deutlich erhöht. Siehe: ANR, Inspectoratele Regionale de Jandarmi, 672, 2–4 [Befehl des Zentralinspektorats der Gendarmerie vom 30.5.1932 betr. Maßnahmen während der Reisen der königlichen Familie].

ebenfalls neuen Postenkommandanten des Dorfes, der als Tyrann auftrete und sich wie ein „Vizekönig von Albineţ" geriere.[86]

Dem Innenminister gelang es letztlich nicht, die Gendarmen, die örtliche Beamtenschaft und die Vertreter der Kirche von einem deeskalierenden Vorgehen zu überzeugen. Alle, die Kirchenleitung wie auch die Kreisbehörden und Präfekturen, setzten die dazu notwendigen Maßnahmen eher oberflächlich um. Weder verbesserte sich die Kommunikation zwischen den Altkalendaristen und der Kreisverwaltung noch wurde aufgeklärt, was zwischen der Gendarmerie und den Altkalendaristen in den Jahren zuvor geschehen war. Die Eparchie Hotin-Bălţi, deren Leitung Angst hatte vor einer etwaigen offiziellen Anerkennung der Altkalendaristen, stellte sich offen gegen den deeskalierenden Zugang und forderte mehrfach die Intervention der Gendarmerie. Dabei ist klar, dass die Durchsetzung der Staatsmacht im Osten des Landes ohne Zusammenarbeit mit der Gendarmerie sehr schwierig und ressourcenintensiv war. Die Phase der Scheintoleranz zwischen 1934 und 1936 hatte zu einer massiven Mobilisierung der Altkalendaristen geführt und Kirche und Gendarmerie näher zusammengebracht. Das Misstrauen gegenüber den Altkalendaristen nahm rasch zu. Die Entscheidung, die altkalendaristische Bewegung niederzuschlagen, ging daher in der zweiten Jahreshälfte 1936 reibungslos über die Bühne.

Harmonische Zusammenarbeit

Die Deeskalationsstrategie von Innenminister Inculeţ führte also allmählich dazu, dass die Gendarmerie und die Kirche in Nordbessarabien gegen den Altkalendarismus enger zusammenrückten. Das wiederum erhöhte den Druck auf die Zentralbehörden, selbst eine Lösung für das Kalenderproblem zu finden – und die Phase der Scheintoleranz zu beenden. Entgegen den Behauptungen vieler Altkalendaristen war es übrigens nicht selbstverständlich, dass die Kirche mit der Gendarmerie im Kampf gegen sie kooperierte: Mit dem Aufschwung des Altkalendarismus war die Beziehung alles andere als konfliktfrei verlaufen, da die Zuständigkeiten zwischen Gendarmerie und Kirche hin- und hergeschoben wurden. Dorfpriester waren oft empört über die Einmengung der Gendarmerie, während sie in anderen Fällen gerade die Hilfe der Gendarmen suchten.

Die Gendarmerie in Bessarabien war 1935 bereits eine geübte Kritikerin der orthodoxen Priesterschaft, die sie für das Fehlschlagen der Kalenderreform verantwortlich machte. Alexandru Manoil war überzeugt davon, dass der Widerstand der Gläubigen gegen den neuen Kalender mit der Zeit zu überwinden gewesen wäre, hätten sich die Dorfpriester und Lehrer bei der Anwendung der Kalenderreform entsprechend engagiert. Noch 1936 behauptete die Gendarmerie, seitens der dörflichen Elite herrsche totales Desinteresse am nationalen Programm: Anstatt dass „die Aufklärer der Dörfer", die Priester und die Lehrer, die Bevölkerung „auf einen guten Weg" bringen würden, seien sie in vielen Fällen ein

[86] Vgl. etwas weiter oben das Zitat zu Anm. 63.

schlechtes Beispiel für sie.[87] An anderer Stelle kam die Gendarmerie zu einem ähnlich harten Urteil: „Man kann mit großer Sicherheit feststellen, dass die Hauptursache für die Vermehrung der Sekten die Ignoranz der Priester ist, die sich nur mit den eigenen Interessen beschäftigen."[88] Fehlendes Engagement, mangelnde Identifikation mit der Amtskirche und Geldgier, so lauteten die Hauptvorwürfe der Gendarmerie an die Dorfpriester: „Die Bevölkerung sieht die Priester als Geldverleiher oder als jüdische Händler. Ohne ein gutes Vorbild zu haben, sind alle zum Stilismus übergetreten."[89] Das Verhalten der Altkalendaristen war in den Augen der Gendarmerie bloß ein Spiegelbild der Dorfintellektuellen: „In den Dörfern finden die Bauern keine Beratung und haben nur schlechte Beispiele um sich herum. Aus diesen Gründen herrscht totale Orientierungslosigkeit."[90]

Obwohl die Kritik der Gendarmerie am mangelnden Beitrag der Dorfpriester bei der Durchsetzung der Kalenderreform im Kern durchaus berechtigt war, steckte auch die Absicht der Gendarmerieleitung in Bălţi dahinter, für sich selbst eine stärkere Entscheidungsgewalt über die altkalendaristischen Gemeinschaften zu bekommen, als die Amtsgeistlichen besaßen. Der Befehl von 1934 hatte wie gesehen die Rolle der Gendarmerie in den altkalendaristischen Angelegenheiten stark eingeschränkt und stattdessen die Dorfparochien gestärkt. Das wollte die Gendarmerie so schnell wie möglich revidieren. Eben deshalb betonte Manoil in seinen Berichten,

> „wenn die kirchlichen Organe auf die stilistische Bewegung nicht reagieren und keine Maßnahmen gegen diese treffen, dann sollte man [die Regierung] der Gendarmerie freie Hand geben. Ansonsten werden wir in diesen Kreisen keine Christen mehr haben – diese Lage kann nicht länger toleriert werden."[91]

Da umgekehrt viele Bischöfe und der Patriarch selbst von einem deeskalierenden Zugang nicht überzeugt waren, suchten sie eine Zusammenarbeit mit der Gendarmerie. Die Kooperation zwischen Kirchenleitung und Sicherheitskräften intensivierte sich im

87 ANR, Inspectoratul General al Jandarmeriei, 1935/25, 235–248, hier 235 [Monatsbericht des Regionalinspektorats der Gendarmerie in Chişinău an das Zentralinspektorat in Bukarest vom 30.6.1936 betr. die Stimmung im ländlichen Raum]; Inspectoratul General al Jandarmeriei, 1936/60, 57f. [Mitteilung desselben an dasselbe vom 27.2.1936 betr. Vorschläge zur Unterdrückung der Altkalendaristen].

88 ANR, Inspectoratul General al Jandarmeriei, 1935/17, 12–26, hier 14 [Monatsbericht der Informationsabteilung der Polizei Bălţi vom Juni 1935 an das Zentralinspektorat der Gendarmerie in Bukarest betr. die allgemeine Lage im Kreis Bălţi].

89 ANR, Inspectoratul General al Jandarmeriei, 1935/17, 8 [Mitteilung derselben an dasselbe vom 8.8.1935 betr. die „religiöse Lage" im Kreis Bălţi und die Ergebnisse der Untersuchungen zweier Agenten].

90 ANR, Inspectoratul General al Jandarmeriei, 1935/17, 12–26, hier 20 [Monatsbericht derselben an dasselbe vom Juni 1935 betr. die allgemeine Lage im Kreis Bălţi und „die Religion der Einwohner"].

91 ANR, Inspectoratul General al Jandarmeriei, 1935/17, 12–26, hier 18 [Monatsbericht derselben an dasselbe vom Juni 1935 betr. die allgemeine Lage im Kreis Bălţi und das Problem der religiösen Sekten].

Dezember 1935 nach der Ernennung Tit Simedreas zum neuen Bischof in Hotin-Bălţi. Obwohl sein Vorgänger Puiu einen harten Kurs bei der Einführung der Kalenderreform verfolgt und auch die Hilfe der Gendarmerie nicht abgelehnt hatte, hatte er sich doch niemals mit den regionalen Behördenvertretern an einen Tisch gesetzt, um eine Lösung für die Kalenderkonflikte zu finden.

Unmittelbar nach seiner Ernennung brachte dagegen Bischof Simedrea sämtliche wichtigen Staatsvertreter im Norden Bessarabiens zusammen, „um Maßnahmen zur Eindämmung der stilistischen Propaganda und gegen den Befehl des Innenministeriums zu finden“.[92] Diese neue Kooperation zwischen der Eparchieleitung und den regionalen Behördenvertretern drückte sich in gemeinsamen Interventionen gegen den Altkalendarismus bei den Ministerien aus, wobei sich der eine stets auf den anderen berief. Nach jenem Treffen informierte der Staatsanwalt von Bălţi den Justizminister, dass Bischof Simedrea die altkalendaristische Bewegung als eine nationale Gefahr betrachtete.[93]

Die Zusammenarbeit zwischen Kirche und Gendarmerie gegen den Altkalendarismus ging jedoch noch weiter. Die Gendarmerieleitung in Bălţi organisierte nach kurzer Zeit ein weiteres Treffen, das allerdings keine neuen Ergebnisse brachte. Die Teilnehmer betonten erneut, dass der Befehl des Innenministeriums zur Nichteinmischung der Gendarmerie in die altkalendaristischen Angelegenheiten die regionalen staatlichen und kirchlichen Behörden nur behindere, Maßnahmen gegen die altkalendaristischen „Unruhen“ zu treffen. Sie vereinbarten, Bischof Simedrea solle sich persönlich mit dem König und dem Innenminister in Verbindung setzen. Auf diese Weise würde der Bischof gewiss die Regierungsspitze überzeugen, ihre Deeskalationsstrategie aufzugeben.[94]

Im Februar 1936 brachte die Gendarmerieleitung in Bălţi die erste ausführliche Studie über die altkalendaristische Bewegung zustande. Sie sollte dazu dienen, die Bukarester Regierung über deren Gefahren aufzuklären. Die Untersuchung beinhaltete eine Zusammenfassung aller altkalendaristischen Aktivitäten und sämtlicher Maßnahmen der Gendarmerie von 1933 bis 1935. Die Gendarmerie legte darin auch die Gründe für das Fehlschlagen der Kalenderreform und den Aufschwung des Altkalendarismus dar und

92 ANR, Ministerul Jusitiţiei-Direcţia Judiciară, 1936/98, 12 [Bericht des Gerichts Bălţi an den Justizminister vom 10.1.1936 betr. die Versammlung der Eparchie Hotin-Bălţi zum Thema Niederschlagung der Altkalendaristen]; ANR, Inspectoratul General al Jandarmeriei, 1935/24, 141 [Mitteilung des Regionalinspektorats der Gendarmerie in Chişinău an das Zentralinspektorat in Bukarest vom 23.1.1936 betr. die Versammlung der Eparchie Hotin-Bălţi zum Thema Niederschlagung der Altkalendaristen].

93 ANR, Ministerul Justiţiei-Direcţia Judiciară, 1936/98, 12 [Mitteilung des Gerichts Bălţi an den Justizminister vom 10.1.1936 betr. Tit Simedreas Vorschläge gegen den Altkalendarismus].

94 ANR, Inspectoratul General al Jandarmeriei, 1935/17, 285 [Mitteilung der Informationsabteilung der Polizei Bălţi an das Zentralinspektorat der Gendarmerie in Bukarest vom 8.1.1936 betr. die Organisation der Altkalendaristen von Albineţ und Maßnahmen gegen diese]; 1935/24, 141 [Mitteilung des Regionalinspektorats der Gendarmerie in Chişinău an das Zentralinspektorat in Bukarest vom 23.1.1936 betr. die Versammlung der Eparchie Hotin-Bălţi zum Thema Niederschlagung der Altkalendaristen].

machte mehrere Vorschläge zur Lösung des altkalendaristischen Problems. Die Kritik an den Dorfpriestern war erneut spürbar. Der Gendarmerie zufolge hätten sie sich viel zu sehr an „die Dörfler angepasst", würden ihre wahre Mission nicht kennen und sich zu wenig um die Kalenderreform kümmern, nicht zuletzt deshalb, weil viele selbst noch vom alten Kalenderstil überzeugt seien.[95] Die Gendarmerie schlug daher vor, alle Dorfpriester zu bestrafen, die von den Gläubigen zu viel Geld für die Gottesdienste verlangten und/ oder diese nach dem alten Kalender begingen.[96] Manoil hatte auch eine klare Vorstellung davon, wie die Entlohnung der religiösen Dienste und der Priester erfolgen sollte: „Unser Heiliger Jesus Christus eroberte die Welt durch sein Genie. Aber auch weil er seine Zuhörer, unter denen er sich von morgens bis abends befand, barfuß und auf einem Esel besuchte. Er war dadurch ein Vorbild. Er verlangte kein Geld für die Wunder, welche er vollbrachte."[97]

Als Reaktion auf die Studie der Gendarmerie trafen sich im März 1936 nicht weniger als 67 orthodoxe Priester der Eparchie Hotin-Bălţi[98] und fassten ihre Ergebnisse in einem Memorandum für die Ministerien in Bukarest zusammen.[99] Am Anfang des Memorandums, das ähnlich strukturiert war wie die Abhandlung der Gendarmerie, wurden die Gründe für die Entstehung der altkalendaristischen Bewegung dargelegt und anschließend Lösungsansätze erörtert. Die Priester fügten sogar einige Berichte der Gendarmerie bei, um ihre Argumente gegen die Altkalendaristen zu untermauern, wiesen aber die Kritik der Gendarmerie zurück. Die Dorfpriester hätten überall ihr Bestes gegeben. Der Widerstand gegen die Kalenderreform sei seitens der Gläubigen von Anfang an so groß gewesen, dass die Dorfpriester kaum etwas dagegen hätten unternehmen können. All diejenigen Geistlichen, welche die Gläubigen gegen die Kalenderreform mobilisiert hätten, seien Angehörige der Russisch-orthodoxen Kirche im Ausland gewesen. Die heimischen orthodoxen Priester hätten alle möglichen Maßnahmen gegen die Altkalendaristen unternommen, doch die Duldsamkeit der Verwaltungsorgane, auch der Gendarmerie, habe den Altkalendaristen erlaubt, sich auszubreiten. Die Priester erwähnten eine Reihe von

95 ANR, Inspectoratul General al Jandarmeriei, 1935/24, 249f. [Mitteilung des Regionalinspektorats der Gendarmerie in Chişinău an das Zentralinspektorat in Bukarest vom 27.2.1936 betr. die Entwicklung des Altkalendarismus in Bessarabien].

96 ANR, Inspectoratul General al Jandarmeriei, 1935/24, 249f. [Mitteilung desselben an dasselbe vom 27.2.1936 betr. die Entwicklung des Altkalendarismus in Bessarabien].

97 ANR, Inspectoratul General al Jandarmeriei, 1935/17, 251–276, hier 264 [Monatsbericht der Informationsabteilung der Polizei Bălţi an das Zentralinspektorat der Gendarmerie in Bukarest vom Dezember 1935 betr. die allgemeine Lage im Kreis Bălţi und „die religiösen Sekten"].

98 ANR, Ministerul Jusitiţiei-Direcţia Judiciară, 1936/98, 218–227 [Mitteilung der Protohierarchie I, Kreis Bălţi, an den Justizminister vom 31.3.1936 betr. die altkalendaristische Bewegung]

99 CNSAS, Fond Documentar, D015261, 213–222 [Memorandum der Mitglieder der Protohierarchie I, Kreis Bălţi, an den Innenminister vom 31.3.1936 betr. die Gefahr der altkalendaristischen Bewegung].

Fällen, in denen die Gendarmerie den Altkalendaristen geholfen habe, darunter auch jenes angebliche Treffen mit König Carol II. auf dem Bahnhof von Fălești im Juni 1935.

Nachdem die Gendarmerie in Bălți über dieses Memorandum informiert worden war, richtete sie an die Priester der Eparchie Hotin-Bălți mahnende Worte:

> „Die orthodoxen Priester aus diesem Gebiet sollten jetzt ihre Schuld am Fehlschlagen der Kalenderreform ein für allemal anerkennen und aufhören, den staatlichen Behörden daran die Schuld zu geben. [...] Es ist allen bekannt, dass das Fehlen der Gewissenhaftigkeit der Geistlichkeit einer der Gründe für die Entwicklung der stilistischen Bewegung in Bessarabien war und ist.“[100]

Die Frage nach den Schuldigen an der Entstehung des Altkalendarismus gewann in dieser Phase immer mehr an Bedeutung. Denn sie entschied am Ende über die Machtverhältnisse und die Aufteilung von Ressourcen zwischen Gendarmerie und Klerus durch die Zentralbehörden.

Unabhängig von diesen Konflikten auf der Kreisebene erklärte sich die Kirchenleitung durchaus bereit, der Gendarmerie mehr Zugeständnisse in altkalendaristischen Angelegenheiten zu machen. Weder die Heilige Synode noch die Zentralbehörden mischten sich in die Meinungsverschiedenheiten zwischen regionalen Priestern und Gendarmerie ein. Anfang April 1936 traf sich Bischof Simedrea erneut mit den wichtigsten staatlichen Vertretern und besprach zum wiederholten Mal das Kalenderproblem. In einem Schreiben an den Kultusminister verlangten der Bischof und die versammelten Staatsvertreter, dass die Regierung „jetzt, solange es nicht zu spät ist, die Verstöße der Altkalendaristen beende. Diese Angelegenheit betrifft die Anerkennung und die Autorität der Kirche und die staatliche Sicherheit“.[101] Der Kultusminister leitete das Memorandum der Priester an den Innenminister mit der Anmerkung weiter, dass der Innenminister die notwendigen Maßnahmen treffen möge, „damit die Präfektur und die Gendarmerie in Bălți die Ruhe in der Bevölkerung, das Einhalten der Gesetze und die Verteidigung des Staates gewährleisten“.[102]

100 ANR, Inspectoratul General al Jandarmeriei, 1935/25, 116 [Mitteilung der Gendarmerie Bălți an das Regionalinspektorat in Chișinău vom 19.5.1936 betr. die Gründe für die Ausbreitung der Altkalendaristen].

101 ANR, Ministerul Jusitiției-Direcția Judiciară, 1936/98, 63–65 [Mitteilung des Kultusministers an den Justizminister vom 28.4.1936 betr. die altkalendaristische Bewegung].

102 CNSAS, Fond Documentar, D015261, 237 [Mitteilung des Kultusministers an den Innenminister vom 2.4.1936 betr. das Memorandum der Priester aus dem Kreis Bălți über die Aktivitäten der Altkalendaristen].

Die Niederschlagung und Entfernung aller altkalendaristischen Spuren

Der Entscheidungsmechanismus, der schließlich zur Niederschlagungsaktion führte, lässt sich gut rekonstruieren: Neben den erwähnten Interventionen direkt beim Innenministerium übten Vertreter von Gendarmerie und Kirche auch Druck auf das Kultus- und das Justizministerium aus, damit sich diese wiederum beim Innenministerium für ihr Anliegen einsetzten. In den meisten Fällen leiteten diese Ministerien die Berichte an den Innenminister mit der Bitte weiter, eine Lösung für jene Beschwerden zu finden. Wie kam es aber im Weiteren dazu, dass Altkalendaristen in Klöstern im Süden des Landes interniert wurden? Auf welcher Rechtsgrundlage fußte diese Maßnahme? Und was geschah innerhalb der Klöster? Eine ähnliche Aktion ist in der rumänischen Zeitgeschichte unbekannt. Zwar kam es während des Zweiten Weltkrieges vor, dass einzelne Geistliche in Klöstern interniert wurden. Eine Aktion aber, bei welcher ganze Gruppen für einen längeren Zeitraum unter der Überwachung durch Amtskirche und Gendarmerie interniert wurden, beweist nicht einfach eine enge Zusammenarbeit von Staat und Kirche, sondern sie zeigt, etwas zugespitzt, wie sehr Letztere eins mit der Regierung wurde: Denn ein Großteil der Internierungsaktion fällt in jene Zeit, in der der erste rumänische Patriarch, Miron Cristea, als Ministerpräsident an der Regierungsspitze stand.

Die Vorgangsweise gegen die Altkalendaristen, welche die Rumänisch-orthodoxe Kirche ursprünglich vorgeschlagen hatte, hatte in erster Linie die Verhaftung aller Altkalendaristenführer und die Schließung der altkalendaristischen Gebetshäuser vorgesehen, da diese eine Gefahr nationalen Ranges darstellen würden. Wie der Altkalendarismus als Ideologie zu bekämpfen sei und wie die einfachen Altkalendaristen nach der Verhaftung ihrer Leiter von der Notwendigkeit des neuen Kalenders überzeugt und in die orthodoxe Kirche zurückgebracht werden sollten, dazu legten die Kleriker keine Pläne vor: „Ob die Kirche in dieser Region [Bessarabien] vereint bleibt oder sich für immer trennt, hängt von der Art und Weise ab, wie die [altkalendaristische] Angelegenheit gelöst wird. Denn die bedroht die Einheit der Kirche und des rumänischen Volkes“,[103] erklärte Bischof Simedrea Anfang 1936. Als ehemaliger Mitarbeiter der Heiligen Synode war der neue Bischof schon vor seiner Ankunft in Bessarabien im Dezember 1935 mit dem Problem vertraut gewesen, wenn auch nur aus der zentralen Perspektive der Kirchenleitung. Erst in Bălţi begriff er das Ausmaß des altkalendaristischen Phänomens vor Ort.[104] Simedrea war einer der wenigen zeitgenössischen Geistlichen, der auf die regionalen Unterschiede der altkalendaristischen Bewegung einging. Im bessarabischen Altkalendarismus ortete er eine Art Sammelbecken für alle, die mit den Modernisierungs- und Nationalisierungsmaßnahmen der orthodoxen Kirche nicht

[103] CNSAS, Fond Documentar, D015261, 351–366 [Bericht Bf. Simedreas an die Heilige Synode von 1936 betr. die altkalendaristische Bewegung].

[104] ANRM, Episcopia Hotinului, 1217, 1, 725, 27–36, hier 27f. [Rede Bf. Simedereas anlässlich der Eparchialversammlung vom 17.5.1936].

einverstanden waren. Anders als in der Moldau, wo in der Regel die Altkalendaristenführer ehemalige orthodoxe Mönche waren, identifizierte er in Bessarabien mehrere an der Bewegung interessierte Gruppen, darunter unterschiedliche politische Parteien, die Russisch-orthodoxe Kirche im Ausland sowie Mönche aus dem Altreich und vom Berg Athos. Darin und in der übermäßigen Toleranz der Ministerien gegenüber den Altkalendaristen in den beiden vorangegangenen Jahren sah er die Gründe dafür, dass der Altkalendarismus sich zu einem gesamtstaatlichen Problem entwickelt hatte. Bevor die „altkalendaristische Anarchie" ausbrechen würde, schlug der Bischof dem Justiz- und dem Innenminister vor, den 1934 ergangenen innenministeriellen Befehl zur Nichteinmischung der Gendarmerie in die altkalendaristischen Angelegenheiten rückgängig zu machen, die führenden Altkalendaristen allesamt und umgehend zu verhaften und weitere Maßnahmen zu treffen, „damit Ordnung und die staatliche Legitimität wieder in die Dörfer zurückkehren".[105]

Die Vorschläge des Bischofs entsprachen schlicht der Position der Kirchenleitung. Im April desselben Jahres fragte Patriarch Cristea den Innenminister fast vorwurfsvoll, warum denn die Regierung nicht eingreife, wenn bereits so viele Beweise vorhanden seien, dass Altkalendaristen auch gegen den Staat und nicht nur gegen die Kirche rebellierten.[106] Die Kirche habe, so Cristea, alles für eine friedliche Lösung des kalendarischen Konfliktes unternommen, doch vergebens. Es sei nun für die Zentralbehörden die Zeit gekommen, der Kirche in diesem Problem entgegenzukommen. Wenn der Innenminister die Lösungsvorschläge der Amtskirche nicht umsetzen wolle, sei die Heilige Synode gezwungen, selbst „Maßnahmen zu treffen, damit die Kirche sich aufgrund des verbesserten Kalenders nicht zerteilt".[107] Der Patriarch sagte aber nicht, was er noch unternehmen könne, um eine Kirchenspaltung zu verhindern. Mit einer ähnlichen Botschaft wandte er sich auch an den Justizminister:

> „Wie ich bereits in früheren Interventionen immer wieder betont habe, bedroht die stilistische Gefahr nicht nur die Kirche, sondern auch die staatliche Sicherheit. Hinter der Maske der religiösen Unzufriedenheit wird das Ziel der Vernichtung der staatlichen Sicherheit und Ordnung verfolgt."[108]

Auf einer Konferenz am 22. April 1936 einigten sich wichtige Repräsentanten des Sicherheitsapparates aus der Moldau und aus Bessarabien auf ein gemeinsames Vorgehen gegen die Altkalendaristen.[109] Die Konferenzteilnehmer gingen auch auf die Frage ein, was der Altkalendarismus sei, worauf Barbu Pâräianu als oberster Gendarmeriechef erklärte, dass

105 CNSAS, Fond Documentar, D015261, 351–366 [Bericht Bf. Simedreas an die Heilige Synode von 1936 betr. die altkalendaristische Bewegung].

106 CNSAS, Fond Documentar, D015261, 253 [Mitteilung des Patriarchen an den Innenminister vom 7.4.1936 betr die Organisation der altkalendaristischen Bewegung in Bessarabien].

107 CNSAS, Fond Documentar, D015261, 254 [Mitteilung des Justizministers an den Innenminister vom 21.3.1936 betr. neue Entwicklungen unter den Altkalendaristen im Norden Bessarabiens].

108 ANR, Ministerul Jusitiției-Direcția Judiciară, 1936/98, 113 [Mitteilung des Kultusministers an den Justizminister vom 9.6.1936 betr. die altkalendaristische Bewegung].

109 CNSAS, Fond Documentar, D015261, 232f. [Bericht Barbu Pârăianus an die Leitung der Siguranța vom 22.4.1936 betr. das Problem der Altkalendaristen]; ANR, Inspectoratul General

die LANC die Altkalendaristen unterstütze, um sie in die Partei zu integrieren. Sie verfolge laut Pârăianu nur ihr Parteiinteresse, ohne zu berücksichtigen, welche Gefahr ihre Politik gegenüber den Altkalendaristen berge, denn „die Kommunisten könnten sich jederzeit [in die Bewegung] einmischen, wenn sie das nicht schon gemacht haben".[110]

Die Sicherheitskräfte betonten – ähnlich wie die Amtskirche – die Notwendigkeit der Niederschlagung der altkalendaristischen Bewegung im Sinne der Beibehaltung des staatlichen und kirchlichen Status quo. Sie befürchteten, dass die Altkalendaristen, sollten sie als rechtmäßige religiöse Gruppe anerkannt werden, sowohl die kirchliche als auch die staatliche Autonomie oder gar die Abtrennung Bessarabiens von Rumänien verlangen würden. Andere Optionen als eine militärische Niederschlagung – etwa den Altkalendarismus friedlich zu bekämpfen oder einen Modus Vivendi mit den altkalendaristischen Bauern zu finden – hielt die Gendarmerieleitung Mitte 1936 für ausgeschlossen.[111]

In den Jahren zuvor hatte die Gendarmerie gegen den Altkalendarismus beziehungsweise gegen altkalendaristische Rebellionen immer wieder spontane Interventionen unternommen, die letztlich nichts anderes waren als wenig durchdachte Versuche, einige der Altkalendaristenführer festzunehmen. Darüber hinaus verfolgte die örtliche Gendarmerie im Kreis Bălți, die lange Zeit keinen Überblick über die überregionale Dimension des Altkalendarismus besaß, unterschiedliche Strategien – von der Gendarmerie selbst „Tricks" genannt – zur Schwächung der Altkalendaristen. An der Konzeption und Umsetzung dieser Tricks lassen sich wiederum eine schwache Staatsmacht auf der Dorfebene und ein fortgeschrittener Organisationsgrad der altkalendaristischen Gemeinschaften erkennen.

Einer jener „Tricks" war beispielsweise das „Dorffest", welches dazu gedacht war, führende Altkalendaristen ohne Gewaltanwendung festzunehmen. Dafür sollten Feste „mit viel Alkohol" organisiert werden, bei denen die Mitglieder der altkalendaristischen Komitees und ihrer Garden sowie die altkalendaristischen Priester sich so stark betrinken sollten, dass sie zu keinem Widerstand mehr fähig wären. Nachdem aber die Gendarmerie beobachtet hatte, dass bei allen Festen und Treffen der Altkalendaristen die Mitglieder der Garden nie Alkohol tranken, musste sie diese Strategie aufgeben.[112]

al Jandarmeriei, 1936/2, 2f. [Bericht Barbu Pârăianus vom 22.4.1936 betr. Vorschläge zur Bekämpfung der altkalendaristischen Bewegung].

110 ANR, Inspectoratul General al Jandarmeriei, 1936/2, 143–149, hier 145f. [Protokoll der Konferenz der Sicherheitskräfte vom 22.4.1936 betr. das Problem der altkalendaristischen Bewegung].

111 ANR, Inspectoratul General al Jandarmeriei, 1936/64, 173–195, hier 181 [Monatsbericht der Informationsabteilung der Polizei Bălți an das Zentralinspektorat der Gendarmerie in Bukarest vom Juli 1936 betr. Gefahr des Altkalendarismus]; CNSAS, Fond Documentar, D015261, 764 [Mitteilung der Gendarmerieleitung Bălți vom 12.10.1936 betr. die Organisation der Russisch-orthodoxen Kirche im Ausland und deren Zusammenarbeit mit den Altkalendaristen im Norden Bessarabiens].

112 ANR, Inspectoratul General al Jandarmeriei, 1935/17, 6 [Mitteilung der Informationsabteilung der Polizei Bălți an das Zentralinspektorat der Gendarmerie in Bukarest vom 6.8.1935 betr. die Organisation der Altkalendaristen von Albineț].

Ein weiterer von der Gendarmerie vorgeschlagener „Trick" sah die Infiltration der altkalendaristischen Gemeinschaften, vor allem ihrer Garden, durch Agenten vor. Dadurch versuchte die Gendarmerie mehr über die innere Organisation der Gemeinschaften herauszufinden und die Verhaftung ihrer Führung zu erleichtern. Die Arbeit mit Agenten in den altkalendaristischen Dörfern erwies sich aber als mühsam; nur selten gelang es ihnen, sich auch nur mehrere Tage in Dörfern mit Altkalendaristen aufzuhalten und relevante Informationen über sie zu sammeln.[113] Alexandru Manoil, zuständig für die Zuteilung der Agenten und Informanten im Norden Bessarabiens, gestand ein, dass die meisten Agenten, die in den altkalendaristischen Dörfern gearbeitet hatten, von der Bevölkerung sofort identifiziert worden waren: Sie waren zu elegant gekleidet, zeigten ihre Macht und Überlegenheit gegenüber den Bauern und konnten in den meisten Fällen weder deren Dialekt noch die russische Sprache, was offenbarte, dass sie aus anderen Regionen Rumäniens stammten. Manoil schlug daher vor, die Agenten besser vorzubereiten – sie sollten sich für ihre Tätigkeit in den Dörfern „als wandernde Händler oder Boza[114]-Verkäufer ausgeben" und nicht teuer kleiden.[115]

Die Gendarmerie überlegte auch, amtskirchliche Gläubige als Informanten in die altkalendaristischen Gemeinschaften einzuschleusen. In Kooperation mit dem Dorfpriester von Obreja (Kreis Bălți) arbeitete Alexandru Manoil im Frühjahr 1936 an einem Plan, der vorsah, „loyale Gläubige" auszuwählen, welche „so tun sollten, als ob sie die offizielle Kirche verlassen und sich den Altkalendaristen angeschlossen hätten".[116] Dieser Plan wurde aber schnell aufgegeben, weil er zu viel Zeit und Arbeit in Anspruch nahm. Außerdem war 1936 je Ortschaft in der Regel die Gruppe der Altkalendaristen so klar von der Gruppe der orthodoxen Gläubigen getrennt, dass spontane und freiwillige Bekehrungen allen suspekt vorkamen. Der Gendarmerie blieb daher nichts anders übrig, als Altkalendaristen gegen Bezahlung als Informanten zu gewinnen. Diese Methode funktionierte von allen am besten: Mühelos fand man bestechliche Altkalendaristen, welche bereit waren, mit der Gendarmerie zu kooperieren. Die Gendarmen mussten aber immer wieder feststellen, dass altkalendaristische Informanten keine wichtige Rolle in der Gemeinschaft spielten, so dass in vielen Fällen ihre gelieferten Angaben kaum von Bedeutung waren.[117]

[113] ANR, Inspectoratul General al Jandarmeriei, 1935/17, 12–26, hier 16f. [Monatsbericht derselben an dasselbe vom Juni 1935 betr. die allgemeine Lage im Kreis Bălți]; 60.1936/60, 67–96, hier 77–79 [Monatsbericht derselben an dasselbe vom Februar 1936 betr. die mangelnde Ausbildung der Agenten].

[114] Boza ist ein aus Hirse hergestelltes alkoholisches Getränk.

[115] ANR, Inspectoratul General al Jandarmeriei, 1935/17, 12–26, hier 24 [Monatsbericht der Informationsabteilung der Polizei Bălți an das Zentralinspektorat der Gendarmerie in Bukarest vom Juni 1935 betr. die allgemeine Lage im Kreis Bălți].

[116] ANR, Inspectoratul General al Jandarmeriei, 1936/64, 140f. [Mitteilung derselben an dasselbe vom 15.7.1936 betr. die Versuche, führende Altkalendaristen festzunehmen].

[117] ANR, Inspectoratul General al Jandarmeriei, 1936/64, 140f. [wie eben].

Aus der Korrespondenz zwischen den Ministerien, der Kirchen- und der Gendarmerieleitung unmittelbar vor dem Beginn der Niederschlagungsaktion geht hervor, dass sowohl die Kirchenführung als auch die Gendarmerieleitung eine annähernd gleichwertige Rolle im Entscheidungsprozess spielten. Beide unterstrichen stets die Aussichtslosigkeit „einer friedlichen Lösung des altkalendaristischen Problems". Für den Gendarmeriechef in Chişinău, Gheorghe Ignat, war eine zentral organisierte Aktion gegen den Altkalendarismus die einzige Möglichkeit:

> „Eine friedliche Bekämpfung der stilistische Bewegung wird keine Auswirkung mehr haben. Wenn die Stilisten weiter in Ruhe gelassen werden, wird eine spätere repressive Aktion gegen sie viel mehr Opfer verursachen. Denn die Stilisten sind dermaßen fanatisch, dass sie jede Autorität ablehnen."[118]

Patriarch Cristea informierte im August 1936 Innenminister Inculeţ über eine möglicherweise bevorstehende umfangreiche Rebellion, welche die Altkalendaristen den Sommer über intensiv geplant hätten. Er ersuchte daher Inculeţ, dringend Maßnahmen zu treffen. Die Regierung sollte alles tun, um zu verhindern, dass die Bauern weiter von „vagabundierenden Mönchen oder Agenten, unseren ausländischen Feinden", beeinflusst würden.[119]

Konfrontiert mit derlei Anfragen und Bitten seitens der Amtskirche und der Gendarmerie, gab das Justizministerium jetzt auch sein förmliches Einverständnis mit einer Niederschlagungsaktion. Eine sogenannte Beratungskommission des Justizministeriums wurde einberufen, die der Aktion eine Rechtsgrundlage liefern sollte. Die Mitglieder dieser Kommission, D. Cernescu und N. Pavelescu, zwei Mitarbeiter im Justizministerium, stellten in gewundener Amtssprachenlogik fest:

> „Jede religiöse Gruppe, die auf dem Territorium unseres Landes aktiv ist, muss von den zuständigen Behörden anerkannt werden. [...] Die Aktivitäten der sogenannten Stilisten finden zwar innerhalb des orthodoxen Kultus statt, da sie aber den Gottesdienst nach dem alten Kalender feiern, befinden sie sich außerhalb des Gesetzes und brauchen für ihre Aktivitäten eine spezielle Genehmigung des Staates. Da aber diese Genehmigung nicht existiert, ist diese religiöse Bewegung illegal und kann daher von allen Verwaltungsorganen jederzeit gestoppt werden. [...] Die Beratungskommission ist der Meinung, dass neben den administrativen, polizeilichen und repressiven Maßnahmen der Behörden auch eine Gegenpropaganda notwendig wäre, um die Aktivitäten der sogenannten Stilisten vollständig zu unterdrücken. In diesem Sinne sollte auch beim Kultusministerium interveniert werden."[120]

[118] ANR, Inspectoratul General al Jandarmeriei, 1935/26, 183–196, hier 194f. [Monatsbericht des Regionalinspektorats der Gendarmerie in Chişinău an das Zentralinspektorat in Bukarest vom August 1936 betr. die Organisation der Altkalendaristen im Norden Bessarabiens].

[119] ANR, Inspectoratul General al Jandarmeriei, 1936/16, 178 [Kopie einer Mitteilung des Patriarchen an den Innenminister vom August 1936 betr. die Gefahr des Altkalendarismus]; ANR, Direcţia Generală a Poliţiei, 1935/49, 197 [Mitteilung der Heiligen Synode an den Innenminister vom 17.9.1936 betr. die Verhaftung führender Altkalendaristen].

[120] ANR, Ministerul Jusitiţiei-Direcţia Judiciară, 1936/98, 109–112 [Bewilligung des Justizministeriums vom 3.6.1936 betr. Maßnahmen gegen die Altkalendaristen].

Daraufhin setzten sich sowohl das Justiz- als auch das Kultusministerium beim Innenministerium für eine Niederschlagungsaktion ein und ersuchten es, die Umsetzung der Pläne der Gendarmerie umgehend zu bewilligen.[121]

In dieser Zeit wurden die Vorschläge für den Ablauf der Niederschlagungsaktion konkreter. Ende April erwähnte der oberste Gendarmeriechef Barbu Pârăianu zum ersten Mal einen Aktionsplan gegen die Altkalendaristen, der von den kirchlichen und allen beteiligten staatlichen Behörden entworfen werden sollte.[122] Ein nächster entscheidender Schritt erfolgte im Juni 1936, als eine wichtige Konferenz zum Thema Altkalendarismus stattfand, an der die Kirchenleitung und der Innenminister teilnahmen. Minister Inculeț erklärte sich jetzt bereit, der Kirche in der altkalendaristischen Angelegenheit „sogar durch Anwendung von Gewalt" entgegenzukommen.[123] Die Pläne der Amtskirche und der Gendarmerieleitung wurden damit offiziell gutgeheißen. Es wurde vereinbart, dass die Bischöfe alle Parochien, „welche vom Stilismus kontaminiert waren", den Sicherheitskräften melden würden, damit diese einen Angriffsplan entwerfen könnten.

Sicher ist, dass der Vorschlag zur Internierung der Altkalendaristenführer in orthodoxen Klöstern vom obersten Gendarmeriechef Barbu Pârăianu stammte. Dieser erklärte am 7. August 1936 dem Patriarchen Cristea die Notwendigkeit einer Internierung wie folgt:

> „Bis ein Gesetz, das diese Agitatoren bestrafen sollte, erlassen wird, sollte die Heilige Kirche sie in Klöster schicken (vorzugsweise in Siebenbürgen, wo weniger Stilisten sind). [...] Ohne diese Maßnahme wird der Glaube hart betroffen sein und die Ruhe und Ordnung im Staat werden genauso hart bedroht."[124]

Patriarch Cristea war mit dem Vorschlag einverstanden und wählte geeignete Klöster aus. Er verständigte sich auch mit dem Gendarmeriechef über die Überwachung „der internierten Stilisten", die vollständig der Gendarmerie anheimgestellt werden sollte. Das Innenministerium, das über diesen Plan ausführlich informiert wurde, gab sein Einverständnis.[125] Weitere Details sollten im Laufe der Aktion entschieden werden.

121 CNSAS, Fond Documentar, D015261, 237 [Mitteilung des Kultusministers an den Innenminister vom 2.4.1936 betr. das Memorandum der Priester aus dem Kreis Bălți über die Aktivitäten der Altkalendaristen]; 632 [Mitteilung des Justizministers an den Innenminister vom 16.4.1936 betr. Maßnahmen gegen die altkalendaristische Bewegung].

122 CNSAS, Fond Documentar, D015261, 232f. [Bericht Barbu Pârăianus an die Leitung der Siguranța vom 22.4.1936 betr. das Problem der Altkalendaristen].

123 ANR, Ministerul Jusitiției-Direcția Judiciară, 1936/98, 170f. [Mitteilung des Gerichts Bălți an den Justizminister vom 3.8.1936 betr. Ergebnisse des Treffens vom 11.6.1936 zwischen dem Innenminister und verschiedenen Kirchenvertretern].

124 ANR, Inspectoratul General al Jandarmeriei, 1936/4, 241 [Mitteilung Barbu Pârăianus an die Heilige Synode vom 7.8.1936 betr. Maßnahmen gegen die altkalendaristische Bewegung].

125 CNSAS, Fond Documentar, D015261, 128–135 [Bericht desselben an den Innenminister vom September 1936 betr. die Niederschlagung der altkalendaristischen Bewegung].

Auch die Presse lieferte eindeutige Signale, dass die Regierung mit einer großen Aktion gegen die Altkalendaristen einverstanden war. Pamfil Şeicaru, Herausgeber der rechtsgerichteten Zeitung *Curentul*, der der regierenden Nationalliberalen Partei nahestand, erklärte im September 1936 in seinem Artikel „Die Stilisten und ihr Schatten" die Notwendigkeit eines gewaltsamen Vorgehens. Şeicaru überraschte seine Leserschaft mit einer tiefgründigen Analyse des Altkalendarismus und mit Informationen, welche bis dahin der Öffentlichkeit in dieser Form nie vorgestellt worden waren. Der Artikel war zugleich eine Art Plädoyer für eine Niederschlagungsaktion.

Şeicaru malte die Gefahr eines Kontrollverlustes über die Altkalendaristen an die Wand und äußerte den Verdacht, sie würden mit kommunistischen Organisationen kooperieren. Zur Entstehung des Altkalendarismus erklärte Şeicaru, dass der Staat zu lange die altkalendaristische Bewegung ignoriert oder sie als ein rein kirchliches Problem betrachtet habe.[126] Den Konflikt um den Kalender hätten Staat und Kirche allein verursacht und sie seien jahrelang nicht in der Lage gewesen, ihn zu lösen:

> „[...] in fast allen Bereichen können wir die Probleme nicht vermeiden oder lösen, wenn sich diese noch in ihren Anfangsstadien befinden. [...] Im Grunde genommen stellten sich die sogenannten Stilisten gegen eine westliche Anpassung des Kalenders. Manche sind nur einfache Gläubige, die in der Schlichtheit ihres Glaubens behaupten, dass durch die Änderung des Kalenders ihr Glauben verändert worden sei. Je mehr man versucht, diese Behauptung, welche sie [die Altkalendaristen] als Teil ihrer Tradition betrachten, zu widerlegen, desto stärker werden sie sich dagegen wehren."[127]

Die Ablehnung der offiziellen Kirche und des Staates durch die Altkalendaristen würde laut Şeicaru nur den kommunistischen Gruppierungen helfen. Denn die Kommunisten seien bereit, die Altkalendaristen zu unterstützen, obgleich die Bewegung von „religiösen Fanatikern" geleitet werde:

> „In der ganzen Region herrscht die Anarchie. Es ist nicht in Ordnung, wenn in der Moldau, in der Bukowina und in Bessarabien eine Aufstandsstimmung herrscht. Eine Scheidung zwischen dem Volk und dem rumänischen Staat aufgrund einer heiklen Angelegenheit wie dem religiösen Glauben zu verursachen kann nur zu Anarchie führen. Die Stilisten verfolgen keine politischen Ziele – von diesen verstehen sie nichts. Sie sind Repräsentanten eines religiösen Fanatismus, der gegen den rumänischen Staat gerichtet ist. [...]. Keine politische Überzeugung kann die Massen so schnell mobilisieren wie der religiöse Glaube. Wenn eine religiöse Sekte gegen den Staat gerichtet ist, kann das nur den bolschewistischen Interessen dienen."[128]

Şeicaru stellte zudem die Rolle der Rumänisch-orthodoxen Kirche im Nationalstaat in Frage, vor allem da sich die Regierung nun gezwungen sah, Gewalt anzuwenden, um kirchliche Konflikte zu bereinigen, welche die staatliche Sicherheit gefährdeten:

[126] Pamfil Şeicaru, Stiliştii şi umbra lor, *Curentul* 19.9.1936.

[127] Şeicaru, wie eben.

[128] Şeicaru, wie eben.

> „Welchen Wert haben noch die Seminare, die theologischen Fakultäten, die Priester und die ganze Kirchenhierarchie, wenn sie den Altkalendaristen bloß mit der Macht der staatlichen Polizei widerstehen können? Wenn die Stilisten in ihrer Einfachheit einen größeren Einfluss auf die Seelen der Gläubigen ausüben können als die Kleriker? Was sollen in einem solchen Fall die Polizeikräfte des Staates tun?“[129]

Şeicarus Artikel fasste die Position der Regierung kurz vor der Niederschlagungsaktion gut zusammen. Die Regierung war sich des dominant religiösen und bäuerlichen Charakters der altkalendaristischen Bewegung bewusst. In Anbetracht der Zahlenstärke der altkalendaristischen Bewegung, des Unsicherheitsfaktors, den die benachbarte Sowjetunion in Bessarabien darstellte, sowie der Schwächen des dortigen Staatsapparates und der Amtskirche kam die Regierung mithilfe der Heiligen Synode und der Gendarmerieleitung zu dem Schluss, dass eine gewaltsame Intervention der Sicherheitskräfte die effektivste und schnellste Lösung des kalendarischen Problems sei.

Von großer Bedeutung für die rasche Mobilisierung der Kirchen- und Gendarmerieleitung gegen die Altkalendaristen in jenen Monaten der ersten Jahreshälfte 1936 war der erste altkalendaristische Kongress, den die Führer der Bewegung im Frühling des Jahres für den 21. September angekündigt hatten. Da der Kongress das Ziel hatte, die Altkalendaristen aus Bessarabien mit denen aus der Moldau zu einer festen Organisation zu vereinen, barg diese Zusammenkunft aus Sicht der Sicherheitskräfte die Gefahr einer großen Rebellion gegen den Staat. Der Justizminister erklärte dies dem Innenminister wie folgt: „Wenn kompakte Gruppen, die zum Teil aus Fanatikern und Anarchisten bestehen, sich auf den Weg in eine Region begeben, die brennt“, könnte es leicht zu Unruhen kommen.[130]

Der avisierte Kongress stellte den größten Zentralisierungsversuch dar, den die Altkalendaristen in der Zwischenkriegszeit unternommen haben. Er fiel zeitlich mit der Verhaftung des bessarabischen Altkalendaristenführers Nicolae Climovici zusammen, der einen solchen Schritt vehement abgelehnt hatte. Damit befanden sich unter den bessarabischen Altkalendaristen keine einflussreichen Führer mehr, welche eine solche Vereinigung noch hätten verhindern können. Die Verhaftung eines Altkalendaristenführers aus dem Süden der Moldau schlug Anfang August 1936 eine weitere Lücke in die altkalendaristische Führungsriege.[131]

Hinter der Organisation der geplanten Massenveranstaltung stand der Altkalendaristenführer Glicherie Tănase, der in den Kreisen Baia und Neamţ tätig war.[132] Er lud alle Gemein-

[129] Şeicaru, wie eben.

[130] ANR, Ministerul Jusitiţiei-Direcţia Judiciară, 1936/98, 235f. [Mitteilung des Justizministers an den Innenminister vom 22.10.1936 betr. Maßnahmen der Gendarmerie gegen den altkalendaristischen Kongress]; 240f. [Bericht des Gerichts Chişinău an den Justizminister vom 23.9.1936 betr. die Vorbereitung der Altkalendaristen für ihren Kongress].

[131] Zur Verhaftung von Nicolae Climovicis und Eustaţiu Andreescu siehe Kapitel sieben.

[132] CNSAS, Fond Documentar, D015261, 315–317 [Aussage Gheorghe Tănases vom September 1936 betr. seine Tätigkeit als Altkalendarist].

schaften nach Brusturi (Kreis Baia), dem Sitz seiner eigenen Organisation.[133] Aus der Einladung ging als Ziel des Treffens hervor, eine Entscheidung über eine Hierarchie und einen konkreten Organisationsrahmen für die Bewegung herbeizuführen. Die altkalendaristischen Gemeinschaften sollten in mehrere Sektoren gegliedert werden, mit je einem Bischof als deren Leiter. An der Spitze aller Sektoren, so hoffte Tănase, sollte als Leiter beziehungsweise als Oberbischof er selbst stehen.[134] Im Laufe der Jahre hatte es einige Versuche seitens der Altkalendaristenführer gegeben, die Gläubigen zu einer einheitlichen Organisation zusammenzuführen. Dies war in den meisten Fällen gescheitert, da verschiedene Gemeinschaften bestrebt waren, jeweils die Vorreiterrolle zu spielen.[135] Der Kongress vom Herbst 1936 wurde aber von vielen Altkalendaristen akzeptiert und es schien, dass die Entstehung einer einheitlichen altkalendaristischen Kirche kurz vor ihrer Verwirklichung stünde. Den Behörden bereiteten somit nicht nur die aktiven Organisationen der Altkalendaristen auf der Dorfebene, sondern nun auch ihre Bestrebungen zum Aufbau einer Zentralorganisation große Sorge.

Die Vorbereitungen für den Kongress hatten früh begonnen. Delegationen von Altkalendaristen aus Brusturi reisten mit den aus der bisherigen Schilderung bereits bekannten Wagenkonvois durch die moldauischen und bessarabischen Dörfer, um den dortigen Altkalendaristen die Bedeutung des Kongresses zu erklären.[136] Mit sich führten sie Plakate mit unterschiedlichen Losungen:

> „Hoch lebe die Orthodoxie! Nieder mit den antireligiösen Sekten! Wir, die Orthodoxen aus dem Osten nach dem alten Stil, protestieren gegen alle barbarischen Banden, die Feinde des Vaterlandes und Zerstörer des alten Glaubens sind. Hoch lebe unser König und die Freiheit!"
>
> „Wir verlangen die Einhaltung der Verfassung und die Freiheit für den alten Kultus! Nieder mit den Kommunisten!"[137]

133 ANR, Inspectoratul General al Jandarmeriei, 1936/11, 73 [Mitteilung der Gendarmerie Baia an das Regionalinspektorat der Gendarmerie Iași vom 8.9.1936 betr. die Organisation des altkalendaristischen Kongresses].

134 ANR, Inspectoratul General al Jandarmeriei, 1936/11, 73 [wie eben]; 76 [Aussage Efrosim Leucăs bei seiner Verhaftung vor dem Gendarmeriechef von Iași vom 20.9.1936 betr. seine Tätigkeit als altkalendaristischer Priester]; 1936/12, 42f. [Aussage Efrosim Leucăs auf dem Regionalinspektorat der Gendarmerie Iași vom 20.9.1936 betr. seine Aktivitäten in den altkalendaristischen Gemeinschaften].

135 CNSAS, Fond Documentar, D015261, 152f. [Mitteilung der Informationsabteilung der Polizei Bălți vom 13.9.1936 betr. die Ergebnisse der Untersuchung des Agenten Nr. 43 in den altkalendaristischen Gemeinschaften im Norden Bessarabiens].

136 CNSAS, Fond Documentar, D015261, 167 [Mitteilung des Zentralinspektorats der Gendarmerie an das Innenministerium und das Zentralinspektorat der Polizei vom 12.9.1936 betr. die Organisation des altkalendaristischen Kongresses]; 189f. [Mitteilung der Gendarmerie Neamț vom 11.9.1936 betr. die Festnahme von Glicherie Tănase]; ANR, DGP, 49.1935/49, 214 [Mitteilung des Regionalinspektorats der Polizei in Chișinău an das Zentralinspektorat in Bukarest vom 18.9.1936 betr. die Aktivitäten von Nicolai Climovici].

137 CNSAS, Fond Documentar, D015261, 370 [Mitteilung der Gendarmerie Neamț an das Zentralinspektorat der Gendarmerie in Bukarest vom 14.9.1936 betr. ein regionales Treffen der Altkalendaristen in Buhalnița].

Alle altkalendaristischen Gemeinschaften, welche sich mit diesen Botschaften identifizieren konnten, sollten nun am Kongress teilnehmen.

Die Sicherheitsbehörden reagierten schnell und entwarfen „eine spezielle Aktion zur Verhinderung" des Kongresses.[138] Sie sah vor, dass die Sicherheitskräfte die Altkalendaristen vor Brusturi abfangen und zur Rückkehr in ihre Dörfer zwingen sollten. Des Weiteren sollten jeweils 60 Soldaten und 60 Gendarmen, geleitet von führenden Kräften der Geheimpolizei, der Armee und der Gendarmerie, Brusturi absperren. Sollte jemand das Dorf betreten wollen, würde er festgenommen werden.[139]

Der Kongress wurde dank des massiven Einsatzes der Sicherheitskräfte und deren guter Kooperation untereinander in der Tat verhindert. Nur einer einzigen Gruppe aus der Gegend von Fălești in Bessarabien, bestehend aus 43 Fuhrwerken und annähernd 240 Altkalendaristen, war es gelungen, den Pruth zu überqueren und sich Brusturi zu nähern. Sie hatte sich einige Tage zuvor auf den Weg nach Westen in die Moldau gemacht, um ein für allemal für „Gerechtigkeit für ihre Bewegung" zu sorgen.[140] Obwohl die Sicherheitskräfte genaue Informationen über ihre Reiseroute gehabt hatten, wurden die Konvoiteilnehmer erst kurz vor dem Erreichen von Iași festgenommen.[141] Die Altkalendaristen waren, entgegen den häufigen Behauptungen der Gendarmerie, keineswegs bewaffnet gewesen, sondern hatten lediglich Kalender, Broschüren, Bibeln und Geld bei sich.[142] Die zuständigen Gendarmen aus Bessarabien, welche die Reise der Altkalendaristen in die Moldau nicht verhindert hatten, wurden bestraft.[143]

Der schon mehrfach hervorgetretene oberste Gendarmeriechef Barbu Pârăianu war hauptverantwortlich für die Planung wie für die Umsetzung der Niederschlagungsaktion. Er war es, der über die Zahl und die Bewaffnung der Truppen entschied, die dabei eingesetzt

138 CNSAS, Fond Documentar, D013408, Vol. 1, 300f. [Bericht der Polizei Iași an das Regionalinspektorat der Polizei in Iași ohne lesbares Datum betr. Maßnahmen zur Verhinderung des altkalendaristischen Kongresses].

139 CNSAS, Fond Documentar, D013408, Vol. 1, 300f. [wie eben].

140 CNSAS, Fond Documentar, D013408, Vol. 1, 308–318 [Bericht der Polizei Iași an das Regionalinspektorat der Polizei in Iași ohne lesbares Datum betr. eine Liste verhafteter Altkalendaristen]; ANR, Inspectoratul General al Jandarmeriei, 1936/11, 76 [Aussage Efrosim Leucăs bei seiner Verhaftung vor dem Gendarmeriechef von Iași vom 20.9.1936 betr. seine Tätigkeit als altkalendaristischer Priester].

141 ANR, Inspectoratul General al Jandarmeriei, 1936/12, 39 [Mitteilung Bogdan Aurels an das Zentralinspektorat der Gendarmerie vom 20.9.1936 betr. die Verhaftung einer Gruppe von Altkalendaristen]; 1936/11, 76 [Aussage Efrosim Leucăs bei seiner Verhaftung, wie eben]; CNSAS, Fond Documentar, D013408, Vol. 1, 308–318 [Bericht der Polizei Iași an das Regionalinspektorat der Polizei in Iași wie eben].

142 CNSAS, Fond Documentar, D013408, Vol. 1, 308–318 [wie eben].

143 CNSAS, Fond Documentar, D015261, 1077 [Mitteilung des Regionalinspektorats der Gendarmerie in Chișinău an das Zentralinspektorat in Bukarest vom 17.11.1936 betr. die Altkalendaristen von Albineț und die Bestrafung von Gendarmen].

wurden, ebenso wie über den Ablauf an sich. Die Armee, welche die Gendarmerie bei der Gesamtaktion begleitete, erfüllte eine Schutzfunktion und überwachte nur die Dörfer, in denen interveniert wurde. Ansonsten begleiteten die zuständigen Staatsanwälte und Richter sowie Ärzte die Truppen. Pârăianu musste im Laufe der Aktion die Zentralbehörden, vor allem das Innenministerium, überzeugen, wie und mit welchen Zielen der Einsatz ablaufen sollte. Während also die Gendarmen genaue Befehle über ihre Interventionen in den altkalendaristischen Gemeinschaften bekamen, erteilte das Innenministerium den Kreisbehörden keine Weisungen und ließ ihnen mehr oder weniger freie Hand für ihre Beteiligung an der Niederschlagungsaktion. Es fehlten eine genaue Koordination der Niederschlagungsaktion durch das Innenministerium sowie eine Kooperation zwischen den Sicherheitskräften und den Verwaltungsorganen.

Bei einem Angriff in einem altkalendaristischen Dorf wurden zunächst die führenden Altkalendaristen festgenommen und in zwei Gruppen eingeteilt: Zur ersten Gruppe gehörten jene, die eine religiöse Position innerhalb der Bewegung innehatten, also solche, welche die Rolle der Priester oder ihrer Gehilfen ausübten; zur zweiten Gruppe hingegen zählten Personen, die organisatorische und propagandistische Aufgaben für die Altkalendaristen erfüllten.[144] Die religiösen Führer wurden in Klöstern interniert, während die anderen von den Gerichtsbehörden übernommen wurden. Die Gendarmerieleitung bestand darauf, dass sich an jeder Intervention auch ortsansässige Gendarmen beteiligten, damit sie bei der Identifizierung von Altkalendaristen mit Führungsfunktionen helfen konnten. Nach den Festnahmeaktionen wurden alle altkalendaristischen Kirchen und Gebetshäuser geschlossen und zusätzliche Maßnahmen getroffen, um sicherzustellen, dass es zu keinen weiteren Aktivitäten mehr kommen würde; „um ein für alle Mal die Samen der Anarchie, welche die Altkalendaristen gesät haben, auszurotten“, sollten Pârăianu zufolge „alle stilistischen Agitationen“ umgehend bestraft werden.[145]

Jede Intervention der Sicherheitskräfte war auch als Machtdemonstration konzipiert. Sie sollte eine Mobilisierung der Altkalendaristen verhindern und zugleich die Schwäche der Gendarmerietruppen übertünchen, die gegen eine orchestrierte Abwehraktion der altkalendaristischen Bauern wahrscheinlich chancenlos gewesen wären. Gendarmen sollten laut dem offiziellen Interventionsplan weniger durch physische Gewalt als durch inszenierte militärische Stärke, die auch mit staatlicher und kirchlicher Symbolik arbeitete, einen möglichen Widerstand der Bauern im Keim ersticken. So sollte eine große Zahl von Gendarmen in Kolonnen und in Begleitung von Trompetern durch die Dorfstraßen marschieren, um „den Bauern Respekt und Autorität zu vermitteln“.[146] Alle festgenommenen Altkalendaristen sollten „vor den Augen vieler Dorfbewohner“ den Staatsanwälten

[144] CNSAS, Fond Documentar, D015261, 31 [Befehl Barbu Pârăianus an alle Gendarmerieinspektorate vom 13.10.1936 betr. die Niederschlagung der altkalendaristischen Bewegung].

[145] CNSAS, Fond Documentar, D015261, 31 [wie eben].

[146] ANR, Ministerul Jusitiţiei-Direcţia Judiciară, 1936/98, 1–6 [Bericht des Gerichts Bălţi an den Justizminister vom 14.10.1936 betr. die altkalendaristische Bewegung].

übergeben werden.[147] Die sogenannten „Schau-Aktionen" sahen vor, dass an wichtigen Örtlichkeiten im Dorf Gendarmen allerlei militärartige Übungen durchführten, so dass „alle Menschen sie sehen".[148] Abschließend sollten die versammelten Dorfbewohner den Reden des Bürgermeisters und des amtskirchlichen Dorfpriesters lauschen, welche sie über die Gefahr des Altkalendarismus und über die Notwendigkeit der Kalenderreform aufklären sollten. Die Gendarmen und die Soldaten hatten sich gemäß den Anordnungen von Gendarmeriechef Pârăianu vorbildlich zu benehmen, Gewaltausschreitungen zu vermeiden und mit Takt und Behutsamkeit vorzugehen. Sollten aber die Altkalendaristen Widerstand leisten, durfte die Truppe durch die Anwendung von Tränengas und sogar Waffengewalt augenblicklich eingreifen.[149]

Die Sicherheitskräfte begannen die Niederschlagungsaktion in der Moldau. Im September 1936, nachdem sie die Aktion in der Moldau für beendet erklärt hatten, wollten sie sie in Bessarabien fortsetzen. Barbu Pârăianu war mit dem ersten Teil der Aktion zufrieden. Sie hatte seines Erachtens dazu geführt, dass „die Mehrheit der Einwohner zu loyalen und disziplinierten Bürgern" geworden war. Das sollte auch in Bessarabien gelingen. Inmitten der Niederschlagungsaktion, als die Gendarmerie auf eine einwandfreie Kooperation mit den Zentralbehörden angewiesen war, kam es aber zu einer Regierungsumbildung. Die Nationalliberale Partei unter der Leitung von Gheorghe Tătărescu blieb zwar an der Regierung, ein Großteil der Minister wurde aber aufgrund von innerparteilichen Konflikten am 28. August 1936 ausgewechselt. Auch Ion Inculeț trat als Innenminister zurück und wurde durch Dumitru Iuca, den ehemaligen Innenstaatssekretär, ersetzt, während Inculeț zu Tătărescus Stellvertreter wurde, worin einige Beobachter eine Rangerhöhung erblickten.[150] Der bessarabische Politiker beteiligte sich also an der Vorbereitung des zweiten Teils der Niederschlagungsaktion in seiner Heimatregion, nicht aber als verantwortlicher Innenminister.

Die Intervention der Sicherheitskräfte gegen die Altkalendaristen in Bessarabien war für das neu zusammengesetzte Innenministerium keine Selbstverständlichkeit. Da die Fortführung der Aktion in Frage stand und die Gendarmerieleitung diese Unsicherheit so schnell wie möglich geklärt haben wollte, begann sie erneut eine Überzeugungskampagne, und zwar mit den gleichen Argumenten wie in der ersten Jahreshälfte. Pârăianu führte dem neuen Innenminister vor Augen, wie wichtig es sei, es nicht bei der Niederschlagungsaktion in der Moldau zu belassen; vielmehr sollte „die Säuberung des Kreises Bălți und aller benachbarten Orte von altkalendaristischen Priestern und Mönchen" zu

147 CNSAS, Fond Documentar, D015261, 16–19 [Befehl Barbu Pârăianus an die Informationsabteilung der Polizei Bălți vom 27.9.1936 betr. den Verlauf der Niederschlagungsaktion].

148 CNSAS, Fond Documentar, D015261, 7–10 [Plan eines Majors an die Gendarmerieleitung vom September 1936 betr. die Vorbereitung der Truppen für die Intervention gegen die Altkalendaristen];16–19 [Befehl Barbu Pârăianus an die Informationsabteilung der Polizei Bălți, wie eben].

149 CNSAS, Fond Documentar, D015261, 16–19 [wie eben].

150 Maner, Parlamentarismus in Rumänien, 222.

Ende gebracht werden.[151] Der Gendarmeriechef versuchte mittels zahlreicher Beispiele, den Innenminister dazu zu bringen, die „Taktik der großen Nachsicht" aufzugeben. Diese nämlich habe nur zu einer schnelleren und besseren Organisation der Altkalendaristen geführt. Keine der Finten, welche die örtliche Gendarmerie angewendet habe, um führende Altkalendaristen festzunehmen, hätte Erfolg gehabt. „Die Anarchie ist ausgebrochen. In den stilistischen Dörfern kann das Gesetz nicht länger durchgesetzt werden", erklärte Pârăianu. Überdies hatte die Kirchenleitung „wiederholt verlangt, dass die Verwaltungs- und Polizeibehörden gegen das Böse intervenieren, denn die schismatische Gefahr ist für die Einheit der Nationalkirche sehr schädlich".[152] Der Gendarmeriechef bat daher den Innenminister, seine Pläne gegen die altkalendaristischen Gemeinschaften in Bessarabien mit Nachdruck zu unterstützen.

Das Innenministerium beugte sich letztlich dem Druck der Gendarmerie. Es gab ein überhastetes Einverständnis zur Niederschlagung der altkalendaristischen Bewegung und entwarf einen Interventionsplan für Nordbessarabien.[153] Über 500 Gendarmen aus der ganzen Region, also ungefähr ein Viertel der dortigen Gendarmerie, darunter auch Wiedereingestellte (reangajați) und Armeeangehörige, wurden für die Aktion mobilisiert.[154] Pârăianu traf weitere Maßnahmen, um eine gute Vorbereitung der Gendarmen auf die Aktion sicherzustellen. Unter anderem ordnete er an, dass „alle Chefs der Gendarmerieposten aus den stilistischen Zentren Bessarabiens, die aufgrund einer zu engen Beziehung zur Bevölkerung oder weil sie zu ängstlich sind", den „polizeilichen Interessen" und den „kommenden Aktionen" schaden könnten, versetzt oder entlassen werden müssten.[155]

Anders als in der Moldau funktionierte die Zusammenarbeit zwischen den Sicherheitskräften und den Vertretern der Kreisverwaltung nur schlecht. Für die betroffenen altkalendaristischen Gemeinschaften hatte das negative Folgen, denn ohne die Beteiligung anderer Behörden blieb die stets gewaltbereite Gendarmerie allein für die Durchführung der Aktion verantwortlich.

[151] CNSAS, Fond Documentar, D015261, 110–114 [Bericht Barbu Pârăianu an den Innenminister vom 15.9.1936 betr. die altkalendaristische Bewegung].

[152] CNSAS, Fond Documentar, D015261, 125–127 [Bericht Barbu Pârăianus an den Innenminister vom 26.9.1936 betr. die Gefahr der altkalendaristischen Bewegung].

[153] ANR, Ministerul Jusitiției-Direcția Judiciară, 1936/98, 1–6, hier 3 [Bericht des Gerichts Bălți an den Justizminister vom 14.10.1936 betr. die altkalendaristische Bewegung]; CNSAS, Fond Documentar, D015261, 333f. [Bericht der Gendarmerieleitung Bălți betr. die Festnahme führender Altkalendaristen von Bocani und Doltu].

[154] ANR, Inspectoratul General al Jandarmeriei, 1933/16, 34 [Register des Zentralinspektorats der Gendarmerie, Bericht vom 27.11.1936 betr. die Niederschlagung der altkalendaristischen Bewegung]; 1935/30, 34 [Rundschreiben des Zentralinspektorats der Gendarmerie vom 12.12.1935 betr. die Organisation der Gendarmerie].

[155] ANR, Inspectoratul General al Jandarmeriei, 1936/42, 47 [Befehl des Zentralinspektorats der Gendarmerie an das Regionalinspektorat in Chișinău vom 12.8.1936 betr. die Vorbereitung der Gendarmen auf die Niederschlagungsaktion].

Nachdem die Gendarmerie die Fortsetzung des Vorgehens gegen die Altkalendaristen den Behörden des Kreises Bălţi gemeldet hatte, schlug der dortige Oberstaatsanwalt vor, einen „Rat der Zusammenarbeit“, bestehend aus den Sicherheitskräften, der Präfektur und der Staatsanwaltschaft, einzurichten, um genau festzustellen, welche Behörde für welche Aufgaben zuständig sei und wie die Zusammenarbeit untereinander auszusehen hätte. Für derlei war es nach Auffassung der Gendarmerie aber schon zu spät, denn sie stand kurz vor dem Angriff. Da sie sehr zur Eile drängte, verlangte sie vom Oberstaatsanwalt in Bălţi die Ausstellung eines Dokuments, das ihr erlaubte, Hausdurchsuchungen bei allen Altkalendaristen durchzuführen. Das war gesetzwidrig: Denn um Hausdurchsuchungen zu bewilligen, benötigte der Oberstaatsanwalt genaue Informationen. Er konnte daher keine Ausnahme machen, außerdem bekam er diesbezüglich keine Anweisungen von seinen Vorgesetzten; er erklärte sich aber bereit, die Gendarmerietruppen während der Aktion zu begleiten und vor Ort Hausdurchsuchungen zu bewilligen.[156] Die Gendarmerie war damit einverstanden und der Oberstaatsanwalt musste nur noch Kontakt mit der Präfektur aufnehmen, damit sie ihm bei der Reise in die nördlichen Kreise der Region behilflich sei. Die Präfektur reagierte aber mit Gleichgültigkeit auf die Aktion der Gendarmerie und auf die Bitte des Oberstaatsanwaltes. Präfekt Catelly zeigte dem Oberstaatsanwalt die kalte Schulter und gab an, dass er keine Weisungen von den Ministerien bekommen habe und deshalb nicht verpflichtet sei, in dieser Hinsicht etwas zu unternehmen.

Der Oberstaatsanwalt bestand aber darauf, die Niederschlagungsaktion zu begleiten und einen Richter sowie Ärzte mitzunehmen, und pochte auf eine logistische Unterstützung durch die Präfektur. Darauf erwiderte Catelly, dass die Präfektur keine Autos zur Verfügung habe. Er besitze zwar ein Fahrzeug, dieses sei aber kaputt und die Straßen seien aufgrund des Regens in den vorangegangenen Wochen ohnehin derart aufgeweicht, dass die Strecke von Bălţi nach Făleşti unbefahrbar sei. Alle Versuche des Oberstaatsanwaltes, bei der Gendarmerie-Aktion präsent zu sein, schlugen aufgrund der fehlenden Kooperationsbereitschaft der Präfektur fehl.[157] Wieso Catelly so ablehnend auf die Aktion reagierte, kann nicht genau festgestellt werden. Er wollte wahrscheinlich die Niederschlagungsaktion der Gendarmerie allein überlassen. Dieser Vorfall zeigt, dass in Bessarabien die Aufgabenteilung, welche bei solchen Interventionen gemäß dem Gesetz vorgesehen war, nicht funktionierte. Die Gendarmerie nahm nur wenig Rücksicht auf die Rechtmäßigkeit ihrer Aktivitäten und spielte auf diese Weise eine führende Rolle bei der Niederschlagungsaktion.

Altkalendaristische Gemeinschaften leisteten nur vereinzelt Widerstand. Es wurden insgesamt vier offene Konflikte sowohl in der Moldau als auch in Bessarabien registriert. Durch

[156] CNSAS, Fond Personal, P105506, Vol. 2, 210f. [Protokoll des Gerichts Bălţi vom 29. und 30.9.1936 betr. den Verlauf der Niederschlagungsaktion in Bessarabien].

[157] CNSAS, Fond Personal, P105506, Vol. 2, 212–214, hier 214 [Protokoll des Gerichts Bălţi vom 28.9.1936 betr. den Verlauf der Niederschlagungsaktion in Bessarabien].

einen massiven Einsatz von Tränengas konnte dort die Gendarmerie eine Eskalation bis zu offenen Kämpfen vermeiden.[158] Nachdem viele Gemeinschaften ihre überregionale Führung bereits durch die Verhaftungen von Anfang August 1936 verloren hatten, fanden die Altkalendaristen nicht mehr die notwendige Kraft, sich gegen die Aktion zu wehren. Eine Widerstandsaktion soll hier exemplarisch erwähnt werden: Mitte September 1936 versuchten über 2000 Altkalendaristen aus dem moldauischen Kreis Neamţ, wichtige Institutionen der Kreishauptstadt Piatra Neamţ mit dem Ziel zu besetzen, die Entlassung ihrer Anführer zu erreichen.[159] Sie begaben sich, mit landwirtschaftlichen Gerätschaften bewaffnet, in die Stadt und trugen Plakate mit der Losung „Nieder mit den Behörden, hoch lebe der Altkalendarismus!" Es kam zu einem offenen Kampf zwischen den Altkalendaristen und den Gendarmen, in dem Letztere die Oberhand gewannen: Die Gendarmerie tötete vier Altkalendaristen, drei weitere sowie 30 Gendarmen wurden während der Auseinandersetzung schwer verletzt.[160]

Wichtig in diesem Zusammenhang ist, dass die mangelhafte Straßeninfrastruktur im Norden Rumäniens in vielen Fällen den Altkalendaristen kurzzeitig zum Vorteil gereichte. Die Gendarmerie bestand darauf, mit Lkws und nicht mit Pferdefuhrwerken anzurücken – aus praktischen Gründen, aber auch um den Bauern zu imponieren. Aufgrund der schlechten Straßen waren die Dörfer allerdings mit derart großem Fahrwerk schwer erreichbar. Immer wieder blieben die Lkws der Gendarmerie im Matsch stecken, und sie sah sich gezwungen, doch auf die guten alten Pferde zurückzugreifen, wobei ihre Fuhrwerke auch nicht im besten Zustand waren, was alles weiter verzögerte.[161] Während einer Intervention im Dorf Moţca im Kreis Iaşi attackierten die Altkalendaristen einen Lkw der Gendarmerie, als er die zu enge Brücke am Dorfeingang nicht überqueren konnte[162], erlitten aber trotzdem eine Niederlage.

Gendarmeriechef Pârăianu stellte am Ende der Gesamtaktion fest, dass sie das Budget der Gendarmerie allzu sehr in Anspruch genommen habe. Da er mehr Gendarmen als ursprünglich vorgesehen hatte einsetzen müssen, war dadurch ein Mehr an Transport- und Personalkosten entstanden. Dafür benötigte die Gendarmerie mindestens 170.000 Lei.

158 CNSAS, Fond Documentar, D015261, 746–757 [Bericht der Gendarmerieleitung Bălţi vom September 1936 betr. die Festnahme führender Altkalendaristen im Norden Bessarabiens].

159 ANR, Ministerul Jusitiţiei-Direcţia Judiciară, 1936/98, 187f. [Bericht des Gerichts Iaşi an den Justizminister vom 6.9.1936 betr. den Verlauf der Niederschlagungsaktion]; CNSAS, Fond Documentar, D015261, 128–132 [Bericht Barbu Pârăianus an den Innenminister vom September 1936 betr. die Niederschlagung der altkalendaristischen Bewegung].

160 CNSAS, Fond Documentar, D015261, 110–114 [Bericht Barbu Pârăianus an den Innenminister vom 15.9.1936 betr. die altkalendaristische Bewegung].

161 CNSAS, Fond Documentar, D015261, 746–757 [Bericht der Gendarmerieleitung Bălţi vom September 1936 betr. die Festnahme führender Altkalendaristen im Norden Bessarabiens].

162 CNSAS, Fond Documentar, D015261, 673 [Bericht Barbu Pârăianus an den Innenminister vom 1.10.1936 betr. die Ergebnisse der Niederschlagungsaktion].

Pâräianu wandte sich an das Innenministerium und bat dringend um Geld[163], doch die Antwort löste Unverständnis und Unsicherheit aus: Das Ministerium verfüge über die angefragten zusätzlichen Mittel nicht, hieß es.[164] Das war ein erstes Zeichen, dass der Altkalendarismus für die Zentralregierung als abgehakt galt und wieder als Problem der Gendarmerie und der Amtskirche betrachtet wurde.

Tabelle 2: Ergebnisse der Niederschlagungsaktion[165]

Ergebnisse der Niederschlagungsaktion			
	Moldau	**Bessarabien**	**Insgesamt**
Festgenommene Altkalendaristen	396	349	745
Altkalendaristen in Untersuchungshaft	164	224	388
Altkalendaristen interniert in Klöstern	102	2	104
Geschlossene Kirchen und Gebetshäuser	56	24	80

Während Altkalendaristen mit religiösen Positionen innerhalb der Bewegung leichter zu identifizieren waren, weil sie überregionale Bekanntheit genossen, waren jene mit organisatorischen und propagandistischen Aufgaben schwerer zu erfassen – erst recht in Anbetracht der Eile, mit der die Gendarmen vorgegangen waren. Die von der Gendarmerie verfasste Statistik war im Dezember 1936 erstellt worden. Die Zahl der Festgenommenen war ursprünglich höher, doch da die Gendarmerie gegen viele Altkalendaristen gar keine Beweise besaß, musste sie sie wieder entlassen.[166] In Bezug auf die Behandlung religiöser Altkalendaristenführer lassen sich regionale Unterschiede feststellen: Die in den Klöstern

163 CNSAS, Fond Documentar, D015261, 793 [Bericht Barbu Pârăianus an den Innenminister vom 24.9.1936 betr. die Kosten der Niederschlagungsaktion].

164 CNSAS, Fond Documentar, D015261, 794 [Antwort des Innenministers an die Gendarmerieleitung vom 24.9.1936 betr. mangelnde Ressourcen für die Niederschlagungsaktion].

165 CNSAS, Fond Documentar, D015261, 43 [Tabelle des Zentralinspektorats der Gendarmerie in Bukarest vom 2.12.1936 betr. die Ergebnisse der Niederschlagungsaktion].

166 ANR, Ministerul Jusitiției-Direcția Judiciară, 1936/98, 1–6 [Bericht des Gerichts Bălți an den Justizminister vom 14.10.1936 betr. die altkalendaristische Bewegung]; CNSAS, Fond Documentar, D015261, 954 [Tabelle der Gendarmerie Bălți zur Vorlage beim Zentralinspektorat der Gendarmerie in Bukarest vom September 1936 betr. die Ergebnisse der Niederschlagungsaktion im Norden Bessarabiens]; ANR, Inspectoratul General al Jandarmeriei, 1937/26, 45f. [Mitteilung des Zentralinspektorats der Gendarmerie an die Gendarmerie Baia vom 24.8.1937 betr. die Festnahme und Internierung von Teodor Fălticeanu]; 99 [Mitteilungen desselben an das Gericht Bălți vom 11.8.1937 betr. die Internierung von Gavril Mereuță]; 1938/4, 46 [Mitteilung der Gendarmerie Baia an das Zentralinspektorat der Gendarmerie vom 3.6.1938 betr. den Abtransport eines Altkalendaristen ins Kloster Cheia].

Internierten kamen aus der Moldau und vom Berg Athos. Die meisten von ihnen stammten ursprünglich aus moldauischen Klöstern und waren nach 1924 sowohl in der Moldau als auch in Bessarabien aktiv gewesen. Diejenigen hingegen, die nur in Bessarabien aktiv gewesen waren, wie etwa die Priester der Russisch-orthodoxen Kirche im Ausland, wurden ins Gefängnis geschickt.

Wie die Tabelle 2 zeigt, führte die Niederschlagungsaktion nicht zu Massenverhaftungen. Die Gründe dafür lagen einerseits in den gesetzlichen Bestimmungen und andererseits darin, dass hohe Verhaftungszahlen auch gar nicht das Ziel der Zentralbehörden gewesen waren. Das Justizministerium hatte sein Einverständnis zur Durchführung der Aktion gegeben, ohne zu spezifizieren, wie die Altkalendaristen bestraft werden sollten. Nur der Gendarmeriechef Pârăianu hatte schon im Vorfeld versucht, die strafrechtliche Dimension der Aktion festzulegen, da er befürchtete, dass sie ansonsten nutzlos sein würde, wie er dem Innenminister mitteilte:

> „Wir können keine repressiven Maßnahmen gegen sie [die Altkalendaristen] durchführen und die Verstöße, derer sie beschuldigt werden, sind im Gesetz nicht verankert. Schlussendlich werden wir sie wahrscheinlich entlassen müssen und sie werden zu ihren alten Gewohnheiten zurückkehren und noch intensiver als zuvor wieder mit den Agitationen beginnen. Bitte berücksichtigen Sie, dass sie [die Altkalendaristen] die nationale Vereinigung absolut verhindern. [...] Wir bitten Sie, ein neues Gesetz zu erlassen, das die Aktivitäten der Stilisten als Straftaten anerkennt."[167]

Die Intervention des Gendarmeriechefs führte dazu, dass mehr Altkalendaristen als ursprünglich geplant in Klöstern interniert wurden. Zu einem neuen „maßgeschneiderten" Gesetz, wie es sich Pârăianu gewünscht hatte, kam es jedoch nicht.

Trotz der eher niedrigen Zahl der Verhafteten brachte die Aktion die Bewegung zum Stillstand: Altkalendaristische Gebetshäuser wurden geschlossen und aktive Altkalendaristen, die der Verhaftung entgangen waren, hatten Angst vor weiteren Repressionen. Die Gesamtzahl aller Altkalendaristen blieb zunächst aber stabil. 1937 registrierte die Gendarmerie in Bessarabien rund 740.000 Altkalendaristen.[168] Pârăianu legte daher dem Innenminister nahe, die Aktivitäten der Altkalendaristen und anderer „religiöser Sekten vollständig zu unterdrücken, weil diese eine Gefahr für die Staatskirche und für die staatliche Ordnung" darstellten.[169] Dennoch erklärte er sich mit der Niederschlagungsaktion zufrieden, „denn die Anhänger dieser Bewegung sind durch das Fehlen ihrer Führer

[167] CNSAS, Fond Documentar, D015261, 297 [Bericht Barbu Pârăianus an den Innenminister vom 11.8.1936 betr. die ersten Ergebnisse der Niederschlagungsaktion]. Siehe auch: ANR, Inspectoratul General al Jandarmeriei, 1936/2, 2f. [Bericht Barbu Pârăianus vom 22.4.1936 betr. Vorschläge zur Bekämpfung der altkalendaristischen Bewegung].

[168] CNSAS, Fond Documentar, D015855, 58 [Tabelle des Regionalinspektorats der Gendarmerie Chişinău zur Vorlage beim Zentralinspektorat der Gendarmerie von 1937 mit der Gesamtzahl der Altkalendaristen im Jahr 1937].

[169] ANR, Inspectoratul General al Jandarmeriei, 1936/18, 171 [Mitteilung Barbu Pârăianus an den Innenminister vom 16.12.1936 betr. Maßnahmen gegen die religiösen Sekten].

und der stilistischen Gebetshäuser ratlos und verwirrt".[170] Er meinte, die Altkalendaristen würden es nach dieser Aktion nicht mehr wagen, „mit ihren Agitationen" erneut zu beginnen. Manche seien bereits in die Kirche zurückgekehrt. Sogar Bauern, welche „als fanatische Stilisten bekannt waren, haben ihre Haare schneiden lassen, ihre Bärte über Nacht rasiert und dem Stilismus abgeschworen".[171]

Zu einem ähnlichen Schluss kam auch Oberst Aurel Bogdan. Bogdan war ein hochrangiger Gendarmerieoffizier, der im Juli 1935 von der Spitze der Banater Gendarmerie an jene der moldauischen versetzt wurde.[172] In dieser Position hatte er die Niederschlagungsaktion in den moldauischen Kreisen geleitet und einen ausführlichen Bericht darüber verfasst. Bei seinem Amtsantritt, schrieb er, sei er vom Umfang des Altkalendarismus schockiert gewesen und habe begriffen, dass die Rumänisch-orthodoxe Kirche kurz vor einer Spaltung stehe: „Das Fehlen einer Kultur, die Vernachlässigung der ländlichen Bevölkerung durch die Regierung", die Propaganda politischer Parteien, die den Bauern die Rückgängigmachung der Kalenderreform versprochen hätten, und nicht zuletzt der Einfluss der Kommunisten, die stets versucht hätten, die Nationalkirche zu spalten – alle diese Faktoren hätten zum Aufschwung des Altkalendarismus beigetragen.[173] Er habe, so der Oberst, „mit großem Stolz alle Aktionen gegen die Stilisten" geleitet und sei zufrieden, dass er dadurch im Sommer 1936 auch den altkalendaristischen Kongress verhindern hatte können. Seinen eigenen Angaben zufolge hatte Bogdan dem Metropoliten der Moldau, Nicodim Munteanu, bereits im Frühjahr 1936 versprochen, gegen den Altkalendarismus vorzugehen, wenn ihm nur die Mittel dafür zur Verfügung gestellt würden. Schließlich sei er „loyal der christlichen Erziehung" gegenüber geblieben, welche er seit früher Kindheit genossen habe: „Alle meine Gedanken habe ich auf Aktionen zur Verteidigung der Staatskirche gerichtet und ich habe verstanden, wie wichtig es ist, die Verfolgung und die Festnahme aller stilistischen Agitatoren konsequent durchzusetzen." Ähnlich wie die Gendarmerie ist in Bogdans Argumentation die religiös-kirchliche Komponente von Bedeutung, die ihn zur Niederschlagungsaktion angespornt hatte – es war die Angst, dass die Altkalendaristen die Nationalkirche nachhaltig schwächen könnten. Nicht die Zentralbehörden hatten den Großeinsatz der Gendarmerie herbeigeführt, sondern vielmehr – offensichtlich maßgebliche – Kräfte in der regionalen Führungsriege der Gendarmerie, die ihren Glauben gefährdet sahen. Ein Paradebeispiel dafür ist Alexandru Manoil, der Chef der Informationsabteilung der Polizei in Bălţi, der in seinen

170 CNSAS, Fond Documentar, D015261, 35–42 [Bericht desselben von Ende September 1936 betr. die Zahl der Verhafteten während der Niederschlagungsaktion].

171 CNSAS, Fond Documentar, D015261, 669–675, hier 674 [Bericht desselben an das Innenministerium vom 1.10.1936 betr. die Ergebnisse der Niederschlagungsaktion].

172 ANR, Inspectoratul General al Jandarmeriei, 1893/1, 156 [Register der Gendarmerie vom 1.1.1932 betr. die Organisation der Gendarmerie]; 1893/2, 62 [Register der Gendarmerie Botoşani vom 1.7.1935 betr. Aurel Bogdans Versetzung von Timişoara nach Iaşi].

173 CNSAS, Fond Documentar, D015261, 1011–1015 [Bericht Aurel Bogdans vom Herbst 1936 betr. „das Problem des Altkalendarismus in der Moldau"].

Berichten über die Altkalendaristen stets im Namen der christlichen Lehre und der Verteidigung der Christenheit insgesamt zu den Maßnahmen gegen die rebellischen Bauern aufgerufen hat.[174]

Immer wieder berichtete die Gendarmerie, dass Altkalendaristen als Zeichen dafür, dass sie dem Altkalendarismus abschworen (lepădare de stilism), ihre Gebetshäuser bereits vor der Ankunft der Sicherheitstruppen selbst vernichtet hätten. Solche Fälle waren aber die Ausnahme, denn die meisten Gebetshäuser und Kirchen blieben auch nach der Niederschlagungsaktion bestehen. Daher stellte sich für die Behörden die wichtige Frage, was nun mit dem „altkalendaristischen Patrimonium" – den Gebetshäusern, den Kirchen und ihrer Innenausstattung – passieren sollte. Sollte all das vernichtet oder erhalten werden? Viele orthodoxe Dorfparochien konnten die liturgischen Gegenstände der Altkalendaristen, welche sich von denen der orthodoxen Kirche durch nichts unterschieden, durchaus gebrauchen. Nach einer Entscheidung des Innenministeriums spendete zunächst die Gendarmerie die beschlagnahmten Kultusobjekte und die Ikonen aus dem Besitz der Altkalendaristen den jeweiligen orthodoxen Parochien. Andere Gebäude, die den Altkalendaristen gehört hatten, übernahmen hingegen die örtlichen Gemeindeämter.[175] Die Gebetshäuser und die altkalendaristischen Kirchen standen für einige Zeit leer. Die Gendarmerie stellte aber fest, dass dies kein befriedigender Zustand sei, denn die leeren Gebäude würden in den Altkalendaristen die Hoffnung wachhalten, ihre Gebetshäuser bald wieder in Betrieb zu nehmen. Daher entschied das Innenministerium Anfang Dezember 1936, die Kirchen zwar nicht zu zerstören, sie aber zu demontieren und in andere Dörfer, wo der Bedarf an orthodoxen Kirchen groß war und es keine Altkalendaristen gab, abzutransportieren.[176]

Metropolit Munteanu bedankte sich Anfang 1937 in einem Brief an den Kultusminister für die Maßnahmen, welche die Regierung in „den vom Stilismus kontaminierten Dörfern" getroffen hatte, denn sie hätten sehr gute Ergebnisse erzielt. Er lobte auch die Entscheidung, die altkalendaristischen Kirchen und Gebetshäuser den orthodoxen Parochien zu übergeben. Munteanu klagte aber darüber, dass der Abbau und Abtransport der Gebetshäuser nicht einheitlich umgesetzt worden seien. Es gebe noch genügend leerstehende altkalendaristische Gebetshäuser, weshalb er den Innenminister bat, alle altkalendaristischen Kirchen anderswohin zu verlegen, wo es keine orthodoxen Kirchen

174 ANR, Inspectoratul General al Jandarmeriei, 1935/17, 12–26, hier 18 [Monatsbericht der Informationsabteilung der Polizei Bălți an das Zentralinspektorat der Gendarmerie in Bukarest vom Juni 1935 betr. die allgemeine Lage im Kreis Bălți].

175 Bisericile stiliste vor fi trecute în proprietatea statului. Hotărârile consiliului de miniștri, *Universul* 18.11.1936, enthalten in: CNSAS, Fond Documentar, D015283, 80; ANR, Inspectoratul General al Jandarmeriei, 1936/28, 211 [Mitteilung des Regionalinspektorats der Gendarmerie Iași an das Zentralinspektorat von 1936 betr. Maßnahmen gegen die altkalendaristischen Gebetshäuser].

176 ANR, Ministerul Cultelor și Artelor, 1937/134, 49 [Mitteilung der Präfektur Baia an das Kultusministerium vom 9.3.1937 betr. die altkalendaristischen Gebetshäuser].

gab.[177] Ähnlich wie der Bischof intervenierten auch der Patriarch und andere Priester für einen beschleunigten Abtransport jener Gebetshäuser.[178] Orthodoxe Dorfparochien profitierten also von der altkalendaristischen Infrastruktur, denn auf diese Weise wurden ihre Kirchen mit den Baumaterialen altkalendaristischer Gebetshäuser neu errichtet oder renoviert.[179]

Neben den Gebetshäusern und den liturgischen Objekten der Altkalendaristen beschlagnahmten die Sicherheitskräfte auch Waffen sowie landwirtschaftliche Gerätschaften, welche die Altkalendaristen in ihren Gebetshäusern gelagert hatten. Konträr zur Behauptung der Gendarmerie, die in ihren Berichten immer wieder von schwerbewaffneten Altkalendaristen geschrieben hatte, wurden echte Waffen nur bei zwei altkalendaristischen Gemeinschaften gefunden.[180]

Im wahrsten Sinne des Wortes besiegt, die meisten Gebetshäuser demoliert und die Anführer im Gefängnis: Angesichts dieser deprimierenden Situation griffen die Altkalendaristen Mitte September 1936 auf ein letztes verbliebenes Mittel zurück und verfassten eine Beschwerde an die Gendarmerieleitung – als nochmaliger Versuch, die Zentralregierung von einer möglichen Legalisierung des Altkalendarismus zu überzeugen. So schrieben Altkalendaristen aus der Moldau an den Innenminister:

> „Es ist so weit gekommen, dass wir schlimmer betrachtet werden als die Kommunisten, welche Rumänien in Russland verwandeln wollen. [...] Wir sind diejenigen, die Großrumänien gemacht haben. Wieso zwingt uns die Regierung durch ihre Methoden zur Gewaltanwendung? Seit zwölf Jahren befinden wir uns in einer Verwirrung. Wie könnten wir, wenn wir so lange in Verfolgung leben, noch im Krieg kämpfen? Wir glauben, dass wir mehr Freiheit unter einer fremden Herrschaft hätten als unter unserer."[181]

177 ANR, Ministerul Cultelor și Artelor, 1937/134, 34 [Mitteilung der Metropolie Moldau an das Kultusministerium vom 10.2.1937 betr. die „Liquidierung der altkalendaristischen Gebetshäuser"].

178 ANR, Ministerul Cultelor și Artelor, 1936/158, 111 [Mitteilung des Kultusministers vom 23.12.1936 betr. die altkalendaristischen Gebetshäuser].

179 ANR, Ministerul Cultelor și Artelor, 1937/134, 3 [Mitteilung der Eparchie Arad an das Kultusministerium vom 28.12.1936 betr. die Abwesenheit von Altkalendaristen in der Eparchie Arad]; 22f. [Mitteilung des Kultusministeriums vom 11.2.1937 betr. eine Anfrage aus Teușa, Kreis Vaslui, zur Verwendung von Material altkalendaristischer Gebetshäuser für die Renovierung orthodoxer Kirchen]; 42f. [Mitteilung der Präfektur Neamţ vom 10.2.1937 betr. die Übergabe eines altkalendaristischen Gebetshauses an den Priester von Răucești]; 64 [Mitteilung der Parochie Urecheni, Kreis Neamţ, an den Kultusminsiter vom 30.3.1937 betr. den Abtransport eines altkalendaristischen Gebetshauses in die Parochie Zvoronești, Kreis Baia].

180 CNSAS, Fond Documentar, D015261, 449 [Bericht Aurel Bogdans an das Zentralinspektorat der Gendarmerie in Bukarest vom 18.9.1936 betr. die Beschlagnahmung von Waffen in den altkalendaristischen Gemeinschaften]; Fond Personal, P105506, Vol. 2, 222 [Tabelle der Gendarmerie Fălești an die Gendarmerie Bălţi vom 25.9.1936 betr. beschlagnahmte Objekte aus dem Gebetshaus der Altkalendaristen in Ilenuţa].

181 CNSAS, Fond Documentar, D015261, 512–515 [Brief von Altkalendaristen aus den Kreisen Baia und Neamţ an Barbu Pârăianu vom 15.9.1936 betr. Beschwerden gegen die Interventionen der Gendarmerie].

Es ist kaum anzunehmen, dass die Gendarmerie diese Zeilen ernsthaft erwogen hat. In ihrem Jahresbericht für 1936 wurde der Niederschlagungsaktion ein zentraler Platz eingeräumt. Durch die Festnahme aller führenden Altkalendaristen, hieß es darin, sei die Masse der Bevölkerung fast vollständig zur „Staatsreligion" zurückgekehrt:

> „Die ehemaligen Anhänger haben selbst ihre Gebetshäuser vernichtet. [...] Die Gendarmerie hat bei dieser Gelegenheit statt des tödlichen Schusses ein ganz neues und modernes Repressionsmittel angewendet – das Tränengas. Im Laufe dieses Jahres wurden wir mit Truppen unterstützt, die über die notwendige Ausbildung verfügen, mit diesem Mittel umzugehen."[182]

In den späteren Berichten und vor allem in den sogenannten Chroniken der Gendarmerie aus den Jahren 1937 und 1938 wurde an die Niederschlagungsaktion und an deren angeblichen Erfolg erinnert. Für die Gendarmerie in der Moldau und in Bessarabien stellte die Aktion einen ihrer wichtigsten Einsätze in den 1930er Jahren dar, der etwa in einem Artikel über die „Errungenschaften der Gendarmerie zwischen 1933 und 1937" an erster Stelle erwähnt wurde.[183] Stets präsentierte sich die Gendarmerie als die Retterin der Nation, beispielsweise in dem besagten Bericht:

> „Da die Bewegung die Einheit der alten Kirche und sogar unsere nationale Vereinigung gefährdete, hat die Gendarmerieleitung es für notwendig erachtet, dass die einzige Lösung, all diesen Agitationen ein Ende zu machen, darin lag, die Stilistenführer von der fanatischen Bevölkerung zu entfernen und sie in Klöstern zu internieren. Diese [Lösung] wurde von der Heiligen Kirche akzeptiert und vom Innenministerium bestätigt."[184]

Hierarchien der Glaubwürdigkeit?

Es heißt, die Geschichte würde von den Siegern geschrieben. Im Fall des kalendarischen Konfliktes kam diese Rolle den Sicherheitskräften zu. Sie waren um ein einheitliches Narrativ über die Entstehung und Entwicklung des Altkalendarismus bemüht, da ihnen wichtig war, wie die Nachwelt den Altkalendarismus betrachten würde. Die erste Geschichte der altkalendaristischen Bewegung befindet sich daher heute im rumänischen Nationalarchiv in Bukarest, und zwar im Polizei-Bestand. Die Akten „Die Geschichte der stilistischen Bewegung" enthalten eine 33-seitige Studie mit dem Titel „Die stilistische Bewegung. Von den Anfängen bis heute", verfasst von der Siguranța im Oktober 1936, also am Ende der Niederschlagungsaktion. Zusätzlich gibt es in denselben Akten eine

182 CNSAS, Fond Documentar, D015261, 1011–1015 [Bericht Aurel Bogdans vom Herbst 1936 betr. „das Problem des Altkalendarismus in der Moldau"].

183 ANR, Inspectoratul General al Jandarmeriei, 1937/5, 254–259 [Bericht des Zentralinspektorats der Gendarmerie vom 1.8.1937 betr. „die Errungenschaften zwischen 1.11.1933 und 1.8.1937"].

184 ANR, Inspectoratul General al Jandarmeriei, 1937/5, 254–259 [Bericht des Zentralinspektorats der Gendarmerie vom 1.8.1937 betr. „die Errungenschaften zwischen 1.11.1933 und 1.8.1937"].

kürzere Abhandlung über den Altkalendarismus, welche die Polizei einen Monat zuvor verfasst hatte.

Wie die Anthropologin Anne Laura Stoler darlegt, sagt auch die Art und Weise, wie Dokumente archiviert werden, viel über die Botschaft aus, welche sie vermitteln sollen. Für Stoler sind Archive „sites of knowledge production“ und ihre Dokumente „Ergebnisse des Staatsapparates“.[185] In der Tat wird mit großer Wahrscheinlichkeit jeder, der sich für die Geschichte des Altkalendarismus interessiert und im Nationalarchiv recherchiert, zunächst auf jene Akten treffen. In ihnen kommen weder die Altkalendaristen zu Wort noch wurde die Position der Amtskirche oder des Kultusministeriums berücksichtigt.

Die Sicherheitskräfte standen aufgrund ihrer prominenten Rolle bei der Bekämpfung der altkalendaristischen Bewegung unter einem gewissen Rechtfertigungsdruck. Sie mussten erklären, warum sie achtzehn Jahre, nachdem rumänische Truppen in Bessarabien einmarschiert waren, um die Bolschewiki zum Rückzug über das Ostufer des Dnjestr zu drängen, im Herbst 1936 erneut mobilisiert wurden – diesmal gegen Mitglieder der Titularnation. Im Vordergrund steht das Motiv der heldenhaften Truppen, welche durch die Bekämpfung der Altkalendaristen den Staat und die Nationalkirche vor den Feinden, allen voran den Sowjets, verteidigt hätten. Dank der Sicherheitskräfte sei das östliche Grenzgebiet konsolidiert worden.[186]

Dieses Narrativ muss im spezifischen politischen Kontext betrachtet werden. Die Entlassung von Außenminister Nicolae Titulescu Ende August 1936 schlug im Ausland hohe Wellen. Eben zu dieser Zeit fand laut Rebecca Haynes „eine deutliche, wenn auch diskrete Änderung der rumänischen Politik gegenüber Deutschland“ statt.[187] Auch die Reaktion der Sowjetunion auf Titulescus Entlassung ließ nicht lange auf sich warten: Der Gebietsstreit um Bessarabien, der in den letzten Jahren dank der Zusammenarbeit zwischen Titulescu und Maksim Litvinov, dem sowjetischen Volkskommissar für Auswärtige Angelegenheiten, immerhin eingefroren worden war, wurde in der sowjetischen Presse wieder offen angesprochen.[188]

Die Sicherheitskräfte verfassten ihre Geschichte des Altkalendarismus einerseits in einer Atmosphäre des Triumphs, weil sie behaupteten, durch die Niederschlagungsaktion die Bewegung endgültig besiegt zu haben. Anderseits rückten plötzlich die Befürchtungen eines sowjetischen Überfalls auf Bessarabien, welche die rumänische Politik der Zwischenkriegszeit so stark geprägt hatten, wieder ins Zentrum der politischen Diskussionen. Daher rührten auch die exzessiven Vorwürfe, dass die Altkalendaristen sowjetische Agen-

[185] Ann Laura Stoler, Colonial Archives and the Art of Governance, *Archival Science* 2 (2002), 87–109, hier 92; dies., Along the Archival Grain. Epistemic Anxieties and Colonial Common Sense. Princeton, Oxford 2009.

[186] ANR, Direcția Generală a Poliției, 1936/54, 1–28 [Studie der Siguranța vom Oktober 1936 betr. „Die altkalendaristische Bewegung. Von den Anfängen bis heute“].

[187] Haynes, Romanian Policy towards Germany, 1936–1940, 13.

[188] Lungu, Romania and the Great Powers, 1933–1940, 203.

ten gewesen seien; doch weder die Siguranța noch die Polizei konnten irgendwelche Belege für solch eine Kooperation oder Annäherung präsentieren.

Die Autoren der Studien appellierten auch an die Moral und die nationalen Überzeugungen der Leser, um die „drastischen Maßnahmen der zivilen und militärischen Behörden zur Unterdrückung des Stilismus" vom Herbst 1936 zu erklären. Die Niederschlagungsaktion sei notwendig gewesen, nicht nur um sowjetische Interessen in Bessarabien zu bekämpfen, sondern auch weil die Ansprüche der Altkalendaristen auf eigene Gotteshäuser und religiöse Feiertage nach dem alten Kalender ihr „unmoralisches" Verhalten aufzeigten. Die Bewegung musste „gestoppt werden, da sonst die orthodoxe Kirche von den Gläubigen im Stich gelassen" worden wäre. Dem Staat sei die Aufgabe zugekommen, die Interessen der Kirche zu verteidigen: „Da die Religion eine geistige Kraft im öffentlichen Leben ist, die sich von der Macht des Staates unterscheidet, ist es seine Pflicht, sie vor allen Angriffen zu schützen, die seiner Existenz schaden."[189]

Die Studien der Siguranța und der Polizei zum Altkalendarismus sind im Bezug zu vier ähnlichen zu sehen, welche die Gendarmerie 1936 mit dem Ziel verfasste, die Zentralbehörden über das Phänomen zu informieren. Ausgangspunkt war die Studie über die altkalendaristische Hochburg Albineț, welche die nordbessarabische Gendarmerie schon im Januar 1936 an Gheorghe Ignat, den Gendarmeriechef von Bessarabien, schickte.[190] Ignat sandte diese Studie, leicht bearbeitet, im Februar 1936 an Gendarmeriechef Barbu Pârăianu in Bukarest weiter,[191] der sie wiederum den jeweiligen Innenministern zukommen ließ: im Mai 1936 Ion C. Inculeț und im September 1936 Dumitru Iuca.[192] Aus dem Innenministerium wurde Pârăianus Studie im September 1936 von der Polizei übernommen und umgeschrieben, ebenso wie von der Siguranța im Oktober 1936.

Vergleicht man diese Abhandlungen, so lässt sich feststellen, dass die vom Chef der bessarabischen Gendarmerie vertretene regionale Perspektive die realistischste war: Weder den Priestern noch den Gläubigen der Kirche war die Reform ausreichend erklärt worden, es fehlte an konstruktiven Interventionen des Kultusministeriums sowie an einer gemeinsamen Strategie von Kirche und Staat gegen die Proteste der Gläubigen. Durch Barbu Pârăianu in Bukarest erfuhr die Studie lediglich kleine Änderungen. Als sie von einer Institution zur anderen weitergereicht wurde, entfernte sich die Erzählung jedoch immer weiter von Ignats ursprünglicher Version. Im Herbst 1936 wurde das Narrativ innerhalb

[189] ANR, Direcția Generală a Poliției, 1936/54, 29–38, hier 36 [Studie der Polizei vom September 1936 betr. die „altkalendaristische Bewegung"].

[190] ANR, Inspectoratul General al Jandarmeriei, 1936/60, 266–277 [Memorandum über die altkalendaristische Bewegung im Kreis Bălți des Regionalinspektorats der Gendarmerie in Chișinău an das Zentralinspektorat in Bukarest und den Innenminister von Anfang 1936].

[191] ANR, Direcția Generală a Poliției, 1935/24, 249f. [Mitteilung des Regionalinspektorats der Gendarmerie in Chișinău an das Zentralinspektorat in Bukarest vom 27.2.1936 betr. die Entwicklung des Altkalendarismus in Bessarabien].

[192] CNSAS, Fond Documentar, D015261, 110–114 [Bericht Barbu Pârăianus an den Innenminister vom 15.9.1936 betr. die altkalendaristische Bewegung].

weniger Wochen immer radikaler, obwohl die altkalendaristische Bewegung keine Gefahr mehr darstellte und ihre geistlichen Anführer sich bereits in völliger Isolation in Klöstern befanden. So schrieb Pârăianu Mitte September 1936 an den Innenminister, dass es Anarchie bedeute, wenn die „gegen die Stilisten gefällten Gerichtsurteile nicht vollstreckt, Steuern nicht eingetrieben werden können usw."[193]

Auch die Mär von der Unterstützung der Altkalendaristen durch kommunistische Organisationen wurde erst im September 1936 durch die Polizei in die Welt gesetzt. Doch wenn die Sowjetunion eine so wichtige Rolle in der altkalendaristischen Bewegung gespielt hätte, wie lässt sich erklären, dass der Chef der bessarabischen Gendarmerie Gheorghe Ignat nichts dergleichen erwähnt hatte? Mit Ausnahme einiger von Ignat verwendeter Begriffe aus der Militärsprache übernahm Pârăianu diese Studie fast wortwörtlich. Als Ignat zum Beispiel schrieb, dass man gegen die Bewegung „mit bewaffneter Armeegewalt" vorgehen müsse, formulierte Pârăianu die Passage um und präzisierte, dass die Gendarmerie und nicht die Armee „die Posten, wo es viele Aktivisten gibt, verstärken und dort, wo der Stilismus in anarchische Bewegungen ausgeartet ist, die Gendarmerieposten mit mehr Truppen verstärken soll." In Pârăianus zweiter Version, die er Mitte September 1936 an den neuen Innenminister schickte, machte der Gendarmeriechef dann eine erste Anspielung auf eine kommunistische Beteiligung an der altkalendaristischen Bewegung.

Doch warum dominierte ab September 1936 plötzlich die Verbindung zwischen Kommunismus und Altkalendarismus die Erzählung? Neben dem erwähnten außenpolitischen Kontext ging es den Sicherheitskräften wohl darum, den Ernst der Lage zu unterstreichen und zu rechtfertigen, warum viele Altkalendaristen bei Zwischenfällen mit der Gendarmerie ums Leben gekommen oder schwer verletzt worden waren. Es ist durchaus möglich, dass sich die Polizei bei der Einführung des kommunistischen Motivs von der medialen Berichterstattung inspirieren ließ. Die Sicherheitskräfte hatten ganze Aktenordner mit Zeitungsausschnitten zum Thema Altkalendarismus zusammengestellt, welche manchmal sogar intern kommentiert wurden. Rechtsgerichtete Zeitungen wie *Universul* hatten in der zweiten Jahreshälfte 1936 den Vorwurf lanciert, kommunistische Organisationen stünden hinter den Altkalendaristen – eine Botschaft, die auch von der ausländischen Presse aufgegriffen wurde. Am 16. September 1936 veröffentlichte die Parteizeitung der NSDAP *Der Völkische Beobachter* einen Artikel mit dem Titel „Stilisten oder Bolschewiken", der von den rumänischen Sicherheitskräften sofort übersetzt wurde.[194]

Beim Verfassen der ersten im Wortsinn „amtlichen" Geschichte des Altkalendarismus lassen sich klare Hierarchien der Glaubwürdigkeit feststellen: Die Behörden mit der höchsten Autorität, die Siguranța und die Polizei, hatten mit ihren Studien zum Altkalendarismus das letzte Wort im Kalenderkonflikt. Ihre Versionen und nicht etwa die Studien der Gendarmerie, die mehr Erfahrung mit den Altkalendaristen hatte, wurden in

[193] CNSAS, Fond Documentar, D015261, 110–114 [wie eben].

[194] CNSAS, Fond Documentar, D015283, 66 [Von den Sicherheitsbehörden übersetzter Artikel aus dem *Völkischen Beobachter* vom 16.9.1936 mit dem Titel „Stilisten oder Bolschewisten"].

die Akten für „Die Geschichte der stilistischen Bewegung in Rumänien" inkludiert. Die beiden Untersuchungen aus den Reihen der Rumänisch-orthodoxen Kirche, die ebenfalls als Geschichte des Altkalendarismus fungierten und von denen die Sicherheitskräfte wussten, wurden hingegen nicht berücksichtigt.[195]

[195] CNSAS, Fond Documentar, D015261, 351–366 [Bericht Bf. Simedreas an die Heilige Synode von 1936 betr. die altkalendaristische Bewegung]; D015261, 213–222 [Memorandum der Mitglieder der Protohierarchie I, Kreis Bălți, an den Innenminister vom 31.3.1936 betr. die Gefahr der altkalendaristischen Bewegung].

5 „Ich bin kein Kommunist“: Internierung und Zwangsbekehrung

Von Herbst 1936 an wurden ungefähr 130 Altkalendaristen, die vor der Niederschlagung religiöse Funktionen in der Bewegung innegehabt hatten, in drei amtskirchlichen Klöstern festgehalten. Bei der Internierungsaktion handelte es sich um eine noch engere Zusammenarbeit der Kirchenleitung mit den Sicherheitskräften als zuvor. Der Einfluss der Amtskirche wuchs in jenen Jahren dermaßen, dass es niemand mehr für problematisch erachtete, dass die Kirchenleitung die Gendarmerie für ihre eigenen Interessen einsetzte. Das Gleiche galt umgekehrt auch für die Gendarmerie, denn sie nutzte ebenso die Infrastruktur der Kirche gegen die Altkalendaristen. Das Ausverhandeln von Ressourcen und Aufgaben zwischen Kirche und Staat bei der Behandlung der Internierten zeigt, wie wenig es um die Altkalendaristen selbst ging. Es war vielmehr ein Machtkampf zwischen Institutionen, der den kalendarischen Konflikt auch von Anfang an geprägt hatte: Die Gläubigen und ihre Beschwerden standen im Hintergrund, während staatliche und kirchliche Autoritäten den Kalenderkonflikt als Vorwand benutzten, um Macht und Einfluss zu gewinnen. Darüber hinaus wurden die Altkalendaristen nicht mehr als Gefahr wahrgenommen, was dazu führte, dass sich nach dem Herbst 1936 niemand mehr mit dem kalendarischen Problem befassen wollte. Was waren nun die Ziele und die Folgen einer solch engen Kooperation der Sicherheitsbehörden mit der Kirche? Und wie verlief der Alltag der Internierten?

Gefängnis und Kloster

Die Prozesse gegen jene Verhafteten, denen die Behörden organisatorische und propagandistische Aktivitäten in der altkalendaristischen Bewegung vorwarfen, zeigten, wie schwierig es war, auf gesetzesgemäßem Weg längere Strafen zu verhängen. Das Militärgericht in Iaşi übernahm 1938 die Prozesse von den Kreisgerichten just in dem Moment, in dem diese die festgenommenen Altkalendaristen aufgrund mangelnder Beweise entlassen wollten. Im November 1936 hatte zwar das Kultusministerium den Status des Altkalendarismus geregelt, indem es ihn auf die Liste der verbotenen Sekten gesetzt hatte. Für altkalendaristische Propaganda und Aktivitäten war aber nur eine vergleichsweise geringe Geldstrafe von 500 Lei vorgesehen. Da die religiösen Führer als gefährlicher und einflussreicher als all die übrigen Altkalendaristen galten, wollten Staat und Kirche durch die Isolation in den Klöstern sicherstellen, dass sie ihre Aktivitäten einstellen und nach ihrer Freilassung keine Organisationsversuche mehr unternehmen würden. Entsprechend fernab von den altkalendaristischen Hochburgen befanden sich sämtliche drei Internierungsklöster, nämlich im Süden von Rumänien und hoch in den Bergen.

Als Gendarmeriechef Părăianu dem Patriarchen Cristea die Klosteraktion vorschlug, stimmte das Kirchenoberhaupt zu – ohne zu zögern und ohne das Einverständnis seiner Bischöfe einzuholen. Erst danach wandte sich Părăianu an den Innenminister, um die Internierung zu legalisieren und den betroffenen Klöstern den Status von Gefängnissen zu verleihen sowie die Altkalendaristen dort unter Hausarrest zu stellen.[1] Auch der Patriarch machte sich darüber seine Gedanken und bat den Innenminister, „einen legalen Status der forcierten Internierung" herzustellen, damit die Presse oder die Anhänger der Altkalendaristen deren Internierung nicht anprangern könnten.[2] Am liebsten aber wäre es dem Patriarchen gewesen, wenn die Öffentlichkeit von dieser Aktion überhaupt nichts erfahren hätte. Trotz dieser Interventionen gibt es keinerlei Hinweise darauf, dass das Innenministerium die Internierung der Altkalendaristen jemals legalisiert hat. Weder gab es einen Prozess gegen sie noch durften sie von Rechtsanwälten vertreten werden.[3]

Der Bischof von Râmnic, Vartolomeu Stănescu, war einer der Geistlichen, die mit der Klosteraktion unzufrieden waren. Er hatte unter Émile Durkheim in Paris Soziologie studiert und galt als wichtiger Vertreter christlich-sozialer Ideen innerhalb der rumänisch-orthodoxen Kirche. Als solcher meinte er, dass die Kirche sich mehr für soziale Probleme engagieren solle. Er war auch für seine Unterstützung der Legionärsbewegung bekannt sowie für seine Rolle in der Organisation der größten Pilgerbewegung in der rumänischen Zwischenkriegszeit rund um den Hirten Petrache Lupu.[4] Stănescu hatte keine Einwände gegen die Internierungsaktion an sich, sondern wollte sich damit schlichtweg nicht beschäftigen und versuchte vergebens zu verhindern, dass ein Kloster aus seiner Eparchie zu einem Alkalendaristen-Gefängnis umgewandelt würde. Der Bischof wandte sich nach Gesprächen mit dem Patriarchen an den obersten Gendarmeriechef:

> „Ich habe bereits den Patriarchen gewarnt, dass wir in unserer Eparchie keine Stilisten aufnehmen können. Deshalb bitten wir Sie, eure Gendarmen aus dem Kloster Iezerul zu entfernen. Da die Gendarmen sich dort so unpassend benehmen, haben die Mönche keine Ruhe mehr."[5]

[1] CNSAS, Fond Documentar, D015261, 145 [Bericht Barbu Părăianus an das Innenministerium vom 28.9.1936 betr. die Internierung der Altkalendaristen in Klöstern].

[2] ANR, Inspectoratul General al Jandarmeriei, 1936/18, 97 [Mitteilung des Patriarchen Cristea an Părăianu vom 19.10.1936 betr. den Verlauf und die Ziele der Internierungsaktion].

[3] ANR, Inspectoratul General al Jandarmeriei, 1937/23, 238 [Mitteilung Părăianus an die Gendarmerie Râmnicu Sărat vom 31.7.1937 betr. die Behinderung der Arbeit eines Rechtsanwalts].

[4] Clark, Religious Reform and Sectarianism in Interwar Romania, 38–41; Schmitt, Das „rumänische Lourdes", 268f.

[5] CNSAS, Fond Documentar, D015261, 846 [Mitteilung Vartolomeu Stănescus an die Gendarmerieleitung vom 21.9.1936 betr. den Abzug der Gendarmen aus dem Kloster Iezerul].

Dabei ging es vermutlich darum, dass das Kloster die Altkalendaristen isolieren und deren Verpflegung sicherstellen musste, woran sich die Eparchie finanziell und personell zu beteiligen hatte. Zudem befürchtete Stănescu wahrscheinlich, dass altkalendaristische Ideen auch im Süden Rumäniens Fuß fassen könnten – seine Eparchie war bis dahin vom Altkalendarismus verschont geblieben.

Der Patriarch regelte Anfang Oktober 1936 zusammen mit dem Innenminister und der Gendarmerieleitung die grundlegendsten Fragen der Internierung. Alle Kosten für die Gendarmerieposten, welche die Altkalendaristen überwachten, sowie für die Verpflegung der Internierten übernahm das Innenministerium, während die Kirche den Altkalendaristen eine Unterkunft bereitstellte und sich um ihre Bekehrung kümmerte. Das Innenministerium musste das notwendige Geld der Heiligen Synode zur Verfügung stellen, die es wiederum den Gendarmerieposten in den Klöstern zuteilen sollte. Auf diese Weise sicherte die Kirche ihre organisatorische Führungsrolle in der Klosteraktion ab, denn die in den Klöstern eingesetzten Gendarmen waren zwar dienstlich weiterhin der Gendarmerieleitung untergeordnet, finanziell aber von der Heiligen Synode abhängig.

Von Anfang an erschwerte der Umstand die gesamte Aktion, dass bei Beginn der Niederschlagung niemand einen genauen Überblick über die Zahl der Altkalendaristen gehabt hatte, die in den Klöstern interniert werden sollten. Ihre Zahl wurde im Laufe der Aktion laufend aktualisiert. Das ist ein weiterer deutlicher Hinweis darauf, dass die Behörden keine exakten Informationen über die Organisationsstrukturen der Bewegung besaßen. Ursprünglich sollten beispielsweise nur altkalendaristische Mönche interniert werden. Als aber die Niederschlagung voranschritt und die Sicherheitskräfte auch immer mehr Altkalendaristinnen vorfanden, welche auf der Seite der altkalendaristischen Priester gestanden waren oder sogar getrennte altkalendaristische Frauengemeinschaften gegründet hatten, nahmen sie diese auch fest. Ihre Unterbringung war im September 1936 noch mit einem Fragezeichen versehen.[6] Die Gendarmerie brachte dann einen Teil dieser Altkalendaristinnen in einem Haus auf einem Weingut des Klosters Ciolanu im zentralrumänischen Kreis Buzău unter, während weitere in die Skite Barbu gebracht wurden, welche ebenfalls zum Kloster Ciolanu gehörte.[7] Erst im April 1937 wurden alle 70 altkalendaristischen Nonnen im Kloster Vărzărești (Kreis Vrancea), einem Männerkloster, interniert. Für die altkalendaristischen Mönche waren zwei Klöster vorgesehen:

6 CNSAS, Fond Documentar, D015261, 146 [Mitteilung des Patriarchen an Barbu Pârăianu vom 21.9.1936 betr. die Internierung der Altkalendaristen in Klöstern]; 155 [Mitteilung Pârăianus an den Patriarchen vom 20.9.1936 mit gleichem Betreff]; ANR, Inspectoratul General al Jandarmeriei, 1937/24, 314 [Mitteilung des Zentralinspektorats der Gendarmerie an die Heilige Synode vom 2.7.1937 betr. die Internierung von Altkalendaristinnen].

7 CNSAS, Fond Documentar, D015261, 525 [Mitteilung der Gendarmerie Buzău an das Zentralinspektorat in Bukarest vom 30.9.1936 betr. die Internierung der Altkalendaristen]; 601 [Mitteilung derselben an dasselbe vom 5.10.1936 betr. die Internierung der Altkalendaristen in Klöstern].

das von Bischof Stănescu erwähnte Kloster Iezerul (Kreis Vâlcea) und das Kloster Cheia (Kreis Prahova).[8]

Die Kirchenleitung wandelte die Klöster in großer Eile in Gefängnisse um und bereitete die Unterkünfte der Altkalendaristen erst vor, als diese schon angekommen waren oder sich auf dem Weg befanden. Das wichtigste Kriterium bei der Auswahl der Klöster war nicht ihre Aufnahmekapazität, sondern ihre abgeschottete Lage. Das hatte allerdings den großen Nachteil, dass eine rasche und günstige Versorgung der Altkalendaristen und der Gendarmen sowie weitere Umbauten an den Klöstern mit den begrenzten finanziellen Mitteln, die dafür vorgesehen waren, sehr schwer durchzuführen waren. Die Räume der Altkalendaristen wurden langsam bewohnbar gemacht und mit Betten, Schränken, Türen, Fenstern und Schlössern ausgestattet.[9] Von einer entsprechenden medizinischen Versorgung und einer gesicherten Verpflegung konnte nicht die Rede sein. Außerdem mussten die Altkalendaristen Kleidung und andere Alltagsgegenstände wie Geschirr, Handtücher, Bettwäsche und Seife am Internierungsort selbst besorgen.

Einzig und allein die Überwachung der Internierten wurde effizienter als alle anderen Bereiche organisiert.[10] Das Kloster Iezerul etwa bekam elf Gendarmen zugewiesen, in Cheia taten acht Dienst und in Vărzăreşti sieben.[11] Das stellte eine außergewöhnliche Sicherheitsvorkehrung dar, wenn man bedenkt, dass wie an anderer Stelle erwähnt in der altkalendaristischen Hochburg Albineţ, bei einer Bevölkerung von ca. 1.500 Einwohnern, zwischen fünf und zehn Gendarmen im Einsatz waren. Der Patriarch war mit diesen Maßnahmen im Zuge der Internierung mehr als zufrieden und versicherte dem Kultusminister, dass die Isolation der Altkalendaristenführer geglückt sei, denn die Gendarmen überwachten die Altkalendaristen so streng, dass sie mit niemandem in Kontakt treten könnten.[12] Das Innenministerium sollte Cristea zufolge die Internierung so lange auf-

8 Alle drei Klöster gehörten zu unterschiedlichen Eparchien: Iezerul zählte zur Eparchie Râmnic, Cheia zur Eparchie Bukarest und Vărzăreşti war Teil der Eparchie Buzău, siehe: CNSAS, Fond Documentar, D015261, 803f. [Tabelle des Zentralinspektorats der Gendarmerie in Bukarest mit allen in Klöstern internierten Altkalendaristen]; ANR, Inspectoratul General al Jandarmeriei, 1937/26, 132 [Tabelle der Heiligen Synode vom 13.9.1937 betr. notwendige Kosten für die Internierung der Altkalendaristen in den Klöstern Cheia, Iezerul und Vărzăreşti].

9 CNSAS, Fond Documentar, D015261, 604 [Mitteilung der Gendarmerie Prahova an das Zentralinspektorat in Bukarest vom 5.10.1936 betr. die Unterkünfte und die Verpflegung der internierten Altkalendaristen]; 847 [Mitteilung der Gendarmerie Vâlcea an dassselbe vom 19.10.1936 betr. die Vorbereitung der Unterkünfte für die Internierten]; 811 [Mitteilung der Gendarmerie Prahova an dasselbe vom 16.10.1936 betr. mangelnde Ressourcen für die Internierungsaktion].

10 CNSAS, Fond Documentar, D015261, 62 [Mitteilung des Zentralinspektorats der Gendarmerie an die Gendarmerie Vâlcea vom 20.9.1936 betr. Vorbereitungen für die Internierung der Altkalendaristen].

11 CNSAS, Fond Documentar, D015261, 1068 [Mitteilung der Gendarmerie Vâlcea an das Zentralinspektorat in Bukarest vom 30.10.1936 betr. die Zustände in den Internierunsklöstern].

12 ANR, Ministerul Cultelor şi Artelor, 1937/134, 6 [Mitteilung des Patriarchen Cristea an den Kultusminister vom 11.1.1937 betr. die Internierung der Altkalendaristen in den Klöstern].

rechterhalten, bis „die Altkalendaristen aus der Verwirrung, in die sie verfallen sind, herauskommen".[13]

Raumknappheit war ein Dauerstreitpunkt zwischen Gendarmerie und Klosterpersonal. Für die Altkalendaristen und die Gendarmen waren getrennte Wohnräume vorgesehen. Im Kloster Vărzărești zum Beispiel, wo die Klosteranlage aus zwei Kirchen bestand, befanden sich auf einer Seite die Unterkünfte der Altkalendaristinnen und der Gendarmerie und auf der anderen die der orthodoxen Mönche.[14] Ursprünglich bewohnten in dem Haus des Weingutes 20 Altkalendaristinnen ein kleines Zimmer, im Kloster selbst lebten zwischen acht und zwölf von ihnen in einem Raum.[15] Trotz allem hatten die Altkalendaristinnen auf dem Weingut, wie eine von ihnen an Verwandte schrieb, größere Bewegungsfreiheit, während es in Vărzărești zwar „schön [sei], als Besucher zu kommen, aber nicht, als Inhaftierte zu leben."[16] Im Kloster Cheia hatten 21 Altkalendaristen und acht Gendarmen fünf Zimmer zur Verfügung – zwei für die Gendarmen, eines als Küche und die übrigen zwei Zimmer für die Altkalendaristen (also etwa zehn Altkalendaristen pro Zimmer).[17] Das enge Zusammenleben erleichterte einerseits das Überleben, denn die Internierten teilten untereinander ihre Pakete mit Essen und Kleidung, welche sie von ihren Verwandten bekamen. Andererseits war aufgrund der Raumknappheit die Privatsphäre fast inexistent und es fehlte der Platz für einen Gebetsraum oder für ein Badezimmer.

Da das Innenministerium am Beginn der Klosteraktion, das heißt von Mitte August bis Ende Oktober 1936, kein Geld für deren Finanzierung zur Verfügung stellte, waren die Gendarmerie und die Heilige Synode auf die eigenen Mittel und auf die der Altkalendaristen angewiesen. Mit dem Geld, welches die Gendarmerie von den Altkalendaristen bei ihrer Festnahme konfisziert hatte – insgesamt etwa 12.000 Lei –, kaufte sie Lebensmittel für die ersten Internierungswochen und zahlte noch den Transport der Altkalendaristen und der Gendarmen in die Klöster.[18] Vor allem die Mönche vom Berg Athos, die sich in den altkalendaristischen Gemeinschaften aufgehalten hatten und von

[13] ANR, Inspectoratul General al Jandarmeriei, 1936/18, 97 [Mitteilung des Patriarchen Cristea an Barbu Păräianu vom 19.10.1936 betr. den Verlauf und die Ziele der Internierungsaktion].

[14] ANR, Inspectoratul General al Jandarmeriei, 1937/24, 78 [Brief Marghioala Bâcleas, einer in Vărzărești internierten Altkalendaristin, an Ștefan Bâclea vom 7.4.1937]; 90 [Brief S. Anicas, ebenfalls dort interniert, an Nicolae Serea vom Mai 1937].

[15] ANR, Inspectoratul General al Jandarmeriei, 1937/24, 42 [Brief Ecaterina Nicoarăs, in Vărzărești interniert, an Neculai Mazilu vom 13.4.1937].

[16] ANR, Inspectoratul General al Jandarmeriei, 1937/24, 108 [Brief Mandița Bâcleas an Grigore T. Chelariu].

[17] CNSAS, Fond Documentar, D015261, 1043 [Mitteilung der Gendarmerie Prahova vom 15.10.1936 an das Zentralinspektorat in Bukarest betr. die Lage der Internierten im Kloster Cheia].

[18] CNSAS, Fond Documentar, D015261, 76–77, 85; 1043 [Mitteilung der Gendarmerie Prahova vom 15.10.1936 an das Zentralinspektorat in Bukarest betr. die Lage der Internierten im Kloster Cheia].

der Gendarmerie festgenommen worden waren, hatten größere Geldsummen bei sich gehabt. Mit diesem Geld, das sie von den Altkalendaristen gesammelt hatten, hatten sie eigentlich auf den Athos zurückkehren wollen, um „altkalendaristisches Propagandamaterial“ zu drucken.[19]

Die tägliche Essensration für einen Internierten bestand aus einem Stück Brot und einer Gemüsesuppe. Dafür waren für jede Person 12 Lei pro Tag vorgesehen: 6,50 Lei für Brot und 5,50 Lei für Gemüse.[20] Zum Vergleich: Die Gendarmen erhielten 25 Lei pro Tag für Verpflegung und weitere Zuschüsse.[21] Das konfiszierte Geld ging Ende Oktober 1936 zur Neige und die ersten Zeichen einer Versorgungskrise wurden spürbar. Als die Zahl der Internierten immer größer wurde und die Gendarmerie keine Mittel mehr hatte, sie zu ernähren, wandte sich Gendarmeriechef Pârăianu an die Kirchenleitung und bat den Patriarchen, dringend Finanzmittel zu finden: „Diese Angelegenheit müssen Sie sofort erledigen, denn die Betroffenen leiden bereits.“[22] Da die Gefahr bestand, dass das Innenministerium die Klosteraktion finanziell nicht unterstützen würde und der Patriarch allein diese Aufgabe nicht übernehmen wollte, intervenierte Cristea bei den Ministerien, damit diese die versprochenen Mittel rechtzeitig zur Verfügung stellten.[23]

Die ersten ausführlichen Untersuchungen, welche die Gendarmerieleitung in den Internierungsklöstern Ende Oktober 1936 durchführte, zeigten eine besorgniserregende Lage. Es herrschte Mangel an allem: an Geld für Lebensmittel, für grundlegende Hygieneartikel sowie für weitere Sanierungsarbeiten an Gebäuden. Im Kloster Iezerul zum Beispiel benötigten die Altkalendaristen unter anderem Geschirr, Besteck und richtige Kochplatten, denn sie mussten „am offenen Feuer in der Nähe eines Waldes“ kochen. Das Kloster hatte auch keine Wintervorräte, weder Holz noch Nahrung. Diese sollten laut der Gendarmerie auch dringend besorgt werden, denn im Winter, hieß es, seien die Wege zum Kloster unpassierbar. Das Innenministerium musste mehr Geld ausgeben, denn aufgrund der langen Wege in die Klöster waren die Transportkosten höher als ursprünglich geplant. Ähnlich kritisch war die Lage im Kloster Cheia. Die zuständigen Gendarmen

19 CNSAS, Fond Documentar, D015261, 604 [Mitteilung derselben an dasselbe vom 5.10.1936 betr. die Unterkünfte und die Verpflegung der internierten Altkalendaristen].

20 ANR, Inspectoratul General al Jandarmeriei, 1937/25, 62 [Bericht der Gendarmerie Râmnicu Sărat an das Zentralinspektorat vom 11.9.1937 betr. finanzielle Aspekte der Internierungsaktion]; 306 [Mitteilung der Gendarmerie an die Heilige Synode vom 20.9.1937 betr. Ausgaben der Gendarmerie für die Verpflegung der internierten Altkalendaristen].

21 ANR, Inspectoratul General al Jandarmeriei, 1937/24, 276 [Mitteilung der Personalabteilung der Gendarmerie an das Zentralinspektorat vom 22.6.1937 betr. das Gehalt der Gendarmen in den Internierungsklöstern].

22 CNSAS, Fond Documentar, D015261, 157 [Mitteilung Barbu Pârăianus an die Heilige Synode vom 21.9.1936 betr. mangelnde Ressourcen für die Internierung der Altkalendaristen].

23 ANR, Inspectoratul General al Jandarmeriei, 1937/26, 134 [Mitteilung der Heiligen Synode an Pârăianu vom 9.11.1937 betr. Aufgabenteilung in der Internierungsaktion].

erhielten kein Geld, weder für die Ernährung der Altkalendaristen noch für das Anlegen von Wintervorräten.[24] Die Gendarmerieleitung machte sich nicht so sehr um die Altkalendaristen als um die Gendarmen Sorgen: Wenn die Internierten weder Essen noch Winterkleidung oder Bettwäsche bekämen, würden sie gewiss erkranken und auch ihre Bewacher anstecken. Unter solchen Umständen bestand die Gefahr, dass die Gendarmen die Altkalendaristen nicht mehr überwachen wollten.[25]

Die Lage der Altkalendaristinnen ähnelte der ihrer männlichen Leidensgenossen. Von 58 Nonnen, die Anfang Oktober 1936 interniert waren, mussten 38 Zwangsarbeit in der Landwirtschaft leisten. 20 Altkalendaristinnen waren krank oder zu alt, um zu arbeiten.[26] Der Gendarmeriechef schlug der Kirche vor, die 38 Altkalendaristinnen für ihre Arbeit zu bezahlen. Mit diesem Geld könnte die Gendarmerie dann Wintervorräte anlegen. Die Leitung der Eparchie Buzău lehnte diesen Vorschlag jedoch ab und gab an, kein Geld dafür zu haben. Darüber hinaus erklärte sie der Gendarmerie, sie könne sich überhaupt den Unterhalt der Altkalendaristinnen nicht leisten. Ähnlich wie Bischof Stănescu wollte sich die Eparchieleitung von Buzău in die Internierungsaktion nicht einmischen und bestand darauf, dass die Gendarmerie oder die Zentralbehörden sich um die Versorgung der Internierten kümmerten.[27]

Gendarmierchef Pârăianu meldete alle dringenden Probleme der Kirchenleitung und erinnerte daran, dass er ausschließlich für die Verpflegung der Gendarmen und nicht der Altkalendaristen zuständig sei.[28] Ende Oktober 1936 reagierte das Innenministerium auf die Beschwerden der Gendarmerie und teilte jedem Kloster ca. 10.000 Lei zu, welche für die Anschaffung von Wintervorräten benutzt werden sollten.[29]

Die ersten zwei Monate nach der Internierung der Altkalendaristen waren also von Desorganisation, einer mangelhaften Versorgung sowie dem fehlenden Interesse der Regierung an den Internierten gekennzeichnet. Die Niederschlagungsaktion hatte zwar ihren Zweck erfüllt, denn die Aktivitäten der Kalendergegner waren zum Stillstand gekom-

24 CNSAS, Fond Documentar, D015261, 799 [Mitteilung Pârăianus an die Heilige Synode vom 23.10.1936 betr. mangelnde Ressourcen für die Internierung der Altkalendaristen]; 811 [Mitteilung der Gendarmerie Prahova an das Zentralinspektorat in Bukarest vom 16.10.1936 betr. mangelnde Ressourcen für die Internierungsaktion].

25 CNSAS, Fond Documentar, D015261, 564f. [Mitteilung der Gendarmerie Vâlcea an das Zentralinspektorat in Bukarest vom 19.9.1936 betr. notwendige Kosten der Internierungsaktion].

26 CNSAS, Fond Documentar, D015261, 799 [Mitteilung Pârăianus an die Heilige Synode vom 6.101.1936 betr. finanzielle Probleme bei der Verpflegung der internierten Altkalendaristen].

27 CNSAS, Fond Documentar, D015261, 1007 [Mitteilung der Eparchie Buzău an Barbu Pârăianu vom 14.10.1936 betr. mangelnde Ressourcen der Eparchie für die Verpflegung der internierten Altkalendaristen].

28 CNSAS, Fond Documentar, D015261, 610–612 [Bericht Pârăianus an die Heilige Synode vom 23.10.1936 betr. den Verlauf der Internierungsaktion].

29 CNSAS, Fond Documentar, D015261, 567f. [Mitteilung der Personalabteilung der Gendarmerie an das Zentralinspektorat in Bukarest vom 11.10.1936 betr. die Finanzierung der Internierungskation].

men; was jedoch weiter mit den Internierten geschehen sollte, kümmerte die Regierung kaum mehr. Es schien, als ob die Behörden sie langsam sterben lassen wollten.

Aus den Berichten der Gendarmerie im Winter 1936 geht hervor, dass sich die Lage in den Klöstern in den Folgemonaten kaum verbessert hat. Vor allem im Kloster Iezerul, wo „die gefährlichsten Altkalendaristen“ interniert waren, litten diese unter Kälte und Mangelernährung. Da sich nach dem Wintereinbruch die Probleme verschlimmert hatten, bat die Gendarmerie im November 1936 die Kirchenleitung erneut um Geld: Die Internierten benötigten dringend Nahrung und Kleidung, vor allem Schuhe, denn viele Altkalendaristen waren immer noch barfuß. Seife, Geschirr, Holz zum Kochen und zum Heizen, Besen und „Gas zum Desinfizieren“ sollten auch dringend besorgt werden. Die Kirchenleitung sollte sich beeilen, denn es war „spät und kalt“.[30] Die Amtskirche wies alle Vorwürfe zurück und reagierte fast empört auf die Interventionen der Gendarmerie. Der Patriarch schrieb dem obersten Gendarmeriechef, um die Versorgung der Klöster hätten sich die jeweiligen Eparchien zu kümmern und die Gendarmen sollten sich deshalb keine Sorgen machen.[31] Es war eine irreführende Antwort, denn die jeweiligen Eparchieleitungen hielten sich aus der Klosteraktion so weit es ging heraus.

Die internierten Altkalendaristen lebten zu einem Gutteil von Paketen, die sie hin und wieder erhielten. Verwandte und Anhänger organisierten Sammelaktionen zu ihrer Versorgung.[32] Die Gendarmerie war diesbezüglich großzügig und erlaubte den Internierten – vor allem den Nonnen –, Hilfe von außen zu bekommen. Man wusste, dass dies der einzige Weg war, ihnen zum Notwendigsten zu verhelfen. Die Pakete wurden nach sorgfältiger Kontrolle durch die Gendarmerie den Empfängern ausgehändigt.[33] Nicht alle Altkalendaristen hatten aber Bekannte, die bereit waren, ihnen zu helfen. Manche hatten früh ihre Dörfer und Familien verlassen, um sich verschiedenen altkalendaristischen Gruppierungen anzuschließen, weshalb ihre Verbindung zur Dorfgemeinschaft und zum Elternhaus bei ihrer Verhaftung bereits gekappt war. Daher schrieben sie nun ihren Eltern oder Verwandten in der Hoffnung, dass diese sie nicht im Stich lassen würden. Die großen Entfernungen zwischen den Internierungsklöstern und der Moldau bzw. Bessara-

30 CNSAS, Fond Documentar, D015261, 1046 [Mitteilung der Gendarmerie Vâlcea an die Heilige Synode vom 18.11.1936 betr. mangelnde Ressourcen für die Internierung der Altkalendaristen im Kloster Iezerul].

31 CNSAS, Fond Documentar, D015261, 923 [Mitteilung des Patriarchen an das Zentralinspektorat der Gendarmerie in Bukarest vom 2.11.1936 betr. die Versorgung der internierten Altkalendaristen].

32 ANR, Direcția Generală a Poliției, 1938/44, 1 [Mitteilung der Polizei Neamț vom 14.1.1937 betr. eine Spendenaktion für die internierten Altkalendaristen].

33 ANR, Inspectoratul General al Jandarmeriei, 1937/25, 185f. [Regeln der Gendarmerie Râmnicu Sărat betr. die Internierung der Altkalendaristen]; 366 [Brief Gheorghe Iacobs an die Gendarmerie Râmnicu Sărat vom 11.9.1937 betr. eine Anfrage zur Kontaktaufnahme mit einem internierten Altkalendaristen]; 373 [Mitteilung der Gendarmerie Vâlcea an das Zentralinspektorat vom 24.6.1937 betr. Paketkontrolle].

bien waren ein weiterer Grund, wieso die Versorgung der Altkalendaristen durch Postsendungen unregelmäßig verlief. Die Pakete, die oft sogar 150 Kilogramm wogen, mussten quer durch das Land bis in die Berge transportiert werden. Einen sicheren und schnellen Transport zu organisieren, war eine kostspielige Herausforderung.[34]

Eine Intervention des Bischofs von Buzău, Ghenadie Niculescu, vom Mai 1937 beweist, dass ein Teil der Kirchenleitung gegen die Hilfe von außen und für noch härtere Internierungsbedingungen für die Altkalendaristen eintrat. Bischof Niculescu beschwerte sich in einem Brief an den Patriarchen darüber, dass die Altkalendaristen eine Fülle von Paketen und viel Geld nicht nur von ihren Familien, sondern auch von ihren Anhängern bekämen:

> „Wir halten diese Entwicklung für schädlich, denn die Stilisten haben dadurch einen abgesicherten Unterhalt und sind mit diesem gemütlichen und ruhigen Leben sehr zufrieden. Sie fühlen sich sehr geschmeichelt, weil die Menschen sie als Märtyrer betrachten und ihnen helfen möchten. So wollen sie an ihrer Lage nichts ändern und daher bemühen sie sich auch nicht um ihre Entlassung. Denn wenn sie entlassen werden, müssen sie Arbeit finden. [...] Pakete vom Volk für sie zu sammeln, ist das effektivste Mittel, um Propaganda für den [alten] Stil zu betreiben, denn so wird eine seelische Verbindung untereinander hergestellt. Es wäre gut, wenn man verhindern würde, dass sie Essen und andere Sachen von ihren Familien bekommen, denn ihr notwendigster Unterhalt ist auf eine befriedigende Weise abgesichert."[35]

Die Gendarmerie reagierte auf die Beschwerde des Bischofs und wies den Patriarchen an, Sorge zu tragen, dass die Altkalendaristen auf keinen Fall zu viel an Essen und Geld bekämen. Gleichzeitig sei die Darstellung des Bischofs, dass es den Altkalendaristen zu gut gehe, übertrieben. Ganz im Gegenteil: Die Pakete würden den Internierten helfen, nicht zu verhungern und zu erfrieren.[36] Eine Liste mit allen Paketen, welche die Altkalendaristinnen zwischen April und August 1937 in Vărzărești bekamen, gibt der Gendarmerie recht: In diesen fünf Monaten erhielten die 70 Altkalendaristinnen lediglich 49 Pakete. Sie bestanden aus Nahrung, Kleidung und aus 5.910 Lei.[37]

Die Intervention des Bischofs blieb nicht ohne Folgen. Es wurden strengere Regeln eingeführt, bis die Hilfe von außen offiziell gänzlich eingestellt wurde. Die Gendarmerie

34 ANR, Inspectoratul General al Jandarmeriei, 1937/23, 132f. [Brief Natalia Gorjas an Maria Gorja, Altkalendaristin interniert im Kloster Vărzărești, vom 28.4.1937]; 196 [Brief Maria Vlădoius, Altkalendaristin interniert im Kloster Vărzărești, an Ana Dumitru Florea vom 27.5.1937].

35 ANR, Inspectoratul General al Jandarmeriei, 1937/25, 59 [Kopie der Mitteilung der Eparchie Buzău an die Heilige Synode vom 29.5.1937 betr. Unterstützung von außerhalb für die Altkalendaristen].

36 ANR, Inspectoratul General al Jandarmeriei, 1937/25, 62 [Bericht der Gendarmerie Râmnicu Sărat an das Zentralinspektorat vom 11.9.1937 betr. finanzielle Aspekte der Internierungsaktion].

37 ANR, Inspectoratul General al Jandarmeriei, 1937/25, 68f. [Liste der Gendarmerie Râmnicu Sărat an das Zentralinspektorat vom 6.8.1937 betr. alle durch Altkalendaristinnen erhaltene Pakete].

nahm auch die Absender der Pakete ins Visier, bestrafte sie oder zwang sie zu mühsamen Verhören.[38] Die Versorgung durch Bekannte hörte aber nie vollständig auf, denn die Altkalendaristen fanden unterschiedliche informelle Wege, um zu ihren Paketen zu gelangen. Zu diesen Wegen gehörte zum Beispiel die Kooperation der Internierten mit den orthodoxen Mönchen oder mit den Gendarmen, die sie bestachen. Verwandte konnten Pakete auf die Namen bestimmter Gendarmen oder Mönche schicken, welche diese dann weitergaben.[39] Eine andere Möglichkeit war, die Pakete in der Nähe der Klöster zu verstecken, von wo sie die Altkalendaristen auf dem Weg zur Arbeit mitnehmen konnten oder durch Mittelsmänner – wie etwa Hirten, die in der Nähe der Klöster arbeiteten – zu den Adressaten gelangten.[40] All diese Wege beanspruchten aber viel mehr Ressourcen und Zeit.

Ein Beispiel für ein außergewöhnliches Entgegenkommen soll hier noch erwähnt werden, weil es die Ausnahme war. Im Kloster Ciolanu, auf dessen Besitztümern die altkalendaristischen Frauen unmittelbar nach ihrer Festnahme untergebracht wurden, konnten sich diese auf die Hilfe des orthodoxen Mönches Gheorghe Caliga verlassen. Nicht nur dass Bekannte den Altkalendaristinnen Pakete auf dessen Namen schicken durften, der Mönch kontaktierte die Familien der Betroffenen sogar persönlich. So schrieb er einem Vater, dessen Tochter im Kloster Ciolanu interniert war, und gab ihm genaue Hinweise, wie er seiner Tochter Briefe und Pakete schicken konnte.[41] Was der Mönch machte, war nicht ungefährlich, denn hätte die Gendarmerie seine Kooperation mit den Altkalendaristinnen entdeckt, wäre er vielleicht selbst für einen Altkalendaristen gehalten worden. Als die Gendarmerie später doch auf das Verhalten des Mönches aufmerksam wurde, leitete sie ein Untersuchungsverfahren gegen ihn ein.[42]

Das Jahr 1937 verlief für die internierten Altkalendaristen ähnlich wie die zweite Jahreshälfte 1936. Nichts an ihrer Lage verbesserte sich. „Wir werden schlimmer als die Kriminellen behandelt"[43], beschrieb eine Altkalendaristin in einem Brief an eine Bekannte

[38] ANR, Inspectoratul General al Jandarmeriei, 1937/25, 92 [Mitteilung der Gendarmerie Tecuci an das Zentralinspektorat vom 6.8.1936 betr. die Untersuchung des Briefswechsels der Altkalendaristen]; 145–149 [Liste der Gendarmerie Râmnicu Sărat vom 10.8.1937 betr. den Briefwechsel der Altkalendaristen]; 244–253 [Bericht der Gendarmerie Buzău an das Zentralinspektorat vom 13.8.1937 betr. die Untersuchung des Briefswechsels der Altkalendaristen].

[39] ANR, Inspectoratul General al Jandarmeriei, 1937/25, 131 [Mitteilung der Gendarmerie an die Heilige Synode vom 31.8.1937 betr. die Untersuchung der durch den Mönch Gheorghe Caliga erhaltenen Pakete].

[40] ANR, Inspectoratul General al Jandarmeriei, 1937/25, 99f. [Brief von Neculai L. an Sofia Lefter vom 23.5.1937].

[41] ANR, Inspectoratul General al Jandarmeriei, 1937/25, 128 [Brief Gheorghe Caligas an N. Gheorghe vom 12.3.1937].

[42] ANR, Inspectoratul General al Jandarmeriei, 1937/25, 131 [Mitteilung der Gendarmerie an die Heilige Synode vom 31.8.1937 betr. die Untersuchung der durch den Mönch Gheorghe Caliga erhaltenen Pakete].

[43] ANR, Inspectoratul General al Jandarmeriei, 1937/24, 83f. [Brief Tudora Tapolescus, Altkalendaristin interniert im Kloster Vărzărești, an Nicolae Sâmpetru vom 10.9.1937].

ihre Situation. Im Sommer 1937 kam es in allen drei Klöstern erneut zu Versorgungsproblemen. Die Gendarmerieposten waren bei den ortsansässigen Händlern, welche die Klöster mit Lebensmitteln versorgten, so verschuldet, dass den Gendarmen mit einem Lieferstopp gedroht wurde. Die Gendarmerie meldete im Juni die finanziellen Probleme an die Heilige Synode.[44] Manche Gendarmen lehnten es ab, weiter unter solchen Bedingungen zu arbeiten. Einer, der im Kloster Cheia eingesetzt werden sollte, erklärte beispielsweise, dass er die Stelle nicht annehmen wolle, da es so schwer sei, das Kloster zu versorgen, und sich gute Nahrung kaum und allenfalls zu sehr hohen Preisen finden lasse. Außerdem sei im Kloster und in den benachbarten Orten fast keine medizinische Versorgung gewährleistet.[45]

Als die Gendarmen schon befürchteten, die Gemüsehändler und die Bäcker würden ihnen nichts mehr liefern, weil die Rechnungen von vier Monaten offen waren, schickte die Heilige Synode Ende Oktober jedem Gendarmerieposten 30.000 Lei.[46] Damit wurden die Schulden bezahlt, für den Ankauf von Wintervorräten reichte es aber nicht. Da die Ernte in jenem Jahr sehr schlecht war, war Ende Oktober kaum etwas auf den lokalen Märkten zu finden.[47] „Die Lage ist besorgniserregend und wir bitten Sie, sofort die nötigen Maßnahmen zu treffen, damit die Menschen nicht vor Hunger und Kälte sterben. Wir tragen dafür keine Verantwortung", erklärte die Gendarmerie der Kirchenleitung.[48]

44 ANR, Inspectoratul General al Jandarmeriei, 1937/26, 159 [Mitteilung der Gendarmerie Bukarest an das Zentralinspektorat vom 31.8.1937 betr. nötige Geldmittel für die Verpflegung der internierten Altkalendaristen]; 1937/24, 290 [Mitteilung Barbu Pâräianus an die Heilige Synode vom 13.6.1937 betr. nötige Geldmittel für die Verpflegung der internierten Altkalendaristen].

45 ANR, Inspectoratul General al Jandarmeriei, 1937/24, 268 [Mitteilung Gâtan Dimitrus an das Zentralinspektorat der Gendarmerie vom 5.6.1937 betr. die Arbeitsbedingungen der Gendarmen im Kloster Cheia].

46 ANR, Inspectoratul General al Jandarmeriei, 1937/26, 104 [Mitteilung des Zentralinspektorats der Gendarmerie an die Gendarmerie Râmnicu Sărat vom 28.10.1937 betr. Geldüberweisung für die Wintervorräte in den Internierungsklöstern]; 110 [Mitteilung des Zentralinspektorats der Gendarmerie an die Heilige Synode vom 19.10.1937 betr. Ausgaben für die Internierungsaktion].

47 ANR, Inspectoratul General al Jandarmeriei, 1937/26, 107 [Mitteilung der Heiligen Synode an das Zentralinspektorat der Gendarmerie vom 27.10.1937 betr. Überweisung von 100.000 Lei vom Innenministerium für die Verpflegung der internierten Altkalendaristen]; 186 [Mitteilung des Zentralinspektorats der Gendarmerie an die Heilige Synode vom 23.11.1937 betr. Erhalt von 90.000 Lei]; 141 [Mitteilung der Gendarmerie Râmnicu Sărat an das Zentralinspektorat der Gendarmerie vom 12.10.1937 betr. Konflikte zwischen Gendarmen und dem Klosterpersonal von Vărzărești].

48 ANR, Inspectoratul General al Jandarmeriei, 1937/26, 83 [Mitteilung des Zentralinspektorats der Gendarmerie an die Heilige Synode vom 21.10.1937 betr. die Gefahr einer Hungersnot in den Internierungsklöstern]; 160 [Mitteilung des Zentralinspektorats der Gendarmerie an die Heilige Synode vom 8.9.1937 betr. mangelnde finanzielle Mittel für die Wintervorräte in den Internierungsklöstern].

Die Vorbereitungen für den bevorstehenden Winter 1937/38 waren also ein weiterer Anlass für Konflikte zwischen Amtskirche und Gendarmerie. Deren Chef Pârăianu wandte sich im November 1937 direkt an den Innenminister und erinnerte ihn, dass das Ministerium sich nach der Festnahme der Altkalendaristen bereit erklärt habe, deren Versorgung zu übernehmen.[49] Die Antwort des Innenministeriums lässt erkennen, dass die Zentralbehörden den Altkalendarismus schon längst von ihrer Tagesordnung verdrängt und auch kein Interesse daran hatten, den Altkalendaristen normale Internierungsbedingungen zu gewähren. Überdies war man sich im Innenministerium nicht einmal mehr sicher, wer für die Versorgung der Altkalendaristen zuständig war.[50] Pârăianu übte daraufhin Kritik an der Heiligen Synode, weil diese die Winterversorgung nicht rechtzeitig organisiert habe.[51] Er erklärte dem Patriarchen, dass die Kosten für den Unterhalt der Altkalendaristen aufgrund der schlechten Ernte höher als das Jahr zuvor seien. Nach wie vor hätten die Internierten kaum Kleidung und kein Holz für den Winter. Seine Worte an den Patriarchen klangen ähnlich wie schon zuvor in dem Schreiben des Zentralinspektorats der Gendarmerie gegenüber der Kirchenleitung: „Es wird bald zu der traurigen Situation kommen, dass die Stilistinnen sterben werden: entweder weil sie erfrieren oder weil sie verhungern werden. [...] Sollte etwas passieren, trägt die Gendarmerie keine Verantwortung dafür."[52]

Die Heilige Synode versuchte in jenen Wochen, vom Innenministerium mehr Mittel zu bekommen, und legte im November 1937 dem obersten Gendarmeriechef nahe, die Kritik an der Kirche einzustellen und sie in kein negatives Licht zu rücken: „Die Kirche hat alles, was sie hatte, ausgegeben und so viel sie konnte getan, nämlich: die isolierten Klöster für die Internierung zur Verfügung gestellt." Sie würde auch Geld für den Unterhalt der Internierten ausgeben, habe aber keines. Der Patriarch würde sich sehr bemühen, rechtzeitig Mittel zu bekommen, die Schuld liege aber beim Innenministerium.[53]

49 ANR, Inspectoratul General al Jandarmeriei, 1937/26, 203 [Mitteilung Barbu Pârăianus an das Innenministerium vom 29.11.1937 betr. nötige Geldmittel für die Verpflegung der internierten Altkalendaristen].

50 ANR, Inspectoratul General al Jandarmeriei, 1937/26, 207 [Anfrage des Innenministeriums an das Zentralinspektorat der Gendarmerie vom 15.10.1937 betr. die Bezahlung für die Verpflegung der internierten Altkalendaristen].

51 ANR, Inspectoratul General al Jandarmeriei, 1937/26, 135f. [Mitteilung Barbu Pârăianus an die Heilige Synode vom 22.10.1937 betr. mangelnde Wintervorräte für die internierten Altkalendaristen]; 138 [Mitteilung Barbu Pârăianus an die Heilige Synode vom 22.10.1937 betr. mangelnde Wintervorräte für die internierten Altkalendaristen].

52 ANR, Inspectoratul General al Jandarmeriei, 1937/26, 141 [Mitteilung der Gendarmerie Râmnicu Sărat an das Zentralinspektorat der Gendarmerie vom 12.10.1937 betr. Konflikte zwischen Gendarmen und dem Klosterpersonal von Vărzăreşti]; 172 [Mitteilung derselben an dasselbe vom 12.11.1937 betr. nötige Kleidung für die internierten Altkalendaristen].

53 ANR, Inspectoratul General al Jandarmeriei, 1937/26, 132 [Tabelle der Heiligen Synode vom 13.9.1937 betr. erforderliche Kosten für die Internierung der Altkalendaristen in den Klöstern Cheia, Iezerul und Vărzăreşti]; 134 [Mitteilung der Heiligen Synode an Barbu Pârăianu vom 9.11.1937 betr. Aufgabenteilung in der Internierungsaktion].

Von Mönchen und Gendarmen überwacht

Nicht nur die prekäre Versorgung und die geringe Bewegungsfreiheit ließen die Altkalendaristen wohl nie vergessen, dass sie interniert waren. Die sogenannten 25 Verhaltensregeln sorgten für einen strengstens durchorganisierten Alltag. Diese Regeln sahen vor, dass die Altkalendaristen permanent von Gendarmen begleitet und überwacht werden sollten. Allabendlich, nachdem der Klosterabt und die Gendarmen die Altkalendaristen gezählt hatten, teilten sie ihnen die Aufgaben für den folgenden Tag zu. Die Altkalendaristen arbeiteten tagsüber im Klostergarten oder verrichteten unterschiedliche Feldarbeiten. Sie durften mit niemandem in Kontakt treten und die Klosterkirchen nur zu bestimmten Anlässen betreten. Verwandte, Bekannte oder Behördenvertreter durften nicht ohne die Bewilligung der Gendarmerieleitung Kontakt mit den Internierten aufnehmen. Jedes Gespräch zwischen Gendarmen und Altkalendaristen war strengstens verboten. Und wollte das Klosterpersonal den Letzteren etwas mitteilen, musste es dafür zuerst das Einverständnis der Gendarmerieleitung einholen.[54]

Während diese Regeln das Zusammenleben der Gendarmen und der orthodoxen Mönche mit den Altkalendaristen organisierten, schenkten die Gendarmerie- ebenso wie die Kirchenleitung der Beziehung zwischen den Gendarmen und dem Klosterpersonal wenig Aufmerksamkeit. Mit der Klosteraktion entstand aber eine neue und außergewöhnliche Konstellation: Abgeschottet von der Außenwelt lebten Gendarmen, orthodoxe Mönche und Nonnen sowie Altkalendaristen auf engem Raum zusammen. Den 25 Regeln gemäß durfte es nur eine Tätigkeit geben, die alle drei Gruppen zusammenbrachte, nämlich wenn die Mönche die Internierten durch Predigten und Erklärungen zur Rückkehr zur Kirche zu bewegen versuchten. An diesen Treffen nahmen auch die Gendarmen teil.[55] In allen drei Klöstern herrschte aber ein Spannungsverhältnis zwischen den Gendarmen und dem Klosterpersonal – ein Verhältnis, welches aufgrund konkurrierender Ressourcenverteilung und Machtausübung innerhalb des jeweiligen Klosterbereiches entstanden war.

Im Kloster Vărzărești waren die Gendarmen mit einem Abt konfrontiert, der kaum bereit war, mit den Sicherheitskräften zu kooperieren. Vor allem als die Versorgungsprobleme akut wurden, erhoffte sich die Gendarmerie, dass der Abt ihnen und den Altkalendaristen ohne zu zögern helfen würde, da er der Gendarmerie zufolge reich war. Er verfügte angeblich über viele Felder, die reiche Ernte brachten, den Gewinn aber würde er, so hieß es, nur für sich selbst und für seine Verwandten einbehalten. Laut einer Liste der Gendarmerie mit den Besitztümern des Klosters verpachtete der Abt seinen Bekannten 20 Hektar Getreideflächen, auf welchen sie Weizen anbauten. Andere Bekannte bearbeiteten weitere 18 Hektar, wo Mais, Gemüse und Weinreben angepflanzt wurden. Darüber

54 ANR, Inspectoratul General al Jandarmeriei, 1937/25, 185f. [Regeln der Gendarmerie Râmnicu Sărat betr. die Internierung der Altkalendaristen].

55 ANR, Inspectoratul General al Jandarmeriei, 1937/25, 185f. [wie eben].

hinaus besaß das Kloster kleinere Grundstücke, umfangreiche Wälder sowie zahlreiche Obst- und Nussbäume. [56] Sollte das Inventar der Gendarmerie zuverlässig sein, war Vărzărești ein wohlhabendes Kloster. Die Gendarmen, empört über das Verhalten des Abtes, wollten sich ihm nicht unterordnen und versuchten, direkt von der Heiligen Synode mehr Befugnisse im Klosterbereich zu erlangen. Der Abt sollte ihnen mehr Räume, ein Grundstück für Gemüseanbau sowie Wägen und Vorspannpferde für den Transport von Nahrungsmitteln zur Verfügung stellen.[57] Er wollte davon nichts hören und beschwerte sich bei der Kirchenleitung über die Gendarmen, da diese angeblich nicht nur ihre Aufgaben nicht erfüllten, sondern den Altkalendaristinnen auch viele Freiheiten erlaubten.[58]

Die konfliktreiche Beziehung zwischen der Gendarmerie und dem Klosterpersonal von Vărzărești endete erst nach der Ernennung eines neuen Gendarmeriekommandanten. Dieser schien sich besser mit den orthodoxen Mönchen zu verstehen. Im Sommer 1937 kam es aber dort erneut zu einem Skandal, der die Gendarmerie und das Klosterpersonal in ein schlechtes Licht rückte. Bei einer spontanen Kontrolle fand die Gendarmerieleitung die Gendarmen, den Abt und weitere Mönche in trunkenem Zustand vor. Sie hatten vom Vorabend bis in den Morgen gefeiert, gegessen und getrunken und dadurch die Überwachung der Altkalendaristen völlig vernachlässigt. Die verantwortlichen Gendarmen bekamen bis zu 15 Tagen Arrest.[59]

Auch in den beiden anderen Internierungsorten kam es zu Kontroversen zwischen den Gendarmen und dem Klosterpersonal. Mönche des Klosters Iezerul warfen den Gendarmen vor, sich zu bereichern, anstatt sich um die Überwachung der Altkalendaristen zu kümmern. Die Gendarmen würden nach Aussagen des Abtes nach Schätzen suchen und dafür rund um das Kloster in der Erde graben. Für den Râmnicer Bischof Stănescu war dies nur ein weiterer Grund dafür, dass die Internierungsaktion in seiner Eparchie beendet werden sollte. Die Gendarmerieleitung untersuchte die Beschwerde und gelangte zu dem Schluss, dass sie unbegründet sei; sie gehe wahrscheinlich auf einen älteren Konflikt

56 ANR, Inspectoratul General al Jandarmeriei, 1937 26, 148 [Mitteilung der Gendarmerie Râmnicu Sărat an das Zentralinspektorat vom 13.9.1937 betr. eine Liste mit den Besitztümern des Klosters Vărzărești].

57 ANR, Inspectoratul General al Jandarmeriei, 1937/23, 80 [Mitteilung der Gendarmerie Râmnicu Sărat an das Zentralinspektorat vom 23.6.1937 betr. mangelnde Ressourcen für Verpflegung und Unterkunft der internierten Altkalendaristen]; 24.1937/24, 290 [Mitteilung Barbu Pârăianus an die Heilige Synode vom 13.6.1937 betr. nötige Mittel für die Verpflegung der internierten Altkalendaristen].

58 ANR, Inspectoratul General al Jandarmeriei, 1937/25, 283f. [Mitteilung der Gendarmerie an die Heilige Synode vom 11.9.1937 betr. eine Beschwerde von Gendarmen gegen Klosterabt von Vărzărești]; 26.1937/26, 140f. [Mitteilung der Gendarmerie Râmnicu Sărat an das Zentralinspektorat vom 12.10.1937 betr. Konflikte zwischen Gendarmen und dem Klosterpersonal von Vărzărești].

59 ANR, Inspectoratul General al Jandarmeriei, 1937/25, 65f., hier 66 [Bericht der Gendarmerie Râmnicu Sărat an das Regionalinspektorat der Gendarmerie Focșani vom 26.7.1937 betr. Disziplinarmaßnahmen gegen Gendarmen in den Internierungsklöstern].

zurück, der mit den ungeklärten Zuständigkeiten für die Internierungsaktion zusammenhing.[60] Als im Kloster Iezerul der nötige Gendarmerieposten eingerichtet worden war, hatten die Mönche einen Großteil ihrer Klosteranlage an die Gendarmen und die Altkalendaristen abtreten müssen. Im Juni 1937 ernannte Bischof Stănescu für Iezerul einen neuen Leiter und instruierte ihn in Bezug auf die Klosteraktion: „Jede Einmischung [in die Klosteraktion] oder Zusammenarbeit mit den Altkalendaristen ist verboten. Um diese kümmert sich ausschließlich die Gendarmerie.“[61]

Dass die Befugnisse der Mönche durch die Internierung der Altkalendaristen in den betroffenen Klöstern stark eingeschränkt wurden, zeigt ein weiterer Vorfall aus demselben Konvent. Als die dortigen Mönche Ende 1937 in Iezerul ein neues Mitglied in ihre Gemeinschaft aufnehmen wollten, mussten sie dafür das Einverständnis der Gendarmerieleitung einholen, obwohl die Kirchenleitung die Aufnahme bewilligt hatte.[62]

Ein Konflikt im Kloster Cheia beweist, dass auch physische Gewalt der Gendarmen gegen die Altkalendaristen zur Realität der Internierung gehörte. Im Juni 1937 wurden zwei dort eingesetzte Gendarmen mit 15 Tagen Arrest bestraft und in andere Gendarmerieposten versetzt, nachdem die Gendarmerieleitung ihnen „Machtmissbrauch“ vorgeworfen hatte.[63] Einer der beiden, der 23-jährige Radu Tudor aus dem südrumänischen Kreis Ialomiţa, der nicht lesen und schreiben konnte, hatte seit dem Vorjahr für die Gendarmerie gearbeitet.[64] Der andere, Ştefan Ivan, hatte das gleiche Alter, vier Schulklassen absolviert und stammte ebenfalls aus dem Süden des Landes, nämlich aus dem Kreis Teleorman. Konkret warf die Gendarmerieleitung den beiden vor, dass sie die Altkalendaristen ständig geschlagen und „mit blöden Witzen“ schikaniert hätten.[65] Die Anlässe zur Gewalt waren unterschiedlich: Die beiden Gendarmen hatten Altkalendaristen geschlagen, weil diese ihnen nicht auf Befehl Wasser bringen oder ihnen die Schuhe ausziehen wollten; es konnte sich aber auch einfach um Sadismus handeln.[66] Aufgrund der Missbräuche wurde ein Untersuchungs-

[60] CNSAS, Fond Documentar, D015261, 840 [Mitteilung Barbu Pârăianus an die Eparchie Râmnic ohne lesbares Datum betr. die Umwandlung des Klosters Iezerul in ein Internierungskloster].

[61] ANR, Inspectoratul General al Jandarmeriei, 1937/23, 211 [Kopie der Mitteilung Vartolomeu Stănescus an Gavril Buhoci vom 28.6.1937 betr. die Versetzung Buhocis nach Iezerul].

[62] ANR, Inspectoratul General al Jandarmeriei, 1937/7, 235–238 [Anfrage Climent Ciupercăs an die Gendarmerie Vâlcea vom 20.11.1937 betr. seinen Transfer nach Iezerul].

[63] ANR, Inspectoratul General al Jandarmeriei, 1936/50, 328 [Mitteilung des Gendarmeriepostens Ungureni an die Gendarmerie Prahova vom 31.5.1937 betr. die Untersuchungen gegen die Gendarmen im Kloster Cheia].

[64] ANR, Inspectoratul General al Jandarmeriei, 1936/50, 334 [Kopie der Personalakten Radu Tudors]; 335 [Kopie der Personalakten Ştefan Ivans].

[65] ANR, Inspectoratul General al Jandarmeriei, 1936/50, 327 [Bericht der Gendarmerie Prahova an das Zentralinspektorat vom 15.6.1937 betr. Machtmissbrauch der Gendarmen im Kloster Cheia].

[66] ANR, I Inspectoratul General al Jandarmeriei, 1936/50, 329 [Bericht des Gendarmeriepostens Ungureni an die Gendarmerie Prahova vom 31.5.1937 betr. die Untersuchungen gegen die Gendarmen im Kloster Cheia].

verfahren gegen den Kommandanten des Gendarmeriepostens im Kloster Cheia eingeleitet, denn bei ihm lag die Verantwortung, die Arbeit der Gendarmen zu überwachen.

Auch im Kloster Iezerul beschwerten sich Altkalendaristen über Schläge durch Gendarmen, wobei nicht ersichtlich ist, ob dort ebenfalls eine Untersuchung eingeleitet wurde. Generell unterstützte die Gendarmerieleitung körperliche Gewalt gegen die Altkalendaristen nicht, da diese auch so „ausreichend Strafen" bekommen würden.[67]

Sowohl auf den Besitztümern des Klosters Ciolanu als auch im Kloster Vărzărești mussten die gesunden Altkalendaristinnen Zwangsarbeit leisten. Während sie in Ciolanu auf den Feldern der Amtskirche gearbeitet hatten, arbeitete nach ihrem Umzug ins Kloster Vărzărești ein Teil der altkalendaristischen Frauen für einen Heeresoffizier. Die Heilige Synode schloss darüber einen Vertrag mit Oberstleutnant Al. Georgescu, der nahe des Klosters Weingärten besaß.[68] Georgescu erklärte sich bereit, 20 Altkalendaristinnen für die Monate Juni und September anzustellen und der Heiligen Synode 5.040 Lei dafür zu bezahlen. Da die dergestalt beschäftigten Altkalendaristinnen durch ihre eigene Arbeit nicht sämtliche Kosten abdecken konnten, die pro Monat für alle 70 Internierten zusammen etwa 18.700 Lei betrugen, machten sich die Gendarmerie und die Heilige Synode auf die Suche nach weiteren Dienstgebern.[69] Es konnten aber in der Gegend keine Großgrundbesitzer gefunden werden, welche die Arbeit der Altkalendaristinnen benötigt hätten.[70] Es kursierten Gerüchte, dass einige Altkalendaristinnen vom Kloster Vărzărești ins Kloster Agapia transferiert werden sollten, weil es in der dortigen Gegend Arbeit geben würde.[71] Diejenigen der altkalendaristischen Nonnen, die keine schwere körperliche Dienste leisten konnten, wurden für einfachere Tätigkeiten innerhalb des Klosters eingesetzt.[72]

Die Gendarmerie war auch für externe Arbeitsaufträge für Altkalendaristen offen, die in den beiden anderen Klöstern interniert waren. In Iezerul schloss sie zum Beispiel einen

67 ANR, Inspectoratul General al Jandarmeriei, 1936/50, 326 [Mitteilung der Gendarmerie Bukarest an das Zentralinspektorat vom 7.6.1937 betr. die Bestrafung der Gendarmen im Kloster Cheia].

68 ANR, Inspectoratul General al Jandarmeriei, 1937/24, 312f. [Mitteilung der Gendarmerie Râmnicu Sărat an das Zentralinspektorat vom 24.6.1937 betr. Vertragsdetails zwischen Al. Georgescu und der Gendarmerie].

69 ANR, Inspectoratul General al Jandarmeriei, 1937/25, 80f. [Mitteilung derselben an dasselbe vom 13.8.1937 betr. den Vertrag zwischen der Gendarmerie und Al. Georgescu]; 306 [Mitteilung der Gendarmerie an die Heilige Synode vom 20.9.1937 betr. Ausgaben der Gendarmerie für die Verpflegung der internierten Altkalendaristen].

70 ANR, Inspectoratul General al Jandarmeriei, 1937/24, 312f. [Mitteilung der Gendarmerie Râmnicu Sărat an das Zentralinspektorat vom 24.6.1937 betr. Vertragsdetails zwischen Al. Georgescu und der Gendarmerie].

71 ANR, Inspectoratul General al Jandarmeriei, 1937/24, 311 [Brief Maria Vizitius, Altkalendaristin interniert im Kloster Vărzărești, vom 26.5.1937 an Neculai P. Vizitiu].

72 ANR, Inspectoratul General al Jandarmeriei, 1937/25, 185f. [Regeln der Gendarmerie Râmnicu Sărat betr. die Internierung der Altkalendaristen].

Vertrag mit der regionalen Forstverwaltung.[73] Für das Kloster Cheia haben sich keine Informationen über etwaige Zwangsarbeit erhalten. Da die Gendarmerie vermutlich Angst hatte, dass Anhänger der führenden Altkalendaristen sich in der Nähe der Internierungsklöster aufhalten und deren Flucht planen könnten, ging sie mit den männlichen Altkalendaristen in dieser Hinsicht etwas vorsichtiger um.

Im Sommer 1937 ereignete sich in Vărzărești ein Vorfall, der bestimmte Aspekte der Internierung und der Zwangsarbeit aus der Perspektive eines Juristen veranschaulicht. Die Altkalendaristinnen befanden sich seit fast einem Jahr in ihrem klösterlichen Gefängnis, als sie der Advokat D. Georgescu entdeckte. Er stieß auf jene 20 Altkalendaristinnen, die Zwangsarbeit auf dem oben erwähnten Weingut des Armeeoffiziers verrichteten (mit dem der Advokat ohne jede Verwandtschaft den Nachnamen teilte). Seinen eigenen Angaben zufolge kam er rein zufällig mit den altkalendaristischen Nonnen in Kontakt;[74] wahrscheinlich hatten aber Bekannte der Altkalendaristinnen den Advokaten, mit dem sie in Verbindung gestanden waren, eigens hingeschickt. Nach einem Gespräch mit der Gruppe der Internierten wandte Georgescu sich zunächst mit einer Anfrage an den Innenminister: „Seit elf Monaten leben diese Frauen komplett isoliert. Ihre Festnahme ist missbräuchlich, es liegt kein Haftbefehl gegen sie vor und kein Gericht hat sie verurteilt. [...] Wenn sie eine Straftat begangen haben, dann sollen sie von den zuständigen Instanzen angeklagt werden.“ Der Anwalt war empört darüber, dass die Regierung die Inhaftierung der Altkalendaristinnen völlig am Gesetz vorbei durchgeführt hatte: „Das Innenministerium beraubt offensichtlich viele Menschen ihrer Freiheit. Diese Freiheit wird aber von der Verfassung und den anderen Gesetzen des Staates garantiert.“[75] Georgescu intervenierte auch beim Justizminister in der Hoffnung, mehr Informationen zu diesem Fall zu erhalten: „Diese Frauen haben härtere Strafbedingungen als die normalen Gefangenen. [...] Es ist eine seltsame und unverständliche Situation. [...] Die Verhaftung der Frauen wurde ohne Rücksicht auf die individuelle Freiheit und auf die Menschenrechte durchgeführt.“[76] Daraufhin erklärte ein Vertreter des Innenministeriums dem Advokaten, dass es sich dabei um eine strikte und geheime Angelegenheit der staatlichen Sicherheit handle und daher ein solches Vorgehen erlaubt sei.[77] Georgescu versuchte ein zweites

[73] ANR, Inspectoratul General al Jandarmeriei, 1937/23, 87 [Mitteilung des Gendarmeriepostens Iezerul-Vâlcea an das Regionalinspektorat der Gendarmerie Vâlcea vom 12.6.1937 betr. die Lage in den Internierungsklöstern].

[74] ANR, Inspectoratul General al Jandarmeriei, 1937/25, 65f. [Bericht der Gendarmerie Râmnicu Sărat an das Regionalinspektorat der Gendarmerie Focșani vom 26.7.1937 betr. die Untersuchungen des Rechtsanwalts Georgescu].

[75] ANR, Inspectoratul General al Jandarmeriei, 1937/26, 96f. [Kopie des Schreibens von D. Georgescu an Barbu Pârăianu].

[76] ANR, Ministerul Jusitiției-Direcția Judiciară, 1937/83, 46f. [Mitteilung des Gerichts Râmnicu Sărat an den Justizminister vom 20.12.1937 betr. die Beschwerde D. Georgescus].

[77] ANR, Inspectoratul General al Jandarmeriei, 1937/26, 96f. [Kopie des Schreibens von D. Georgescu an Barbu Pârăianu].

Mal, Kontakt mit den Nonnen aufzunehmen, die Gendarmerie verweigerte ihm aber den Zutritt zum Kloster.[78] Da der Postenkommandant von Vărzărești das ursprüngliche Treffen zwischen den Altkalendaristinnen und dem Advokaten erlaubt hatte, was ein Verstoß gegen die offiziellen Regeln war, bekam er eine Disziplinarstrafe, wurde von seinem Posten entfernt und durfte an einem Ausbildungsprogramm der Gendarmerie, für welches er bereits angemeldet war, nicht mehr teilnehmen.[79]

Die Interventionen des Anwalts blieben aber nicht ohne Folgen. Denn auf Befehl des Innenministeriums wurden vier als nicht gefährlich eingestufte Altkalendaristinnen entlassen.[80] Sie waren interniert worden, als sie ihre Glaubensgenossinnen im Kloster besuchen wollten, um ihnen Nahrung und Kleidung zu bringen. Ihre Entlassung war auch für die Gendarmerie eine Erleichterung, denn durch ihre Festnahme hatten sich die Internierungskosten erhöht. Nach diesem Vorfall verschärfte die Gendarmerieleitung die Überwachung der weiter internierten Altkalendaristinnen; die beiden untergeordneten Gendarmen, die dem Advokaten den Kontakt mit den Altkalendaristinnen erlaubt hatten, wurden entlassen und zusätzlich mit je 15 Tagen Arrest bestraft.[81]

Ein Bereich, der für die internierten ein großes Problem darstellte, war ihr Gesundheitszustand. Obwohl den offiziellen Internierungsregeln zufolge in allen drei Klöstern medizinische Versorgung vorhanden sein sollte, war sie fast inexistent. Die Regeln sahen vor, dass jede zweite Woche ein Arzt eine Routinekontrolle durchführen musste. Jedes Kloster sollte Medikamentenvorräte haben, und sollten Altkalendaristen erkranken, durften die Gendarmen Ärzte holen. Die Internierung in einem Krankenhaus wäre möglich gewesen, wenn die Gendarmerie und ein Arzt ihr Einverständnis gegeben hätten. Auf dem Papier war jedoch alles einfacher als in der Praxis; denn wie aus dem Briefwechsel von Altkalendaristen mit ihren Bekannten hervorgeht, benötigten viele Internierte Medikamente, die teuer waren und schnell zur Neige gingen. Bekannte schickten ihnen immer wieder Medikamente, doch die kamen nicht regelmäßig, und es waren nicht immer die

78 ANR, Inspectoratul General al Jandarmeriei, 1937/25, 184 [Kopie der Anfrage D. Georgescus an den Staatsanwalt vom 13.7.1937 betr. Kontaktaufnahme mit den internierten Altkalendaristinnen].

79 ANR, Inspectoratul General al Jandarmeriei, 1937/25, 171–174 [Mitteilung der Gendarmerie Râmnicu Sărat an das Zentralinspektorat vom 8.9.1937 betr. die Bestrafung der Gendarmen im Kloster Vărzărești].

80 ANR, Inspectoratul General al Jandarmeriei, 1937/25, 62 [Bericht der Gendarmerie Râmnicu Sărat an das Zentralinspektorat vom 11.9.1937 betr. finanzielle Aspekte der Internierungsaktion]; 184 [Kopie der Anfrage D. Georgescus an den Staatsanwalt vom 13.7.1937 betr. Kontaktaufnahme mit den internierten Altkalendaristinnen]; 194 [Mitteilung der Gendarmerie Râmnicu Sărat an das Regionalinspektorat der Gendarmerie Focșani vom 23.8.1937 betr. die Entlassung einiger internierter Altkalendaristinnen].

81 ANR, Inspectoratul General al Jandarmeriei, 1937/25, 65f. [Bericht derselben an dasselbe vom 26.7.1937 betr. die Untersuchungen des Rechtsanwalts Georgescu].

richtigen.[82] Ob ein kranker Altkalendarist schließlich kuriert wurde oder nicht, hing in den meisten Fällen davon ab, ob er sich die Medikamente oder den Aufenthalt in einem Krankenhaus auf eigene Kosten leisten konnte. Nur in seltenen Fällen hatten die Internierten Verwandte, welche diese Kosten für sie übernehmen konnten. Die meisten mussten sich auf die Gendarmerie und die Amtskirche verlassen. Wie bereits ausführlich geschildert, hatten die Gendarmerieposten in den Klöstern ohnehin große finanzielle Probleme. Entsprechend schwerwiegende Folgen hatte daher für einige Altkalendaristen die fehlende medizinische Versorgung.

Ein Beispiel ist der Fall der beiden Altkalendaristinnen Profira V. Leonte und Eva Milea. Beide kamen sie ursprünglich aus dem Kreis Baia. Am 24. August 1937 informierten die Gendarmen von Vărzăreşti ihre Vorgesetzten und die Kirchenleitung, dass die zwei schwer krank seien und sofort ins Krankenhaus gebracht werden müssten.[83] Weder die Kirche noch die Gendarmerie wollten aber die Kosten für die Internierung in einem Krankenhaus übernehmen. Da eine Antwort aus Bukarest auf sich warten ließ und der Zustand der beiden Frauen kritisch war, fand die Gendarmerie Anfang September eine Zwischenlösung, indem sie spezielle Medikamente für die beiden besorgte. Obwohl diese 7.177 Lei kosteten und ihr Kauf das Budget der Gendarmerie durcheinanderbrachte, gab sie nach und versuchte auf diese Weise, den Kranken das Leben zu retten. Die Gendarmerie wartete aber ungeduldig darauf, dass die Heilige Synode ihr das Geld für die Medikamente rückerstatten würde.[84]

Trotz allem verbesserte sich der Zustand der beiden Altkalendaristinnen nicht. Eine Behandlung im Krankenhaus war notwendiger denn je. Ende September informierte die Heilige Synode die Gendarmerie, dass sie weder für einen Krankenhausaufenthalt noch für weitere medizinische Interventionen Geld habe: „In der heutigen Lage, in welcher der Staat uns kaum Geld für ihren Unterhalt in den Klöstern gibt, können wir die spezielle Behandlung, welche sie brauchen, nicht finanzieren."[85] Die Gendarmen sollten dem Patriarchen Cristea zufolge die kranken Altkalendaristinnen nach Hause zu ihren Familien schicken. Jedoch dürften sie aber Cristeas Meinung nach nicht unbeaufsichtigt bleiben und die Gendarmerie müsste sie aus Sicherheitsgründen weiter überwachen.[86]

82 ANR, Inspectoratul General al Jandarmeriei, 1937/24, 185, 187 [Mitteilung Barbu Pârăianus an die Heilige Synode vom 15.6.1937 betr. nötige Medikamente für kranke Altkalendaristen].

83 ANR, Inspectoratul General al Jandarmeriei, 1937/25, 157 [Mitteilung desselben an dieselbe vom 2.9.1937 betr. die nötige Behandlung zweier kranker Altkalendaristinnen].

84 ANR, Inspectoratul General al Jandarmeriei, 1937/25, 304 [Mitteilung desselben an dieselbe vom 20.9.1937 betr. Medikamentenkosten für kranke Altkalendaristinnen].

85 ANR, Inspectoratul General al Jandarmeriei, 1937/26, 21 [Mitteilung der Heiligen Synode an das Zentralinspektorat der Gendarmerie vom 13.9.1937 betr. mangelnde Finanzmittel der Amtskirche für die Behandlung kranker Altkalendaristen].

86 ANR, Inspectoratul General al Jandarmeriei, 1937/26, 20 [Mitteilung des Zentralinspektorats der Gendarmerie an die Gendarmerie Râmnicu Sărat vom 23.9.1937 betr. den Transfer der kranken Altkalendaristinnen zu ihren Familien und ihre Überwachung durch Gendarmen].

Die Gendarmerie war damit einverstanden, doch war der Gesundheitszustand der beiden mittlerweile so schlecht, dass sie die Reise in den fernen moldauisch-bukowinischen Norden Rumäniens, wo ihre Familien wohnten, nicht antreten konnten.[87] Außerdem waren Gendarmerie und Kirchenleitung nicht bereit, den Transport der Schwerkranken zu bezahlen. Ihre Familien sollten sich um ihn und um ihre weitere Versorgung kümmern.[88] Es kam, wie es kommen musste: Profira V. Leonte starb im Oktober 1937 an Lungentuberkulose.[89] In einem Brief vom November 1937 von Miron Cristea an Barbu Pâräianu, der letzten Quelle, in der Eva Milea erwähnt wird, die zweite Kranke, die an Krebs litt, erklärte der Patriarch, dass sie von einem Arzt behandelt werde und sich langsam erhole. Der Gendarmeriechef dürfe sie daher auf keinen Fall entlassen.[90]

Soweit es sich durch die vorhandenen Dokumente feststellen lässt, starben in allen drei Klöstern innerhalb eines Jahres, von Oktober 1936 bis Oktober 1937, insgesamt vier Internierte, zwei Frauen und zwei Männer. Den offiziellen Angaben nach gingen zwei Todesfälle, wie es etwas kryptisch hieß, auf nicht kurierte Krankheiten zurück. Ein Altkalendarist starb an Unterkühlung und in einem Fall starb ein Internierter eines „natürlichen Todes.“[91]

87 ANR, Inspectoratul General al Jandarmeriei, 1937/26, 19 [Mitteilung der Gendarmerie Râmnicu Sărat an das Zentralinspektorat vom 24.9.1937 betr. den Transfer der kranken Altkalendaristinnen zu ihren Familien].

88 ANR, Inspectoratul General al Jandarmeriei, 1937/26, 18 [Mitteilung des Zentralinspektorats der Gendarmerie an die Gendarmerie Râmnicu Sărat vom 25.9.1937 betr. den Ablauf des Transfers der kranken Altkalendaristinnen].

89 ANR, Inspectoratul General al Jandarmeriei, 1937/26, 17 [Mitteilung der Gendarmerie Râmnicu Sărat an das Zentralinspektorat vom 5.10.1937 betr. den Tod Profira Leontes und die Krebserkrankung Eva Mileas].

90 ANR, Inspectoratul General al Jandarmeriei, 1937/26, 15 [Mitteilung des Zentralinspektorats der Gendarmerie an die Heilige Synode vom 13.10.1937 betr. den Tod Profira Leontes und die Krebserkrankung Eva Mileas]; 113 [Mitteilung der Heiligen Synode an das Zentralinspektorat der Gendarmerie vom 2.11.1937 betr. den Tod Profira Leontes].

91 CNSAS, Fond Documentar, D015261, 1016 [Mitteilung der Gendarmerie Prahova vom 17.11.1936 betr. den Tod Mazilu Marins]; ANR, Inspectoratul General al Jandarmeriei, 1937/25, 331f. [Mitteilung der Gendarmerie Focşani an das Zentralinspektorat der Gendarmerie vom 15.9.1937 betr. den Tod Elena Vălceanus (sic)]; 26.1937/26, 15 [Mitteilung des Zentralinspektorats der Gendarmerie an die Heilige Synode vom 13.10.1937 betr. den Tod Profira Leontes und die Krebserkrankung Eva Mileas]; 67 [Mitteilung der Gendarmerie Prahova an das Zentralinspektorat der Gendarmerie vom 30.9.1937 betr. Tod Ion C. Davids]; 145 [Mitteilung des Zentralinspektorats der Gendarmerie an die Heilige Synode vom 11.9.1937 betr. den Tod Elena Vrânceanus (sic)].

Konversionsversuche

Mit der Internierung in den Klöstern wollte die Amtskirche unter anderem auch die Rückführung der Altkalendaristen zur rumänischen Orthodoxie erreichen: Die Internierten sollten die Kalenderreform akzeptieren, alle Ansprüche auf eine altkalendaristische Ideologie sowie auf eine getrennte orthodoxe kirchliche Organisation aufgeben und sich wieder in die orthodoxe Kirche integrieren. Denn wenn die Führung der Bewegung den Weg zurück in die Kirche finden würde – so die Überlegungen der Regierung und der Kirchenleitung –, würden ihr die anderen Anhänger folgen. Die vielen Intrigen zwischen der Gendarmerie und dem Klosterpersonal und die ständige Suche nach Mitteln für die Finanzierung der Klosteraktion führten aber dazu, dass die Konversionsbemühungen, welche ebenfalls viele Ressourcen benötigten, in der Praxis eine eher zweitrangige Rolle spielten – was aber nicht heißt, dass sie planlos erfolgten.

Eine gut durchdachte Isolation der Internierten gehörte zur ersten Maßnahme des Konversionsprozesses. Es gab strengere und mildere Isolationsformen. Im Kloster Vărzărești wurden die Altkalendaristinnen in drei Gruppen eingeteilt – je nach ihrer diagnostizierten Bereitschaft, die Kalenderreform zu akzeptieren. In der ersten Gruppe befanden sich diejenigen, die eher dazu bereit scheinen, in der zweiten weniger Bereite. Die dritte Gruppe bestand schließlich aus „fanatischen Altkalendaristinnen“, also aus solchen, welche sich streng an den alten Kalender hielten. Diese letzte Gruppe sollte mit den beiden anderen so wenig wie möglich in Kontakt kommen.[92] Auch die männlichen Internierten in den beiden anderen Klöstern wurden nach ähnlichen Kriterien kategorisiert: Im Kloster Cheia befanden sich die „weniger gefährlichen Altkalendaristen“, im Kloster Iezerul die überzeugten und einflussreichsten Altkalendaristenführer. Iezerul hatte daher mit Abstand die strengsten Internierungsbedingungen. Viele bekannte Altkalendaristenführer, wie Eustațiu Andreescu und Glicherie Tănase, wurden dort in kompletter Isolation festgehalten.[93]

Welcher Altkalendarist welcher Gruppe zugeordnet wurde, darüber entschied die Gendarmerie in Zusammenarbeit mit dem Klosterpersonal, nachdem sie das Verhalten der Internierten einige Zeit beobachtet hatte. Die Zuordnung war leichter, wenn die Amtskirche über die betreffenden Altkalendaristen bereits ausreichend Informationen besaß, um genau feststellen zu können, ob es sich um „Fanatiker“ handelte oder nicht. Der verpflichtende Gottesdienstbesuch in den Klosterkirchen war eine gute Gelegenheit, die Altkalendaristen in ihrer Treue zum alten Kalender zu prüfen. Man kannte die Abneigung der Altkalendaristen gegenüber den amtsorthodoxen Kirchen, welche sie meistens als ka-

92 ANR, Inspectoratul General al Jandarmeriei, 1937/25, 185f. [Regeln der Gendarmerie Râmnicu Sărat betr. die Internierung der Altkalendaristen].

93 ANR, Inspectoratul General al Jandarmeriei, 1937/23, 87 [Mitteilung des Gendarmeriepostens Iezerul-Vâlcea an das Regionalinspektorat der Gendarmerie Vâlcea vom 12.6.1937 betr. die Lage in den Internierungsklöstern].

tholisch und häretisch wahrnahmen.[94] Wer mit aller Kraft ablehnte, die Klosterkirchen zu betreten, wurde als gefährlich eingestuft. Als zum Beispiel im Kloster Cheia die Gendarmerie die Internierten in die Kirche bringen wollte, leisteten einige Widerstand und erklärten den Gendarmen, sie würden lieber sterben, als die Kirche zu betreten. Manche Altkalendaristen hatten erst während des Gottesdienstes Gewissensbisse und begannen zu schreien, dass „sie nie den neuen Kalender akzeptieren werden. Lieber würden sie sterben, als die Feiertage zu wechseln.“[95] Auch durch Verschickungen erreichten die Gendarmerie und die orthodoxen Mönche, dass die kategorisierten Gruppen homogen blieben. Als zum Beispiel ein Altkalendarist im Kloster Cheia sich offen als solcher bezeichnete, wurde er zu den „Fanatikern“ ins Kloster Iezerul transferiert.[96] Es gab aber auch die umgekehrte Richtung: Ein ursprünglich als überzeugter Altkalendarist eingestufter Internierter aus Iezerul, der sich bereit zeigte, den Altkalendarismus aufzugeben, wurde als Belohnung ins Kloster Cheia gebracht. Die Gendarmerie führte für jeden Internierten ein eigenes Dokument, wo Fortschritte oder Rückschritte bei der Rückführung in die Amtskirche vermerkt wurden.[97] Obwohl die Gendarmerie die besagten Transfers nach passender Kategorie als eine effiziente Methode betrachtete, setzte sie dieses Mittel aus finanziellen Gründen nicht ohne Bedenken ein, denn jeder Transfer bedeutete, dass die Gendarmerie etwas aus ihren fast leeren Kassen nehmen musste.

Isolation und Einzeltransfers wurden also als Mittel angewandt, um die Rückführung in die Amtskirche voranzutreiben und zu verhindern, dass sich aus den Internierten eine zu enge Gemeinschaft bildete. Während beim Studium der Akten die Verpflegung und die Vorbereitung der Unterkünfte den Eindruck einer chaotischen Organisation hinterlassen, scheint der Konversionsprozess überlegter abgelaufen zu sein. So wurden die diesbezüglichen Methoden schrittweise verfeinert. Am Anfang hatten beispielsweise die Altkalendaristen mehr Kontakt zu dem Klosterpersonal und durften sogar an Gottesdiensten teilnehmen, auch wenn Gläubige von außerhalb der Klöster dabei waren. Bald aber begriff die Kirchenleitung, wie gefährlich es sein könnte, wenn die Internierten zu viel Kontakt mit anderen Gläubigen hatten. Man befürchtete, dass es zu einer „Bekehrung“ in die falsche Richtung kommen könnte. Zwei Monate nach begonnener Internierung der Altkalendaristen wurde auf Anweisung des Innenministeriums deren Isolation verschärft.

94 ANR, Inspectoratul General al Jandarmeriei, 1936/50, 110 [Mitteilung der Gendarmerie Prahova an das Zentralinspektorat vom 31.10.1936 betr. das Verhalten der Altkalendaristen während der Gottesdienste].

95 CNSAS, Fond Documentar, D015261, 1043 [Mitteilung derselben an dasselbe vom 15.10.1936 betr. die Lage der Internierten im Kloster Cheia].

96 ANR, Inspectoratul General al Jandarmeriei, 1937/25, 237 [Mitteilung der Heiligen Synode an Barbu Pârăianu vom 23.8.1937 betr. den Vorschlag des Patriarchen für den Transfer internierter Altkalendaristen].

97 ANR, Inspectoratul General al Jandarmeriei, 1937/26, 74 [„Personalakte“ Ioan Davids vom Gendarmerieposten Cheia betr. das Verhalten des Altkalendaristens Ioan David im Kloster Cheia, zwischen 31.11.1936 und seinem Tod am 31.1.1937].

Dies ist zugleich die einzige bisher belegbare direkte Intervention des Innenministeriums in die Klosteraktion. Nachdem jemand den Innenminister Dumitru Iuca informiert hatte, dass die Kontrolle der Internierten schwach sei, schrieb er dem Patriarchen Cristea:

> „Um die stilistische Bewegung niederzuschlagen, hat das Innenministerium zusammen mit der Heiligen Synode und dem Kultusministerium entschieden, die Ruhe und Ordnung im Staat und in der Kirche wiederherzustellen und die stilistischen Nonnen und Mönche zu verhaften und sie in drei Klöstern zu internieren. Ziel dieser Internierung war einerseits die Isolation der Stilisten, andererseits sie aus der Verwirrung, in die sie verfallen sind, wieder zu erwecken. Das Ministerium wurde aber informiert, dass die internierten Stilisten nicht genug überwacht werden. Nicht nur, dass sie sich nicht konvertieren lassen, sondern sie konvertieren die anderen Mönche und Nonnen zum Stilismus. Sie nehmen während der Gottesdienste Kontakt zu anderen Gläubigen auf und betreiben stilistische Propaganda. Unter solchen Bedingungen ist ihre Internierung sinnlos. Die internierten Stilisten müssen daher strenger überwacht werden und jeder Kontakt mit anderen ist zu verhindern."[98]

Cristea reagierte auf diese ministerielle Mahnung und bat den Gendarmeriechef, die notwendigen Maßnahmen zu treffen, damit die Internierten keinen Kontakt zu anderen Menschen mehr hätten.[99]

In Hinblick auf den Erfolg der Bekehrungsversuche lässt sich feststellen, dass sie in den ersten Monaten keine Wirkung zeitigten. Es muss aber betont werden, dass die Heilige Synode für die Rückführungsversuche keine ausgebildeten Missionspriester engagiert hatte. Einzig das vorhandene Klosterpersonal durfte Gespräche mit den Altkalendaristen führen. Der Mönch Teofil Mocăniță, der sich in Vărzărești um die „Umerziehung" der Altkalendaristinnen kümmerte, erklärte in einem Bericht von Ende Oktober 1936, wieso ihre Glaubensrückführung nur langsam vorankam: „Wir sind zu keinen Ergebnissen gekommen, denn die stilistische Idee ist in ihren Seelen tief verwurzelt. Die Stilistinnen haben einen Glauben an den alten Kalender entwickelt, der Fanatismus gleichkommt."[100]

Erst im März 1937 konnte die Gendarmerie die ersten Erfolge der Konversionsmaßnahmen vermelden. Zehn der 20 in Iezerul Internierten – also der als besonders „fanatisch" kategorisierten – hatten eine sogenannte „Austrittserklärung aus dem Stilismus" („Declarație de lepădare de stilism") verfasst. Ein halbes Jahr nach ihrer Internierung bezeichnete sich also ein Teil der Altkalendaristenführer als Gläubige und Angehörige der

98 CNSAS, Fond Documentar, D015261, 1072 [Eingabe des Innenministeriums bei der Heiligen Synode vom November 1936 betr. die Überwachung der internierten Altkalendaristen].

99 CNSAS, Fond Documentar, D015261, 1071 [Mitteilung des Patriarchen an Barbu Pârăianu vom 24.11.1936 betr. die Überwachung der internierten Alkalendaristen].

100 CNSAS, Fond Documentar, D015261, 1042 [Mitteilung der Gendarmerie Buzău vom 17.10.1936 betr. die Lage der Altkalendaristinnen in der Skite Barbu].

Rumänisch-orthodoxen Kirche.[101] Die Austrittserklärungen bestanden aus einigen kurzen Sätzen, welche die Betroffenen mit Hilfe anderer Internierter oder sogar mit der Unterstützung der Gendarmerie geschrieben hatten. Eine typische Austrittserklärung lautete: „Ich, der Mönch Pamvu Hoisu aus Vânători Neamţ, erkläre mich bereit, den Stilismus aufzugeben und die orthodoxe Kirche zu akzeptieren. [...] Ich werde keine Propaganda mehr machen und keine Gottesdienste halten. Ich bitte um Verzeihung."[102] Bei einer genaueren Analyse der Austrittserklärungen stellte sich aber heraus, dass manche Altkalendaristen „ihren Glauben an den alten Kalender" gar nicht wirklich aufgegeben hatten. Im Drang, die Altkalendaristen zu bekehren, interpretierte die Gendarmerie alle schriftlichen Erklärungen fälschlicherweise als Austrittswünsche, obwohl vier von zehn vielmehr Bekenntnisse zum Altkalendarismus gewesen waren. Ein Beispiel dafür ist das Schreiben von Paternie Rachieriu: „Ich bin ein orthodoxer Gläubiger nach dem östlichen [Ritus] und glaube an die apostolische Kirche und an den alten Kalender. Ich bin weder Kommunist noch Anarchist und mache keine antistaatliche Propaganda. Ich bin der Regierung untergeordnet und bitte Sie, mich zu entlassen."[103] Der Mönch Ilie Teofil sendete mit seiner vermeintlichen „Austrittserklärung" eine ähnlich klare Botschaft:

> „Wie ich die kirchlichen Feiertage bis 1924 gefeiert habe, so werde ich sie weiterhin feiern. Ich halte mich an den orthodoxen Glauben, so wie es in der Bibel steht und so wie ich es im heiligen Kloster Neamţ gelernt habe. So haben auch die Heiligen Väter und die Heiligen Apostel gefeiert. Ich bin nicht gegen die Kirche und bin auch kein Kommunist. Ich bin ein orthodoxer Christ."[104]

In der Austrittserklärung des Mönches Vasile Ghica, der sich nach seiner Internierung stets geweigert hatte, die Klosterkirche von Iezerul zu betreten, hieß es schließlich auch wenig konkret: „Ich halte mich an den verbesserten Kalender. Ich werde in die orthodoxe Kirche dieses Landes gehen und werde die Regierung sowie die hochrangigen Kleriker respektieren."[105]

Ein Repräsentant der Heiligen Synode untersuchte die Aussagen der Altkalendaristen und kam rasch zu dem Schluss, dass man sie nicht ernst nehmen konnte. Sie seien zu wenig überzeugend, berichtete er der Kirchenleitung. Kurz danach sah auch die Gendarmerie ein, dass sie sich mit der Interpretation der Aussagen der Altkalendaristen geirrt

[101] ANR, Inspectoratul General al Jandarmeriei, 1937/23, 163 [Mitteilung der Gendarmerie Vâlcea an das Zentralinspektorat vom 9.3.1937 betr. Austrittserklärungen von zehn internierten Altkalendaristen].

[102] CNSAS, Fond Documentar, D015261, 650 [Aussage Pamvu Hoisus betr. seine Anerkennung der Kalenderreform].

[103] ANR, Inspectoratul General al Jandarmeriei, 1937/23, 167 [Aussage Partenie Răchierus, von der Gendarmerie Vâlcea an das Zentralinspektorat vom 9.3.1937].

[104] ANR, Inspectoratul General al Jandarmeriei, 1937/23, 166 [Aussage Ilie Teofils vom 12.2.1937, von der Gendarmerie Vâlcea an das Zentralinspektorat vom 9.3.1937].

[105] ANR, Inspectoratul General al Jandarmeriei, 1937/23, 169 [Aussage Vasile Ghicas vom 12.2.1937, von der Gendarmerie Vâlcea an das Zentralinspektorat vom 22.2.1937].

hatte, und schrieb: „Die Mehrheit der Stilisten hat oberflächliche Aussagen verfasst, dass sie bereit ist, den alten Stil aufzugeben. Alle sind in Wirklichkeit Fanatiker [...].“[106]

Nachdem die Altkalendaristen eingesehen hatten, dass ihre Austrittserklärungen keine Folgen hatten, denn weder wurden sie entlassen noch besserten sich die Internierungsbedingungen, zogen einige sie ausdrücklich zurück. Gamaliil Papil, der bis 1924 eine Art Sekretär im Kloster Neamţ gewesen war, war einer, der seine Austrittserklärung sehr bereute:

> „Während meiner ersten Nacht im Kloster wurde ich mit 30 Schlägen auf den Kopf geschlagen. In der zweiten Nacht mit 50 Schlägen. Eine Woche lang konnte ich wegen der vielen Wunden nichts essen außer Suppe. All das geschah aus dem Grund, damit ich den alten Kalender aufgebe und den neuen anerkenne. Aus Angst habe ich das gemacht. Aus Angst vor der Barbarei habe ich mehrere Austrittserklärungen verfasst. Jetzt bin ich über mein Verhalten empört. Bis zu meinem Tod und danach bleibe ich dem alten Kalender und dem alten Osterdatum treu. Jedes Gespräch zu diesem Thema ist beendet und ich will von niemandem mehr Ratschläge bekommen. Ich respektiere alle Entscheidungen der offiziellen Regierung.“[107]

Auch der Mönch Vasile Ghica änderte seine Meinung und schickte dem Gendarmeriechef das folgende „Glaubensbekenntnis“:

> „Hoch sollen Sie leben, Herr Chef! Ich will nichts mehr von der abscheulichen Erklärung, die ich Priester Gamaliil gegenüber abgegeben habe, wissen. Obwohl ich weiterhin verzweifelt bin, bin ich überzeugt, dass ich in demselben Glauben, in dem ich getauft wurde, auch sterben möchte: nach dem alten Stil, den ich bis 1924 hatte. Ich glaube an die eine heilige, katholische und apostolische Kirche. Amen. So will ich sterben.“[108]

Nach der Episode mit diesen umstrittenen Bekehrungen wurde es für einige Zeit ruhig um diese Frage. Der Druck zum Übertritt seitens der Gendarmerie ließ nach. Interessanterweise kam es weder im Kloster Cheia noch im Kloster Vărzăreşti zu Konversionen. Die Gendarmerie berichtete, dass die dortigen Internierten sich nicht bekehren ließen und sich nicht einmal scheuen würden, offen zuzugeben, dass sie Anhänger des Altkalendarismus seien.[109] Als Beweis dafür legten die Gendarmen eine Art „Glaubensbekenntnis“ des Altkalendaristen Ioan Ilarion vor:

[106] ANR, Inspectoratul General al Jandarmeriei, 1937/23, 87 [Mitteilung des Gendarmeriepostens Iezerul-Vâlcea an das Regionalinspektorat der Gendarmerie Vâlcea vom 12.6.1937 betr. die Lage in den Internierungsklöstern].

[107] ANR, Inspectoratul General al Jandarmeriei, 1937/23, 225 [Aussage Gamaliil Papils vom 12.7.1937, von der Gendarmerie Vâlcea an das Zentralinspektorat vom 19.7.1937].

[108] ANR, Inspectoratul General al Jandarmeriei, 1937/23, 224 [Kopie der Aussage Vasile Ghicas, von der Gendarmerie Vâlcea an das Zentralinspektorat vom 19.7.1937]. Der Begriff „katholisch“ ist nicht im konfessionellen „römisch-katholischen“ Sinne zu verstehen, sondern nach der Formel im apostolischen Glaubensbekenntnis.

[109] ANR, Ministerul Cultelor şi Artelor, 1937/134, 104 [Kopie einer Mitteilung des Zentralinspektorats der Gendarmerie an die Heilige Synode vom 30.6.1937 betr. den Glauben der internierten Altkalendaristen an den alten Kalender].

> „Ich gebe es zu, dass ich Stilist bin. Lieber bringt man mich um, bevor ich den neuen Kalender akzeptiere. So bin ich geboren und so will ich sterben. Mit diesem Glauben wurden meine Großeltern und meine Eltern geboren. Ich werde mich bis zum Ende meines Lebens an den alten Kalender halten, ich werde aber keine Propaganda mehr machen."[110]

Es war sicher kein Zufall, dass die Konversionen nur im Kloster Iezerul und in keinem anderen Internierungsort stattfanden. Aus den Berichten der Gendarmerie geht klar hervor, dass die Bedingungen dort viel härter als in den anderen Klöstern waren.

Im Juni 1937 führte ein hochrangiger Gendarmerieangehöriger zusammen mit einem Vertreter der Heiligen Synode eine Gesamtkontrolle in allen drei Internierungsklöstern durch. Nach Gesprächen mit den Internierten kamen sie zu dem Schluss:

> „Trotz aller Bemühungen seitens der Kirche, sie zu dem wahren Glauben zurückzubringen, halten sich die Stilisten stur an ihren Glauben. Sie lehnen es ab, in die Kirche zu gehen, wollen nicht beichten und an Festtagen nach dem alten Kalender wollen sie nicht arbeiten. Auf jeden Ratschlag reagieren sie aggressiv."[111]

Im Oktober 1937 kam es in Iezerul zu einer zweiten Konversionsrunde. Sieben Altkalendaristen erklärten sich bereit, den neuen Kalender zu akzeptieren, und baten den Patriarchen um ihre Entlassung aus der Internierungshaft. Einige waren schwerkrank und konnten sie nicht mehr ertragen, andere meinten, dass sie den neuen Kalender akzeptiert hätten.[112] Verglichen mit den ersten Austrittserklärungen klangen diese nun überzeugender und persönlicher. Dazu als Beispiel die Austrittserklärung von Pamvu Hoisu:

> „Ich bitte um Verzeihung. Ich habe mich geirrt, bin aber wieder bei Sinnen [...]. Ich bitte den Heiligen Patriarchen Großrumäniens Miron Cristea, mir zu verzeihen und mich wieder im Kloster [Sihăstria, Kreis Neamţ] zu akzeptieren. Ich respektiere die kirchlichen Gesetze und die Justiz."[113]

Doch auch diese Austrittserklärungen blieben wirkungslos. Unter den Altkalendaristen in den beiden anderen Internierungsorten gab es weiterhin keine Anzeichen von Übertritten. Aus den Briefen an ihre Bekannten geht hervor, dass sie weit davon entfernt wa-

110 ANR, Inspectoratul General al Jandarmeriei, 1937/23, 214 [Aussage Ioan Ilarions vom 22.6.1937, vom Gendarmerieposten Vrancea an das Zentralinspektorat vom 7.6.1937].

111 ANR, Inspectoratul General al Jandarmeriei, 1937/24, 184 [Mitteilung Barbu Pâräianus an den Kultusminister vom 15.6.1937 betr. die internierten Altkalendaristen].

112 ANR, Inspectoratul General al Jandarmeriei, 1937/26, 260–267 [Austrittserklärung Grigore Ionescus an die Gendarmerie Vâlcea vom 1.11.1937]; 262 [Austrittserklärung Anton Constantin Chesaris an dieselbe vom 31.10.1937]; 263 [Austrittserklärung Harlambie Alexes an dieselbe vom 31.10.1937]; 264 [Austrittserklärung Emilian Hälmaceanus an dieselbe vom 31.10.1937]; 265 [Austrittserklärung Constantin Robus an dieselbe]; 266 [Austrittserklärung Dumitru Bidaşcus an dieselbe ohne lesbares Datum]; 267 [Austrittserklärung Necula D. Cozmas an dieselbe vom 31.10.1937].

113 ANR, Inspectoratul General al Jandarmeriei, 1937/26, 261 [Austrittserklärung Pamvu Hoisus an die Gendarmerie Vâlcea ohne lesbares Datum].

ren, den neuen Kalender zu akzeptieren. Obwohl beide Seiten die Briefe einer starken Selbstzensur unterwarfen und kaum Bemerkungen zu ihrem Glauben machten, weisen bestimmte Aussagen darauf hin, dass sie weiterhin Verfechter des alten Kalendes waren: „Wir sind seelisch so, wie ihr uns kennt.“[114] Eine Altkalendaristin, die seit ihrer Internierung keinen Kontakt zu ihren Eltern mehr gehabt hatte, erklärte diesen: „Bitten seien Sie mir nicht böse, denn ich bin so, wie Gott es haben wollte.“[115] An eine Bekannte, welche aufgrund des Altkalendarismus Probleme mit ihrer Familie gehabt hatte, schrieb sie: „Bei uns ist es schwierig, aber du weißt, wieso das so ist.“[116] Die Briefe beziehungsweise die Postkarten sind wichtige Zeugnisse der Unterdrückung in den Internierungsklöstern. Sie sind meistens schwer lesbar, denn Altkalendaristen nutzten jeden freien Platz, um um Essen, Kleidung und Medikamente zu bitten. Postkarten zu senden war teuer, einen Brief zu schicken noch teurer, denn Papier war kaum vorhanden. Diese altkalendaristischen Selbstzeugnisse ergänzen die Korrespondenz zwischen den Behörden und bestätigen die Tristesse der Internierungsbedingungen.

Im Verborgenen waren die Eingesperrten sehr bemüht, ihr religiöses Leben aufrechtzuerhalten. Einige Altkalendaristinnen fanden sich mit der Internierung ab und hatten nur noch wenig Hoffnung, dass sie jemals entlassen werden würden. Sie litten für den wahren Glauben oder für ihre Sünden – so nahmen viele ihre Internierung wahr. Was ihnen neben Nahrung und Medikamenten noch fehlte, war eine eigene Kirche oder Kapelle. Sie hofften sogar, dass die Gendarmerie ihnen mit der Zeit erlauben würde, einen Gebetsraum oder ein eigenes Gotteshaus zu errichten.[117] Ende 1937 wurden sie tatsächlich auch nicht mehr länger gezwungen, die orthodoxen Gottesdienste zu besuchen. Sie beteten in ihrem Zimmer, wo sie mit Kerzen, Bibeln, kleinen Ikonen und Weihrauch – Geschenke ihrer Verwandten – Altäre improvisierten.[118] „Egal wie lange diese Nonnen hierbleiben werden, es ist unmöglich, sie zum neuen Glauben zu konvertieren“, berichtete die Gendarmerie im August 1937.[119]

Es gibt einige Hinweise darauf, dass die orthodoxen Mönche im Laufe des Jahres 1937 alle Konversionsversuche aufgegeben hatten und die Altkalendaristen ihr religiöses Leben

[114] ANR, Inspectoratul General al Jandarmeriei, 1937/25, 129 [Brief Gheorghe Caligas an Gheorghe Rotaru vom 28.3.1937]. Siehe auch: 223f. [Brief Maria Vizitius, Altkalendaristin interniert im Kloster Vărzăreşti, an Vasile Tecleci vom 21.4.1937].

[115] ANR, Inspectoratul General al Jandarmeriei, 1937/25, 260 [Brief Elena Secius, Altkalendaristin interniert im Kloster Vărzăreşti, an Neculai Seciu vom 23.4.1937].

[116] ANR, Inspectoratul General al Jandarmeriei, 1937/24, 262 [Brief Clavdica Catanas, Altkalendaristin interniert im Kloster Vărzăreşti, vom 7.5.1937].

[117] ANR, Inspectoratul General al Jandarmeriei, 1937/24, 42 [Brief Ecaterina Nicoarăs, Altkalendaristin interniert im Kloster Vărzăreşti, an Neculai Mazilu vom 13.4.1937].

[118] ANR, Inspectoratul General al Jandarmeriei, 1937/24, 108 [Brief Mandiţa Bâcleas an Grigore T. Chelariu ohne lesbares Datum].

[119] ANR, Inspectoratul General al Jandarmeriei, 1937/25, 62 [Bericht der Gendarmerie Râmnicu Sărat an das Zentralinspektorat vom 11.9.1937 betr. finanzielle Aspekte der Internierungsaktion].

frei gestalten ließen. Die Gendarmerie hielt dies für inakzeptabel und beschwerte sich über die Gelassenheit, mit der die orthodoxen Mönche die Altkalendaristen behandelten. Sie berichtete, dass die Internierten im Kloster Cheia einander die Sakramente spendeten, jedoch der Abt, obwohl darüber informiert, nichts dagegen unternahm. Die Gendarmerieleitung lehnte es ab, dass die Heilige Synode das Ziel der Bekehrung der Altkalendaristen aufgab, und war daher zufrieden, als die Kirchenleitung gegen die verantwortlichen orthodoxen Mönche ein Disziplinarverfahren einleitete.[120]

Wie sich die Lage in den Internierungsklöstern ab November 1937 entwickelte, lässt sich nicht feststellen, da die Korrespondenz zwischen den Ministerien, der Kirchen- und der Gendarmerieleitung, die für die Zeit bis dahin als Grundlage für die präsentierte Analyse diente, ab dann bis etwa 1939, als ein Großteil der Internierten entlassen wurde, nicht auffindbar ist.[121]

Die vorhandenen Quellen vermitteln aber dennoch einen guten Einblick in die Internierungsaktion als ganze. Zusammenfassend bleibt herauszustreichen, dass die Kirche und die Gendarmerie durch die Niederschlagung der altkalendaristischen Bewegung eine große neue Aufgabe bekamen: die leitenden Kalendergegner weiterhin zu unterdrücken. Dies bedeutete eine noch engere Zusammenarbeit zwischen den beiden Institutionen, die jeweils ihre eigenen Mittel für die Internierung der Altkalendaristen einsetzten: Die Kirche stellte die Klöster zur Verfügung, die Gendarmerie das Überwachungspersonal. Das Innenministerium schuf keine neue Infrastruktur und nutzte auch die vorhandene – wie beispielsweise Gefängnisse – nicht dafür. Offensichtlich betrachtete die Zentralregierung die vorhandenen legalen Wege, die Anführer der Bewegung zu bestrafen, als nicht ausreichend. Das ungesetzliche Vorgehen der Regierung bestätigt abermals, für wie gefährlich die Altkalendaristen und ihre Ideen gehalten wurden.

Was die Dokumente ebenfalls veranschaulichen, ist der zunehmende politische Einfluss des Patriarchen Cristea. Am 22. Oktober 1936 schrieb er an den Gendarmeriechef:

> „Die Heilige Synode bedankt sich bei Ihnen herzlich für Ihre Befehle, bei den Offizieren für ihren Takt, bei den heldenhaften Truppen, aber auch bei den wenigen ehrenwerten Soldaten, die gestorben sind. Vielen Dank dafür, und leisten Sie weiterhin der rumänischen Nationalkirche Hilfe, indem Sie

[120] ANR, Inspectoratul General al Jandarmeriei, 1937/25, 49–52 [Mitteilung Barbu Pârăianus an die Heilige Synode vom 26.8.1937 betr. Nachlässigkeiten des Klosterpersonals in Cheia]; 156 [Mitteilung der Heiligen Synode an Barbu Pârăianu vom 30.8.1937 betr. Maßnahmen gegen das Klosterpersonal von Cheia].

[121] ANR, Ministerul de Interne – Diverse, 1939/19, 14 [Mitteilung des Innenministeriums an die Zentralinspektorate der Polizei und der Gendarmerie vom 21.6.1939 betr. die Überwachung entlassener Altkalendaristen]; 17 [Kopie der Mitteilung des Zentralinspektorats der Gendarmerie von 1939 betr. die Entlassung der Altkalendaristen aus den Klöstern]; 1939/23, 185 [Bericht der Polizei Piatra Neamț an das Zentralinspektorat der Polizei vom 15.7.1939 betr. die Aktivitäten der aus den Klöstern entlassenen Altkalendaristen]; 188f. [Mitteilung der Polizei der Stadt Piatra Neamț an dasselbe vom 13.7.1939 betr. die Festnahme Glicherie Tănases].

ihr durch Ihre Organe helfen, die Ruhe zu bewahren, die von ausländischen Agenten gestört wird, die für fremde Mächte und gegen unsere nationalen Bestrebungen arbeiten."[122]

1937 war diese zufrieden-dankbare Haltung beim Patriarchen verflogen und es scheint, dass Cristea inzwischen selbst die Koordination der Internierungsaktion übernommen hatte. Als der Innenminister über die schwache Überwachung der internierten Altkalendaristen informiert wurde, wandte er sich nicht etwa an den Gendarmeriechef, der eigentlich dafür verantwortlich war, sondern beschwerte sich direkt beim Patriarchen. Innerhalb der Klöster wurde die Macht der Gendarmerie durch die Heilige Synode begrenzt: Der Patriarch drängte den Gendarmeriechef zur Seite und gewann durch eine direkte Verbindung zum Innenministerium die Kontrolle über die Aufteilung der finanziellen Ressourcen. Diese Beobachtungen finden sich auch bei einem Blick auf die bald darauf anschließende politische Entwicklung Rumäniens bestätigt: Als Carol II. im Februar 1938 seine Königsdiktatur errichtete, ernannte er den Patriarchen zum Ministerpräsidenten – der Patriarch übernahm in aller Form die Leitung der Regierung. Und bei deren Antritt wurde Barbu Părăianu, der seit 1934 als Chef die Geschicke der Gendarmerie gelenkt hatte, entlassen.[123]

Außerhalb der Internierungsklöster, in den Dörfern, in denen der Staat interveniert hatte, behielten hingegen die Sicherheitskräfte die 1936 erworbene Kontrolle über die altkalendaristischen Gemeinschaften. Die in den Dörfern zurückgebliebenen Altkalendaristen mussten auf unterschiedliche Arten versuchen, mit der neuen Realität zurechtzukommen. Darum soll es im nächsten Kapitel gehen.

[122] CNSAS, Fond Documentar, D015261, 945 [Mitteilung des Patriarchen an Barbu Părăianu vom 22.10.1936 betr. die Danksagung an die Gendarmerie für die Niederschlagung der altkalendaristischen Bewegung und die Internierung führender Altkalendaristen].

[123] Miron, Jandarmeria română în perioada interbelică, 4.

6 Die Kirchen bleiben leer: passiver Widerstand

Nachdem die Euphorie der Sicherheitskräfte wegen ihres Triumphes gegen die altkalendaristische Bewegung verflogen war, näherte sich die Lage in den Dörfern wieder der Normalität an – zumindest von außen betrachtet. Wie sah dieser neue Alltag für die Altkalendaristen aus? Angesichts der instabilen politischen Lage durch den Aufschwung der Legionärsbewegung und der geopolitischen Spannungen schien eine Rückkehr zur früheren behördlichen Scheintoleranz ausgeschlossen.

In allgemeinen Studien zur Geschichte der Polizei wird darüber, wann und mit welchen Folgen Sicherheitskräfte ausgebaut werden, intensiv debattiert.[1] Beinahe überall nimmt nach politischen Umwälzungen ihre Präsenz zu. Dank ihrer personellen und materiellen Aufstockung in den 1930er Jahren wäre die rumänische Gendarmerie auf eine intensivere Überwachung der Kalendergegner bestens vorbereitet gewesen. Nach der Niederschlagung der Bewegung rückte nun aber die Rolle der Dorfparochien wieder in den Vordergrund. Bemühte sich jetzt die Rumänisch-orthodoxe Kirche vermehrt, die Altkalendaristen in ihre Institution zurückzuholen?

Die Interventionen der Gendarmerie gegen die Altkalendaristen hatten die ohnehin schwachen Strukturen der Bewegung so tief erschüttert, dass die Produktion von Petitionen, Memoranden und Broschüren im Herbst 1936 völlig zum Erliegen kam. Mit der Inhaftierung der Anführer in Gefängnissen bzw. ihrer Internierung in den dafür umgewandelten Klöstern war niemand mehr vorhanden, der sich an eine überregionale Reorganisation der Bewegung gewagt hätte. Zwei Briefe, von Altkalendaristen unmittelbar nach diesen Ereignissen verfasst, ermöglichen uns einen Einblick in deren Reaktionen auf die Niederschlagungsaktion. Altkalendaristen aus den moldauischen Kreisen Baia und Neamţ schickten im September 1936 ein Schreiben an den obersten Gendarmeriechef Pârăianu, in dem sie sich über Übergriffe der Gendarmerie beklagten. Sie drückten die Hoffnung aus, dass die Verantwortlichen zur Rechenschaft gezogen würden:

> „Gendarmen überfielen um 12 Uhr in der Nacht während des Gebets die Kirche. Sie nahmen die Priester mit einer unvorstellbaren Brutalität fest – nicht einmal die Heiden oder die Barbaren würden so etwas machen. Dann verwüsteten sie das Priesterhaus, schlugen die Menschen auf die Köpfe und

[1] David H. Bayley, Patterns of Policing. A Comparative International Analysis. New Brunswick 1990.

warfen Tränengasgranaten in die Kirche. Am nächsten Tag kamen sie, um eine Untersuchung anzustellen."[2]

Die Altkalendaristen waren auch über die Zusammenarbeit der Kirchenleitung mit den Sicherheitskräften entsetzt und nutzten die Gelegenheit, die Amtskirche dafür zu kritisieren:

> „Herr General, wir wissen, dass in einem Land der Kirchenleiter für die Religion zuständig ist. Dieser Leiter soll die Traditionen und den heiligen Kanon respektieren und auf keinen Fall mit der Armee zusammenarbeiten. [...] Sie können ruhig befehlen, dass alle, die sich noch an den alten Kalender halten, zusammengeholt werden, und uns als Landesverräter hinrichten. Bevor wir unser Leben unter solchen Qualen und solcher Verfolgung verbringen, sind wir bereit, für unseren alten Glauben zu sterben. Sollten wir Schuld an etwas tragen, dann sollen uns der heilige Kanon und das Gericht bestrafen. [...] Wir als Christen haben noch nie gehört oder gelesen, dass jemals ein Vertreter der Kirche die Gläubigen mit Hilfe der Armee gezwungen hätte, einen bestimmten Glauben anzunehmen. Oder dass er jemals ruhige Gläubige in wilde und grausame Menschen verwandelt hätte. [...] Wir verlangen, dass die Menschen aus den Gefängnissen entlassen werden und dass die Gendarmerie friedlich arbeitet [...]. Nur dann werden wir bereit sein, für die Beseitigung des Bösen aus unserem Land zu kämpfen [...]. Wir kennen unsere Rechte und tragen in unseren Herzen das Land, den König und den Glauben [...]."[3]

Ein weiterer Betroffener aus Brusturi im Kreis Neamţ wandte sich direkt an König Carol II., um ihm zu schildern, wie die Intervention der Gendarmerie in seinem Dorf verlaufen sei:

> „Auf meinen Knien komme ich vor Sie, um bei Ihnen um Schutz vor den verbrecherischen Untaten und dem Machtmissbrauch der Gendarmen aus dem Kreis Baia zu bitten. Unter dem Vorwand, sie müssten Hausdurchsuchungen bei den Gläubigen nach dem alten Kalender durchführen, schlugen sie Witwen und Waisen und folterten die Verteidiger des Landes. [...] Bei mir haben die Gendarmen das Haus verwüstet und meine kranke und hilflose Mutter gefoltert und geschlagen. Nachdem ich den Vorfall den oberen Instanzen gemeldet hatte, brachten mich die Gendarmen zum Gendarmerieposten in Brusturi, wo sie mich so heftig schlugen, dass man mich ins Krankenhaus in Târgul Neamţ bringen musste. [...] Lassen Sie die Verteidiger dieses Landes nicht ohne Schutz, Gerechtigkeit und Unterstützung und verhängen Sie unverzüglich wirksame Sanktionen, so dass, wenn Sie den Alarm zur Verteidigung der Landesgrenzen schlagen, wir sofort darauf reagieren – mit der Überzeugung, dass in diesem Land die Gerechtigkeit für die rumänische Bauernschaft nicht gestorben ist, welche Sie so liebt und welche Sie immer schützen."[4]

2 CNSAS, Fond Documentar, D015261, 512–515 [Brief von Altkalendaristen aus den Kreisen Baia und Neamţ an Barbu Pâräianu vom 15.9.1936 betr. Beschwerden gegen die Interventionen der Gendarmerie].

3 CNSAS, Fond Documentar, D015261, 512–515 [wie eben].

4 ANR, Ministerul Jusitiţiei-Direcţia Judiciară, 1937/83, 18 [Brief Vasile Buzdugans an König Carol II. vom 19.2.1937 betr. religiöse Freiheit für die Altkalendaristen].

Im Vergleich zu früheren altkalendaristischen Briefen und Bittschriften an staatliche Behörden hatten diese beiden Briefe einen gemäßigteren Ton und waren auch reflektierter. Während eine Versöhnung mit dem Staat als möglich betrachtet wurde, schien eine Rückkehr in die Rumänisch-orthodoxe Kirche nach allem, was die Altkalendaristen durchgemacht hatten, kaum vorstellbar. An den beiden Briefen lässt sich erneut erkennen, welche Bedeutung die Kalenderreform im Laufe der Zeit erlangt hatte: Die Bauern waren fest davon überzeugt, dass ihnen die Amtskirche durch den neuen Kalender einen neuen Glauben aufzwingen wollte. Ihre Wut auf die Kirchenleitung war vor allem deshalb so groß, weil sie ihr die direkte Schuld an dem Eingreifen der Gendarmen gaben.

Die Hoffnung, dass der Staat die Bewegung jemals anerkennen würde, war nach der Niederschlagungsaktion aber so gering, dass die meisten Altkalendaristen resigniert hatten. Im altkalendaristischen Zentrum in Albineţ war die Angst vor weiteren Repressionen weit verbreitet, was ein Gendarmeriebericht bestätigt:

> „Die Stilisten sind über die Maßnahmen, die für die Niederschlagung der Bewegung getroffen worden waren, so erschrocken, dass sogar die überzeugten Stilistenführer um Verzeihung bitten. Alle meinen, dass sie damit [mit dem Altkalendarismus] nichts zu tun hatten, und versuchen sich aus der Verantwortung zu ziehen.“[5]

Ganz anders sah natürlich die Stimmung unter den Vertretern von Staat und Kirche aus. Unter ihnen herrschte die Überzeugung, dass die Niederschlagungsaktion die weitere Entwicklung des Altkalendarismus erfolgreich verhindert habe und es bald zu einer massenhaften Rückkehr in die Rumänisch-orthodoxe Kirche kommen müsse. Gendarmeriechef Pârăianu stellte den Altkalendarismus in seinen Berichten an die Regierung als ein fast schon gelöstes Problem dar. Dem Innenminister erklärte er Ende September 1936 beispielsweise, dass „dank der Gendarmerie die Mehrheit der stilistischen Bevölkerung“ die staatlichen Interessen vertreten und „die Ordnung und staatsbürgerliche Disziplin“ einhalten würde.[6] Auch in der Öffentlichkeit fehlte jede Kritik an der Aktion der Gendarmerie. Zumal die Amtskirche als eine der Mitorganisatoren hielt die Vorgehensweise selbstverständlich für gerechtfertigt. Die Kirchenzeitungen berichteten fortan über eine friedliche und fast harmonische Beziehung zwischen den orthodoxen Priestern und den „ehemaligen Stilisten“, ohne den eigentlichen Grund für den Stillstand der Bewegung zu erwähnen.[7] Im Abgeordnetenhaus, wo in den 1930er Jahren sowohl Mitglieder der

5 CNSAS, Fond Documentar, D015261, 487–489, hier 488 [Mitteilung der Informationsabteilung der Polizei Bălţi an das Zentralinspektorat der Gendarmerie in Bukarest vom 3.10.1936 betr. Ergebnisse der Untersuchungen über die Organisation der altkalendaristischen Gemeinschaften am Ende der Niederschlagungsaktion].

6 CNSAS, Fond Documentar, D015261, 125–127 [Bericht Barbu Pârăianus an den Innenminister vom 26.9.1936 betr. die Gefahr der altkalendaristischen Bewegung].

7 Mulţumări publice, Episcopia Hotinului: *Foaie Eparhială oficială* 5/1938, 66f.

Bauernpartei als auch der LANC den Altkalendarismus mehrmals zur Diskussion gestellt hatten, wurde die Niederschlagungsaktion nicht einmal erwähnt.[8]

Zu der ruhigen Lage nach der Niederschlagungsaktion in den altkalendaristischen Dörfern trug gewiss die Präsenz der Gendarmerietruppen bei, die aufrechterhalten wurde, da die regionale Gendarmerieleitung mit einer Reorganisation der Bewegung rechnete und sogar eine große „stilistische Rebellion“ befürchtete.[9] Der Chef der Informationsabteilung der Polizei in Bălţi , Alexandru Manoil, der die Truppen während der Niederschlagungsaktion im Kreis Bălţi geleitet hatte, gab an, sichere Informationen zu besitzen, dass die Altkalendaristen ihre Aktivitäten wieder aufnehmen würden, sobald die Gendarmen verschwunden seien:

> „Man kann nicht genau feststellen, ob sie mit dem Kirchenbau wieder anfangen oder einfach nicht in die Kirche gehen werden. [...] Man muss berücksichtigen, dass im Winter, der sich schnell nähert, die Bauern keine Arbeit haben werden. Sie werden den ganzen Tag in den Wirtshäusern verbringen und dadurch genug Gelegenheiten haben, den Umgang der Regierung mit dem stilistischen Problem zu kritisieren.“[10]

Manoil wollte daher, dass die ihm untergebenen Einheiten in den altkalendaristischen Dörfern verstärkt werden und für längere Zeit dort stationiert bleiben sollten. Die zum Einsatz gekommenen auswärtigen Gendarmerietruppen hielten sich auch noch für einige Wochen in den altkalendaristischen Dörfern auf und halfen den regionalen Beamten, die konfiszierten Gegenstände zu verteilen.[11] Die Beamten kontrollierten entschlossener denn je zuvor das Handeln der Altkalendaristen: Solange sie sich in den Dörfern aufhielten, war diesen jede Art Aktivität untersagt.[12] Im Gefolge einer Scharlachepidemie, die Ende Oktober 1936 in Albineţ und Umgebung ausgebrochen war, mussten die Gendarmen die altkalendaristischen Hochburgen im Kreis Bălţi aber verlassen. Obwohl sie während ihres Aufenthalts über eine gute medizinische Versorgung verfügt hatten, entschied die Gendarmerieleitung, ihre Leute in eine sichere Gegend zu bringen.[13]

8 *Monitorul Oficial* – Adunarea Deputaţilor, 29 Noemvrie 1934, Nr.5, S. 31–33; 18 Februarie 1935, Nr.39, S. 1036f.; 21 Decemvrie 1935, Nr.19, S. 575; 23 Ianuarie 1936, Nr.23, S. 905f.

9 CNSAS, Fond Documentar, D015261, 745 [Mitteilung der Gendarmerietruppen an Barbu Pârăianu vom 13.10.1936 betr. den Verlauf der Niederschlagungsaktion].

10 CNSAS, Fond Documentar, D015261, 774 [Mitteilung der Informationsabteilung der Polizei Bălţi an das Zentralinspektorat der Gendarmerie in Bukarest vom 8.10.1936 betr. eine mögliche Organisation der Altkalendaristen nach der Niederschlagungsaktion].

11 CNSAS, Fond Documentar, D015261, 805 [Mitteilung der Gendarmerieleitung Bălţi an das Zentralinspektorat in Bukarest vom 20.10.1936 betr. eine Scharlachepidemie in der Gegend].

12 CNSAS, Fond Documentar, D015261, 690 [Mitteilung des Regionalinspektorats der Gendarmerie in Chişinău vom 5.10.1936 betr. Maßnahmen gegen eine erneute Betätigung der Altkalendaristen].

13 CNSAS, Fond Documentar, D015261, 805 805 [Mitteilung der Gendarmerieleitung Bălţi an das Zentralinspektorat in Bukarest vom 20.10.1936 betr. eine Scharlachepidemie in der Gegend].

Es kursierten damals viele Gerüchte über eine Reorganisation und über mögliche Racheaktionen der Altkalendaristen – Gerüchte, welche die Gendarmerie sehr ernst nahm. So war etwa der Tag der heiligen Paraskeva, das war nach dem amtlichen Kalender der 14. Oktober 1936, als hoher Feiertag ein Grund zur Sorge. Da die Gendarmerie über einen angeblichen Attentatsplan der Altkalendaristen auf den Metropoliten der Moldau, Nicodim Munteanu, informiert worden war, schenkten die Kirchen- und die Gendarmerieleitung der Pilgerfahrt, welche alljährlich zu diesem Kirchenfest Tausende von Pilgern nach Iaşi brachte, mehr Aufmerksamkeit als in den Jahren zuvor. Den Gerüchten zufolge hätten Altkalendaristen aus der Moldau und aus Bessarabien vorgehabt, inmitten der Masse nach Iaşi zu kommen, um sich für die Niederschlagungsaktion zu rächen. Die Pilgerfahrt verlief aber friedlich und wurde nur indirekt durch verbreitetes Fernbleiben für eine Art Protest genützt, wie der Polizeichef von Iaşi berichtete:

> „Die Stilisten wurden überwacht, es wurden aber keine Aktionen ihrerseits registriert. Sie sind nicht einmal nach Iaşi gefahren und im Vergleich zu früheren Jahren war die Pilgerfahrt sehr klein. Man kann die völlige Abwesenheit der ländlichen Bevölkerung aus der Moldau und aus Bessarabien genau beobachten."[14]

Anders als weithin erwartet worden war, wurden die Altkalendaristen nach der Schließung ihrer Gebetshäuser keineswegs zwangsläufig wieder allesamt Mitglieder der Amtskirche. Nach einem Bericht der Gendarmerie aus dem Kreis Bălţi vom 19. Oktober 1936 seien zwar zahlreiche Altkalendaristen „in die offizielle Kirche zurückgekehrt, viele lehnen das weiterhin ab, weil sie kein Vertrauen in diese" und in die „offiziellen Priester" mehr hätten. Sie meinten, dass die Priester „ein heiliges Gewand mit weiten Hosentaschen" trügen.[15] Der Gendarmeriechef von Chişinău, Gheorghe Ignat, berichtete dagegen, dass die altkalendaristischen Aktivitäten im Norden Bessarabiens „fast ausgestorben" seien und „sehr viele Menschen, welche ihre Kinder von verschiedenen stilistischen Mönchen" hätten taufen lassen, sie nun noch einmal „von den offiziellen Priestern" taufen ließen.[16]

Eine andere Gelegenheit für die Gendarmerie, die Wirksamkeit der Niederschlagungsaktion zu überprüfen, war das Weihnachtsfest 1936. Die Sicherheitskräfte überwachten

[14] CNSAS, Fond Documentar, D013408, Vol. 1, 345 [Kopie einer Mitteilung der Polizei Piatra Neamţ an das Regionalinspektorat der Polizei Iaşi ohne lesbares Datum betr. Mordpläne der Altkalendaristen aus Bessarabien gegen den Metropoliten der Moldau am 14.10.1936]; 354 [Mitteilung der Polizei Iaşi an das Regionalinspektorat der Polizei Iaşi ohne lesbares Datum betr. die geringe Teilnehmerzahl an der Pilgerfahrt zu Ehren der hl. Paraskeva].

[15] CNSAS, Fond Documentar, D015261, 890 [Mitteilung der Informationsabteilung der Polizei Bălţi an das Zentralinspektorat der Gendarmerie in Bukarest vom 19.10.1936 betr. die Stimmung unter den Altkalendaristen nach der Niederschlagungsaktion].

[16] ANR, Inspectoratul General al Jandarmeriei, 1935/26, 209–222, hier 220f. [Monatsbericht des Regionalinspektorats der Gendarmerie in Chişinău an das Zentralinspektorat in Bukarest vom Oktober 1936 betr. den Altkalendarismus nach der Niederschlagungsaktion].

das Verhalten der Gläubigen genau und brachten in ihren Untersuchungen „besorgniserregende Ergebnisse“ ans Licht: „Nur zehn Prozent der bessarabischen Bevölkerung feierten Weihnachten nach dem neuen Kalender.“[17] Dadurch wurde den Vertretern von Staat und Kirche klar, dass die einfache Rückkehr der Altkalendaristen in die Amtskirche reines Wunschdenken gewesen war. Die Bauern begingen die religiösen Feiertage weiterhin nach dem alten Kalender, ohne dies in der Öffentlichkeit zu zeigen. Sie feierten im engsten Familienkreis, organisierten aber keine Gottesdienste oder sonstigen Aktivitäten außerhalb ihrer eigenen Häuser. So ein Verhalten war schwer zu verbieten. Die Regierung musste einsehen, dass sie nun mit einer anderen Form des Altkalendarismus – mit einem passiven und gleichsam ins Private zurückgezogenen – konfrontiert war. Dieses Phänomen hatte bereits vor den Jahren 1933 und 1934 existiert, ehe die Altkalendaristen mit der Strukturierung ihrer Gemeinschaften begonnen hatten. Nach der Niederschlagungsaktion trat es erneut auf, und die Behörden erachteten es als genauso gefährlich wie den aktiven Altkalendarismus. Trotz oder gerade wegen deren scheinbarer Untätigkeit sahen sie in den Altkalendaristen weiterhin eine große Gefahr und bewerteten das passive Verhalten als unerwünscht, weil es „eine Provokation für die anderen Gläubigen“ darstelle.[18] Bereits der Umgang der Altkalendaristen mit dem Tag der heiligen Paraskeva 1936 hatte darauf hingedeutet, dass sie in der Zukunft durch eine Art von passivem Widerstand ihre Abneigung gegenüber der Regierung und der Kirche zum Ausdruck bringen würden.

Die Gendarmerieleitung hatte sogleich eine Erklärung für diese vermeintliche Fehlentwicklung parat und behauptete ohne einen Hauch von Selbstkritik, die Verantwortung dafür trügen die orthodoxen Dorfpriester: „Umsonst haben die Gendarmen die stilistische Bewegung bekämpft, wenn die orthodoxen Priester, die nur am Gewinn orientiert sind, die Feiertage mit verschiedenen Begründungen weiterhin nach dem alten Stil halten“, war Gheorghe Ignat aus Chişinăuer Perspektive überzeugt. Gegen die betreffenden Priester würden keine Maßnahmen ergriffen, obwohl die Gendarmerie die Kirchenleitung darüber informiert habe. Auch die Gemeindeverwaltungen engagierten sich der Gendarmerie zufolge bei der Bekämpfung des Altkalendarismus kaum, griffen zu wenig in den Alltag der Bauern ein und erlaubten diesen nach wie vor das Abhalten von Festen an Daten nach dem alten Kalender.[19] Patriarch Cristea wies die Vorwürfe der Gendarmerie zurück. Gegenüber Gendarmeriechef Pârăianu erklärte er, dass die Amtskirche sich gemeinsam mit dem Kultusministerium viel Mühe bei der Bekämpfung des Altkalendarismus gebe.

17 ANR, Inspectoratul General al Jandarmeriei, 1937/1, 3–49, hier 40f. [Monatsbericht des Zentralinspektorats der Gendarmerie von Ende Januar 1937 betr. Feiern des Weihnachtsfestes in Bessarabien nach dem alten Stil].

18 CNSAS, Fond Documentar, D013493, Vol. 2, 1 [Mitteilung des Zentralinspektorats der Gendarmerie von 1937 betr. Maßnahmen gegen die Altkalendaristen].

19 ANR, Inspectoratul General al Jandarmeriei, 1935/26, 223–243, hier 241 [Monatsbericht des Regionalinspektorats der Gendarmerie in Chişinău an das Zentralinspektorat in Bukarest vom Januar 1937 betr. den passiven Altkalendarismus].

Die Gendarmen sollten aufhören, immer den Klerus zu beschuldigen und „aus persönlichen Gründen“ Schaden anzurichten.[20]

Die Kritik der Gendarmerie an den Dorfpriestern war keine neue Erscheinung: Nach dem Ende der Niederschlagungsaktion, die die beiden Gruppen kurzzeitig zusammengebracht hatte, fielen sie nun in ihre alten Beziehungsmuster zurück. Das Verhältnis zwischen den Gendarmen und den Dorfpriestern verschlechterte sich nach Oktober 1936 sogar noch. Die Gendarmen hatten jetzt mehr Zuständigkeiten als die Priester, zeigten dadurch auch mehr Präsenz und inszenierten sich gern als die Retter der Nation: Die Niederschlagungsaktion sei nicht umsonst gewesen, so die Gendarmerie, denn es wäre ihr ums Haar gelungen, alle Altkalendaristen in die Amtskirche zurückzubringen, wenn nur die orthodoxen Priester die Erfolge der Gendarmerie nicht unterminiert hätten. Nachdem offensichtlich geworden war, dass „nur eine winzige Minderheit der bessarabischen Bevölkerung“ die Kalenderreform akzeptiert und die Niederschlagungsaktion zwar zur „Beruhigung der Lage“, nicht jedoch zum Verschwinden des Altkalendarismus geführt hatte, rief die Gendarmerieleitung abermals nach Unterstützung durch das Innenministerium.[21]

Einen sogar noch klareren Beweis für die Folgen der Niederschlagung der altkalendaristischen Bewegung im Jahr 1936 lieferte 1937 die Statistikabteilung der Gendarmerie. In Bessarabien als dem eigentlichen Zentrum der Altkalendaristen blieb ihre Zahl in den Jahren nach der Niederschlagung weitgehend stabil; nach einem kleineren Rückgang 1937 erhöhte sie sich 1938 sogar wieder bis nahe an das ursprüngliche Niveau. Dagegen sank die Zahl in der Moldau, die von vornherein deutlich niedriger gewesen war, stark. Das hing mit der unterschiedlichen Ausgangssituation sowie mit den verschiedenen Organisationsformen zusammen: In der Moldau war die Bewegung eher vom niederen Klerus organisiert gewesen, der bei der Niederschlagungsaktion festgenommen wurde, während die Bewegung in Bessarabien stark von dörflichen Laien getragen wurde und die große Zahl der Anhänger ein stabileres Fundament auch gegen staatliche und amtskirchliche Repression bedeutete.

Spätestens seit Anfang 1937 stellte die Gendarmerie die Niederschlagungsaktion auch nicht mehr als vollkommenen Erfolg dar und musste wiederholt zugeben, dass die altkalendaristische Bewegung zumindest in Bessarabien schlicht zu ihrem passiven Zustand zurückgekehrt war, wie er vor 1934 bestanden hatte. Die neue Herausforderung für die Regierung bestand nun darin, „den passiven Stilismus“ zu bekämpfen. Darunter verstand sie den passiven Widerstand gegen die Amtskirche und alles, was den

[20] ANR, Inspectoratul General al Jandarmeriei, 1937/25, 321f. [Mitteilung der Heiligen Synode an Barbu Pârăianu vom 21.9.1937 betr. unbegründete Beschwerden der Gendarmerie gegen orthodoxe Priester].

[21] ANR, Inspectoratul General al Jandarmeriei, 1935/26, 241 223–243, hier 241 [wie eben in Anm. 19].

Diagramm 4: Zahl der Altkalendaristen in Bessarabien, 1936–1938[22]

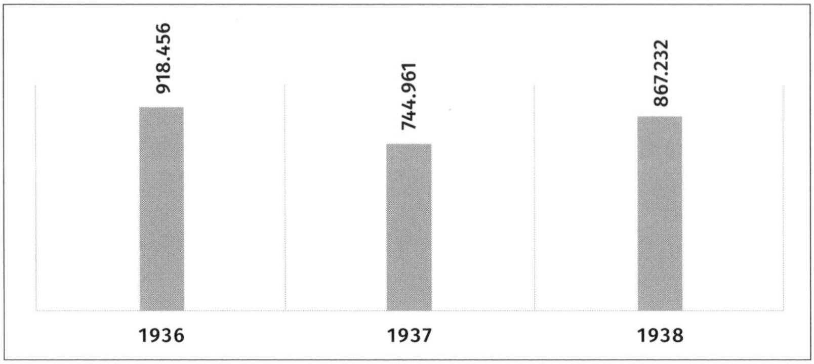

Diagramm 5: Zahl der Altkalendaristen in den Kreisen der Moldau, 1931–1938, 1949[23]

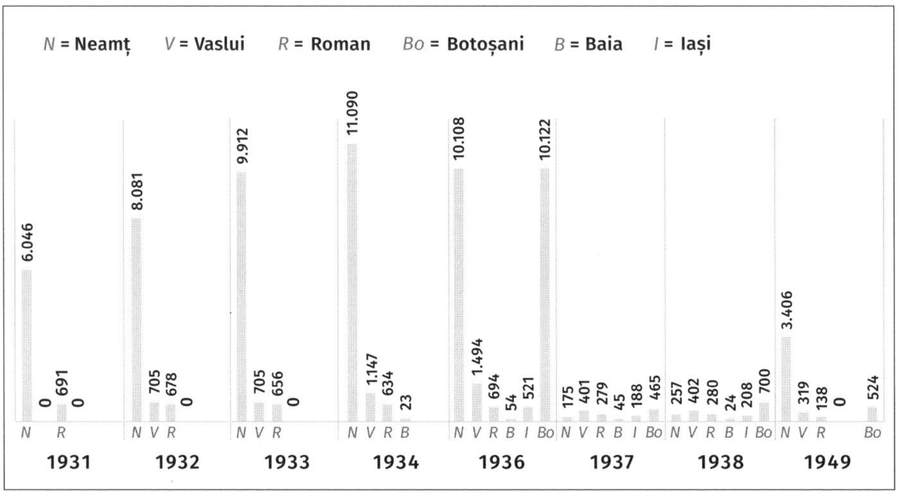

[22] Das Diagramm 4 wurden mit Daten aus den folgenden Beständen erstellt: CNSAS, Fond Documentar, D015855, 38 [Tabelle des Regionalinspektorats der Gendarmerie Iași an das Zentralinspektorat von 1937 mit der Gesamtzahl der Altkalendaristen in den Jahren 1936 und 1937]; D015857, 28f. [Tabelle des Regionalinspektorats Nistru an das Zentralinspektorat von 1938 betr. die Zahl der Altkalendaristen].

[23] Das Diagramm 5 wurde mit Daten aus den folgenden Beständen erstellt: ANR, Inspectoratul General al Jandarmeriei, 1936/18, 173–176 [Mitteilung Barbu Pârăianus an den Innenminister vom 16.12.1936 betr. eine Tabelle der Mitglieder religiöser Sekten]; CNSAS, Fond Documentar, D013408, Vol. 4, 200 [Tabelle der Siguranța Neamț von 1934 betr. die Zahl der „Sektierer" in den Jahren 1931–1934]; 250 [Tabelle der Siguranța Vaslui vom 1934 betr. Zahl der „Sektierer"

rumänischen Staat repräsentierte. Diese Haltung manifestierte sich in der Weigerung, am kirchlichen Leben teilzunehmen. Die Altkalendaristen würden, hieß es, während der offiziellen Feiertage ihre Felder bearbeiten, um „absichtlich ihre Abneigung gegen den neuen Kalender zu zeigen".[24] Während dieses Verhalten nach 1924 kein so großes Problem dargestellt hatte – es wurde mehr oder minder stillschweigend akzeptiert –, betrachtete der Staat die Passivität der Altkalendaristen nach dem Herbst 1936 paradoxerweise als ebenso gefährlich wie ihre aktive Phase. Im Vergleich aber zum aktiven Altkalendarismus, der durch eine zunehmende Selbstorganisation, durch Gebetshäuser und viele weitere Tätigkeiten sichtbar geworden war, war der passive viel schwieriger zu identifizieren und auch zu bekämpfen bzw. zu bestrafen. Ihre Suche nach einer Strategie gegen die passiven Altkalendaristen spiegelt den immer autoritäreren Kurs der Regierung wider.

Für die Altkalendaristen war es klarerweise nicht leicht, jede öffentliche altkalendaristische Aktivität aufzugeben und sich ins Privatleben zurückzuziehen: „Auch wenn viele Angst [vor der Gendarmerie] haben, gehen sie nicht in die Kirche und feiern insgeheim die Feiertage nach dem alten Stil", beobachtete die Gendarmerie. Offene Manifestationen kamen nach Oktober 1936 indessen selbst in Bessarabien nur noch selten vor. Im Dorf Pârlița im Kreis Bălți soll ein Altkalendarist an einem offiziellen Feiertag gerufen haben, dass „er bereit sei, sich für den alten Stil aufzuopfern". Ein anderer Altkalendarist habe sich in Sărata Veche „über die Feiertage nach dem neuen Stil" lustig gemacht.[25] In den benachbarten Kreisen Soroca und Hotin herrschte eine ähnliche Lage unter den Anhängern des alten Kalenders. Die Gendarmerie erklärte Anfang 1937:

> „Obwohl die Zahl der Stilisten nach wie vor sehr hoch ist, sind sie friedlich und organisieren sich nicht mehr. Sie halten keine Feiertage nach dem neuen Kalender und gehen nicht in die Kirche. Der einzige Unterschied ist, dass sie an den Feiertagen nach dem alten Stil nicht arbeiten."[26]

1931–1934]; 255 [Tabelle der Siguranța Roman von 1934 betr. die Zahl der „Sektierer" in den Jahren 1931–1934]; 313 [Tabelle der Siguranța Botoșani von 1934 betr. die Zahl der „Sektierer" in den Jahren 1931–1934]; D015855, 28 [Tabelle des Regionalinspektorats der Gendarmerie Iași an das Zentralinspektorat der Gendarmerie von 1937 betr. die Gesamtzahl der Altkalendaristen im Jahr 1937]. Auffällig ist, dass die Gendarmerie in Bessarabien erst 1934 begonnen hatte, sie zu zählen, während die moldauische Gendarmerie schon ab 1931 statistische Daten über sie zur Verfügung stellte. Das hängt mit den Strukturen der Verwaltung und der Sicherheitsbehörden zusammen. Die Gendarmerie in Bessarabien wurde nach 1920 von Grund auf neu aufgebaut und es dauerte eine Zeitlang, bis sie eine Statistikabteilung einrichtete.

24 CNSAS, Fond Documentar, D013493, Vol. 2, 1 [Mitteilung des Zentralinspektorats der Gendarmerie von 1937 betr. Maßnahmen gegen die Altkalendaristen].

25 ANR, Ministerul Jusitiției-Direcția Judiciară, 1937/83, 34f. [Bericht des Gerichts Bălți an den Justizminister vom 17.2.1937 betr. die Altkalendaristen in Bessarabien nach der Niederschlagungsaktion].

26 ANR, Inspectoratul General al Jandarmeriei, 1936/33, 143 [Mitteilung der Gendarmerie Soroca an das Zentralinspektorat vom 18.3.1937 betr. die hohe Zahl der Altkalendaristen im Norden Bessarabiens].

Gerade weil das Phänomen nunmehr so unsichtbar war, herrschte unter den Vertretern von Staat und Kirche lange keine Einigkeit darüber, wie es zu bekämpfen sei. Es lässt sich feststellen, dass alle Maßnahmen, die in jenem Zeitabschnitt vorgeschlagen wurden, ein tieferes Eingreifen des Staates in den Alltag der Gläubigen voraussetzten – ein Eingreifen, welches wieder vor allem mit Hilfe der Sicherheitskräfte erfolgen sollte. So sollte entschlossener als je zuvor gegen jede „stilistische Manifestation" vorgegangen werden, ja sogar gegen die Untätigkeit der Altkalendaristen.

Eine der ersten Maßnahmen gegen den passiven Altkalendarismus entwarf Tit Simedrea, der Bischof von Hotin-Bălţi. Unterstützt durch den Patriarchen Cristea, schlug der Bischof im Mai 1937 dem Kultusminister vor, zwölf religiöse Feiertage zu den staatlichen Feiertagen hinzuzufügen.[27] Auf diese Weise würde an diesen Tagen ein behördliches Arbeitsverbot bestehen und die Gendarmen hätten eine Rechtsgrundlage, die Altkalendaristen zu bestrafen. Dem Bischof zufolge „würde [diese Maßnahme] die Bekämpfung des Stilismus erleichtern und auch eine Unterstützung für alle, die in dieser Hinsicht wirken, darstellen".[28] Der Kultusminister lehnte den Vorschlag des Bischofs mit der Begründung ab, dass sein Ministerium die Zahl der staatlichen Feiertage nicht erhöhen könne; aber er werde sich mit „dem Problem der passiven Stilisten" an den Innenminister wenden. Er persönlich hielt eine Lösung des Problems nur mit Hilfe der Sicherheitskräfte für möglich, die in Zusammenarbeit mit den kirchlichen Organen „Maßnahmen gegen alle Stilisten" ergreifen sollten, „welche absichtlich an den kirchlichen Feiertagen arbeiten und die Feiertage nach dem alten Stil feiern".[29] Der Kultusminister hielt sein Versprechen und schrieb nach kurzer Zeit dem Innenminister:

> „Wir möchten Sie über die Anomalie, welche in der bessarabischen Kirche existiert, informieren. Dort bestellen die stilistischen Bauern an den religiösen Feiertagen ihre Felder, während die Priester die heiligen Gottesdienste in den Kirchen halten. Wir schlagen ein dezidiertes Arbeitsverbot an den offiziellen kirchlichen Feiertagen vor."[30]

Als sich der Gendarmeriechef beim Justizminister über die passiven Altkalendaristen beschwerte, schlug Letzterer vor, „die härtesten Maßnahmen gegen diese zu treffen", die Sicherheitskräfte sollten die Altkalendaristen an den Feiertagen nach dem neuen Kalender daran hindern, ihre Felder zu bearbeiten.[31]

[27] ANR, Ministerul Cultelor şi Artelor, 1937/134, 120 [Mitteilung des Patriarchen Cristea an das Kultusministerium vom 12.10.1937 betr. die Anfrage Bf. Simedreas].

[28] ANR, Ministerul Cultelor şi Artelor, 1937/134, 121 [Kopie der Anfrage Bf. Simedreas an die Heilige Synode von 1937 betr. Maßnahmen gegen die Altkalendaristen].

[29] ANR, Ministerul Cultelor şi Artelor, 1937/134, 118 [Mitteilung des Kultusministers an Patriarch Cristea vom 4.5.1938 betr. Maßnahmen gegen die Altkalendaristen].

[30] ANR, Ministerul Cultelor şi Artelor, 1937/134, 119 [Mitteilung des Kultusministers an das Innenministerium von 1937 betr. Maßnahmen gegen die Altkalendaristen]

[31] Für das Zitat und das Weitere: CNSAS, Fond Documentar, D013493, Vol. 2, 1 [Mitteilung des Zentralinspektorats der Gendarmerie von 1937 betr. Maßnahmen gegen die Altkalendaristen].

Schließlich entschied Innenminister Tătărăscu, dass die Gendarmerie zusammen mit den Verwaltungsorganen alle notwendigen Maßnahmen gegen den „passiven Widerstand" und gegen die „fanatischen Einwohner, die an den Feiertagen nach dem neuen Stil auf die Felder gehen", zu treffen habe, um sie in Zukunft daran zu hindern. Trotz aller Bemühungen seitens der Kirchenleitung und des Kultusministeriums erklärte das Innenministerium die erwähnten zwölf religiösen Feiertage nicht zu staatlichen Feiertagen, gab aber der Gendarmerie freie Hand, gegen alle „Formen von passivem Widerstand" gegen die Kalenderreform vorzugehen.[32] Darüber hinaus änderte die Regierung den Status des Altkalendarismus: Von einer „tolerierten Sekte" wurde er im November 1936 zu einer „verbotenen religiösen Sekte" erklärt. Dadurch war jede „stilistische Manifestation" per Gesetz verboten.[33] Mit dem neuen Kultusgesetz vom April 1937 wurden die Gesetze gegen die Altkalendaristen und gegen andere „verbotene religiöse Sekten" weiter verschärft, indem die Sicherheitskräfte verpflichtet wurden, jedweden Aktivitäten dieser Gruppen sofortigen Einhalt zu gebieten.[34]

Die Gendarmerieleitung, mit der neuen Gesetzeslage an sich mehr als zufrieden, musste nach einiger Zeit feststellen, dass sie für deren Umsetzung nicht genug Personal zur Verfügung hatte. Gendarmeriechef Pârăianu schrieb im August 1937 dem Kultusminister:

> „Trotz aller Restriktionen befindet sich der Stilismus kurz vor seiner Wiederbelebung. Wir [von der Gendarmerie] können es nicht glauben, dass es nach so vielen Bemühungen noch immer Menschen gibt, welche die Feiertage nach dem alten Stil feiern wollen. Die Gendarmerie war schon so oft mit solchen Fällen konfrontiert, so dass sie sich gezwungen sah, an den Feiertagen nach dem offiziellen Kalender die Menschen von ihren Feldern zu holen und sie mit Gewalt in die Kirche zu bringen. Diese Lage besteht auch deshalb, weil die kirchlichen Institutionen und ihre Vertreter kein Verständnis für den rumänischen Staat haben. Aus purem Egoismus und aus Ignoranz lehnen sie eine Zusammenarbeit mit der Gendarmerie ab. Anstatt sich an der Bekämpfung des Stilismus zu beteiligen, unterstützten sie diesen."[35]

Die neue Politik des Zentrums gegenüber den Altkalendaristen führte auch dazu, dass die Informationsmaschinerie der Gendarmerie nun anders funktionierte: Vor den Ereignissen vom Herbst 1936 hatten die Gendarmen so ausführlich über die Altkalendaristen berichtet, weil sie eine Bewilligung für ihre Aktionen gegen sie einholen oder Rechenschaft für ihre Maßnahmen ablegen hatten müssen. Das Zentrum musste auch über die Entwicklung des Altkalendarismus Bescheid wissen, damit es weitere Maßnahmen gegen die

32 CNSAS, Fond Documentar, D013493, Vol. 2, 1 [wie eben].

33 CNSAS, Fond Documentar, D015263, 97 [Befehl des Innenministeriums vom 20.11.1936 betr. das Verbot „der altkalendaristischen Sekte und Propaganda"].

34 ANR, Ministerul Cultelor și Artelor – Direcția Studii, 1937/1, 1–8 [Beschluss des Kultuministeriums vom 21.4.1937 betr. „das Verbot der religiösen Sekten und der religiösen Vereinigungen"].

35 ANR, Inspectoratul General al Jandarmeriei, 1937/25, 37–40 [Mitteilung Barbu Pârăianus an den Kultusminister vom 24.8.1937 betr. die erneute Betätigung der Altkalendaristen].

Reformverweigerer treffen konnte. Mit der neuen Machtkonstellation nach der Niederschlagungsaktion und mit dem neuen Status des Altkalendarismus war diese ausführliche Dokumentation nicht länger notwendig: Die Gendarmen durften über ihre Maßnahmen nach freier Wahl entscheiden. Wie die Bekämpfung des passiven Altkalendarismus nach Oktober 1936 auf der Dorfebene tatsächlich erfolgte, lässt sich daher nur ansatzweise rekonstruieren, weil eben ausführliche Berichte über die Aktivitäten der Gendarmerie im Umgang mit den Altkalendaristen fehlen.

Ein neuer Anfang – zurück zum alten Kalender?

Die Gendarmerie übte nach der Niederschlagungsaktion stete Kritik an der Passivität der Amtskirche bei der Anwendung der Kalenderreform. Doch von solcher Passivität konnte keine Rede sein. Auch wenn die Eparchie Hotin-Bălţi bis 1936 wenig zur Erklärung des „verbesserten Kalenders" getan hatte, gehörten die Umsetzung der Kalenderreform wie dann auch die Bekämpfung des Altkalendarismus nach 1936 zum Hauptprogramm ihrer Kulturabteilung. Die Eparchieleitung koordinierte diese Aktion auf mehreren Ebenen. Das Hauptaugenmerk ihrer Bemühungen galt jedoch den Dorfpriestern, deren Arbeit verbessert und – soweit das dem Bischof gelang – auch strenger überprüft wurde.[36] Diesen neuen Zugang, den Bischof Simedrea die „Disziplinierung des kirchlichen Lebens" nannte, kündigte der Bischof im September 1936 im Rahmen einer Konferenz an.[37] Schon in einer seiner ersten Reden als Haupt der Eparchie Hotin-Bălţi hatte Simedrea im Januar 1936 angedeutet, dass er die Dorfpriester stärker zur Verantwortung ziehen und sie intensiver als zuvor in die Mitgestaltung des kirchlichen Lebens einbeziehen werde. Er zeigte sich enttäuscht darüber, dass die Eparchie Hotin-Bălţi zahlreiche Probleme „mit den religiösen Sekten und mit ihren eigenen Gläubigen" habe und über keine gut ausgebaute Missionierungs- und Kulturabteilung verfüge. Eines seiner wichtigsten Ziele als neuer Bischof im Norden Bessarabiens war es daher, eine „kulturelle Konsolidierung" der Eparchie zu erreichen.[38]

Ein erster Schritt in dieser Hinsicht bestand darin, jene Priester zu identifizieren, die der Kalenderreform skeptisch oder negativ gegenüberstanden und durch ihre Einstellung den Altkalendarismus unterstützten. Mit dieser Aufgabe beauftragte Simedrea die Erzpriester, welche allen Dorfpriestern klarzumachen hatten, dass es niemals „eine Rückkehr zum alten Stil" geben werde:

36 Raportul comisiunei culturale pentru verificarea activităţii şi actelor încheiate de secţia culturală în cursul anului 1936. Frângerea mişcării stiliste. In: Episcopia Hotinului Bălţi: Actele desbaterile şi hotărîrile Adunărei Eparhiale din Sesiunea Ordinară din anul 1937. Bălţi [1937], 124–126.

37 Ant. Luţcan, Cronică internă. Stilismul, *Luminătorul* 12 (1936), 755–757, hier 755.

38 ANRM, Episcopia Hotinului, 1217,1, 725, 37–46, hier 38 [Bericht der Eparchialversammlung vom 18.5.1936 betr. Aktivitäten der Eparchie Hotin-Bălţi im Jahr 1935].

„Alle Gläubigen sollten über den verbesserten Kalender aufgeklärt werden. Diejenigen Priester, die das Volk nicht aktiv über den verbesserten Kalender informieren, werden von ihren Stellen entfernt. Bei jeder Inspektion müssen die Erzpriester den Zustand des Stilismus in den jeweiligen Parochien untersuchen und genau feststellen, was die Geistlichen seit der letzten Inspektion zu seiner Bekämpfung unternommen haben."[39]

Eine viel wichtigere Maßnahme zur „Disziplinierung des kirchlichen Lebens" stellte jedoch die Reaktivierung der sogenannten Pastoralkreise dar. Sie waren bereits im Organisationsgesetz der Rumänisch-orthodoxen Kirche von 1925 erwähnt worden, waren aber auf der Dorfebene seitdem wenig berücksichtigt und für die Umsetzung der Kalenderreform nicht konsequent eingesetzt worden. An den Aktivitäten eines Pastoralkreises sollten sich bis zu sechs Priester beteiligen; ihre Aufgabe bestand darin, regelmäßig kulturell-religiöse Veranstaltungen zu organisieren. Die „Priester und Kirchensänger" sollten „einen wichtigen Beitrag zur Aufklärung des Volkes und zur Stärkung seines religiösen Glaubens" leisten.[40] Jede Aktivität eines Pastoralkreises sollte nach genauen Vorgaben ablaufen und hatte ein zentrales Thema, das der Dorfpriester je nach den Bedürfnissen der Gläubigen selbst wählen durfte. Meist hatten im Zuge dessen bis in die Mitte der 1930er Jahre die Priester ihre Gläubigen vor den Gefahren des Alkoholismus und des Kommunismus gewarnt; doch nach 1936 zählten die Erklärung der Kalenderreform und die Bekämpfung des Altkalendarismus zu den wichtigsten Themen. Neben dem erzieherischen Teil gehörte „das Nationalprogramm", welches aus „patriotischen Reden und Liedern" bestand, zum fixen Ablauf einer Veranstaltung im Pastoralkreis. Eine solche Veranstaltung begann in der Regel mit den Vorträgen der teilnehmenden Priester. Danach gaben die Kirchensänger zusammen mit Kindern ein kleines Konzert von patriotischen und religiösen Liedern. Das Treffen endete mit einer gemeinsamen Aktivität der Geistlichen mit den Gläubigen. Sie weihten beispielsweise gemeinsam Brunnen ein, tanzten Volkstänze oder hielten sogenannte „kulturelle Versammlungen" ab. Zum Schluss wurden an die Gläubigen Broschüren, Ikonen und andere religiöse Utensilien ausgeteilt beziehungsweise verkauft. Für die Dorfpriester bestand eine Teilnahmepflicht an allen Veranstaltungen, und verpasste einer einen Termin, musste er seine Abwesenheit gut begründen können – gelang ihm das nicht, wurde ihm das Gehalt gekürzt.[41] Die Pastoralkreise dienten als Instrument, mit dessen Hilfe der Bischof sicherstellen konnte, dass die Dorfpriester ihre Rolle in der „nationalen Erziehung" der Gläubigen erfüllten.

Die nachstehende Tabelle 3 veranschaulicht, wie mit der Übernahme der Eparchieleitung durch Tit Simedrea ab Dezember 1935 die Zahl der Veranstaltungen der Pastoralkreise in den Folgejahren stetig zunahm.

39 De ordin cultural misionar. 18. Despre stilism, in: Episcopia Hotinului: *Foaie oficială a acestei episcopii* 17 (1936), 382.

40 Episcop Tit. Regulament pentru ținerea cercurilor pastorale în Eparhia Hotinului, in: ebd., 389–395.

41 Wie eben.

Tabelle 3: Zahl der Veranstaltungen der Pastoralkreise der Eparchie Hotin-Bălţi, 1935–1939[42]

Zahl der Veranstaltungen der Pastoralkreise der Eparchie Hotin-Bălţi, 1935–1939			
Jahr	**Versammlungen**	**Predigten**	**Konferenzen**
1935	280	425	220
1936	395	684	368
1937	562	838	485
1938	592	876	549
1939	597	903	615

Um die Arbeit der Pastoralkreise effizienter zu gestalten, musste die Eparchieleitung aber auch noch entscheiden, an welchen Tagen die Veranstaltungen anzusetzen waren. Manche Priester waren der Meinung, am besten seien sie an den Feiertagen nach dem alten Kalender, also an den „stilistischen Feiertagen", zu organisieren. Sie wussten, dass sich die Bauern in den altkalendaristischen Dörfern nur an diesen Tagen freinahmen, wodurch sie dann die Möglichkeit erhielten, die Veranstaltungen der Pastoralkreise zu besuchen, anstatt dem Tanz und Alkohol zu frönen. Die Eparchieleitung war jedoch mit dieser Überlegung nicht einverstanden, denn die Altkalendaristen hätten diese Terminwahl als ein Zeichen von Entgegenkommen oder gar Toleranz verstehen können. Daher entschied der Bischof, die Veranstaltungen der Pastoralkreise auf die Feiertage nach dem neuen Kalender zu legen. Diese Lösung zog viel Kritik seitens der Dorfpriester auf sich, da ihrer Meinung nach die Bauern an solchen Tagen mit der Feldarbeit beschäftigt seien und kaum an den Veranstaltungen der Pastoralkreise teilnehmen würden. Die Priester erklärten zudem, dass die Sonntage geeigneter wären, denn so könnten sie die übrigen Feiertage nach dem neuen Kalender nutzen, um die Altkalendaristen „zu missionieren": „Es ist im Interesse jedes Priesters, dass er an den offiziellen Feiertagen in seiner Parochie bleibt. Man muss berücksichtigen, dass der neue Kalender, der dauerhaft eingeführt wurde, weiterhin Unterstützung braucht."

Schließlich tauchte auch der Vorschlag auf, die Dorflehrer in die Aktivitäten der Pastoralkreise einzubinden: So würde nach Auffassung der Priester „eine tiefere Verbindung zwischen den zwei Dorfaufklärern" stattfinden, die auf diese Weise gemeinsam „auf dem Feld der nationalen und religiösen Erziehung arbeiten" könnten. Doch auch diese Idee wurde nicht umgesetzt.

Bischof Simedrea ging es nicht nur um die Zahl, sondern auch um die Qualität und die Auswirkungen der Pastoralkreistreffen. Daher verpflichtete er die Dorfpriester, nach jeder Veranstaltung ausführliche Berichte darüber zu verfassen. Diese enthielten gänzlich ent-

[42] [O. V.,] Episcopul Bf. Simedrea al Hotinului. Câteva preţuiri şi înfăţişări ale lucrării sale. Bălţi 1939, 79.

gegengesetzte Schilderungen, die von harmonischen Verhältnissen in den Parochien bis zu einer völligen Abneigung der Bauern gegen die Amtskirche reichten. Die Eparchieleitung wollte jeweils wissen, wer die Teilnehmer waren und wie sie auf die Predigten reagierten. Befanden sich darunter auch ehemalige Altkalendaristen, nahmen auch Lehrer und Angehörige der Gemeindeverwaltung an den Veranstaltungen teil? Konnten die Priester die Gläubigen von der Notwendigkeit der Kalenderreform überzeugen? Die Antworten der Dorfpriester waren wenig aussagekräftig. Sie nannten nur ungefähre Zahlen (in der Regel nahmen „zwischen 1.000 und 1.500 Gläubige" an einer Veranstaltung teil) und berichteten bezüglich der Reaktionen der Teilnehmer meistens allgemein über positive Ergebnisse ihrer Aktionen. Es war ja im Interesse der Priester, diese Veranstaltungen als Erfolg hinzustellen, denn ansonsten bestand die Gefahr, dass die Eparchieleitung sie zu einem Wiederholen verpflichtete.

Da die Eparchieleitung keine anderen Überprüfungsmaßnahmen ergriffen hatte, muss hinter dem Erfolg und der Effizienz der Pastoralkreise ein Fragezeichen stehen bleiben.

Trotz berechtigter Zweifel an der Zuverlässigkeit der Berichte lohnt es sich aber, einige genauer zu betrachten. Denn sie vermitteln doch einen Eindruck von der Stimmung nach der Niederschlagungsaktion. Ein Priester aus dem Kreis Hotin erklärte, dass „die Predigten bei allen Zuhörern eine außergewöhnliche geistige Zufriedenheit" ausgelöst hätten:

> „Jeder wurde zutiefst beeindruckt von dem, was er gesehen und gehört hatte. Das Volk wartet mit großer Ungeduld auf diese Tage, denn man konnte auf den Gesichtern Erstaunen lesen. Wir waren auch sehr zufrieden, als wir sahen, dass unsere Arbeit nicht umsonst ist und dass wir viele Ergebnisse erzielt hatten."[43]

Ein ähnlich positiver Bericht lautete:

> „Die Predigten haben ihr Ziel erreicht. Alle Teilnehmer haben die Kirche seelisch sehr zufrieden verlassen. Die schönen, christlichen Worte haben viele zum Weinen gebracht. Obwohl es in der Nacht geregnet hatte und überall Schlamm lag, haben am nächsten Tag viele Gläubige an unserer Veranstaltung teilgenommen."[44]

Auch der Priester aus Limbenii Vechi erklärte sich mit dem Tun der Pastoralkreise zufrieden. Bei einem solchen Treffen weihte er mit fünf weiteren Priestern das Kulturzentrum „Unirea" (Vereinigung) ein. Mit dieser Bezeichnung wollten sie den Gläubigen klarmachen, dass die Vereinigung Bessarabiens mit Rumänien eine gute Sache sei, denn sie „hat Ruhe und Frieden gebracht". Die Arbeit der Dorfpriester sei nicht leicht, denn in den Parochien gebe es noch „viele Dörfler, die das Volk gegen den neuen Kalender" aufbringen. Der Priester war aber optimistisch: „Wir haben über die Union von 1918 gesprochen und

[43] ANRM, Episcopia Hotinului, 1217, 1, 690, 40–42 [Bericht der Parochie Chelmeti, Kreis Hotin, vom 6.9.1936 betr. den Verlauf einer Veranstaltung des Pastoralkreises].

[44] ANRM, Episcopia Hotinului, 1217, 1, 690, 44 [Bericht der Parochie Nagoreni vom 8.9.1936 betr. den Verlauf einer Veranstaltung des Pastoralkreises].

hoffen, dass auch die Seelen der Dörfler sich vereinigen werden und dass sie mit Erfolg gegen alle Feinde kämpfen werden, die versuchen werden, die Basis der Kirche und des Staates zu schwächen."[45]

Wie erwähnt, sprachen nur wenige Priester die Probleme an, mit denen sie in ihren Parochien konfrontiert waren. Laut einem Priester aus dem Kreis Soroca variierte die Zahl der Teilnehmer an den Veranstaltungen der Pastoralkreise von Parochie zu Parochie:

> „Man kann aber genau feststellen, dass überall das Volk die Kirche mit Kälte betrachtet. Die Ursache dafür ist wahrscheinlich dieser Mist mit dem Kalender [pacostea de calendar]. Deswegen glaubt das Volk, dass man, wenn man die ‚Feiertage ändern, sie [dann] auch vernachlässigen kann'. Darüber hinaus spielt auch die kommunistische Propaganda, die immer mehr Anhänger unter den Dörflern gewinnt, eine wichtige Rolle für diese distanzierte Beziehung zwischen der Parochie und den Landbewohnern."[46]

Einen ähnlich trostlosen Bericht schickte auch ein anderer Priester aus dem Kreis Soroca: „Trotz der Feierlichkeit des Treffens müssen wir betonen, dass nur sehr wenige Leute teilgenommen haben, und das nur aufgrund des verbesserten Kalenders."[47]

Da sie weiterhin mit den Vorwürfen der Gendarmerie konfrontiert war, die Dorfparochien seien für das Weiterbestehen des Altkalendarismus verantwortlich, versuchte die Eparchieleitung Hotin-Bălți, diese Behauptungen genauer zu überprüfen. Eben darum verlangte Bischof Simedrea im Januar 1938, dass alle Dorfpriester ihm mitteilten, wie die Gläubigen die Feiertage und vor allem Weihnachten nach der Niederschlagungsaktion begangen hatten: „Wie feiern die Dörfler und die Priester am Epiphanie-Tag? Wie viele Dörfler sind in die Kirche gegangen und haben die Kommunion empfangen?" Simedrea ermahnte die Priester, ihre Aufgaben möglichst präzise durchzuführen:

> „Sie müssen berücksichtigen, dass wir mit genauen Informationen unterrichtet sein möchten. Denn nur, wenn wir reale und ehrliche Daten haben, können wir feststellen, wie sich das kirchliche Leben in euren Parochien entwickelt. Für alle ungenauen Informationen werden Sie zur Verantwortung gezogen."[48]

Die genauen Anweisungen des Bischofs lassen vermuten, dass Simedrea den Dorfpriestern misstraute. Wie diese reagierten, war indes nicht festzustellen, denn es ließen sich keine weiteren Berichte finden.

Das Kultusministerium selbst war unsicher, wie der Zustand des Altkalendarismus einzuschätzen sei. Denn „aus den letzten Berichten der Missionspriester von den regiona-

45 ANRM, Episcopia Hotinului, 1217, 1, 690, 63f. [Bericht der Parochie Limbeni vom 20.9.1936 betr. den Verlauf einer Veranstaltung des Pastoralkreises].

46 ANRM, Episcopia Hotinului, 1217, 1, 738, 2 [Mitteilung des dritten Pastoralkreises, Kreis Soroca an die Eparchie Hotin-Bălți von 1936 betr. den Verlauf der Veranstaltungen].

47 ANRM, Episcopia Hotinului, 1217, 1, 738, 7 [Bericht der Parochie Vădeni an die Eparchie Hotin-Bălți vom 16.8.1936 betr. den Verlauf der Veranstaltungen der Pastoralkreise].

48 ANRM, Episcopia Hotinului, 1217, 1, 798, 1 [Rundschreiben Bf. Simedreas vom Januar 1938 betr. den Bericht über den Verlauf der Weihnachtsfeiertage in der Eparchie].

len Eparchien geht hervor, dass der Stilismus zugrunde gegangen ist". Zugleich war das Ministerium „mit vielen Informationen" konfrontiert, die „genau das Gegenteil" bewiesen.[49] Die Kirchenleitung versicherte dem Ministerium, sämtliche Vertreter der Kirche seien bemüht, die Gläubigen über den Kalender aufzuklären. Sie erklärte aber, dass die Priester weiterhin mit „öffentlicher Gewalt" unterstützt werden sollten, denn „nur wenn [die Altkalendaristen] Angst haben, zeigen sie Respekt".[50]

Wie erklärten die bessarabischen Dorfpriester nach 1936 den Gläubigen die Kalenderreform und den Altkalendarismus? Es haben sich zwei entsprechende Aufsätze über den verbesserten Kalender und den Altkalendarismus erhalten, verfasst von Mihai Ciurea und Ioan Loghin Țurcanu, beide Angehörige der Eparchie Hotin-Bălți. Die Arbeiten dienten damals den Pastoralkreisen als Vorbereitungslektüre zur Vermittlung der Kalenderreform und gewähren einen Blick darauf, was die Priester im Rahmen der Pastoraltreffen über den Altkalendarismus erzählten.[51] Die Dorfpriester waren verpflichtet, sich regelmäßig schriftlich mit unterschiedlichen Themen zu befassen und die daraus entstehenden Arbeiten bei der Eparchieleitung abzugeben. In früheren Jahren hatten sie beispielsweise Aufsätze über das „Christentum bei den Rumänen und die Anfänge der rumänischen Kirche" schreiben oder auf die Frage der Eparchieleitung eingehen müssen, wieso die Kleriker „in ihren Parochien nicht an Prestige gewinnen können".[52] Das war die Art, auf welche die Eparchieleitung das tatsächliche Engagement ihrer Priester sowie deren Loyalität gegenüber der Kirchenleitung und dem rumänischen Staat überprüfte. Die beiden hier in Rede stehenden Arbeiten geben den diskursiven Umgang mit dem altkalendaristischen Problem auf der Dorfebene sowie die offiziellen Positionen wieder, welche die Dorfpriester gegenüber der Kalenderreform und dem Altkalendarismus verfochten. Auch wenn die beiden Priester sich in ihren Aufsätzen von jeweils etwa sechs Seiten Länge in erster Linie mit der Kalenderreform befassten, tangierten sie auch das Problem der Beziehung der Priester zum Staat. Darüber entstand hier auch eine Art Abhandlung über die Einstellung der orthodoxen Kirche zum modernen Staat. Bei der Lektüre kommt der Eindruck auf, dass aus der Sicht der Autoren nicht so sehr die Altkalendaristen, sondern der nach der Moderne strebende Staat ein Problem für die orthodoxe Kirche darstellte.

49 ANR, Ministerul Jusitiției-Direcția Judiciară, 1936/8, 5 [Mitteilung des Gerichts Bălți an den Justizminister vom 16.2.1937 betr. die Lage im Kreis Bălți].

50 ANR, Ministerul de Interne – Diverse, 1939/19, 17 [Kopie einer Mitteilung des Zentralinspektorats der Gendarmerie von 1939 betr. die Entlassung der Altkalendaristen aus den Klöstern].

51 ANRM, Episcopia Hotinului, 1217, 1, 690, 240–243 [Studie Mihai Ciureas ohne lesbares Datum betr. das Problem des Altkalendarismus]; 261–265 [Studie Ioan Loghin Țurcanus „Das Problem des Altkalendarismus in Bessarabien. Gründe, Folgen, Doktrin und Verbesserungsmaßnahmen" ohne lesbares Datum].

52 ANRM, Episcopia Hotinului, 1217, 1, 358 [Essays der Priester der Eparchie Hotin-Bălți von 1929 betr. „Christentum bei den Rumänen und die Anfänge der rumänischen Kirche"].

Die Schwierigkeiten, mit denen sich die Amtskirche im Zuge der Implementierung der Kalenderreform konfrontiert sah, seien nichts Außergewöhnliches, erklärten die Dorfpriester, denn die Einführung eines neuen Kalenders nach dem Ersten Weltkrieg habe in allen orthodoxen Kirchen viele Debatten und Konflikte ausgelöst. In Großrumänien habe sich das Kalenderproblem nur deswegen verschärft, weil weder die Kirchenleitung noch die Regierung den neuen Kalender den Gläubigen richtig erläutert hätten. Das Fehlschlagen der Reform in weiten Kreisen der Landbevölkerung sei zum Teil das Ergebnis dieser Vernachlässigung sowie eine Folge der Unvereinbarkeit zwischen „dem modernen Staat", der Großrumänien nach 1918 zu sein beanspruchte, und der orthodoxen Kirche. Der moderne demokratische Staat habe als Ziel, den modernen Menschen zu schaffen, stellte der Priester Ciurea fest. Der moderne Mensch

> „kümmert sich nur um seinen eigenen Komfort und um seine materielle Befriedigung und führt ein Leben, in dem sein einziges Ziel ist, seine niederen Wünsche zu erfüllen. [...] Im Gegensatz dazu kämpft die Kirche dafür, die Menschen gottähnlich zu machen und eine christliche Gesellschaft zu gründen."[53]

Ausdrücklich kritisierten die beiden Dorfpriester die Modernisierungstendenzen in ihrer Kirche nach dem Ersten Weltkrieg: Sie habe nach 1918 den großen Fehler gemacht, sich den staatlichen Interessen unterzuordnen und sich dadurch zu verpflichten, die Kalenderreform zu akzeptieren. Die Kirche sei damals irrtümlicherweise mit dem staatlichen Modernisierungsplan einverstanden gewesen, ohne zu berücksichtigen, dass die Gläubigen auf diesen Plan nicht vorbereitet gewesen waren: „So wurde bei uns in Bessarabien, wie es zu erwarten war, die Verbesserung des Kalenders von den konservativen und religiösen Bauern mit Widerstand aufgenommen."[54] Der Altkalendarismus war für die Dorfpriester nicht bloß eine direkte Reaktion auf die Kalenderreform, sondern auch „die Verkörperung zahlreicher sozialer und religiöser Probleme, die im Laufe der Organisation des kirchlichen und staatlichen Lebens [nach 1918] entstanden sind".[55] Allerdings verteidigten beide Dorfpriester trotz der von ihnen erkannten Fehler von Staat und Kirche im Umgang mit dem neuen Kalender und dem Widerstand nicht die Kalendergegner an sich und die Entstehung der altkalendaristischen Bewegung. Diese sei „eine sektiererische Bewegung gegen die orthodoxe Kirche und eine sozial-anarchische Bewegung gegen die Gesellschaft und den Staat", waren sich beide einig.[56]

In der Frage, ob der Staat der Kirche bei der Bekämpfung des Altkalendarismus zur Seite stehen solle oder nicht, vertraten die beiden Priester dagegen unterschiedliche Positionen. Ioan Loghin Ţurcanu meinte, durch ein richtiges Verhalten seitens der orthodoxen Priester könnten die altkalendaristischen Gläubigen in die Kirche zurückgebracht werden.

53 ANRM, Episcopia Hotinului, 1217, 1, 690, 261–265 [Studie Ţurcanus, wie eben, in Anm. 51].
54 ANRM, Episcopia Hotinului, 1217, 1, 690, 261–265 [wie eben].
55 ANRM, Episcopia Hotinului, 1217, 1, 690, 261–265 [wie eben].
56 ANRM, Episcopia Hotinului, 1217, 1, 690, 261–265 [wie eben].

Die Geistlichen sollten mehr Aufklärungsarbeit leisten, die Gläubigen besser betreuen, die Kinder in die Kirche bringen und stetig über die Gefahr des Altkalendarismus informieren. Der Staat solle nur die Missionierungspriester bezahlen – den Rest der Arbeit solle die Kirche leisten. Mihai Ciurea hingegen vertrat die Meinung, dass die Regierung endlich die Priester bei der Implementierung der Kalenderreform unterstützen solle. Er war skeptisch, ob es je zu einer solchen Hilfe seitens des Staates kommen werde, denn in früheren Jahren hätten die Regierungen immer wieder das Gegenteil bewiesen. Er zählte auch einige Episoden auf, die aus seiner Sicht der Einführung des neuen Kalenders entgegengewirkt hätten. Beispielsweise konnte er jene Entscheidung des Innenministers Ion C. Inculeţ von 1934, welche „den örtlichen Organen verbot, Maßnahmen gegen die altkalendaristischen Agitatoren zu treffen", nicht nachvollziehen. Wenig Verständnis zeigte er auch gegenüber der „Regierung von Averescu" sowie anderen Regierungen, die zu Zeiten der Wahlkämpfe die Rückkehr zum alten Kalender als Wahlversprechen benutzt hätten.[57]

Während die Kirchenleitung eine Rücknahme der Kalenderreform dezidiert ablehnte, schlossen die Dorfpriester eine solche Lösung des Kalenderproblems in der bessarabischen Kirche nicht aus. Wenngleich beide mit der Niederschlagung der altkalendaristischen Bewegung einverstanden gewesen waren, waren sie letztlich von der Notwendigkeit der Kalenderreform nicht überzeugt. Für sie war es kein Gegensatz, den Altkalendarismus zu bekämpfen und zugleich die Feiertage nach dem alten Kalender zu feiern. Ebenso wussten sie, dass durch eine Rückkehr zum alten Kalender die Anziehungskraft des Altkalendarismus abnehmen würde. Die Einführung des neuen Kalenders habe nur deswegen stattgefunden, weil das dem Wunsch des Staates entsprochen habe. Die Parochien seien schließlich Opfer der Modernisierungspolitik des demokratischen Staates gewesen: „Er ist nur ein laizistischer und heuchlerischer Staat, der stets verlangt, dass sich die Kirche für ihn maximal aufopfert, ohne dass er ihr auch nur ein bisschen hilft. Gleichzeitig sucht er die Rolle der Kirche zu minimieren."[58] Obwohl der Gedanke der Rücknahme der Kalenderreform hier etwas unerwartet auftaucht, war das doch nicht das erste Mal, dass bessarabische Dorfpriester offen eine Rückkehr zum alten Kalender verlangten. In ihren Berichten über die Lage in den Dorfparochien 1934 hatten viele zum Beispiel erklärt, dass die „Rückkehr zu den Traditionen der bessarabischen Kirche und die Ablehnung aller Neuerungen" die Lösung für alle Probleme in ihren Parochien sei.[59]

[57] ANRM, Episcopia Hotinului, 1217, 1, 690, 240–243 [Studie Mihai Ciureas ohne lesbares Datum betr. das Problem des Altkalendarismus].

[58] ANRM, Episcopia Hotinului, 1217, 1, 690, 261–265 [Studie Ţurcanus, „Das Problem des Altkalendarismus in Bessarabien. Gründe, Folgen, Doktrin und Verbesserungsmaßnahmen"].

[59] ANRM, Episcopia Hotinului, 1217, 1, 602, 1–8 [Bericht des Priesters der Parochie Slobozia vom 1.1.1934 betr. allgemeine Informationen über die Parochie und ihre Mitglieder für das Jahr 1933].

Manche Dorfpriester der Eparchie Hotin-Bălţi hatten offenbar eine kritischere Einstellung als die Kirchenleitung sowohl zur Kalenderreform als auch zum Staat. Auf der Kirchenebene wagten es die Priester, den Staat harsch zu kritisieren und ihre konservative und antimodernistische Haltung zum Ausdruck zu bringen. Mit Blick auf die Entwicklungen in den Dorfparochien nach 1918 kamen sie zum Schluss, dass die Zusammenarbeit mit dem Staat nicht zu ihrem Vorteil gewesen war. Der moderne rumänische Staat hatte also nicht bloß einen Großteil der Landbewohner im Osten Rumäniens von der Notwendigkeit der kalendarischen Modernisierung nicht überzeugt, sondern auch die dortigen Dorfpriester nicht. In diesem Kontext lässt sich auch die Kritik der Dorfgendarmen an den Dorfpriestern besser nachvollziehen. Die Dorfpriester unterstützten die Altkalendaristen nicht direkt, denn zu deren Bewegung herrschte die einhellige Meinung, dass sie eine Gefahr für die kirchliche Einheit darstelle. Die Gendarmen störte jedoch, dass die Dorfpriester die kalendarische Modernisierung nicht unverzüglich und energisch umsetzten und so den Altkalendaristen, wie sie es sahen, indirekt entgegenkamen.

Die Niederschlagungsaktion brachte wie gesehen die altkalendaristische Bewegung unmittelbar zum Stillstand und führte auch zur Verstärkung der Gendarmerie auf der Dorfebene. Die Gendarmerie hatte nach Oktober 1936 die führende Rolle im Kampf gegen den Altkalendarismus inne und plädierte für eine noch stärkere Überwachung durch die Sicherheitskräfte, um auch den passiven Widerstand der Gläubigen gegen die Kalenderreform zu brechen. Das einzige erlaubte und erwünschte Verhalten der Altkalendaristen bestand darin, an den offiziellen Feiertagen die Gottesdienste der orthodoxen Kirche zu besuchen. Um das zu erreichen, gingen Gendarmen so weit, dass sie die altkalendaristischen Bauern von ihren Feldern holten und mit Zwang in die Kirchen brachten, wie der oberste Gendarmeriechef Pârăianu dem Kultusminister ausführlich darlegte. Dieser Umgang der Gendarmen mit den Altkalendaristen wurde 1937 durch ein neues Kultusgesetz rechtlich verankert. Während er noch vor 1936 als Machtmissbrauch bezeichnet werden könnte, bedeutete der neue amtliche Status des Altkalendarismus als verbotene Sekte, dass die Gendarmerie über ihre Maßnahmen gegen die Betreffenden frei entscheiden konnte.

Der Kirchenleitung war bewusst, dass die Gendarmerie den Altkalendarismus weiterhin unter Kontrolle halten musste, um eine Reorganisation zu verhindern; die Dorfpriester waren aber mit der verstärkten Gendarmerie nicht zufrieden. Die Spannungen zwischen den Gendarmen und den bessarabischen Dorfpriestern zeigen auch, dass auf der regionalen Ebene andere Machtverhältnisse als im Zentrum oder etwa bei der Internierungsaktion herrschten, wo – wie gezeigt – die Kirchenleitung bzw. Patriarch Cristea sich über die Gendarmerieleitung hinweggesetzt hatten.

Lipowaner – die anderen „Altkalendaristen“

Nach der Niederschlagung der altkalendaristischen Bewegung gab es bei den Behörden die Tendenz, eine weitgespannte Definition des Altkalendarismus anzuwenden: Als Altkalendaristen wurden jetzt nicht nur orthodoxe Gläubige bezeichnet, welche ursprünglich Angehörige der Rumänisch-orthodoxen Kirche und Gegner der Kalenderreform waren, sondern auch andere orthodoxe Gläubige, wie zum Beispiel die Lipowaner oder die bulgarischen Orthodoxen, die in ihrem religiösen Leben den alten Kalender verwendeten, aber unstreitig nie Angehörige der Amtskirche gewesen waren. Diese neue Entwicklung ging Hand in Hand mit einer ganz allgemein abnehmenden Toleranz der Behörden gegenüber religiösen Minderheiten in der zweiten Hälfte der 1930er Jahre. Unter dem Deckmantel der Bekämpfung des Altkalendarismus versuchten die Kirchenleitung sowie diverse staatliche Behörden nun, unliebsame Konkurrenten in die Rumänisch-orthodoxe Kirche zu integrieren und sie zugleich unter die Überwachung der Sicherheitsorgane zu stellen. Das neue Verständnis des Altkalendarismus-Begriffs tauchte nicht aus dem Nichts auf. Denn die Gendarmerie, welche die Unterschiede zwischen den verschiedenen religiösen Minderheiten oft nur wenig beachtete, aber die Verantwortung dafür trug, die Mitglieder dieser Gruppen statistisch zu erfassen, hatte die Lipowaner als traditionelle Altkalendarier schon in den 1930er Jahren immer wieder als Altkalendaristen bezeichnet.

Die Mehrheit der etwa 80.000 Lipowaner, die in der Zwischenkriegszeit auf rumänischem Boden lebten, befand sich in der Bukowina und nahe der Donaumündung in Bessarabien und in der Dobrudscha. Aufgrund von internen Konflikten in der lipowanischen Führungsriege organisierten sie sich ab 1924 in drei Eparchien, nämlich Fântâna Albă (Bukowina), Ismail (Bessarabien) und Chişinău (Bessarabien). Diese letzte Eparchie wurde neugegründet, nachdem ein Teil der bessarabischen Lipowaner mit ihrer Eingliederung in die Eparchie von Fântâna Albă nach 1918 nicht einverstanden gewesen war. So spalteten sich die bessarabischen Lipowaner, die bis 1924 in der Eparchie von Ismail organisiert waren, in zwei Lager. Die neue Eparchie Chişinău wurde mit Hilfe des lipowanischen Priesters Inochentie Uzov gegründet, der 1920 aus Russland neu nach Bessarabien gekommen war und weiterhin enge Beziehungen zu Lipowanern auf sowjetischem Boden pflegte. Beide bessarabischen Lipowanereparchien standen sich in der Zwischenkriegszeit feindlich gegenüber.[60]

In Anbetracht des unklaren Status der Lipowaner, die laut dem Kultusgesetz von 1928 nicht zu den „historischen Kulten“ gehörten (wie die römisch-katholischen, die griechisch-katholischen und die orthodoxen Gläubigen), sondern nur als „anerkannter religiöser Kultus“ klassifiziert waren[61], fanden sich ihre Gemeinschaften der Gefahr ausgesetzt, dass

[60] CNSAS, Fond Documentar, D015285, 25f. [Mitteilung der Siguranţa vom 7.10.1938 betr. Entwicklungen innerhalb der lipowanischen Gemeinschaften].

[61] CNSAS, Fond Documentar, D006910, Vol. 3, 159–239, hier 191 und 234–239 [Ausführung zur konfessionellen Lage in Großrumänien].

Behörden über ihre inneren Angelegenheiten mitbestimmen könnten.[62] Unter anderem durften die Lipowaner aufgrund ihres amtlichen Status keine eigenen Schulen unterhalten; auch wurden ihre Priester nicht vom Staat bezahlt.[63] Die Lipowaner behaupteten freilich, der Staat habe ihnen den Status eines „historischen Kultes" aberkannt, als er das Kultusgesetz entwarf, weil das Kultusministerium kaum Informationen über sie besessen und sie daher mit „einer russischen Sekte" verwechselt habe. Aus diesem Grund, aber auch um dem Druck von außen zur Anpassung an die rumänische Orthodoxie zu entgehen, waren sie über die Jahre hinweg durch verschiedene Memoranden bestrebt, mehr Selbstbestimmungsrechte zu bekommen.

In einem Memorandum Ende der 1930er Jahre erklärten die Lipowaner die Bedeutung des alten Kalenders wie folgt:

> „Der ganze Glaube, alle unsere Traditionen und Gewohnheiten bilden eine Einheit, ein vollständiges und komplexes System, welches aus keinem Grund und von niemandem geändert werden kann, ohne uns dabei tödlich zu verletzen. Der Kalender unserer Kirche [...] ist ein genauso wichtiges Erbe wie alle anderen Traditionen, welche wir von unseren Eltern geerbt haben. Keine fremde Synode, egal welcher Kirche, keine kirchliche oder zivile Behörde, egal aus welchen Gründen, kann etwas über unseren alten Ritus entscheiden, von dem unser Kalender einen wesentlichen Teil ausmacht."[64]

Angesichts des über die Jahre zunehmenden Drucks der Rumänisch-orthodoxen Kirche und des Kultusministeriums, den „verbesserten Kalender" zu akzeptieren, erklärten sie:

> „Wir können nur schwer verstehen, wieso wir aufgefordert werden, unseren kirchlichen Kalender zu ändern. Das ist unmöglich. Niemand denkt daran, von Katholiken, Protestanten, Juden oder Mohammedanern zu verlangen, ihre Feiertage an die Feiertage der offiziellen orthodoxen Kirche anzupassen. [...] Es ist weder legal noch christlich oder menschlich, dass von uns verlangt wird, den neuen Kalender der offiziellen rumänisch-orthodoxen Kirche anzunehmen, denn wir sind etwas ganz anderes als diese Kirche."[65]

Für die Sicherheitsorgane stellten die Lipowaner in der Zwischenkriegszeit eine „religiöse Sekte" dar, die von der Regierung nicht aus den Augen gelassen werden durfte.[66] Vor

62 ANR, Direcția Generală a Poliției, 1926/19, 24 [Mitteilung der Siguranța an den Innenminister vom 1.6.1926 betr. den Verlauf des Kongresses der Lipowaner in Chișinău]; ANR, Ministerul de Interne – Diverse, 1942/1, 1–82, hier 69 [Memorandum der lipowanischen Kirche des Metropoliten Tihon und der Bischöfe Savatie, Arsenie und Sofronie vom August 1942].

63 ANR, Direcția Generală a Poliției, 1931/38, 5 [Mitteilung des Zentralinspektorats der Polizei an das Innenministerium vom 18.6.1936 betr. den Verlauf des Kongresses der Lipowaner vom 10.6.1936 in Iași].

64 ANR, Ministerul de Interne – Diverse, 1942/1, 1–82, hier 71–75 [Memorandum der lipowanischen Kirche des Metropoliten Tihon und der Bischöfe Savatie, Arsenie und Sofronie vom August 1942].

65 ANR, Ministerul de Interne – Diverse, 1942/1, 1–82, hier 73 [wie eben].

66 CNSAS, Fond Documentar, D013408, Vol. 3, 569 [Bericht der Polizei Botoșani an das Zentralinspektorat der Polizei vom 29.11.1935 betr. die „religiöse Sekte der Lipowaner"]; 601 [Bericht

allem nach der Spaltung der bessarabischen Lipowaner und der Gründung der noch stärker russisch geprägten Konkurrenzeparchie wuchs das Misstrauen der Sicherheitsorgane. Die Siguranța untersuchte genau, welche Art von Beziehungen die Lipowaner mit der Sowjetunion pflegten, und überlegte sogar, Lipowaner als Agenten in die Sowjetunion zu schicken.[67]

Die Kirche wiederum spielte schon seit 1934 mit dem Gedanken, die Lipowaner der Heiligen Synode unterzuordnen und sie langsam in die rumänische Orthodoxie zu integrieren. In diesem Sinne befahl die Eparchieleitung von Hotin-Bălți ihren Geistlichen, die lipowanischen Gemeinschaften im Norden Bessarabiens zu untersuchen und Informationen über deren Organisation und Umfang zu sammeln. Am Ende mussten die Priester einen Bericht vorlegen mit detaillierten Erklärungen dazu, wie die „Inkorporation in die rumänisch-orthodoxe Kirche" aussehen würde: Wie wahrscheinlich wäre eine Konversion der Lipowaner und welche Reaktionen würde solch ein Schritt in den jeweiligen Gemeinschaften auslösen? Die Konversion war laut der Eparchieleitung notwendig, damit die Amtskirche die Umsetzung der Kalenderreform vorantreiben könne. Dabei war der Norden Bessarabiens durchaus kein lipowanisches Zentrum; in den Kreisen Hotin, Soroca und Bălți lebten in den 1930er Jahren nur etwa 4.600 Lipowaner.[68] Doch da sie ihre Feiertage in aller Öffentlichkeit nach dem alten Kalender begingen, waren sie der Eparchieleitung zufolge sowohl für die Altkalendaristen als auch für die übrigen orthodoxen Gläubigen „ein schlechtes Vorbild." Die Untersuchungen der lipowanischen Gemeinschaften durch die orthodoxen Priester wurden im Bistum bereits um 1934 unter der Leitung von Bischof Puiu begonnen und ab Dezember 1935 von seinem Nachfolger Simedrea übernommen.

Die Berichte, welche die Priester vorlegten, enthielten keine guten Nachrichten für die Eparchieleitung: Die Lipowaner lebten in geschlossenen Gemeinschaften und ihre Traditionen, unter denen der alte Kalender eine zentrale Rolle spielte, wurden intensiv gepflegt. Ein Priester aus dem Kreis Hotin berichtete:

> „Die Lipowaner halten wie fanatisch an ihrem Kultus und an dem alten Kalender fest. Wir könnten sie nur durch intensive Aktionen und durch die folgenden Methoden in unsere Kirche inkorporieren: durch Missionierung und durch das Einverständnis ihrer Bischöfe. Wir könnten sie [die Bischöfe] für uns gewinnen, indem wir ihnen erklären, dass wir gemeinsam gegen alle Strömungen, die gegen das Christentum gerichtet sind, kämpfen. Die dritte Methode besteht aus der aufgezwungenen Inkorporation der Lipowaner in die rumänisch-orthodoxe Kirche durch den Staat. Ihre Eingliederung

der Polizei Neamț an dasselbe vom 17.12.1935 betr. die Organisation der Lipowaner]; 612 [Bericht der Polizei Iași an dasselbe vom 23.12.1935 betr. die Organisation der Lipowaner in Iași]; D015285, 5f. [Mitteilung der Siguranța vom 11.1.1934 betr. die Verbindungen der Lipowaner zur Sowjetunion]

67 CNSAS, Fond Documentar, D015285, 1–4 [Projekt zur Gewinnung der Lipowaner ohne lesbares Datum].

68 CNSAS, Fond Documentar, D015285, 38f. [Tabelle des Zentralinspektorat der Gendarmerie von 1932 betr. die Zahl der Lipowaner].

ist ein wesentliches Erfordernis für die Durchsetzung des verbesserten Kalenders unter den Orthodoxen."[69]

Ein weiterer Bericht, gleichfalls aus dem Kreis Hotin, enthielt eine klare Botschaft: „Alle [Lipowaner] halten fest an ihrem Glauben und am alten Stil. Ich sehe keine Möglichkeit, wie wir sie in unsere Kirche inkorporieren können, solange wir noch keine Methoden gefunden haben, um unsere Orthodoxen dazu zu bringen, die Feiertage nach dem verbesserten Kalender einzuhalten."[70]

In Hinsicht auf die altkalendaristischen Aktivitäten und der Selbstwahrnehmung der Lipowaner berichtete ein Priester aus dem Kreis Bălți, dass die Lipowaner sich nicht als Altkalendaristen bezeichneten. Sie hätten mit der Kalenderreform nichts zu tun, denn diese betreffe die Amtskirche und nicht ihren Kultus. Deswegen hätten sie das Recht, sich innerhalb ihrer Gemeinschaften weiter entsprechend ihren Traditionen zu organisieren. Über eine mögliche Eingliederung in die Rumänisch-orthodoxe Kirche erklärte er: „Die Idee an sich ist schön, ihre Umsetzung ist aber unwahrscheinlich – außer ihre Anführer erklären sich damit einverstanden."[71]

Nahe der altkalendaristischen Hochburg Albineț lebten vier lipowanische Familien, die großen Einfluss auf die Altkalendaristen ausübten und angeblich auch Propaganda gegen die Kalenderreform unter den orthodoxen Gläubigen betrieben: „Sie legen ein feindliches Verhalten gegenüber unserer Kirche an den Tag [...]. Sie verteidigen fanatisch den alten Stil und es ist unmöglich, dass wir sie in unsere Kirche eingliedern. Sie blicken mit Hass und Feindschaft auf unsere Kirche und meinen, dass sie wegen ihr viel leiden müssen."[72]

Aus dem Kreis Soroca langten bei der Eparchieleitung ähnliche Berichte ein wie aus Hotin und Bălți:

> „Die Lipowaner in unserer Parochie sind Anhänger des alten Stils. Nur in seltenen Fällen besuchen sie die Gottesdienste in unserer Kirche und halten die Feiertage nach dem verbesserten Kalender. Was die religiösen Angelegenheiten betrifft, sind die Lipowaner fanatisch, und weil sie Analphabeten sind, sind ihnen die Vorteile einer Mitgliedschaft in unserer orthodoxen Kirche nicht bewusst – auch wenn unsere Priester große Anstrengungen unternehmen, sie zurück in die orthodoxe Kirche zu bringen. Das wäre erst dann möglich, wenn Priester kanonische Besuche in ihren Häusern machen würden, damit sie durch Ratschläge das Vertrauen der Lipowaner gewinnen."[73]

69 ANRM, Episcopia Hotinului, 1217, 1, 652, 59 [Bericht der Protohierarchie III, Kreis Hotin, an Bf. Simedrea vom 25.11.1935 betr. die Organisation der lipowanischen Gemeinschaften].

70 ANRM, Episcopia Hotinului, 1217, 1, 652, 61 [Bericht der Protohierarchie I, Kreis Bălți, an Bf. Simedrea vom 9.12.1935 betr. das gleiche].

71 ANRM, Episcopia Hotinului, 1217, 1, 652, 63 [Bericht der Protohierarchie III, Kreis Soroca, an Bf. Simedrea vom 10.12.1935 betr. das gleiche].

72 ANRM, Episcopia Hotinului, 1217, 1, 652, 64 [Bericht der Protohierarchie II, Kreis Bălți, an Bf. Simedrea vom 27.12.1935 betr. das gleiche].

73 ANRM, Episcopia Hotinului, 1217, 1, 652, 67 [Bericht der Protohierarchie II, Kreis Soroca, an Bf. Simedrea vom 10.1.1936 betr. das gleiche].

Die Priester sahen also nur wenig Chancen, die Lipowaner in die rumänische Kirche zu „inkorporieren“. Ihre Untersuchungen zeigten auch, dass die Lipowaner zurückgezogen lebten und nur wenig Kontakt zur altkalendaristischen Bevölkerung hatten. Trotz alledem gab der Bischof von Hotin-Bălți diesen Plan nicht vollständig auf. Er leitete keine zentrale Aktion zur Konversion der Lipowaner ein, erklärte aber den Priestern, sie sei weiterhin erstrebenswert. So schrieb Bischof Simedrea an einen Priester:

> „Wir möchten Sie informieren, dass wir die Maßnahmen, welche Sie für die Konversion der Lipowaner aus diesem Kreis zur orthodoxen Kirche vorgeschlagen haben, für geeignet halten. Um unser Ziel zu erreichen, sollten Sie diese mit viel Takt durchführen. Die Betroffenen sollten nicht wissen, dass durch diese Maßnahmen ihre Konversion beabsichtigt wird.“[74]

Einem anderen Priester antwortete der Bischof wie folgt:

> „Obwohl die Lipowaner aus euren Parochien überzeugte Anhänger des alten Stils sind und keine Propaganda in dieser Hinsicht machen, bitten wir Sie, Wege zu finden, um die lipowanische Jugend, die nicht mehr so streng an ihrem alten Glauben festhält und unsere Kirchen besucht, durch Predigten und Chöre für uns zu gewinnen.“[75]

Nach der Niederschlagung der altkalendaristischen Bewegung wurden die Behörden erneut auf die Lipowaner aufmerksam. Von da an kann man sogar von einer gewissen Ungeduld gegenüber der in der Gesellschaft anhaltenden Toleranz den lipowanischen Gläubigen gegenüber sprechen. Nachdem der Präfekt von Constanța sich im Juni 1937 beim Innenministerium beschwert hatte, dass „die fremde Bevölkerung, die Lipowaner und die Bulgaren, die Feiertage nach dem alten Kalender“ feiere, begann eine Debatte über den Status der Lipowaner und darüber, ob sie ihre Feiertage weiterhin nach dem alten Kalender begehen dürften oder nicht. Der Präfekt wollte vom Innenministerium wissen, was er tun könne, damit „diese Bevölkerung die Feiertage nicht mehr nach dem alten Kalender hält und an den Feiertagen nach dem neuen Kalender nicht länger ihre Felder bestellt“.[76] Laut dem Präfekten sollten die Behörden bei ihren Maßnahmen gegen die Lipowaner und die Bulgaren vorsichtig vorgehen, denn es bestehe die Gefahr, sie zum Widerstand anzustacheln. Innenminister Gheorghe Tătărăscu, der damals auch als Ministerpräsident amtierte, schickte die Beschwerde an die Gendarmerieleitung weiter, ohne dabei zu berücksichtigen, gegen wen die Beschwerde des Präfekten gerichtet war: „Der Herr Präfekt

74 ANRM, Episcopia Hotinului, 1217, 1, 652, 68 [Tabelle der Protohierarchie III, Kreis Hotin, an Bf. Simedrea vom 25.11.1935 betr. die lipowanischen Gemeinschaften und ihre Einstellung zur Kalenderreform].

75 ANRM, Episcopia Hotinului, 1217, 1, 652, 71 [Bericht der Parochie Poiana-Cunicea, Kreis Soroca, an die Eparchie Hotin-Bălți vom 16.12.1935 betr. die Organisation der lipowanischen Gemeinschaften].

76 ANR, Inspectoratul General al Jandarmeriei, 1937/5, 4 [Kopie eines Berichts der Präfektur Constanța an den Innenminister von 1937 betr. Bulgaren und Lipowaner, die den alten Kalender verwenden].

von Constanța informiert uns, dass in dem dortigen Kreis die fremde Bevölkerung die Feiertage weiterhin nach dem alten Stil feiert."[77] Da die Gendarmerieleitung mit diesem Problem überfordert war, fragte sie im Kultusministerium nach, ob die Gendarmerie die Bulgaren und die Lipowaner nun gleich wie die Altkalendaristen behandeln solle. Gleichzeitig erkundigte sie sich über den Rechtsstatus des Altkalendarismus – war er nun eine verbotene oder eine tolerierte Sekte?[78] Der Kultusminister erklärte, die Lipowaner hätten den Status einer religiösen Gruppe, während die Altkalendaristen ebenfalls „gern diesen Status bewilligt bekommen hätten".[79] Die Gendarmerieleitung durfte sich also laut Gesetz in die Angelegenheiten der Lipowaner noch nicht einmischen, auch wenn ihr die Verwendung des alten Kalenders ein Dorn im Auge war.

Eine wichtige Zäsur in dem Verhältnis der Lipowaner zum rumänischen Staat stellte jedoch bald darauf der Zweite Weltkrieg dar. Mit der Rückeroberung Bessarabiens durch die rumänische Armee im Juli 1941 wuchs das Misstrauen der Staatsorgane gegenüber den lipowanischen Gemeinschaften. Die Siguranța behauptete, „sichere Informationen" zu besitzen, dass die Lipowaner während der sowjetischen Besatzungsmonate mit den sowjetischen Behörden kollaboriert und gegen Rumänien gearbeitet hätten. Man zeigte sich über ihr illoyales Verhalten enttäuscht, denn der rumänische Staat habe sie immer als treue und gut integrierte Bürger betrachtet.[80] Laut der Siguranța seien die Lipowaner vor allem deswegen gefährlich, weil sie „die Feiertage nach dem alten Stil feiern und sie dadurch die Rumänen beeinflussen".[81]

Immer wieder wurden Anfragen von einer Behörde zur anderen verschickt, in denen man sich erkundigte, ob den Lipowanern das Begehen der Feiertage nach dem alten Kalender noch erlaubt sei und ob die Regierung noch keine Änderungen in dieser Hinsicht getroffen habe.[82] 1941 fragte die Siguranța bei der Polizei an, ob die lipowanischen Gemeinschaften überhaupt eine Genehmigung zur Verwendung des alten Kalenders

[77] ANR, Inspectoratul General al Jandarmeriei, 1937/5, 4 [wie eben].

[78] ANR, Inspectoratul General al Jandarmeriei, 1937/5, 2 [Anfrage des Zentralinspektorats der Gendarmerie an das Kultusministerium von 1937 betr. den Rechtsstatus des Altkalendarismus]; 39 [Mitteilung des Zentralinspektorats der Gendarmerie an das Kultusministerium vom 23.6.1937 betr. Lipowaner und die Bulgaren, die den alten Kalender verwenden].

[79] ANR, Inspectoratul General al Jandarmeriei, 1937/5, 1 [Mitteilung des Kultusministers an das Zentralinspektorat der Gendarmerie vom 18.6.1937 betr. den Rechtsstatus der Lipowaner und der Altkalendaristen].

[80] CNSAS, Fond Documentar, D015285, 44f. [Mitteilung der Siguranța an das Innenministerium vom 4.4.1942 betr. „die antirumänische Haltung der Lipowaner"]; 46 [Mitteilung derselben an dasselbe vom 17.3.1942 betr. die Haltung der Lipowaner gegen den rumänischen Staat].

[81] CNSAS, Fond Documentar, D015285, 49 [Mitteilung der Siguranța vom 17.11.1942 betr. den Einfluss der Lipowaner auf die Mitglieder der Amtskirche].

[82] ANR, Inspectoratele Regionale de Poliție, 856, 247 [Kopie eines Berichts des Zentralinspektorats der Polizei vom 31.12.1942 betr. die Lipowaner und den alten Kalender]; ANR, Ministerul de Interne – Diverse, 1942/1, 1–82, hier 59–82 [Memorandum der lipowanischen Kirche des Metropoliten Tihon und der Bischöfe Savatie, Arsenie und Sofronie vom August 1942].

besäßen, worauf folgendermaßen geantwortet wurde: „So eine Genehmigung existiert nicht, weil die Lipowaner bisher immer ihre Feiertage nach dem alten Kalender gefeiert haben.“[83] Nunmehr verbot das Kultusministerium den Lipowanern die Verwendung des alten Kalenders, und ihr Status wurde von einer anerkannten religiösen Gruppe zu einer „tolerierten Sekte“ herabgestuft.[84] Parallel dazu wurde der Begriff Altkalendaristen nun auch als behördliche Bezeichnung für die Lipowaner verwendet.

Die lipowanischen Gläubigen versuchten vergeblich, sich diesen Entwicklungen zu widersetzen. Die Gendarmerie überwachte sie und leitete Beschwerden an die nächsthöhere Behördenebene weiter, wenn sie Gemeinschaften entdeckte, welche die Anordnungen des Kultusministeriums nicht befolgten.[85] Die Anführer der Lipowaner verstanden rasch, dass von der Regierung keine Zugeständnisse zu erwarten waren.[86] Sie wurden gerade noch toleriert; es würde ihre Kirche bald nicht mehr existieren, wenn sie die Anordnungen nicht befolgten, erklärten ihnen Vertreter des Kultusministeriums.[87] Metropolit Tihon von Fântâna Albă, das Oberhaupt der lipowanischen Kirche auf rumänischem Territorium, wurde nach dem örtlichen Beginn des Zweiten Weltkriegs für einige Zeit im Lager von Oneştii-Noi interniert.[88] Nach seiner Entlassung Mitte 1943 versuchte er, die Lipowaner dazu zu bringen, die Feiertage nach dem neuen Kalender zu begehen.[89] Im Rahmen eines Kongresses vom August 1943, an dem alle führenden Lipowaner teilnahmen, wurde offiziell die Einführung des neuen Kalenders anerkannt.[90] „Herr Inspek-

83 ANR, Inspectoratele Regionale de Poliţie, 856, 197 [Telegramm des Zentralinspektorats der Polizei an die Polizei Iaşi vom 9.1.1942 betr. eine Anfrage zur Verwendung des alten Kalenders durch die Lipowaner]; 199f. [Mitteilung der Polizei Iaşi an jenes vom 9.1.1942 betr. die fehlende Bewilligung der Verwendung des alten Kalenders durch die Lipowaner].

84 CNSAS, Fond Documentar, D015285, 50 [Mitteilung des Zentralinspektorats der Gendarmerie vom 9.1.1943 betr. die Reaktionen der Lipowaner auf das Verbot des alten Kalenders].

85 ANRM, Poliţia centrelor judeţene: Bălţi, 694, 3, 202, 307 [Bericht der Polizei Bălţi vom 8.5.1942 betr. Lipowaner, die den alten Kalender verwenden].

86 CNSAS, Fond Documentar, D015285, 99–106, hier 102–104 [Bericht der Siguranţa Iaşi vom 9.8.1943 betr. den Kongress der Lipowaner in Iaşi vom 7. und 8. August 1943].

87 CNSAS, Fond Documentar, D015285, 99–106, hier 99 und 101 [wie eben].

88 GARF, r-5325, 4, 100, 13–19, hier 19 [Bericht der Siguranţa über die allgemeine Lage in Bessarabien 1943, beschlagnahmt und übersetzt vom NKVD der Moldauischen Sozialistischen Sowjetrepublik].

89 CNSAS, Fond Documentar, D015285, 89f. [Mitteilung des Zentralinspektorats der Gendarmerie vom 16.7.1943 betr. die Einführung des neuen Kalenders in den lipowanischen Gemeinschaften]; 125f. [Mitteilung des Zentralinspektorats der Polizei vom 28.11.1943 betr. die Durchführung der Kalenderreform in der lipowanischen Kirche].

90 CNSAS, Fond Documentar, D015285, 93f. [Mitteilung der Siguranţa vom 10.8.1943 betr. „die Aktivitäten der religiösen Sekten“]; 99–106 [Bericht der Siguranţa Iaşi vom 9.8.1943 betr. den Kongress der Lipowaner in Iaşi vom 7. und 8. August 1943]; 107f. [Kopie des Protokolls vom 7.8.1943 betr. Verlauf des Kongresses der Lipowaner in Iaşi]; 110–119 [Kopie eines Berichts von Repräsentanten der lipowanischen Kirche an den Kultusminster vom August 1943 betr. den Verlauf des lipowanischen Kongresses].

tor Grosu“, der das Kultusministerium beim Kongress repräsentierte, erklärte ihnen, sie würden vom rumänischen Staat nicht länger „toleriert“ werden, wenn sie weiterhin den neuen Kalender boykottieren würden. Alle, die sich nach dem Kongress noch trauen sollten, den alten Kalender zu benutzen, riskierten Grosu zufolge, „dass der Staat ihnen die Kirchen schließt und sämtliche Besitztümer beschlagnahmt“.[91]

Zum Schluss des Kapitels seien hier dessen Ergebnisse subsumiert. Die Niederschlagung der altkalendaristischen Bewegung vom Herbst 1936 markierte nur den Anfang der Unterdrückung der Kalendergegner. Die Amtskirche und die Gendarmerie führten in den eigenen Augen weiter einen Kampf um die kirchliche und nationale Einheit. Grund war der passive Widerstand der Altkalendaristen sowie anderer religiöser Gruppen, die weiterhin den alten Kalender verwendeten. Neben der Bestrafung der „passiven“ Altkalendaristen (die sich vor allem in Bessarabien durch weitverbreiteten Boykott amtskirchlicher Gottesdienste zeigte) war die Kategorisierung der althergebrachten russischsprachigen altkalendarischen Gruppe der Lipowaner als „Stilisten“ eine weitere Folge der Intervention der Sicherheitskräfte vom Herbst 1936. Nicht die Liturgiesprache oder die Tatsache, dass die lipowanischen Priester der rumänischen Kirche nicht untergeordnet waren, war das Problem. Der Staat und die Kirche schürten in den 1930er Jahren Misstrauen gegenüber den Lipowanern aufgrund der geografischen Nähe der lipowanischen Gemeinschaften zur Sowjetunion und auch wegen des alten Kalenders. Dieser entwickelte sich dadurch noch stärker zu einem politischen Instrument. Wer Ende der 1930er Jahre ein Altkalendarist (Stilist) genannt wurde, konnte nicht nur ein der Bewegung angehöriger Reformverweigerer und (reinkorporiertes) Mitglied der Amtskirche gewesen sein, sondern durchaus auch Lipowaner, bulgarisch-orthodoxer Gläubiger oder Angehöriger der russisch-orthodoxen Kirche. Die behördliche Bezeichnung als Altkalendarist ist daher nach 1936 wegen wachsender Heterogenität des gemeinten Hintergrunds beziehungsweise der nunmehrigen Ausdehnung auf alle Gruppen, deren religiöses Leben dem alten Kalender folgte, mit Vorsicht zu betrachten.

[91] CNSAS, Fond Documentar, D015285, 99–106, hier 99 und 101 [Bericht der Siguranța Iași wie eben].

7 Heile alte Welt: die altkalendaristischen Gemeinschaften

1936, als die altkalendaristische Bewegung den Höhepunkt erreichte, veröffentlichte der damals beim rumänischen Publikum bereits berühmte Philosoph und Dichter Lucian Blaga den zweiten Teil seiner „Trilogie der Kultur“. In diesem Teil, genannt „Der mioritische Raum“, analysierte er unter anderem die Unterschiede zwischen den christlichen Konfessionen, wobei er den Fokus nicht auf die Dogmen, sondern auf den Stil, quasi auf die Umsetzung der Dogmen, legte. Aus einem vergleichenden Zugang heraus stellte er auch die Frage, weshalb aus der rumänischen Orthodoxie keine Sekten entstehen könnten, und stellte fest, „dass der Rumäne nicht so sehr geneigt ist, einen Schritt hin zum geistigen Schisma zu machen“.[1] Schismatische Tendenzen waren Blaga zufolge unter den rumänischen Gläubigen durchaus vorhanden, aber diese würden nie so weit gehen, sich von der Rumänisch-orthodoxen Kirche abzuspalten. Zu solchen Erscheinungen neige das „russische“, nicht aber das „rumänische Volk“. „Der Rumäne“ halte sich nicht streng an die „Dogmen und die Kanons der orthodoxen Kirche“, er sei einfallsreich und kreativ in der Gestaltung seines religiösen Lebens – er würde es aber nicht wagen, daraus eine neue Doktrin oder eine „sektiererische Kreation“ zu machen.[2] Gleichzeitig schrieb Blaga, dass Neuerungen „in der Orthodoxie erst dann angenommen werden, wenn sie ein automatisches Auswahlverfahren durchlaufen haben“ oder mit der präexistenten „organischen Seele“ vereinbar seien.[3]

Blaga verfasste seine Studie in Wien, wo er als Presseattaché der rumänischen Gesandtschaft tätig war.[4] So wie viele andere rumänische Intellektuelle war er offensichtlich mit den Entwicklungen im Osten Rumäniens nicht vertraut. Auch bei innerkirchlichen Angelegenheiten war Blaga nicht auf dem letzten Stand. Wie der Historiker Roland Clark gezeigt hat, bereitete der Rumänisch-orthodoxen Kirche die neue religiöse Vielfalt nach 1918 große Sorgen. Aus der Konfrontation orthodoxer Kleriker mit neoprotestantischen Gruppen entstanden innerhalb der Kirche Phänomene wie „Das Heer des Herrn“ (Oastea Domnului)

1 Lucian Blaga, Triologia culturii. București 2018, 24; [Lucian Blaga, Spațul mioritic. București 1936].
2 Blaga, Triologia culturii, 241f.
3 Blaga, Triologia culturii, 196.
4 Für die diplomatische und politische Karriere Blagas siehe: Marta Petreu, Blaga, între legionari și comuniști. Iași 2021.

und „Das Storchennest" (Cuibul cu barză). Diese ähnelten in vielerlei Hinsicht den neoprotestantischen Gruppen, doch „schwebten" sie zwischen Orthodoxie und anderen religiösen Traditionen, während sie sich weiterhin an die offizielle Kirche klammerten.[5]

Die Reformverweigerer bewiesen vollends das genaue Gegenteil dessen, was Blaga zu wissen glaubte: Sie waren „kreativ" und – was noch viel wichtiger war – von der Kalenderreform und ihren Folgen derart enttäuscht, dass sie der Rumänisch-orthodoxen Kirche den Rücken kehrten, um eine eigene religiöse Gruppe zu gründen. Dieses Selbstverständnis entwickelte sich im Laufe der Zeit. In den ersten Jahren war das Ziel der Kalendergegner noch gewesen, die Reform rückgängig zu machen. Im Zuge der Konflikte mit den Priestern und den Gendarmen entwickelten die Kalendergegner dann eine immer stärkere Überzeugung, die wahren „orthodoxen Gläubigen" zu sein. Ab 1934 lässt sich bei manchen Gemeinschaften ein starkes Bewusstsein einer eigenen Gruppe beobachten. Beleg dafür sind die Listen mit den Angehörigen „der orthodoxen Kirche nach dem alten Stil", die mehrere Gemeinschaften an den jeweiligen Gemeindesekretär schickten, worin sie erklärten, aus der „Nationalkirche" auszutreten, um Mitglieder der „Orthodoxen Kirche nach dem alten Stil" zu „bleiben". Sie bezeichneten sich als „orthodoxe Gläubige nach dem alten Stil (credincioși ort. de Răsărit, pe Stilul-Vechi)".[6] Von den Vertretern von Staat und Kirche wurden die Kalendergegner hingegen bereits in den späten 1920er Jahren als eigene Gruppe wahrgenommen. Der Altkalendarismus wurde vom Kultusministerium erst 1934 offiziell als religiöse Sekte kategorisiert. Diese externe Kategorisierung sagt allerdings nichts über die innere Organisation der altkalendaristischen Gemeinschaften aus, außer dass die Altkalendaristen sich von der offiziellen orthodoxen Kirche als Institution losgesagt hatten. Eine naheliegende Frage ist aber, ob sie aufgrund ihrer Abneigung gegen die Amtskirche und ihrer mit den orthodoxen Klerikern ausgefochtenen Konflikte auch Traditionen anderer religiösen Gruppen übernommen haben?

Der Philosoph Vasile Băncilă hatte als Zeitgenosse Blagas diese Entwicklung schon lange vorhergesehen. Er hatte schon 1924 davor gewarnt, dass die Bauern, deren „Glaubenswelt" von der Kalenderreform erschüttert wurde, zu den bereits existierenden „Sekten" übertreten könnten: „Der Bauer" würde alles tun, um „beim alten Kalender zu bleiben", sogar aus der Kirche austreten: „Wer kann garantieren, dass er, einmal aus der Kirche ausgetreten, seine historisch-religiöse Identität bewahren und sich nicht von verschiedenen Sekten beeinflussen lassen wird?[7] Dass aus der Ablehnung der Kalenderreform eine eigene religiöse Gruppe entstehen würde, damit rechnete jedoch auch Băncilă nicht. Der Sozio-

5 Clark, Religious Reform and Sectarianism in Interwar Romania, 11.

6 ANR, Inspectoratul General al Jandarmeriei, 1936/12, 50 [Tabelle mit den Familienoberhäuptern, welche die Nationalkirche verlassen, um in der Orthodoxen Kirche nach dem alten Stil zu bleiben/Tablou de membrii capilor de Familie esit din cultul Bisericii Naționale și rămânand în Cultul Bisericii Ortodoxe de Răsărit stil vechi]; 88 f. [Tabelle mit den Familienoberhäuptern orthodoxer Gläubiger nach dem alten Stil aus Limbeni Noi, Kreis Bălți/Tablou de Numele capilor de familie a crediniоșilor ort. de Răsărit pe Stilul/Vechi, com. Limbeni Noi jud. Bălți].

7 Vasile Băncilă, Duhul sărbătorii. Bucureşti 1996, 28.

loge und Ethnologe Ernest Bernea, ein weiterer Zeitgenosse, setzte sich in seinen Arbeiten mit dem Kalenderproblem auseinander, ohne auf die altkalendaristischen Gemeinschaften näher einzugehen. Er stellte in seiner Studie über die Kalenderreform bloß fest, dass „als Folge der Kalenderreform der Stilismus, eine neue religiöse Sekte, entstanden“ sei.[8]

Unter Wissenschaftlern, die sich dem Studium der Religionen gewidmet haben – Anthropologen, Volkskundlern sowie Religionshistorikern –, ist es eine unbestreitbare Tatsache, dass in jeder Konfession Unterschiede in der religiösen Praxis existieren. Lange Zeit hat man zwischen der verschriftlichten oder der institutionalisierten Doktrin einer Kirche und ihren volkstümlichen Formen auf dem Land unterschieden. Um diese verschiedenen Formen der praktizierten Religion analysieren zu können, wurden Begriffe wie Volksgläubigkeit, Volksreligion oder inoffizielle Religion im Gegensatz zur offiziellen Religion verwendet. Studien zur Untersuchung der Orthodoxie im ländlichen Raum des Russischen Reiches arbeiten mit dem Konzept der „volkstümlichen Orthodoxie“ („popular Orthodoxy“).[9] Der Historiker Chris Chulos untersuchte zum Beispiel, wie sich der Glaube der ländlichen Bevölkerung im Russischen Reich im Laufe des Modernisierungsprozesses von der Aufhebung der Leibeigenschaft 1861 an bis zu den Revolutionen von 1917 verändert hat. Mit seiner Begriffsverwendung von „volkstümlicher Orthodoxie“ weist er auf die Unterschiede zwischen der praktizierten Orthodoxie der ländlichen Bevölkerung und der offiziellen Orthodoxie hin.[10]

All diese Begriffe zielen meist auf Unterschiede zwischen der Religiosität der Bauern und jener der Städter bzw. des hohen Klerus ab; sie dienen dem Vergleich der religiösen Praxis der Landbewohner mit der offiziellen Glaubenslehre und gehen von einer konfliktreichen Beziehung zwischen den unterschiedlichen Ausprägungen derselben Konfession aus. Neuere Ansätze in der Anthropologie und in der Volkskunde nehmen dagegen Abstand von dieser dichotomen Betrachtungsweise und arbeiten beispielsweise mit dem Konzept der „vernacular religion“.[11] Den ersten Definitionsversuch dazu unternahm 1995 der Volkskundler Leonard Norman Primiano[12], dem zufolge die Stärke des Konzepts darin besteht, dass „es die Fähigkeit eines Individuums oder einer Gemeinschaft, die

8 Ernest Bernea, Cadre als gîndirii populare românești. București 1985, 195.

9 Scott, Decoding Subaltern Politics, 7–34.

10 Chris J. Chulos, Converging Worlds: Religion and Community in Peasant Russia, 1861–1917. DeKalb 2003; V.G. Vlasov, The Christianization of the Russian Peasants, in: Marjorie Mandelstam Balzer (Hg.), Russian Traditional Culture. Armonk/New York, London 1992, 16–33; Tat'jana Aleksandrovna Bernshtam, Russian Folk Culture and Folk Religion in: Mandelstam Balzer (Hg.), wie eben, 34–47.

11 Für einen Überblick über diese Entwicklung siehe: Alexander Panchenko, How to Make a Shrine with your own Hands: Local Holy Places and Vernacular Religion in Russia, in: Marion Bowman/Ülo Valk (Hgg.), Vernacular Religion in Everyday Life Expressions of Belief. New York, London 2012, 42–62.

12 Leonard Norman Primiano, Vernacular Religion and the Search for Method in Religious Folklife, *Western Folklore* 54 (1995), 37–56.

eigene Religion zu gestalten und neuzugestalten, betont".[13] Gleichzeitig warnt Primiano davor, das Konzept von „vernacular religion" als Synonym für Volksreligion zu verwenden, denn jene „sei nicht der dichotome oder dialektische Partner der institutionalisierten Religionsformen", sondern repräsentiere ein eigenes methodologisches und theoretisches Konzept.[14] Mit diesem ändert sich Primiano zufolge die Perspektive, aus der heraus die Religion untersucht wird, „denn hier werden die Menschen in den Fokus der Analyse gerückt und nicht die Religion oder der Glauben als Abstrakta". Das Konzept betrachtet die Religion als „eine kontinuierliche Kunst der individuellen Interpretation und Ausverhandlung einer beliebigen Anzahl von Inspirationsquellen", während die Tradition als „erlebter religiöser Prozess" verstanden wird, der nicht statisch, sondern in einem ständigen Wandel begriffen ist, da die Menschen unter bestimmten Umständen „ihr traditionelles Wissen und ihre Praktiken" anpassen.[15]

Was der Ansatz der „vernacular religion" leistet, ist also eine Abkehr vom Blick auf die institutionelle Ebene des kirchlichen Rahmens und eine Hinwendung zum auch individuellen religiösen Leben der Gläubigen, losgelöst vom kollektivierenden Begriff der Volksreligion. Es geht um die erlebte Religion und um die Entstehungsprozesse von Glaubensvorstellungen und Ritualen. Des Weiteren wird gefragt, wie Überzeugungen erworben und welche Quellen für den Glauben und seinen Erhalt verwendet werden.[16] Der Ansatz unterscheidet nicht länger zwischen einer mehr oder weniger statischen volkstümlichen und einer institutionalisierten Religion, und selbst die Vorstellung einer homogenen offiziellen Doktrin wird stark in Frage gestellt.[17]

Die Vertreter der Amtskirche arbeiteten in der Zwischenkriegszeit freilich mit einem dichotomischen Modell, wenn es darum ging, die Unterschiede zwischen den praktizierten Formen der Orthodoxie auf dem Land und in der Stadt zu ergründen. Einer ihrer Begriffe für Letztere war „Volksorthodoxie".[18] Auch Lucian Blaga, der sich intensiv mit

13 Ders., Manifestations of the Religious Vernacular: Ambiguity, Power and Creativity, in: Bowman/Valk (Hgg.), Vernacular Religion in Everyday Life, 382–394.

14 Ebd., 384.

15 Befürworter des Begriffes „Volksreligion" meinen hingegen, dass dieser weiterhin verwendet werden könnte, denn dadurch werde keine Dichotomie zwischen einer offiziellen und einer volkstümlichen Religion konstruiert. Der Begriff bedeute, dass der Schwerpunkt der Forschung auf volkstümliche Kulturformen gelegt und so der „Untersuchungsgegenstand" eingegrenzt werde. Der Volkskundler Don Yoder meinte auch, dass Volksreligion „is the totality of all those views and practices of religion that exist among the people apart from and alongside the strictly theological and liturgical forms of the official religion". Siehe: John-Paul Himka/Andriy Zayarnyuk, Introduction, in: diess. (Hgg.), Letters from Heaven. Popular Religion in Russia and Ukraine. Toronto, Buffalo, London 2006, 8; Don Yoder, Toward a Definition of Folk Religion, *Western Folklore* 33 (1974), 2–15, hier 14.

16 Primiano, Vernacular Religion and the Search for Method in Religious Folklife, 5.

17 Ebd.

18 Lucian Blaga, Elogiul Satului Românesc, in: ders., Izvoade. București 2011, 13–30; Nichifor Crainic, Spiritualitate și Românism, *Gândirea* 8 (1936), 377–383.

der Kultur der Landbevölkerung beschäftigt hat, beschrieb diese Unterschiede nicht pejorativ und wies in seinen Arbeiten darauf hin, dass allgemein die Volkskultur die Basis für die Hochkultur darstelle – sie ermögliche erst die Entstehung einer großen rumänischen Kultur.[19] Vasile Băncilă äußerte sich ebenso positiv über den volkstümlichen Charakter der Orthodoxie, als er erklärte, warum die Kalenderreform „eine religiöse Revolution" unter den Bauern ausgelöst habe. Den Reformbefürwortern seien bestimmte Formen der Volksorthodoxie nicht bewusst gewesen, weshalb sie nicht geahnt hätten, dass der Kalender ein fixer Bestandteil dieser volkstümlichen Glaubensvorstellungen sei. Es wäre laut Băncilă sogar verdächtig gewesen, wenn die Bauern zu schnell und ohne Widerstand den neuen Kalender angenommen hätten: Dies hätte nämlich gezeigt, dass sie sich in einem Zustand von „Pseudokultur" befunden hätten, die von „Imitationen" gekennzeichnet gewesen sei; diesen kulturellen Zustand schrieb Băncilă gerade nicht den Bauern, sondern der „Obrigkeit" in Rumänien zu.[20]

Orthodoxe bessarabische Priester, die mit den Unterschieden zwischen der praktizierten Religiosität der ländlichen Bevölkerung und den offiziellen kirchlichen Dogmen ständig konfrontiert waren, hatten eine weniger idealisierte Vorstellung und taten sich schwer, ihre Erfahrungen vor Ort mit der offiziellen Doktrin kompatibel zu machen. Beispielsweise erklärte ein bessarabischer Dorfpriester in der Kirchenzeitschrift *Luminătorul*, wie die Volksreligiosität das kirchliche Leben in seiner Parochie beeinflusste:

> „Neben Sektierertum, Atheismus und Gleichgültigkeit hat unsere Heilige Kirche einen Feind, der oft unbekannt, aber genauso gefährlich ist. Und dieser Feind ist eigentlich der Grund, wieso unsere Kirche stagniert, auch wenn er gleichzeitig die Erhaltung der Orthodoxie fordert. Dieser Feind befindet sich in den religiösen volkstümlichen Vorstellungen. Solche Vorstellungen sind wie ein Schild, der die Orthodoxie vor den wütenden Wellen des Modernismus, sei es vor atheistischen oder sektiererischen Einflüssen, schützt. Aber die gleichen volkstümlichen Vorstellungen können der Orthodoxie viel Schaden zufügen."[21]

Der Priester erklärte anhand der bäuerlichen „volkstümlichen Religionsvorstellungen" von der Kalenderreform, was er konkret meinte:

> „Nehmen wir als Beispiel das brennende Problem des Kalenders. Der traditionelle Geist der Massen hat diese Reform definitiv abgelehnt, weil er behauptet, dass dadurch der Glauben verletzt wird. Dieser volkstümliche Geist ging so weit, dass er daraus naive Sophismen ableitete, wie: Seitdem der neue Kalender eingeführt wurde, regnet es nicht mehr. So glaubt das Volk, dass der Kalender und Rumänien die Ursachen für die Dürre sind. Diese volkstümlichen Konzeptionen sind nicht nur gegen den Kalender gerichtet, sondern sie führen auch zu einem unsozialen Verhalten."[22]

19 Blaga, Elogiul Satului Românesc, 24–30.

20 Băncilă, Duhul sărbătorii, 26–35.

21 Mihail Vasilache, Combaterea concepţiilor populare, *Luminătorul* 14–15 (1929), 59f., hier 59.

22 Wie eben.

Wie sollten nun die Dorfpriester auf solche Herausforderungen reagieren, fragte sich der Priester:

> „Man wirft uns vor, dass wir dem neuen Kalender gegenüber nicht loyal sind [...]. Um die Bauern nicht noch stärker zu provozieren, habe ich einen Zugang der scheinbaren Anpassung an die volkstümlichen Konzeptionen gewählt. So habe ich mich getraut, ihnen zu erklären, dass die Ursache für die Dürre der Raub während der Revolution von 1917 sei, als man die Getreidespeicher und das Vermögen anderer beschlagnahmt hatte. Was den Kalender betrifft, konnte ich bisher keine ähnliche Anpassung bzw. Erklärung finden. Ich wäre sehr glücklich, wenn ein Priester eine Erklärung finden könnte."[23]

Anhand zweier führender altkalendaristischer Gruppen, nämlich der in der Moldau gelegenen Gemeinschaft von Zănești (Kreis Neamț) und jener im nordbessarabischen Albineț (Kreis Bălți), werden hier in der Folge vertiefende Aspekte der Organisation der altkalendaristischen Bewegung untersucht. Auch um die Gestaltung des Kirchenlebens sowie die Frage nach der Glaubenswelt der Reformverweigerer soll es dabei gehen. Durch welche Formen drückten die Altkalendaristen ihren Widerstand aus, und wie gestalteten sie ihr religiöses Leben nach dem institutionellen Bruch mit der Rumänisch-orthodoxen Kirche?

Schleichende Abschottung

Als der Metropolit der Moldau, Nicodim Munteanu, 1935 vom Ansuchen des Wohltätigkeitsvereins namens „Religiöse Gesellschaft der heiligen Apostel Petrus und Paulus" auf Verlängerung seines legalen Status erfuhr, appellierte er an das Kultusministerium, das auf keinen Fall zu genehmigen.[24] Der Vereinsvorsitzende, der Mönch Eustațiu Andreescu, hatte dem Metropoliten zufolge über die Jahre unter Zuhilfenahme seiner Organisation die Kalenderreformverweigerer in der Moldau organisiert. Es sei nun dringend notwendig, alle Aktivitäten des Vereins einzustellen. Wer aber war Eustațiu Andreescu, und warum hatte er solche Möglichkeiten erhalten? Man kann ihn mit Efrosim Leucă vergleichen, von dem in diesem Buch schon mehrfach die Rede war: Dieser nordbessarabische Mönch, der die Kalenderreform ablehnte und sich 1934 den altkalendaristischen Gemeinschaften anschloss, war ja die meiste Zeit auf der Flucht und musste sich um seine Sicherheit sorgen. Seine Lage ähnelte derjenigen anderer „vagabundierender Mönche", welche aufgrund ihres Boykotts des neuen Kalenders die Klöster verlassen hatten – freiwillig oder auf Druck von oben. Viele versuchten ins Ausland zu gehen, andere ließen sich in Dörfern mit Altkalendaristen nieder, wo sie von der Gendarmerie vertrieben oder einfach

[23] Wie eben, hier 60.

[24] ANR, Ministerul Cultelor și Artelor, 1935/125, 77 [Mitteilung Nicodim Munteanus an das Kultusministerium vom 14.6.1935 betr. die Aktivitäten Eustațiu Andreescus].

festgenommen wurden. Zwar gab es altkalendaristische Gemeinschaften, die stärker und dauerhafter unter dem Einfluss von Mönchen standen – wie jene von Glicherie Tănase im Kreis Baia –, auch sie erreichten aber in der Regel nicht den hohen Organisationsgrad und den legalen Status wie Andreescus Gemeinschaft.

Andreescus Erfolgsrezept beruhte auf seinen guten politischen und kirchlichen Beziehungen – etwas, worüber die allerwenigsten Altkalendaristen verfügten. Und während bei Leucă und den anderen der Widerstand gegen die Kalenderreform von einem tiefen Glauben an den alten Kalender herrührte und von einer von ihnen empfundenen Notwendigkeit, die orthodoxen Traditionen zu schützen, war Andreescus Unterstützung des Altkalendarismus mehr ein Akt der Rebellion gegen die kirchliche Hierarchie.

Andreescu wurde 1881 in der Gemeinde Ciochina im südrumänischen Kreis Ialomiţa geboren und schloss später das theologische Seminar in Galaţi ab. Er inskribierte sich zunächst an der theologischen Fakultät im damals noch habsburgischen Czernowitz (Cernăuţi) sowie an der Musikfakultät in Bukarest, ohne die Studien abzuschließen. Danach arbeitete er kurze Zeit in einem Finanzamt in Bukarest.[25] Nach seinen erfolglosen Versuchen, zu einer höheren Bildung zu kommen und in der Arbeitswelt Fuß zu fassen, war Andreescu in unterschiedlichen Klöstern im Süden Rumäniens als Mönch und dann als Archimandrit tätig. Enge Bekannte gaben an, dass er diese Stellen seinem Onkel Sofronie Vulpescu zu verdanken hatte, der zwischen 1913 und 1918 Bischof von Râmnic gewesen war. Wahrscheinlich aus Enttäuschung darüber, dass er die Karriereleiter ohne abgeschlossene Studien nicht weiter nach oben klettern konnte, gab Andreescu seine Tätigkeit in der Rumänisch-orthodoxen Kirche auf und ging in den Kreis Neamţ, wo er 1929 die besagte „Religiöse Gesellschaft der heiligen Apostel Petrus und Paulus" gründete und mit der Organisation der Altkalendaristen begann.

Der Verein arbeitete zunächst innerhalb des legalen Rahmens. Andreescu gelang dies deshalb, weil er mit dem Ablauf innerkirchlicher Verfahren vertraut war und auch gute Beziehungen zu wichtigen Entscheidungsträgern pflegte. Zudem wurde er – seinen eigenen Angaben zufolge – von Nicolae Guranda, einem liberalen Abgeordneten, der 1930 Kreisvorsitzender der Nationalliberalen Partei für Neamţ war, unterstützt.[26] Die Nationalliberale Partei, die sich seit 1928 auf der Oppositionsbank befand, sah in der Unterstützung eines nach außen hin orthodoxen Vereins eine Möglichkeit, Wählerstimmen zu gewinnen.

Der Verein hatte seinen Sitz im Dorf Zăneşti, eben im Kreis Neamţ. Von dort aus dehnte Andreescu seinen Einfluss auf die südlichen moldauischen Kreise weiter aus. Laut

[25] ANR, Inspectoratul General al Jandarmeriei, 1936/4, 227f. [Personalakte Eustaţiu Andreescus, des Zentralinspektorats der Gendarmerie, vom September 1936]; CNSAS, Fond Documentar, D015261, 913f. [Memorandum Eustaţiu Andreescus an König Carol II. vom 3.11.1936 betr. religiöse Freiheit für die Altkalendaristen].

[26] CNSAS, Fond Documentar, D015261, 399f. [Brief Eustaţiu Andreescus aus dem Kloster Cheia an Gheorghe Ploaie vom 18.8.1936]; 653 [Brief desselben aus dem Kloster Iezerul an einen Bekannten]; Buruiană, Liberalii. Structuri şi sociabilităţi politice liberale în România interbelică, 139.

internen Dokumenten des Vereins, welche die Sicherheitskräfte im Zuge der Niederschlagungsaktion im Herbst 1936 in Zănești beschlagnahmten, bestand die Organisation aus 7.000 orthodoxen Gläubigen. Andreescu gab an, dass sie alle aus dem Kreis Neamț stammten und „gute Rumänen" und fleißige Bauern seien.[27] Ziel der Organisation sei es, armen Kindern zu helfen und unter anderem auch die Orthodoxie gegen alle Gefahren der Moderne zu verteidigen. Er vermied in den offiziellen Dokumenten eine explizite Erwähnung der Kalenderreform und verlieh damit seiner Organisation eine „Existenzberechtigung". Da er die Organisation als Wohltätigkeitsverein präsentierte und angemeldet hatte, gelang es ihm fünf Jahre lang, legal gegen die Kalenderreform zu arbeiten. Die Kirchenleitung misstraute seiner Arbeit nicht, denn von außen betrachtet war er nur ein Kleriker, der sein Tun in den Dienst der Gläubigen stellte. Da es sich zudem auch nicht um irgendeinen Kleriker handelte, sondern um den Neffen eines ehemaligen Bischofs, zweifelte die Kirchenleitung nicht an seinen guten Absichten.

In Zănești arbeitete Andreescu mit ehemaligen Mönchen und Nonnen zusammen, welche die Kalenderreform ebenfalls ablehnten und aus diesem Grund ihre orthodoxen Klöster verlassen hatten müssen. Sie bauten ein Gebetshaus und planten, in weiterer Folge ein Kloster zu errichten.[28] Die Gemeinschaft, die von einem Komitee verwaltet wurde, hatte bereits einen klösterlichen Charakter, denn viele von außerhalb wohnten dauerhaft rund um das Gebetshaus. Laut Schätzungen der Gendarmerie lebten dort über 40 altkalendaristische Frauen und noch mehr Männer.[29] Das Areal war von einem hohen Zaun umgeben und wurde von einer Garde beschützt, ohne deren Begleitung weder Andreescu noch andere wichtige Mitglieder der Gemeinschaft das Gebetshaus verließen. Diese persönliche Garde Andreescus setzte sich aus nicht weniger als 30 bis 40 Altkalendaristen zusammen.[30]

Das Komitee von Zănești bestand aus neun Mitgliedern, die Andreescu untergeordnet waren. Er trug innerhalb der Bewegung den Titel eines altkalendaristischen Metropoliten, was bei den bessarabischen und anderen moldauischen Altkalendaristenführern, die ebenfalls Ansprüche auf diesen Titel erhoben, für viel Ärger sorgte.[31] Damit signalisierte

[27] ANR, Ministerul Cultelor și Artelor, 1935/125, 40f. [Mitteilung Eustațiu Andreescus an das Kultusministerium vom 28.3.1935 betr. die Verlängerung des legalen Status seines Vereins]; 44 [Bericht des Arztes Adrian Brețcanu vom 4.2.1934 betr. Untersuchungen bei den Altkalendaristen in Zănești]; 45 [Offizieller Akt zur Komiteegründung der Altkalendaristen von Zănești vom 30.7.1930].

[28] CNSAS, Fond Documentar, D015261, 856f. [Brief Eustațiu Andreescus an einen Bekannten].

[29] CNSAS, Fond Documentar, D015261, 399f. [Brief Eustațiu Andreescus aus dem Kloster Cheia an Gheorghe Ploaie vom 18.8.1936].

[30] CNSAS, Fond Documentar, D015261, 294 [Mitteilung des Zentralinspektorats der Gendarmerie an das Gefängnis von Văcărești vom 13.8.1936 betr. die Inhaftierung Eustațiu Andreescus].

[31] CNSAS, Fond Documentar, D015261, 858 [Mitteilung der Gendarmerie Neamț vom 23.10.1936 betr. Aussagen der verhafteten Altkalendaristen]; Grigore Spiru, Desvăluirea unor senzaționale excrocherii. Rasputinul Moldovei. Glicherie Diavolul „Sfânt". „Episcopul" Stiliștilor. Iași o. J.

Andreescu seine klare Absicht, die Führung der Bewegung zu übernehmen und nicht bloß ein regionaler Altkalendaristenführer zu bleiben. Von internen Konflikten in der Gemeinschaft von Zănești war nicht die Rede, denn Andreescu kümmerte sich sehr darum, in allen wichtigen Bereichen ihm loyale Personen einzusetzen.[32] Die Altkalendaristen von Zănești übten Einfluss auf viele andere Dörfer in der Moldau aus. Mitglieder des Vereins besuchten regelmäßig die altkalendaristischen Bauern und organisierten für sie Gottesdienste und andere Veranstaltungen. Zwölf altkalendaristische Gemeinschaften aus dem Kreis Neamț hatten zudem einen Sonderstatus und standen mit der Gemeinschaft in Zănești in einer engen Beziehung.[33] Da der Verein über keine kirchlichen Gelder verfügte, war er auf die finanzielle Unterstützung der altkalendaristischen Anhängerschar angewiesen.

Abb. 3: Eustațiu Andreescu (in der Mitte) in Zănești[34]

Die Gemeinschaft erlangte nicht nur aufgrund ihres Engagements in den Dörfern Bekanntheit, sondern auch wegen ihrer exklusiven religiösen Praktiken, die in anderen Gemeinschaften nicht zu finden waren. Unter den Bauern verbreitete sich in den 1930er Jahren wie ein Lauffeuer die Nachricht über die Wunder von Zănești. Eines dieser Wun-

32 CNSAS, Fond Documentar, D015261, 929f. [Brief Eustațiu Andreescus aus dem Kloster Iezerul an Gheorghe Constantin vom 4.9.1936].

33 CNSAS, Fond Documentar, D015261, 975 [Bericht des Regionalinspektorats der Gendarmerie in Iași an das Zentralinspektorat in Bukarest vom Herbst 1936 betr. die Ergebnisse der Niederschlagungsaktion].

34 CNSAS, Fond Documentar, D015261, 855 [Eustațiu Andreescu in Zănești].

der war eine weinende Ikone der Gottesmutter: Der „Metropolit Andreescu" habe, hieß es, für die Wiedereinführung des alten Kalenders so kräftig gebetet, dass die abgebildete Gottesmutter zu weinen begonnen habe. Die wundertätige Ikone wurde im Dorf zur Schau gestellt.[35] Dort war es möglich, weitere Wunder zu erleben. Andreescu, der während der Niederschlagungsaktion inhaftiert wurde, berichtete in seinen Briefen aus dem Gefängnis, dass in Zănești viele Altkalendaristen direkte Begegnungen mit Engeln gehabt oder von Gott direkte Botschaften erhalten hätten.[36]

Die Probleme mit den Behörden und den Sicherheitskräften begannen erst 1934, als Andreescu um eine Verlängerung des Vereinsstatus seiner Organisation ansuchte. Die Leitung der moldauischen amtskirchlichen Metropolie sprach sich vehement dagegen aus, denn die Organisation habe „einen subversiven Charakter" und ihr Leiter sei „ein gefährlicher stilistischer Propagandist".[37] Dennoch war die Gemeinschaft noch zwei Jahre bemüht, ihren Status abzuklären und weitere Anhänger zu gewinnen. Andreescu wurde allerdings 1934 aus der Kirche ausgeschlossen, und zwar

> „aufgrund seines Ungehorsams gegenüber den Behörden, der Durchführung von priesterlichen Diensten in privaten Häusern, ohne die Erlaubnis der Kirchenleitung dafür zu haben oder sie darüber zu informieren; und weil er die Kircheninstitution diffamierte, da er von Ort zu Ort vagabundierte und das Bewusstsein der Gläubigen störte". [38]

Andreescus Verhaftung am 5. August 1936 markierte den Beginn der Niederschlagung der altkalendaristischen Bewegung. Sie war ein erster Erfolg für die Gendarmerietruppen und ermunterte sie zur Fortsetzung ihrer Aktionen. Neben Andreescu nahm die Gendarmerie weitere Führungspersönlichkeiten aus Zănești fest, für deren Entlassung sich ihre Anhänger massiv einsetzten. Die Ereignisse, die sich im Kreis Neamț unmittelbar nach den Verhaftungen in Zănești abspielten, wurden als die „Rebellion von Neamț" bekannt. Die Reaktionen der Altkalendaristen spiegelten den tatsächlichen Einfluss wider, den die Gemeinschaft von Zănești auf die gesamte Region ausgeübt hatte: Die Zeitungen berichteten von Tausenden von Bauern, die sich nach Piatra Neamț aufmachten, um die

[35] Grigore Spiru, Desvăluirea unor senzaționale excrocherii. Rasputinul Moldovei. Glicherie Diavolul „Sfânt". „Episcopul" Stiliștilor. Iași o. J.

[36] CNSAS, Fond Documentar, D015261, 856f. [Brief Eustațiu Andreescus an einen Bekannten]; 913f. [Memorandum Eustațiu Andreescus an König Carol II. vom 3.11.1936 betr. religiöse Freiheit für die Altkalendaristen].

[37] ANR, Ministerul Cultelor și Artelor, 1935/125, 77 [Mitteilung Nicodim Munteanus an das Kultusministerium vom 14.6.1935 betr. die Aktivitäten Eustațiu Andreescus].

[38] CNSAS, Fond Documentar, D015261, 294 [Mitteilung des Zentralinspektorats der Gendarmerie an das Gefängnis von Văcărești vom 13.8.1936 betr. die Inhaftierung Eustațiu Andreescus]; 300–302 [Kopie der Beurteilung von Eustațiu Andreescu der Erzeparchie Bukarest vom 23.5.1934]; 397f. [Brief Eustațiu Andreescus aus dem Kloster Iezerul an einen Bekannten vom 1.9.1936].

Altkalendaristenführer zu befreien.[39] Bei der Auseinandersetzung mit den Sicherheitskräften kamen drei Altkalendaristen ums Leben, 26 weitere wurden verletzt und 236 wurden verhaftet.[40]

Andreescu galt zu diesem Zeitpunkt schon seit längerem als schwarzes Schaf unter den orthodoxen Klerikern. Er lehnte die Kalenderreform ab und profitierte dennoch von seiner zunächst noch günstigen Position innerhalb der Rumänisch-orthodoxen Kirche, was dazu beitrug, den Widerstand gegen die Kalenderreform zu organisieren. Sein Engagement für den Altkalendarismus und seine führende Rolle in der Bewegung könnte man als eine Art individuelle Kompensation für seine bis dahin mäßig erfolgreiche Kirchenkarriere betrachten. Seine ehemaligen Kollegen warfen ihm 1934 vor, dass er mehr Geld mit den Altkalendaristen verdienen würde als zuvor in der Amtskirche.[41] Diese Vorwürfe bestritt er später in seinen Briefen aus dem Gefängnis und betonte, er sei Altkalendarist aus der Überzeugung, dass „der wahre Glaube nur im und mit dem alten Kalender" zu finden sei.[42]

In einem nach seiner Verhaftung verfassten Memorandum an König Carol II. bat Eustațiu Andreescu um seine sofortige Entlassung aus der Haft. Er versuchte dem Monarchen zu erklären, was der Altkalendarismus eigentlich sei und warum die Kalenderreform gescheitert sei:

> „Eure Majestät. Sie sollten wissen, dass das rumänische Volk in der Moldau und in Bessarabien sehr gläubig ist. Durch den Glauben und gemeinsam mit der rumänischen Armee ist es ihm gelungen, im Wiedervereinigungskrieg 1916–1918 die Teutonen zu bezwingen und den Sieg zu erlangen. [...] Dadurch sind wir in der ganzen Welt berühmt geworden. [...] Wechseln Sie zum alten Kalender. Wenn nicht, dann erlauben Sie uns, dass unsere Gemeinschaft legal funktioniert, damit wir von den Behörden nicht mehr verfolgt und gegeißelt werden."[43]

Bevor er im Kloster Iezerul interniert wurde, musste Andreescu für 20 Tage ins Gefängnis. 1937 wurde er ins Gefängnis rücküberstellt, wo er für längere Zeit bleiben sollte.

Andreescus Rebellion gegen die Amtskirche sollte ihn sein ganzes weiteres Leben verfolgen. 1939 begann ein Gerichtsprozess gegen ihn. Die Behörden warfen ihm vor, Tausende von Bauern zum Widerstand gegen die Kalenderreform aufgewiegelt und einen wichtigen Beitrag zur Verbreitung und Organisation der altkalendaristischen Bewegung

[39] CNSAS, Fond Documentar, D015261, 1011–1015 [Bericht Aurel Bogdans vom Herbst 1936 betr. „das Problem des Altkalendarismus in der Moldau"].

[40] CNSAS, Fond Documentar, D015261, wie eben.

[41] CNSAS, Fond Documentar, D015261, 300–302 [Kopie der Beurteilung von Eustațiu Andreescu der Erzeparchie Bukarest vom 23.5.1934].

[42] CNSAS, Fond Documentar, D015261, 397f. [Brief Eustațiu Andreescus aus dem Kloster Iezerul an einen Bekannten vom 1.9.1936].

[43] CNSAS, Fond Documentar, D015261, 913f. [Memorandum Eustațiu Andreescus an König Carol II. vom 3.11.1936 betr. religiöse Freiheit für die Altkalendaristen].

geleistet zu haben.[44] Anfang der 1940er Jahre kam er auf freien Fuß und ließ sich in Bukarest nieder. Im Dezember 1943 wurde Andreescu nach einer Intervention der Bukarester Eparchie zusammen mit einem weiteren Altkalendaristen, Gheronte Ionescu, erneut interniert – Andreescu im Kloster Tismana, Ionescu in Cernica. Die Eparchieleitung erklärte dies für notwendig, da beide immer noch altkalendaristische Propaganda betrieben hätten, und verlangte deren „strikte Überwachung", da sie „weiterhin die Seelen der Gläubigen beunruhigten".[45] Die Lage Andreescus änderte sich erst im Juni 1944, als die Behörden wenige Monate vor dem Einmarsch der Roten Armee in Rumänien feststellten, dass seine Arbeit weder für den Staat noch für die Rumänisch-orthodoxe Kirche eine Gefahr darstellen würde. Die Kirchenleitung hatte ihm angeblich versprochen, ihn wieder in die Reihen ihrer Kleriker aufzunehmen. Er wurde aus dem Kloster Tismana (wo, wie in den Akten vermerkt wurde, „ein Lager" errichtet worden war) entlassen und arbeitete lange Jahre als orthodoxer Priester.[46] Erst 1960 holten ihn abermals seine Probleme mit der Amtskirche ein: Er wurde zu einer sechsmonatigen Gefängnisstrafe verurteilt, da er 1936 angeblich 30.000 Lei gestohlen hatte.[47]

Komitees, Garden und Gebetshäuser

Wie aus der Organisationstruktur von Zănești hervorgeht, bestand eine ausgeformte altkalendaristische Gemeinschaft aus einem Komitee sowie einer oder mehreren Garden und sie verfügte über ein Gebetshaus. Obwohl die verschiedenen Gemeinschaften einen unterschiedlichen Auf- und Ausbaugrad aufwiesen, zeigten sie die gleichen Tendenzen zur Abschottung und zur allfälligen Verteidigung des Gebetshauses. Dieses Organisationsmodell war aus der Not heraus entstanden und richtete sich am Vorbild orthodoxer Klöster aus. Gemeinschaften, die weniger stark in Klosterkreisen verankert waren, ahmten eher die orthodoxen Dorfparochien nach. Die weitere Wirkung eines Komitees geschah dann nach einer Art Schneeballsystem: Nachdem einer Gemeinschaft Festigung und Aufstieg gelungen waren, weitete sie ihren Einfluss auf andere Dörfer aus und spornte dort die Kalendergegner zur Organisation an.

44 CNSAS, Fond Personal, P120044, Vol.1, 4 [Bericht der Gendarmerie Zănești vom 29.1.1940 betr. die Aktivitäten Eustațiu Andreescus in Zănești]; 27 [Bericht der Militärstaatsanwaltschaft vom 21.7.1940 betr. die Verurteilung Eustațiu Andreescus]

45 CNSAS, Fond Informativ, I528711, 1 [Mitteilung des Unterstaatssekretärs des Innenministeriums an die Polizei Bukarest vom 2.12.1943 betr. die Internierung Andreescus im Kloster Tismana]; 27 [Mitteilung der Polizei Bukarest vom 30.12.1943 mit gleichem Betreff].

46 CNSAS, Fond Personal, P120044, Vol. 2, 3 Mitteilung der Siguranța Bukarest vom 6.6.1944 betr. allgemeine Informationen über Eustațiu Andreescu]; 4 [Mitteilung der Siguranța Bukarest vom 16.6.1944 betr. Eustațiu Andreescus Entlassung aus dem Lager].

47 CNSAS, Fond Personal, P120044, Vol. 2, 7 [Bericht der Siguranța Bukarest vom 25.3.1960 betr. die Aktivitäten Eustațiu Andreescus vor 1939].

Beobachtungen der Sicherheitskräfte zufolge war wiederum die Gründung eines altkalendaristischen Komitees ein erster Schritt zu einer weitergehenden Organisation. Ein Komitee war ein Zusammenschluss führender Altkalendaristen auf der Dorfebene. Es hatte bis zu zehn Mitglieder und stand unter der Leitung eines Vorsitzenden, der von einem Kassier und einem Sekretär unterstützt wurde. Diese sammelten gemeinsam mit den anderen Komiteemitgliedern Geld, koordinierten den Bau von Gebetshäusern und kümmerten sich um die Organisation altkalendaristischer Aktivitäten sowie um den Schutz der Gemeinschaften. Die Komiteemitglieder waren Bauern, und zwar ausschließlich Männer, die in der Regel hohes Ansehen in ihrer Gemeinschaft genossen. Sie wurden von den Altkalendaristen in diese Positionen gewählt.[48] Da die erwähnten Aufgaben eines Komitees viel Zeit in Anspruch nahmen und die Mitglieder ihre eigenen Höfe nicht vernachlässigen wollten, hatten die Gemeinschaften laut einem Bericht der Gendarmerie an das Justizministerium eine Arbeitsteilung entwickelt:

> „Während die Komiteemitglieder sich sorgenfrei um die stilistischen Aktivitäten kümmern, werden ihre Felder von anderen Stilisten bearbeitet. Sie befinden sich in einer guten Lage, denn sie werden von der Mehrheit der Bauern geschützt und so können sie, ohne sich Sorgen zu machen, die Menschenmassen aufwiegeln."[49]

Als Vorbild dienten den Altkalendaristen höchstwahrscheinlich auch die Parochialräte, die in den bessarabischen Dorfparochien mit dem Organisationsgesetz der rumänisch-orthodoxen Kirche von 1925 entstanden waren. Während die Parochialräte wegen der Dorfpriester, die dadurch eine zu starke Einmischung der Laien in ihren Aufgabenbereich fürchteten, einen schweren Anfang hatten, erklärte die Eparchieleitung, dass die Priester mit der Zeit ihre Rolle verstanden hätten.[50] Sie waren ähnlich wie die Komitees organisiert, aber direkt dem orthodoxen Dorfpriester untergeordnet. Innerhalb eines Parochialrates entschieden die Gläubigen zusammen mit dem Dorfpriester über wichtige Aspekte des kirchlichen Lebens, sei es über den Bau oder die Renovierung einer Kirche oder über die Organisation von Festen und Veranstaltungen. Im altkalendaristischen Zentrum in Albineţ und in anderen Dörfern, wo bereits in den Jahren 1933 und 1934 Komitees entstanden, lassen sich keine personellen Überschneidungen zwischen den Mitgliedern der Komitees und denjenigen der Parochialräte feststellen; 1936 jedoch, als sich der Alt-

48 ANR, Ministerul Jusitiţiei-Direcţia Judiciară, 1936/98, 1–6, hier 5 [Bericht des Gerichts Bălţi an den Justizminister vom 14.10.1936 betr. die altkalendaristische Bewegung]; 150 [Mitteilung der Gendarmerie Bălţi an das Zentralinspektorat vom 15.6.1936 betr. Entwicklungen unter den Altkalendaristen im Norden Bessarabiens]; ANR, Direcţia Generală a Poliţiei, 1935/49, 128f. [Mitteilung des Regionalinspektorats der Polizei in Chişinău an das Zentralinspektorat der Polizei in Bukarest vom 3.2.1936 betr. die alkalendaristische Bewegung im Kreis Bălţi].

49 ANR, Ministerul Jusitiţiei-Direcţia Judiciară, 1936/98, 1–6, hier 5 [Bericht des Gerichts Bălţi an den Justizminister vom 14.10.1936 betr. die altkalendaristische Bewegung].

50 ANRM, Episcopia Hotinului, 1217, 1, 725, 47–63, hier 50 [Bericht der kirchlichen Abteilung des Eparchialrates der Eparchie Hotin-Bălţi vom 17.5.1936 betr. die Parochialräte].

kalendarismus vor der Niederschlagungsaktion im Aufschwung befand und immer mehr Dörfer altkalendaristisch wurden, verließen einzelne Gläubige die Parochialräte, um sich den Altkalendaristen anzuschließen.[51] Orthodoxe Dorfpriester berichteten damals voller Sorge an die Eparchieleitung von Hotin-Bălţi, dass sie die Kontrolle über die unterste Verwaltungsebene der Kirche verloren hätten, da sich deren Mitglieder immer stärker den Altkalendaristen annäherten. Ein Dorfpriester aus Soci-Bocani (im Kreis Bălţi) beschwerte sich zum Beispiel schon 1935, dass alle Mitglieder seines Parochialrates über Nacht zu Altkalendaristen geworden seien, den Parochialrat aufgelöst und sogar die Geldkasse konfisziert hätten.[52] Auch in einer Parochie im Kreis Hotin traten die Mitglieder des Parochialrates zum Altkalendarismus über. Ohne Absprache mit dem Dorfpriester verkauften sie die alte Kirche der Parochie und erwarben aus dem Erlös Holzbretter. Als der Dorfpriester sie zur Rede stellte, antworteten sie: „Unsere Vorfahren haben die Kirche und den Zaun gebaut. Es ist unser Recht, ihr Geld so zu verwenden, wie wir möchten, ohne jemanden um Erlaubnis zu fragen."[53]

Die Gründung von altkalendaristischen Garden zum Schutz ihrer Gemeinschaft vor der Gendarmerie war ein besonders klarer Beweis für eine tiefe Vertrauenskrise zwischen dem Staat und den Altkalendaristen. Trotz der neuen Linie des Innenministeriums, wonach sie seit 1934 vor einem Einschreiten der Gendarmerie geschützt werden sollten, misstrauten die Altkalendaristen den staatlichen Repräsentanten weiterhin. Die zahlreichen Versuche, Anhänger der Bewegung festzunehmen und zu bestrafen, zeigten zudem, dass die Gendarmen die Anweisungen des Zentrums nicht immer befolgten und die altkalendaristischen Gemeinschaften dagegen etwas unternehmen mussten.

Aus einer kleinen Gruppe, die ursprünglich bloß die Treffen der Altkalendaristen absichern sollte, entwickelte sich ein relativ gut organisiertes Schutzsystem, welches nun die Gebetshäuser und die Anführer vor staatlichen Interventionen bewahren sollte. Dieses System stützte sich auf die Bereitschaft der Anhänger, sich den Garden freiwillig anzuschließen, auf ihre Spontanität und auf die gegenseitige Loyalität zwischen den Anführern und den altkalendaristischen Bauern.

Je nach der Rolle einer Garde kann man zwischen fixen und mobilen Garden unterscheiden. Nicht jede Gemeinschaft verfügte über beide Arten – weil einerseits nicht überall der Bedarf danach bestand, während sich andererseits auch nicht jede Gruppe ihren Erhalt leisten konnte. Dort, wo sich einflussreiche Altkalendaristenführer aufhielten, die von der Gendarmerie „gejagt wurden", wie in Albineţ und in Ilenuţa, waren in den meisten Fällen beide Arten von Garden vorhanden. Die Gemeinschaft von Albineţ stellte

[51] ANRM, Episcopia Hotinului, 1217, 1, 748, 4 [Bericht der Protohierarchie II, Kreis Bălţi, an Bf. Simedrea vom Januar 1936 betr. den zunehmenden Einfluss der Altkalendaristen].

[52] ANRM, Episcopia Hotinului, 1217, 1, 748, 6 [Bericht des Priesters der Parochie Soci-Bocani, Kreis Bălţi, an Bf. Simedrea vom Januar 1936 betr. wie eben].

[53] ANRM, Episcopia Hotinului, 1217, 1, 748, 57 [Bericht des Priesters der Parochie Chelmeti an Bf. Simedrea von 1936 betr. Konflikte mit den Gläubigen seiner Parochie].

mit ihrem gut ausgebauten Gardensystem aber doch eine Ausnahme dar. Das dortige altkalendaristische Zentrum hatte Anfang 1936 Garden auf allen Wegen, die ins Dorf führten, positioniert. Sie kontrollierten die Menschen, die das Dorf betreten wollten, und überwachten, ob sich die Gendarmen dem Dorf näherten.[54] Eine weitere Garde war beim Gebetshaus stationiert und eine mobile Garde begleitete die jeweiligen Führer.[55]

Die Größe einer Garde variierte je nach Bedeutung der Gemeinschaft und des Altkalendaristenführers. Das Gebetshaus in Albineţ hatte beispielsweise im Sommer 1935 eine fixe Garde aus 20 Altkalendaristen, während die mobile Garde dort bis zu 40 Pferdefuhrwerke erreichen konnte.[56] In den schwierigen Monaten im Sommer 1936, als die Beziehung zwischen der Gendarmerie und den Altkalendaristen immer angespannter wurde, war die Garde Tag und Nacht im Einsatz und die Gendarmerie berichtete über unzählige Altkalendaristen, die jederzeit bereit seien, ihre Leiter zu verteidigen.[57] Das Schutzsystem war so angelegt, dass die Garden je nach Bedarf vergrößert werden konnten. Im Innenhof des Gebetshauses befand sich ein sogenanntes Semantron, mit dessen Hilfe die Anhänger im Bedarfsfall zur Verteidigung des Gebetshauses gerufen wurden. Es handelte sich um ein Schlagbrett aus Holz oder aus Metall, das in der rumänischen Orthodoxie dazu verwendet wurde, die Gläubigen zum Gebet zu rufen. In der altkalendaristischen Gemeinschaft bekam es eine neue Funktion und zusammen mit den zwei bis vier Meter hohen Holzzäunen, welche die Gebetshäuser palisadenartig umgaben, gehörte es zu den wichtigsten Elementen des altkalendaristischen Schutzsystems.[58]

[54] ANR, Direcţia Generală a Poliţiei, 1935/49, 132–134 [Mitteilung des Zentralinspektorats der Polizei in Bukarest an den Innenminister vom 9.2.1936 betr. die altkalendaristische Bewegung im Norden Bessarabiens].

[55] ANR, Inspectoratul General al Jandarmeriei, 1935/25, 213 [Befehl des Zentralinspektorats der Gendarmerie in Bukarest vom 19.6.1936 betr. die Strategie gegenüber den Altkalendaristen]; 60.1936/60, 67–96, hier 68f. [Monatsbericht der Informationsabteilung der Polizei Bălţi an das Zentralinspektorat der Gendarmerie in Bukarest vom Februar 1936 betr. die Organisation der Altkalendaristen]; ANR, Direcţia Generală a Poliţiei, 1935/49, 166f. [Mitteilung des Regionalinspektorats der Polizei in Chişinău an das Zentralinspektorat der Polizei in Bukarest vom 26.3.1936 betr. „Propaganda der Altkalendaristen im Kreis Bălţi"].

[56] ANR, Inspectoratul General al Jandarmeriei, 1935/17, 48 [Mitteilung der Informationsabteilung der Polizei Bălţi an das Zentralinspektorat der Gendarmerie in Bukarest vom August 1935 betr. die Organisation der Altkalendaristen von Albineţ]; ANR, Direcţia Generală a Poliţiei, 1935/49, 166f. [Mitteilung des Regionalinspektorats der Polizei in Chişinău an das Zentralinspektorat der Polizei in Bukarest vom 26.3.1936 betr. „Propaganda der Altkalendaristen im Kreis Bălţi"].

[57] ANR, Direcţia Generală a Poliţiei, 1935/49, 124–126 [Mitteilung der Gendarmerie in Bălţi vom 31.1.1936 betr. die altkalendaristische Bewegung in Bessarabien, weitergeleitet vom Regionalinspektorat der Polizei in Chişinău an das Zentralinspektorat der Polizei in Bukarest]; 135f. [Mitteilung des Regionalinspektorats der Polizei in Chişinău an das Zentralinspektorat der Polizei in Bukarest vom 17.3.1936 betr. die altkalendaristische Bewegung im Norden Bessarabiens].

[58] ANR, Direcţia Generală a Poliţiei, 1935/49, 169–171 [Mitteilung des Regionalinspektorats der Polizei in Chişinău an das Zentralinspektorat der Polizei in Bukarest vom 28.5.1936 betr. „Propaganda der Altkalendaristen"].

Die Garden wurden von einem Garden-Chef geleitet, welcher dem altkalendaristischen Komitee und nicht dem altkalendaristischen Priester untergeordnet war. Für seine Tätigkeit bekam er in Albineț laut Gendarmerie einen Lohn von 400 Lei.[59] Die Garden arbeiteten in der Tat im Interesse aller und standen nicht allein den altkalendaristischen Priestern, die in den meisten Fällen von außerhalb der Dorfgemeinschaft stammten, zur Verfügung.[60] Diese Konstellation entschied auch über die Machtverhältnisse innerhalb der Leitung der Gemeinschaft und offenbart die starke Position der altkalendaristischen Komitees und die eher schwache Stellung der altkalendaristischen Priester. Zwischen den beiden bestand in der Regel keine reibungslose Zusammenarbeit, so dass die Garde immer wieder auch in Konflikten zwischen ihnen intervenieren musste. Um ein Beispiel zu nennen: Als ein altkalendaristischer Priester versuchte, die Gemeinschaft von Sărata Veche im Kreis Bălți zu verlassen, stellte sich die Garde mit der Begründung dagegen, dass er seine Verpflichtung gegenüber den altkalendaristischen Gemeinschaften nicht erfüllt habe. Der Priester sei einverstanden gewesen, für 8.000 Lei, die er von den dortigen Altkalendaristen bekommen hatte, eine längere Zeit in ihrer Gemeinschaft zu bleiben. Es gab weitere ähnliche Fälle von Konflikten zwischen Komitee und altkalendaristischem Priester, und in all diesen Fällen unterstützten die Garden die Komitees.

Im Vergleich zu den Komitees, die eine reine Männerangelegenheit waren, beteiligten sich Frauen oft als Vorposten der Garden aktiv am Schutz ihrer Gemeinschaften.[61] Über die Frauen in Albineț berichtete die Gendarmerie, dass sie sich nur in den ersten Reihen der Garden befänden, auf der nackten Erde schlafen und das Gebetshaus Tag und Nacht verteidigen würden.[62] Frauen galten als verlässlicher und fanatischer als Männer; außerdem erhofften sich die Altkalendaristenführer, dass die Gendarmerie Mitleid haben und das Gebetshaus nicht angreifen würde, wenn sich die Frauen mit ihren Kindern in großer Zahl an der Verteidigung der Gemeinschaft beteiligten. Deshalb waren für Frauen eigene Lautsignale vorgesehen: Das Gebetshaus in Albineț hatte beispielsweise zwei Semantrone, eines aus Holz für Männer, ein anderes aus Metall für Frauen.[63]

59 CNSAS, D015261, 487–489 [Mitteilung der Informationsabteilung der Polizei Bălți an das Zentralinspektorat der Gendarmerie in Bukarest vom 3.10.1936 betr. Ergebnisse der Untersuchungen über die Organisation der altkalendaristischen Gemeinschaften am Ende der Niederschlagungsaktion].

60 ANR, Ministerul Jusitiției-Direcția Judiciară, 1936/98, 51 Mitteilung des Gerichts Bălți an den Justizminister vom 15.3.1936 betr. die Organisation der Altkalendaristen im Norden Bessarabiens].

61 ANR, Direcția Generală a Poliției, 1935/49, 135f. [Mitteilung des Regionalinspektorats der Polizei in Chișinău an das Zentralinspektorat der Polizei in Bukarest vom 17.3.1936 betr. die altkalendaristische Bewegung im Norden Bessarabiens].

62 ANR, Ministerul Jusitiției-Direcția Judiciară, 1935/82, 158 [Bericht des Gerichtes Bălți an den Justizminister vom 16.3.1935 betr. die Untersuchung in der altkalendaristischen Gemeinschaft von Albineț].

63 ANR, Direcția Generală a Poliției, 1935/49, 30–55, hier 42 [Bericht von Kriminalbeamten der Polizei an den Innenminister vom 24.8.1935 betr. die „Rebellion der Altkalendaristen von Albineț, Kreis Bălți"].

Die Angehörigen der Garden waren in den meisten Fällen Dorfbewohner. Nur in der altkalendaristischen Gemeinschaft von Ilenuţa, die in enger Verbindung mit dem altkalendaristischen Zentrum von Albineţ stand, gab es in den Reihen der Garden auch Soldaten und sogar Gendarmen.[64] Im Juli 1936 wurden vier Soldaten und ein Gendarm aus dem Kreis Bălţi und aus Cernăuţi identifiziert, welche ihre Dienste den altkalendaristischen Gemeinschaften zur Verfügung gestellt hatten. Aus dem Bericht der Gendarmerie geht hervor, dass sie zu dieser Zeit Urlaub hatten und sich etwas Geld dazuverdienen wollten. Eine ideologische Annäherung der betroffenen Soldaten und des Gendarmen an den Altkalendarismus schlossen die Behörden aus. Auf Befehl der Gendarmerieleitung mussten sie ihren Urlaub unterbrechen und eine Strafe absitzen.[65]

Nach den Beobachtungen der Gendarmerie waren die Mitglieder der Garden die loyalsten und überzeugtesten Altkalendaristen, welche das Gebetshaus und den religiösen Leiter jederzeit mit allen Mitteln verteidigen würden.[66] Die Verweigerer der Kalenderreform befanden sich im Jahr 1936 in einem Zustand von tiefer Unzufriedenheit und daraus speiste sich auch die Stärke der Bewegung: Die Bauern ließen sich spontan mobilisieren und in einem permanenten Kampfmodus halten. Davon profitierten am meisten die mobilen Garden, denn immer wenn ein Altkalendaristenführer Schutz gegen die Gendarmerie benötigte, schlossen sich viele der mobilen Garde an und begleiteten ihn auf seinen Reisen. Sie bildeten die schon mehrfach zitierten Wagenkonvois, die von der Gendarmerie nur mühsam zu durchbrechen waren.[67]

Auch wenn die Sicherheitskräfte die Spontanität und die Bereitschaft der Altkalendaristen, ihre Gemeinschaften zu schützen, immer wieder betonten, bedeutete dies nicht, dass dieses Verhalten zuvor nicht gezielt eingeübt worden war. Die Anführer der Bewegung kümmerten sich darum, dass die Anhängerschaft wusste, was sie zu tun hatte, wenn sie die Lautsignale vom Gebetshaus hörte. Die Gendarmerie berichtete, dass die Leiter

64 ANR, Direcţia Generală a Poliţiei, 1935/49, 160 [Telegramm des Regionalinspektorats der Polizei in Chişinău an das Zentralinspektorat der Polizei in Bukarest vom 6.3.1936 betr. „Propaganda der Alkalendaristen im Kreis Bălţi"]; ANR, Inspectoratul General al Jandarmeriei, 1936/64, 159 [Mitteilung der Informationsabteilung der Polizei Bălţi an das Zentralinspektorat der Gendarmerie in Bukarest vom 28.7.1936 betr. die Organisation der Altkalendaristen in Albineţ].

65 ANR, Inspectoratul General al Jandarmeriei, 1936/64, 159 [wie eben].

66 ANR, Direcţia Generală a Poliţiei, 1935/49, 214 [Mitteilung des Regionalinspektorats der Polizei in Chişinău an das Zentralinspektorat der Polizei in Bukarest vom 18.9.1936 betr. die Aktivitäten von Nicolai Climovici].

67 ANR, Inspectoratul General al Jandarmeriei, 1936/64, 114–133, hier 123–125 [Monatsbericht der Informationsabteilung der Polizei Bălţi an das Zentralinspektorat der Gendarmerie in Bukarest vom Juni 1936 betr. die Ausbreitung des organisierten Altkalendarismus]; ANR, Direcţia Generală a Poliţiei, 1935/49, 135f. [Mitteilung des Regionalinspektorats der Polizei in Chişinău an das Zentralinspektorat der Polizei in Bukarest vom 17.3.1936 betr. die altkalendaristische Bewegung im Norden Bessarabiens]; 1936/25, 26–28 [Mitteilung des Zentralinspektorats der Polizei vom 22.3.1936 betr. die altkalendaristische Bewegung im Norden Bessarabiens].

regelmäßig die Loyalität testeten, indem sie nächtliche Übungsaktionen veranstalteten.[68] Eine solche Nachtübung organisierten mehrere Altkalendaristenführer auch am 23. Juni 1936 in verschiedenen Dörfern rund um Albineţ: Sie schlugen um 23 Uhr durch die beiden Semantrone Alarm, „Männer, Frauen und Kinder bewaffneten sich mit allen möglichen Waffen", versammelten sich bei ihren Gebetshäusern und nahmen den kürzesten Weg nach Albineţ. Dort angekommen, konferierten sie hinter verschlossenen Türen, doch die Gendarmerie konnte mithören, wie die Anführer ihnen verschiedene Übungen erklärten. Am nächsten Tag gaben sie gegenüber dem Chef des Gendarmeriepostens an, das Ziel ihrer Versammlung sei gewesen, sowohl Psalmen zu lesen, welche „den Beginn der Fastenzeit der Heiligen Petrus und Paulus" markierten, als auch der Altkalendaristen von Funduri Vechi zu gedenken, die am 31. Mai 1936 bei den dortigen Zusammenstößen mit der Gendarmerie zu Tode gekommen waren. „In Wirklichkeit handelte es sich um eine Nachtübung, durch welche die Stilistenführer überprüfen wollten, wie die Stilisten auf ihre ‚Versammlungssignale' reagieren werden", berichtete der Gendarmeriechef. Er erklärte, dass die Gendarmen gegen solche Aktionen nichts unternehmen könnten, da zu viele Bauern zusammenkommen würden.[69]

In Bezug auf die Garden ergeben sich zwei weitere wichtige Fragen, nämlich nach der Finanzierung und der Bewaffnung. Finanzierung und Erhaltung der Garden erfolgten durch Spenden und auch durch den Erlös unterschiedlicher Geschäfte, welche die Komitees tätigten.[70] Auf andere Geldquellen stießen die Sicherheitskräfte nicht. Die wichtigsten Waffen der Altkalendaristen waren landwirtschaftliche Gerätschaften wie Heugabeln, Sensen und Äxte.[71] Drei führende Gemeinschaften in Bessarabien und in der

68 ANR, Direcţia Generală a Poliţiei, 1935/49, 169–171 [Mitteilung des Regionalinspektorats der Polizei in Chişinău an das Zentralinspektorat der Polizei in Bukarest vom 28.5.1936 betr. „Propaganda der Altkalendaristen"].

69 ANR, Ministerul Jusitiţiei-Direcţia Judiciară, 1936/98, 158 [Bericht des Gerichtes Bălţi an den Justizminister vom 3.7.1936 betr. die Zusammenarbeit zwischen mehreren altkalendaristischen Gemeinschaften im Norden Bessarabiens]; ANR, Inspectoratul General al Jandarmeriei, 1936/12, 293 [Bericht des Zentralinspektorats der Gendarmerie an den Innenminister und das Zentralinspektorat der Polizei vom 27.8.1936 betr. die Organisation der Altkalendaristen von Albineţ].

70 ANR, Inspectoratul General al Jandarmeriei, 1935/17, 76 [Mitteilung der Informationsabteilung der Polizei Bălţi an das Zentralinspektorat der Gendarmerie in Bukarest vom 24.9.1935 betr. die Organisation der Altkalendaristen von Albineţ]; ANR, Direcţia Generală a Poliţiei, 1935/49, 112 [Bericht der Polizei an den Innen- und Kultusminister vom 3.1.1936 betr. den Zusammenstoß in Albineţ und die Organisation der Altkalendaristen in Bessarabien]; CNSAS, Fond Documentar, D015261, 487–489 [Mitteilung der Informationsabteilung der Polizei Bălţi an das Zentralinspektorat der Gendarmerie in Bukarest vom 3.10.1936 betr. Ergebnisse der Untersuchungen über die Organisation der altkalendaristischen Gemeinschaften am Ende der Niederschlagungsaktion].

71 ANR, Direcţia Generală a Poliţiei, 1935/49, 139f. [Mitteilung der Gendarmerie Bălţi vom 7.2.1936 betr. die altkalendaristische Bewegung im Norden Bessarabiens, weitergeleitet vom Regionalinspektorat der Polizei in Chişinău an das Zentralinspektorat der Polizei in Bukarest];

Moldau waren dagegen 1936 bereits mit echten Schusswaffen ausgerüstet; sowohl maßgebliche Mitglieder der Garden als auch die leitenden Altkalendaristen besaßen eigene Waffen.[72]

Dieses Schutzsystem erwies sich einige Zeit als effizient. Solange die dörflichen Gendarmerieposten keine Unterstützung von der Kreisverwaltung bekamen und mit maximal zehn nur schwach ausgerüsteten eigenen Leuten auskommen mussten, wie 1936 in Albineț und Umgebung[73], waren die altkalendaristischen Garden zahlenmäßig, aber auch taktisch überlegen. Unter dem Schutz ihrer Garde konnten die Altkalendaristen ihre Aktivitäten relativ ungestört durchführen. Es war den Garden zu verdanken, dass die Gendarmerie ganze zwei Jahre brauchte, um den Altkalendaristenführer Nicolai Climovici zu verhaften. Nur wenn sie den örtlichen Altkalendaristenführern den Schutz entzogen, konnte der Gendarmerie deren Festnahme gelingen.[74]

Für die Gendarmen selbst war die Auseinandersetzung äußert unangenehm, wie der Oberstaatsanwalt von Bălți dem Justizminister in Bezug auf den Gendarmerieposten in Albineț schilderte:

> „Die Gendarmen befinden dort sich in einer ständigen Gefahr. Sie wurden bisher nicht angegriffen, weil sie es zulassen, gedemütigt und bedroht zu werden. Um weitere Auseinandersetzungen [mit den Altkalendaristen] zu vermeiden, tun sie so, als ob sie die Beschimpfungen und Drohungen nicht hörten. Die Stilisten warten ungeduldig darauf und suchen nach einem Grund, sie umzubringen. Wie die Stilisten selbst sagen, sind sie sehr stolz darauf, dass sie nicht zur Rechenschaft gezogen werden können. Die Lage ist so angespannt, dass die Gendarmen in jener Gemeinde nicht einmal auf die Straße gehen können. Wenn sie in die Arbeit kommen, müssen sie aufpassen, dass sie nicht angegriffen

248f. [Bericht des Chefs der Siguranța in Iași an das Zentralinspektorat der Polizei in Bukarest vom 8.3.1937 betr. die Aktivitäten von Nicolai Climovici in der Moldau]; ANR, Inspectoratul General al Jandarmeriei, 1935/17, 76 [Mitteilung der Informationsabteilung der Polizei Bălți an das Zentralinspektorat der Gendarmerie in Bukarest vom 24.9.1935 betr. die Organisation der Altkalendaristen von Albineț].

72 CNSAS, Fond Documentar, D015261, 449 [Bericht Aurel Bogdans an das Zentralinspektorat der Gendarmerie in Bukarest vom 18.9.1936 betr. die Beschlagnahmung von Waffen in den altkalendaristischen Gemeinschaften]; ANR, Ministerul Jusitiției-Direcția Judiciară, 1936/98, 148 [Mitteilung der Gendarmerie Bălți an das Regionalinspektorat der Gendarmerie in Chișinău und das Gericht Bălți vom 8.6.1936 betr. die Lage der Altkalendaristen nach dem Zusammenstoß in Funduri Vechi]; ANR, Inspectoratul General al Jandarmeriei, 1935/17, 142 [Mitteilung der Informationsabteilung der Polizei Bălți an das Zentralinspektorat der Gendarmerie in Bukarest vom 24.10.1935 betr. einen Angriff der Altkalendaristen von Albineț auf den Gemeindesekretär der dortigen Gemeinde].

73 ANR, Inspectoratul General al Jandarmeriei, 1936/64, 59–61 [Mitteilung der Informationsabteilung der Polizei Bălți an das Zentralinspektorat der Gendarmerie in Bukarest vom 1.6.1936 betr. den Zusammenstoß in Funduri Vechi am 31.5.1936]; CNSAS, Fond Documentar, D015854, 37–45, hier 41 [Protokoll Manoil Alexandrus vom 10.3.1936 betr. die Untersuchung einer Beschwerde der Altkalendaristen].

74 ANR, Ministerul Jusitiției-Direcția Judiciară, 1936/98, 127–129, hier 127 [Bericht des Generalstaatsanwalts an den Justizminister vom 4.6.1936 betr. den Zusammenstoß in Funduri Vechi].

werden, denn die Frauen und die Kinder werden von den Agitatoren gedrängt, die Gendarmen zu verspotten und ihnen im Weg zu stehen."[75]

Die Entstehung der Garden, die Existenz eines Komitees, der Aufbau der Gemeinschaft – all das war vor allem dann nötig, sobald die betreffende altkalendaristische Gemeinde an den Bau eines eigenen Gebetshauses gehen wollte. Wenn es erst einmal vorhanden war, stand das Gebetshaus im Zentrum der jeweiligen Gemeinschaft und hatte die Funktion einer Kirche und zugleich des wichtigsten altkalendaristischen Treffpunktes inne. Der Innenhof des Gebetshauses war ein geschützter Gemeinschaftsraum, wo die Altkalendaristen Pläne schmiedeten und ihre kirchlichen Feste feierten. Ein Gebetshaus zu eröffnen war keine allzu kostspielige Angelegenheit, sein Unterhalt hingegen setzte mehr Ressourcen voraus. An der Geschichte der Errichtung der Gebetshäuser lässt sich die Dynamik ablesen, welche den Übergang vom passiven zum aktiven Widerstand der Altkalendaristen veranschaulicht.

Laut einer Gendarmeriestatistik von 1934, welche die Gebetshäuser aller „Sektierer" erfasste, verfügten die Altkalendaristen insgesamt erst über zwölf Gebetshäuser, davon acht im Kreis Bălţi, zwei im Kreis Soroca und zwei in der Moldau im Umland von Iaşi.[76]

Diagramm 6: Zahl der Gebetshäuser „religiöser Sekten", 1934[77]

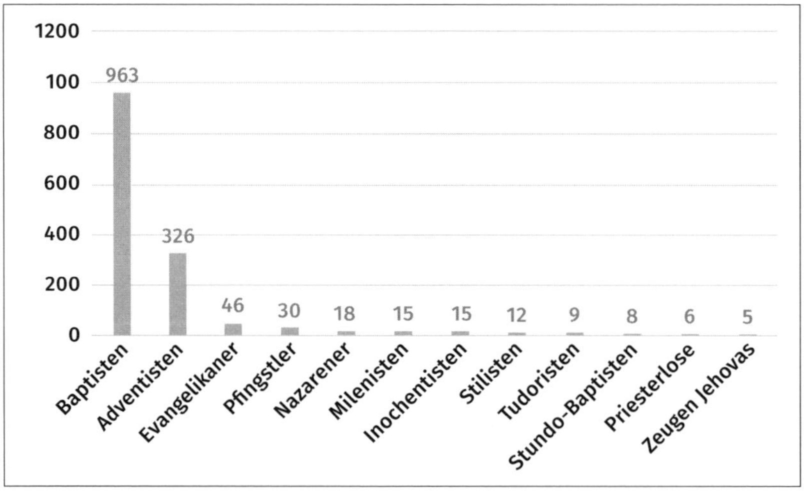

75 ANR, Ministerul Jusitiţiei-Direcţia Judiciară, 1936/98, 179 [Bericht des Gerichts von Bălţi an den Justizminister vom 6.8.1936 betr. die Lage der Altkalendaristen von Albineţ].

76 ANR, Inspectoratul General al Jandarmeriei, 1936/60, 220–249, hier 233 [Monatsbericht der Informationsabteilung der Polizei Bălţi an das Zentralinspektorat der Gendarmerie in Bukarest vom April 1936 betr. die Ausbreitung des Altkalendarismus in Bessarabien].

77 ANR, Ministerul Jusitiţiei-Direcţia Judiciară, 1937/19, 66–81, hier 67 [Statistik des Zentralinspektorats der Gendarmerie von 1936 betr. „Gebetshäuser der Sektierer"].

Obwohl die Altkalendaristen zahlenmäßig die größte „religiöse Sekte" ausmachten, waren sie 1934 mit ihren 12 Gebetshäusern noch kaum organisiert. Von der zweitgrößten „Sekte" des Landes, den Baptisten mit ihren 963 Gebetshäusern, waren sie damit in diesem Punkt geradezu meilenweit entfernt. Die Gendarmerie erhob diese Daten indes zu einem Zeitpunkt, als gerade der Übergang vom passiven zum aktiven Altkalendarismus stattfand. Ein wichtiges Merkmal in den Jahren 1934 und 1935 war akkurat die enorme Schnelligkeit, mit der nun die Errichtung von Gebetshäusern erfolgte. Innerhalb von nur zwei Jahren stieg die Anzahl der altkalendaristischen Gebetshäuser auf ca. 100 und bis Mitte 1936 auf ca. 150, die Mehrheit davon nach wie vor im Norden Bessarabiens.[78] Das Ziel der Altkalendaristenführer war es, alle Dörfer der Region mit einem eigenen Gebetshaus auszustatten. Ihren Schätzungen zufolge würde die Bewegung noch zwei Jahre brauchen, „bis die ganze Bevölkerung im Norden Bessarabiens aus der orthodoxen Kirche austreten" würde.[79] Bis zum Herbst 1936 würde auch laut Gendarmerie schon „fast in jedem Dorf im Kreis Bălţi ein stilistisches Gebetshaus errichtet" werden.[80] Freilich blieb auch die mittlerweile erreichte Zahl im Verhältnis zu jener der Altkalendaristen, ca. eine Million, nach wie vor sehr gering, was nur beweist, dass die Mehrheit der Reformverweigerer noch immer passive Altkalendaristen waren, die aktiv nichts gegen die Kalenderreform unternahmen.

Der Höhepunkt bei der Errichtung von Gebetshäusern wurde in der ersten Jahreshälfte 1936 erreicht. In diesen Monaten schossen neue Gebetshäuser beinahe wie Pilze aus dem Boden.[81] Die Behörden stellten fest, dass jetzt auch in Dörfern, in denen vor 1936 keine altkalendaristischen Aktivitäten registriert worden waren, die Bauern Gebetshäuser errichteten. Nach Auffassung der Gendarmerie geschah dies nicht nur deshalb, weil die Gläubigen glühende Anhänger des Altkalendarismus seien, sondern, wie noch gezeigt werden wird, auch aus wirtschaftlichen Gründen, denn es herrschte unter den Bauern die Überzeugung (wenn nicht gar konkrete Erfahrung), dass die altkalendaristischen Gebetshäuser eine viel günstigere Alternative zu den orthodoxen Kirchen darstellen würden. Daher ist es nicht falsch zu behaupten, dass die rasche Errichtung von altkalendaristischen Gebetshäusern 1936 einerseits aufgrund der geschickten Taktik und Propaganda führender altkalendaristischer Komitees im Norden Bessarabiens erfolgte (die die von In-

78 ANR, Direcţia Generală a Poliţiei, 1935/49, 155f. [Mitteilung des Regionalinspektorats der Polizei in Chişinău vom 24.4.1936 an das Zentralinspektorat der Polizei in Bukarest betr. „Propaganda gegen die Kalenderreform"].

79 ANR, Direcţia Generală a Poliţiei, 1935/49, 163 [Mitteilung der Gendarmerie Bălţi vom 22.3.1936 betr. die Aussagen Nicolai Climovicis anlässlich des Osterfestes].

80 ANR, Ministerul Jusitiţiei-Direcţia Judiciară, 1936/98, 50 [Bericht des Gerichtes Bălţi an den Justizminister vom 14.3.1936 betr. die Organisation der Altkalendaristen im Norden Bessarabiens].

81 ANR, Ministerul Jusitiţiei-Direcţia Judiciară, 1936/98, 123 [Bericht des Gerichtes Bălţi an den Justizminister vom 3.2.1936 betr. den Aufschwung der Altkalendaristen im Norden Bessarabiens].

nenminister Inculeţ eingeführte scheintolerante Politik stets mit wirklicher Toleranz gleichsetzten), andererseits aber auch aufgrund der großen Unzufriedenheit der Gläubigen mit den orthodoxen Parochien.

Das Komitee von Albineţ verfügte über ein Netzwerk von Gebetshäusern, die unter seinem Einfluss standen. Die Komiteemitglieder brachten als erfahrene Altkalendaristen das Know-how und einfache Organisationsstrategien mit, vor Ort kümmerten sich dann die einheimischen Anhänger um die Errichtung und um den Erhalt der Gebetshäuser. Von den organisatorischen Fähigkeiten des altkalendaristischen Komitees von Albineţ war selbst die Gendarmerie beeindruckt. Sie berichtete etwa, wie im Dorf Musteaţa im Kreis Bălţi ein altkalendaristisches Gebetshaus gegründet wurde, das Tag und Nacht von einer „starken und schwerbewaffneten Garde" beschützt wurde. Es hatte genügt, dass das Komitee von Albineţ das Dorf nur einmal besuchte und einen Gottesdienst abhielt, um die dortigen Altkalendaristen von der Errichtung eines eigenen Gebetshauses zu überzeugen. Von den 315 orthodoxen Familien, die in Musteaţa lebten, waren im März 1936, kurz nach dem Besuch der Altkalendaristenführer, nur noch 30 als Mitglieder der Rumänisch-orthodoxen Kirche verblieben.[82] Genauso rasch wurde auch das altkalendaristische Komitee in Ilenuţa gegründet. Der orthodoxe Priester dieses Dorfes erklärte im Juli 1936, dass bis zur Ankunft der Altkalendaristen aus Albineţ die Lage in seiner Pfarre relativ ruhig gewesen sei. Die Altkalendaristen hätten zwar die Mehrheit der Gläubigen gebildet, ohne aber Interesse an einer eigenen Organisation zu zeigen. Einige führende Altkalendaristen hätten sogar noch die Gottesdienste der orthodoxen Kirche besucht. Die Lage habe sich erst dann radikal verändert, als die Altkalendaristen aus Albineţ jene aus Ilenuţa vom Bau eines Gebetshauses überzeugt hätten. Damit sei jeder Kontakt mit der orthodoxen Kirche abgebrochen worden.[83] Das Komitee aus Ilenuţa entwickelte sich schließlich selbst innerhalb kurzer Zeit zu einer führenden Gruppe im Norden Bessarabiens und spornte weitere Gemeinschaften zur selbständigen Organisation an.

Die folgende Episode, die sich im Januar 1936 in Ciolacu Vechiu im Kreis Bălţi ereignet hat, zeigt, wie in einer Dorfversammlung der Übertritt zum Altkalendarismus gemeinschaftlich entschieden wurde. Die Dorfbewohner kamen zu diesem Entschluss, nachdem sie festgestellt hatten, wie gut das Gemeinschaftssystem in anderen Dörfern funktionierte: „Die Einwohner haben sich versammelt, um verschiedene Probleme in der Gemeinde zu besprechen. Unter anderem sprachen sie auch das Problem des alten Stils an." Nach mehreren Gesprächen erklärten sie dem Dorfpriester, dass er an jenem Tag keinen Gottesdienst mehr zu halten brauche, denn es war ein Feiertag nach dem neuen Kalender. Sollte er die Rückumstellung auf den alten nicht akzeptieren, drohten die Bauern, „einen eigenen Priester zu bringen, der die Gottesdienste nach dem alten Stil halten

82 ANR, Direcţia Generală a Poliţiei, 1936/25, 26–28 [Mitteilung des Zentralinspektorats der Polizei vom 22.3.1936 betr. die altkalendaristische Bewegung im Norden Bessarabiens].

83 ANR, Ministerul Jusitiţiei-Direcţia Judiciară, 1936/98, 177 [Kopie eines Berichtes der Parochie Ilenuţa an die Eparchie Hotin-Bălţi vom 22.7.1936 betr. die Aktivitäten von Nicolai Climovici].

wird“. Die Dorfbewohner meinten, dass sie keine Vorbehalte gegen den Priester hätten, sondern nur die Feiertage nach dem alten Stil halten wollten. Als Reaktion darauf ließ der Priester den Gottesdienst ausfallen, wusste aber nicht, wie er weiter mit den Altkalendaristen umgehen sollte. Die Gendarmerie beschrieb die Lage im Dorf als sehr angespannt.[84]

Unabhängig von der Unterstützung, welche sie von einflussreichen Altkalendaristen auch aus Albineţ bekommen hatten, würden die Bauern sich laut Gendarmerie voller Hoffnung der Bewegung zuwenden, weil sie dadurch die finanzielle Last, welcher sie durch die orthodoxen Dorfparochien ausgesetzt waren, abschütteln wollten. Die Errichtung der Gebetshäuser hingegen erforderte kaum Geld, denn es handelte sich um ehemalige Bauernhäuser, die von etwas wohlhabenderen Anhängern der Gemeinschaft zur Verfügung gestellt wurden. So mussten die Bauern keine hohen Beiträge für die Reparatur oder gar den Bau einer Kirche leisten.

Auch über die Preise, die mit den amtskirchlichen Priestern für ihre Dienste ausverhandelt wurden und den Gläubigen meist zu hoch waren, gab es regelmäßig Beschwerden.[85] Allerdings waren Preisverhandlungen von Seiten der Rumänisch-orthodoxen Kirche nur in Bessarabien erlaubt.[86] Es handelte sich dort um ein Erbe aus der Zarenzeit[87] und alle Versuche der Kirchenleitung, Festpreise einzuführen, waren am Widerstand der Dorfgeistlichkeit gescheitert.[88] Für jede Taufe, jede Hochzeit und jedes Begräbnis mussten die Gläubigen offiziell einen Beitrag von nicht mehr als 100 Lei entrichten.[89] In der Praxis aber beschwerten sich die Bauern, dass Priester keine Rücksicht auf ihre finanziellen Möglichkeiten nahmen und die 100-Lei-Grenze immer wieder überschritten.[90] Ein altkalendaristischer Priester hingegen hatte Festpreise, die zudem viel niedriger als die der amtskirchlichen Geistlichen waren. Während manch ein orthodoxer Dorfpriester

84 ANR, Ministerul Jusitiţiei-Direcţia Judiciară, 1936/98, 24 [Mitteilung des Gerichts Bălţi an den Justizminister vom 29.1.1936 betr. Übertritte zum Altkalendarismus].

85 ANR, Ministerul Jusitiţiei-Direcţia Judiciară, 1936/98, 17 [Mitteilung des Gerichts Bălţi an den Justizminister vom 10.1.1936 betr. die Suche nach altkalendaristischen Priestern]; Eparhia Chişinăului: Lucrările Adunării eparhiei Chişinăului. Sesiunea 9–11 Martie 1932. Chişinău: [1932], 67.

86 Ion Rusu, „In dar aţi luat, în dar să daţi“, şi regimul de pomană, *Luminătorul* 16–17(1931), 904–914.

87 Smolitsch, Geschichte der Russischen Kirche 1700–1917, 487–494.

88 ANRM 1217, 1, 448, 59 [Mitteilung der Heiligen Synode an die Eparchie Hotin-Bălţi vom 24.6.1930 betr. die Einführung von Festpreisen in den Parochien im Norden Bessarabiens]; Z. Smochină, Taxa pe trebuinţe, *Luminătorul*, 12 (1930), 739–740; Gh. Gheorghianov, Plata benevolă sau salar dela stat?, *Luminătorul* 17 (1930), 1012–1016; Adresa sf. Sinod nr.99 a.c., despre taxele de epitrahil, *Luminătorul* 12 (1931), 624; Theodor Cuculschi, Prin noi înşine, *Luminătorul* 6 (1931), 288–296.

89 I. Doliscinski, Import şi venitul epitrahilului, *Luminătorul* 19–20 (1924), 41–43.

90 ANRM, Episcopia Hotinului, 1217, 1, 725, 47–63, hier 63 [Bericht des Kirchenbauamts des Eparchialrates der Eparchie Hotin-Bălţi vom 17.5.1936 betr. Preise der Priester für ihre Dienste].

für eine Hochzeitszeremonie zwischen 500 und 1.000 Lei verlangte, zahlten Altkalendaristen ihrem Priester nur 100 Lei.[91] Ganz auf dieser Linie ist auch zu betrachten, dass die Gendarmerie für das Dorf Călărași im Kreis Bălți festhielt, dass sich die Gläubigen „gezwungen sahen, eine getrennte [altkalendaristische] Kirche zu bauen, da der Priester Baltag von den Bauern für grundlegende Dinge viel zu viel Geld verlangt".[92] Die Gläubigen erklärten der Gendarmerie, dass sie bereit seien, das Gebetshaus zu schließen und den alten Kalenderstil aufzugeben, wenn der Dorfpriester nichts oder nur mehr sehr wenig für seine Dienste fordern würde.

Ein weiteres Beispiel von misslungenen Preisverhandlungen zwischen Gläubigen und orthodoxen Dorfpriestern bezieht sich auf das Dorf Petrunea, ebenfalls im Kreis Bălți. Nachdem ein Dorfbewohner namens Cozma Lazăr mit dem Ortspriester vereinbart hatte, dass dieser ihm für 300 Lei eine Hochzeit halten würde, änderte der Priester am Hochzeitstag seine Meinung. Als das Brautpaar sich bereits in der Kirche befand, informierte der Priester sie über den neuen Preis, der doppelt so hoch wie der ursprüngliche war: „Aus Scham vor seinen Verwandten und vor seiner zukünftigen Ehefrau" sah sich der Mann gezwungen, dem Priester 520 Lei zu bezahlen. Der Bräutigam war über den willkürlichen Preis empört: Wieso hatte der Priester für die Hochzeit von Pintilie Tincu 800 Lei verlangt, für die von Leonte Holban dann nur 500 Lei, von ihm aber 600 Lei?[93] Die Gendarmerie berichtete, dass im Dorf von Cozma Lazăr sich der Altkalendarismus im Aufschwung befand:

> „Der Grund, warum in Petrunea der Stilismus Wurzeln schlägt, ist der, dass dort keine Kirche vorhanden ist. Die Gläubigen gehören zur Parochie von Limbenii Noi, wo der Priester mit den Gläubigen über die Preise für seine Dienste hart verhandelte. So verlangte zum Beispiel der Priester für die religiöse Hochzeit von Toader Țibuleac 500 Lei, und als dieser die Summe nicht hatte, ging er mit seiner zukünftigen Braut nach Albineț, wo sie für nur 100 Lei heirateten. [...] Die Bevölkerung dieses Dorfes wird also aufgrund des Priesters, der sehr gierig ist, zu Anhängern des Stilismus. Die Dorfbewohner erklärten, dass sie alles tun werden, um einen stilistischen Priester in ihr Dorf zu bringen, weil sie sich die Preise, welche der Priester von ihnen verlangt, nicht mehr leisten können." [94]

[91] ANR, Ministerul Jusitiției-Direcția Judiciară, 1936/98, 42 [Bericht des Gerichtes Bălți an den Justizminister vom 24.2.1936 betr. die Propaganda der Altkalendaristen im Norden Bessarabiens].

[92] ANR, Direcția Generală a Poliției, 1935/49, 162 [Mitteilung des Regionalinspektorats der Polizei in Chișinău an das Zentralinspektorat der Polizei in București vom 18.4.1936 betr. die Organisation der Altkalendaristen].

[93] ANR, Direcția Generală a Poliției, 1935/49, 148 [Bericht der Gendarmerie Bălți vom 30.1.1936 betr. Konflikte zwischen Mitgliedern der Amtskirche und den orthodoxen Priestern].

[94] ANR, Direcția Generală a Poliției, 1935/49, 148 [Bericht des Zentralinspektorats der Polizei in Bukarest an den Innenminister vom 4.4.1936 betr. Konflikte zwischen den Missionierungspriestern und den Altkalendaristen in Bessarabien]; ANR, Ministerul Jusitiției-Direcția Judiciară, 1936/98, 42 [Bericht des Gerichtes Bălți an den Justizminister vom 24.2.1936 betr. die Propaganda der Altkalendaristen im Norden Bessarabiens].

Die Gendarmerie berichtete auch über Konflikte, bei denen Dorfpriester die Gläubigen im Stich ließen, weil diese die religiösen Dienste nicht bezahlen konnten. Kinder blieben ungetauft, Verstorbene wurden ohne eine religiöse Zeremonie begraben, weil die betroffenen Familien zu arm waren, die Priester zu bezahlen.[95] Der Fall eines verstorbenen ehemaligen Soldaten aus dem Kreis Orhei löste breites Entsetzen unter den Gläubigen aus. Die Gendarmerie gab an, dass der Dorfpriester es abgelehnt habe, den im Sterben liegenden Soldaten zu besuchen, um ihm die Beichte abzunehmen und die Kommunion zu spenden. Nachdem er bald darauf gestorben sei, habe die Familie des Verstorbenen dem Priester erklärt, dass sie sich die 500 Lei für das Begräbnis nicht leisten könne: „Erst nachdem der Chef des Gendarmeriepostens interveniert hatte, gab er [der Priester] nach großen Schwierigkeiten nach und machte das Begräbnis für 300 Lei." Nach diesem Vorfall seien die Gläubigen sehr erregt gewesen und viele seien zum Altkalendarismus übergetreten. Denn auf diese Weise „konnten sie private Priester oder Mönche einstellen, welche den Gläubigen dienen werden. Denn jedes Mal, wenn die Gläubigen etwas vom offiziellen Priester brauchen, verlangt er von ihnen viel Geld – was sich die Bevölkerung in dieser Krisenzeit nicht leisten kann".[96]

Die Dorfpriester waren mit der konfliktreichen Lage überfordert, sahen aber nicht ein, warum sie kein Geld für ihre Dienste mehr verlangen sollten. Das hätte sie in ein verstärktes Abhängigkeitsverhältnis zum Staat gebracht, der ansonsten für ihre Bezahlung sorgte. Sie beschwerten sich ihrerseits über die Gläubigen, dass diese fordernder und aggressiver denn je auftreten würden und keinen Respekt vor der Kirche mehr hätten. Ein Dorfpriester meldete sich in der Kirchenzeitschrift *Luminătorul* zu Wort und erklärte, weshalb zwischen ihm und den Gläubigen Konflikte ausgebrochen seien. Einmal seien die Bauern mitten in der Nacht zu ihm gekommen und hätten verlangt, dass er eine Begräbniszeremonie für einen verstorbenen Verwandten abhalte. Nachdem er die Bitte abgelehnt habe, weil eine Zusage so spontan nicht möglich gewesen sei, hätten sie sich – auch erfolglos – an den Gendarmeriechef gewandt. Die Bauern hätten den Toten schließlich selbst begraben.[97]

Auch wenn gewiss nicht jedes Dorf mit einem geldgierigen Priester konfrontiert war, reichten solche Fälle aus, dass Altkalendaristen die Dorfpriester als Feinde der Gläubigen darstellen konnten. Die Altkalendaristenführer nutzten die Schwächen der Dorfparochien aus und passten sich stärker an die Bedürfnisse und die finanzielle Lage der Landbevölkerung an. Die Gendarmerie, welche diese Entwicklung aus der Nähe beobachtete,

95 ANR, Ministerul Jusitiţiei-Direcţia Judiciară, 1937/8, Vol. 1, 30 [Mitteilung des Gerichts Orhei an den Justizminister vom 20.2.1936 betr. Konflikte zwischen Angehörigen der Amtskirche und dem orthodoxen Priester in Poiana, Kreis Orhei].

96 ANR, Ministerul Cultelor şi Artelor, 1936/83, 37 [Bericht der Gendarmerie Orhei an den Kultusminister vom 12.10.1936 betr. die Gefahr der weiteren Ausbreitung des Altkalendarismus in Orhei].

97 T., Aspecte triste din practica vieţii religioase dela ţară. Cu ocazia unei înmormântări, *Luminătorul* 9–10 (1932), 511–514.

verlangte eine rasche Bestrafung aller Dorfpriester, die zu hohe finanzielle Forderungen an die Gläubigen stellten: „Alle diese missbräuchlichen Priester sollten vor allem von den örtlichen Beamten angezeigt werden. Das geschieht aber nicht, weil sie sehr oft aus derselben Gemeinde stammen und miteinander verwandt sind."[98] Das Kultusministerium ignorierte die Probleme in den Dorfparochien zwar nicht, doch eine Änderung der Arbeitsbedingungen der Dorfpriester fiel in die Zuständigkeit der Kirchenleitung. Bereits 1928 hatte das Kultusministerium die Heilige Synode gebeten, angesichts der vielen Beschwerden Maßnahmen zu treffen. Man hatte vorgeschlagen, zu hohe Beträge für religiöse Dienste zu verbieten oder auch in Bessarabien Festpreise einzuführen. Drei Jahre später bat das Kultusministerium die Heilige Synode erneut, das Problem der ungeregelten Preise zu lösen.[99] Aber selbst wenn die Vertreter von Kirche und Staat eine konkrete Lösung gefunden hätten, um von dieser Seite her die Anziehungskraft des Altkalendarismus zu verringern, wären sie vermutlich nicht in der Lage gewesen, sie auch im gelebten Alltag auf der Parochie-Ebene umzusetzen. Wohl nur eine bessere Bezahlung der Dorfpriester durch das Kultusministerium hätte die Geistlichen davon abgehalten, überhöhte Gebühren von den Gläubigen zu verlangen.[100]

Für dieses angespannte Verhältnis innerhalb der bessarabischen Parochien waren indes nicht allein die Dorfpriester verantwortlich. Aufgrund der allgemein schlechten Wirtschaftslage, in der sich die Region seit Jahren befand, waren sie in den 1930er Jahren von Lohn- bzw. Einkommensschwund betroffen. Statistiken zeigen auch, dass das Budget der Dorfparochien schrumpfte. Zudem stammten deren Gelder nicht von der Eparchieleitung, mit Ausnahme der Gehälter der Pfarrer, sondern die Pfarren mussten sich durch verschiedene Dienste oder auch etwa durch den Verkauf von religiösen Objekten und dergleichen selbst erhalten.[101] Um die Lohn- und Budgetprobleme zu kompensieren und möglichst auch noch die Erwartungen der Eparchieleitung in puncto Erhaltung und der Renovierung der Kirchengebäude zu erfüllen, versuchten die Dorfpriester auch notgedrungen, immer tiefer in die Taschen der Gläubigen zu greifen.

[98] ANR, Inspectoratul General al Jandarmeriei, 1935/17, 251–276, hier 264 [Monatsbericht der Informationsabteilung der Polizei Bălți an das Zentralinspektorat der Gendarmerie in Bukarest vom Dezember 1935 betr. die allgemeine Lage im Kreis Bălți und „die religiösen Sekten"].

[99] Adresa sf. Sinod nr. 999, despre taxele de epitrahil, *Luminătorul* 12 (1931), 624.

[100] Auf das Thema der staatlichen Bezüge der Geistlichen wurde im 1. Kapitel näher eingegangen; vgl. dort [Seite 54, Anm. 91].

[101] ANRM, Episcopia Hotinului, 1217, 1, 815, 1–203 [Budget der Parochie Belousova, Kreis Hotin an die Eparchie Hotin-Bălți von 1935].

Eine Frage des Geldes

Niemals erwähnten die Behörden eine andere Quelle für die Finanzierung altkalendaristischer Tätigkeit als die eigenen Ressourcen der Bauern. Eine genaue Untersuchung des Finanzierungssystems der Gemeinschaften stellt daher eine Herausforderung besonderer Art dar, denn es fehlen nicht nur altkalendaristische Daten, sondern auch die staatlichen Behörden bemühten sich nicht, einen zuverlässigen Einblick in die Finanzgebarung zu gewinnen. Stattdessen zeigten sie sich damit zufrieden, den Altkalendarismus als ständige Erklärung für die schlechte wirtschaftliche Entwicklung in den drei nördlichen Kreisen Bessarabiens heranzuziehen: Die Getreideanbauflächen würden laut der Gendarmerie Jahr für Jahr kleiner, weil die Bauern mit den altkalendaristischen Aktivitäten so beschäftigt seien, dass sie ihre Felder weniger bearbeiten würden. Die Steuereinnahmen würden gleichfalls niedriger, weil die Altkalendaristen Steuerhinterziehung betreiben würden, um den Bau ihrer Gebetshäuser zu finanzieren.[102] In der Tat sanken Mitte der 1930er Jahre in dieser Region die Steuereinnahmen, was aber nicht unbedingt am Altkalendarismus, sondern vielmehr an der Dürre sowie an administrativen Faktoren lag. Sicher ist auch, dass auf dem Höhepunkt der Bewegung, in den Jahren 1935 und 1936, die Altkalendaristen stärker als zuvor Widerstand gegen die Steuereintreibung leisteten, ohne aber ihre steuerlichen Pflichten komplett zu vernachlässigen.

Die Gemeinde Albineţ etwa registrierte 1935 niedrigere Steuereinnahmen als im Jahr zuvor, wobei einer der Gründe darin lag, dass die Regierung in Bukarest diese Senkung von den Kreisbehörden dezidiert verlangt hatte.[103] Bevor die Gemeindebehörden sich über die Höhe der Steuerbeiträge für 1935 einigten, hatten sie genaue Anweisungen vom Finanzministerium erhalten, wie diese Berechnung erfolgen sollte: Da die Einkünfte der Bauern „Jahr für Jahr aufgrund der Dürre niedriger wurden“, sollten die Steuerbeiträge neu berechnet und mit mindestens 30 Prozent weniger als im Vorjahr festgelegt werden. Dabei sollten die Gemeindebeamten die wirtschaftliche Lage der Bauern richtig einschätzen und die Steuern so festlegen, dass die Bauern diese Zahlungen auch leisten könnten. Das Finanzministerium erklärte, die Erfahrung aus den vorherigen Jahren habe bewiesen,

> „mit welchen Folgen wir rechnen müssen, wenn wir die Einkünfte der Bauern überschätzen. Es wurde bisher weniger beachtet, ob es sich die Bauern leisten konnten, die Steuerbeiträge zu bezahlen. [...] Dadurch wurde das Prestige der öffentlichen Verwaltung stark beschädigt. Damit sich diese Lage nicht

[102] ANR, Ministerul Jusitiţiei-Direcţia Judiciară, 1936/98, 37 [Bericht des Gerichtes Bălţi an den Justizminister vom 24.1.1936 betr. den Aufschwung der Altkalendaristen im Norden Bessarabiens]; ANR, Inspectoratul General al Jandarmeriei, 1935/17, 225 [Mitteilung der Informationsabteilung der Polizei Bălţi an das Zentralinspektorat der Gendarmerie in Bukarest vom 1.12.1935 betr. „das Chaos“ in Albineţ und Umgebung].

[103] ANRM, Administraţia Publică Locală, Judeţul Bălţi, 120, 1, 887 1 [Mitteilung der Präfektur Bălţi an die Gemeindeverwaltung Albineţ von 1935 betr. die Festlegung Gemeindebudgets].

verschlechtert, empfiehlt unser Ministerium, alle Praktiken aus der Vergangenheit aufzugeben und mit großer Umsicht die Einkünfte sowie die Steuern der Bauern zu berechnen“.[104]

Zu den Praktiken aus der Vergangenheit, aufgrund derer die Verwaltung einen schlechten Ruf bekam, zählten in der Gemeinde Albineţ beispielsweise die Vorfälle von 1933. Nachdem der Bălţer Präfekt Catelly sich über Unregelmäßigkeiten bei der Steuereinhebung in Albineţ bei der Gemeindeverwaltung beschwert und den Bürgermeister und den Gemeindesekretär auf die niedrigen Steuereinnahmen hingewiesen hatte, verlangte der Präfekt, alle Probleme zu „beheben“. Daraufhin bemühten sich die Behörden 1933 vergeblich, die ausständigen Steuern einzutreiben.[105]

Obwohl also das Finanzministerium den regionalen Beamten 1935 davon abriet, den Bauern unrealistische Summen abzuverlangen, und vorschlug, diese Forderungen nun spürbar zu senken, nahm die Gemeindebehörde in Albineţ nur wenig Rücksicht auf die Empfehlungen des Zentrums: 1934 waren die Steuerquoten für das ganze Dorf auf 112.191 Lei festgelegt worden und 1935 kaum verändert auf 108.491 Lei. Dem Vorschlag des Finanzministeriums entsprechend hätten sie jedoch nur bei rund 78.500 Lei liegen sollen. Am Ende des Jahres musste das Gemeindeamt einsehen, dass dieser Steuerplan illusorisch war, denn man hatte lediglich 69.582 Lei eintreiben können.[106] Die Präfektur in Bălţi, wo die Steuergelder der Dorfgemeinden ins Kreisbudget einflossen, registrierte zwischen 1934 und 1936 auch insgesamt nur eine leichte Senkung der Steuerbeiträge.[107]

Schon dieser kurze Einblick in das Besteuerungssystem der Gemeinde Albineţ und der Präfektur von Bălţi ist eine Bestätigung dafür, dass die Altkalendaristen nicht generell die Steuerzahlungen boykottierten. Aussagekräftig in dieser Hinsicht sind auch die Berichte der regionalen Behörden über die wirtschaftliche Lage im Norden Bessarabiens, welche die Regierung auf die katastrophalen Folgen der herrschenden Dürre aufmerksam machten:

> „Aufgrund der Dürre, die heuer [1935] fast die ganze Ernte vernichtet hatte, befindet sich die Bevölkerung in einem verzweifelten Armutszustand. Trotz allem führen die Steuerbehörden ihre Arbeit ununterbrochen fort. Sie führen Zwangsvollstreckungen durch und viele Bauern müssen ihre Güter unfreiwillig verpfänden. Auch nachdem die Ernte eingebracht worden ist, werden viele Dörfer von Hungersnöten heimgesucht. Weitere Sorgen bereiten den Bauern auch die Wintervorräte. [...] Unter

104 ANRM, Administraţia Publică Locală, Judeţul Bălţi, 120, 1, 887 1 [wie eben].

105 ANRM, Administraţia Publică Locală, Judeţul Bălţi, 120, 1, 884, 432 [Mitteilung des Präfekten von Bălţi an die Gemeindeverwaltung Albineţ von 1933 betr. Unregelmäßigkeiten im Gemeindebudget]; 437f. [Bericht der Gemeindeverwaltung Albineţ von 1933 betr. den Verlauf der Steuereinhebung in der Gemeinde].

106 ANRM, Administraţia Publică Locală, Judeţul Bălţi, 120, 1, 887 [Bericht der Gemeindeverwaltung Albineţ von 1935 betr. das Gemeindebudget im Jahr 1935].

107 ANRM, Administraţia Publică Locală, Judeţul Bălţi, 120, 1, 390 [Budget des Kreises Bălţi 1928]; 391 [Budget des Kreises Bălţi 1929]; 392 [Budget des Kreises Bălţi 1930]; 393 [Budget des Kreises Bălţi 1931]; 396 [Budget des Kreises Bălţi 1932]; 397 [Budget des Kreises Bălţi 1933/34].

den Einwohnern verbreitet sich die Idee, Nahrungsmittel von den Wohlhabenden und von den Märkten mit Gewalt zu beschlagnahmen."[108]

Die Regierung half in jenem Jahr den Bauern und schickte ihnen Getreide und Saatgut, welches sie im Frühling 1936 für die nächste Ernte anbauen sollten.[109] Diese Hilfsaktion soll allerdings schlecht organisiert gewesen sein, denn die Gendarmerie stellte viele Unregelmäßigkeiten fest: Gemeindebehörden verteilten die Spenden bevorzugt an ihre Bekannten oder verwendeten sie zu ihrem eigenen Nutzen.[110] Auch 1936 war die Krise nicht vorbei. Sie führte schnell zu einer Verteuerung der Nahrungsmittel: Bis Januar 1936 war der Brotpreis von 5 Lei pro Kilo auf 7,50 Lei gestiegen und sollte in den nächsten Monaten auf ganze 14 Lei für den Kilolaib steigen. Die Bauern würden schon alles Inventar aus ihren Häusern verkaufen, um Geld für Essen zu bekommen, meldeten die Behörden. Nothilfe seitens der Regierung war auch 1936 weiterhin unerlässlich.[111]

Aus den altkalendaristischen Dörfern erhielt die Regierung in Bukarest im Laufe des Jahres 1935 besorgniserregende Berichte. So informierte die Siguranța aus Chișinău das Innenministerium, dass die altkalendaristischen Bauern ihre Steuern nicht mehr bezahlen wollten, aber bereit seien, ihr weniges Geld an die Altkalendaristenführer zu spenden. Es würde in den dortigen Dörfern eine anarchistische Bewegung entstehen, welche den Charakter eines „Staates im Staat" annehme.[112] Die für die Steuereinhebung zuständige Kreisbehörde von Bălți erklärte auf Anfrage des dortigen Oberstaatsanwaltes, dass in den Dörfern, „die vom Stilismus kontaminiert" seien, die Bauern Widerstand bei der Steuereinhebung leisteten. „Die Sektierer" seien jederzeit bereit, die Behördenvertreter anzugreifen, weshalb es notwendig sei, die Steuern mit Hilfe der Sicherheitskräfte

108 ANR, Inspectoratul General al Jandarmeriei, 1935/33, 50 [Mitteilung des Zentralinspektorats der Gendarmerie an das Zentralinspektorat der Polizei und den Innenminister vom 17.8.1925 betr. große wirtschaftliche Probleme in Bessarabien].

109 ANR, Ministerul de Interne – Direcția Contabilității, 55.1935 [Dokumente betr. „die Kampagne zur Hilfe für Bessarabien" vom Februar 1936]; Chestiunea înfometaților din Basarabia, in: Monitorul Oficial, Adunarea Deputaților, 26 Noemvrie{!} 1935, 17–23; Comunicări: excese fiscal, in: wie eben, 29 Februarie 1936, 1191; Întrebări, in: wie eben, 9 martie 1936, 1580.

110 ANR, Direcția Generală a Poliției, 1936/25, 30 [Mitteilung des Zentralinspektorats der Polizei vom 26.3.1936 betr. die angespannte Stimmung unter der Landbevölkerung im Kreis Bălți]; 36 [Mitteilung des Zentralinspektorats der Polizei vom 2.4.1936 betr. die Stimmung der Bevölkerung in Bessarabien]; 46 [Mitteilung des Zentralinspektorats der Gendarmerie an das Innenminsterium und das Zentralinspektorat der Polizei vom 7.4.1936 betr. Unregelmäßigkeiten bei der Verteilung von Saatgut].

111 ANR, Inspectoratul General al Jandarmeriei, 1935/24, 169–187, hier 169 [Monatsbericht des Regionalinspektorats der Gendarmerie in Chișinău an das Zentralinspektorat in Bukarest vom 31.1.1936 betr. die Stimmung in der Landbevölkerung].

112 ANR, Direcția Generală a Poliției, 1935/49, 102 [Mitteilung des Regionalinspektorats der Polizei in Chișinău vom 12.11.1935 an das Zentralinspektorat der Polizei in Bukarest betr. Arbeit der Gendarmen in altkalendaristischen Dörfern].

einzutreiben.[113] Diese Erklärung war mehr als irreführend, denn die Behörden stießen ganz generell auf Widerstand seitens der Bauern, wenn es um die Steuern ging. Schon 1932 hatten sich die Behörden beschwert, dass die „Einnahmen [in Nordbessarabien] sehr schwach sind und mit Mühe eingetrieben werden, weil die Bauern es ablehnen, ihre Steuer an den Staat zu zahlen."[114] Konflikte während der Steuereinhebung brachen gerade in den Jahren 1935 und 1936 daher auch nicht nur in den altkalendaristischen Gemeinschaften aus, und es war auch nicht so unüblich, dass die Gendarmerie die Steuereintreiber bei ihrer Arbeit begleitete und unterstützte – unabhängig davon, ob es sich um ein altkalendaristisches Dorf handelte oder nicht.[115]

Die Steuerhinterziehung war kein fester Bestandteil der altkalendaristischen Ideologie. In ihren Petitionen erklärten die Altkalendaristen, dass sie ihren finanziellen Verpflichtungen gegenüber dem Staat derzeit und auch weiterhin nachkommen würden, in der Hoffnung, dass er sie als selbständige religiöse Gruppe anerkennen und ihnen Schutz vor den Sicherheitskräften gewähren möge.[116] Der Vorwurf der Behörden, dass Altkalendaristen ihre Steuerbeträge lieber ihren Gemeinschaften zur Verfügung stellten, war jedoch durchaus begründet. Auf diese Idee kamen manche Komitees auch dank der Unterstützung durch LANC-Mitglieder, welche den Bauern immer wieder erklärten, dass sie keine Steuern mehr zahlen müssten, denn die Partei würde ohnehin bald an die Macht kommen und alle Steuern abschaffen.[117] Ein Altkalendaristenführer, welcher der LANC

[113] ANR, Ministerul Jusitiţiei-Direcţia Judiciară, 1936/98, 20f. 23 [Mitteilung des Gerichtes Bălţi an den Justizminister vom 20.1.1936 betr. die Steuereinhebung in den altkalendaristischen Dörfern].

[114] ANR, Direcţia Generală a Poliţiei, 1932/6, 12–17 [Mitteilung des Präfekten des Kreises Hotin vom 1.3.1932 betr. Schwierigkeiten bei der Steuereinhebung]; 300–312, hier 300–308 [Monatsbericht des Regionalinspektorats der Gendarmerie in Chişinău vom Juni 1932 betr. die wirtschaftliche Lage der Bevölkerung]; 347–355, hier 347–349 [Monatsbericht des Regionalinspektorats der Polizei in Chişinău vom Juni 1932 betr. das gleiche].

[115] ANR, Direcţia Generală a Poliţiei, 1932/23, 1 [Mitteilung des Zentralinspektorats der Polizei an den Innenminister vom 14.2.1932 betr. Konflikte bei Steuereinhebung im Kreis Bălţi]; 2 [Mitteilung des Zentralinspektorats der Polizei an den Innenminister vom 17.12.1932 betr. Konflikte bei Steuereinhebung im Kreis Făgăraş]; 6 [Mitteilung des Zentralinspektorats der Polizei an den Innenminister vom 15.11.1932 betr. Konflikte bei Steuereinhebung im Kreis Lăpuşna]; 1932/6, 300–312, hier 310 [Monatsbericht des Regionalinspektorats der Gendarmerie in Chişinău vom Juni 1932 betr. die wirtschaftliche Lage der Bevölkerung]; 347–355, hier 347–349 [Monatsbericht des Regionalinspektorats der Polizei in Chişinău vom Juni 1932 betr. das gleiche]; ANR, Inspectoratul General al Jandarmeriei, 1935/24, 35–56, hier 48 [Monatsbericht des Regionalinspektorats der Gendarmerie in Chişinău an das Zentralinspektorat der Gendarmerie in Bukarest vom 2.7.1935 betr. Konflikte bei Steuereinhebung].

[116] ANR, Ministerul Jusitiţiei-Direcţia Judiciară, 1935/82, 113 [Kopie der Petition einiger Einwohner von Albineţ und Umgebung an das Gericht Bălţi vom 25.8.1935 betr. Maßnahmen gegen Altkalendaristen].

[117] ANR, Direcţia Generală a Poliţiei, 1936/25, 64 [Mitteilung des Zentralinspektorats der Polizei vom 31.7.1936 betr. die Propaganda der Cuzisten gegen die Bezahlung der Steuern].

nahestand, erklärte den Altkalendaristen etwa, dass sie ihren Verpflichtungen gegenüber dem Staat nicht länger nachkommen sollten. Nachdem die Bauern seine Rede gehört hatten, weigerten sie sich bei der nächsten Steuereintreibung zu bezahlen.[118]

Vor dem Hintergrund der schlechten wirtschaftlichen Lage sowie der konfliktreichen Beziehung zwischen den Bauern und den Behörden leistete der Altkalendarismus 1936 tatsächlich organisierten Widerstand gegen die Kalenderreform und auch gegen die staatlichen Behörden, sei es gegen Gendarmen oder Steuereintreiber. Aufgrund der instabilen Lage war der Schritt hin zum generellen Steuerboykott nicht mehr groß. Wenn ein Altkalendarist den Eindruck hatte, dass die Behörden ihn ausraubten, konnte er sich auf die Hilfe durch Glaubensbrüder verlassen. Das geschah zum Beispiel im September 1935, als der Steuereintreiber von Fălești nach Albineț kam, „um das restliche Geld zu kassieren. Genau in dem Moment, als die Einwohner ihm das Geld bezahlen wollten, erschien Scaleschi [der Vorsitzende des altkalendaristischen Komitees] und vertrieb den Steuereintreiber."[119] Der Vorfall zeigt, dass die Bauern grundsätzlich bereit gewesen wären, die Steuern zu bezahlen, hätte der Komiteevorsitzende nicht interveniert und die Steuern für sich selbst beansprucht. Im Nachbardorf Albineții Noi, wo ebenfalls eine feste altkalendaristische Gemeinschaft existierte,[120] ereignete sich ungefähr zur gleichen Zeit ein ähnlicher Vorfall. Als der Steuereintreiber Pantea bei dem Bauern Avram Covalciu die Steuer einheben wollte und Covalciu über das verlangte Geld nicht verfügte, konfiszierte Pantea mehrere Objekte auf dem Bauernhof. Sobald sie der Steuereintreiber aufs Pferdefuhrwerk auflud und das Anwesen verließ, wurde er von Familienangehörigen angegriffen und mit einem Holzstück verletzt. Nur dank eines Gendarmen konnte der Steuereintreiber den wütenden Landleuten entkommen – die konfiszierten Gegenstände holten sich die Bauern zurück.[121]

Die altkalendaristischen Gemeinschaften finanzierten sich vor allem durch freiwillige Spenden, sei es in Form von Geld oder von Naturalien.[122] Manche Komitees sam-

[118] ANR, Ministerul Jusitiției-Direcția Judiciară, 1936/98, 148 [Mitteilung der Gendarmerie Bălți an das Regionalinspektorat der Gendarmerie in Chișinău und das Gericht Bălți vom 8.6.1936 betr. die Lage der Altkalendaristen nach dem Zusammenstoß in Funduri Vechi];

[119] ANR, Ministerul Cultelor și Artelor, 1935/125, 133 [Mitteilung des Zentralinspektorats der Polizei in Bukarest vom 11.9.1935 betr. Steuereinhebung in altkalendaristischen Orten in Bessarabien].

[120] ANR, Inspectoratul General al Jandarmeriei, 1936/12, 71f. [Tabelle mit den Familienoberhäuptern orthodoxer Gläubiger nach dem alten Stil aus Albineț Nou, Kreis Bălți/ Tablou de numele și Pronume a cap. de familie a credinioșilor pe vechiu din satul Albineț Nou, Jud. Bălți].

[121] ANR, Ministerul Jusitiției-Direcția Judiciară, 1935/82, 75 [Bericht des Gerichtes Bălți an den Justizminister vom 7.9.1935 betr. die Steuerhebung im Kreis Bălți].

[122] ANR, Inspectoratul General al Jandarmeriei, 1935/17, 225 [Mitteilung der Informationsabteilung der Polizei Bălți an das Zentralinspektorat der Gendarmerie in Bukarest vom 1.12.1935 betr. „das Chaos" in Albineț und Umgebung]; ANR, Ministerul Jusitiției-Direcția Judiciară, 1936/98, 37 [Bericht des Gerichtes Bălți an den Justizminister vom 24.1.1936 betr. den Aufschwung der Altkalendaristen im Norden Bessarabiens].

melten Mitgliedsbeiträge oder organisierten große Spendenaktionen, wie es etwa die Altkalendaristen in Albineţ für den Bau ihrer Kirche gemacht hatten.[123] Weitere Einnahmequellen stellten die verschiedenen Allmenden dar, die hier unter einem Rechtstitel als Gemeinschaftsgüter firmierten (bunuri obşteşti). So berichtete die Gendarmerie, wie die Altkalendaristen in mehrheitlich von ihnen bewohnten Dörfern

> „begonnen hatten, die Fische aus den Teichen, das Schilfrohr und sogar die Stiere, welche sich im Besitz aller Bauern befanden, zu verkaufen. Auf diese Weise haben sie allen Mitbesitzern, die keine Mitglieder der stilistischen Bewegung sind, Schaden zugefügt. Während bis heute das Geld aus dem Verkauf der Fische, des Schilfrohrs und von anderen Gemeinschaftsgütern für Arbeiten im Gemeinschaftsinteresse verwendet wurde, werden diese Einkünfte von nun an [von den Altkalendaristen] missbraucht. Bald wird eine revolutionäre Bewegung entstehen."[124]

Auch Großgrundbesitzer sahen im Jahr 1936 ihren Besitz durch die wütenden Altkalendaristen gefährdet. Sie fürchteten, dass deren Ansprüche auf das Gemeinschaftsgut sich auch auf ihre Besitztümer ausweiten würden. Der einzige größere Grundbesitzer in Albineţ, Anton Antonevici, armenischer Herkunft und ursprünglich aus dem Kreis Soroca, dessen Besitz sich auf knapp 50 Hektar belief, verließ 1937 mitsamt seiner Familie die Gemeinde.[125] In Ilenuţa gab es ebenfalls nur einen Großgrundbesitzer, namens Serghei Popovici: Er rief 1936 nach staatlicher Unterstützung gegen die Altkalendaristen, nachdem er von den Komitees aus Albineţ und Ilenuţa einen Drohbrief – verfasst auf Rumänisch mit kyrillischen Buchstaben – bekommen hatte.[126] Die Altkalendaristen machten ihm klar, dass sie ihm zwei Wochen Frist gewähren würden, um sein Landgut zu verlassen. Er habe genug Reichtum angehäuft: „Sollten wir dich nach zwei Wochen auf dem Landgut noch finden, dann werden wir dich umbringen. Wirst du jemandem davon erzählen, werden wir – alle Gemeinschaften – in der Nacht kommen und deinen Hof und dich in Brand setzen [...]."[127] Daraufhin fühlte sich der Großgrundbesitzer in seiner Villa in der Nähe von Ilenuţa verständlicherweise nicht mehr sicher:

> „Auch im Dorf Ilenuţa breitete sich die Idee einer Rückkehr zum alten Stil aus. Diese Idee hat nun den Höhepunkt erreicht und wird auch von den kommunistischen Agitatoren unterstützt mit dem Ziel,

123 ANR, Ministerul Jusitiţiei-Direcţia Judiciară, 1936/98, 43 [Bericht des Gerichtes Bălţi an den Justizminister vom 19.2.1936 betr. Propaganda und Organisation der Altkalendaristen im Norden Bessarabiens].

124 ANR, Ministerul Jusitiţiei-Direcţia Judiciară, 1936/98, 123 [Bericht des Gerichtes Bălţi an den Justizminister vom 3.2.1936 betr. den Aufschwung der Altkalendaristen im Norden Bessarabiens].

125 ANRM, Administraţia Publică Locală, Judeţul Bălţi, 120, 1, 874, 217 [Bericht der Kreisleitung Bălţi von 1935 betr. allgemeine Informationen über die Einwohner von Albineţ].

126 ANR, Ministerul Jusitiţiei-Direcţia Judiciară, 1935/82, 179 [Beschwerde Serghei Popovicis an den Generalstaatsanwalt Bălţi vom 1.10.1935 betr. einen Drohbrief der Altkalendaristen].

127 ANR, Ministerul Jusitiţiei-Direcţia Judiciară, 1935/82, 178 [Kopie des Drohbriefs der Altkalendaristen an Serghei Popovici vom 28.9.1935].

mehr Dörfer zum Widerstand zu bewegen. Es lässt sich ein Kriegszustand zwischen den Rebellen und den wenigen Gläubigen, die der offiziellen Kirche gegenüber loyal geblieben sind, feststellen. In dieser Gemeinde herrscht zurzeit eine revolutionäre Stimmung, welche sich sehr gut an den bedrohlichen Taten und Worten der Bauern gegenüber der Regierung erkennen lässt. Solange die Interventionen der Gendarmen in diesem Gebiet verboten sind, wird den Dörflern bei ihren Aktionen geholfen. [...] Auf diese Weise hat sich eine religiöse zu einer generellen Unzufriedenheit und weiter zu einer revolutionären Bewegung entwickelt, welche von vielen Agitatoren unterstützt wird. Um die Rebellen zur Ordnung und Unterwerfung zu rufen, ist eine dringende Intervention notwendig. Es herrscht eine Unsicherheit, vor allem wenn sich das Leben und das Vermögen eines Menschen in Gefahr befinden. [...] Würde ich mein Landgut verlassen, würde es bedeuten, dass der ganze Hof, den ich nach der Revolte von 1917 in vielen Jahren aufgebaut habe, vernichtet wird."[128]

Die Geldnot der Altkalendaristen von Ilenuţa sei laut der Gendarmerie wegen eines Kredites entstanden, den sie nicht zurückzahlen konnten. Sie hätten 3.000 Lei vom jüdischen Händler Fischman aus Făleşti geliehen, um ihr Gebetshaus zu errichten und Pläne für eine eigene Kirche zu entwerfen.[129] Als sie ihm den Betrag nicht zurückerstatten konnten und Fischman Druck auf sie ausübte, borgten sie Geld von einem anderen Juden aus Făleşti namens Irahamovici. Da sie auch ihm das Geld nicht rechtzeitig zurückzahlen konnten, verpachteten sie ihm den Fischteich, was aber auch nicht ausreichte, um die Schulden zu bezahlen. Über die Geschäfte der Altkalendaristen mit den jüdischen Händlern aus Făleşti mutmaßte die Gendarmerie, dass die Händler gegen die Altkalendaristen gearbeitet hätten und die eigentlichen „Anstifter der Unruhen gegen den Großgrundbesitzer Serghei Popovici" gewesen seien.[130]

Organisierter Widerstand von unten

Bei den für das Aufkommen der Bewegung so bedeutsamen Protesten gegen das Osterdatum 1929 hatte sich die Gruppe von Albineţ durch ihre besonders fordernde Haltung hervorgetan: „Wir möchten Sie informieren, dass die Gläubigen dieser Parochien und aus den benachbarten Parochien gegen diese Entscheidung protestieren. Für den Frieden und die Liebe zwischen den Klerikern und den Gläubigen dieser Parochie bitten wir Sie, unsere Bitte zu erfüllen", lautete die Protestschrift der dortigen Bauern an die Bistums-

[128] ANR, Ministerul Jusitiţiei-Direcţia Judiciară, 1935/82, 179 [wie eben, Anm. 126].

[129] ANR, Ministerul Jusitiţiei-Direcţia Judiciară, 1935/82, 34 [Bericht des Gerichtes Bălţi an den Justizminister vom 11.12.1935 betr. die Errichtung von altkalendaristischen Gebetshäusern im Kreis Bălţi]; ANR, Inspectoratul General al Jandarmeriei, 1935/17, 251–276, hier 254f. [Monatsbericht der Informationsabteilung der Polizei Bălţi an das Zentralinspektorat der Gendarmerie in Bukarest vom Dezember 1935 betr. die Organisation der Altkalendaristen von Albineţ].

[130] ANR, Ministerul Jusitiţiei-Direcţia Judiciară, 1935/82, 34 [Bericht des Gerichtes Bălţi an den Justizminister vom 11.12.1935 betr. die Errichtung von altkalendaristischen Gebetshäusern im Kreis Bălţi].

leitung.[131] Es ist schwer festzustellen, woher der entschlossene Widerstand der Albineţer gegen die Kalenderreform kam. Es gab Gerüchte, dass die Dorfbewohner sich bereits 1917 gegen revolutionäre Unruhen zur Wehr gesetzt hätten. Sicher ist, dass sich dort aus den Aktionen gegen die Kalenderreform von 1929 langsam eine der besten organisierten Gruppen gegen den neuen Kalender entwickelte. Der Aufschwung der LANC in der Umgebung, die Entscheidung der Präfektur von Bălţi, einen Gendarmerieposten in Albineţ einzurichten, sowie die Annäherung der Albineţer Kalendergegner an die Russisch-orthodoxe Kirche im Ausland waren einige wesentliche Aspekte, die den Aufbau der dortigen Gemeinschaft in der ersten Hälfte der 1930er Jahre begünstigten.

Anders als in der altkalendaristischen Gemeinschaft von Zăneşti, wo ein ehemaliger amtskirchlicher Geistlicher die Bewegung gegen die Kalenderreform anführte, handelte es sich bei der altkalendaristischen Gemeinschaft von Albineţ um eine Initiative, die ausschließlich von unten organisiert wurde, und zwar aus den Reihen der ländlichen Bevölkerung. Auch wenn sich später ehemalige orthodoxe Kleriker anschlossen und Führungsansprüche erhoben, blieb die Entscheidungsgewalt fast immer bei den Albineţer Bauern. Da das dortige Komitee Einfluss auf viele andere altkalendaristische Gemeinschaften in sämtlichen drei Kreisen Nordbessarabiens ausübte, wurde die Albineţer Organisation von den staatlichen und kirchlichen Behörden ganz zu Recht die wichtigste „stilistische Zitadelle" genannt.

Aufgrund seiner günstigen geografischen Lage verfügte Albineţ über eine gute Verkehrsverbindung sowohl zur moldauischen Hauptstadt Iaşi als auch zur bessarabischen Hauptstadt. Das Dorf lag sieben Kilometer von der Kleinstadt Făleşti entfernt, von wo eine direkte Bahnverbindung nach Chişinău bestand. Der Pruth lag nahe, so dass auch die Moldau auf kurzem Wege zu erreichen war. Zur Gemeinde Albineţ gehörten noch fünf Dörfer: Socii Noi, Rediu, Musteaţa, Albineţii Noi und Socii Vechi. War bei der Volkszählung von 1930 noch die Mehrheit der Bevölkerung orthodoxen Glaubens gewesen, waren es 1937 nur mehr 38,8 Prozent.

„Obwohl alle Bauern Häuser und ausreichend Land haben, ist ihre finanzielle Lage schlecht", erklärte ein Beamter, der die Gemeinde 1937 gründlich untersuchte. Er hatte Recht, denn rein nach Besitzverhältnissen handelte es sich um keine arme Gemeinde. Im Durchschnitt besaß eine Familie in Albineţ 6,5 Hektar; das war im innerregionalen Vergleich nicht wenig, denn nach der Landreform besaßen die Bauern im Norden Bessarabiens im Schnitt lediglich 3,25, im Süden hingegen 8,25 Hektar.[132] Neben Getreideanbau betrieben sie auch Viehzucht. Die Technisierung der Landwirtschaft hatte die Bauernhöfe noch nicht erreicht, so dass die gesamte landwirtschaftliche Arbeit von Hand und mit Hilfe von Zugtieren geleistet wurde. Die Bauern besaßen keine Traktoren oder sonstige

[131] ANRM, Episcopia Hotinului, 1217, 1, 381, 72 [Bitte der Mitglieder der Parochie Albineţ, Kreis Bălţi, an Bf. Puiu vom 21.2.1929 betr. das Begehen des Osterfestes nach dem alten Kalender].

[132] Hausleitner, Deutsche und Juden in Bessarabien, 99.

landwirtschaftliche Maschinen, dafür aber 659 Pferde und 1733 Heugabeln.[133] Mehr als 60 Prozent der Bauern konnten weder lesen noch schreiben. Die Mehrheit der Kinder besuchte die Schule bloß im Winter, wenn sie ihren Eltern nicht bei den Feldarbeiten helfen mussten. Ernsthafte Probleme stellten die Dürre und der hohe Alkoholkonsum dar. In der Gemeinde befanden sich sieben Schenken, teils mit jüdischen, teils mit rumänischen Besitzern. Auf die Frage nach den Errungenschaften in der Verwaltung und der Infrastruktur in den Jahren 1933 bis 1937 musste der Beamte feststellen, dass es der Gemeinde lediglich gelungen war, eine kleine Brücke zu bauen.[134]

Die Anfänge des örtlichen altkalendaristischen Komitees gehen eben auf das Jahr 1929 zurück, als die Bauern den oben zitierten Brief an den Bischof verfasst hatten – dies belegt die Liste der Unterzeichner.[135] Es dauerte aber eine Weile, bis das Komitee eine feste Gestalt annahm: Die Gendarmerie bekam 1934 erste Hinweise auf das Bestehen eines eigentlichen Komitees. Die Gemeindeleitung hatte mit etwas ungewöhnlicher Wortwahl die Gendarmerie in Fălești darüber informiert, dass unter der Leitung von Alexei Scalețchi eine

> „Organisation der Altstilisten [Stiliștii Vechi] entstanden ist. Ohne eine Genehmigung zu haben, führen diese eine breite Propaganda gegen die Neustilisten [Stiliștii Noi]. Sie erklären ihren Anhängern, dass sie einen Priester herbeibringen, der die Gottesdiente nach dem alten [Kalender] halten wird. Alle sollten die Organisation finanziell unterstützen, damit sie eine Kirche nach dem alten Stil bauen können."[136]

1935 bestand das Komitee aus zehn Personen, die allesamt Bauern aus Albineț und den benachbarten Dörfern waren. Ein Vergleich mit den Listen der Gemeindeangestellten und den Mitgliedern des Parochialrates zeigt, dass die Komiteemitglieder weder in der Dorf- noch in der Kirchenverwaltung tätig waren.[137] Ein Altkalendarist, der eine niedrige Funktion in der Gemeindeverwaltung innehatte, ohne aber Mitglied des Komitees zu sein, war 1935 entlassen worden.[138] Weitere personelle Überschneidungen zwischen

133 ANRM, Administrația Publică Locală, Județul Bălți, 120, 1, 903 3 [Bericht der Kreisleitung Bălți von 1937 betr. allgemeine Angaben zur Gemeinde Albineț].

134 ANRM, Administrația Publică Locală, Județul Bălți, 120, 1, 903 4–14 [Bericht der Kreisleitung Bălți von 1937 betr. die Monographie der Gemeinde Albineț].

135 ANRM, Episcopia Hotinului, 1217,1, 381, 72 [Bitte der Mitglieder der Parochie Albineț, Kreis Bălți, an Bf. Puiu vom 21.2.1929 betr. das Begehen des Osterfestes nach dem alten Kalender]; ANR, Inspectoratul General al Jandarmeriei, 1936/12, 60–66 [Petition der Altkalendaristen von Albineț betr. den Austritt aus der Nationalkirche und den Übertritt zur orthodoxen Kirche].

136 ANRM, Administrația Publică Locală, Județul Bălți, 120, 1, 886, 12 [Mitteilung der Gemeindeverwaltung Albineț an die Gendarmerie Fălești vom Dezember 1934 betr. die altkalendaristische Organisation in Albineț].

137 ANRM, Administrația Publică Locală, Județul Bălți, 120, 1, 913, 208 [Bericht der Gemeindeverwaltung Albineț von 1939 betr. die Angehörigen der Gemeindeverwaltung].

138 ANRM, Administrația Publică Locală, Județul Bălți, 120, 1, 887, 108, 110 [Mitteilung der Gemeindeverwaltung Albineț vom 1.3.1935 betr. die Entlassung des Gemeindeboten].

den staatlichen und kirchlichen Organen und den Altkalendaristen lassen sich nicht belegen. Die Vorwürfe der Gendarmerie, dass der liberale Bürgermeister Dionisie Olaru die Altkalendaristen unterstützte, konnten bei genauerer Nachforschung nicht bestätigt werden.[139]

Nur ein einziger zeitweiliger Unterstützer des Komiteevorsitzenden Scaleţchi, nämlich Vasile Cebotariu, der auch schon den Brief an den Bischof im Jahr 1929 mitunterschrieben hatte, tauchte in den 1930er Jahren auf der Seite der orthodoxen Gläubigen auf. Aus unbekannten Gründen ging er auf Distanz zu den Altkalendaristen und bekam kurz danach einen Platz im Gemeinderat.[140] Sicher ist, dass seine Trennung vom altkalendaristischen Komitee nicht friedlich verlaufen war. Ein Verwandter Cebotarius war der Autor eines Berichts über die Altkalendaristen in Albineţ, der im Juli 1935 an den Oberstaatsanwalt von Bălţi gesandt wurde. Verfasst wahrscheinlich mit Hilfe des orthodoxen Priesters und des Bürgermeisters, mit denen er gute Beziehungen pflegte, war darin von der Gefahr des Altkalendarismus die Rede: Dieser sei keine religiöse, sondern eine politische Bewegung, denn ihre Anhänger wollten alle Aspekte des Dorflebens bestimmen.[141]

1935 hatte das Albineţer Komitee eine klare Vorstellung von seinen Zielen. Die Altkalendaristen erklärten sich bereit, alle Verpflichtungen gegenüber dem Staat – der Kreis- und Gemeindeverwaltung, der Armee und der Schule – zu erfüllen, wenn es ihnen erlaubt würde, eigene Priester, eigene Friedhöfe und eigene Kirchen zu haben und wenn alle Kinder neu getauft und die Verstorbenen auf ihren Friedhöfen begraben würden.[142]

Die organisatorischen Anfänge der Gemeinschaft waren auch in Albineţ mit Schwierigkeiten verbunden. Die Suche nach einem eigenen Priester erwies sich als mühsam und führte die Komitee-Mitglieder unter Leitung von Scaleţchi bis in die Moldau. Dort trafen sie vermutlich auf Eustaţiu Andreescu, hielten sich aber länger bei der führenden altkalendaristischen Gruppe von Brusturi im Kreis Baia auf, die von Glicherie Tănase geleitet wurde. Die Bessarabier baten Tănase, einen Priester für ihre Gemeinschaft zu finden, und zwar in den Reihen der zahlreichen moldauischen Mönche, die aufgrund ihrer Sympathie

139 CNSAS, Fond Documentar, D015261, 152f. [Mitteilung der Informationsabteilung der Polizei Bălţi vom 13.9.1936 betr. die Ergebnisse der Untersuchung des Agenten Nr. 43 in den altkalendaristischen Gemeinschaften im Norden Bessarabiens].

140 ANRM, Administraţia Publică Locală, Judeţul Bălţi, 120, 1, 886, 21 [Organisation und Mitglieder der Gemeindeverwaltung von Albineţ von 1935].

141 ANR, Ministerul Jusitiţiei-Direcţia Judiciară, 1935/82, 133 [Kopie der Aussage Ioan Ciubotarus vom Juni 1935 betr. „die revolutionären Ziele der Altkalendaristen von Albineţ"].

142 ANR, Ministerul Jusitiţiei-Direcţia Judiciară, 1935/82, 155 [Bericht des Gerichtes Bălţi an den Justizminister vom 28.3.1935 betr. die Ziele der Altkalendaristen von Albineţ]; ANR, Direcţia Generală a Poliţiei, 1935/49, 30–55, hier 45f. [Bericht von Kriminalbeamten der Polizei an den Innenminister vom 24.8.1935 betr. die „Rebellion der Altkalendaristen von Albineţ, Kreis Bălţi"]. Aus der Sicht der Albineţer Altkalendaristen galten die nach 1924 in der Amtskirche vollzogenen Taufen nicht mehr. Alle Taufen, die davor nach dem alten Kalender stattgefunden hatten, waren hingegen noch gültig.

für den Altkalendarismus ihre Klöster verlassen hatten müssen und „durch die moldauischen Dörfer vagabundierten".[143]

So begann um 1934 eine Zusammenarbeit zwischen den bessarabischen und den moldauischen Altkalendaristen. Nach mehreren Gesprächen beschloss Glicherie Tănase, den Mönch Ieremia Pletosul nach Albineţ zu schicken. Pletosul akzeptierte unter der Bedingung, dass ihm eine Unterkunft bereitgestellt und Schutz vor den Sicherheitskräften gewährleistet würde. Komiteevorsitzender Scaleţchi und seine Begleiter erklärten sich damit einverstanden und kehrten nach Albineţ zurück, wo im hinteren Zimmer des Gebetsraumes mit Hilfe dreier Maurer aus der Gegend von Iaşi eine Priesterwohnung eingerichtet wurde.[144]

Es ist von großer Bedeutung, dass die Altkalendaristen von Albineţ nicht bei der Russisch-orthodoxen Kirche im Ausland in Bessarabien um einen Priester anfragten, sondern bei den Altkalendaristen in der Moldau. Die russisch-orthodoxe Auslandskirche war den Albinetern bekannt, obwohl deren Priester bis 1934 vorwiegend weiter im Süden, in Chişinău und Umgebung, aktiv gewesen waren. Eine wichtige Rolle bei dieser Entscheidung spielte der Kirchensänger des Albineţer Gebetshauses Alexandru Antoniu, der nach Angaben der Sicherheitskräfte die Verbindung zwischen dem Komitee und den Moldauern hergestellt hatte.[145] Der 1911 geborene Antoniu, ein bekannter altkalendaristischer Kirchensänger, begann 1934 in Albineţ zu arbeiten. Die Sicherheitskräfte besaßen sehr wenige Informationen über ihn und vermuteten zunächst, er sei ein ehemaliger Mitarbeiter der Siguranţa in Chişinău gewesen und habe sich nach seiner Entlassung nach einem neuen Broterwerb umgesehen.[146] Wie sich bald herausstellte, waren dies nur Gerüchte, denn Antoniu stammte aus dem moldauischen Dorf Hermeziu und hatte einen Kurs für Kirchensänger in Iaşi absolviert. Bevor er sich den Altkalendaristen anschloss, war er für einige Zeit für die Rumänisch-orthodoxe Kirche tätig gewesen.[147] Laut Gendarmerie

[143] ANR, Ministerul Jusitiţiei-Direcţia Judiciară, 1935/82, 158f. [Bericht des Gerichtes Bălţi an den Justizminister vom 16.3.1935 betr. die Untersuchung in der altkalendaristischen Gemeinschaft von Albineţ]; 163 [Mitteilung des Gerichtes Chişinău an den Justizminister vom 19.3.1936 betr. den Aufschwung der Altkalendaristen im Norden Bessarabiens].

[144] ANR, Inspectoratul General al Jandarmeriei, 1936/60, 4–39, hier 4 [Monatsbericht der Informationsabteilung der Polizei Bălţi an das Zentralinspektorat der Gendarmerie in Bukarest vom Januar 1936 betr. die Popularität der Nationalchristlichen Partei].

[145] ANR, Ministerul Jusitiţiei-Direcţia Judiciară, 1935/82, 168 [Bericht des Gerichtes Bălţi an den Justizminister vom 12.4.1935 betr. die Organisation der Altkalendaristen in Albineţ und Umgebung].

[146] ANR, Direcţia Generală a Poliţiei, 1935/49, 132–134 [Mitteilung des Zentralinspektorats der Polizei in Bukarest an den Innenminister vom 9.2.1936 betr. die altkalendaristische Bewegung im Norden Bessarabiens].

[147] CNSAS, Fond Documentar, D011272, Vol. 1, 165 [Personalakte Alexandru Antonius verfasst von der Securitate 1948]; 186f. [Bitte Gheorghe Antonius an den Innenminister vom 18.6.1949 betr. die Entlassung seines Bruders Alexandru Antoniu aus dem Gefängnis]; 265 [Aussage Alexandru Antonius vom 12.16.1949].

habe im Hintergrund die LANC alle Fäden in der Hand gehabt, denn sowohl Alexandru Antoniu als auch Ieremia Pletosul seien Anhänger der LANC gewesen.[148]

Gemeinsam mit dem Komitee bemühte sich der neue altkalendaristische Priester von Albineţ intensiv um die Organisation weiterer Gemeinschaften. Sie besuchten Dörfer, organisierten Treffen und hielten Predigten. Der Komiteevorsteher begleitete den Priester überall hin und überließ ihm die Verantwortung für die religiösen Aufgaben. Beide hielten Reden und betrieben Propaganda für ihre Sache.[149] Innerhalb eines Jahres gelang es dem Albineţer Komitee, nicht weniger als 41 Dörfer in seinen Einflussbereich zu bringen.[150]

Nach einiger Zeit stellte aber das Komitee in Albineţ fest, dass Tănase ihnen einen sehr ungebildeten Priester geschickt hatte. In der Tat verfügte Pletosul über keinerlei theologische Ausbildung. Bevor er altkalendaristischer Priester wurde, war er einfacher Mönch im Kloster Cetăţuia in Iaşi gewesen. Da die Altkalendaristen mit seiner Arbeit sehr unzufrieden waren, beschlossen sie, einen „richtigen" Priester für sich zu suchen.[151] Es war ein entscheidender Moment in der Geschichte der dortigen altkalendaristischen Gemeinschaft: Die Albineţer richteten ihr Augenmerk diesmal jedoch nicht wieder auf die Moldau, also auf Glicherie Tănase, sondern blieben in Bessarabien. Sie wandten sich nach Chişinău und nach Bălţi und baten die Vertreter der Russisch-orthodoxen Kirche im Ausland um ihre Unterstützung.[152] In Bălţi trafen sie deren Priester Nicolai Climovici, welcher sich bereit erklärte, mit seiner Familie nach Albineţ zu ziehen und für die dortige Gemeinschaft zu arbeiten.[153] Auch in diesem Fall hatte die LANC alle Fäden in der Hand, denn Climovici war Parteimitglied und vor seinem Umzug nach Albineţ LANC-Vorsitzender eines Randbezirks der Stadt Bălţi gewesen, wo er mit seiner Fami-

[148] ANR, Direcţia Generală a Poliţiei, 1935/49, 30–55, hier 50 [Bericht von Kriminalbeamten der Polizei an den Innenminister vom 24.8.1935 betr. die „Rebellion der Altkalendaristen von Albineţ, Kreis Bălţi"].

[149] ANR, Ministerul Jusitiţiei-Direcţia Judiciară, 1936/98, 9 [Bericht des Gerichts Bălţi an den Justizminister vom 6.1.1936 betr. Propagandamaterial und Aktivitäten der Altkalendaristen]; ANR, Direcţia Generală a Poliţiei, 1935/49, 201–205 [Urteil des Gerichts Bălţi vom 19.9.1936 betr. die Bestrafung führender Altkalendaristen]; 214 [Mitteilung des Regionalinspektorats der Polizei in Chişinău an das Zentralinspektorat der Polizei in Bukarest vom 18.9.1936 betr. die Aktivitäten von Nicolai Climovici].

[150] ANR, Inspectoratul General al Jandarmeriei, 1936/60, 45 [Petition der Altkalendaristen aus dem Norden Bessarabiens an den Innenminister vom 26.2.1936 betr. eine Beschwerde gegen die Gendarmerie].

[151] ANR, Direcţia Generală a Poliţiei, 1935/49, 30–55, hier 46 [Bericht von Kriminalbeamten der Polizei an den Innenminister vom 24.8.1935 betr. die „Rebellion der Altkalendaristen von Albineţ, Kreis Bălţi"].

[152] ANR, Inspectoratul General al Jandarmeriei, 1935/17, 194 [Mitteilung der Informationsabteilung der Polizei Bălţi an das Zentralinspektorat der Gendarmerie in Bukarest vom 25.11.1935 betr. die Organisation und die Aktivitäten der Altkalendaristen im Norden Bessarabiens].

[153] CNSAS, Fond Personal, P105506, Vol. 2, 51 [Aussage Ana Climovicis vor dem Gericht Bălţi vom 1.10.1936 betr. die Tätigkeit ihres Ehemanns als altkalendaristischer Priester].

lie gelebt hatte.[154] Im Vergleich zu Pletosul hatte Climovici wenigstens eine minimale Priesterausbildung. Die Tatsache, dass er in Wien durch den russischen Bischof Serafim (Lade) zum Priester geweiht worden war und darüber auch einen Nachweis erbringen konnte, soll den Bauern sehr imponiert haben.[155] Bis Pletosul eine neue Gemeinschaft finden sollte, wo er als Priester arbeiten konnte, hielt er sich aber weiter in Albineţ auf. Einige Monate waren also zwei altkalendaristische Priester im Gebetshaus in Albineţ tätig.

Die Gendarmerie berichtete von Spannungen zwischen dem moldauischen Mönch und dem russischsprachigen Priester aus den Reihen der Russisch-orthodoxen Kirche im Ausland: Climovici hielt nämlich die Gottesdienste auf Russisch, während Pletosul, der ihm dabei zur Seite stand, seinen Teil auf Rumänisch vortrug. Diese Sprachkonstellation, berichtete die Gendarmerie, habe zu Missverständnissen geführt, welche die Gläubigen „überhaupt nicht mögen". Pletosul sei entsetzt gewesen, dass Climovici nur sehr „rudimentär" Rumänisch konnte und sich nicht an die Gläubigen anpassen wollte.[156] Ein weiterer Konflikt zwischen den beiden Priestern habe sich an der entscheidenden Frage nach der kirchlichen und staatlichen Unterordnung der Altkalendaristen entzündet. Während Climovici in seinen Reden die russische Zarenfamilie und den russischen Bischof Serafim erwähnte, war Pletosul dem König Carol II. und dem altkalendaristischen „Metropoliten" Glicherie Tănase gegenüber loyal und sah nicht ein, wieso im Zuge der Gottesdienste Gestalten der russischen Kirche gedacht werden sollte.[157] Am Anfang verstand Pletosul, der seinerseits kein Russisch konnte, gar nicht, was Climovici überhaupt predigte. Erst als ihm klar wurde, wie zufrieden die Gemeinde mit Climovici war, erklärte er sich bereit, seine Stelle in Albineţ aufzugeben.[158] Trotz aller Unannehmlichkeiten beeilte sich Pletosul jedoch nicht, die Gemeinschaft zu verlassen. Tănase hatte ihn mit dem Ziel nach Bessarabien geschickt, die Altkalendaristen unter seine Kontrolle zu bringen. Pletosul wollte ihn wahrscheinlich nicht enttäuschen und versuchte, den Einfluss von Climovici zurückzudrängen. Da er aber keine Unterstützung durch die Albineţer Gemeinde mehr hatte und

[154] ANR, A. C. Cuza, 23, 267 [Bericht der LANC-Organisation Bălţi an Gheorghe Cuza ohne lesbares Datum betr. den Leiter der LANC-Komitees in Bălţi].

[155] ANR, Direcţia Generală a Poliţiei, 1935/49, 61 [Aus dem Russischen übersetzte Kopie der Bestätigung des Bischofs von Wien, Serafim, vom 30.8.1934 betr. die Priesterweihe Nicolai Climovicis].

[156] ANR, Direcţia Generală a Poliţiei, 1935/49, 166f. [Mitteilung des Regionalinspektorats der Polizei in Chişinău an das Zentralinspektorat der Polizei in Bukarest vom 26.3.1936 betr. „Propaganda der Altkalendaristen im Kreis Bălţi"]; ANR, Ministerul Jusitiţiei-Direcţia Judiciară, 1935/82, 146 [Mitteilung des Gerichtes Bălţi an den Justizminister vom 24.6.1935 betr. Gottesdienste der Altkalendaristen in Albineţ].

[157] ANR, Direcţia Generală a Poliţiei, 1935/49, 30–55, hier 48f. [Bericht von Kriminalbeamten der Polizei an den Innenminister vom 24.8.1935 betr. die „Rebellion der Altkalendaristen von Albineţ, Kreis Bălţi"].

[158] CNSAS, Fond Documentar, D015260, 4–9, hier 5 [Beschluss des Gerichts Bălţi vom Dezember 1936 betr. die Bestrafung der Altkalendaristen von Funduri-Vechi, Kreis Bălţi].

diese nicht länger bereit waren, ihn zu schützen, gelang es der Gendarmerie bald, ihn auf dem Weg zu einer anderen Gemeinschaft zu verhaften.[159]

Als Tănase über die Konflikte in Albineţ informiert wurde, machte er sich im September 1935 selbst auf den Weg über den Pruth, in der Hoffnung, die Situation zu klären. Er kam nicht allein, sondern nahm vier Priester mit, die er in Bessarabien in verschiedenen altkalendaristischen Gemeinschaften unterbringen wollte. Tănase, der unter den moldauischen Bauern sehr beliebt, ja berühmt war, war jedoch in Albineţ nicht willkommen. Da Climovici seine Stelle gefährdet sah, hatte er die Bauern gegen ihn aufgehetzt und ihnen angeblich erklärt, dass Tănase „kein Christ“ sei.[160] Climovici hatte also ausreichend Zeit gehabt, seine Position unter den Altkalendaristen zu festigen. In Albineţ angekommen, versprach Tănase den Dortigen eine Kirche, welche sein zukünftiger Bischofssitz werden könnte. Er überzeugte jedoch offensichtlich die Bauern mit seinen Versprechungen nicht. Da er sich dort „nicht wohlfühlte“, entschied er, Albineţ zu verlassen.[161] So ging Climovici aus diesem Konflikt als Sieger hervor. Es bildeten sich in der religiösen Führung der Bewegung zwei Flügel: ein russischer und ein rumänischer.[162] Aufgrund interner Machtkonflikte, nationaler Unterschiede und verschiedener religiöser Traditionen kam es fortan zu keiner weiteren Zusammenarbeit zwischen den moldauischen und den bessarabischen Altkalendaristenführern. Erst nach der Verhaftung von Climovici, als die Altkalendaristen von Albineţ keine religiöse Betreuung mehr hatten, wandten sie sich wieder Glicherie Tănase zu.[163]

Mit der Ankunft von Climovici in Albineţ setzte eine Russifizierung des kirchlichen Lebens ein. Er hielt nicht nur wie gesehen die Gottesdienste auf Russisch, sondern gründete zudem einen russischsprachigen Chor. Die Bauern mussten Lieder auf Russisch singen, und da die meisten gar nichts verstanden, wiederholten sie nur, was sie hörten. Sie nahmen dies in Kauf, solange ihre Gemeinschaft einen Priester hatte, der mit ihnen die

[159] ANR, Ministerul Jusitiţiei-Direcţia Judiciară, 1936/98, 127–129, hier 127 [Bericht des Generalstaatsanwalts an den Justizminister vom 4.6.1936 betr. den Zusammenstoß in Funduri Vechi].

[160] ANR, Inspectoratul General al Jandarmeriei, 1936/12, 44 [Aussage Efrosim Leucăs auf dem Regionalinspektorat der Gendarmerie Iaşi vom 20.9.1936 betr. seine Beziehung zu Nicolai Climovici].

[161] ANR, Inspectoratul General al Jandarmeriei, 1935/17, 82 [Mitteilung der Informationsabteilung der Polizei Bălţi an das Regionalinspektorat der Gendarmerie Chişinău und das Zentralinspektorat der Gendarmerie vom 26.9.1935 betr. den Aufenthalt Glicherie Tănases in Albineţ]; 86–107, hier 88 [Monatsbericht der Informationsabteilung der Polizei Bălţi vom September 1935 betr. Verbindungen zwischen Altkalendaristen in Bessarabien mit denjenigen in der Moldau].

[162] ANR, Direcţia Generală a Poliţiei, 1935/49, 132–134 [Mitteilung des Zentralinspektorats der Polizei in Bukarest an den Innenminister vom 9.2.1936 betr. die altkalendaristische Bewegung im Norden Bessarabiens].

[163] ANR, Ministerul Jusitiţiei-Direcţia Judiciară, 1936/98, 179 [Bericht des Gerichts von Bălţi an den Justizminister vom 6.8.1936 betr. die Lage der Altkalendaristen von Albineţ]; 186 [Mitteilung der Gendarmerie Bălţi vom 28.7.1936 betr. die Organisation der Altkalendaristen von Albineţ].

Feiertage nach dem alten Kalender beging.[164] Während die Altkalendaristen mit dem ungeübten rumänischsprachigen Priester, den sie verstanden, unzufrieden gewesen waren, waren sie mit dem zumindest leidlich ausgebildeten russischsprachigen Priester sehr wohl einverstanden. Das beweist, dass es ihnen nicht so sehr um den Inhalt der Predigten ging, sondern um die liturgische Form der Gottesdienste. Das Auftreten Pletosuls hatte keinen professionellen Eindruck hinterlassen, denn er hatte kein Priestergewand getragen und wahrscheinlich auch die Gottesdienste nicht so gefeiert, wie es die bessarabischen Bauern gewohnt waren. Climovici war diesbezüglich besser vorbereitet, vielleicht auch deshalb, weil er aus einer orthodoxen Bauernfamilie aus dem Dorf Bădragii Vechi im Kreis Hotin, ca. 100 Kilometer von Albineţ entfernt, stammte und ein Priestergewand mitbrachte.

Abb. 4: Nicolai Climovici vor dem Gebetshaus in Albineţ, 1935[165]

Unabhängig von den Konflikten in der religiösen Führerschaft der Bewegung wurden die organisatorischen Maßnahmen weitergeführt. Dass die altkalendaristische Gemeinschaft in Albineţ die Führungsrolle innerhalb der Bewegung einnahm, verdankte sie auch dem Import und der Weitervermittlung von altkalendaristischen Priestern aus der Moldau

[164] ANR, Direcţia Generală a Poliţiei, 1936/54, 1–28, hier 15 [Studie der Siguranţa vom Oktober 1936 betr. „die altkalendaristische Bewegung. Von den Anfängen bis heute"].

[165] ANR, Inspectoratul General al Jandarmeriei, 1935/17, 48 [Bild von Climovici vor dem Gebetshaus in Albineţ].

und aus anderen Teilen von Bessarabien. Um Finanzmittel für den Bau einer eigenen Kirche (siehe Kapitel 3.4) aufzutreiben, war das Komitee von Albineţ auch bestrebt, bis dahin priesterlosen Gebetshäusern anderer Ortschaften zu altkalendaristischen Priestern zu verhelfen. Die Komiteemitglieder begaben sich regelmäßig über den Pruth in die Moldau und auch in die bessarabischen Dörfer, um Priester zu rekrutieren, die sich jedoch immer öfter von sich aus anboten. Albineţ sei „ein wahrer Markt, wo Menschen für hohe Summen verkauft werden", erklärte Anfang Juni 1936 die Gendarmerieleitung des Kreises Bălţi dem Justizminister.[166] In einem ihrer Berichte war davon die Rede, dass „tagtäglich Delegationen aus verschiedenen Dörfern nach Albineţ kommen, um sich stilistische Priester zu besorgen".[167] Das Komitee profitierte natürlich von dieser Vermittlerrolle: Für einen altkalendaristischen Mönch verlangte es 26.000 Lei, für einen Priester 30.000 Lei.[168] Es habe sich, hieß es, durch den Verkauf von Propagandamaterial, aber auch durch die Vermittlung von Priestern schnell bereichert. Wie aus anderen Berichten der Gendarmerie hervorgeht, waren die besagten Beträge keine Festpreise, sondern die Bauern der anderen Orte verhandelten die Preise mit dem Komitee aus. [169]

Diese Einnahmequelle erwies sich jedoch als keine längerfristige Finanzierungsstrategie. Da Mitte 1936 fast in jedem Dorf des Kreises Bălţi ein altkalendaristisches Gebetshaus existierte und manche dieser Häuser bereits ihre eigenen Mönche hatten, „hat sich das Einkommen des stilistischen Komitees von Albineţ verringert", wie es in einem Gendarmeriebericht heißt. Dafür ausschlaggebend war auch, dass das Komitee im Vergleich mit anderen Gemeinschaften durch den Kirchenbau und den Unterhalt der Garden enorme Kosten zu tragen hatte.[170] Darüber hinaus war das Geschäftsmodell mit dem „Priesterhandel" bald kein Monopol der Albineţer mehr, sondern wurde auch von ande-

[166] ANR, Ministerul Jusitiţiei-Direcţia Judiciară, 1936/98, 150 [Mitteilung der Gendarmerie Bălţi an das Zentralinspektorat vom 15.6.1936 betr. Entwicklungen unter den Altkalendaristen im Norden Bessarabiens].

[167] ANR, Ministerul Jusitiţiei-Direcţia Judiciară, 1936/98, 150 [wie eben].

[168] ANR, Direcţia Generală a Poliţiei, 1935/49, 124–126 [Mitteiliung der Gendarmerie Bălţi vom 31.1.1936 betr. die altkalendaristische Bewegung in Bessarabien, weitergeleitet vom Regionalinspektorat der Polizei in Chişinău an das Zentralinspektorat der Polizei in Bukarest]; 147 [Bericht des Zentralinspektorats der Polizei in Bukarest an den Innenminister vom 4.4.1936 betr. „Propaganda der Alkalendaristen im Kreis Bălţi"].

[169] ANR, Direcţia Generală a Poliţiei, 1936/53, 17f. [Mitteilung des Zentralinspektorats der Polizei vom 27.3.1936 betr. die Propaganda der Altkalendaristen in Bessarabien].

[170] ANR, Direcţia Generală a Poliţiei, 1935/49, 124f. [Mitteilung des Regionalinspektorats der Polizei in Chişinău an das Zentralinspektorat der Polizei in Bukarest vom 28.1.1936 betr. die altkalendaristische Bewegung], 147 [Bericht des Zentralinspektorats der Polizei in Bukarest an den Innenminister vom 4.4.1936 betr. „die Propaganda der Alkalendaristen im Kreis Bălţi"]; 1936/25, 26–28 [Mitteilung des Zentralinspektorats der Polizei vom 22.3.1936 betr. die altkalendaristische Bewegung im Norden Bessarabiens]; ANR, Ministerul Jusitiţiei-Direcţia Judiciară, 1935/82, 168 [Bericht des Gerichtes Bălţi an den Justizminister vom 12.4.1935 betr. die Organisation der Altkalendaristen in Albineţ und Umgebung].

ren Gemeinschaften übernommen.[171] Mit den finanziellen Schwierigkeiten tauchten auch die ersten Vorwürfe auf, dass das Komitee die Altkalendaristen betrügen würde: Es würde Geld und Getreide von ihnen sammeln und Versprechungen machen, welche dann nicht eingehalten würden.[172]

Die Einblicke in die Gemeinschaft von Albineţ ermöglichen auch, die Abschottung der Altkalendaristen auf örtlicher Ebene zu rekonstruieren: Einerseits entwickelten sie ein starkes Bestreben nach mehr Organisation, andererseits spielten die Bemühungen der LANC, den Altkalendaristen wegen ihrer Unzufriedenheit mit dem Staat und der Kirche eine Plattform anzubieten, eine wichtige Rolle. Altkalendaristen pendelten zwischen kirchlich-religiösen und politischen Ansprüchen. Die Analyse zeigt auch, warum eine stärkere Zusammenarbeit zwischen den Altkalendaristen von beiden Ufern des Pruth nicht zustande kam. Dort prallten Mitte der 1930er Jahre zwei kirchliche Traditionen aufeinander: die der russischen und die der rumänischen Orthodoxie. Im Vergleich zu der Zeit nach 1918, als die Rumänisch-orthodoxe Kirche den Gläubigen verschiedene Maßnahmen zur Modernisierung des Parochielebens aufgezwungen hatte, konnten die Bauern nunmehr selbst entscheiden, wie sie ihr religiöses Leben gestalten wollten. Ein konkretes Programm oder eine Ideologie hatten sie nicht, wie gleich noch deutlich werden wird – nur der alte Kalender gehörte unabänderlich zu ihren Traditionen.

Altkalendaristische Glaubenswelten

Die altkalendaristische Bewegung war 1936 so weit entwickelt, dass viele Gemeinschaften über ihre eigenen Gebetshäuser verfügten. Sie standen jedoch oft leer und warteten auf Priester, damit sie genutzt werden konnten. Die wenigen altkalendaristischen Schriften, welche sie zur Verfügung hatten, konnten diese mangelnde Seelsorge nicht kompensieren. Eine klar formulierte Ideologie, von der unter den Vertretern von Staat und Kirche die Rede war, wurde vielleicht von den religiösen Führern verfolgt; auf der Gemeinschaftsebene setzte sie sich jedenfalls bis zur Niederschlagung der altkalendaristischen Bewegung im Herbst 1936 nicht durch. Die überlieferten handschriftlich verfassten Austrittserklärungen der Altkalendaristen aus der Amtskirche (1934–1936) sind in dieser Hinsicht aussagekräftig: Die Altkalendaristen wollten immer in Gruppen austreten, um Mitglieder der

[171] ANR, Direcţia Generală a Poliţiei, 1935/49, 128f. [Mitteilung des Regionalinspektorats der Polizei in Chişinău an das Zentralinspektorat der Polizei in Bukarest vom 3.2.1936 betr. die alkalendaristische Bewegung im Kreis Bălţi]; 162 [Mitteilung desselben an dasselbe vom 18.4.1936 betr. die Organisation der Altkalendaristen]; ANR, Ministerul Jusitiţiei-Direcţia Judiciară, 1936/98, 77 [Bericht des Gerichtes Bălţi an den Justizminister vom 27.4.1936 betr. die Aktivitäten der Altkalendaristen im Norden Bessarabiens und deren Konflikte mit der Gendarmerie].

[172] ANR, Direcţia Generală a Poliţiei, 1936/53, 17f. [Mitteilung des Zentralinspektorats der Polizei vom 27.3.1936 betr. die Propaganda der Altkalendaristen in Bessarabien].

„Orthodoxen Kirche nach dem alten Stil" zu „bleiben"[173] oder in ihrem kirchlichen Leben so „wie vor 1924 bleiben" zu können. Die Bauern projizierten ihre Vorstellungen einer idealen Kirche in die Zeit vor 1924 und erhofften sich durch den Austritt aus der „national-orthodoxen Kirche" eine automatische Rückkehr zu diesem imaginierten Zustand.[174] Sie behaupteten, dass allein sie durch die Beibehaltung des alten Kalenders die Vertreter der wahren orthodoxen Lehre seien und ihr Glauben den offiziellen Dogmen der orthodoxen Kirche entspreche. Es ging ihnen um eine offizielle Rückkehr in eine gewohnte kirchliche Umgebung, an der nichts geändert werden sollte.

Aus den beiden altkalendaristischen Broschüren, die vollständig erhalten geblieben sind, lassen sich mehrere Positionen herauslesen, wie sie vor allem von der Führung der Bewegung vertreten wurden. Die Kalenderreform hatte einen Konflikt zwischen den Bauern und der Rumänisch-orthodoxen Kirche ausgelöst und determinierte ihren weiteren Widerstand. Eingebettet in einen breiteren Kontext enthielten die Broschüren zusätzliche Gründe, weshalb die Gläubigen der Amtskirche den Rücken kehren sollten. Die Broschüren wurden nicht unmittelbar nach der Ankündigung der Kalenderreform verfasst, sondern sie entstanden erst in der ersten Hälfte der 1930er Jahre, als sich die Bewegung im Aufschwung befand und sich mittels der Broschüren den neuen Anhängern wie auch den Vertretern von Staat und Kirche „vorstellen" wollte. Sie entstanden nicht so sehr auf Initiative der Führer hin, sondern waren mehr als Verteidigungsschriften gegen die Vorwürfe der Amtskirche gedacht. Ihre Autoren verfassten sie in Eile, ohne sich mit theologischen Fragen tiefgründiger auseinanderzusetzen oder ihnen eine logische Struktur zu geben. Die Schriften waren daher eine Mischung aus Monologen, Zusammenfassungen von Zeitungsartikeln und wiedergegebenen Gesprächen. Obwohl die Broschüren ohne die Angabe der jeweiligen Autoren und des Erscheinungsortes veröffentlicht worden sind, lässt sich ihr ungefährer Entstehungszusammenhang rekonstruieren. Denn neben dem Parteivorsitzenden der LANC, A. C. Cuza, wurden auch die Parteiführer der LANC-Regionalorganisationen in Baia, Hotin, Soroca und Bălţi als Verteidiger „des alten Kalenderstils" dargestellt. Von den sogenannten Metropoliten wurde nur Glicherie Tănase, der Altkalendaristenführer im Kreis Baia, für seine Arbeit hochgelobt. Er sei der einzige „rechtmäßige Metropolit", wurde behauptet, weswegen die Altkalendaristen nur ihn „als Bischof und Metropoliten" anzuerkennen hätten.[175] Alle dies legt nahe, dass beide Broschüren mit hoher Wahrscheinlichkeit in den cuzistisch-altkalendaristischen Kreisen im Norden der Moldau entstanden, als sich die LANC dem ländlichen Raum zuwandte.

173 ANR, Inspectoratul General al Jandarmeriei, 1936/12, 50 [Tabelle mit den Familienoberhäuptern, welche die Nationalkirche verlassen, um in der Orthodoxen Kirche nach dem alten Stil zu bleiben/ Tablou de membrii capilor de Familie esit din cultul Bisericii Naţionale şi rămânand în Cultul Bisericii Ortodoxe de Răsărit stil vechi]; Verbleib in der orthodoxen Kirche nach dem alten Kalenderstil"].

174 ANR, Inspectoratul General al Jandarmeriei, 1936/12, 46f. [Tabelle mit den Familienoberhäuptern orthodoxer Gläubiger nach dem alten Stil aus Popeştii de sus, Kreis Soroca vom 30.1.1936].

175 [O. V.,] Apărarea noastră a ortodocşilor, 1936, ohne Seitenangaben.

Mit einer Stärkung der Bauern sollte gegen die Zentralverwaltung in Bukarest und die jüdische Bevölkerung zumal der Städte Stellung bezogen werden.

Aus der Kombination antisemitischer, rechtsextremer und einer diffusen „Anti-System"-Propaganda der LANC, die sich gegen die orthodoxe Obrigkeit, die katholische Kirche und den Westen richtete, entstand eine antimodernistische und antiwestliche Bewegung – so wurde der Altkalendarismus zumindest in den Broschüren verstanden. Unter den altkalendaristischen Führern herrschte eine tiefverankerte dichotomische Vorstellung von den Entwicklungen in der Kirche und im Staat nach 1918. Diese Betrachtungsweise führte zu einer Schwarz-Weiß-Wahrnehmung der Außenwelt und zur Identifizierung weiterer potenzieller Konflikte: Technik gegen Religion, Stadt gegen Dorf, Intellektuelle gegen einfache Bevölkerung. Die Altkalendaristen waren „Traditionalisten", denn sie lehnten die technischen Errungenschaften ab, verteidigten den orthodoxen Glauben gegen die modernistischen Einflüsse, lebten auf dem Land und blieben von den „teuflischen Städten" fern. Sie repräsentierten die einfache Bevölkerung und nicht die „westlichen Intellektuellen", die vorwiegend in den Städten lebten.

Der Konflikt zwischen Moderne und Tradition, der im Vordergrund der Broschüren und auch insgesamt der altkalendaristischen Ideologie stand, wurde am stärksten entlang einer angespannten Beziehung zwischen Stadt und Land ausgetragen. Die Städte galten als die Verkörperung des Bösen, denn dort finde aufgrund der Bildung, der Kultur, der modernen Technik, der modernen Literatur und der westlichen Zivilisation die Entfremdung der Menschen vom wahren Glauben statt.[176] Die Altkalendaristenführer warnten ihre Anhänger davor, in die Städte zu gehen, vor allem ab dem Zeitpunkt, als sie an den Feiertagen nach dem neuen Kalender die orthodoxen Kirchen nicht mehr betraten. Mit der folgenden Episode, welche sich in einem Restaurant in Bukarest abgespielt haben soll, versuchte der Verfasser einer Broschüre, die Bauern vom Stadtleben fernzuhalten: Als ein Altkalendarist aus Neugier ein Restaurant in der Nähe des Nordbahnhofs betrat, das Tag und Nacht geöffnet war, war er entsetzt von dem, was er dort sah. Ein orthodoxer Priester saß mit einer Frau an einem der Tische und neben ihnen tanzte auf der Bühne eine „fast nackte Frau". Am Ende des Tanzes bezahlten die Zuschauer, darunter auch der Priester, die Tänzerin. Es folgten weitere Tänze: „Solche Entwicklungen haben die Dörfer nicht erreicht", beteuerte die Broschüre.[177]

In den Städten lebten nicht nur Wissenschaftler, sondern auch die hochrangigen orthodoxen Kleriker, die sich von der einfachen Bevölkerung und vom wahren Glauben entfernt hätten. Sie tranken, rauchten, hörten Radio und gingen ins Restaurant – eine Lebensweise, die gegen die christliche Lehre sei. Kein Wunder, dass die Bauern niemals Bischöfe in den Dörfern gesehen hätten: „Die hochrangigen Kleriker würden es nicht aushalten, das Zentrum der Zivilisation zu verlassen, um zum einfachen Volk zu gehen. Sie lieben es nicht genug, um bereit zu sein, aus den Städten auszuziehen, kein Radio

176 [O. V.,] Apărarea noastră a ortodocşilor, 1936, ohne Seitenangaben.

177 [O. V.,] Apărarea noastră a ortodocşilor, 1936, ohne Seitenangaben.

mehr zu hören und nicht mehr mit allen Nachrichten über die Schlechtigkeiten der Welt informiert zu sein."[178] Vielmehr würden die Städter ihre Lebensweise den Altkalendaristen aufzudrängen versuchen, so dass diese in die Defensive gedrängt würden:

> „Eure Absicht ist, unsere Annäherung zum Westen zu erreichen. Es ist keine Übertreibung zu sagen, dass ihr euch an ihre teuflische Lehre [der Westler] sehr gut angepasst habt. Indem ihr deren Traditionen und Sprache ausgeborgt habt, habt ihr euch von unseren Traditionen und unserem Glauben entfernt. Ihr schämt euch für all das, was orthodox und rumänisch ist. Aus Angst und Scheu, dass die westliche Welt behaupten wird, dass ihr unzivilisiert seid, habt ihr den Kalender gewechselt und dadurch den alten Glauben verletzt. [,,,] Zurück zum alten Kalender und lasst den Stolz beiseite!"

So lauteten die Kritik und die Empfehlung der Altkalendaristenführer in Richtung der Reformanhänger.[179] Als wahrhaft christliches und vorbildliches Gegenstück erscheint in den Broschüren die einfache Lebensweise der Altkalendaristen, auch wenn sie und ihre Anführer kaum über Bildung verfügten. Gerade durch den Besuch höherer Schulen kämen die Städter mit verschiedenen Wissenschaften in Berührung, die gegen die christliche Wahrheit gerichtet und in vielen Fällen sogar atheistisch seien: „Glaubst du, dass ein Mensch, der ein paar Schulklassen besucht hat, viele religiöse Kenntnisse hat? Oder einer mit Matura oder einer mit einem höheren Abschluss?"[180] Im Gegensatz dazu „fehlt vielen Mönchen jede Kultur und sie sind sehr einfach. Aber wisst ihr, auch unser Herr Christus hat sich seine Leute nicht aus den Reihen der gebildeten Menschen ausgesucht. Er wollte mit ihnen keine Akademie gründen".[181] Hinter dieser Geringschätzung der weltlichen Bildung stand die Absicht der Altkalendaristenführer, die Bauern, die ohnehin mit besseren „theologischen Kenntnissen" ausgerüstet seien als die Stadtbewohner, dazu zu bringen, ihr Kirchenleben selbständig zu gestalten: „Man sagt, dass wir die Begräbnisse ohne Priester durchführen. Am Anfang hatten die Christen, die aufgrund von Verfolgungen starben, auch keine Priester." Dadurch vermittelten die Altkalendaristenführer eine klare Botschaft: Die Bauern hätten jedes Recht und auch die Fähigkeiten, sich an der Gestaltung der Bewegung zu beteiligen. Auch wenn den Bauern passende Priester fehlten, sollte das kein Hindernis sein, um selbständig zu werden und Gebetshäuser zu errichten.[182]

Bezüglich der politischen Orientierung bestritten die Broschüren vehement den omnipräsenten Vorwurf, dass die Altkalendaristen Kommunisten seien. Nicht sie, sondern die Mitglieder der Regierung seien den Bolschewisten ähnlich, wurde behauptet. Denn wie die „Bolschewisten in Russland, welche die Christen verfolgen", so unterdrücke auch die Regierung die Altkalendaristen. Die Regierung habe „mit Ausländern und mit den

[178] [O. V.,] Apărarea noastră a ortodocşilor, 1936, ohne Seitenangaben.
[179] [O. V.,] Apărarea noastră a ortodocşilor, 1936, ohne Seitenangaben.
[180] [O. V.,] Apărarea noastră a ortodocşilor, 1936, ohne Seitenangaben.
[181] [O. V.,] Apărarea noastră a ortodocşilor, 1936, ohne Seitenangaben.
[182] [O. V.,] Apărarea noastră a ortodocşilor, 1936, ohne Seitenangaben.

Juden gegen den Urglauben paktiert". Seit der Einführung des neuen Kalenders – „eine teuflische Erfindung" – befänden sich die orthodoxen Gläubigen in einem „Krieg gegen den Antichrist". Die Fürsprecher der Kalenderreform hätten sich mit einem „bösen Geist über die Einführung des papistischen Kalenders verständigt". Der Einzige, der die weitere Verfolgung der Altkalendaristen verhindern könne, sei König Carol II. Die Regierung sollte endlich „die zerstörerischen Folgen" der Kalenderreform einsehen: Diese „hat das rumänische Volk in zwei Lager gespalten", die „einen großen Krieg" gegeneinander führen würden.[183]

Die Schriften vermitteln ein in Selbstbewusstsein umgemünztes Minderwertigkeitsgefühl der Dorfbewohner gegenüber der modernen städtischen Welt und zeugen von der Vernachlässigung des ländlichen Raums durch den Staat und die Kirche. Gleichzeitig zeigen die Verfasser Verständnis für die Stimmungslage der altkalendaristischen Bauern und versichern den Reformverweigerern, dass sie die beschriebenen negativen Entwicklungen nicht mitmachen werden.

„Vernacular religion" unter den Altkalendaristen

Im Rahmen ihrer Zusammenkünfte feierten die Altkalendaristen stets zunächst einen Gottesdienst, an den anschließend Mitglieder des Komitees und altkalendaristische Priester Reden hielten. Ihr Inhalt ist nur aus zweiter Hand überliefert, und zwar in den Berichten der Gendarmen, welche immer wieder betonten, die Reden wortwörtlich wiederzugeben. Die oft recht schwer verständlichen Botschaften der altkalendaristischen Broschüren kommunizierten die Altkalendaristenführer auf der Gemeinschaftsebene in einfacherer Form.

Die fünf Priester, die zwischen 1934 und 1936 am Gebetshaus in Albineţ tätig waren, ähnelten sich in ihren Botschaften. Der erste, Ieremia Pletosul, verbreitete eine ebenso klare wie aggressive Botschaft: Die Bauern sollten „die orthodoxen Kirchen vernichten und die orthodoxen Priester umbringen". Sollten die Behörden die Altkalendaristen daran hindern, neue Kirchen zu errichten und eigene Priester zu finden, dann müssten die Bauern mit allen Kräften Widerstand leisten.[184] Sein Nachfolger Nicolai Climovici lag zu Beginn seiner Tätigkeit im Dorf ideologisch auf der gleichen Linie wie Pletosul. Mit der Zeit wurde seine Rhetorik sogar noch radikaler. So polemisierte er kurz nach seiner Ankunft in Albineţ: „Meine christlichen Brüder! Die Mission der Priester nach dem neuen Kalender ist, dass sie und ihre Familien sich bereichern. Sie glauben weder an Christus noch an die Bibel. Diese Priester haben enge Beziehungen zum Papst in Rom." Des Weiteren betonte er, dass die offiziellen Priester „Materialisten" seien und gemeinsam mit den

183 [O. V.,] Apărarea noastră a ortodocşilor, 1936, ohne Seitenangaben.

184 ANR, Ministerul Jusitiţiei-Direcţia Judiciară, 1935/82, 142 [Bericht des Gerichtes Bălţi an den Justizminister vom 6.4.1935 betr. Gottesdiente der Altkalendaristen im Kreis Bălţi].

Sicherheitskräften gegen die Altkalendaristen arbeiteten.[185] Je größer die Gefahr wurde, dass die Sicherheitskräfte Climovici, der sich schon nach kurzer Zeit großer Beliebtheit erfreute, verhaften könnten, desto stärker stachelte er die Bauern gegen die Behörden an. Schließlich ging er immer mehr auf politische und auch wirtschaftliche Themen ein. Als Climovici im April 1936 begann, der Bevölkerung seine politischen Bestrebungen, die auf eine Unabhängigkeit Bessarabiens hinausliefen, vorzustellen – er habe langsam „seine Verfolgung durch die Rumänen" satt –, entgegneten ihm die Altkalendaristen, dass er „solche Sachen nicht sagen sollte". Daraufhin meinte er, dass er „weiß, wovon er spricht", und ihn die Bauern nicht daran hindern sollten, seine Ansichten laut zu äußern.[186] Nun ging es ihm nicht mehr darum, die Rumänisch-orthodoxe Kirche zu verlassen, sondern auch um die Abtrennung Bessarabiens von Rumänien und um einen neuen staatlichen Rahmen.[187] Aus Furcht vor den Sicherheitskräften verließ Climovici Albineţ und zog sich für einige Monate zurück. Seine Nachfolger sowie auch die Mehrheit der Altkalendaristenführer agitierten weiterhin gegen die orthodoxen Priester, die Sicherheitskräfte und die rumänische Herrschaft.

Die regionalen Altkalendaristenführer orientierten sich also in ihren Reden nicht an den vorhandenen Broschüren, sondern passten ihren Auftritt an die Bedingungen vor Ort und an die unmittelbaren Probleme der Bauern an. Ihre Reden waren wie gesehen insbesondere gegen die orthodoxen Priester und die Sicherheitskräfte gerichtet. Sich selbst präsentierten sie als die Beschützer der Bauern und des wahren orthodoxen Glaubens und versuchten, der Anhängerschaft auch die finanziellen Vorteile einer altkalendaristischen Gemeinschaft schmackhaft zu machen: Während die orthodoxen Priester ein festes Gehalt vom Staat bekämen und gleichzeitig die Gläubigen „ausrauben" würden, verlangten die altkalendaristischen Priester kein Geld von ihnen.[188] Den Konflikt zwischen Moderne und Tradition, zwischen West und Ost, der in den Broschüren so im Vordergrund stand, behandelten die Altkalendaristenführer auf der Dorfebene nicht auf diese abstrakte Weise. Vielleicht zielten die Broschüren mit diesem Schwerpunkt auch selbst auf ein urbaneres und gebildeteres Publikum. Im direkten Kontakt mit den Bauern sprachen sie mehr

[185] ANR, Direcţia Generală a Poliţiei, 1936/25, 26–28 [Mitteilung des Zentralinspektorats der Polizei vom 22.3.1936 betr. die altkalendaristische Bewegung im Norden Bessarabiens]; 1935/49, 139f. [Mitteilung der Gendarmerie Bălţi vom 7.2.1936 betr. die altkalendaristische Bewegung im Norden Bessarabiens, weitergeleitet vom Regionalinspektorat der Polizei in Chişinău an das Zentralinspektorat der Polizei in Bukarest].

[186] ANR, Ministerul Jusitiţiei-Direcţia Judiciară, 1936/98, 73 [Mitteilung der Gendarmerie Bălţi an das Regionalinspektorat der Gendarmerie in Chişinău vom 23.4.1936 betr. Konflikte zwischen Nicoali Climovici und den Behörden].

[187] ANR, Direcţia Generală a Poliţiei, 1935/49, 166f. [Mitteilung des Regionalinspektorats der Polizei in Chişinău an das Zentralinspektorat der Polizei in Bukarest vom 26.3.1936 betr. „Propaganda der Altkalendaristen im Kreis Bălţi"].

[188] ANR, Direcţia Generală a Poliţiei, 1936/53, 19 [Mitteilung des Zentralinspektorats der Polizei vom 30.3.1936 betr. die Zunahme der Propaganda der Altkalendaristen in Bessarabien]

von einem Kampf der Orthodoxie gegen den Katholizismus und schmähten von dieser Warte aus die Befürworter der Kalenderreform als „Papisten“.

Nun stellt sich die Frage, wie die Broschüren, die Gottesdienste und die Reden auf der untersten Ebene, direkt von den einfachen Gläubigen, wahrgenommen wurden. Altkalendaristen aus den bessarabischen Hochburgen von Albineţ und Ilenuţa verfassten auf dem Höhepunkt der Bewegung eine Art von Gedicht.[189] Auch darin kann man den Einfluss der LANC erkennen, denn die Partei war für ihre umgeschriebenen Volksgedichte bekannt: Sie wählte mündlich tradierte Gedichte und Lieder aus der Volkskultur aus und änderte ihren Inhalt entsprechend der Parteiideologie.[190] Ähnlich agierten nun die Altkalendaristen. Das überlieferte Gedicht ließ sich gut singen oder vortragen, hatte eher schlichte Reime und war in örtlicher Mundart verfasst. Die Altkalendaristen schickten es dem Postenkommandanten von Făleşti und verteilten es in den Gemeinschaften. Sein Inhalt war nicht religiös, sondern politisch und stellte einen klaren Bruch mit dem rumänischen Staat und der Kirche dar. Leitmotiv des titellosen Gedichts war der Vers „Nieder mit der rumänischen Herrschaft“ am Beginn und am Ende des Textes. Der alte Kalender wurde zwar erwähnt, im Vordergrund stand jedoch der Schutz der eigenen Gemeinschaften und der Gebetshäuser. Das Gedicht war eine offene Kriegserklärung an alle, die es wagen sollten, sich den altkalendaristischen Gebetshäusern zu nähern. Die Altkalendaristen, hieß es darin, seien mit Bomben, Sicheln und Schusswaffen ausgerüstet und dazu bereit, „alle Banditen umzubringen. [...] Solltet ihr bei uns vorbeischauen, werden wir allen, von klein bis groß, die Köpfe abreißen“.[191] Die „Chefs“ aus den Dörfern seien bereits vertrieben und damit sei auch der Niedergang der „rumänischen Herrschaft“ auf dem Land eingeleitet. Das gleiche Schicksal verhieß man auch allen Vertretern des Staats in den Städten: dem Gendarmeriechef, dem Oberstaatsanwalt und dem Präfekten. Das Gedichtsende bilden eine kämpferisch formulierte rhetorische Frage und drei Ausrufesätze: „Banditen aus dem rumänischen Land, wer zum Teufel hat euch hierher gebracht, um uns von den Russen wegzunehmen? Hoch lebe das Gebetshaus, es möge weiterwachsen! Nieder mit der rumänischen Herrschaft! Ein Hurra auf das Gebetshaus!“[192]

Das Gedicht ist eine Bestätigung dafür, dass der Widerstand der Bauern gegen die Kalenderreform 1936 eine neue Dimension angenommen hatte und es sich nun um einen direkten Konflikt gleichermaßen mit der Kirche und mit dem Staat handelte. Die Gemein-

189 ANR, Inspectoratul General al Jandarmeriei, 1935/26, 204 [Kopie eines anonymen Briefs von Altkalendaristen aus dem Kreis Bălţi an den Gendarmerieposten Făleşti vom 7.8.1936].

190 „Pluguşorul Naţionaliştilor“, „Pluguşorul Colindător al LANC“. Siehe: ANR, Inspectoratul General al Jandarmeriei, 1936/60, 43 [Kopie des „Pluguşorul Naţionaliştilor“, geschickt von der Informationsabteilung der Polizei Bălţi an das Zentralinspektorat der Gendarmerie in Bukarest vom 12.2.1936]; ANR, A. C. Cuza, 25, 164f.

191 ANR, Inspectoratul General al Jandarmeriei, 1935/26, 204 [Kopie eines anonymen Briefs von Altkalendaristen aus dem Kreis Bălţi an den Gendarmerieposten Făleşti vom 7.8.1936].

192 ANR, Inspectoratul General al Jandarmeriei, 1935/26, 204 [wie eben].

schaften sahen nicht ein, wieso sie sich dem Staatsapparat unterordnen sollten, wenn dessen Repräsentanten keine Toleranz gegenüber ihren Gebetshäusern zeigten. Wie die Altkalendaristen den Bruch mit der kirchlichen Führung vollzogen hatten, so würden sie ihn auch mit der staatlichen Autorität vollziehen – zuerst im Dorf und dann in den Städten.

Außer den Gottesdiensten und den Reden, welche immer gemeinsam und in dieser Reihenfolge stattfanden, organisierten die Altkalendaristen weder Lesekreise noch Bibeltreffen, und abgesehen von einem „altkalendaristischen Chor" wurden selbst in Albineţ keine kulturellen Aktivitäten betrieben. Was die musikalischen Vorlieben der Altkalendaristen betrifft, erklärte die Gendarmerie, dass ein beliebtes Lied, welches oft zum Abschluss einer altkalendaristischen Versammlung gesungen wurde, „Auf viele Jahre" war – ein neutrales und fröhliches Lied, das die Bauern auswendig kannten und das noch heute meist an Geburtstagen gesungen wird.[193]

Diagramm 7: „Propagandamaterial der Sektierer", 1936[194]

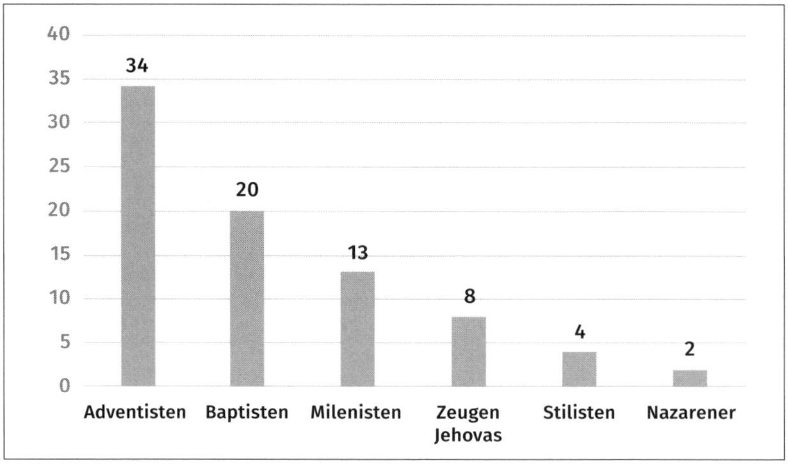

Das Lesen der Bibel oder die Beschäftigung mit religiösen Fragen spielte innerhalb der altkalendaristischen Gemeinschaften höchstens eine marginale Rolle. Die Treffen, bei denen die Bauern einer rudimentären religiösen Botschaft lauschten und von den Altkalen-

[193] ANR, Direcţia Generală a Poliţiei, 1936/25, 26–28 [Mitteilung des Zentralinspektorats der Polizei vom 22.3.1936 betr. die altkalendaristische Bewegung im Norden Bessarabiens].

[194] CNSAS, Fond Documentar, D015263, 132–134 [Tabelle der Siguranţa ohne lesbares Datum betr. Propagandamaterialien „der Sektierer"]; ANR, Ministerul Cultelor şi Artelor, 1936/87, 22 [Kopie eines Berichts des Gerichts Bălţi an den Justizminister von 1936 betr. Propagandamaterialien der Altkalendaristen].

daristenführern Lösungsvorschläge für ihre kirchlichen und wirtschaftlichen Probleme bekamen, waren viel wichtiger als der Gottesdienst an sich. Aus der von der Gendarmerie verfassten Statistik über „das Propagandamaterial der Sektierer" ist ersichtlich, dass die Altkalendaristen im Vergleich zu anderen religiösen Gruppen bis 1936 nur sehr wenig Schriftmaterial verfasst hatten – insgesamt vier Broschüren. Natürlich handelte es sich bei den übrigen „Sekten" um viel ältere religiöse Gruppen, die noch dazu meist Teil einer internationalen Gemeinschaft waren, die ihnen das entsprechende Material zur Verfügung stellte; einige hatten auch ausreichende Ressourcen, um es selbst zu verfassen. Über solche Ressourcen und Beziehungen verfügten die Altkalendaristen nicht.

Diagramm 8: Inventar der Objekte in altkalendaristischen Gebetshäusern 1936, Kreis Neamţ[195]

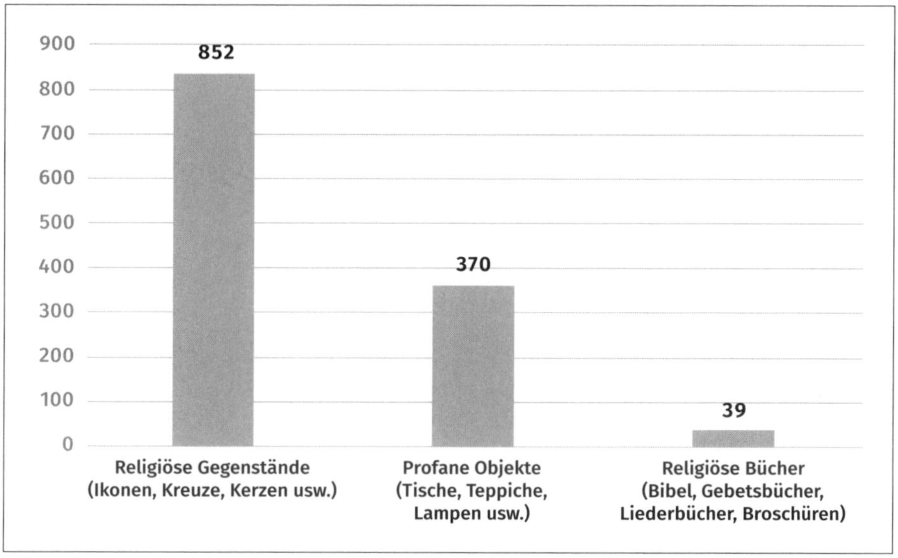

Die unbedeutende Rolle der liturgischen Bücher bzw. des geschriebenen Wortes im Allgemeinen innerhalb der altkalendaristischen Gemeinschaften wird auch durch die Zusammensetzung des Inventars von neun Gebetshäusern im Kreis Neamţ bestätigt. Die Inventarisierung geschah durch die Gendarmerie, als sie nach der Niederschlagungsaktion alle dort gefundenen Objekte beschlagnahmte. Diese lassen sich in drei Kategorien einteilen – religiöse Bücher, andere religiöse Gegenstände und profane Objekte. Es dominierten mit Abstand die religiösen Gegenstände, vor allem die Ikonen. Innerhalb einer

[195] CNSAS, Fond Documentar, D015261, 984–987 [Aufstellung der Gendarmerie Neamţ an das Regionalinspektorat der Gendarmerie in Iaşi ohne lesbares Datum betr. von den Altkalendaristen beschlagnahmte Objekte].

altkalendaristischen Gemeinschaft wurde also viel mehr Wert auf die innere Ausstattung der Gebetshäuser und auf Bildlichkeit als auf die Auseinandersetzung mit religiösen Fragen gelegt. Der Unterschied zwischen den drei Kategorien war groß und beweist einmal mehr die bäuerlich-orthodoxe Tradition, aus der heraus der Altkalendarismus entstanden war und in der er sich weiterentwickelte. Was die Aufteilung der Objekte zwischen den Gemeinschaften anbelangt, wurden im altkalendaristischen Zentrum, in diesem Fall in der Gemeinschaft von Zăneşti, die meisten „religiösen Bücher" aufbewahrt, während in den anderen Gemeinschaften die religiösen Objekte vollends dominierten. So kam es vor, dass ein altkalendaristisches Gebetshaus keine einzige Bibel oder sonstige Bücher, dafür aber Hunderte von Ikonen besitzen konnte.

Der Übertritt von der orthodoxen Kirche zum Altkalendarismus dürfte den Gläubigen insofern leichtgefallen sein, als ein Gebetshaus eine Imitation einer orthodoxen Kirche war. Die Gläubigen bekamen für weniger oder gar kein Geld die gleichen religiösen Dienste wie in einer orthodoxen Kirche geboten – aus ihrer Sicht sogar bessere, denn sie fanden nach dem alten Kalender statt. Ein Gebetshaus bestand aus einem großen Raum, hinter welchem sich weitere Zimmer befanden, die als Unterkunft für die altkalendaristischen Priester und als Lagerraum für schriftliches und vor allem gegenständlich-bildliches Propagandamaterial und Waffen dienten.[196] Die Objekte für die innere Ausstattung – Ikonen, Altäre, Glocken – kauften die Altkalendaristen von Händlern, die auch Waren für die orthodoxen Kirchen feilboten. Manche waren laut Angaben der Gendarmerie auch direkt aus den orthodoxen Kirchen gestohlen worden.[197] Für die meisten kleineren Gegenstände, vor allem für Ikonen, Kerzen und Tücher, sorgten die Altkalendaristen selbst.[198]

Das organisatorische Ziel der Altkalendaristen war die Errichtung von „richtigen" orthodoxen Kirchen; die Gebetshäuser waren nur eine schnelle und kostengünstige Übergangslösung.[199] Die altkalendaristischen Kirchen sollten sich in der Architektur, in der Ausgestaltung sowie in der Verzierung durch nichts von den üblichen orthodoxen Kirchen unterscheiden.

Ein Vergleich zweier Pläne – einer orthodoxen und einer altkalendaristischen Kirche – ergibt die klare äußere Ähnlichkeit zwischen den beiden.

196 ANR, Direcţia Generală a Poliţiei, 1935/49, 143 [Mitteilung des Regionalinspektorats der Polizei in Chişinău an das Zentralinspektorat der Polizei in Bukarest vom 25.2.1936 betr. Broschürenbestände der Altkalendaristen im Kreis Bălţi]; 1936/53, 17f. [Mitteilung des Zentralinspektorats der Polizei vom 27.3.1936 betr. die Propaganda der Altkalendaristen in Bessarabien].

197 ANR, Ministerul Jusitiţiei-Direcţia Judiciară, 1936/98, 90f. [Mitteilung des Gerichts Bălţi an den Justizminister vom 22.4.1936 betr. die Beschlagnahmung von orthodoxen Kultusobjekten durch die Altkalendaristen].

198 ANR, Ministerul Jusitiţiei-Direcţia Judiciară, 1936/98, 103 [Bericht des Gerichtes Bălţi an den Justizminister vom 28.3.1936 betr. Konflikte unter den Altkalendaristen].

199 ANR, Ministerul Jusitiţiei-Direcţia Judiciară, 1935/82, 34 [Bericht des Gerichtes Bălţi an den Justizminister vom 11.12.1935 betr. die Errichtung von altkalendaristischen Gebetshäusern im Kreis Bălţi].

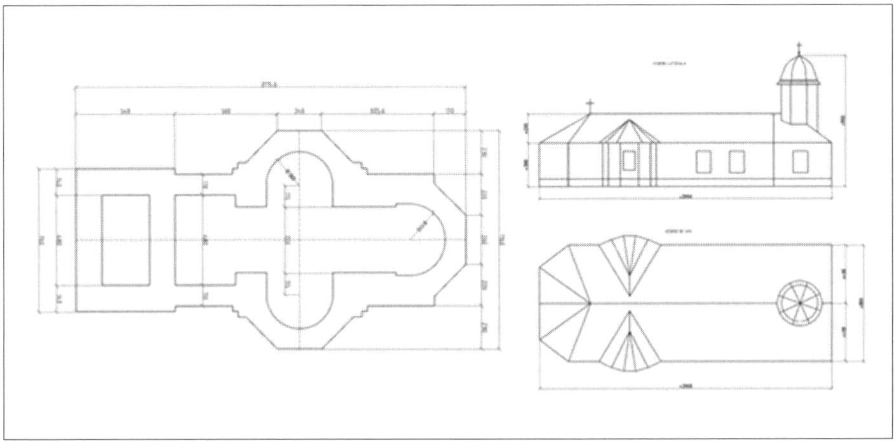

Abb. 5: Planrisse der orthodoxen Kirche von Albineţ (links) und der altkalendaristischen von Zăneşti (rechts), ca.1934[200]

Der in der Regel bis zu vier Meter hohe Holzzaun, welcher ein Gebetshaus umgab, prägte dessen Äußeres allerdings auf ganz eigene Weise. Deshalb wurden die Gebetshäuser von ihren behördlichen Gegnern als Festungen und die Zäune als Festungsmauern bezeichnet.[201] Die Errichtung von Schutzzäunen stellte für die Bauern übrigens eine größere Herausforderung dar als der Bau des Gebetshauses selbst, denn dafür waren viel Baumaterial sowie geschickte Handwerker notwendig. Die Altkalendaristen konnten jedoch auf diese Zäune nicht verzichten, denn bei großen Versammlungen wurde es im Innenraum des Gebetshauses schnell zu eng, so dass der jeweilige Priester den Gottesdienst im Innenhof halten musste. Die Zugehörigkeit zur Gemeinschaft konnte durch Gaben, wie etwa eine Ikone oder ein Holzbrett, signalisiert werden. Im Zuge der Gerichtsprozesse gegen die Altkalendaristen suchten die Behörden daher nicht nach Mitgliederlisten, die in den meisten Fällen auch gar nicht vorhanden waren, sondern fragten die Verdächtigen, ob sie sich an der Errichtung des Gebetshauses beteiligt und Ikonen und Holzbretter beigesteuert hatten.[202]

200 Nach den Vorlagen (ohne Maßstab) in: ANRM, Episcopia Hotinului, 1217, 1, 714, 6 [Planriss der orthodoxen Kirche von Albineţ]; ANR, Ministerul Cultelor şi Artelor, 1935/125, MCA, 125.1935, 46, 190 [Planriss der Kirche von Zăneşti].

201 ANR, Direcţia Generală a Poliţiei, 1935/49, 148 [Bericht des Zentralinspektorats der Polizei in Bukarest an den Innenminister vom 4.4.1936 betr. die Konflikte zwischen den Missionierungspriestern und den Altkalendaristen in Bessarabien].

202 CNSAS, Fond Personal, P106124, Vol. 2. 21–28 [Protokoll der Gendarmerie Slobozia, Kreis Bălţi, vom 8.10.1936 betr. Untersuchungen bei den Altkalendaristen in Mărăndeni]; Fond Documentar, D015259, 437 [Protokoll der Gendarmerie Bălţi an das Gericht Bălţi vom 5.10.1936 betr. Untersuchungen bei den Altkalendaristen in Funduri Vechi]; 443 [Aussage Vasile Costache

Ähnlich wie bei der Kirchenbauplanung weisen auch die wenigen erhalten gebliebenen Exemplare von altkalendaristischen Kalendern in ihrer Gestaltung eine große Übereinstimmung mit den üblichen orthodoxen Kalendern auf. Es waren nur kleine Details, welche darauf hindeuteten, dass die Kalender für ein eigenes Publikum gedacht waren. Ein solches Detail war beispielsweise die Erwähnung des Berges Athos, jedoch keiner eigentlichen kirchlichen Obrigkeit. Rumänische Mönche vom Athos hatten bereits 1924 den sogenannten „orthodoxen Universalkalender" entworfen, mit dessen Hilfe die Gläubigen die Feiertage in den folgenden Jahren nach dem alten Kalender berechnen konnten. Die Autoren des altkalendaristischen Kalenders für das Jahr 1935 wurden in ihm selbst zwar nicht erwähnt; ein Bild des Klosters Neamţ ist jedoch ein Hinweis darauf, dass der Kalender dort gedruckt wurde. Für die Bezeichnung der Monate wurden sowohl die offizielle als auch die Volksversion verwendet – so hieß der Juli beispielsweise auch „cuptor" (wörtlich Backofen). Der Kalender von 1935 erklärte noch die Fastenzeiten und zählte zudem die staatlichen weltlichen Feiertage auf.

Der Mangel an priesterlicher Seelsorge, mit dem die Gemeinschaften Mitte der 1930er Jahre konfrontiert waren, führte mit dazu, dass informelle und spontane religiöse Ereignisse, wie Wunder oder Prophezeiungen, einen besonderen Stellenwert innerhalb der Gemeinschaften einnahmen. Während die Gendarmerie dieses Verhalten als eine betrügerische Methode seitens der Altkalendaristenführer betrachtete, um mehr Anhänger zu gewinnen, fühlten sich die Altkalendaristen dadurch in ihrem Widerstand bestärkt. Es ist keine Übertreibung zu sagen, dass jeder altkalendaristische Priester, der etwas auf sich hielt, mehrere Wunder nachweisen konnte. Weitherum bekannt waren die mehrfachen Wunder, die durch den moldauischen Altkalendaristenführer Eustaţiu Andreescu in der Gemeinschaft von Zăneşti geschahen.[203] In Albineţ ereigneten sich ebenfalls nicht wenige Wundergeschehen. Der dortige Altkalendaristenführer Nicolai Climovici soll zum Beispiel eine geisteskranke Frau geheilt und dadurch die Bewunderung vieler Bauern gewonnen haben. Die Nachricht davon verbreitete sich rasch und viele Frauen suchten mit allerlei Gebrechen Heilung bei ihm.[204] Auch von Glicherie Tănase, der Führungspersönlichkeit im Kreis Baia, wussten die Altkalendaristen, dass er Wunder vollbringen konnte.[205] Zu solchen Taten, die sehr oft die Heilung von Krankheiten bedeuteten, waren ausschließlich altkalendaristische Priester imstande. Die Gendarmerie machte die Regierung auf die doppelte Funktion der altkalendaristischen Wunder aufmerksam: Sie dien-

Beleuş vor der Gendarmerie Bălţi vom 5.10.1936 betr. die Spende von Bauholz und einer Ikone für das altkalendaristische Gebetshaus].

203 CNSAS, Fond Documentar, D015261, 911–914 [Brief Eustaţiu Andreescus aus dem Kloster Iezerul an einen Bekannten vom 14.8.1936].

204 ANR, Direcţia Generală a Poliţiei, 1935/49, 214 [Mitteilung des Regionalinspektorats der Polizei in Chişinău an das Zentralinspektorat der Polizei in Bukarest vom 18.9.1936 betr. die Aktivitäten von Nicolai Climovici].

205 O. V., O viaţă pentru Hristos. Viaţa, nevoinţele şi minunile Sfântului Ierarh Glicherie Mărturisitorul. Slătioara 20122, 87.

ten der Führerschaft der Bewegung dazu, sowohl weitere Anhänger zu gewinnen als auch finanzielle Ressourcen zu lukrieren.

Ähnlich wie die Wunder erfüllten auch Prophezeiungen eine wichtige religiöse Funktion im Alltag der Bewegung. Die Geschlechterverteilung war hier anders als bei den „männlichen" Wundern: In den 1930er Jahren tauchten immer wieder Prophetinnen auf, die den Altkalendaristen verschiedene von Gott gesandte Botschaften überbrachten, die gegen die Kalenderreform gerichtet waren.[206] Die Prophetinnen hatten ein klares Profil: In allen von der Gendarmerie gemeldeten Fällen handelte es sich um Frauen oder Mädchen, oft um kranke. Obwohl die Gendarmerie den Befehl hatte, Aktivitäten der Prophetinnen sofort zu unterbinden, hatten diese bereits an Bekanntheit gewonnen, bis ihnen die Gendarmerie auf die Schliche kam:

> „Es verbreitet sich hier in Bessarabien das Gerücht, dass Gott einem Mädchen erschienen ist und ihm gesagt hätte, dass die Menschen die Feiertage nach dem alten Stil halten sollen. Man kann genau beobachten, wie sich dieses Gerücht verbreitet und wie die Zahl der Stilisten steigt. Es ist nicht ausgeschlossen, dass die Führer diesen Trick benutzen, um Anhänger zu gewinnen. [...] Die besinnungslose Bevölkerung lässt sich so leicht manipulieren. Anstatt an den Feiertagen in die Kirche zu gehen, bearbeiten sie ihre Felder."[207]

Es wäre jedoch falsch, solche Phänomene als typisch oder gar als ausschließlich altkalendaristisch zu betrachten, denn die Gendarmerie stieß immer wieder auf ähnliche Propheten oder Heilige, die vor allem im ländlichen Raum auch unter amtskirchlichen Gläubigen schnell Anhänger gewannen.[208]

Über diese Phänomene hinaus gehörten millenaristische Botschaften zur Glaubensdimension der Altkalendaristen. Sie stellten ein wichtiges Element „der stilistischen Pro-

206 ANR, Inspectoratul General al Jandarmeriei, 1936/60, 67–96, hier 68f. [Monatsbericht der Informationsabteilung der Polizei Bălți an das Zentralinspektorat der Gendarmerie in Bukarest vom Februar 1936 betr. Propaganda der Altkalendaristen]; 1934/15, 27 [Mitteilung des Zentralinspektorats der Gendarmerie vom 14.1934 betr. die Propaganda der Altkalendaristen durch die „Prophetin" Marioara Gh. Melinte].

207 ANR, Inspectoratul General al Jandarmeriei, 1935/38, 114 [Mitteilung der Gendarmerie Cernăuți an das Zentralinspektorat vom 26.9.1935 betr. den Altkalendarismus in der Bukowina].

208 ANR, Inspectoratul General al Jandarmeriei, 1936/11, 66f. [Bericht der Gendarmerie Argeș an das Zentralinspektorat in Bukarest vom 26.7.1936 betr. „den Heiligen" Ion Arcaș]; 1936/44, 20 [Mitteilung Barbu Pârăianus an den Kultusminister vom 6.7.1936 betr. Visionen des Kindes Gheorghe Alexa im Kreis Botoșani]; 136 [Mitteilung der Gendarmerie Botoșani an das Regionalinspektorat der Gendarmerie Iași vom 24.6.1937 betr. Visionen des Kindes Gheorghe Alexa]. Die Heilige Synode wollte – nach der Erfahrung, die sie mit Petrache Lupu von Maglavit gemacht hatte – den Aufschwung solcher religiösen Phänome verhindern, ehe sie noch eine zu große Aufmerksamkeit seitens der Gläubigen bekamen. Dorfpriester mussten daher laut der Heiligen Synode die „Betrugsfälle" so schnell wie möglich identifizieren und dem Bistum melden. In: ANRM, Episcopia Hotinului, 1217, 652, 56f. [Mitteilung des Patriarchen Cristea an Bf. Puiu vom 28.10.1935 betr. die Zunahme außergewöhnlicher Phänomene infolge des Phänomens Maglavit].

paganda" dar. Die Vorstellung vom nahen Weltuntergang war laut den Dorfpriestern auch schon vor dem Aufschwung des Altkalendarismus unter der bessarabischen Landbevölkerung verbreitet gewesen, die Altkalendaristenführer verstünden es bloß gut, sie in ihrem eigenen Interesse zu instrumentalisieren.[209] Auch Nicolai Climovici warnte in der Tat die Bauern ohne Unterlass vor dem nahen Ende der Welt. Er bezeichnete sich schon zu Lebzeiten aufgrund seiner durch die Gendarmerie erlittenen Schikanen als Märtyrer und erklärte den Bauern, dass 1960 der Weltuntergang stattfinden würde[210], weshalb es sich lohnen würde, sich für den Altkalendarismus aufzuopfern. Als die Gendarmen Climovici davon in Kenntnis setzten, dass er bald verhaftet würde, erklärte er ihnen, dass mindestens 100 Dörfer Widerstand leisten würden. Die Bauern würden ihn verteidigen und das Gericht von Bălţi vernichten. Nichts werde die Bauern aufhalten, denn „das Ende der Welt" sei nah.[211]

Zum Alltag der Altkalendaristen gehörten auch Pilgerfahrten. Wie die Sicherheitsbehörden beobachteten, ersetzte das eigene Pilgern die traditionellen Pilgerfahrten der orthodoxen Gläubigen. Die wichtigste Pilgerstätte war mit Abstand Albineţ, wohin sich die Altkalendaristen zu unterschiedlichen Anlässen begaben: Im September 1935 kamen circa 5.000 Gläubige aus Bessarabien in Albineţ zusammen, um „das Kreuz ihres zukünftigen Bischofssitzes" zu weihen.[212] Anfang Januar 1936 versammelten sich dort wieder einige Tausend Menschen: „Frauen, Kinder und ältere Menschen aus der ganzen Umgebung sind nach Albineţ gekommen, um zu beten." Gegen solch riesige Versammlungen war die Gendarmerie machtlos. Als während einer Pilgerfahrt die Gendarmen Präsenz zeigten und am Gebetshaus vorübergingen, stellte sich sofort eine Garde von rund 500 Altkalendaristen davor auf.[213] Außer dem orthodoxen Dorfpriester und einer kleinen Gruppe loyaler Anhänger waren alle aus dem Dorf mit dem Dasein von Albineţ als Altkalendarismushochburg zufrieden, denn rund um die Pilgerfahrten florierte das Dorfleben. Die Besitzer von Geschäften und Schenken freuten sich über den Zustrom an Menschen, weil laut

[209] ANRM, Episcopia Hotinului, 1217, 1, 738, 183 [Mitteilung des 3. Pastoralkreises im Kreis Bălţi an die Eparchie Hotin-Bălţi vom Februar 1937 betr. den Verlauf der Veranstaltungen].

[210] ANR, Ministerul Jusitiţiei-Direcţia Judiciară, 1936/98, 73 [Mitteilung der Gendarmerie Bălţi an das Regionalinspektorat der Gendarmerie in Chişinău vom 23.4.1936 betr. Konflikte zwischen Nicolai Climovici und den Behörden]; 77 [Bericht des Gerichtes Bălţi an den Justizminister vom 27.4.1936 betr. die Aktivitäten der Altkalendaristen in Nordbessarabien und deren Konflikte mit der Gendarmerie].

[211] ANR, Ministerul Jusitiţiei-Direcţia Judiciară, 1936/98, 77 [wie eben].

[212] ANR, Direcţia Generală a Poliţiei, 1935/49, 214 [Mitteilung des Regionalinspektorats der Polizei in Chişinău an das Zentralinspektorat der Polizei in Bukarest vom 18.9.1936 betr. die Aktivitäten von Nicolai Climovici].

[213] ANR, Direcţia Generală a Poliţiei, 1935/49, 124f. [Mitteilung des Regionalinspektorats der Polizei in Chişinău an das Zentralinspektorat der Polizei in Bukarest vom 28.1.1936 betr. die altkalendaristische Bewegung]; ANR, Ministerul Jusitiţiei-Direcţia Judiciară, 1936/98, 37 [Bericht des Gerichtes Bălţi an den Justizminister vom 24.1.1936 betr. den Aufschwung der Altkalendaristen im Norden Bessarabiens]

Gendarmerie nicht nur das altkalendaristische Komitee sehr viel an den herbeiströmenden Bauern verdiente, sondern auch diejenigen, welche den Pilgern Verpflegung und Unterkunft gegen Geld zur Verfügung stellten.[214] Bei der Gendarmerie erregte vor allem das Zusammenwirken zwischen den Altkalendaristen und dem jüdischen Schankwirt Atroţchi Misstrauen. Dieser unterstützte angeblich den Altkalendarismus aus finanziellen Gründen und soll laut Gendarmerieangaben „enorme Summen durch die Pilger" verdient haben. Da auch Bischof Simedrea der Annäherung zwischen Atroţchi und den Altkalendaristen missfällig gegenüberstand, schlug die Gendarmerie vor, das Innenministerium solle den Schankwirt zu einem festen Wohnsitz in der Kleinstadt Făleşti zwingen.[215]

Die Weihe von Gebetshäusern war ein weiterer Anlass, der viele Anhänger zusammenbrachte. Wenn man berücksichtigt, wie schnell im Jahr 1936 Gebetshäuser errichtet wurden, waren solche Anlässe alles andere als selten. Die Weihe eines neuen Gebetshauses wurde von einem altkalendaristischen Priester durchgeführt und stellte für altkalendaristische Familien auch einen willkommenen Anlass dar, ihre Kinder neu taufen zu lassen[216]– ein Akt von immenser symbolischer Bedeutung, welcher noch expliziter als die Austrittserklärung den Bruch der Altkalendaristen mit der Vergangenheit und mit der Rumänisch-orthodoxen Kirche bezeichnete.

Die abgesondert-konspirative Atmosphäre hinter den hohen Zäunen der Gebetshäuser, in denen die altkalendaristischen Treffen meist stattfanden, war für Außenstehende Anlass für viele Spekulationen. Eine Methode der Vertreter von Staat und Kirche, die Gläubigen von einem Übertritt zum Altkalendarismus abzuhalten, war die Verbreitung von Gerüchten über die unmoralischen sexuellen Praktiken, die angeblich in den Gebetshäusern vonstattengingen. Am ausdrücklichsten wurde diese sensationsheischende Abschreckungsbotschaft in der Broschüre „Der moldauische Rasputin" vermittelt.[217] Erschienen Anfang der 1930er Jahre, war sie von einem Journalisten namens Grigore Spiru verfasst

[214] ANR, Inspectoratul General al Jandarmeriei, 1936/60, 61f. [Mitteilung der Informationsabteilung der Polizei Bălţi vom 29.2.1936 betr. die von einem Agenten gesammelten Informationen über die altkalendaristische Gemeinschaft von Albineţ und Umgebung].

[215] ANR, Inspectoratul General al Jandarmeriei, 1935/24, 251–253 [Mitteilung der Informationsabteilung der Polizei Bălţi an das Zentralinspektorat der Gendarmerie in Bukarest vom 29.2.1936 betr. die Organisation der Altkalendaristen in Bessarabien].

[216] ANR, Direcţia Generală a Poliţiei, 1935/49, 153f. [Mitteilung des Regionalinspektorats der Polizei in Chişinău an das Zentralinspektorat der Polizei in Bukarest vom 27.3.1936 betr. Propaganda der Altkalendaristen im Norden Bessarabiens]; ANR, Ministerul Jusitiţiei-Direcţia Judiciară, 1935/82, 171 [Bericht des Gerichtes Bălţi an den Justizminister vom 21.6.1935 betr. den Aufschwung der Altkalendaristen im Norden Bessarabiens]; 1936/98, 77 [Bericht desselben an denselben vom 27.4.1936 betr. die Aktivitäten der Altkalendaristen im Norden Bessarabiens und deren Konflikte mit der Gendarmerie].

[217] Grigore Spiru, Desvăluirea unor senzaţionale excrocherii. Rasputinul Moldovei. Glicherie Diavolul „Sfânt". „Episcopul" Stiliştilor. Iaşi o. J.

worden, der für die Veröffentlichung eigens die Bewilligung der moldauischen Metropolie bekommen hatte. Der Journalist malte anhand der angeblichen sexuellen Gelüste ihrer Führerschaft ein Schreckensbild von den altkalendaristischen Gemeinschaften. Die Altkalendaristenführer hätten keine Gemeinschaften, sondern „stilistische Lager" mit dem Ziel gegründet, ihre sexuellen Wünsche, die sie als „göttliche Visionen" präsentieren würden, zu befriedigen. Die Kalenderreform sei nur ein Vorwand für die Gründung dieser Lager, wo es zu „wahren Orgien" zwischen Führerschaft, jungen Nonnen und Anhängerinnen komme. Auch die dortigen Nachtgebete und die weiteren Treffen seien für die Anführer nichts anderes als eine Gelegenheit zum Geschlechtsverkehr mit jungen Mädchen.[218] So seien „unschuldige Gläubige" durch die Altkalendaristenführer gezwungen, Sünden zu begehen. Die altkalendaristischen Frauen seien diesbezüglich ebenso radikal wie die Anführer. Auch sie hätten „versteckte Wünsche" und sexuelle Begierden. Sie seien ungebildet und nur an Liebesaffären interessiert. Die Broschüre warf den Altkalendaristen auch einen zu hohen Alkoholkonsum vor – doch im Vergleich zu ihrem unreinen und unmoralischen Intimleben stelle dieser ein viel kleineres Problem dar. Der Journalist gab an, persönlich mehrmals erlebt zu haben, wie in einer altkalendaristischen Kirche „die unmoralischen Mönche hinter dem Heiligen Altar mit Frauen und Männern schliefen und nachher ausgiebige Essen mit Wein und vielen Frauen" veranstaltet hätten.[219]

Die Broschüre endete mit einer „wahren Geschichte", die als Kritik an der Geldgier der Altkalendaristen gedacht war. Nachdem eine Frau einer altkalendaristischen Kirche einen Teppich gespendet hatte, wollten ihn die Altkalendaristen verkaufen, woraufhin die Frau beleidigt war, dass ihre Spende nicht richtig geschätzt würde. Sie beschwerte sich direkt beim Metropoliten Nicodim, der zufällig an dem Markt vorbeiging, wo die Altkalendaristen den Teppich verkaufen wollten. Als der ehrwürdige Bischof die Beschwerde vernahm, kaufte er den Teppich von den Altkalendaristen und gab ihn der Frau zurück. Sie war zutiefst beeindruckt, „warf sich zu den Füßen des Metropoliten" und bat ihn, sie wieder in die orthodoxe Kirche aufzunehmen.[220]

Mit derlei recht plumpen Erfindungen schürte die Kirchenleitung Ängste vor den Altkalendaristen und versuchte ihre Gemeinschaften rundum zu diskreditieren. Die Broschüre griff auf Stereotype zurück, die damals bereits über die älteren religiösen Sekten Bessarabiens kursierten, um die Altkalendaristen als eine Weiterentwicklung oder als einen Zweig dieser Sekten darzustellen. Weder die Gendarmen, die verdeckte Ermittlungen in den Gemeinschaften durchführten, noch die Informanten der Sicherheitskräfte erwähnten jemals, dass innerhalb der Gebetshäuser das Sexualleben überhaupt auch nur ein Thema gewesen wäre.

218 Spiru, wie eben, 3–6.
219 Spiru, wie eben, 13f.
220 Spiru, wie eben, 16.

Unter Altkalendaristen herrschte auch deshalb eine tiefe Abneigung gegenüber der offiziellen Kirche, weil sie überzeugt waren, ein christlicheres und auch „orthodoxeres" Leben zu führen als deren Angehörige. Trotz ihres Anspruchs auf Unabänderlichkeit des kirchlichen Alltags brachte ihre Abschottung von der jeweiligen orthodoxen Parochie aber unausweichlich manche Änderungen mit sich. Denn sobald die Institution der orthodoxen Kirche aus dem dörflichen Alltag gedrängt wurde, waren die Altkalendaristen selbst für die Gestaltung ihres kirchlichen Lebens zuständig. Bessarabische Komiteemitglieder begaben sich in die Nachbarregion Moldau, nach Chișinău oder gar nach Bukarest, um nach eigenen Priestern und weiterer Unterstützung für ihre Aktivitäten zu suchen. Altkalendarist zu sein bedeutete, einer bestimmten Lebensweise zu folgen, in der Raum zur Eigeninitiative und zur Gestaltung vorhanden war, was von den Altkalendaristenführern sogar verlangt wurde. Die im Fall von Priestermangel gegebenenfalls leerstehenden Gebetshäuser hielten in der Tat die Bauern nicht davon ab, ihre Traditionen und religiösen Praktiken weiterhin zu pflegen. In Albineț war zum Beispiel der Präsident des Komitees Scalețchi zugleich auch Stellvertreter des altkalendaristischen Priesters. Wenn dieser beschäftigt war, übernahm jener die religiösen Angelegenheiten. Zu solch einer Aufgabenteilung kam es auch in anderen Gemeinschaften, wo keine eigenen Priester vor Ort waren. Auch wenn es das Ziel war, möglichst rasch zu einem altkalendaristischen Priester zu kommen, gelang das nicht immer. So kam es immer wieder vor, dass einfache Gläubige etwa Begräbnisfeiern zelebrierten und sogar bisweilen Sakramente selbst spendeten.[221]

Der Alltag der Altkalendaristen erhielt einen anderen Rhythmus, welcher sich in zeitlicher Konfrontation mit den orthodoxen Parochien entwickelte. Die Altkalendaristenführer griffen auf Elemente der bäuerlichen Religiosität zurück, um sie dann im Interesse der Ausweitung der Bewegung sowie der Gestaltung des altkalendaristischen Alltags zu verwenden. Mag sein, dass die Wunder, die Prophezeiungen, die Pilgerfahrten für die Führerschaft bloß Mittel zur Massenmobilisierung waren – für die einfachen Gläubigen waren sie eine Art erlebte Religiosität, eine indirekte, aber klare Bestätigung dafür, dass die Kalenderreform mit allen Kräften abzulehnen sei. So wie der Volkskundler und Religionswissenschaftler Leonard Norman Primiano zeit seines Schaffens die Kreativität eines Individuums im Umgang mit den religiösen Praktiken betonte[222], so zeigten sich auch die Altkalendaristen bei der Gestaltung ihrer Gemeinschaften kreativ. Sie entlehnten Elemente aus der Volksreligion, um daraus altkalendaristische Rituale zu erschaffen.[223]

221 CNSAS, Fond Personal, P106124, Vol. 2, 26 [Aussage Ileana Prodans vor der Gendarmerie Slobozia, Kreis Bălți, vom 8.10.1936 betr. ihre Aktivitäten als Altkalendaristin]; 29 [Tabelle der Gendarmerie Slobozia vom 21.5.1936 zu den Inochentisten in Mărăndeni]; 80 [Verhörprotokoll Vasile Anton Prodans vor dem Gericht Bălți vom 3.11.1936 betr. seine Zusammenarbeit mit den Altkalendaristen].

222 Primiano, Manifestations of the Religious Vernacular, 387.

223 Über die Verbindung zwischen Pilgerfahrten und der Entstehung von Ritualen siehe: Laura Stark, Peasants, Pilgrims, and Sacred Promise Ritual and the Supernatural in Orthodox Karelian Folk Religion. Helsinki 2002, 15.

In der Zwischenkriegszeit kam es vor, dass selbst orthodoxe Priester Ideen neoprotestantischer Gruppen übernahmen, wie Roland Clark in seiner Studie gezeigt hat. Dies geschah aus der Konfrontation mit diesen Gruppen heraus: Die orthodoxe Kirche verstand, dass etwas getan werden musste, um nicht weitere Mitglieder zu verlieren.[224] Entgegen den vielen Vorwürfen, dass Altkalendaristen unter dem Einfluss von Neoprotestanten stünden, konnte bei ihnen aber nichts dergleichen festgestellt werden. Die Altkalendaristen agierten aus einem Gefühl der Bewahrung des Althergebrachten. Trotz der mangelnden religiösen Betreuung und der schwachen Gemeinschaftsstrukturen griffen sie nicht auf Elemente anderer Gruppen zurück, um dieses Vakuum zu füllen oder um sich stärker von den orthodoxen Dorfparochien abzugrenzen. Ihre Gebetshäuser und religiösen Praktiken stellten eine semi-institutionelle Form der Volksorthodoxie dar. Diese Entwicklung lässt sich mit dem nachfolgenden Blick auf die Entscheidungsträger in den altkalendaristischen Gemeinschaften noch besser nachvollziehen.

[224] Clark, Religious Reform and Sectarianism in Interwar Romania, 35–49, 143–191.

8 Wer waren die Kalendergegner? Biographische Skizzen

Den einzigen zeitgenössischen Versuch, so etwas wie ein Sozialprofil der Altkalendaristen zu erstellen, also einheitliche Daten über die soziale Herkunft, die Ausbildung und das Alter zu erheben und zu analysieren, führte 1931 und 1936 das Rumänische Sozial-Institut (Institutul Social Român) durch.[1] Der Fokus des seit seiner Gründung 1920 von Dimitrie Gusti geführten Instituts lag auf der Untersuchung des ländlichen Raums. Man ging von der Prämisse aus, dass sich Rumänien nur dann entwickeln könne, wenn sich der Staat den Problemen und den Bedürfnissen des Landvolks als der großen Mehrheit der Gesamtbevölkerung zuwenden würde. Obwohl religiöse Aspekte keinen Schwerpunkt des Instituts darstellten, konnte der kalendarische Konflikt unter dieser Prämisse nicht ignoriert werden.

Das Institut schickte 1931 20 Mitarbeiter, unter denen sich auch der bereits erwähnte Soziologe und Ethnologe Ernest Bernea befand, nach Cornova, einem Dorf im mittelbessarabischen Kreis Orhei, um das altkalendaristische Phänomen zu untersuchen und Lösungen für das Kalenderproblem zu finden. Die Soziologen näherten sich ihrem Gegenstand durch zwei Zugänge an: Sie erhoben einerseits Daten über die Gläubigen, welche die Gottesdienste in der orthodoxen Kirche besuchten, also vor allem über die Befürworter der Kalenderreform, und führten andererseits sogenannte „psychologische Untersuchungen" durch, was nichts anderes war, als Gespräche mit den Reformanhängern zu führen.[2] Als das Institut mit den Untersuchungen begann, war die Kalenderreform an Ort und Stelle bereits fehlgeschlagen, denn nur eine kleine Gruppe von Gläubigen akzeptierte den neuen Kalender und unterstützte den orthodoxen Priester. Verglichen mit den altkalendaristischen Dörfern im Norden Bessarabiens, die aktiv an der Organisation der Bewe-

[1] Dietmar Müller, Die Institutionalisierung sozialwissenschaftlichen Wissens in der Zwischenkriegszeit: Das Rumänische Sozial-Institut und der Verein für Socialpolitik, in Isabella Löhr/Matthias Middell/Hannes Siegrist (Hgg.), Kultur und Beruf in Europa. Stuttgart 2012, 197–205; ders., Die Institutionalisierung sozialwissenschaftlichen Wissens in der Zwischenkriegszeit: Das Rumänische Sozialinstitut und der Verein für Socialpolitik, in: Themenportal Europäische Geschichte, 2013, <www.europa.clio-online.de/essay/id/fdae-1596> (abgerufen zuletzt 11.10.2021); Antonio Momoc, Capcanele politice ale sociologiei interbelice. Şcoala gustiană între carlism şi legionarism. Bucureşti 2012.

[2] Bernea, Contribuţii la problema calendarului în satul Cornova, 191–204.

gung beteiligt waren, war Cornova jedoch Anfang der 1930er Jahre und auch später keine altkalendaristische Hochburg. Das Institut wählte wahrscheinlich deswegen den Ort, weil es dort bereits mehrere aus der großen Reihe seiner sogenannten Dorfstudien durchgeführt hatte und die Soziologen mit der Umgebung und etlichen Leuten vertraut waren.[3]

Gleich zu Beginn ihrer Feldforschung erfragten die Mitarbeiter des Instituts, durch welche Methoden die Kalenderreform implementiert worden sei und welche Reaktionen sie ausgelöst habe. So fanden sie heraus, dass sich ein Teil der Dorfbevölkerung für und ein Teil gegen den neuen Kalender ausgesprochen hatte, nachdem der Dorfpriester die Gläubigen über die kalendarische Erneuerung informiert hatte. In den zwei Jahren nach der Einführung der Reform wurden aber trotz dieser Zwiegespaltenheit alle Feiertage nach dem neuen Kalender gefeiert. Einen Wendepunkt stellte das Jahr 1926 dar, als General Averescu an die Regierung kam und den bessarabischen Gläubigen erlaubte, Ostern auch nach dem alten Kalender zu feiern. In diesem Jahr schafften es die Gläubigen von Cornova, sich gegen den neuen Kalender durchzusetzen, und auch der örtliche orthodoxe Priester musste zu Ostern einlenken. Danach lehnten immer mehr Bauern die Kalenderreform insgesamt ab und verlangten von ihrem Priester, dass er die Feiertage nur noch nach dem alten Kalender halte.

Die Untersuchung ergab außerdem, dass an den Sonntagen sowohl Altkalendaristen als auch Reformanhänger die Gottesdienste in der orthodoxen Kirche besuchten. Es gingen aber viel mehr Gläubige in die Kirche, wenn der Sonntag gleichzeitig auch ein Feiertag nach dem alten Kalender war. Während beispielsweise am Tag des Heiligen Elias nach dem neuen Kalender 27 Gläubige den Gottesdienst besuchten, waren es am gleichen Feiertag nach dem alten Kalender 114 Gläubige. Die Zahl der Kirchgänger war aber im Vergleich zur Gesamtzahl der etwa 1.200 orthodoxen Gläubigen der Parochie überhaupt sehr gering – ein Hinweis darauf, dass die Mehrheit der Gläubigen aus passiven Altkalendaristen bestand. Die meisten Kirchenbesucher gehörten der oberen sozialen Schicht im Dorf an und waren wirtschaftlich gut situiert.[4] Unabhängig davon war die Zahl derjenigen, die lesen und schreiben konnten, gering – ungefähr 70 Prozent der Gottesdienstbesucher waren Analphabeten.[5]

3 Cornova war der einzige Ort in Bessarabien, wo das Institut Untersuchungen für eine sog. „Dorfstudie" durchführte. Diese bestand aus einer detaillierten Untersuchung unterschiedlicher Aspekte nach den „modernsten Methoden", wie z. B. des religiösen Lebens oder der wirtschaftlichen Lage, denn nur wenn „man das Dorfleben genau kennt, kann man die besten Maßnahmen treffen, um die Probleme der Dorfbevölkerung zu beheben", so die beteiligten Soziologen. Obwohl „systematische Untersuchungen" zu einem besseren Verständnis der Region notwendig gewesen wären, hatten bis 1930 „die Menschen, die wissenschaftlichen Methoden" und die finanziellen Mittel gefehlt, um diese zu ermöglichen, siehe: A.P., Pentru cunoaşterea Basarabiei celei adevărate. Cercetările Seminarului de monografie socială a domnului profesor D. Gusti în comuna Cornova, judeţul Orhei, in: Vasile Şoimaru, Cornova. Chişinău 2000, 403–405.

4 Bernea, Contribuţii la problema calendarului în satul Cornova, 194.

5 Bernea, wie eben, 195.

Die unterschiedlichen Reaktionen der Gläubigen auf die Kalenderreform waren laut der Studie auf die unterschiedlichen Geschwindigkeiten der Modernisierungsprozesse im Dorf zurückzuführen. Einige wenige Dorfbewohner hätten einen „Prozess der Urbanisierung" durchgemacht, indem sie „das alte traditionelle Wertesystem durch neue Werte, die typisch für das städtische Leben" seien, ersetzt hätten.[6] Das größte Problem, mit dem das Dorf Cornova konfrontiert sei, bestehe darin, dass Bauern unterschiedliche Einstellungen zur „Tradition" und zur „Innovation" hätten:

> „Auf der einen Seite haben die Bauern, welche an den Traditionen festhalten, eine mystisch-religiöse Mentalität. Auf der anderen Seite lässt sich unter den Bauern, welche die dörflichen Traditionen aufgegeben haben, eine positivistisch-wissenschaftliche Mentalität identifizieren – diese streben nach Erneuerungen und wollen mit allen Mitteln alle technischen Innovationen annehmen."[7]

Die Entwicklung „dieser Mentalitäten" hänge schließlich mit der sozioökonomischen Herkunft der Dorfbewohner zusammen. Wohlhabendere Bauern, die nicht nur Subsistenzwirtschaft betrieben, gingen in die Städte, wo sie auf den dortigen Märkten ihre Überschüsse verkauften. Dort kämen sie mit neuen Ideen in Berührung und seien deshalb für die Moderne aufgeschlossener als diejenigen Bauern, welche die Dörfer kaum verließen. Im ländlichen Raum Bessarabiens dominiere der Studie zufolge „die mystisch-religiöse Mentalität". Deshalb sehe die Mehrheit der Gläubigen ihren Glauben durch den neuen Kalender bedroht. Beide Gruppen, sowohl die „Traditionalisten" als auch die „Positivisten", hätten ihre Gruppenleiter, wobei die Altkalendaristen von Cornova damals noch kein eigenes Gebetshaus hatten.

Die Mitarbeiter des Sozial-Instituts stießen im Laufe ihrer Arbeit noch auf ein weiteres Phänomen: Es gab eine kleine Gruppe von Gläubigen, welche die Feiertage nach beiden Kalendern beging. Dieses Verhalten führte zwar zu wirtschaftlichen Schwierigkeiten im betreffenden bäuerlichen Haushalt, denn diese Bauern hatten mehr Feiertage und arbeiteten dafür weniger, doch ließen sich dadurch Konflikte zwischen „der jüngeren und der älteren Generation" vermeiden. Kinder, die Streitigkeiten mit ihren Eltern aus dem Weg gehen wollten, die in der Regel Anhänger des alten Kalenders waren, wiesen ein solches Verhalten auf. Andere verfolgten diesen unentschlossenen Zugang zur Kalenderreform, weil sie vom neuen Kalender noch nicht richtig überzeugt waren.[8]

Die Soziologen schlugen keine konkreten Lösungen für das Kalenderproblem vor. Doch lässt sich durch ihre positive Darstellung sogenannter „Erneuerer" implizit ablesen, dass der Staat diese fördern müsste, wollte er die Akzeptanz des neuen Kalenders erhöhen. Von einer verstärkten Unterstützung der Dorfparochien oder der regionalen Kulturzentren für die Implementierung der Kalenderreform war hingegen keine Rede. Die Studie legte also nahe, dass eine kulturelle Modernisierung am ehesten durch wirtschaftliche Maßnahmen

6 Bernea, wie eben, 198.
7 Bernea, wie eben, 199.
8 Bernea, wie eben, 204.

zu bewerkstelligen sei, und betonte noch, dass die Folgen der Kalenderreform ernst genommen werden müssten: Die Rumänisch-orthodoxe Kirche habe in den Dörfern stark an Bedeutung verloren, und auch die Dorfbevölkerung sei aufgrund der Reform so gespalten, dass es oft zu Konflikten zwischen den Reformanhängern und den Verweigerern komme.

Ernest Bernea veröffentlichte die Ergebnisse der Untersuchung 1932 in einer der Zeitschriften des Sozial-Instituts. Ob und wie sie von den Entscheidungsträgern im Kultus- und Innenministerium rezipiert wurden, ist unbekannt.[9] Ein großes Verdienst der Studie war gewiss, dass sie das Kalenderproblem unvoreingenommen untersuchte und es in der Öffentlichkeit thematisierte. Sie gab Einblick in die altkalendaristische Bewegung und zeigte, dass die Mehrheit der Gläubigen die Kalenderreform passiv ablehnte, während die Regierung und die Kirchenleitung wegschauten. Die Studie wies aber auch eine Reihe von Schwächen auf; eine davon war, dass sie sich den Altkalendaristen selbst kaum widmete: Stattdessen konzentrierten sich die Soziologen auf die kleine Gruppe der Reformbefürworter. Das beeinflusste unvermeidlich ihre Ergebnisse – so repräsentierten die meisten Reformanhänger angeblich eine moderne Dorfelite, während die „Traditionalisten" eher alt und arm gewesen sein sollen. Obwohl diese Erklärung als plausibel betrachtet werden kann, erfährt man nur sehr wenig über die Gruppe der Reformverweigerer. Wer waren ihre Anführer, was trieb sie zum Widerstand? Welche Rolle spielten die Frauen in der Bewegung? Eine weitere Schwäche der Studie war, dass sie die Dynamik des Altkalendarismus nicht berücksichtigte. Der Altkalendarismus war kein statisches Phänomen, sondern eine Bewegung, die stetig an Anhängern gewann. Die Studie setzte sich nur mit einer Parochie auseinander, und obwohl sie das Ausmaß des Widerstands zutreffend erkannte, hätten erst weitere Fallstudien die Unzufriedenheit der Bauern gegenüber der Kalenderreform und den dynamischen Charakter der Bewegung in vollem Ausmaß erfassen lassen.

Das Institut nahm die Untersuchung des Altkalendarismus erst im Jahr 1936 wieder auf, als es eine Filiale in Chişinău eröffnete.[10] Bis 1930 hatten sich die Forschungen vorwiegend auf den ländlichen Raum in der Moldau und im übrigen Altreich beschränkt. Die neue Feldstudie führte Sergiu Roşca im Dorf Nişcani im westbessarabischen Kreis Lăpuşna durch. Dem Forscher zufolge sah sich das Institut gezwungen, sich „dem stilistischen Problem" wieder zu widmen, da es zur Hauptsorge der Kirche und der Regierung geworden war. Der Grundton gegenüber den Altkalendaristen war in dieser Studie wesentlich harscher als 1931. In nur wenigen Jahren, stellte Roşca fest, hätten die Altkalendaristen ähnliche Mechanismen wie „Raskolniki in Russland" entwickelt und seien dadurch zu einer Gefahr für die kirchliche und staatliche Einheit geworden. Wie in Cornova stellten die Altkalendaristen in Nişcani die Mehrheit der Bevölkerung, ohne jedoch eine getrennte Kirche zu errichten: Sie leisteten passiven Widerstand gegen den neuen

9 Am Beginn ihrer Arbeit in Bessarabien hatten die „Dorfforscher" die Hoffnung, dass die Regierung dank der Ergebnisse ihrer Studie die Verwaltung in Bessarabien verbessern würde, siehe: A.P., Pentru cunoaşterea Basarabiei celei adevărate, 404.

10 Institutul Social Român al Basarabiei: înfiinţare, *Sociologie Românească* 4 (1936), 21.

Kalender. Der Soziologe arbeitete mit wesentlich weniger Ressourcen als seine Kollegen in Cornova und führte nur einige wenige Gespräche mit Dorfbewohnern. Roşcas 1937 veröffentlichte Ergebnisse ähneln aber denjenigen von Bernea: Kaum noch jemand ging in die Kirche, und falls doch, dann nur am Sonntag, weil der gemäß beiden Kalendern zu begehen war. Die Folgen der Kalenderreform, hieß es, seien tragisch für das Dorfleben und trügen dazu bei, die „seelische Einheit" des Dorfes zu zerstören, so dass die Gläubigen kein Vertrauen mehr in ihre Priester hätten.[11]

Das Bild, welches die Studien von den Altkalendaristen gegenüber der Außenwelt vermittelten – sie seien tendenziell „ältere Traditionalisten" mit einer „mystisch-religiösen Mentalität" –, unterschied sich kaum von der allgemeinen öffentlichen Wahrnehmung. Noch 1933 erklärten die Sicherheitskräfte, dass das Kalenderproblem keine Gefahr mehr darstelle, „weil die Bauern begonnen haben, sich an den neuen Stil zu gewöhnen. Nur ein Teil der Älteren hält die Feiertage weiter nach dem alten Stil".[12] Eine oft erwähnte Erklärung der Behörden für den kalendarischen Widerstand der Bauern lautete: „Die Kirche ist alt, sie sind alt, nach dem alten [Kalender] haben sie gelebt, nach demselben wollen sie sterben."[13] Untersuchungen einer Gruppe von Kriminalbeamten, die im Auftrag des Innenministeriums ein allgemeines Sozialprofil der Altkalendaristen in Bessarabien erstellen sollte, kamen 1935 zu dem Schluss, dass dort über „70 Prozent der Bevölkerung, vorwiegend die Landbewohner, Anhänger des alten Stils" seien. Mehr als die Hälfte davon „besteht aus alten Menschen, die in dem alten Glauben des alten Kalenders geboren wurden und aufgewachsen sind". Die 30 Prozent der Bewohner, welche die Kalenderreform anerkannt hätten, seien mit dem neuen Kalender nicht aus Überzeugung, sondern aus Angst, verhaftet zu werden, einverstanden.[14] Die Altkalendaristenführer würden ihrerseits weder zu den Intellektuellen noch zu den Wohlhabenden im Dorf gehören. Sie seien arm, ungebildet und ohne jegliche moralische Prinzipien und christliche Werte.[15]

Sowohl beiden Studien des Sozial-Instituts als auch die Einschätzungen der Behörden waren von außen angefertigte Momentaufnahmen und lieferten nur sehr allgemeine Erkenntnisse über die Altkalendaristen. Mit Hilfe von Daten aus Gerichtsakten wird weiter

[11] Sergiu Roşca, Problema calendarului îndreptat în satul Nişcani, *Buletinul Institutului Social român din Basarabia* 1 (1937), 345–360.

[12] ANRM, Inspectoratul regional de siguranţă din Basarabia, 680, 1, 3561, II, 247 [Mitteilung der Polizei Bălţi an das Regionalinspektorat der Polizei Chişinău von 1933 betr. die altersmäßige Zusammensetzung der Kalendergegner].

[13] Aussage enthalten in: ANR, Ministerul Jusitiţiei-Direcţia Judiciară, 1935/82, 147 [Bericht des Gerichtes Bălţi an den Justizminister vom 24.6.1935 betr. die zunehmende Propaganda der Altkalendaristen im Norden Bessarabiens]. Siehe auch: CNSAS, Fond Documentar, D015261, 212 [Kopie einer Mitteilung der Protohierarchie I, Kreis Bălţi, an das Regionalinspektorat der Polizei vom 10.3.1936 betr. den Bau altkalendaristischer Gebetshäuser].

[14] ANR, Direcţia Generală a Poliţiei, 1935/49, 30–55, hier 40 [Bericht von Kriminalbeamten der Polizei an den Innenminister vom 24.8.1935 betr. die „Rebellion der Altkalendaristen von Albineţ, Kreis Bălţi"].

[15] ANR, Direcţia Generală a Poliţiei, 1935/49, 30–55, hier 40 [wie eben].

unten der Versuch unternommen, ein Sozialprofil führender Altkalendaristen aus dem Norden Bessarabiens zu erstellen.[16] Es werden einerseits die Mitglieder der altkalendaristischen Komitees und andererseits die sogenannten altkalendaristischen Priester genauer unter die Lupe genommen. Das Ziel ist, mehr über die inneren Organisationsstrukturen am Höhepunkt der Bewegung Mitte der 1930er Jahre zu erfahren und das Bild von den armen und überalteten Altkalendaristen zu überprüfen. Untersucht werden neun Priester und etwa 50 Komiteemitglieder aus vier führenden altkalendaristischen Gemeinschaften.

Gewöhnliche Gläubige

Ein Komitee war, wie erwähnt, sowohl ein Verwaltungs- als auch ein Repräsentativorgan der altkalendaristischen Gläubigen. Seine Mitglieder waren die Vertreter der Altkalendaristen gegenüber kirchlichen und staatlichen Institutionen und fungierten gleichzeitig als Hauptorganisatoren der Gemeinschaftsaktivitäten. Schon die Studie des Sozial-Instituts hatte festgestellt, dass das Engagement gegen die Kalenderreform häufig eine Familienangelegenheit darstellte. Die Gerichtsakten beinhalten dazu nähere Angaben und zeigen, dass in vielen Komitees zwei bis drei Mitglieder aus derselben Familie kamen und überdies auch noch oft mit den anderen Komiteemitgliedern verwandt waren. In der Regel waren es Väter, welche sich gemeinsam mit ihren Söhnen in einem Komitee engagierten. Das Diagramm über das Alter der Komiteemitglieder zeigt ebenfalls die Beteiligung zweier Generationen in den Komitees auf.[17] Die Generation der Kohorte zwischen 26 und 40 Jahren konnte dabei im Gegensatz zu der älteren schon lesen und schreiben und hatte den Wehrdienst in verschiedenen Städten Großrumäniens absolviert, wie Iaşi, Bukarest oder Suceava, während die ältere Generation in der russischen Armee gedient hatte.[18]

Interessanterweise befanden sich unter den führenden Altkalendaristen keine besitzlosen Bauern.[19] Die Besitzverhältnisse waren aber sehr wohl ein weiteres Merkmal, wodurch sich die beiden Generationen unterschieden: Die Älteren hatten in der Regel mehr Land

16 Es handelt sich um die Altkalendaristen aus dem Kreis Bălţi, die im Herbst 1936 während der Niederschlagungsaktion festgenommen wurden. Für ihre Gerichtsakten siehe: CNSAS, Fond Personal, P105506, Vol. 1, 2, 3; P106124, Vol. 1, 2, 3; Fond Documentar, D015259, 472–568 [Verhörprotokolle des Gerichts Bălţi von Altkalendaristen aus Funduri Vechi, Kreis Bălţi, vom Oktober 1936].

17 CNSAS, Fond Personal, P105506, Vol. 1, 2, 3; P106124, Vol. 1, 2, 3; Fond Documentar, D015259, 472–568 [wie eben].

18 CNSAS, Fond Personal, P105506, Vol. 1, 2, 3; P106124, Vol. 1, 2, 3; Fond Documentar, D015259, 472–568 [wie eben].

19 CNSAS, Fond Personal, P105506, Vol. 1, 2, 3; P106124, Vol. 1, 2, 3; Fond Documentar, D015259, 472–568 [wie eben].

Diagramm 9: Wehrdienst der Komiteemitglieder von Ilenuța, Mărăndeni und Funduri Vechi

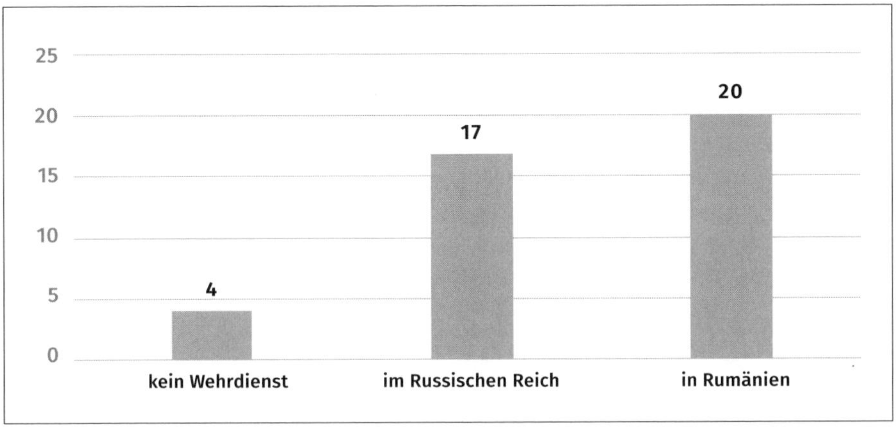

Diagramm 10: Alter der Komiteemitglieder

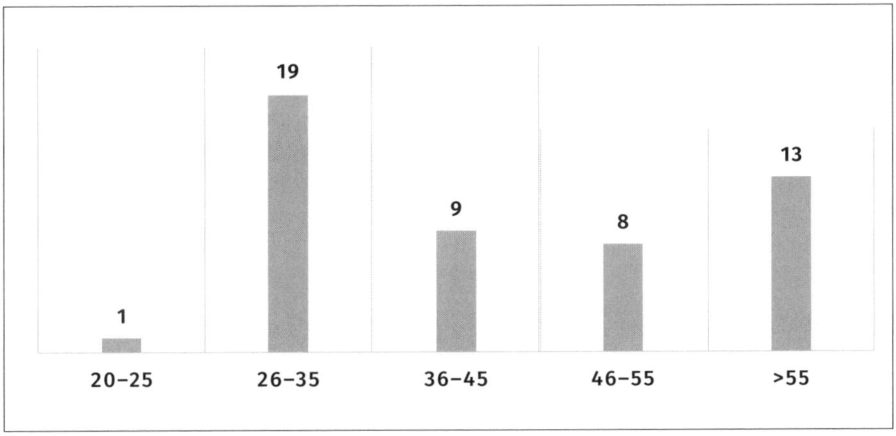

als die jüngere Generation, eine Folge der Erbteilung. Die Jüngeren waren alle verheiratet und besaßen bis zu sechs Hektar. Nach der Agrarreform von 1921 besaßen die Bauern im Norden Bessarabiens im Durchschnitt 3,35 Hektar.[20] Mehr als die Hälfte der hier untersuchten Komiteemitglieder besaß mehr Land als dieser Durchschnitt. Einige wenige Altkalendaristenführer hatten noch etwas mehr Besitz, nämlich diejenigen, die ihre Häuser oder Teile davon für das Gebetshaus zur Verfügung stellten. Alle hier untersuchten

[20] Hausleitner, Deutsche und Juden in Bessarabien 1814–1941, 99.

Diagramm 11: Grundbesitz der Komiteemitglieder von Ilenuţa, Mărăndeni und Funduri Vechi

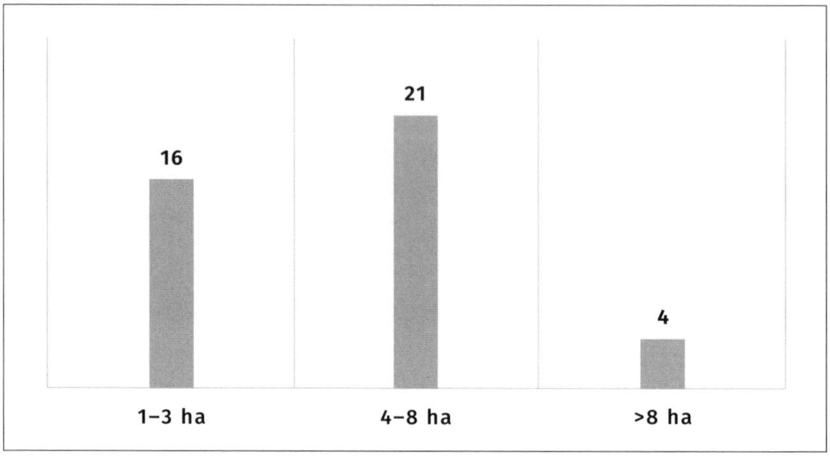

Diagramm 12: Lese- und Schreibkompetenzen der Komiteemitglieder von Ilenuţa, Clingheni, Mărăndeni und Funduri Vechi

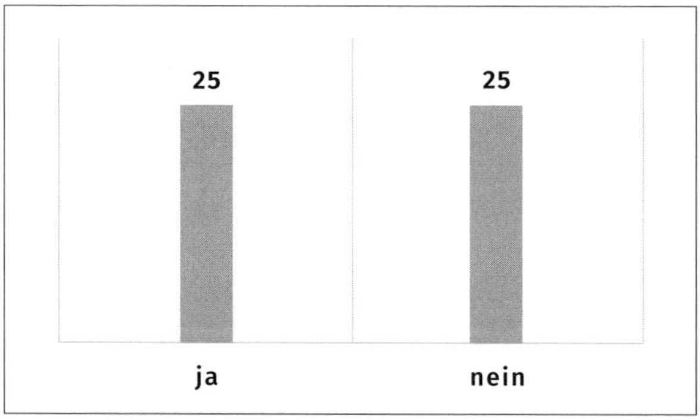

Komiteemitglieder waren ohne Ausnahme ethnische Rumänen. Bezüglich der Konfessionszugehörigkeit, nach welcher die Gerichtsbehörden ebenfalls fragten, bezeichneten sich die 1936 verhörten Altkalendaristen ausnahmslos als „orthodoxe Christen“.

Eine weitere erkennbare Gruppe waren die „Altkalendaristen unter 25“, die bei der Einführung des neuen Kalenders noch sehr jung gewesen waren. Diese waren ausschließlich innerhalb der altkalendaristischen Gemeinschaft sozialisiert worden, besuchten die öffentliche Schule nur unregelmäßig und waren nicht selten Wehrdienstverweigerer. Obwohl sie formal keine führenden Positionen in der Bewegung innehatten, kämpften sie laut der Gendarmerie am eifrigsten gegen die Kalenderreform. Sicher ist, dass in den 1930er Jahren die Altkalendaristenführer selbst bemüht waren, Jugendliche für ihre Bewegung anzuwerben. Auf diese gezielte Anwerbepraxis machten sowohl die Kirchenleitung als auch staatliche Behörden aufmerksam.[21] Der Metropolit der Moldau, Pimen Georgescu, monierte schon 1934 – ebenso wie eine Behörde, die für die sogenannte „vormilitärische Ausbildung" zuständig war –, dass Jugendliche, anstatt sich ihrer Ausbildung zu widmen, unterstützt von Altkalendaristenführern immer mehr Widerstand dagegen leisteten.[22]

Soweit es sich aus den Gerichtsakten feststellen lässt, waren auch die Aufgaben innerhalb eines Komitees zwischen zwei Generationen aufgeteilt. Während die jüngere Generation mit organisatorischen Tätigkeiten betraut wurde, waren die Älteren mehr für die ideologische Orientierung zuständig. Diese Ergebnisse erscheinen umso plausibler, wenn man bedenkt, wie viel die Altkalendaristen in kurzer Zeit und mit wenigen Ressourcen erreicht hatten: Sie hatten unter schwierigsten Bedingungen Gemeinschaften gegründet und zahlreiche Gebetshäuser errichtet. Es muss junge Menschen gegeben haben, die physisch dazu in der Lage waren, alle diese Arbeiten auszuführen. Dabei soll der Druck der Eltern auf die Kinder, für die Gemeinschaften aktiv zu werden, groß gewesen sein. Dies geht sowohl aus der Studie von Bernea als auch aus den Gerichtsakten klar hervor. Sicherlich darf nicht verallgemeinert werden, denn nicht alle Söhne schlossen sich ihren Vätern an – in einigen Fällen fungierten die Söhne sogar als Zeugen der Anklage.[23]

Wie die soziologische Studie von Bernea feststellte, hatte in den ersten Jahren nach der Einführung des neuen Kalenders vor allem die ältere Generation Widerstand dagegen geleistet; im Laufe der Jahre schlossen sich jedoch auch Reformverweigerer aus anderen Alterskohorten an. Das Bild vom typischen Altkalendaristen als ein alter, armer und unwissender Bauer, manipuliert von seinen religiösen Führern, lässt sich anhand der Gerichtsakten nicht bestätigen. Zu den Komitees gehörten vielmehr auch selbstbewusste und aktive junge Altkalendaristen, welche die Organisation ihrer Gemeinschaften gut im Griff hatten.

[21] ANR, Direcția Generală a Poliției, 1935/49, 124–126 [Mitteilung der Gendarmerie Bălți vom 31.1.1936 betr. die altkalendaristische Bewegung in Bessarabien, weitergeleitet vom Regionalinspektorat der Polizei in Chișinău an das Zentralinspektorat der Polizei in Bukarest]; 30–55, hier 47 [Bericht von Kriminalbeamten der Polizei an den Innenminister vom 24.8.1935 betr. die „Rebellion der Altkalendaristen von Albineț, Kreis Bălți"].

[22] ANR, Direcția Generală a Poliției, 1935/49, 137 [Interview der Zeitung *Universul* mit dem Metropoliten der Moldau, Nicodim Munteanu vom 20.3.1936]; ANR, Ministerul Jusitiției-Direcția Judiciară, 1936/98, 80–83 [Kopie der Mitteilung der Metropolie von Moldau an die Heilige Synode vom April 1936 betr. die altkalendaristische Bewegung].

[23] CNSAS, Fond Documentar, D015259, 183 [Aussage Tudose Burlacus vor dem Gericht Bălți vom August 1936 betr. die altkalendaristische Tätigkeit seines Vaters]; D015260, 31 [Aussage Anton Cernealeanus vor der Gendarmerie Pârlița de Sus, Kreis Bălți, vom 28.5.1935 betr. die altkalendaristischen Aktivitäten seiner Eltern].

Der Altkalendarismus war von Anfang an ein ländliches Phänomen gewesen und er bewahrte während der ganzen Zwischenkriegszeit diesen Charakter. 1934 untersuchte die Siguranţa zum ersten Mal, ob er nicht auch die Stadtbevölkerung erfasst hatte, und stellte in Bezug auf die moldauische Hauptstadt Iaşi fest:

> „In dieser Stadt ist diese Propaganda nicht erfolgreich, weil die orthodoxen Christen, die hier eine eher kleine Gruppe ausmachen[24], Teil vom ‚Heer des Herrn' des Priesters Chirică sind. Diejenigen, die aus der orthodoxen Kirche ausgetreten sind, sind zu den evangelischen Christen oder zu den Adventisten übergetreten, die laut dem Gesetz erlaubt sind."

Eine weitere Erklärung im gleichen Bericht lautete, dass es in den Städten deswegen noch keine Altkalendaristen gegeben habe, weil „die städtischen Einwohner etwas gebildeter als die Bauern" seien.[25] 1938 wurde erstmals in Iaşi eine kleine Gruppe von ungefähr 200 Altkalendaristen identifiziert. Die anderen moldauischen Städte wiesen in jener Zeit ebenfalls nur eine kleine Anzahl auf.[26]

Das Innenministerium befahl nach der Niederschlagung der Bewegung, dass die Gendarmerie die Haltung aller staatlichen Repräsentanten in den Dörfern – der Lehrer, der Gemeindeschreiber oder sonstiger Mitarbeiter der Gemeinden – in Bezug auf den Altkalendarismus untersuchen sollte. Daraufhin informierte Gendarmeriechef Pârăianu den Innenminister, dass insbesondere solche Staatsangestellten den alten Kalender verwendeten, die in ihren Heimatdörfern tätig waren.[27] Der Gendarmeriechef schlug dem Innenminister hierauf vor, sie zu entlassen und deren Stellen mit loyalen Beamten neu zu besetzen. Im Kreis Bălţi identifizierte die Gendarmerie „24 Beamte, die zusammen mit ihren Verwandten die Feiertage nach dem alten Kalender hielten".[28] Sieben davon waren Lehrer, zwei Gemeindesekretäre und die Übrigen bei den örtlichen Gemeindeämtern angestellt. Die Zahl der altkalendaristischen Beamten war also äußerst gering und kein einziger der Identifizierten stammte aus den altkalendaristischen Hochburgen. Die Gendarmerieleitung von Chişinău hatte dagegen in einem Bericht vom Dezember 1935 geschrieben, dass „die ganze rumänische Bevölkerung Bessarabiens" aus Altkalendaristen bestehe; sogar die Beamten und die orthodoxen Priester seien in Wirklichkeit Altkalendaristen, nur wollten

24 Die orthodoxen Rumänen der Stadt Iaşi als „eher kleine Gruppe" zu bezeichnen, war falsch, denn 1930 hatte Iaşi 102.872 Einwohner, davon 63.168 Rumänen und 34.662 Juden.

25 CNSAS, Fond Documentar, D013408, Vol. 2, 101 [Mitteilung der Siguranţa Iaşi vom 8.1.1934 betr. keine Altkalendaristen in der Stadt Iaşi].C

26 CNSAS, Fond Documentar, D015283, 117–119 [Mitteilung der Siguranţa Iaşi von 1937 betr. die Zahl der Altkalendaristen]; D015857, 43, 45 [Mitteilung des Regionalinspektorats Iaşi von 1937 betr. die Gesamtzahl der Altkalendaristen].

27 ANR, Inspectoratul General al Jandarmeriei, 1937/26, 211–213 [Tabelle Barbu Pârăianus an den Innenminister vom 20.12.1937 betr. Staatsangestellte, die den Altkalendarismus unterstützen].

28 ANR, Inspectoratul General al Jandarmeriei, 1937/26, 211–213 [Tabelle Barbu Pârăianus an den Innenminister vom 20.12.1937 betr. Staatsangestellte, die den Altkalendarismus unterstützen].

sie es nicht offen zugeben.[29] Bestand aber nach 1936 der Verdacht, dass ein staatlicher Angestellter Sympathien für den Altkalendarismus hegte, wurde er genau überprüft. Als zum Beispiel der Lehrer von Glingheni während eines Schulfests eine Rede über die Französische Revolution hielt und den Bauern erklärte, dass „sie nur durch Revolution die Regierung stürzen und ihre Rechte gewinnen könnten", schloss die Gendarmerie daraus, dass dieser Altkalendarist sei, und meldete den Fall der Polizei,[30] woraufhin der Lehrer festgenommen wurde. Bei seinem Verhör gab er zu, Sympathisant der Bauernpartei zu sein. Er sei gemeinsam mit dem Bürgermeister gegen den Dorfpriester, weil dieser mit der Nationalliberalen Partei zusammenarbeite. Den Vorwurf, er sei Altkalendarist, hätten der Priester und Mitglieder der Nationalliberalen Partei erfunden, um ihm im Wahlkampf zu schaden.[31]

Das Innenministerium untersuchte im November 1936 auch, ob sich unter den Gendarmen Anhänger der Bewegung befanden. Die Gendarmeriechefs mussten alle Gendarmen melden, welche „mit den Stilisten sympathisierten, diese tolerierten oder keine Initiative und kein Interesse bei der Bekämpfung des Stilismus" gezeigt hätten. Es wurden allerdings keine Fälle gemeldet.[32] Neben Lehrern, Priestern und Kleinfunktionären bestand die nichtbäuerliche Dorfbevölkerung auch aus Händlern, Laden- und Schankbesitzern. Soweit feststellbar, schlossen sich Angehörige dieser Gruppen den Altkalendaristen nicht an (allein schon aus dem Grund, weil viele von ihnen Juden waren). Über die Händler berichtete die Gendarmerie, dass sie bereits anderen „religiösen Sekten" angehören würden, da sie in der Regel viel reisten. So kämen sie in Kontakt mit Baptisten, deren Konfession sie auch sehr oft annehmen würden. Zurück in ihren Heimatdörfern seien sie bemüht, Anhänger für ihren neuen Glauben zu finden, und würden dadurch den Altkalendaristen Konkurrenz machen.[33]

29 ANR, Inspectoratul General al Jandarmeriei, 1935/24, 88–105, hier 96 [Monatsbericht des Regionalinspektorats der Gendarmerie in Chişinău an das Zentralinspektorat der Gendarmerie in Bukarest vom 31.12.1935 betr. die Zahl der Altkalendaristen in Bessarabien].

30 ANR, Direcţia Generală a Poliţiei, 1936/25, 5 [Mitteilung des Zentralinspektorats der Polizei vom 5.2.1936 betr. die altkalendaristische Propaganda des Lehrers Ioan Nacu].

31 CNSAS, Fond Personal, P105506, Vol. 1, 128, 160–163 [Kopie einer Mitteilung des Regionalinspektorats der Polizei in Chişinău an das Zentralinspektorat der Polizei in Bukarest betr. den Lehrer Ioan Nacu]; 170 [Kopie eines Beschlusses des Innenministeriums vom 18.4.1939 betr. den Zwangswohnsitz Ioan Nacus]

32 CNSAS, Fond Documentar, D015261, 949 [Mitteilung des Regionalinspektorats der Gendarmerie in Chişinău an das Zentralinspektorat in Bukarest vom 2.11.1936 betr. die Ergebnisse der Niederschlagungsaktion und die Frage, ob es Gendarmen gab, welche die Aktion nicht unterstützt hatten].

33 ANR, Ministerul Jusitiţiei-Direcţia Judiciară, 1937/83, 34f. [Bericht des Gerichts Bălţi an den Justizminister vom 17.2.1937 betr. die Altkalendaristen in Bessarabien nach der Niederschlagungsaktion].

Altkalendaristischer Priester werden

Die hier folgende Kollektivbiographie von neun altkalendaristischen Priestern, die zwischen 1934 und 1936 im Norden Bessarabiens aktiv gewesen waren, spiegelt die lose Organisationsstruktur der Bewegung ebenso wider wie die dezentralen Machtstrukturen zwischen den Gemeinschaften und die internen Machtkämpfe. Auch bei den Priestern handelt es sich selbstverständlich um eine Stichprobe. Eine genaue Untersuchung und überhaupt die Identifikation sämtlicher altkalendaristischen Priester wären aus mehreren Gründen unmöglich: Es wurde bereits beschrieben, wie das Komitee von Albineţ die Gemeinschaften Bessarabiens mit Priestern versorgte und wie dort Mitte der 1930er Jahre ein unübersichtlicher „Markt" von altkalendaristischen Priestern entstanden war. Priester trafen dort ein und zogen in kurzer Zeit wieder weiter. Sie wurden, wenn überhaupt, bei ihrer Ankunft in Albineţ in den Gendarmerieberichten erwähnt, tauchen jedoch danach nur mehr selten in den Quellen auf. Die Gendarmerie, die stark auf die Überwachung der Altkalendaristen in Albineţ konzentriert war, verfolgte sie nicht weiter. Zudem konnte eine altkalendaristische Gemeinschaft auch ohne die Unterstützung von Albineţ zu einem Priester kommen. Ein weiterer Grund, der die Identifizierung der Priester erschwert, bestand darin, dass sie von den bäuerlichen Anhängern versteckt wurden, damit sie nicht festgenommen werden konnten.

Fest steht, dass die Zahl der Priester im Vergleich zur Gesamtzahl der Altkalendaristen sehr gering war – das wird durch die vielen Gebetshäuser, die 1936 ohne Priester waren, ebenso belegt wie durch die Ergebnisse der Niederschlagungsaktion: Die Sicherheitskräfte suchten im Herbst 1936 gezielt nach altkalendaristischen Priestern, aber von den insgesamt 349 Verhafteten fielen gerade einmal drei in diese Kategorie.[34]

Die untersuchten neun Biographien lassen sich deshalb mit Quellen gut belegen, weil diese Priester sich länger in den altkalendaristischen Gemeinschaften aufhielten, wodurch die Gendarmerie entsprechend mehr Zeit zur Verfügung hatte, um Informationen über sie zu sammeln. Diese Informationen weisen einige Gemeinsamkeiten auf. Ins Auge sticht das niedrige formale Ausbildungsniveau der Priester: Sie alle hatten lediglich zwischen drei bis sechs Schulklassen absolviert und – wenn überhaupt – allenfalls kurze Zeit Kirchensänger- oder Priesterseminare besucht. Ihre kirchliche Ausbildung hatten sie teils an Institutionen der rumänischen, teils noch der russischen Kirche erhalten. Als sie begannen, für die Altkalendaristen zu wirken, waren sie ausnahmslos schon über 45 Jahre alt – der älteste der neun Priester war 57. Sieben der neun bezeichneten sich als Rumänen

[34] ANR, Inspectoratul General al Jandarmeriei, 1936/11, 76 [Aussage Efrosim Leucăs bei seiner Verhaftung vor dem Gendarmeriechef von Iaşi vom 20.9.1936 betr. seine Tätigkeit als altkalendaristischer Priester]; 26.1937/26, 99–103 [Mitteilungen des Zentralinspektorats der Gendarmerie an das Gericht Bălţi vom 11.8.1937 betr. die Internierung von Gavril Mereuţă in einem Kloster]; ANR, Ministerul Jusitiţiei-Direcţia Judiciară, 1935/82, 38 [Bericht des Gerichtes Bălţi an den Justizminister vom 19.2.1935 betr. Nicolai Climovicis Verhaftung].

und zwei als Russen – diese beiden gaben auch an, kein Rumänisch zu können. Fünf stammten aus Dörfern in der Moldau und vier aus bessarabischen Dörfern. Was ihre Berufslaufbahn betrifft, lässt sich feststellen, dass drei der neun aufgrund der Kalenderreform Priester geworden waren, weil sie sich berufen fühlten, den Glauben gegen den neuen Kalender zu verteidigen. Zuvor hatte einer als Fleisch- und Gemüsehändler, ein anderer als Eisenbahner und ein weiterer als Gemeindesekretär gearbeitet. Für die Priester und die Kirchensänger, die vor der Reform für die Amtskirche gearbeitet hatten, bedeutete die Ablehnung der Reform ihre Entlassung. Ohne Kirche und festen Arbeitsplatz geriet die Tätigkeit in den altkalendaristischen Gebetshäusern zu einer guten Alternative.

Die Verbindung zum Berg Athos war eine weitere auffällige Gemeinsamkeit in den Lebensläufen fast aller eruierter altkalendaristischer Priester. Nicht weniger als sieben der neun hatten sich nach der Kalenderreform oder anschließend nach ihrer Entlassung auf den Heiligen Berg Athos zurückgezogen.[35] Dieser Aspekt zeigt nun auch aus einer anderen Perspektive den ideologischen Einfluss der rumänischen Athosklöster auf den Altkalendarismus – sei es, dass die dortigen Mönche Propagandamaterial gegen den neuen Kalender nach Rumänien schickten oder dass sie altkalendaristische Priester beherbergten. Die Mönchsrepublik des Athos war eine wichtige und verlässliche Stütze im Widerstand gegen die Kalenderreform.

Als die Priester in den bessarabischen Dörfern eintrafen, waren die altkalendaristischen Gemeinschaften bereits gegründet – die Komitees und die Gebetshäuser warteten auf sie. Die Priester erklärten später bei Befragungen durch die Sicherheitsorgane, dass die Initiative für eine Zusammenarbeit nicht von ihnen ausgegangen sei, sondern von den altkalendaristischen Bauern.[36] Ana Climovici (Ana Klimovič), die Ehefrau des Altkalendaristenführers Nicolai Climovici, die ihren Ehemann in alle von ihm betreuten Gemeinden begleitet und in seiner Arbeit unterstützt hatte, erzählte den Gerichtsbehörden, mehrere Bauern hätten ihren Ehemann dazu eingeladen, als Priester zu wirken, nachdem die Familie von Chişinău nach Bălţi gezogen war. Die Bauern hätten ihnen versprochen,

35 ANR, Inspectoratul General al Jandarmeriei, 1936/12, 132–139 [Personenakte Efrosim Leucăs der Gendarmerie Iaşi vom 20.9.1936]; 144 [Verhörprotokoll des Altkalendaristen Teoctist Bobârva der Gendarmerie Neamţ vom 14.12.1936]; CNSAS, Fond Personal, P105506, Vol. 2, 49f. [Aussage Nicolai Climovicis vor dem Gericht Bălţi vom 1.10.1936 betr. seine Tätigkeit als altkalendaristischer Priester].

36 ANR, Inspectoratul General al Jandarmeriei, 1936/12, 42f. [Aussage Efrosim Leucăs auf dem Regionalinspektorat der Gendarmerie Iaşi vom 20.9.1936 betr. seine Aktivitäten in den altkalendaristischen Gemeinschaften]; 1935/17, 194 [Mitteilung der Informationsabteilung der Polizei Bălţi an das Zentralinspektorat der Gendarmerie in Bukarest vom 25.11.1935 betr. die Organisation und Aktivitäten der Altkalendaristen im Norden Bessarabiens]; ANR, Direcţia Generală a Poliţiei, 1935/49, 117f. [Mitteilung des Regionalinspektorats der Polizei in Chişinău an das Zentralinspektorat der Polizei in Bukarest vom 3.1.1936 betr. die Organisation der Altkalendaristen in Bessarabien]; CNSAS, Fond Documentar, D015261, 529 [Aussage Galaction Ciobanus vom Oktober 1936 betr. seine Tätigkeit als altkalendaristischer Priester].

alles zu unternehmen, um eine Festnahme durch die Gendarmerie zu verhindern, ja dass sie sogar bereit seien, ihr Leben zu riskieren.[37]

Mit dem „Verkauf von altkalendaristischen Priestern", der wie gesehen vor allem durch das Komitee von Albineţ praktiziert wurde und über den die Gendarmerie berichtete, war ein Vorgang gemeint, im Zuge dessen Priester für eine bestimmte Geldsumme eine Zeitlang in einer bestimmten Gemeinschaft arbeiteten. Das Wort „verkaufen" bezeichnet in diesem Zusammenhang eher die Machtverhältnisse, welche innerhalb einer Gemeinschaft herrschten, und bedeutete, dass die Bauern selbst entscheiden konnten, wer ihnen und auf welche Weise die Gottesdienste hielt.

In der Regel schlossen die Priester einen mündlichen Vertrag mit den Altkalendaristen, in dem die Dauer ihrer Tätigkeit und ihre Aufgaben festgelegt wurden. Die Bauern mussten versprechen, dass sie sich um die Priester kümmern würden. Darüber hinaus erhielten diese bei ihrem Stellenantritt von der altkalendaristischen Gemeinschaft einen bestimmten Geldbetrag. Die Priester hatten ihre eigenen Vorstellungen von ihrer Tätigkeit innerhalb einer Gemeinschaft, verfügten aber in der Regel über keine eigentliche priesterliche Erfahrung, erst recht nicht über eine in von Bauern eigenständig gegründeten Gemeinschaften. Aufgrund der hohen Ausgaben, welche die Anstellung eines eigenen Priesters bedeutete, hatten umgekehrt die Altkalendaristen ebenfalls dezidierte Erwartungen an ihn. Diese Konstellation führte zu Streitigkeiten und schließlich oft dazu, dass sich Priester nur einige Monate in einer Gemeinschaft aufhielten.[38] Der Altkalendaristenführer und Priester Nicolai Climovici, der wegen seiner russophilen Einstellung und der großen Anziehungskraft, die er auf die Bauern ausübte, von den Gendarmen genau überwacht wurde, wechselte innerhalb von zwei Jahren vor allem aufgrund von Konflikten mit örtlichen Altkalendaristen nicht weniger als sieben Mal die Gemeinschaft.[39] Der Priester

37 CNSAS, Fond Personal, P105506, Vol. 2, 51 [Aussage Ana Climovicis vor dem Gericht Bălţi vom 1.10.1936 betr. die Tätigkeit ihres Ehemanns als altkalendaristischer Priester].

38 ANR, Inspectoratul General al Jandarmeriei, 1936/12, 304 [Bericht des Zentralinspektorat der Gendarmerie an den Innenminister und das Zentralinspektorat der Polizei vom 27.8.1936 betr. Konflikte zwischen Altkalendaristen und altkalendaristischen Priestern]; 1935/17, 194 [Mitteilung der Informationsabteilung der Polizei Bălţi an das Zentralinspektorat der Gendarmerie in Bukarest vom 25.11.1935 betr. die Organisation und Aktivitäten der Altkalendaristen im Norden Bessarabiens]; 291 [Mitteilung der Informationsabteilung der Polizei Bălţi an das Zentralinspektorat der Gendarmerie in Bukarest vom 14.1.1936 betr. die Entwicklungen bei den Altkalendaristen im Norden Bessarabiens].

39 ANR, Inspectoratul General al Jandarmeriei, 1935/17, 76 [Mitteilung der Informationsabteilung der Polizei Bălţi an das Zentralinspektorat der Gendarmerie in Bukarest vom 24.9.1935 betr. die Organisation der Altkalendaristen von Albineţ]; 1936/64, 138 [Mitteilung der Gendarmerie Făleşti vom 14.7.1936 betr. die Aktivitäten von Nicolai Climovici]; ANR, Ministerul Jusitiţiei-Direcţia Judiciară, 1936/98, 77 [Bericht des Gerichtes Bălţi an den Justizminister vom 27.4.1936 betr. die Aktivitäten der Altkalendaristen im Norden Bessarabiens und deren Konflikte mit der Gendarmerie]; 105 [Mitteilung der Eparchie Hotin-Bălţi an den Generalstaatsanwalt vom 26.2.1936 betr. die Bestrafung Nicolai Climovicis]; 119 [Bericht des Gerichtes Bălţi an

Gavril Mereuță wechselte sie sechs Mal. Die Geistlichen gerieten mit den Altkalendaristen aus finanziellen Gründen in Konflikt, aber auch weil die Bauern mit deren Arbeit und Verhalten nicht zufrieden waren (oder umgekehrt).[40]

Die ausführlichste Aussage über seine Erfahrung als altkalendaristischer Priester in Bessarabien stammt von Galaction Ciobanul, einem orthodoxen Mönch aus der Moldau, der sich um 1934 den Altkalendaristen angeschlossen hatte. Den Sicherheitsbehörden berichtete er Folgendes:

> „Ich war damals Mönch im Kloster Boureni [Kreis Iași], einem armen Kloster ohne Garten und Land, [...] und bin nach Brusturi gegangen, um mit Glicherie [Tănase] zu reden. Er sollte mich als altkalendaristischen Priester in eine altkalendaristische Gemeinschaft schicken [...]. In Brusturi angekommen, befanden sich dort Bauern aus dem bessarabischen Dorf Ilenuța. Sie versprachen mir materielle Vorteile. Da sie auf der Suche nach einem Priester waren, fuhren wir noch am selben Tag gemeinsam nach Ilenuța. [...] In Ilenuța hielt ich mich nur zwei Monate auf. Die Bauern waren Alkoholiker und mir gegenüber gewalttätig. Als ich mich noch dort befand, kamen Bauern aus Limbenii Vechi zu mir und fragten mich, ob ich nicht zu ihnen ziehen möchte. Da sie mir mehr Vorteile als die Altkalendaristen von Ilenuța versprachen, ging ich zu ihnen. Nur benahmen sich die Bauern dort noch schlechter. Sie schimpften über mich, schlugen mich und zahlten nicht, was wir ursprünglich ausgemacht hatten.“[41]

Galaction Ciobanul entschied sich daher, seine Zusammenarbeit mit den bessarabischen Altkalendaristen zu beenden und zurück in die Moldau zu gehen. Ohne Geld und weitere Unterstützung von Seiten der Altkalendaristen wandte er sich an Sebastian Mârza, den

den Justizminister vom 16.2.1936 betr. die Aktivitäten der Altkalendaristen im Norden Bessarabiens]; CNSAS, Fond Documentar, D013408, Vol. 1, 106–108 [Mitteilung der Polizei Iași an das Regionalinspektorat der Gendarmerie in Iași vom Mai 1935 betr. die Aktivitäten von Nicolai Climovici in der Moldau]; ANR, Direcția Generală a Poliției, 1935/49, 169–171 [Mitteilung des Regionalinspektorats der Polizei in Chișinău an das Zentralinspektorat der Polizei in Bukarest vom 28.5.1936 betr. die „Propaganda der Altkalendaristen“].

40 ANR, Ministerul Jusitiției-Direcția Judiciară, 1935/82, 35 [Mitteilung des Gerichts Bălți an den Justizminister vom 27.11.1935 betr. die Suche der Altkalendaristen nach eigenen Priestern]; 1936/98, 119 [Bericht desselben an den Justizminister vom 6.2.1936 betr. die zunehmende Organisation der Altkalendaristen im Norden Bessarabiens]; ANR, Inspectoratul General al Jandarmeriei, 1935/17, 194 [Mitteilung der Informationsabteilung der Polizei Bălți an das Zentralinspektorat der Gendarmerie in Bukarest vom 25.11.1935 betr. die Organisation und Aktivitäten der Altkalendaristen im Norden Bessarabiens]; 225 [Mitteilung derselben an dasselbe vom 1.12.1935 betr. „das Chaos“ in Albineț und Umgebung]; 291 [Mitteilung derselben an dasselbe vom 14.1.1936 betr. die Entwicklungen bei den Altkalendaristen im Norden Bessarabiens]; 12.1936/12, 304 [Bericht des Zentralinspektorats der Gendarmerie an den Innenminister und das Zentralinspektorat der Polizei vom 27.8.1936 betr. Konflikte zwischen Altkalendaristen und altkalendaristischen Priestern]; 64.1836/64, 155f. [Mitteilung der Informationsabteilung der Polizei Bălți an das Zentralinspektorat der Gendarmerie in Bukarest vom 19.7.1936 betr. die Aktivitäten von Nicolai Climovici]; CNSAS, Fond Documentar, D015261, 529 [Aussage Galaction Ciobanus vom Oktober 1936 betr. seine Tätigkeit als altkalendaristischer Priester].

41 CNSAS, Fond Documentar, D015261, 529 [Aussage Galaction Ciobanus vom Oktober 1936 betr. seine Tätigkeit als altkalendaristischer Priester].

orthodoxen Priester von Limbenii Vechi, und bat ihn um Vergebung, woraufhin er wieder in die Rumänisch-orthodoxe Kirche aufgenommen wurde. Der Bischof von Hotin-Bălți vergab ihm ebenfalls und schickte ihn ins Kloster. Mârza, ein Mitglied der LANC, inszenierte den Fall in der Folge medial und stellte ihn als Sieg seiner Partei über die Altkalendaristen dar. Ciobanul verließ aber bald das orthodoxe Kloster und kehrte abermals in die Moldau zurück. Bis ihn die Gendarmerie im Herbst 1936 festnahm, hatte er von da an als altkalendaristischer Priester im Kreis Neamț gearbeitet, wo er seinen eigenen Angaben zufolge bessere Bedingungen als in Bessarabien vorfand.

Die bessarabischen Altkalendaristen indes konnten den Verrat des Priesters nicht vergessen und informierten Ciobanul mittels eines Drohbriefs, dass er fortan in ihrer Region nichts mehr zu suchen habe:

> „Galaction war bei uns, aber er war nicht auf unserer Seite. Er hat geglaubt, dass er sich alle Dummheiten erlauben kann, wenn er Anhänger des alten Stils ist. Die Bevölkerung konnte ihn nicht länger aushalten. Sie konnte nicht mehr zusehen, wie er sich wie ein Schwein betrinkt und ständig nach Frauen sucht. Sie hat ihm Zügel angelegt, und als er gesehen hat, dass es in Limbeni nicht anders geht, ist er in der Nacht geflohen. Er ist zum Luzifer [dem Bischof von Hotin-Bălți, Tit Simedrea], zu seinem Vater, gegangen. Dieser versprach, ihm alle Frauen zur Verfügung zu stellen und ihm zu erlauben, Wein direkt aus dem Kübel zu trinken. Dort kann er alle Freiheiten genießen und darf so viel trinken, bis er umfällt.“[42]

Die Altkalendaristen stellten seinen Abfall von ihrem Glauben auch mit Hilfe einer groben Karikatur dar. Sie zeigt im Vordergrund Bischof Simedrea, mit einem ausgeprägten Bauch und einer Alkoholflasche in der Hand, und rechts unten Ciobanul, der vor dem Bischof kniet und ihn um Verzeihung für seine Zusammenarbeit mit den Altkalendaristen bittet. Links unten ist der Teufel dargestellt, der allen erklärt, dass man von ihm „alles bekommt, was man sich wünscht“. Er drängt die Priester dazu, Alkohol zu konsumieren. Hinter dem Bischof befinden sich weitere Priester, die wie der Eparchieleiter eine überdeutliche Vorliebe für alkoholische Getränke haben. Die Frauen nehmen ebenfalls eine zentrale gezeichnete Rolle ein – sie zeigen ihre Bewunderung für die Kleriker und gehen verführerisch auf sie zu. Die Karikatur trägt den Titel „Auf zu den Juden. Bringen wir die Stilisten um! Sieg!“ – eine gezielte Verwendung antisemitischer Stereotype in dem Sinne, dass die Juden den Priestern Alkohol verkauften und alle gemeinsam gegen die Altkalendaristen komplottierten. Das Wort, welches in der Karikatur für Sieg verwendet wurde („Izbândă“), war der übliche Abschiedsgruß der LANC-Mitglieder.

Die karikaturistische Zeichnung steht beispielhaft für die inneren Machtgefüge der altkalendaristischen Bewegung. Der Anlassfall selbst zeigt, dass letztlich die Bauern entschieden, was in ihrer Gemeinschaft passierte. Zur Aufgabenaufteilung innerhalb der Gemeinschaft berichtete auch Nicolai Climovici bei einem Verhör, dass „generell während

[42] ANR, Inspectoratul General al Jandarmeriei, 1935/26, 200f. [Kopie einer Karikatur der Altkalendaristen aus dem Kreis Bălți an Bf. Simederea vom 16.7.1936].

Abb. 6: Altkalendaristische Karikatur mit Bischof Simedrea im Zentrum, 1936[43]

der altkalendaristischen Versammlungen" die Altkalendaristen alle Aspekte, die mit der Organisation der Bewegung zusammenhingen, entschieden. Diese starke Entscheidungsmacht der Komitees wird auch durch andere Quellen bestätigt. Als Galaction Ciobanul nach Bessarabien ging und die Stelle in Ilenuţa annahm, hatte er falsche Vorstellungen von seiner künftigen Tätigkeit. Er erwartete sich ein gutes und sicheres Einkommen, unterwürfige Bauern und soziale Anerkennung. Ihm war nicht bewusst, dass die Bauern die Arbeit der altkalendaristischen Priester ganz genau überprüften und versuchten, sie wieder loszuwerden, sofern sie mit ihren Leistungen nicht zufrieden waren. Der moldauische Altkalendaristenführer Glicherie Tănase behauptete zwar, er würde den Einfluss auf die dortigen Altkalendaristen behalten, wenn er einen seiner Vertrauten als Priester zu einer wichtigen altkalendaristischen Gemeinschaft nach Bessarabien schicke, doch so einfach standen die Dinge nicht.

Die Wahrnehmung, dass die Kalendergegner von ausländischen Kräften manipuliert wurden, war bei den Vertretern von Staat und Kirche weit verbreitet. Diese Sichtweise maß den altkalendaristischen Priestern generell viel Bedeutung bei: Jedes Gebiet habe einen Rasputin, der unter dem Einfluss ausländischer Mächte stehe und die Massen manipulierte, wurde vermutet. In der Moldau ging es in dieser Hinsicht um Glicherie Tănase, in Bessarabien um Nicolai Climovici. Ein weiterer bekannter und beliebter altkalendaristischer Priester war Eustaţiu Andreescu. Durch diese Art von Personenzentrierung suggerierten die Behörden, dass die Mehrheit der Altkalendaristen eher passive Opfer seien, die von den eigenen Priestern manipuliert würden. Sicher ist, dass die erwähnten Priester tatsächlich charismatisch waren und große Beliebtheit unter den Altkalendaristen erlangten. Trotz allem war ihre Macht nicht unbegrenzt – im Falle des bessarabischen „Rasputins" Climovici gibt es viele Belege dafür, dass die Altkalendaristen seine Arbeit durchaus kritisch betrachteten.[44] Ein weiterer Indikator für ihre begrenz-

[43] ANR, Inspectoratul General al Jandarmeriei, 1935/26, 200f. [Kopie einer Karikatur der Altkalendaristen aus dem Kreis Bălţi übersandt an Bf. Simedrea am 16.7.1936].

[44] ANR, Inspectoratul General al Jandarmeriei, 1836/64, 155f. [Mitteilung der Informationsabteilung der Polizei Bălţi an das Zentralinspektorat der Gendarmerie in Bukarest vom 19.7.1936

te Durchsetzungsmacht war, dass die Versuche der vermeintlichen „Rasputin", in den 1930er Jahren überregional zu agieren, scheiterten. Glicherie Tănase hatte sich im Herbst 1935 mit der Absicht nach Albineţ begeben, die Bewegung in Bessarabien zu organisieren, musste aber wie gesehen nach nur wenigen Tagen das Dorf voller Enttäuschung verlassen, weil er dort nicht als Altkalendaristenführer anerkannt wurde. Auch Nicolai Climovici, der im Norden Bessarabiens gut vernetzt war, konnte in der Moldau an seinen Erfolg nicht anknüpfen. Als er sich Anfang 1936 auf der Flucht vor der Gendarmerie befand, ließ er sich in der altkalendaristischen Gemeinschaft im Kreis Baia nieder.[45] In der Moldau war Climovici da noch völlig unbekannt und hatte die Position eines einfachen Altkalendaristen, der sich vor der Gendarmerie versteckte. Ein großes Handicap für ihn lag dort zudem darin, dass er nur rudimentär Rumänisch konnte.[46] Nach vier Monaten kehrte Climovici nach Bessarabien zurück, wo er seinen Beruf als altkalendaristischer Priester in nunmehriger Illegalität wieder ausüben konnte; er mied aber diejenigen Gemeinschaften, in welchen er vor seiner Flucht aktiv gewesen war.[47]

Insgesamt erweist sich die Rolle der Priester innerhalb der Organisation der Gesamtbewegung als begrenzt. Sie waren nicht die Träger der Bewegung, sie verfügten kaum über reale Macht und erlangten keinen überregionalen Einfluss. Die Priester setzten keine modernen Propagandamittel ein, ihre Tätigkeit beschränkte sich meist auf das Abhalten von Reden und Gottesdiensten, die innerhalb der Gemeinschaften stattfanden. Bisweilen kam es zu Auftritten auf den lokalen Märkten – wenn die Priester überhaupt an einer expansiven Tätigkeit interessiert waren –, doch blieb ihr Aktionsradius begrenzt. Altkalendaristische Priester kooperierten zudem wenig bis gar nicht untereinander, und es ist auch nicht bekannt, dass sie sich zu einer gemeinsamen altkalendaristischen Ideologie bekannten. Schlussendlich fehlte das hierarchische Gefälle, das innerhalb der großen Kirchen herrschte: Zwischen den altkalendaristischen Bauern und ihrem örtlichen Priester bestand ein geregeltes Arbeitsverhältnis – die Altkalendaristen bezahlten ihn für die geistliche Betreuung und erwarteten dementsprechende Leistungen.

betr. die Aktivitäten von Nicolai Climovici]; ANR, Direcţia Generală a Poliţiei, 1935/49, 117f. [Mitteilung des Regionalinspektorats der Polizei in Chişinău an das Zentralinspektorat der Polizei in Bukarest vom 3.1.1936 betr. die Organisation der Altkalendaristen in Bessarabien].

45 ANR, Direcţia Generală a Poliţiei, 1935/49, 115 [Mitteilung des Letzteren an das Letztere vom 13.1.1936 betr. die Ankunft Nicolai Climovicis und seiner Familie im Kreis Baia].

46 CNSAS, Fond Documentar, D013408, Vol. 1, 106–108 [Mitteilung der Polizei Iaşi an das Regionalinspektorat der Gendarmerie in Iaşi vom Mai 1935 betr. die Aktivitäten von Nicolai Climovici in der Moldau]; 129 [Mitteilung derselben an dasselbe vom 25.4.1935 betr. das gleiche].

47 ANR, Inspectoratul General al Jandarmeriei, 1936/60, 220–249, hier 233 [Monatsbericht der Informationsabteilung der Polizei Bălţi an das Zentralinspektorat der Gendarmerie in Bukarest vom April 1936 betr. die Ausbreitung des Altkalendarismus in Bessarabien].

Schlussfolgerungen

Es sind oft symbolische Reformen, die zu massivem Widerstand führen und damit tiefgreifendere Probleme zum Vorschein bringen. Die Ersetzung des julianischen Kalenders durch den gregorianischen war schon eine heikle Angelegenheit gewesen, als die von der katholischen Kirche im 16. Jahrhundert beschlossene Reform auf nichtkatholische Gegenden ausgeweitet wurde. Der bayerische Herzog Wilhelm V. etwa löste 1583 einen Kalenderstreit aus, als er vom Stadtrat der ihm an sich gar nicht unterstellten Reichsstadt Augsburg die Anerkennung des neuen Kalenders forderte. Die Proteste der dortigen evangelischen Stadtbevölkerung gegen den „papistischen Kalender" brachten die langjährigen örtlichen Spannungen zwischen Katholiken und Protestanten wieder ans Tageslicht und führten Augsburg an den Rand eines Bürgerkrieges.[1] Das Recht, über die Einführung eines neuen Kalenders zu bestimmen, war ein Akt des Machtausübung und entsprach meistens einem dezidierten Willen des Staates. Eigene Formen der Zeitrechnung oder eigene Maßeinheiten zu verwenden, war hingegen ein Symbol der Autonomie.[2]

1924, im selben Jahr, als Rumänien die Reform im kirchlichen Bereich beschloss, führte auch Polen gegenüber seinen orthodoxen Bevölkerungsteilen eine ähnliche Kalenderreform durch. Insbesondere aus den nach dem polnisch-sowjetischen Krieg von 1921 gewonnenen Gebieten kam starker Widerstand. Die dortigen orthodoxen Gemeinschaften empfanden die Maßnahme als eine verdeckte Katholisierung. Wie Daniela Kalkandjieva aufzeigte, veranlassten die Proteste vor allem weißrussischer Gläubiger den polnischen Staat, die Reform in manchen Orten aufzugeben.[3] Versuche, einen neuen Kirchenkalender einzuführen, gab es auch in der weitgehend gleichgeschalteten russisch-orthodoxen Kirche in der Sowjetunion. Aufgrund der Assoziation der Reform mit dem atheistischen Sowjetregime wurde die Maßnahme von den Gläubigen abgelehnt. Da die Reform zu Chaos und Streit in den Dorfparochien führte, zog Patriarch Tichon im Dezember 1923 seine Unterstützung für die Kalenderreform zurück.[4] Während es innerhalb

1 Wolfgang Wallenta, Der Augsburger Kalenderstreit von 1583/84. Ökonomische, politische und konfessionelle Gründe, in Markwart Herzog/Karl Bayer (Hgg.), Der Streit um die Zeit. Zeitmessung, Kalenderreform, Gegenzeit, Endzeit. Stuttgart 2002, 125–138.

2 Witold Kula, Measures and Man. Princeton, New Jersey 1986, 18, 20, 118.

3 Kalkandjieva, The Russian Orthodox Church: 1917–1948, 30–34.

4 Edward E. Roslof, Red Priests: Renovationism, Russian Orthodoxy and Revolution, 1905–1946. Bloomington 2002, 147–168.

der orthodoxen Kirche Griechenlands, die ebenfalls im Jahr 1924 einen neuen Kalender eingeführt hatte, zu massivem Widerstand von Mönchen und Nonnen gekommen war[5], fand der kalendarische Konflikt in Rumänien in seinem sehr ausgeprägten regionalen Zentrum Bessarabien zwischen Neuangehörigen der Titularnation – den 1918/19 hinzugekommenen rumänischsprachigen orthodoxen Gläubigen Bessarabiens – einerseits und der Kirchenleitung sowie der Zentralregierung andererseits statt. In Rumänien waren es eben nicht interkonfessionelle und ethnische Spannungen wie in Polen oder politische wie in der Sowjetunion, die im kalendarischen Konflikt ausgedrückt wurden. Die Entstehung der altkalendaristischen Bewegung zeigt zunächst einmal, dass die Maßnahmen zur Integration der orthodoxen Kirche Bessarabiens nicht nur allzu tiefgreifend, sondern auch voreilig gewesen waren. Staatliche wie kirchliche Behörden waren irrtümlicherweise von einer starken Identifikation der dortigen rumänischsprachigen orthodoxen Bevölkerung mit dem neuen Staat und der Nationalkirche ausgegangen.

Die Kalenderreform erfüllte in Rumänien drei Funktionen. Sie war ein Mittel zur administrativen Vereinheitlichung und kulturellen Homogenisierung des groß gewordenen Landes und diente zu dessen symbolischer Orientierung in Richtung Westen und zu seiner Abgrenzung vom Osten – eine Einstellung, die den Eliten bereits bei der Gründung des modernen rumänischen Staates 1860 zu eigen gewesen war und welche sie mit der Entstehung Großrumäniens ab 1918 weiter vertraten. Dies erklärt, warum der Staat die Reform nicht aufgab und für ihn eine Ausnahme oder Übergangsphase für die orthodoxe Kirche in Bessarabien, wo der Widerstand am stärksten war, nicht in Betracht kam. Hätte Rumänien im östlichen Grenzgebiet die Kalenderreform zurückgezogen, hätte der Staat signalisiert, dass er nicht so modern, einheitlich und zentralisiert war, wie er es zu sein beanspruchte. Zudem hätte ein solcher Schritt den Blick auf ganz allgemeine ernstzunehmende Unstimmigkeiten zwischen der Zentralregierung und der rumänischsprachigen Bevölkerung gerichtet.

Der kalendarische Konflikt, der als peripheres Phänomen begonnen hatte, wurde so bald zu einem nationalen Problem. Im Jahr 1930 war außerhalb des Kreises ihrer Anhänger und Sympathisanten allgemein akzeptiert, dass die Altkalendaristen die Einheit der Kirche und des Nationalstaates im östlichen Grenzgebiet gefährdeten. Die Politik des Zentrums oszillierte zwischen Repression (1924–1933) und Scheintoleranz (1934–1936), bevor die Sicherheitskräfte ab Herbst 1936 eine Politik der harten Unterdrückung der Altkalendaristen verfolgten. Um der nationalen und kirchlichen Einheit willen arbeiteten kirchliche und staatliche Institutionen mit der Zeit immer enger zusammen. Dieses Näherrücken brachte aber auch eine Konkurrenz zwischen staatlichen und kirchlichen Behörden mit sich, die um Macht und Einfluss fochten. Dadurch wurden die Kalendergegner und deren Anliegen in der Konfliktkonstellation weiter in den Hintergrund gedrängt.

Auf die Maßnahmen von oben reagierten die Kalendergegner mit unterschiedlichen Formen von Widerstand. Wie der Anthropologe James C. Scott verallgemeinernd dar-

[5] Slesarev, Starostil'nyj raskol v istorii Pravoslavnoj Cerkvi, 98–110.

gelegt hat, war im Lauf der Geschichte passiver Widerstand stets die erste und auch die verbreitetste Reaktion von Bauern auf staatliche Maßnahmen, die sie ablehnten. Zu offenen Auseinandersetzungen und zur Herausbildung von Gemeinschaften kam es auch im rumänischen Fall erst dann, als das Zentrum den passiven Widerstand der Altkalendaristen nicht länger tolerierte. Die Amtskirche und Gendarmerie erhöhten ihren Druck auf die Protestbewegung. Die Siguranța selbst gab diese Entwicklung in ihrer im Herbst 1936 verfassten Studie über die „stilistische Bewegung seit ihrer Entstehung bis in die Gegenwart" auf prägnante Weise wieder: „Der Druck der Behörden" auf die Reformverweigerer „versetzte sie in Bedrängnis", und sie mussten über eine „ernsthafte Organisation nachdenken".[6]

Mit dem Scheitern der unter Innenminister Ion C. Inculeț verfolgten Deeskalationsstrategie verpasste der Staat die Chance, sich den Altkalendaristen anzunähern – und umgekehrt. Es fehlte an den Mitteln und am Willen, auf die Anliegen der Gläubigen einzugehen. Die Behörden projizierten noch stärker als zuvor alle möglichen Gefahren auf die Altkalendaristen. Die Multiethnizität Bessarabiens, die dortige religiöse Vielfalt und der angesichts der Ansprüche der Sowjetunion de facto ungeklärte territoriale Status trugen zur immer negativeren Außenwahrnehmung der Altkalendaristen bei. Vieles an der behördlichen Abwehrhaltung war in sich irrational: Der Vorwurf etwa, dass verschiedene religiöse Gruppen Einfluss auf die Altkalendaristen ausgeübt hätten, um der Rumänisch-orthodoxen Kirche zu schaden, war gänzlich übersteigert. Überzeugende Belege für eine Zusammenarbeit der Altkalendaristen mit den Sowjets, über die so oft spekuliert wurde, wurden erst recht niemals gefunden. Je stärker Rumänien ab der zweiten Hälfte der 1930er Jahre zwischen den Interessen NS-Deutschlands und der Sowjetunion lavierte, desto stärker wuchs der Druck, sich für eine dieser beiden Seiten zu entscheiden. Die politischen Umwälzungen auch im Inneren schürten weiterhin Misstrauen gegen die Altkalendaristen.

Dass eine symbolische Reform zu solch tiefgreifenden Konflikten zwischen dem Zentralstaat und der eigenen Bevölkerung führte, ist in der europäischen Zwischenkriegszeit einzigartig. Auf europäischer Ebene weisen die sogenannten „Grünhemden" des politischen Aktivisten Henry Dorgères, die in den 1930er Jahren in Frankreich entstanden waren, immerhin gewisse Ähnlichkeiten zum altkalendaristischen Phänomen auf. Robert Paxtons Analyse hat die „Grünhemden" als eine faschistische Bauernbewegung ohne feste Organisationsstrukturen definiert. Die Bewegung lässt sich eher als dauernder Rebellionszustand beschreiben: Wütende Bauern, die unter den Folgen der Weltwirtschaftskrise litten, waren allmählich zur Erkenntnis gekommen, „dass weder ihre traditionellen Führer noch der französische Staat" Lösungen für ihre Probleme finden würden. Paxton betont zudem, dass über die Grünhemden kaum Quellen vorhanden seien, da die Bauern „die Vernachlässigten der Dritten Republik waren, denen die Behörden nicht zuhörten

6 ANR, Direcția Generală a Poliției, 1936/54, 1–28 [Studie der Siguranța vom Oktober 1936 betr. „die altkalendaristische Bewegung. Von den Anfängen bis heute"].

und die sie auch nicht verstanden".[7] Das galt selbst im Sicherheitsbereich: Die französischen Sicherheitsorgane und die regionalen Behörden waren viel besser darauf vorbereitet gewesen, mit Arbeiterrebellionen umzugehen, als Bauernunruhen zu unterdrücken.

Es sind einige Parallelen zwischen den Grünhemden und den Altkalendaristen festzustellen: Die spontanen Protestaktionen, die disparate Organisationsform, das konfliktreiche Verhältnis zum Staat und das mangelnde Verständnis, auf das die Proteste seitens der staatlichen Behörden stießen – all dies prägte beide Bewegungen. Der wichtigste Unterschied lag jedoch in ihrem Charakter: Im Frankreich der Zwischenkriegszeit rebellierten die Bauern gegen krisenhafte Veränderungen im landwirtschaftlichen Bereich nach dem Börsenkrach von 1929.[8] Der Altkalendarismus hingegen war als Reaktion auf Neuerungen im kirchlichen Bereich entstanden und lässt sich als Folge der Neuorientierung der Rumänisch-orthodoxen Kirche sowie der westlich-modernen Selbstwahrnehmung der Elite Großrumäniens nach 1918 betrachten.

Anders als bei den französischen Grünhemden ist der Aufschwung der Altkalendaristen mit zahlreichen Quellen dokumentiert, wenn auch nicht im Übermaß aus ihren eigenen Reihen und ihrer eigenen Wahrnehmung heraus. Der ungleich höhere behördliche Dokumentationsgrad hängt wiederum mit der Gleichzeitigkeit des Nations- und Staatsbildungsprozesses zusammen. Die Bewegung entstand in einem Grenzgebiet, wo der zwischen Rumänien und der Sowjetunion umstrittene territoriale Status eine starke staatliche Präsenz zur Folge hatte. Repräsentanten eines reformierten und teilweise neugegründeten Kirchen- und Staatssystems berichteten über jede Äußerung eines abweichenden Verhaltens in der Bevölkerung nach Bukarest. Neben den administrativen und kirchlichen Quellen sind die Stimmen der Kalendergegner in ihren eigenen Petitionen und Briefen authentische Zeugnisse ihres Widerstands. Da die Altkalendaristen geglaubt und gehofft hatten, vom Staat Zugeständnisse in ihrem religiösen Leben zu bekommen, waren sie jahrelang bemüht, sich durch schriftliche Interventionen Gehör zu verschaffen.

Auf ihrem Höhepunkt in den Jahren 1935 und 1936 bestand die altkalendaristische Bewegung aus unterschiedlichen Gruppierungen mit verschiedenen Vorstellungen über die Bekämpfung der Kalenderreform.[9] Gemeinsamer Nenner war die Überzeugung, allein durch die Verwendung des alten Kalenders die Traditionen und den wahren Glauben erhalten zu können und dadurch bessere orthodoxe Gläubige als die Angehörigen der

[7] Robert Paxton, French Peasant Fascism. Henry Dorgères's Greenshirts and the Crises of French Agriculture, 1929–1939. New York 1997, 1–15.

[8] Paxton, wie eben, 50.

[9] Es sei hier wenigstens erwähnt, dass die Altkalendaristen bis heute eine wichtige religiöse Gruppe innerhalb Rumäniens darstellen und über mehrere Parochien verfügen. Verlässliche Angaben zu ihrer Mitgliederzahl existieren nicht. Die meisten sind in der sogenannten „Orthodoxen Kirche des Ostens" (Biserica Ortodoxă de Răsărit) organisiert, deren Zentrum das Kloster Slătioara im Kreis Suceava ist. Für einen Überblick über die Entwicklung der diversen altkalendaristischen Gruppen nach 1945 und nach 1990 siehe: Mureșan, Stilismul în România (1924–2011), 66–156.

Amtskirche zu sein. Sie verstanden sich als die „richtigen Orthodoxen", und nicht von ungefähr ahmten ihre Gemeinschaften die Strukturen der orthodoxen Parochien nach. Unter dem Einfluss der LANC nahmen manche Gemeinschaften im Norden Bessarabiens und der Moldau jedoch radikalere Positionen ein und äußerten immer lauter politische und ökonomische Ziele. Die Feinde der wahren Glaubenspraxis und der einfachen Gläubigen waren für diese Gemeinschaften nicht mehr nur die Kirchenleitung, sondern auch die Gendarmen und andere Behördenvertreter, außerdem die Juden und die Bukarester Eliten.

Innerhalb Rumäniens haben damalige Zeitgenossen die Altkalendaristen oft mit den Anhängern des Wunderhirten Petrache Lupu verglichen. Dieser Hirte, der aus einem kleinwalachischen Dorf namens Maglavit im Süden Rumäniens stammte, behauptete 1935, dass Gott ihm in der Gestalt eines alten Mannes erschienen sei und Botschaften übermittelt habe. Petrache Lupu erlangte in kurzer Zeit große Bekanntheit, und Bauern aus allen Landesteilen zogen in Scharen nach Maglavit, um ihm zu lauschen. Auch wenn es rund um das Phänomen unterschiedliche Interessen gab, gelang es dort aber der politischen und kirchlichen Elite, die Kontrolle über die Bewegung zu übernehmen und sie sogar für ihre eigenen Zwecke zu instrumentalisieren:[10] Maglavit sollte der Homogenisierung der rumänischen Nation dienen.[11] Bereits auf der Weltausstellung in Brüssel im gleichen Jahr 1935 zeigte das amtliche Rumänien einen Film über Petrache Lupu, woraufhin mit staatlicher und kirchlicher Unterstützung ausgedehnte Pilgerfahrten nach Maglavit organisiert wurden.[12]

Warum gelang es nun der Amtskirche so erfolgreich, das Phänomen von Maglavit für sich zu nutzen, während sie auf den Altkalendarismus keine Antwort parat hatte? Warum unterstützte die Kirchenleitung jenen spezifischen Ausdruck der Bauernreligiosität, während ihre Beziehung zu den Altkalendaristen immer weiter eskalierte? Ein Teil der Antwort ist rasch zu finden: Die Bewegung von Petrache Lupu war religionswissenschaftlich betrachtet ein Kultus, der sehr stark auf seine eigene Person ausgerichtet war. Allein schon deshalb war es für die Kirchenleitung viel leichter, Einfluss darauf zu nehmen. Außerdem erfüllte das Maglavit-Phänomen für seine Anhänger bloß eine ergänzende Funktion zur Seelsorge durch die orthodoxen Dorfpriester und war grundsätzlich nicht gegen die offizielle Kirche gerichtet. Die altkalendaristische Bewegung hingegen entstand aus der Überzeugung der Kalendergegner, die Traditionen und die wahre Form der Orthodoxie zu bewahren, und aus der Konfrontation der Gläubigen mit Kirche und Staat. Die Altkalendaristen griffen mit ihren Argumenten die Modernisierungsvorstellungen des Zentralstaates an und delegitimierten diesen in Bessarabien durch eine Bewegung von unten. Dies versetzte Kirche und Staat in einen Verteidigungsmodus. So wie sich unter den Altkalendaristen unterschiedliche Formen des Widerstands entwickelten, so

10 Schmitt, Das „rumänische Lourdes", 265.

11 Schmitt, wie eben, 267.

12 Schmitt, wie eben, 266f.

variierten auch die Formen der Repression. Die modernisierende und zuletzt auch stark verunsicherte kirchliche und politische Elite bemühte sich nicht, die Kalendergegner in die Nationsbildung zu integrieren. Dadurch verlor der Zentralstaat die Unterstützung vieler Angehöriger der Titularnation. Diese Unterstützung wäre aber in einem neu gewonnenen Gebiet wie Bessarabien, das erst noch in einen neuen zentralistischen Staat zu integrieren war, von enormer Bedeutung gewesen.

Verzeichnis der Abbildungen, Diagramme und Tabellen

Abbildungen

Diagramme

Tabellen

Abkürzungsverzeichnis

AMAEA	Arhiva Ministerului Afacerilor Externe (Archiv des Ministeriums für Auswärtige Angelegenheiten)
ANR	Arhivele Naționale ale României (Nationalarchiv Rumäniens)
ANRM	Arhivele Naționale ale Republicii Moldova (Nationalarchiv der Republik Moldau)
ASTRA	Asociația Transilvană pentru Literatura Română și Cultura Poporului Român (Transsilvanische Vereinigung für rumänische Literatur und die Kultur des rumänischen Volkes)
BOR	Biserica Ortodoxă Română (Rumänisch-orthodoxe Kirche)
CNSAS	Consiliul Național pentru Studierea Arhivelor Securității (Nationaler Rat für das Studium der Archive der Securitate)
DGP	Direcția Generală a Poliției (Generaldirektion der Polizei)
GARF	Gosudarstvennyj archiv Rossijskoj Federacii (Staatliches Archiv der Russländischen Föderation)
IGJ	Inspectoratul General al Jandarmeriei (Generalinspektorat der Gendarmerie)
LANC	Liga Apărării Național Creștine (Liga der national-christlichen Verteidigung)
MJ-DJ	Ministerul Justiței – Direcția Judiciară (Justizministerium – juristische Abteilung)
MCA	Ministerul Cultelor și Artelor (Kultusministerium)
NKVD	Narodnyj Kommissariat Vnutrennich Del (Volkskommissariat für innere Angelegenheiten)
PNA	Partidul Național Agrar (Nationale Agrarpartei)
PNC	Partidul Național Creștin (National-Christliche Partei)
PNL	Partidul Național Liberal (Nationalliberale Partei)
PNȚ	Partidul Național Țărănesc (Nationale Bauernpartei)
ROK	Russisch-orthodoxe Kirche
ROKA	Russisch-orthodoxe Kirche im Ausland

Quellen- und Literaturverzeichnis

Quellen

Ungedruckte Quellen/Archivalien

Arhivele Naţionale ale României (ANR), Bukarest
Casa Regală-Miscelanee
Direcţia Generală a Poliţiei (DGP)
Inspectoraul General al Jandarmeriei (IGJ)
Inspectoratele Regionale de Poliţie (IRP)
Ministerul Cultelor şi Artelor (MCA)
Ministerul de Interne – Diverse
Ministerul de Interne – Direcţia Administraţiei de Stat
Ministerul de Interne – Direcţia Conabilităţi
Ministerul Agriculturii şi Domeniilor – Creditul Ipotecar
Oficiul Central pentru Valorificarea Grâului
Ministerul Justiţei – Direcţia Judiciară (MJ-DJ)
Nachlässe: Miron Cristea, Visarion Puiu, Onisifor Ghibu, Constantin Tomescu, A. C. Cuza, Alexandru Averescu

Arhiva Ministerului Afacerilor Externe, Bukarest
Problema 16, Vol.10

Consiliul Naţional pentru Studierea Arhivelor Securităţii (CNSAS), Bukarest
Fond Penal: P104820, P 106124-1, -2, -3, P074601, P105506-1, -2, -3, P106124-1, P106124-2, -3, P0078288-1, -2, P0095440, P120044-1, -2, P883/36897

Fond Documentar: D000063, D011272-1, D012388-10, D012388-20, D013408-1, -2, -3, -4, -5, -9, D013493-2, D015258, D015259, D015260, D015261, D015263, D015283, D015285, D015288, D015854, D015855, D015857, D015860, D015860, D015887-2, -7, D006910-3

Fond Informativ: I161963-1, -2, -3, I408788, I528711, I550363-1, -2

Gosudarstvennyj archiv Rossijskoj Federacii (GARF), Moskau
r-5325, 4, 100; -8131, 31

Arhivele Naţionale ale Republici Moldova (ANRM), Chişinău
Fond: 120, 622, 680, 692, 694, 1217

Politisches Archiv des Auswärtigen Amtes, Berlin
Bestand Gesandtschaft Bukarest

Zeitungen und Zeitschriften

Eparhia Chişinăului: Lucrările Congresului al doilea eparhial al Episcopiei Hotinului. 6–11 august 1924. Chişinău [1924].

Eparhia Chişinăului: Lucrările Adunării eparhiei Chişinăului. Sesiunea 9–11 Martie 1932. Chişinău: [1932].

Eparhia Chişinăului: Lucrările Adunării eparhiei Chişinăului. Sesiunea 22–23 Mai 1933. Chişinău [1933].

Eparhia Chişinăului: Lucrările Adunării eparhiei Chişinăului. Sesiunea 18–21 iulie 1935. Chişinău [1935].

Eparhia Chişinăului: Lucrările Adunării eparhiei Chişinăului. Sesiunea mai 1936. Chişinău [1936].

Episcopia Hotinului Bălţi: Actele desbaterile şi hotărîrile Adunărei Eparhiale din Sesiunea Ordinară din anul 1936. Bălţi [1936].

Episcopia Hotinului Bălţi: Actele desbaterile şi hotărîrile Adunărei Eparhiale din Sesiunea Ordinară din anul 1937. Bălţi [1937].

Lucrările Adunărei Generale a Uniunii Clericilor Ortodocşi din Basarabia: 17–19 martie 1925. Chişinău [1925].

Lucrările Adunărei Generale a Uniunii Clericilor Ortodocşi din Basarabia Sesiunea decembrie 1928. Chişinău [1928].

Lucrările Adunării Generale a Delegaţilor Uniunii Clericilor Ortodocşi din Basarabia. Sesiunea 5–7 octombrie 1932. Chişinău [1932].

Adevărul (Die Wahrheit)

Apărarea Naţională (Die nationale Verteidigung)

BOR (Biserica Ortodoxă Română; Zeitschrift der Rumänsich-orthodoxen Kirche)

Dimineaţa (Morgen)

Gândirea (Das Denken)

Luminătorul (Der Aufklärer)

Porunca Vremii (Gebot des Tages)

Şcoala Basarabeană (Bessarabische Schule)

Ţara Noastră (Unser Land)

Universul (Das Universum)

Gedruckte Quellen, Broschüren und Memoiren

Anuarul Eparhiei Chişinăului şi Hotinului (Basarabia). Ediţie Oficială Chişinău 1922.

[o. V.,] Apărare, şi Răspuns Catigoric. Ohne Ort, 1935, ohne Seitenangaben.

[o. V.,] Apărarea noastră a ortodocşilor. Ohne Ort, 1936, ohne Seitenangaben.

Asociaţiunea Culturală „Astra" Basarabeană (1930): Activitatea Asociaţiei culturale „Astra" Basarabeană dela înfiinţare (Octombrie 1926) până la Sf. Paşti (20 Aprilie) 1930. Chişinău: Cartea Românească.

Brichiuş, Ion: Strajă la Nistru. Bucureşti 2009.

Blaga, Lucian: Izvoade. Bucureşti 2011.

Cattely, Emanoil: Cartea Noastră. Bălţi 1936.

Chirică, Petru: Lămuriri bune. Iaşi 1934.

Chiricescu, Constantin: Calendarul nostru nu e schimbat, ci îndreptat. Bucureşti 1925.

Cicală, Nestorian: Epistolă de lămurire către creştini cu privire la îndreptarea calendarului şi la data serbării Sf. Paşti în anul 1929. Iaşi 1928.

Cicală, Nestorian: Îndreptarea calendarului. Mănăstirea Cernica-Ilfov 1934.

Cicală, Nestorian: Îndreptarea calendarului. Bucureşti 1935.

Culcea, Toma: Calendarul îndreptat este cel bun. Bucureşti 1937.

Episcopul Tit Simedrea al Hotinului. Câteva preţuiri şi înfăţişări ale lucrării sale. Bălţi 1939.

Gherasimescu, Toma: Îndreptarea calendarului. Bălţi 1936.

Ghibu, Onisifor: Călătorind prin Basarabia. Impresiile unui român ardelean. Chişinău 1923.

Ghibu, Onisifor: Trei ani pe frontul Basarabean. Bucureşti 1996.

Goga, Octavian: Poezii. Teatru. Mărturii. Însemnări. Jurnale. Bucureşti 2001.

Goga, Octavian: Opere. Publicistică. Bucureşti 2010.

Grişcov, Nicolae: Inovaţiile în serviciul divin. Chişinău 1936.

Grosu, Mitropolit al Basarabiei: Procesul şi apărarea mea. Denunţarea complotului apocaliptic. Bucureşti 1937.

Gusti, Dimitrie (Hg.): Enciclopedia României. Statul. Bd. 1. Bucureşti 1938.

Ders.: Enciclopedia României. Ţara Românească. Bd. 2. Bucureşti 1938.

Ders.: Enciclopedia României. Economia Naţională. Cadre şi producţie. Bd. 3. Bucureşti 1938.

Hulea, Eugen: ASTRA. Istoric, organizare, activitate, statute şi regulamente. Sibiu 1944.

Manuilă, Sabin: Recensământul general al populaţiei României din 29 decemvrie 1930. Bd. 2: Neam, Limba Maternă, Religie. Teil 1: Neam, Limbă Maternă. Bucureşti 1938.

PASAT, Valeriu: Pravoslavie v Moldavii: vlast', cerkov', verujuščie. 1940–1953 Bd. 1. Moskva 2009.

PUIU, Visarion: Glas în pustie. Bd. 1: Îmbunătăţiri bisericeşti întîrziate. Chişinău 1931.

SEBASTIAN, Mihail: Journal, 1935–1944. London 2003.

SCVOZNICOV, Alexandru: Cuvântul iubitor de adevăr. Despre calendar. Stilul vechiu şi stilul îndreptat. Chişinău 1936.

SPIRU, Grigore: Desvăluirea unor senzaţionale excrocherii. Rasputinul Moldovei. Glicherie Diavolul „Sfânt". „Episcopul" Stiliştilor. Iaşi, ohne Jahr.

TĂTĂRESCU-NEGROPONTES, Sanda: Gheorghe Tătărescu. Mărturii pentru istorie. Bucureşti 1996.

TOMESCU, Constantin N.: 10 ani de la reînfiinţarea Episcopiei Hotinului 1923–1933. Bucureşti 1933.

VAIDA-VOEVOD, Alexandru/ŞERBAN, Alexandru (Hgg.): Memorii. Bd. 4. Cluj-Napoca 1998.

Sekundärliteratur

Achim, Viorel: Politica regimului Antonescu față de cultele neoprotestante. Iași 2013.

Anaškin, Dmitrij Pavlovič: Zakonodatel'stvo Russkoj Pravoslavnoj Cerkvi Zagranicej 1921–2007. Moskva 2013.

Antić, Oxana: The Russian Orthodox Church Abroad, in: Pedro Ramet (Hg.): Eastern Christianity and Politics in the Twentieth Century. Durham, London 1988, 135–145.

Baciu, Mihai/Bocancea, Silvia (Hgg.): Basarabia după 200 de ani. Conferință internațională: Iași, 12 mai 2012. Iași 2012.

Baker, Mark R.: Peasants, Power, and Place. Revolution in the Villages of Kharkiv Province, 1914–1921. Cambridge (Mass.) 2016.

Balzer, Marjorie Mandelstam: Russian Traditional Culture. Armonk, New York, London 1992.

Băncilă, Vasile: Duhul sărbătorii. București 1996.

Bănică, Mirel: Biserica ortodoxă română: stat și societate în anii '30. Iași 2007.

Ders.: Nevoia de miracol. Fenomenul pelerinajelor în România contemporană. Iași 2014.

Basciani, Alberto: La difficile unione. La Bessarabia e la Grande Romania 1918–1940. Vorwort Keith Hitchins. Roma 2007.

Bătcă, Maria: Dimensiunile spirituale ale Basarabiei. București 1998.

Bayley, David H.: Patterns of Policing. A Comparative International Analysis. New Brunswick 1990.

Beer, Klaus P.: Zur Entwicklung des Parteien- und Parlamentssystems in Rumänien 1928–1933. Die Zeit der national-bäuerlichen Regierungen. Frankfurt am Main, Bern 1983.

Bejan, Cristina A.: Intellectuals and Fascism in Interwar Romania. The Criterion Association. London 2019.

Bendel, Rainer: Aufbrüche und Umbrüche. Kirche und Gesellschaft Ostmittel- und Südosteuropas zwischen den Weltkriegen (1918–1939). Wien, Köln 2007.

Bernea, Ernest: Contribuții la problema calendarului în satul Cornova, *Arhivă pentru știință și reformă socială, Organul Institutului Social Român* 1–4 (1932), 191–204.

Ders.: Cadre als gîndirii populare românești. București 1985.

Bernshtam, Tat'jana Aleksandrovna: Russian Folk Culture and Folk Religion, in: Marjorie Mandelstam Balzer (Hg.): Russian Traditional Culture. Armonk, New York, London 1992, 34–47.

Besier, Gerhard: Religion, State and Society in the Transformations of the Twentieth Century: Modernization, Innovation and Decline. Berlin 2008.

Bichir, Florian: Ortodocșii de lângă noi. Studiu istoric și canonic al Bisericii Ortodoxe de Stil Vechi din România. Documente inedite din Arhivele Securității. Timișoara 2011.

BLAGA, Lucian: Triologia culturii. București 2018.

DERS.: Elogiul Satului Românesc, in: DERS.: Izvoade. București 2011, 13–30.

BLOMQVIST, Anders E. B.: Economic Nationalizing in the Ethnic Borderland of Hungary and Romania. Inclusion, Exclusion, Annihilation in Szatmár/Satu-Mare 1867–1944. Stockholm 2014.

BODEA, Gheorghe I.: Octavian Goga: o viață, un destin. Bd. 2. Cluj-Napoca 2007.

BOWMAN, Marion/VALK, Ülo (Hgg.): Vernacular Religion in Everyday Life Expressions of Belief. New York, London 2012.

BOZDOGHINĂ, Horia: Antisemitismul lui A. C. Cuza în politica românească. București 2012.

BREMER, THOMAS: Religion and the Conceptual Boundary in Central and Eastern Europe. Encounters of Faiths. Basingstoke, New York 2008.

DERS.: Kreuz und Kreml. Geschichte der orthodoxen Kirche in Russland. Freiburg/Br., Basel, Wien ²2016.

BRENDECKE, Arndt: Die Autorität der Zeit in der Frühen Neuzeit. Berlin 2007.

BRUBAKER, Rogers: Religious Dimensions of Political Conflict and Violence, *Sociological Theory* 33 (2015), 1–19.

BRUNNBAUER, Ulf/BUCHENAU, Klaus: Geschichte Südosteuropas. Ditzingen 2018.

BRUSANOWSKI, Paul: Autonomia şi constituţionalismul în dezbaterile privind unificarea Bisericii Ortodoxe Române (1919–1925). Cluj-Napoca 2007.

DERS.: Stat şi biserică în Vechea Românie între 1821–1925. Cluj-Napoca 2010.

DERS.: Rumänisch-orthodoxe Kirchenordnungen (1786–2008): Siebenbürgen – Bukowina – Rumänien. Wien, Köln 2011.

BUC, Philippe: Heiliger Krieg. Gewalt im Namen des Christentums. Darmstadt 2015.

BUCHENAU, Klaus: Auf russischen Spuren. Orthodoxe Antiwestler in Serbien, 1850–1945. Wiesbaden 2011.

BUCUR, Maria: Gender and Religiosity among the Orthodox Christians in Romania. Continuity and Change, 1945–1989, *Aspasia* 5 (2011), H. 1, 28–45.

BURBANK, Jane: Russian Peasant go to Court. Legal Culture in the Countryside, 1905–1917. Bloomington, Indianapolis 2004.

BURUIANĂ, Ovidiu: Construind opoziţia. Istoria politică a Partidului Naţional Liberal între anii 1927 şi 1933. Iași 2013.

DERS.: Liberalii. Structuri şi sociabilităţi politice liberale în România interbelică. Iași 2013.

BUSS, Andreas E.: The Russian-Orthodox Tradition and Modernity. Leiden 2003.

BUZILĂ, Boris: Din istoria vieţii bisericeşti din Basarabia: 1812–1918, 1918–1944. Bucureşti 1996.

Ders.: Ortodoxismul basarabean, in: Silvia Grossu/Vlad Pohilă (Hgg.): Mitropolitul Gurie – misiunea de credinţă şi cultură. Culegere de articole şi studii despre Mitropolitul Gurie (Grosu) al Basarabiei (1877–1943). Chişinău 2007, 27–34.

Calic, Marie-Janine: Südosteuropa: Weltgeschichte einer Region. München 2016.

Caşu, Igor: Duşmanul de clasă. Represiuni politice, violenţă şi rezistenţă în R(A)SS Moldovenească, 1924–1956). Chişinău 2013.

Cazacu, Matei (1987): L'Eglise orthodoxe entre le renouveau et la tradition: Phanariotes et Anti-Phanariotes, in: Christian Hannick (Hg.): Sprachen und Nationen im Balkanraum. Köln, Wien 1987, 43–64.

Cazacu, Matei/Trifon, Nicolas (Hgg.): Republica Moldova. Un stat în căutarea naţiunii. Chişinău 2017.

Cernat, Paul: Vase comunicante. (Inter)feţe ale avangardei româneşti interbelice. Iaşi 2018.

Chaillot, Christine: The Orthodox Church in Eastern Europe in the Twentieth Century. Oxford, Wien 2011.

Chirot, Daniel: The Market, Tradition and Peasant Rebellion: The Case of Romania in 1907, *American Sociological Review* 40 (1975), 428–444.

Ders.: A Clash of Civilizations or of Paradigms. Theorizing Progress and Social Change, *International Sociology* 16/3 (2001), 341–360.

Chistol, Aurelian: România în anii guvernării liberale Gheorghe Tătărescu (1934–1937). Târgovişte 2007.

Chulos, Chris J.: Converging Worlds: Religion and Community in Peasant Russia, 1861–1917. DeKalb 2003.

Ciobanu, Vasile/Radu, Sorin: Partide politice şi minorităţi naţionale din România în secolul XX. Bde. 1, 2, 5. Sibiu 2006, 2007, 2010.

Clark, Roland: Religious Reform and Sectarianism in Interwar Romania. The Limits of Orthodoxy and Nation-Building. London 2021.

Ders.: Repositioning Russia: Romanian Orthodoxism's Appropriation of the Silver Age, *Landshaft* 3 (2009), 1–30.

Clewing, Konrad/Schmitt, Oliver Jens (Hgg.): Geschichte Südosteuropas. Vom frühen Mittelalter bis zur Gegenwart. Regensburg 2011.

Cojocaru, Gheorghe E.: Integrarea Basarabiei în cadrul României (1918–1923). Bucureşti 1997.

Constantin, Mihai: Biserica si elitele intelectuale interbelice. Iaşi 2014.

Della Porta, Donatella/Diani, Mario (Hgg.): The Oxford Handbook of Social Movements. Oxford 2015.

Dimisianu, Georgeta: Evoluţia legislaţiei cu privire la culte. Dezbateri parlamentare. Biserica Ortodoxă Română şi cultele minoritare. Bucureşti 2007.

Djordjević, Dimitrije: An Attempt at the Impossible: Stages of Modernization of the Balkan. Peasantry in the 19th Century, *Balcanica* VIII (1977), 321–335.

Ders.: The Balkan Peasantry, 1740–1914. A Synthesis, in: Stephen Fischer-Galati/ Bela Kiraly (Hgg.): Essays on War and Society in East Central Europe: 1740–1920. Boulder 1987.

Döpmann, Hans-Dieter: Kirchliche Identität und kanonisches Territorium, in: Thomas Bremer (Hg.): Religion und Nation. Die Situation der Kirchen in der Ukraine. Wiesbaden 2003, 53–66.

Drace-Francis, Alex: The Making of Modern Romanian Culture: Literacy and the Development of National Identity. London 2006.

Ders.: The Traditions of Invention: Romanian Ethnic and Social Stereotypes in Historical Context. Leiden 2013.

Dülmen, Richard van: Reformation als Revolution: Soziale Bewegung und religiöser Radikalismus in der deutschen Reformation. Frankfurt am Main 1988.

Dumitru, Diana: The State, Antisemitism, and Collaboration in the Holocaust: the Borderlands of Romania and the Soviet Union. New York 2018.

Dunăreanu, N.: Figuri Contemporane din Basarabia. Chișinău 1939.

Durandin, Catherine: Orthodoxie et Roumanité. Le débat de l'entre deux guerres, *Rumanian Studies* 5 (1980–1986), 105–124.

Dies.: Discurs politic şi de modernizare în România (sec. XIX–XX). Cluj-Napoca 2001.

Eder, Franz X. (Hg.): Das Gerede vom Diskurs – Diskursanalyse und Geschichte. Innsbruck, Wien 2005. (= Themenheft *Österreichische Zeitschrift für Geschichtswissenschaften* 6 [2005], H. 4)

Eggeling, Tatjana: Umbruch zur „Moderne"? Studien zur Politik und Kultur in der osteuropäischen Transformation. Frankfurt am Main, Wien 1997.

Egry, Gábor: Phantom Menaces? Ethnic Categorization, Loyalty and State Security in Interwar Romania, *Hungarian Historical Review* 3 (2014), 650–682.

Eidelberg, Philip G.: The Great Rumanian Peasant Revolt of 1907: Origins of a Modern Jacquerie. Leiden 1974.

Eisenstadt, Shmuel: Die Vielfalt der Moderne. Weilerswist 2000.

Emeliantseva, Ekaterina: Religiöse Grenzgänger im östlichen Europa. Glaubensenthusiasten um die Prophetin Ekaterina Tatarinova und den Pseudomessias Jakob Frank im Vergleich (1750–1850). Köln 2005.

Enache, George: Orthodoxy, Liberalism and Totalitarianism in Modern and Contemporary Romania. Târgoviște 2016.

Enciu, Nicolae: Populaţia rurală a Basarabiei în anii 1918–1940. Chişinău 2002.

DERS.: În componența României Întregite. Basarabia și basarabenii de la Marea Unire la notele ultimative sovietice. București, Brăila 2018.

FAJFER, Łukasz: Modernisierung im orthodox-christlichen Kontext. Der Heilige Berg Athos und die Herausforderungen der Modernisierungsprozesse seit 1988. Frankfurt am Main 2012.

FISCHER-GALATI, Stephen: Twentieth Century Rumania. New York 1970.

FRANK, Stephen P.: Crime, Cultural Conflict, and Justice in Rural Russia, 1856–1914. Berkeley, Los Angeles, London 1999.

FRINGS, Andreas: Neukonstruktion von Lebenswelten im multiethnischen Wolga-Kama-Raum: Die Apostasiewelle von 1866, in: Victor HERDT/Dietmar NEUTATZ (Hgg.): Gemeinsam getrennt. Bäuerliche Lebenswelten des späten Zarenreiches in multiethnischen Regionen am Schwarzen Meer und an der Wolga. Wiesbaden 2010, 165–177.

GAUDIN, Corinne: Ruling Peasants. Village and State in late Imperial Russia. DeKalb 2007.

GEERTZ, Clifford: Dichte Beschreibung. Beiträge zum Verstehen kultureller Systeme. 13. Auflage. Frankfurt am Main 2015.

GEFFERT, Bryn: Eastern Orthodox and Anglicans. Diplomacy, Theology, and the Politics of Interwar Ecumenism. Notre Dame (Indiana) 2010.

GIDDENS, Anthony: Konsequenzen der Moderne. Frankfurt am Main 1996.

GLOCK, Charles Y./STARK, Rodney: Religion and Society in Tension. Chicago 1965.

GOERTZ, Hans-Jürgen: Religiöse Bewegungen in der Frühen Neuzeit. München 1993.

GRÄF, Rudolf/STANCIU, Daniela (Hgg.): Loyalitätswechsel und institutioneller Neuanfang. Die regionalen deutschen Minderheiten in Rumänien 1918–1928. Cluj-Napoca 2018.

GROSSU, Silvia/POHILĂ, Vlad: Mitropolitul Gurie – misiunea de credință și cultură. Culegere de articole și studii despre Mitropolitul Gurie (Grosu) al Basarabiei (1877–1943). Chișinău 2007.

GUBONIN, Michail Efimovič: Akty Svjatejšego Tichona, Patriarcha Moskovskogo i vseja Rossii, pozdnejšie dokumenty i perepiska o kanoničesckom preemstve vysšej cerkovnoj vlasti, 1917–1943. Moskva 1994.

GUMENÂI, Ion : Aspecte privind ortodoxia și religiozitatea basarabeană în secolul al XIX–lea, in: Mihai BACIU/Silvia BOCANCEA (Hgg.): Basarabia după 200 de ani. Iași 2012, 233–252.

HAMILTON, Malcolm: The Sociology of Religion. Religious Movements. London, New York 2007.

HANEBRINK, Paul: A Specter Haunting Europe. The Myth of Judeo-Bolshevism. Cambridge/MA 2018.

HANK, Johnston: What is a Social movement? Cambridge 2014.

Harre, Angela: Wege in die Moderne: Entwicklungsstrategien rumänischer Ökonomen im 19. und 20. Jahrhundert. Wiesbaden 2009.

Haslinger, Peter/Puttkamer, Joachim von (Hgg.): Staat, Loyalität und Minderheiten in Ostmittel- und Südosteuropa: 1918–1941. München 2007.

Hauptmann, Peter: Rußlands Altgläubige. Göttingen 2005.

Hausleitner, Mariana: Die Rumänisierung der Bukowina. Die Durchsetzung des nationalstaatlichen Anspruchs Grossrumäniens 1918–1944. München 2001.

Dies.: Auf dem Weg zur Ethnokratie. Rumänien in den Jahren des Zweiten Weltkrieges, in: Christoph Dieckmann (Hg.): Kooperation und Verbrechen. Formen der „Kollaboration" im östlichen Europa 1939–1945. Göttingen 2003, 78–112.

Dies.: Deutsche und Juden in Bessarabien: 1814–1941. Zur Minderheitenpolitik Russlands und Großrumäniens. München 2005.

Haynes, Rebecca: Moldova. A History. London 2020.

Heinen, Armin: Rumänien, der Holocaust und die Logik der Gewalt. München 2007.

Heinen, Armin/Schmitt, Oliver Jens (Hgg.): Inszenierte Gegenmacht von rechts. Die „Legion Erzengel Michael" in Rumänien 1918–1938. München 2013.

Hellemans, Staf: Das Zeitalter der Weltreligionen: Religion in agrarischen Zivilisationen und in modernen Gesellschaften. Würzburg 2010.

Henrich-Franke, Christian: Die „Schaffung" Europas in der Zwischenkriegszeit: politische, wirtschaftliche und gesellschaftliche Konstruktionen eines vereinten Europas. Berlin 2014.

Herdt, Victor/Neutatz, Dietmar (Hgg.): Gemeinsam getrennt. Bäuerliche Lebenswelten des späten Zarenreiches in multiethnischen Regionen am Schwarzen Meer und an der Wolga. Wiesbaden 2010.

Herzog, Markwart/Bayer, Karl: Der Streit um die Zeit. Zeitmessung, Kalenderreform, Gegenzeit, Endzeit. Stuttgart 2002.

Himka, John-Paul/Zayarnyuk, Andriy: Introduction, in: diess. (Hgg.): Letters from Heaven. Popular Religion in Russia and Ukraine. Toronto, Buffalo, London 2006.

Hitchins, Keith: Românii, 1774–1866. 3. Auflage. București 2013.

Ders.: Orthodoxy and Nationality. Andreiu Şaguna and the Rumanians of Transylvania, 1846–1873. Cambridge, London 1977.

Ders.: Rumania 1866–1947. Oxford 1994.

Ders.: Ion I. C. Brătianu: Romania. Makers of the Modern World: The Peace Conferences of 1919–23 and Their Aftermath. London 2011.

Hobsbawm, Eric J.: Sozialrebellen: archaische Sozialbewegungen im 19. und 20. Jahrhundert. Neuwied am Rhein 1962.

HÖPKEN, Wolfgang: Zentralstaat und kommunale Selbstverwaltung in Bulgarien 1880–1910. Zur Anatomie eines Modernisierungskonfliktes, in: Zwetana TODOROVA (Hg.): Probleme der Modernisierung Bulgariens im 19. und 20. Jahrhundert. Sofia 1994, 24–39.

HULEA, Eugen: ASTRA. Istoric, organizare, activitate, statute şi regulamente. Sibiu 1944.

IACOB, Gheorghe: Rumänien in der Epoche der Modernisierung (1859–1939). Wien 2018.

IANCU, Carol: Le Juifs en Roumanie (1919–1938). De l'émancipation à la marginalisation. Paris 1996.

INCULEȚ, Ion: O revoluție trăită. Chișinău 1994.

ISAR, Nicolae: Relaţiile stat-biserică în România modernă (1821–1914). Sinteză şi culegere de texte. Bucureşti 2007.

JOANTĂ, Seraphim: Romania. Its Hesychast Tradition and Culture. Wildwood 1992.

JOAS, Hans: Vielfalt der Moderne – Ansichten der Moderne. Frankfurt am Main 2012.

JOSEPH, Gilbert M.: Everyday Forms of State Formation. Durham 1994.

JUDSON, Pieter M.: The Habsburg Empire. A New History. Cambridge 2018.

KALKANDJIEVA, Daniela: The Russian Orthodox Church: 1917–1948. From Decline to Resurrection. London 2015.

KALTENBRUNNER, Andreea: Die Bekämpfung der religiös Andersdenkenden. Die rumänischen Altkalendaristen aus Cucova-Putna, 1934–1935, *Südost-Forschungen* 77 (2018), 216–235.

DIES.: Modernization Struggles in Interwar Romania: Old Calendarists, Church and Government in Bessarabia in the 1930s, *Slavonic and East European Review* 99 (2021) H. 3, 520–543.

KAPALÓ, James A.: Inochentism and Orthodox Christianity. Religious Dissent in the Russian and Romanian Borderlands. London, New York 2019.

KEIL, Thomas J.: Romania's Tortured Road toward Modernity. Boulder 2006.

KING, Charles: The Moldovans. Romania, Russia, and the Politics of Culture. Stanford 2000.

KIVELSON, Valerie A./GREENE, Robert H. (Hgg.): Orthodox Russia: Belief and Practice under the Tsars. University Park PA 2003.

KNÖBL, Wolfgang: Polizei und Herrschaft im Modernisierungsprozeß: Staatsbildung und innere Sicherheit in Preußen, England und Amerika 1700–1914. Frankfurt am Main 1998.

DERS.: Spielräume der Modernisierung: das Ende der Eindeutigkeit. Weilerswist 2001.

KOSTRJUKOV, Andrej A.: Russkaja Zarubežnaja Cerkov' v 1925–1938 gg. Jurisdikcionnye konflikty i otnošenija s moskovskoj cerkovnoj vlast'ju. Moskva 2011.

DERS.: Russkaja Zarubežnaja Cerkov' v 1939–1964 gg. Administrativnoe ustrojstvo i otnošenija s cerkov'ju v otečestve. Moskva 2015.

KRUSE, Wolfgang: Andere Modernen. Beiträge zu einer Historisierung des Moderne-Begriffs. Bielefeld 2015.

KÜHRER-WIELACH, Florian: Siebenbürgen ohne Siebenbürger? Zentralstaatliche Integration und politischer Regionalismus nach dem Ersten Weltkrieg. München 2014.

KULA, Witold: Measures and Man. Princeton 1986.

LADE, Albert: Rom und der orthodoxe Orient. Entgegnung auf die „Vorlesungen über die orientalische Kirchenfrage" von Prinz Max, Herzog zu Sachsen. St. Petersburg 1909.

[DERS.] LADE, Seraphim Metropolit: Die Ostkirche. Stuttgart 1950.

LANDWEHR, Achim: Historische Diskursanalyse. 2. Auflage. Frankfurt am Main, New York 2009.

LASCH, Katja: Die Entstehung Großrumäniens. Parallelen und Unterschiede des Anschlusses Siebenbürgens und Bessarabiens an Rumänien 1918, *Zeitschrift für Siebenbürgische Landeskunde* 27 (2004), 176–194.

LATOUR, Bruno: Wir sind nie modern gewesen. Versuch einer symmetrischen Anthropologie. Frankfurt am Main 1998.

LAZĂR, Traian D.: Un nume cu adevărat românesc. O vizită regală în Bucovina şi Basarabia, *Revista română* 4 (2011), 24–25.

LEHNING, James R.: Peasant and French. Cultural Contact in Rural France during the Nineteenth Century. Cambridge 1995.

LEUSTEAN, Lucian N.: The Political Control of Orthodoxy in the Construction of the Romanian State, 1859–1918, *European History Quarterly* 37 (2007), 61–80.

DERS.: Orthodoxy and the Cold War: Religion and Political Power in Romania, 1947–65. Basingstoke 2009.

DERS.: Eastern Christianity and Politics in the Twenty-First Century. New York 2014.

LISNIC, Ioan: Mitropolitul Visarion Puiu: Viaţa şi opera sa bisericească. Chişinău 2010.

LIVEZEANU, Irina: Cultural Politics in Greater Romania. Regionalism, Nation Building and Ethnic Struggle, 1918–1930. Ithaca 1995.

LÜDTKE, Alf/WILDT, Michael (Hgg.): Staats-Gewalt: Ausnahmezustand und Sicherheitsregimes. Historische Perspektiven. Göttingen 2008.

LUNGU, Dov B.: Romania and the Great Powers, 1933–1940. Durham, London 1989.

MAKRIDES, Vasilios N.: Ohne Luther. Einige Überlegungen zum Fehlen eines Reformators im orthodoxen Christentum, in: Hans MEDICK/Peer SCHMIDT (Hgg.): Luther zwischen den Kulturen. Zeitgenossenschaft – Weltwirkung. Göttingen 2004, 318–336.

DERS.: Orthodox Christianity, Rationalization, Modernization: A Reassessment, in: Victor ROUDOMETOF (Hg.): Eastern Orthodoxy in a Global Age: Tradition Faces in Twenty-First Century. Walnut Creek 2005, 179–209.

MALANEŢCHI, Vasile: Păstorul de neam. Creionări la profilul moral-spiritual al Mitropolitul Gurie Grosu. Chişinău 2007.

MALI, Franz: Julianische Berechnung des Osterdatums und der Gregorianische Kalender?, *Ostkirchliche Studien* 53 (2004) H. 4, 309–327.

MANER, Hans-Christian: Parlamentarismus in Rumänien (1930–1940). München 1997.

DERS.: Multikonfessionalität und neue Staatlichkeit. Orthodoxe, griechisch-katholische und römisch-katholische Kirche in Siebenbürgen und Altrumänien zwischen den Weltkriegen (1918–1940). Stuttgart 2007.

DERS.: Kirchen in Rumänien: Faktoren demokratischer Stabilität in der Zwischenkriegszeit? Zum Verhältnis von orthodoxer, römisch-katholischer und griechisch-katholischer Kirche, in: DERS./Martin SCHULZE WESSEL (Hgg.): Religion im Nationalstaat zwischen den Weltkriegen 1918–1939. Stuttgart 2002, 103–120.

MARIN, Irina: Peasant Violence and Antisemitism in Early Twentieth-Century Eastern Europe. Basingstoke 2018.

MERGEL, Thomas: Geht es weiterhin voran? Die Modernisierungstheorie auf dem Weg zu einer Theorie der Moderne, in: DERS./Thomas WELSKOPP (Hgg.): Geschichte zwischen Kultur und Gesellschaft. Beiträge zur Theoriedebatte. München 1997, 203–232.

MEZARESCU, Ion: Partidul Naţional Creştin, 1935–1938. Bucureşti 2018.

MIRON, Ovidiu Marius: Jandarmeria română în perioada interbelică, 1919–1941. Mit şi realitate. Lugoj 2003.

MIRONOWICZ, Antoni: Kościół prawosławny na ziemiach polskich w XIX i XX wieku. Białystok 2005.

MISHKOVA, Diana: The Nation as Zadruga: Remapping Nation-Building in Nineteenth-century Southeast Europe, in: Marco DOGO (Hg.): Disrupting and Reshaping: Early Stages of Nation-Building in the Balkans. Ravenna 2002, 103–115.

DIES.: Transfer der Moderne. Liberalismus und Tradition auf dem Balkan des 19. Jahrhunderts, *Transit. Europäische Revue* 43 (2013), 70–88.

DIES.: Der Transfer politischer Ideen und Institutionen. Eine südosteuropäische Perspektive, in: Wim VAN MEURS (Hg.): Institutionen und Kultur in Südosteuropa. München 2014, 69–97.

MISHKOVA, Diana/DASKALOV, Roumen: „Forms without Substance“. Debates on the Transfer of Western Models to the Balkans, in: DIES./DERS. (Hgg.): Entangled History of the Balkans. Bd. 2: Transfers of Political Ideologies and Institutions. Leiden 2014, 1–97.

MOMOC, Antonio: Capcanele politice ale sociologiei interbelice. Şcoala gustiană între carlism şi legionarism. Bucureşti 2012.

MORARU, Pavel: La hotarul românesc al Europei. Din istoria siguranţei generale în Basarabia: 1918–1940. Bucureşti 2008.

DERS.: Serviciile secrete şi Basarabia (1918–1991). Dicţionar. Bucureşti 2008.

MOŞNEAGU, Bogdan: Die rumänisch orthodoxe Kirche und die Moderne. Aspekte eines Säkularisierungsprozesses im 19. Jahrhundert, in: Flavius SOLOMON/Krista ZACH/Juliane BRANDT (Hgg.): Vorbild Europa und die Modernisierung in Mittel- und Südosteuropa. Berlin 2009.

MÜLLER, Dietmar: Die Institutionalisierung sozialwissenschaftlichen Wissens in der Zwischenkriegszeit: Das Rumänische Sozial-Institut und der Verein für Socialpolitik, in: LÖHR, Isabella/MIDDELL, Matthias/SIEGRIST, Hannes (Hgg.): Kultur und Beruf in Europa. Stuttgart 2012, 197–205.

DERS.: Staatsbürger auf Widerruf. Juden und Muslime als Alteritätspartner im rumänischen und serbischen Nationscode. Ethnonationale Staatsbürgerschaftskonzeptionen, 1878–1941. Wiesbaden 2005.

DERS.: Transforming Rural Societies. Agrarian Property and Agrarianism in East Central Europe in the Nineteenth and Twentieth Centuries. Innsbruck, Wien 2011.

MUREŞAN, Radu Petre: Stilismul în România (1924–2011). Sibiu 2012.

MURGESCU, Bogdan: România şi Europa: acumularea decalajelor economice (1500–2010). Iaşi 2010.

NEGRU, Nina: Cazul Mitropolitului Gurie. Noi puncte de vedere, in: Silvia GROSSU/Vlad POHILĂ (Hgg.): Mitropolitul Gurie – misiunea de credinţă şi cultură. Culegere de articole şi studii despre Mitropolitul Gurie (Grosu) al Basarabiei (1877–1943). Chişinău 2007, 135–143.

NEGURĂ, Petru: Nici eroi, nici trădători. Scriitorii moldoveni şi puterea sovietică în epoca stalinistă. Chişinău 2015.

NELSON, Geoffrey K.: Der Drang zum Spirituellen: über die Entstehung religiöser Bewegungen. Olten 1991.

NICOLENCO, Viorica: Extrema dreaptă în Basarabia (1923–1940). Chişinău 1999.

NIEBUHR, Helmut Richard: The Social Sources of Denominationalism. New York 1957.

NISTOR, Ion: Istoria Basarabiei. Scriere de popularizare. București 2017.

NIV'ER, Antuan: Pravoslavnye Svjaščennoslužiteli, bogoslovy i cerkovnye dejateli russkoj emigracii v zapadnoj i central'noj Evrope, 1920–1995. Moskva, Pariž 2007.

NUȚU, Ilie: Jandarmeria 1918–1940. Legislație și organizare. Bacău 2012.

NYSSEN, Wilhelm/SCHULZ, Hans-Joachim/WIERTZ, Paul (Hgg.): Handbuch der Ostkirchenkunde. Düsseldorf 1989.

OBERLÄNDER, Erwin (Hg.): Autoritäre Regime in Ostmittel- und Südosteuropa 1919–1944. 2. Auflage. Paderborn 2017.

OELDEMANN, Johannes: The Concept of Canonical Territory in the Russian Orthodox Church, in: Thomas BREMER (Hg.): Religion and the Conceptual Boundary in Central and Eastern Europe. Encounters of Faiths. Basingstoke, New York 2008, 229–236.

Orga, Valentin: Aurel Vlad. Istorie și destin. 2. Auflage. Cluj-Napoca 2005.

Otu, Petre: Alexandru Averescu: Marschall, Politiker, Legende. Hainburg 2011.

Palmer, Susan J.: Women in New Religious Movements, in: James R. Lewis (Hg.): The Oxford Handbook of New Religious Movements. Oxford 2004, 378–385.

Panas, Mihail: Istoria Bisericii Ortodoxe din Republica Moldova. Chișinău 2009.

Panchenko, Alexander: How to Make a Shrine with your own Hands: Local Holy Places and Vernacular Religion in Russia, in: Marion Bowman/Ülo Valk (Hgg.): Vernacular Religion in Everyday Life Expressions of Belief. New York, London 2012, 42–62.

Paxton, Robert: French Peasant Fascism. Henry Dorgères`s Greenshirts and the Crises of French Agriculture, 1929–1939. New York 1997.

Pecican, Ovidiu: România Interbelică. Istorie și Istoriografie. Cluj-Napoca 2010.

Petreu, Marta: Blaga, între legionari și comuniști. Iași 2021.

Dies.: De la Junimea la Noica. Studii de cultură românească. Iași 2011.

Petrovszky, Konrad: Die Makellose und ihre unheimlichen Avatare. Der Paraskeva-Kult in Südosteuropa als kulturelle bricolage, in: Dietlind Hüchtker/Kerstin S. Jobst (Hgg.): Heilig: transkulturelle Verehrungskulte vom Mittelalter bis in die Gegenwart. Göttingen 2017, 113–130.

Plugaru, Ștefan/Țăranu, Mariana/Cubreacov, Vlad: Mitropolia Basarabiei în perioada interbelică (studii, articole, documente). Huși 2016.

Pollack, Detlef: Religion und Moderne: Theoretische Überlegungen und empirische Beobachtungen, in: Ulrich Willems/Detlef Pollack/Helene Basu/Thomas Gutmann/Ulrike Spohn (Hgg.): Moderne und Religion: Kontroversen um Modernität und Säkularisierung. Bielefeld 2013, 295–329.

Popovschi, Nicolae: Mişcarea dela Balta sau Inochentizmul in Basarabia. Contribuţii la istoria vieţii religioase a Românilor din Basarabia. Chişinău 1927.

Primiano, Leonard Norman: Vernacular Religion and the Search for Method in Religious Folklife, *Western Folklore* 54 (1995), 37–56.

Ders.: Manifestations of the Religious Vernacular: Ambiguity, Power and Creativity, in: Marion Bowman/Ülo Valk (Hgg.): Vernacular Religion in Everyday Life Expressions of Belief. New York, London 2012, 382–394.

Racoveanu, George: Die Rumänische Orthodoxie, *Ostkirchliche Studien* 3 (1953), 161–198.

Radu, Sorin/Schmitt, Oliver Jens (Hgg.): Politics and Peasants in Interwar Romania Perceptions, Mentalities, Propaganda. Newcastle upon Tyne 2017.

RAMET, Sabrina P.: Autocephaly and National Identity in Church-State Relations in Eastern Christianity. An Introduction, in: DIES.: Eastern Christianity and Politics in the Twentieth Century. Durham 1988, 3–19.

RAUSCHER, Walter: Das Scheitern Mitteleuropas, 1918–1939. Wien 2016.

REDER, Michael/RUGEL, Matthias (Hgg.): Religion und die umstrittene Moderne. Stuttgart 2010.

REINHARD, Wolfgang: Geschichte der Staatsgewalt. München 2002.

DERS.: Geschichte des modernen Staates: von den Anfängen bis zur Gegenwart. München 2007.

RIMESTAD, Sebastian: The Challenges of Modernity to the Orthodox Church in Estonia and Latvia. Frankfurt am Main u. a. 2012.

RINNE, J.: One Bishop – One City, in: The Bishop and his Eparchy. Kanon VII, *Yearbook of the Society for the Law of the Oriental Churches* (1985), 91–109.

ROBSON, Roy R.: Old Believers in Modern Russia. DeKalb 1995.

ROSLOF, Edward E.: Red Priests: Renovationism, Russian Orthodoxy and Revolution, 1905–1946. Bloomington 2002.

ROTARI, Ludmila: Mişcarea subversivă din Basarabia în anii 1918–1924. Bucureşti 2004.

SARASIN, Philipp: Geschichtswissenschaft und Diskursanalyse. Frankfurt am Main [3]2010.

SĂSĂUJAN, Mihai: Die lokalen orthodoxen Kirchen und die Problematik des „kanonischen Territoriums", *Ostkirchliche Studien* 53 (2004), 159–183.

SAURER, Andreas: Modernisierung und Tradition. Das rumänische Dorf 1918–1989. Sankt Augustin 2003.

SCHMIDT, Ute: Basarabia. Coloniştii germani de la Marea Neagră. Chişinău 2014 [dt. Original Potsdam 2012].

SCHMITT, Oliver Jens: Der Balkan im 20. Jahrhundert. Stuttgart 2019.

DERS.: Căpitan Codreanu. Aufstieg und Fall des rumänischen Faschistenführers. Wien 2016.

DERS.: Der orthodoxe Klerus in Rumänien und die extreme Rechte in der Zwischenkriegszeit, in: Aleksandar JAKIR/Marco TROGRLIĆ (Hgg.): Klerus und Nation in Südosteuropa vom 19. bis zum 21. Jahrhundert. Frankfurt am Main, Wien 2014, 187–213.

DERS.: Das „rumänische Lourdes": Der gute Hirte von Maglavit zwischen Medialisierung und Politisierung, in: Martina THOMSEN (Hg.): Religionsgeschichtliche Studien zum östlichen Europa. Stuttgart 2017, 263–279.

SCHNELL, Felix: Räume des Schreckens. Gewalt und Gruppenmilitanz in der Ukraine 1905–1933. Hamburg 2012.

SCHRÖDER, Wilhelm Heinz: Kollektivbiographie als interdisziplinäre Methode in der historischen Sozialforschung: eine persönliche Retrospektive. Köln 2011.

SCHUBERTH, Richard: Bevor die Völker wussten, dass sie welche sind. Ethnizität, Nation, Kultur. Eine (antiessenzialistische) Einführung. Wien 2015.

SCHULTZ, Helga/HARRE, Angela (Hgg.): Bauerngesellschaften auf dem Weg in die Moderne. Agrarismus in Ostmitteleuropa 1880–1960. Wiesbaden 2010.

SCHULZE WESSEL, Martin (Hg.): Nationalisierung der Religion und Sakralisierung der Nation im östlichen Europa. Stuttgart 2006.

DERS.: Religion – Gesellschaft – Nation. Anmerkungen zu Arbeitsfeldern und Perspektiven moderner Religionsgeschichte Osteuropas, in: Konrad MAIER (Hg.): Konfession und Nationalismus in Ostmitteleuropa. Lüneburg 1998.

SCHUMSKA, Veronika: Frömmigkeit der dörflichen Bevölkerung in Russland im 19. Jahrhundert am Beispiel der orthodoxen und baptistischen Gemeinden, in: Victor HERDT/ Dietmar NEUTATZ (Hgg.): Gemeinsam getrennt. Bäuerliche Lebenswelten des späten Zarenreiches in multiethnischen Regionen am Schwarzen Meer und an der Wolga. Wiesbaden 2010, 165–177.

SCOTT, James C.: Decoding Subaltern Politics. Ideology, Disguise, and Resistance in Agrarian Politics. New York 2013.

DERS.: Seeing Like a State. How Certain Schemes to Improve the Human Condition Have Failed. New Haven 1998.

DERS.: Weapons of the Weak. Everyday Forms of Peasant Resistance. New Haven 1985.

SHAW, Brent D.: State Intervention and Holy Violence. Timgad – Paleostrovsk – Waco, *Journal of the American Academy of Religion* 12 (2009), 853–894.

ŠKAROVSKIJ, Michail Vital'evič: Russkaja i Serbskaja Pravoslavnye Cerkvi v XX veke (istorija vzaimootnošenij). Sankt-Peterburg 2016.

SKORCOVA, Alla Jur'evna: Russkie Bessarabii: opyt žizni v diaspore (1918–1940 gg.). Kišinëv 2002.

SLESAREV, Aleksandr V.: Starostil'nyj raskol v istorii Pravoslavnoj Cerkvi (1924–2008). Moskva 2009.

SMOLITSCH, Igor: Geschichte der Russischen Kirche 1700–1917. Band 1. Leiden 1964.

ŞOIMARU, Vasile: Cornova. Chişinău 2000.

SOLOMON, Flavius: Identitate etnică şi minorităţi în Republica Moldova: o bibliografie. Iaşi 2001.

DERS./ZUB, Alexandru: Basarabia. Dilema identităţii. Iaşi 2001.

SOLONARI, Vladimir: Purificarea naţiunii: dislocări forţate de populaţie şi epurări etnice în România lui Ion Antonescu: 1940–1944. Iaşi 2015.

SORA, Andrei Florin: Servir l'État roumain. Le corps préfectoral, 1866–1940. Bucureşti 2011.

SPÂNU, Alin: Istoria serviciilor de informaţii şi contrainformaţii româneşti, în perioada 1919–1945. Iaşi 2010.

STAAB, Nicolai: Rumänische Kultur, Orthodoxie und der Westen. Der Diskurs um die nationale Identität in Rumänien aus der Zwischenkriegszeit. Frankfurt am Main 2011.

STARK, Laura: Peasants, Pilgrims, and Sacred Promises. Ritual and the Supernatural in Orthodox Karelian Folk Religion. Helsinki 2002.

STATI, Vasile: Istorija Moldavy. Kišinëv 2002.

STAVARACHE, Dumitru: Mitropolitul Visarion Puiu. Documente din Pribegie (1944–1963). Paşcani 2002.

STERBLING, Anton: Zur Dynamik der Traditionalität in südosteuropäischen Gesellschaften, in: Wolfgang DAHMEN/Petra HIMSTEDT-VAID/Gerhard RESSEL (Hgg.): Grenzüberschreitungen: Traditionen und Identitäten in Südosteuropa. Wiesbaden 2008, 382–396.

DERS.: Historische Modernisierungstheorien und gegenwärtige Probleme des Institutionenwandels in Ost- und Südosteuropa, in: Klaus MÜLLER (Hg.): Postsozialistische Krisen. Theoretische Ansätze und empirische Befunde. Opladen 1998, 53–67.

DERS.: Pro- und antiwestliche Diskurse in Rumänien. Anmerkungen zur Gegenwart und zur Zwischenkriegszeit, in: Gabriella SCHUBERT/Holm SUNDHAUSSEN (Hgg.): Prowestliche und antiwestliche Diskurse in den Balkanländern/Südosteuropa: 43. Internationale Hochschulwoche der Südosteuropa-Gesellschaft in Tutzing, 4.–8.10.2004. München 2004, 251–266.

DERS.: Wege der Modernisierung und Konturen der Moderne im westlichen und östlichen Europa. Wiesbaden 2015.

ŞTIRBU, Gigel Sorinel: Liberalismul românesc în anii 1930–1940. Bucureşti 2011.

STOLER, Ann Laura: Colonial Archives and the Art of Governance, *Archival Science* 2 (2002), 87–109.

DIES.: Along the Archival Grain. Epistemic Anxieties and Colonial Common Sense. Princeton, Oxford 2009.

SUNDHAUSSEN, Holm: Ambiguities of „Natural“ and „Artificial“ Nations: Introductory Remarks, in: Ulf BRUNNBAUER/Hannes GRANDITS (Hgg.): The Ambiguous Nation. Case Studies from Southeastern Europe in the 20th Century. München 2013, 43–54.

DERS.: Von der Befreiung zur Marginalisierung der Bauern. Zwei Jahrhunderte Agrarreformen in Südosteuropa, in: Karl-Peter KRAUSS (Hg.): Agrarreformen und ethno-demographische Veränderungen. Südosteuropa vom ausgehenden 18. Jahrhundert bis in die Gegenwart. Stuttgart 2009, 25–48.

DERS.: Die Transformation des Dorfes und der Landwirtschaft im Balkanraum vom 19. Jahrhundert bis zum Zweiten Weltkrieg, *Südosteuropa Mitteilungen* 4 (1996), 319–335.

SUTTNER, Ernst: Ekklesiologische, kanonistische und historische Überlegungen zur Frage nach dem kanonischen Territorium der Schwesterkirchen, in: Wolfgang Nikolaus RAPPERT (Hg): Kirche in einer zueinander rückenden Welt. Würzburg 2003, 214–238.

DERS.: 50 Jahre rumänisches Patriarchat. Seine Geschichte und Entwicklung seines Kirchenrechts, *Ostkirchliche Studien* 24 (1975), 136–175.

SUVEICA, Svetlana: Ambivalent Reconfigurations of the Post-Imperial Space: A Transnational Design for Post-World War One Bessarabia. Habilitationsschrift Regensburg 2020.

DIES.: Basarabia în primul deceniu interbelic (1918–1928). Modernizare prin reforme. Chişinău 2010.

DIES.: Die Verwaltung Bessarabiens in der Transformation. Legislativer Rahmen, Institutionen und Beamtenschaft (1918–1928), *Südost-Forschungen* 71 (2012), 183–232.

TANASĂ, Cristinel Ştefan: Visarion Puiu. Biografia unui mitropolit. Iaşi 2017.

TICHNER, Henrietta M.: Roumania and her Religious Minorities. London 1925.

TILLY, Charles: Social Movements and National Politics, in: Charles BRIGHT/Susan HARDING (Hgg.): Statemaking and Social Movements: Essays in History and Theory. Ann Arbor 1984, 297–317.

DERS.: The Vendée. Cambridge/MA 1964.

DERS.: Popular Contention in Great Britain 1758–1834. Boulder, London 2005.

TODOROVA, Maria: Modernism, in: Ahmet ERSOY (Hg.): Discourses of Collective Identity in Central and Southeast Europe (1770–1945). Modernism – The Creation of Nation States. Budapest 2010, 4–22.

TOMESCU, Constantin N.: 10 ani de la reînfiinţarea Episcopiei Hotinului 1923–1933. Bucureşti 1933.

TONŢA, Walter: Die wandernde Grenze: die Banater Gemeinde Hatzfeld im Spannungsfeld der neuen Grenzziehungen nach dem Ersten Weltkrieg, in: Rudolf GRÄF/Daniela STANCIU (Hgg.): Loyalitätswechsel und institutioneller Neuanfang. Die regionalen deutschen Minderheiten in Rumänien 1918–1928. Cluj-Napoca 2018, 393–429.

TURCZYNSKI, Emanuel: Konfession und Nation. Zur Frühgeschichte der serbischen und rumänischen Nationsbildung. Düsseldorf 1976.

UHL, Heidemarie: Modernisierungstheorie und Geschichtswissenschaft, *newsletter MODERNE. Zeitschrift des Spezialforschungsbereichs Moderne – Wien und Zentraleuropa um 1900*, Sonderheft 1 (2001): Moderne – Modernisierung – Globalisierung, 10–16.

URSUL, George R.: From Political Freedom to Religious Independence: the Romanian Orthodox Church, 1877 to 1925, in: Stephen FISCHER-GALATI/Radu R. FLORESCU/George R. URSUL (Hgg.): Romania between East and West. Historical Essays in Memory of Constantin C. Giurescu. New York 1982, 217–244.

VAN MEURS, Wim: The Bessarabian Question in Communist Historiography. Nationalist and Communist Politics and History-Writing. New York 1994.

DERS. (Hg.): Institutionen und Kultur in Südosteuropa. München u. a. 2014.

VERDERY, Katherine: Social Differentiation in the Transylvanian Countryside between the Two World Wars, *Rumanian Studies* 5 (1986), 84–104.

DIES.: National Character and National Ideology in Interwar Eastern Europe. New Haven 1995.

VIOLA, Lynne: Bab'I Bunty and Peasant Women's Protest during Collectivization, *The Russian Review*, 45 (1986), H. 1, 23–42.

VISCUSO, Patrick: A Quest for Reform of the Orthodox Church. The 1923 Pan-Orthodox Congress. An Analysis and Translation of its Acts and Decisions. Berkeley 2006.

VLASOV, V. G.: The Christianization of the Russian Peasants, in: Marjorie MANDELSTAM BALZER (Hg.): Russian Traditional Culture. Armonk (New York), London 1992, 16–33.

VÖLKL, Ekkehard: Die griechische Kultur in der Moldau während der Phanariotenzeit (1711–1821), *Südost-Forschungen* 26 (1967), 102–139.

DERS.: Das rumänische Fürstentum Moldau und die Ostslaven im 15. bis 17. Jahrhundert. Wiesbaden 1975.

DERS.: „Bessarabien" am Ausgang des 18. Jahrhunderts. Seine Bevölkerungsentwicklung im Spiegel der Kloster-Gründung, *Der Donauraum*, 22 (1977), H. 1, 40–49.

VOSTRYŠEV, Michail: Patriarch Tichon. Moskva 2009.

VULTUR, Smaranda: New Topics, New Tendencies and New Generations of Historians in Romanian Historiography, in: Ulf BRUNNBAUER (Hg.): (Re)writing History: Historiography in Southeast Europe after Socialism. Münster 2004, 235–276.

WALLENTA, Wolfgang: Der Augsburger Kalenderstreit von 1583/84. Ökonomische, politische und konfessionelle Gründe, in: Markwart HERZOG/Karl BAYER (Hgg.): Der Streit um die Zeit. Zeitmessung, Kalenderreform, Gegenzeit, Endzeit. Stuttgart 2002, 125–138.

WEBER, Eugen: Peasants into Frenchmen. The Modernization of Rural France 1870–1914. London 1979.

WEISSMAN, Neil: Regular Police in Tsarist Russia, 1900–1914, *The Russian Review*, 44 (1985), H1, 45–68.

WEHLER, Hans-Ulrich: Modernisierungstheorie und Geschichte. Göttingen 1975.

DERS.: Nationalismus. Geschichte – Formen – Folgen. 4. Auflage. München 2011.

WIMMER, Andreas: Nation Building. Why Some Countries Come Together While Others Fall Apart. Princeton, Oxford 2018.

WYNOT, Edward D.: Caldron of Conflict. Eastern Europe, 1918–1945. Illinois 1999.

Yoder, Don: Toward a Definition of Folk Religion, *Western Folklore*, 33 (1974), H1, 2–15.

Zapf, Wolfgang: Theorien des sozialen Wandels. 4. Auflage. Königstein 1979.

Zhuk, Sergei I.: Russia's Lost Reformation. Peasants, Millennialism, and Radical Sects in Southern Russia and Ukraine. Washington 2004.

o. V.: Biserica Ortodoxă de Răsărit din România. Istoricul Mănăstirii Slătioara. Slătioara 2009.

o. V.: Episcopul Tit Simedrea al Hotinului. Câteva preţuiri şi înfăţişări ale lucrării sale. Bălţi 1939.

o. V.: O viaţă pentru Hristos. Viaţa, nevoinţele şi minunile Sfântului Ierarh Glicherie Mărturisitorul. 2. Auflage. Slătioara 2012.

Orts- und Sachregister

Personenregister